本书为

国家社科基金重大项目（课题编号：11&ZD120）

结项成果

中原地区晚更新世古人类文化发展研究

王幼平　顾万发　夏正楷　张俊娜
何嘉宁　曲彤丽　陈宥成　赵静芳　著
林　壹　高霄旭　汪松枝　吴小红

科学出版社
北　京

内 容 简 介

本书首先通过郑州地区典型遗址的分析，系统建立中原地区晚更新世古环境背景与年代学框架；进而阐述荥阳织机洞、二七区老奶奶庙、新郑赵庄、登封方家沟、登封西施以及新密李家沟等遗址的发现与研究进展；最后对郑州地区新发现与中原及邻近地区的旧石器考古成果进行综合讨论，系统展示中原地区晚更新世古人类文化发展的历史进程。

本书可供考古、历史等学科的研究者以及高校相关专业的师生参考、阅读。

图书在版编目（CIP）数据

中原地区晚更新世古人类文化发展研究 / 王幼平等著. —北京：科学出版社，2022.7

ISBN 978-7-03-072760-2

Ⅰ. ①中… Ⅱ. ①王… Ⅲ. ①更新世-古人类学-文化遗址-研究-河南 Ⅳ. ①K878.04

中国版本图书馆CIP数据核字（2022）第128085号

责任编辑：郝莎莎 / 责任校对：邹慧卿

责任印制：肖 兴 / 封面设计：张 放

科学出版社 出版

北京东黄城根北街16号

邮政编码：100717

http://www.sciencep.com

北京汇瑞嘉合文化发展有限公司 印刷

科学出版社发行 各地新华书店经销

*

2022年7月第 一 版 开本：889×1194 1/16

2022年7月第一次印刷 印张：36 1/4

字数：1 040 000

定价：368.00元

（如有印装质量问题，我社负责调换）

序

《中原地区晚更新世古人类文化发展研究》是国家社科基金重大项目的结项成果。在这部专著即将出版之际，很高兴有此机会能够与本书的读者交流。这部专著的出版既是承担国家社科基金重大项目课题组近十年来努力的结果，更是课题组依托的北京大学考古文博学院与郑州市文物考古研究院两单位长期合作的重要收获。记得不久前在郑州举办的第十届亚洲旧石器考古联合会双年会的开幕式上，我曾代表郑州中华之源与嵩山文明研究会致辞，祝贺这次盛会在郑州举办。我很高兴地向参加会议的国内外学者介绍了郑州地区旧石器时代考古工作历史与重要意义，与大家分享了我对近些年来郑州旧石器时代田野考古发掘与研究工作新进展的一些认识。

郑州位于中国及东亚大陆的中部，四通八达的便捷交通位置，处于过渡地带的自然地理与生态环境，为早期人类生存发展提供得天独厚的条件。这里不仅是中华文明起源与发展的重要舞台，更是中国及东亚地区早期人类演化和旧石器文化发展的关键地区。因此，早在20年前，在刚进入21世纪之初，我曾提议并推动郑州市文物考古研究所（现郑州市文物考古研究院）与北京大学考古文博学院联合在郑州地区开展旧石器时代考古工作。由此开始整整20年的合作，先后发掘多个旧石器时代遗址，包括荥阳织机洞，新密李家沟，新郑赵庄、黄帝口，登封西施、东施、方家沟以及郑州市二七区老奶奶庙等。这些遗址的地质时代皆属于晚更新世，是研究旧石器中、晚期到旧、新石器时代过渡的重要发现，为探讨中国及东亚地区史前文化发展与现代人起源等重大考古课题提供了十分重要的新证据。

由于前期田野考古发掘与调查工作所奠定的基础，2011年课题组申报的《中原地区晚更新世古人类文化发展研究》获准立项，2015年通过中期检查后又获得滚动资助。经过课题组各位多年的努力，对前述多个郑州地区重要旧石器遗址的系统发掘，并与中原及周边地区晚更新世以来旧石器考古发现与研究成果进行了广泛比较与综合研究，取得多项令人关注的新收获。首先是嵩山东麓及中原地区晚更新世古人类文化发展序列得以确立。地处嵩山东麓的郑州位于中原地区的核心地带，该地区旧石器时代文化框架，尤其是中、晚期文化发展序列的确立，不仅是中原地区旧石器文化研究的基础，同时对认识中国旧石器时代文化的发展，深入探讨现代人在东亚大陆出现与演化特点，以及中原及华北地区旧新石器时代过渡与农业起源等课题，都具有很重要的意义。

第二项是通过郑州地区考古发掘与研究，提供了现代人在中原地区出现的重要证据。近二三十年来围绕现代人起源问题的不同假说之间争论非常激烈。中原地区考古新发现对于东亚现代人来源的认识非常关键。从织机洞下文化层开始，包括老奶奶庙等遗址发现有规律的营地布局分布，新郑赵庄、黄帝口遗址，登封方家沟遗址等与现代人行为有关的特殊遗迹现象的发现，均是现代人在中原地区出现的重要证据。郑州地区的典型石片石器组合将华北到中原以南地区同类发现连为一体，进一步说明中国境内具有解剖学意义上的早期现代人的出现，是和具有本地区长期延续的石核—石片技术传统的旧石器遗存密切相关，清楚地展示出中国及东亚地区现代人起源与发展的区域性特点。

还有一项重要进展是登封西施与东施遗址石叶及细石器工业的发现，清楚反映晚更新世期间中国及东亚大陆中部地区发生过人群迁徙与文化交流，证实了现代人扩散北线的存在。由此可知，在距今5万～4万年中原及周边已明确出现现代人之际，来自旧大陆西侧的人群或文化的影响仍仅局限于北部边境地区，直到距今2.6万年前后才波及中原腹地。

更令考古同行关注的是旧、新石器时代过渡阶段的新发现。2009～2010年在新密李家沟遗址的发掘，发现早于裴李岗的李家沟文化，以及李家沟文化层叠压的细石器文化层。这一发现是继20世纪70年代裴李岗文化发现之后，中原地区史前考古的新收获，被有关学者称之为一项期待已久的发现。李家沟下文化层典型的细石器工业遗存，主要是船形与锥、柱形的细石核技术。与细石器遗存共存的还有石片及石叶遗存，以及较多的可能与居住活动有关的石块等。典型细石器文化层还出土少量素面陶片与局部磨制的石锛等，更展示出中原地区旧、新石器时代过渡的历史进程与复杂性。

以上是我所了解的近20年来郑州地区旧石器时代田野考古发现与综合研究的重要进展。这些也是这部专著的主要内容。郑州考古新发现和研究成果填补了中原地区晚更新世古人类文化发展研究的空白，因而受到国内外旧石器考古同行的关注。前一段时间众多国内外代表出席在郑州市举办的亚洲旧石器考古联合会第十届年会也与此密切相关。我觉得负责组织这届年会的中国考古学会旧石器专业委员会选择郑州作为主办城市，以及将会议讨论的主题确定为通过旧石器考古新发现来探讨现代人的起源与扩散，更是与近年来郑州与中原地区晚更新世阶段旧石器考古发现与研究取得令人瞩目进展的原因分不开。

在专著即将出版之际，我很希望向课题组各位成员，以及长期关心支持郑州地区旧石器时代考古工作的郑州市文物考古研究院与北京大学考古文博学院两家单位，表示诚挚祝贺。祝贺经过各位长期不懈努力完成国家社科基金重大课题研究，并出版这部专著。同时也期待有更多郑州与中原地区旧石器时代考古新成果继续发表面世。

李伯谦

2022年3月于郑州

前　言

中原地区位于我国自然地理区划南、北方的过渡地带，也是中国及东亚大陆南北与东西交通的枢纽。当代有京广与陇海铁路在此交汇，在有文字记录的历史时期至遥远的史前时代，这里也是古人类居住生活与迁徙交流的中心。从已有的历史与考古资料可知，中原地区不仅是中华文明起源的核心区域，远在文明诞生前的旧石器时代，就一直是远古人类活动的重要舞台。按照对中国旧石器文化南北“二元结构”的划分，中原地区，尤其是位于该区域核心部位的郑州市所辖区县，更是联结南北“二元结构”的关键地带。与华北以及秦岭至淮河一线以南的中国南方地区相比，中原特别是郑州地区开展旧石器时代考古工作起步较晚，收获也较有限，一直是影响探讨中国远古人类与旧石器文化发展等重要课题的瓶颈。

针对上述状况，近二三十年以来，河南省文物考古研究院、洛阳市文物考古研究院等相关单位，在这一地区陆续开展田野考古发掘工作，有包括许昌灵井、洛阳北窑、栾川龙泉洞等旧石器时代考古的重要发现。中国科学院古脊椎动物与古人类研究所、山西省考古研究院、陕西省考古研究院及相关高校也在环中原地区开展大量旧石器时代考古工作。特别是嵩山东麓地区，自2000年以来郑州市文物考古研究院与北京大学考古文博学院合作，也先后有河南荥阳织机洞，新密李家沟，新郑赵庄，登封西施、东施与方家沟，以及郑州市二七区老奶奶庙等遗址经过系统发掘。这些新发现的时代主要集中在晚更新世，为认识中原地区及邻近地区晚更新世以来古人类演化与旧石器文化的发展等一系列学术课题提供了新契机。

晚更新世是人类发展历史上非常重要的时期。人类在距今10余万年到1万年期间，首先实现了体质与文化的现代化，并且在这一阶段接近结束之际，告别依靠狩猎—采集为生计的时代，完成了旧、新石器时代的交替，进入主要以农作物种植及家畜驯养为生计的农业社会。现代人的起源与农业的出现，均是世界史前史研究最核心的课题。然而到目前为止，关于世界不同地区的现代人起源与发展，以及原始农业出现的时间、方式、过程与影响机制等诸多问题，一直众说纷纭，争议颇多。尤其是关于东亚地区现代人类的来源问题，有走出非洲的“夏娃说”和多地区连续进化的两种假说针锋相对，已经成为国际学术界关注的焦点，持续论战历时数十载。这一难题的解决，特别是中国现代人的来源问题，亟待中国境内更多田野考古资料的新发现与研究成果。

因此，本课题组坚持在中原地区工作多年，连续发掘多个旧石器遗址的学术目的，正是着眼于中国与东亚地区现代人出现与农业起源问题。围绕本课题所选择发掘与调查工作对象的时代，均集中在从晚更新世之初到晚更新世末，经历了中国境内现代人及其文化出现与发展的完整历史过程。从已经发现的各遗址地层剖面材料来看，既有如织机洞完整保存有整个晚更新世的连续堆积，也有反映特殊时段、有丰富文化内涵的关键剖面，如老奶奶庙、赵庄与西施等遗址。这些剖面可以提供本地区现代人起源与发展过程的年代学框架与古环境背景系统材料。尤为重要的是在遗址本身所发现的考古学资料，更可以为探讨现代人及其行为在中原地区的出现与发展课题提供全新证据。

中原地区对于完整认识中国境内以及东亚地区农业起源问题也具有关键作用。位于东亚大陆的亚热带与温带过渡区的中原腹地，其原始农业出现的时间、方式与历史进程等特点，与中国南方以及华北北部已有发现之间的联系与区别，也是史前考古学界一直关注的课题。最近发掘的新密李家沟遗址揭露出从旧石器晚期之末到新石器时代早期的三叠层。课题组选择李家沟遗址作为工作重点，不但可以填补该地区在旧、新石器时代之间的空白，也更能够为系统认识中原地区旧、新石器时代的过渡，以及农业起源等问题提供全新视角。

为完成上述学术目标，课题组以中原地区已有的考古发现，特别是近十余年来连续发掘的多个旧石器时代遗址的田野考古资料为基础，系统应用考古学、古人类学、古生物学、第四纪古环境与年代学等多学科方法，对中原地区晚更新世以来的古人类与旧石器文化的发现进行跨学科的综合研究。从全面厘清该地区自现代人及其行为复杂化的出现开始，一直到对旧、新石器时代过渡的历史进程与影响机制等进行全面探讨，力求为阐释中国及东亚地区现代人类出现与农业起源等重大学术课题提供最新证据及相关研究成果。为系统开展研究工作，更好地完成预定学术目标，本项目分为三个子课题：

（1）田野考古组，系统开展田野考古发掘、调查工作，获取研究基础资料，也负责对已有田野考古资料进行系统整理研究；

（2）多学科组，以古环境与年代学研究为重点，与田野考古工作同步展开现场调研、取样与实验室分析，深入开展多学科合作研究；

（3）综合研究组，负责在田野考古与多学科研究基础上完成本课题的综合研究，提交最终成果。

三个课题组分工合作，有序开展工作，很好地落实了课题学术目标，完成了总体工作计划。课题的田野考古发掘与调查工作开始于2011年，首先对郑州市西南郊的老奶奶庙遗址进行发掘。这次发掘发现石制品3000余件，动物骨骼包括完整及碎片万余件，用火遗迹20多处。2012年在上年发掘基础上的继续工作，发现了更多的石制品、动物化石及用火遗迹等。

2013年的田野考古工作，除了老奶奶庙遗址的第三年度工作外，还开展对登封东施遗址的发掘，发现3000余件石叶、细石叶等燧石制品，以及石叶与石片两种不同类型石器工业的地层关系。2014年与2015年，本课题研究的相关人员对方家沟遗址进行发掘。两次发掘发现石制品

5000件以上及部分哺乳动物化石，更重要的是发现一处古人类利用自然沟谷地形作为石器生产等活动场所的遗迹，为了解MIS3阶段古人类活动与行为特点提供了非常重要的新证据。

2015年课题组成员对老奶奶庙遗址进行再次发掘。本次发掘新出土石制品300余件，哺乳动物化石1000余件，还有用火遗迹3处。发掘过程中仍注意浮选，获得新的植物种子、及细小的啮齿类以及爬行类动物的动物骨骼遗存。2016年课题组成员对老奶奶庙遗址第三地点进行发掘。本次发掘新出土一批石制品、哺乳动物化石，以及用火遗迹。

2017年发掘的登封大冶西施遗址东区与原发掘区相距近百米之遥。该区系20世纪80～90年代砖窑取土所遗的土墙状堆积，从上向下可分三层，第2层为黄褐色砂质黏土，含典型的石叶制品，与已发掘的西施石器组合的文化性质相同。下伏的第3层则出土以石英原料为主体的石片石器。这一发现清楚地展示出嵩山东麓地区从石片向石叶工业过渡的地层关系。

为了深入探讨华南与东南亚地区在晚更新世期间古人类迁徙与文化交流情况，认识东南亚与华南旧石器对嵩山与中原地区现代人出现与发展历史的影响，课题组成员于2016年6月至2018年10月，与广东省文物考古研究所合作，发掘了岭南英德青塘旧石器时代晚期洞穴遗址群。此次发掘发现了数量较多的石制品、动物化石，以及属于更新世末期的古人类墓葬等，为进一步追索现代人及其文化在这一地区的发展奠定了基础。

通天洞遗址的工作也是课题组围绕本课题研究，与新疆维吾尔自治区文物考古研究所开展的合作发掘。这项发掘的学术目标也着眼于东亚现代人起源问题。通天洞遗址位于中国新疆与哈萨克斯坦、俄罗斯等国交界地区，是联结史前时期东西方古人类迁徙与文化交流的枢纽。通过2016年8月到2018年8月连续三年发掘，在国内首次发现典型莫斯特文化遗存的完整组合，为探讨东亚现代人与旧大陆西方同期古人类及其文化关系提供了第一手资料。

经过上述工作，课题研究取得多方面进展。首先是在以古环境与年代学工作为基础的多学科课题组成员的努力下，系统建立起中原地区晚更新世古人类文化发展的环境与年代背景。这部分工作主要包括对荥阳织机洞、新郑赵庄与黄帝口、登封西施、新密李家沟以及郑州市二七区的老奶奶庙等遗址的田野考古发掘，或对已有考古资料的研究；对其关键剖面所包含的年代学与古环境信息资料进行详细分析，综合总结，完整地建立起中原地区晚更新世，尤其是近10万年以来，与古人类活动及演化历史密切相关的环境背景与年代框架。其中的重点为荥阳织机洞遗址。该遗址的洞穴堆积厚达20米，完整地揭示出从晚更新世开始，至全新世之初的环境变迁。继之为二七区老奶奶庙、新郑赵庄与黄帝口、登封西施与新密李家沟等遗址。这些遗址堆积与同期的黄土古土壤序列相对比，更清楚地展示出该地区晚更新世，特别是深海氧同位素3阶段以来古人类活动的古环境与地貌背景与年代框架。为进一步分析中原地区晚更新世古人类文化发展的阶段性特点与演化规律，建立区域旧石器文化发展编年序列奠定了坚实基础。

本课题更主要的工作与收获是田野考古组开展的调查与发掘工作。通过这些田野工作所获得的新资料，既有数量众多的石制品、动物化石等，也有包括用火与中心营地遗迹，利用自然沟槽安排临时活动以及垒砌石堆与摆放古菱齿象头的特殊遗迹等。这些珍贵新材料，为详细探讨中原地区晚更新世以来古人类在石器原料选择利用、加工技术、工具组合与使用功能以及居址结构、栖居形态与生计方式等多方面的发展特点与历史进程，都提供了非常难得的新证据。

上述发现也为揭示现代人及其行为复杂化在本区出现与发展的特点提供了全新视角。如织机洞遗所揭示的晚更新世较早阶段居住者在石器原料选择、石器加工技术与组合等方面发生突变的过程与影响机制；赵庄遗址所发现的远距离搬运红色石英砂岩块，摆砌成石堆，再置放古菱齿象头等古人类行为的内涵；老奶奶庙遗址居住面以成组火塘为中心的结构等，均展示晚更新世以来史前人类与社会重要转变与发展。还有登封西施遗址所发现的石叶技术遗存，更为探讨中原及邻近地区石叶技术的来龙去脉、区域性文化发展序列、晚更新世晚期人群移动与文化交流等研究提供了重要线索与证据。新密李家沟遗址所发现的三叠层，系统地展现出中原地区从旧石器向新石器时代过渡的地层特点及年代学与古环境信息。对李家沟遗址所发现的工具组合、栖居形态与生计方式等资料的研究，更具体地揭示了中原地区从流动性较强、以狩猎大型食草类动物为主要对象的旧石器时代，逐渐过渡到具有相对稳定的栖居形态、以植物型食物与小型动物并重的新石器时代的历史进程。

在上述田野考古发掘与调查工作的同时，不同子课题组成员按照各自分工，进行系统的资料整理与实验室研究，完成相关研究工作，取得丰硕学术成果，包括数量众多的专业期刊与考古学研究文集论文，及博士、硕士学位论文。上述阶段性成果和本书，均努力展示中原地区晚更新世阶段古人类文化发展的历程与特点，为探讨中国与东亚地区现代人出现与农业起源等史前考古重大课题提供最新证据与视角。

本书是在上述田野考古工作收获与阶段性研究成果基础上综合完成的。以下分为三部分，共8章。第一部分即第1章，是古环境与年代学背景的主要研究成果，由多学科组负责完成；第二部分包括第2至7章，是田野考古组的主要发掘与研究成果；第三部分是综合研究组负责完成的第8章，是郑州与中原地区晚更新世古人类文化发展的综合研究总结。各章节由三个子课题负责人及主要参加者分别撰写完成。

由于不同子课题组研究内容与工作重点有所区别，各子课题所负责章节的结构安排也不尽相同。第1章从堆积巨厚的织机洞遗址入手，系统分析嵩山东麓多个晚更新世遗址的地层、年代与古环境背景，为田野考古与综合研究奠定基础。第2至7章均为田野考古发现与研究成果，但由于发现的主要内容与研究重点有所区别，各章节的细目安排方面也略有不同。不同遗址所发现的石制品，既有传统的石核—石片石器，也有石叶与细石叶组合。因此，对各遗址石制品的分类，则不便于做统一规定，而是由各章节负责人根据研究对象特点选取相应分类标准与系统。其中第2、4、5及7章，仍应用业内熟悉的传统石器分类标准。第3章老奶奶庙遗址的石制品研究重点是讨论晚期石核—石片技术的发展。第6章是新发现的石叶遗存。两者皆与传统分类有所区别，故这两章均列出各自所用分类系统与标准供参考。第8章是在对多学科与田野考古两个子课题组研究所获成果进行概括总结基础上，着重与中原及周边地区晚更新世环境变迁与旧石器文化发展进行综合比较讨论，进而提出对中原地区晚更新世古人类文化发展历程与特点的相关认识。最后是本书的结语。

目　　录

插图目录

插表目录

第1章　古环境与年代背景

1.1　古环境概述

嵩山耸立于我国豫西地区的核心地区，主峰海拔1440m，是黄河中游和淮河上游的分水岭，其北属黄河流域，其南属淮河流域，中国北方重要的自然地理界限——暖温带和北亚热带的分界线从嵩山的西南通过，南北气候差异明显，植被面貌不同。界限东北为暖温带气候，温暖湿润，为暖温带落叶阔叶混交林；界限西南为北亚热带气候，炎热多雨，为亚热带常绿阔叶林。本区属暖温带。

适中的地理位置和优越的自然环境，使嵩山所在的中原地区自古以来就是人类生息繁衍的地方。在这里，古代人类不仅创造了灿烂的史前文化，而且也是华夏文明的重要发祥地之一，夏商周三代、汉唐盛世以及古代丝绸之路，无不与这片土地休戚相关。

近十几年来，在嵩山周边的山麓地带发现晚更新世，尤其是晚更新世中、晚期古人类文化遗址众多，据不完全统计有三四百处。它们以嵩山为中心，呈半月形分布在嵩山北侧、东侧和南侧，主要集中在淮河上游贾鲁河、双洎河、溟水河，颍河以及洧水河等支流的河谷地带，是我国北方发现这一阶段文化遗址最多的地区。到目前为止，已系统发掘有7处，其中织机洞遗址位于嵩山东北麓，老奶奶庙遗址和李家沟遗址位于嵩山东麓，赵庄遗址和黄帝口遗址位于嵩山东南麓，西施和东施遗址位于嵩山南麓（图1-1）。

这些遗址的年代，织机洞最早，大致从晚更新世之初开始，一直延续至晚更新世末到全新世早期。其他则主要在MIS3阶段（距今5万～3万年），部分遗址的年代在MIS2阶段早期（距今3万～2.5万年）和旧新石器过渡时期（距今1万年前后），除冰盛期（距今2.4万～1.8万年）的遗址目前尚未发现外，几乎囊括从距今5万～1万年的整个晚更新世晚期，是研究中原地区晚更新世，特别是MIS3阶段、MIS2阶段和新旧石器过渡时期中原地区古人类文化演替和环境变化相互关系的极好场所。本章拟以嵩山主峰以东新近发现并发掘的7个遗址的古环境资料为基础，结合已有的研究成果，分别讨论不同遗址的古环境与年代学特点，重建中原地区晚更新世古人类演化与旧石器文化发展的环境背景与年代框架。

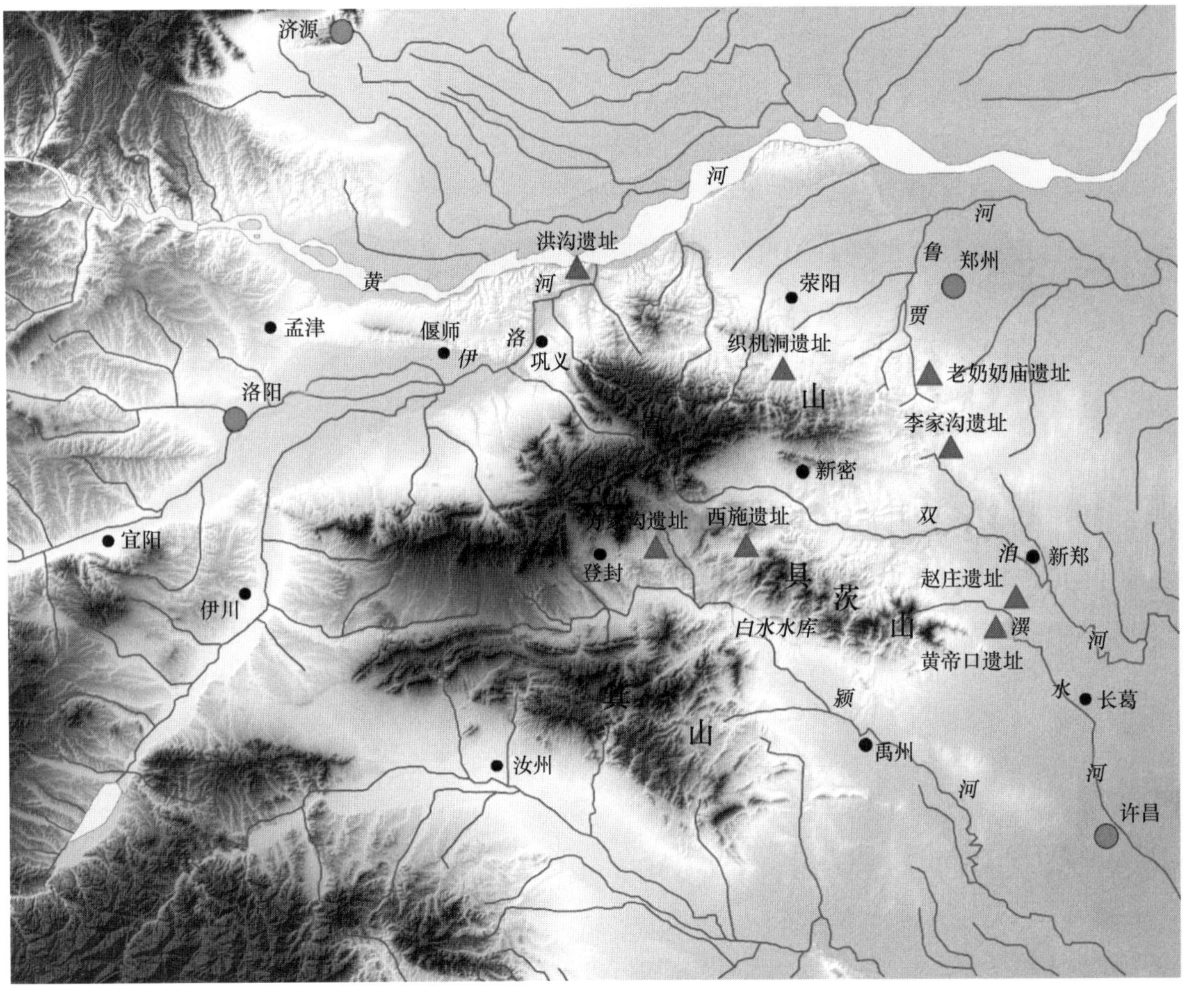

图1-1　郑州地区旧石器遗址位置示意图

1.2　织机洞遗址的古环境分析

嵩山北麓的山麓地带，山前黄土台地和冲洪积平原发育，发现有不少史前人类遗址，包括洞穴遗址和旷野遗址，但以往研究较少。近年来陆续有织机洞等7个遗址做过详细的科学发掘，为本研究提供了重要资料。

1.2.1　洞穴遗址

1.2.1.1　堆积特征

织机洞遗址位于河南省郑州市西南30km的荥阳市崔庙乡王宗店村北，地理坐标113°13′E，34°38′N，海拔452m（图1-2）。织机洞为一个大型喀斯特溶洞，洞穴中充填有巨厚的堆积物，

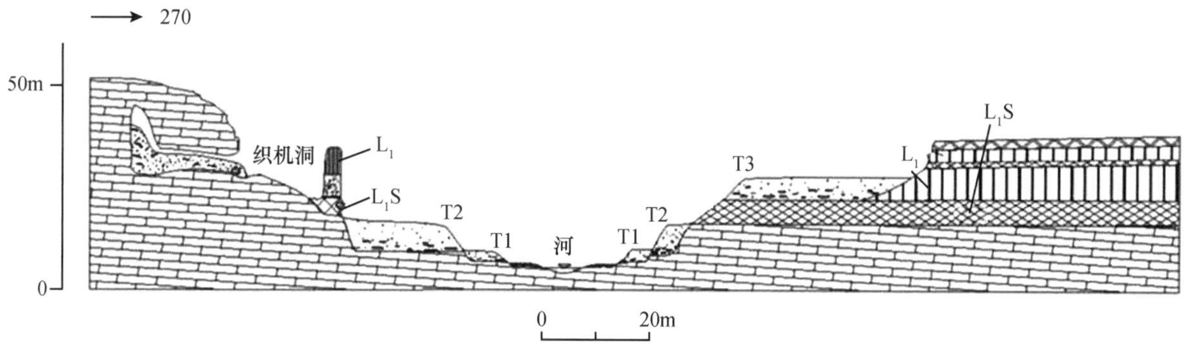

图1-2　MIS3阶段织机洞洞穴遗址与洞外旷野遗址

剖面总厚可达21m。其中洞口剖面下部的文化层厚达8m，主要属于MIS3时期的堆积[1]。

文化层划分：

①层：表土层，棕黄色黏土质粉砂，含有灰岩碎屑。深度0 ~ 0.6m。

②层：土黄色黏土质粉砂，含有少量3 ~ 5cm灰岩角砾。本层有光释光年代数据为37.4 ± 3.51 ka B.P.。深度60 ~ 160cm。

③层：钙板层，上部为灰白色，下部为砖红色，风化强烈，呈团块状，顶部起伏不平，厚度变化较大。含有少量石制品。深度160 ~ 300cm。

④层：褐灰色钙质粉砂质黏土，含极少量灰岩碎屑，夹灰黑色锰质条带。含少量的石制品。深度300 ~ 365cm。

⑤层：褐灰色钙质粉砂质黏土，底部含薄层灰岩碎屑。含有少量石制品。本层有光释光年代数据46.5 ± 4.12 ka B.P.。深度365 ~ 382cm。

⑥层：砖红色钙质黏土，含较多灰岩碎屑，砾径3 ~ 5cm，扁平状，含有大量的钙结核，底部颜色变深，出现灰黑色锰质条带。含有较多的石制品。本层有光释光年代数据48.1 ± 11.1 ka B.P.。深度382 ~ 430cm。

⑦层：灰黑色砂质黏土，含有少量灰岩碎屑，发育钙质条带，西侧较多。含有丰富的石制品。本层有光释光年代数据49.7 ± 5.76 ka B.P.。深度430 ~ 459cm。

⑧层：灰褐色粉砂质黏土，夹灰白色钙板团块，夹有较多的灰黑色锰质条带，分布不均。含有少量的石制品。深度459 ~ 526cm。

⑨层：褐灰色砂质黏土，混杂有大量的灰黑色锰质条带和灰白色钙质条带，条带呈垂直向下状，与洞壁保持一致，为洞底落水洞充填物。本层中含有少量的石制品。深度526 ~ 900cm。

据研究，织机洞遗址洞口部分文化层出土石制品具有旧石器中期向晚期过渡的文化特征，主要集中于⑤、⑥、⑦层。^{14}C与光释光测年结果表明，文化层时代大致在50 ~ 35 ka B.P.之间，属于MIS3阶段（参见第2章表2-6、表2-7）。1990年及随后两次发掘的洞内部分早期堆积的时代更早，据发掘者研究推断为晚更新世早期及更早的遗存[2]。洞外黄土堆积也可见晚更新世S_1古土壤层。

1.2.1.2　文化层的孢粉组合特征

在文化层（深60～526cm），按样长4cm连续采集孢粉样品79个。在实验室镜下共鉴定出孢粉科属39种（图1-3）。

草本植物花粉占72.2%～100%，为主要组分，共有17个科属，其中以蒿属（*Artemisia*）、藜科（Chenopodiaceae）、禾本科（Gramineae）为主，还有菊科（Compositae）、毛茛科（Ranunculaceae）、唐松草属（*Thalictrum*）、唇形科（Labiatae）、蓼属（*Polygonum*）、玄参科（Scrophulariaceae）、旋花科（Convolulaceae）、豆科（Leguminosae）、茄科（Solanaceae）、十字花科（Cruciferae）、小檗科（Berberidaceae）、车前属（*Plantago*）、伞形科（Umbelliferae）、大戟科（Euphorbiaceae）等。

木本植物花粉占0～37.5%，为次要组分，共有18个科属，除松属（*Pinus*）和柏科（Cupressaceae）之外，还有桦木属（*Betula*）、桤木属（*Alnus*）、鹅耳枥属（*Carpinus*）、栎属（*Quercus*）、胡桃属（*Juglans*）、枫杨属（*Pterocarya*）、漆树属（*Rhus*）、榆属（*Ulmus*）、槭属（*Acer*）、臭椿属（*Ailanthus*）、柳属（*Salix*）等。灌木植物花粉有桑科（Moraceae）、木犀科（Oleaceae）、鼠李科（Rhamnaceae）、麻黄属（*Ephedra*）、蔷薇科（Rosaceae）等。

蕨类植物孢子较少，仅占0～20.8%，共有4个科属，包括卷柏属（*Selaginella*）、水龙骨科（Polypodiaceae）、铁线蕨属（*Adiantum*）、石松属（*Lycopodium*）等。

文化层中所含孢粉种属表明，当时植被中草本植物占优势，以蒿属—藜科—禾本科组合为主，还有其他十余种暖温带常见的旱生种属，乔灌木有针叶树和暖温带落叶阔叶树，还出现有亚热带的枫杨属，蕨类植物少数，反映受亚热带气候影响的暖热带南缘比较温暖干燥的疏林草原环境。

进一步的孢粉统计结果表明（表1-1），文化层可以划分为四个孢粉带，均为暖温带草原或疏林草原环境，其中第Ⅲ孢粉带的⑤、⑥、⑦层和第Ⅱ孢粉带的④层中，有亚热带植物少量出现，反映在此期间（⑦～④层），亚热带北界存在有向北的移动。

石制品数量的分层统计结果表明，剖面中石制品分布普遍，但以文化层下部的⑥、⑦层（第Ⅲ孢粉带中下部）最为集中，主要为石片石器。这一阶段属于比较温暖湿润的暖温带疏树草原环境，由于受亚热带气候界线北移的影响，植被覆盖度较大，出现较多的喜暖阔叶树和少数亚热带代表性植物种属，是文化层堆积时期生态环境较好的阶段，适宜于古代人类的活动，称“上文化层”。文化层底部的⑧层（第Ⅳ孢粉带）石器较少，且多为砾石石器，称“下文化层”。这一阶段属于比较干暖的草原环境，草本占绝对优势，无阔叶树和灌木，这可能是造成石器类型不同于上文化层的原因之一。

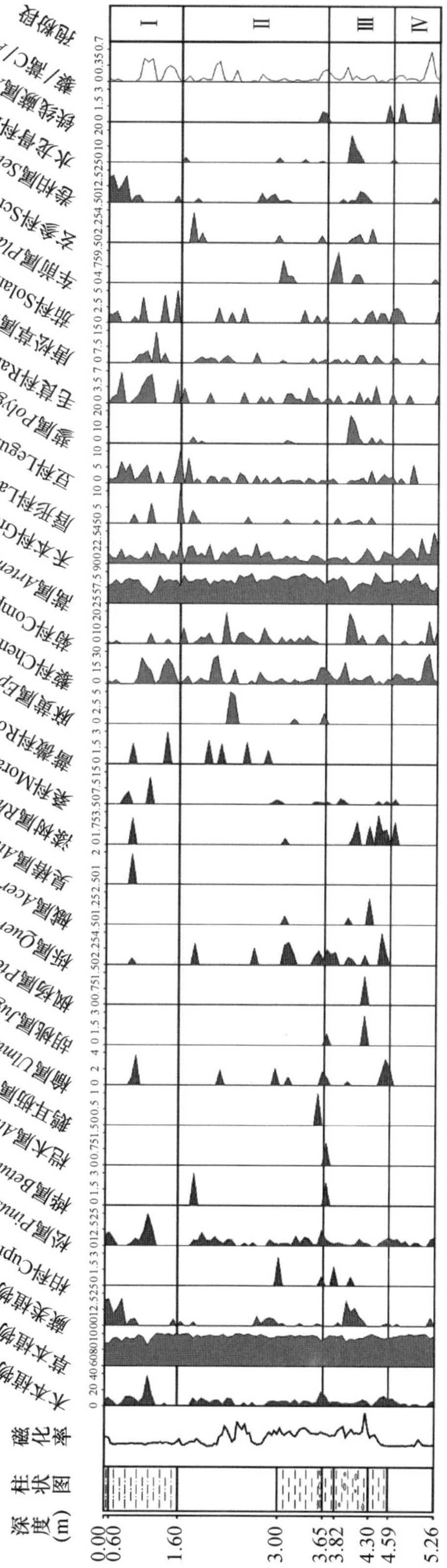

图1-3　织机洞遗址文化层孢粉百分含量曲线变化图

表1-1　织机洞洞穴遗址文化层孢粉组合与石制品分布一览表

孢粉带	层序 深度（cm）	孢粉浓度 （粒/克）	孢粉组合量（%）			气候生态环境 特征	石制品 数量
			草本	木本	蕨类		
Ⅰ	②，60～160	2.8～41.4	72.2～100， 蒿属—禾本科	0～37.5， 阔叶灌木	0～20.8	温暖较湿，疏林草原	0
Ⅱ	③，160～300	5.4～30.8	86.6～100， 蒿属—禾本科	0～10.4， 无阔叶树	0～3.1	温和干燥， 温带草原	2
	④，300～352	20～67.1	91.3～98.4， 蒿属—藜科—禾本科	2～8.7， 阔叶树少，仅有榆、胡桃、枫、杨、栎、漆、槭等；灌木少	0～2.1	温和较干， 温带草原	43
Ⅲ	⑤，352～382	22.4～53.6	80.9～96.3， 蒿属—藜科—禾本科	3.7～18.3， 阔叶树较多，乔木有桦、榆、桤木、胡桃、栎等，灌木有桑和麻黄	0～0.9	温暖较干， 疏林草原	43
	⑥，382～430	22.8～88.5	76.8～93.3， 蒿属—禾本科	3.4～8.2， 阔叶树较多，乔木有榆、胡桃、枫、杨、栎、漆、槭等	0～19.3	温暖较湿， 暖温带疏林草原	247
	⑦，430～459	11.6～32.8	85.2～100， 蒿属—禾本科	0～13.1， 阔叶树较多，乔木有榆、栎、漆，灌木有桑	0～1.6		2596
Ⅳ	⑧，459～526	3～33.8	88.2～100， 蒿属—禾本科	0～9.8， 无阔叶和灌木	0～6.6	温和较干， 温带草原	71

1.2.2　旷野遗址

旷野遗址主要分布于山前黄土台地的黄土堆积中。

1.2.2.1　织机洞洞外黄土柱遗址点

该遗址点位于织机洞西侧约500m，该地出露有黄土剖面，厚16.5m，由上而下根据岩性特征可以划分为以下5层。

①层：浅黄色细粉砂，质地疏松，垂直节理发育，其中含有较多形状不规则的钙质结核，靠近底部发现一打制石器，属旧石器晚期，时代要稍晚于织机洞下文化层。本层底部有两个热释光年龄30.9±1.9和32.0±2.0ka B.P.。深度50～650cm。

②层：棕红色粉砂质黏土，致密块状，有孔隙，为古土壤，称上古土壤层。本层底部有厚25cm的砾石层，呈透镜状产出，砾石大小3～5cm，磨圆度和扁平度较好，为河流相堆积。深度650～900cm。

③层：棕红色粉砂质黏土，致密块状，易干裂，沿裂隙面有铁锰膜，下部有铁锰小结核分布，为古土壤，称下古土壤层。本层底部有两个热释光年龄，均大于10万年。深度900～1080cm。

④层：砾石层，主要由灰岩、页岩和石英砂岩组成，砾径3～5cm，磨圆度和扁平度好，为河流相堆积。深度1080～1230cm。

⑤层：棕黄色粉砂质黏土，质地均一，致密块状。深度1230～1650cm，未见底。

根据光释光年龄数据，我们推断剖面的①层年代小于3万年，对应于马兰黄土（L_1）；上古土壤层的年龄大于3万年，相当于马兰黄土中的古土壤层（L_1S），与织机洞下文化层的年代相当，出土有一件石制品；下古土壤层年龄大致在10万年左右，对应于黄土—古土壤序列的第一层古土壤（S_1）。②层底部的砾石层意味着该剖面②层古土壤与③层古土壤之间存在有侵蚀间断。

在①层马兰黄土下部和②层古土壤、③层古土壤中按样品长12cm共连续采集孢粉样品60个。室内经酸碱处理和д-6重液浮选，鉴定统计出孢粉科属20种，类型比较单调（图1-4）。

剖面可划分为三个孢粉带。其中第Ⅱ孢粉带（上古土壤层，L_1S）的孢粉组合以草本植物为主，共有12个科属，以蒿属（*Artemisia*）为主要组分，藜科（Chenopodiaceae）、禾本科（Gramineae）次之，还有菊科（Compositae）、毛茛科（Ranunculaceae）、唐松草属（*Thalictrum*）、玄参科（Scrophulariaceae）、豆科（Leguminosae）、茄科（Solanaceae）、十字花科（Cruciferae）、唇形科（Labiatae）、旋花科（Convolulaceae）等温带草原常见种属；有一定数量的木本植物孢粉，包括6个科属，除松属（*Pinus*）之外，还有栎属（*Quercus*）、榆属（*Ulmus*）、椴属（*Tilia*）、漆树属（*Rhus*）、桑科（Moraceae）等一些喜暖的落叶阔叶树种；蕨类植物孢子2个科属，主要有卷柏属（*Selaginella*）和水龙骨科（Polypodiaceae）。这一孢粉组合与织机洞下文化层的孢粉组合相似，同属暖温带南缘比较温暖湿润的暖温带疏林草原环境（表1-2）。

表1-2　织机洞遗址洞外黄土剖面的孢粉组合特征

剖面分层	深度（m）	孢粉组合			植被类型
		草本	木本	蕨类	
马兰黄土（L_1）	0～1	蒿属为主	有针叶树无阔叶树		温凉干燥草原
上古土壤层（L_1S）	1～3.5	蒿属为主 藜/蒿较高	针叶树为主 有阔叶树（栎、榆、漆、椴）	卷柏 水龙骨	比较暖干的疏林草原
下古土壤层（S_1）	3.5～7.3	蒿属为主 藜/蒿较低	针叶树为主， 有阔叶树（栎、漆）		比较暖湿的疏林草原

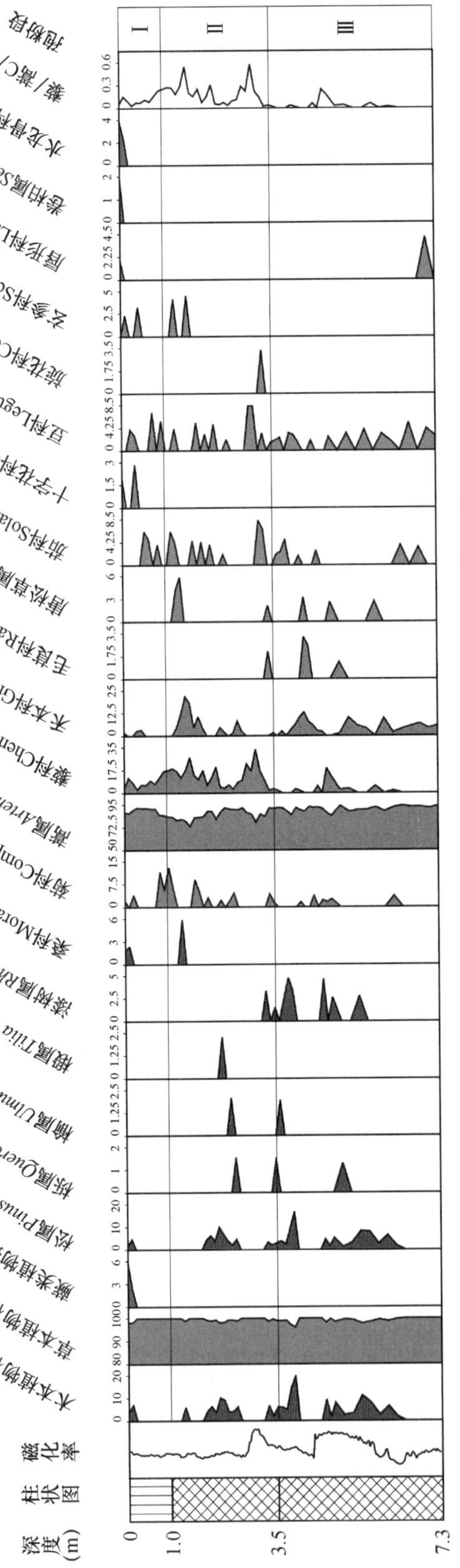

图1-4 织机洞遗址洞外黄土剖面①～③层孢粉组合图谱

①：马兰黄土（L_1） ②：古土壤层（L_1S）出石制品 ③：古土壤层（S_1）

1.2.2.2　洛阳北窑旧石器遗址

洛阳北窑遗址发现于2000年。遗址东距织机洞约100千米，位于涧河南黄土台地中的古土壤层（L_1S）。是旧石器时代中—晚期的旷野遗址[3]。出土石制品主要分布在该地黄土剖面的两层古土壤之中，其中下古土壤层顶部热释光测年数据为89.49ka B.P.，底部热释光测年数据为103.5ka B.P.，对应于黄土—古土壤序列的第一古土壤层（S_1）。而上古土壤层顶部热释光测年数据为30.110ka B.P.，底部按沉积速率计算大致在4万年左右，相当于马兰黄土中部所夹的古土壤层（L_1S），相当于MIS3阶段。经磁化率测试，这两层古土壤都具有较高的磁化率，说明它们是马兰黄土堆积时期两个气候比较温暖湿润阶段的产物。其中上古土壤层出土的石制品比较细小，属旧石器晚期文化，与织机洞下文化层相当，与末次冰期中的小间冰期（MIS3）环境相对应，下古土壤层出土的石制品比较粗大，属旧石器中期（图1-5）。

以上遗址的情况说明，嵩山北麓在MIS3阶段处于比较温暖湿润的间冰阶气候，生态环境为草木比较稀疏的暖温带疏林草原环境，出现有亚热带植物，古土壤（L_1S）发育。比较适宜的生态环境适宜于古人类在嵩山北麓宽阔的山前黄土台地上从事采集和狩猎活动。这里广泛发育的石灰岩溶洞为他们提供了安全舒适的营地。

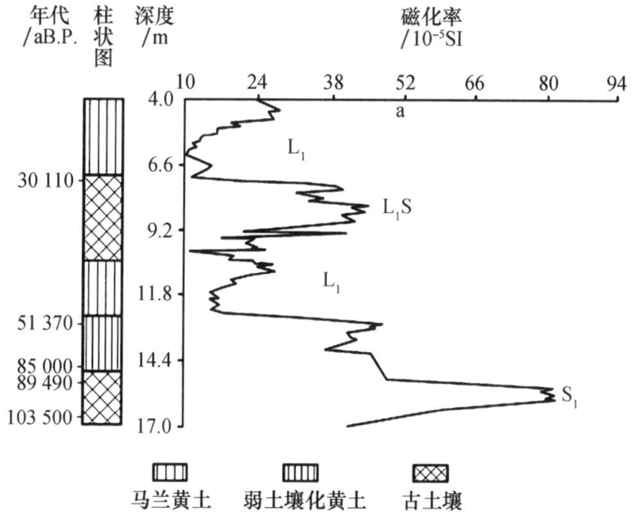

图1-5　洛阳北窑遗址剖面磁化率曲线

1.3　老奶奶庙遗址群的古环境分析

老奶奶庙遗址群位于河南省郑州市西南二七区侯寨乡樱桃沟景区内，其东北毗邻贾鲁河上游九娘庙沟，东南距代家门村约500m，地理坐标为34°37.943′N，113°34.270′E（图1-6）。

遗址群所在的嵩山东麓，山前黄土堆积发育，形成高达10～20m的黄土台地。台地面微向

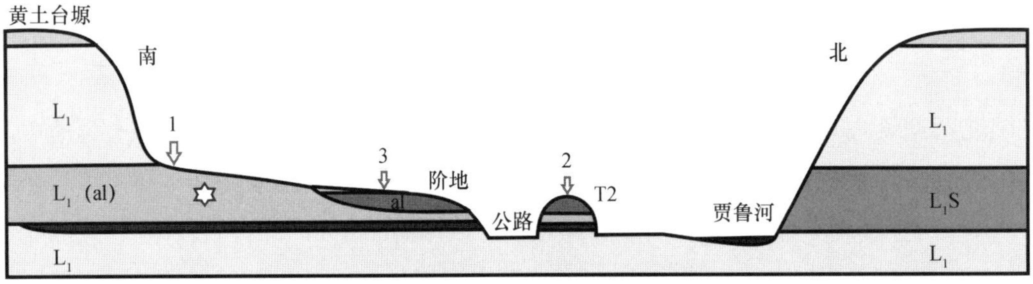

图1-6　老奶奶庙遗址群附近贾鲁河（九娘庙沟）河谷地貌剖面以及石器地点位置图
图中阿拉伯数字分别代表第1地点、第2地点和第3地点

东南倾斜。由于严重的水土流失，沟壑纵横，地面比较破碎。老奶奶庙遗址群附近，贾鲁河上游的支流九娘庙沟深切于黄土台地之中，沟谷两岸均发育有高20余米的黄土陡崖。在黄土陡崖的中下部，出露有一套厚1～5m不等的灰黄色粉砂—细砂冲积层，其中局部可见灰绿色湖沼堆积。这套冲积层以老奶奶庙遗址为中心，呈透镜体状夹在马兰黄土堆积之中，沿河谷南北出露有约100m以上，其走向展布与现在的九娘庙沟河道斜交，是马兰黄土堆积期间发育的一条已消失的古河道的堆积体。老奶奶庙遗址第一地点（即老奶奶庙遗址主要发掘区）、第二地点和第三地点出土的所有遗迹和遗物，都出自这同一条古河道之中。沿九娘庙沟两岸的黄土陡崖前缘，还普遍发育有两级河流阶地，其中二级阶地高于河面5～6m，一级阶地高于河面2～3m，都属于以黄土为座的基座阶地，是现今九娘庙沟的河流阶地。

1.3.1　老奶奶庙遗址第1地点

1.3.1.1　第1地点的位置

第1地点（即下文及第三章所称的老奶奶庙遗址）位于遗址群的中央部位，从2011年开始，到2015年结束，共揭露面积90余平方米。先后发现7000多件石制品、数以万计的动物骨骼及碎片、20余处用火遗迹，以及多层古人类居住面。

1.3.1.2　遗址地层和年代

从2011年以来老奶奶庙遗址先后经历了5次发掘，获取了完整的地层剖面记录（图1-7）。根据土质、土色、粒度和遗物空间分布，我们对探方的东壁进行了详细的观察和描述地层划分，将剖面由上而下划分为5层，文化遗存主要存在于在③层中，④层也有分布。

整个剖面由上而下描述如下：

①层（②A、②B）：黄褐色粉砂质黏土，较软，较疏松，厚70～210cm。属于近代扰土层。

②层（②C）：浅灰黄色黏质粉砂，较硬，较致密，厚7～86cm。属于马兰黄土层。

③层（③A～③F）：黄褐色黏质粉砂，较硬，较致密，具钙结核和条带状锈斑，含有文

图1-7　老奶奶庙遗址东壁照片

化遗物和灰烬等，本段中见有两个明显的侵蚀面，造成向剖面南北两侧地层的缺失。③层为主要文化层，厚约196cm，可进一步分为6层，几乎每个小层都出土有大量的文化遗物。

③A层（52cm）：浅黄褐色黏质粉砂，上部（③A1、③A2）钙结核较小，条带状锈斑少量，文化遗物少；下部（③A3）钙结核较大，条带状锈斑增多，文化遗物较多，有少量灰烬。

③B层（28cm）：灰褐色黏质粉砂，较硬，较致密，包含少量钙结核和少量条带状锈斑，地层向西微倾斜，表面分布有薄层炭屑，含丰富的文化遗物和用火遗迹，为人类活动面。

③C层（14cm）：黄褐色黏质粉砂，较硬，较致密，包含少量较小钙结核和局部锈斑，包含有较为丰富的文化遗物和用火遗迹。本层向南尖灭，向北变厚，出现明显的侵蚀槽，并造成剖面北部缺失③C层下部和③D层。

--------------侵蚀面-----------------

③D层（32cm）：灰褐色黏质粉砂，较硬，较致密，包含较多砾径较小的钙结核和零星锈斑，包含有较为丰富的文化遗物和用火遗迹。受③C层侵蚀，剖面北部③D层全部缺失。

③E层（20cm）：灰褐色黏质粉砂，较软，较疏松，有零星钙结核和锈斑，包含有丰富的文化遗物和用火遗迹，为向西北倾斜的古人类活动面。本层向北突然变厚，其下界面切穿下伏的③F层和④层上部（④C），形成明显的侵蚀槽。为明显的侵蚀充填堆积。

--------------侵蚀面-------------------

③F层（50cm）：黄色黏质粉砂，较软，较疏松，包含零星钙结核和少量条带状锈斑，属

于平面和剖面均连续分布的由东南向西北倾斜的活动面；本层受③E层侵蚀的影响，由剖面向北局部缺失。

④层：黄褐色粉砂，较软，较疏松，中部出现有多个细砂透镜体。厚218cm。本层下界面切入下伏的⑤层，为侵蚀充填堆积。含文化遗物少于③层。可以进一步划分为7小层。

④A层（20cm）：浅灰白色粉砂，较软，较疏松，表层有薄层炭屑，在发掘区东部有较薄的古人类活动面。

④B层（24cm）：黄褐色粉砂，较软，较疏松，层表有薄层炭屑，遗物分布比④A层稍为稀疏，但也有相当数量的遗物分布。

④C层（18cm）：浅黄色粉砂，较软，较疏松，水锈水平层理发育，包含一个遗存较为密集的由东向西倾斜的古人类活动面。

④D层（14cm）：浅黄褐色粉砂，较软，较疏松，遗物分布比④C层稍为稀疏，但也有相当数量的遗物分布。

④E层（38cm）：浅灰黄色粉砂，内夹有较薄的细砂透镜体，含零星炭屑，含有直径稍大的钙结核和较大的锈斑；包含物较为稀疏。

④F层（64cm）：浅灰黄色粉砂，钙结核少见，锈斑面积很小，局部有细砂透镜体；包含遗物较为稀疏。

④G层（40cm）：系浅灰黄色粉砂，较疏松。

----------------侵蚀面------------------

⑤层：灰黄色—灰白黏质粉砂，含有较多的钙结核和锈斑。厚度大于140cm。未见底。几乎不含文化遗物，属于马兰黄土（图1-8；表1-3）。

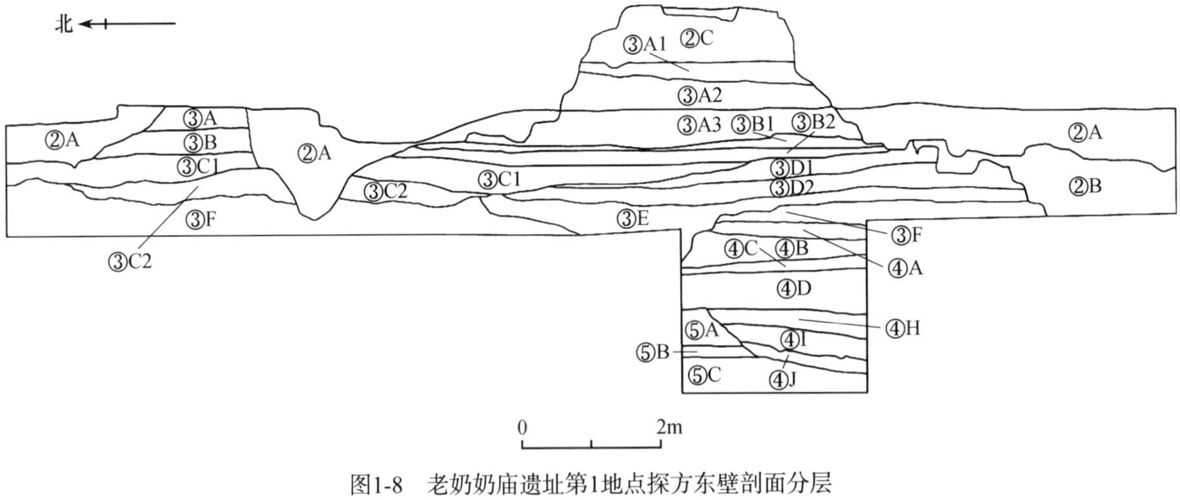

图1-8　老奶奶庙遗址第1地点探方东壁剖面分层

表1-3　老奶奶庙遗址第1地点MIS3阶段地层剖面划分

地层		厚度（cm）	岩性	文化遗物和用火遗迹	人类生活面
②		68	马兰黄土	无	
③	③A	52	浅黄褐色黏质粉砂	下部较多	灰烬少量
	③B	28	灰褐色黏质粉砂	丰富	西倾，表层有炭屑
	③C	14	黄褐色黏质粉砂，底部有侵蚀面	较为丰富	西北倾
	③D	32	灰褐色黏质粉砂	较为丰富	
	③E	20	灰褐色黏质粉砂，底部有侵蚀面	丰富	
	③F	50	黄色黏质粉砂，夹有细砂透镜体	?	西北倾
④	④A	20	灰白色粉砂	少	表层有炭屑
	④B	24	黄褐色粉砂	相当数量	表层有炭屑
	④C	18	浅黄色粉砂，具水平层理	遗物密集	西倾
	④D	14	浅黄褐色粉砂	相当数量	
	④E	38	浅灰黄色粉砂，夹有细砂透镜体	稀疏	零星炭屑
	④F	64	浅灰黄色粉砂，局部有细砂透镜体	稀疏	
	④G	40	浅灰黄色粉砂，底部有侵蚀面	稀疏	
⑤		>5	马兰黄土	无	零星炭屑

^{14}C年代测定结果表明，第1地点的年代在40～41ka B.P.（未校正），结合附近遗址光释光测年数据来看，该遗址群第1地点主要文化层的年龄应早于45ka B.P.。

1.3.1.3　沉积物粒度和磁化率分析

我们对属于MIS3阶段的③层和④层，按样长2cm，连续采集沉积物样品共207个，总厚414cm（图1-9）。在室内进行了沉积物的粒度、孢粉、化学、磁化率和色度分析，以获取MIS3阶段人类活动时期的古环境信息。

（1）粒度分析。

测试在地科院沉积实验室英国Malvern公司产的Mastersizer2000激光粒度仪上进行。

1）粒度组分特征。

老奶奶庙遗址第1地点③层和④层所采集的207个沉积物样品，粒度分析结果表明，其粒度组合均以粉砂为主，占55%～75%，砂和黏土分别占10%～40%和2%～5%。中值粒径的范围集中在35～55μm之间。说明当时水流的强度比较弱。

剖面从下而上粒度有明显的变化：④层下细上粗，呈反韵律，其中下部（④G～④E）较细，比较稳定，中部（④D～④C）变粗，上部（④B）变细，顶部（④A）再次变粗；③层下粗上细，

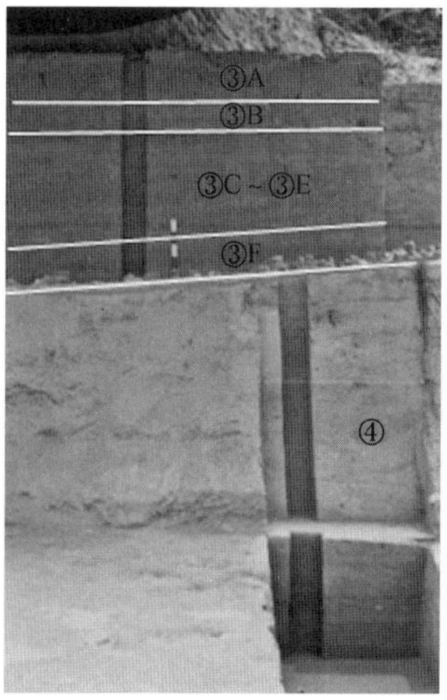

图1-9　老奶奶庙遗址第1地点采样位置照片

呈正韵律，其中下部（③F）较粗，中部（③E～③B）较低，上部（③A）最低。③层和④层总体上构成一个由反韵律和正韵律组成的完整韵律，代表河流由小到大再到小的演变过程。

根据粒度分析结果所指示的粒径粗细变化，以及野外观察到的剖面中清楚的水平层理和下粗上细的沉积韵律，可以推断这套沉积物属于河流相沉积。

2）粒度曲线特征。

根据207个样品的粒度频率曲线特征，可以看出，几乎所有样品的粒度频率曲线均为窄峰型，峰值集中在4Φ左右，峰值9%，尖度高，分选度好。主峰两侧明显不对称，呈正偏态，曲线粗粒部分陡直，<2.8Φ几乎为零，个别样品的曲线在2.3Φ附近出现一小峰，峰值不超过1%，表明粗颗粒不多，都集中在2.3Φ左右。而曲线的细粒部分在4～5Φ之间比较陡直，在5～6.8Φ间出现台阶状下凹，表明4～5Φ间分选较好，5Φ之后分选变差图（图1-10）。

粒度概率曲线主要呈两段式，由跃移段和悬移段组成，其中跃移段占65%，斜率高，分选好，一般都由斜率略有不同的两段组成。悬浮段占35%，斜率较高，分选较好。另外有一部分样品含有少量的推移组分，约占1%，属三段式（图1-11）。

从样品的上述粒度频率曲线以单窄峰为主，概率累积曲线以两段式以主，跃移段主要是2.8～4.8Φ的粉砂，含量高，斜率大，分选好，由斜率略有差别的两段组成，反映河边流水轻

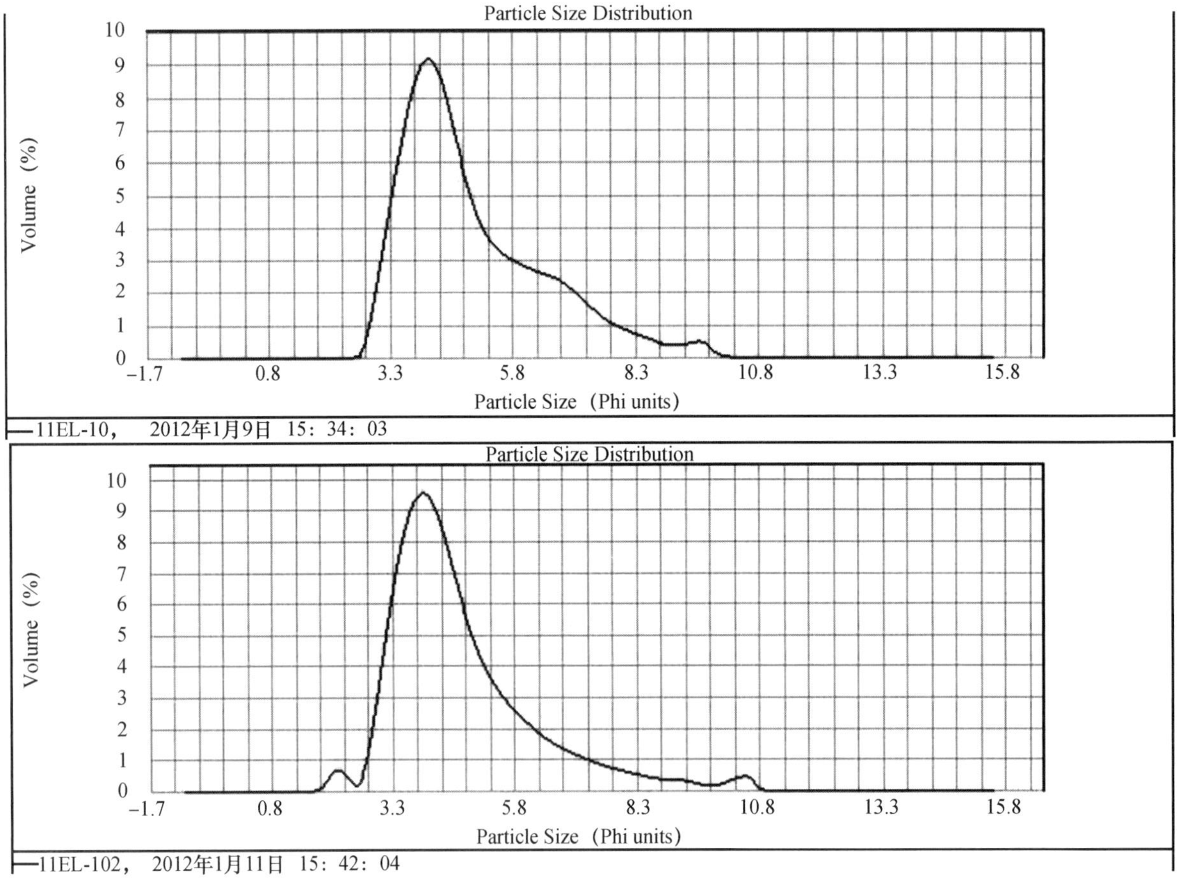

图1-10　老奶奶庙遗址第1地点古河道堆积的代表性粒度频率曲线

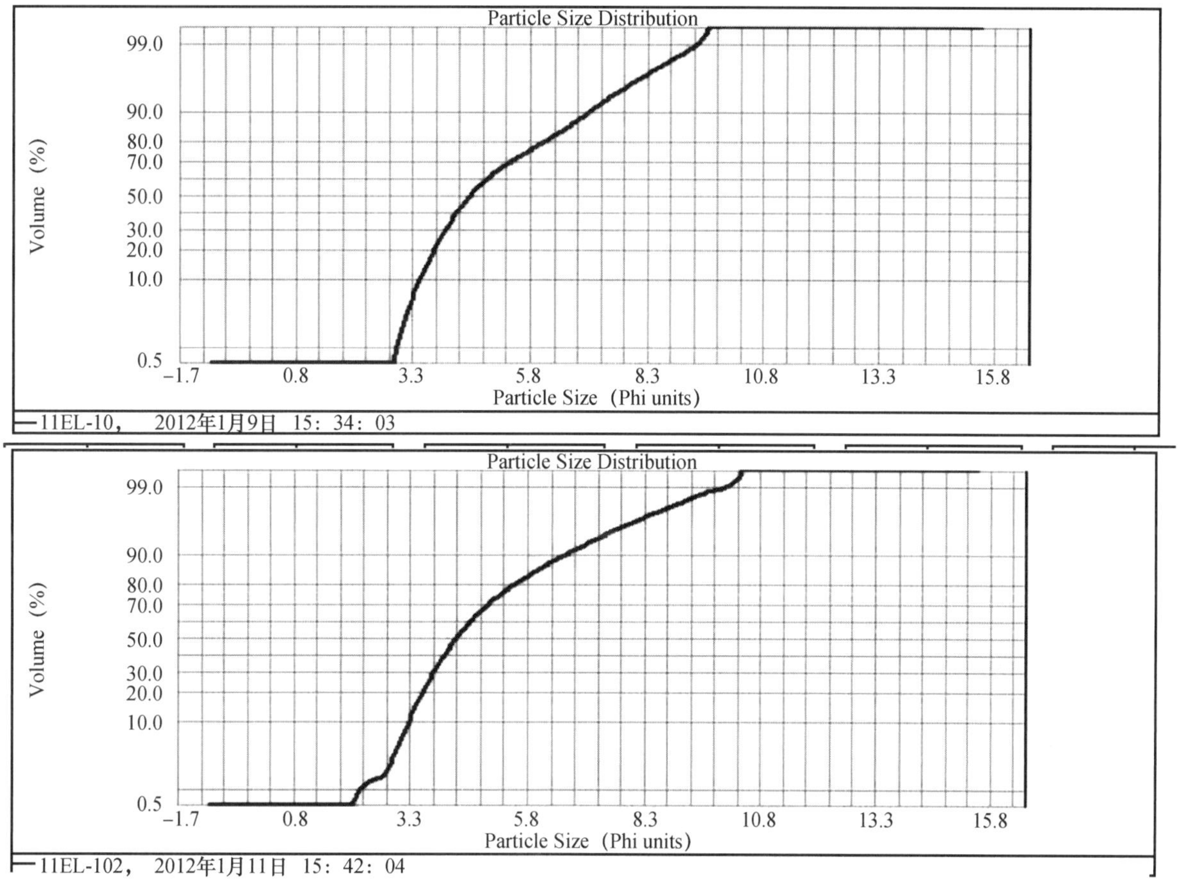

图1-11　老奶奶庙遗址第1地点古河道堆积代表性的粒度概率累积曲线

微的往复作用；悬浮段（黏土）较少，分选较好；个别样品出现推移段，指示水流有所加强。这些特征反映了河流的河漫滩前缘滨河床沙坝（天然堤）和河床边滩沉积物的水动力较强的水流搬运—沉积特征。由于仅根据粒度曲线目前还很难把两者区分开来，因此，姑且统称之为滨河床沙坝—边滩沉积，包括天然堤及边滩的一部分，也可以合称为“河滩地”。

在剖面上大部分样品都是缺乏推移质组分的两段式（174个/207个），有少量推移组分的三段式样品仅有33个，其中④层（154个样品）中有29个，达1/5，在③层（52个样品）中只有4个，仅占1/10。通常认为推移组分的出现可以指示水动力较强的边滩环境，由此我们推测，尽管整个剖面都属于滨河床沙坝—边滩沉积，但剖面下部水动力较强，上部水动力较弱，古滨河床沙坝多出现在剖面上部。由于古人类喜欢栖息在地势相对较高，比较干燥，受水流威胁较小的滨河床沙坝上，因此，出现滨河床沙坝几率较高的剖面上部（③层）就可能成为文化遗物的主要分布层位。

（2）磁化率分析。

沉积物的磁化率可以表征沉积物中铁磁性矿物（Fe_3O_4和Fe_2O_3）含量的多少。影响沉积物中铁磁性矿物含量的因素很多，包括地球化学过程、生物地球化学过程、机械分异过程等。冲积物中铁磁性矿物的含量通常与水动力的机械分异作用有直接的关系，水动力强度越强，搬运物质的机械分异越好，造成比重较大的铁磁性矿物和粗颗粒会同时富集，出现较高的磁化率。因此，河流沉积物的磁化率与粒度组分具有一定的相关关系。通过磁化率的测试也可以揭示冲积物的粒度变化情况。

与粒度分析同步，我们对第1地点的③层和④层的207个样品进行了磁化率分析。所有的样品的前处理和测试均在中国科学院古脊椎动物与古人类研究所环境考古实验室完成，磁化率测试在英国Bartington仪器公司生产的MS2型磁化率仪上进行。测试结果表明（图1-12），低频磁化率（Xlf）和高频磁化率（Xhf）的数值都变动在5～35（$10^{-8}m^3/kg$）之间，沿剖面的变化呈现下部较低，中部较高，上部降低的变化趋势。与粒度的中值粒径、砂粒含量的变化具有明显的正相关关系。频率磁化率（Xfd）的变化范围在−5～5之间，相对来说波动不大。

磁化率的变化和中值粒径、砂粒含量的变化具有明显的正相关，因此，磁化率的变化可以反映粒度的变化。老奶奶庙第1地点的高、低频磁化率沿剖面均呈现下部较低，中部较高，上部降低的变化趋势，这与野外剖面所见，剖面上部文化层物质较细，具有清楚的水平层理，剖面下部的细砂层较粗完全一致，也与平均粒度及砂含量的变化一致，反映一个上粗下细的河流沉积旋回。进而根据磁化率的变化，还可以进一步将一级沉积旋回划分出两个次一级的河流旋回，其中第一个次级旋回为④层，其下部（④G～④E）磁化率较低，上部（④D、④C、④B）磁化率加大，顶部（④A）磁化率降低，这一变化与粒度变化基本同步，指示一个由细—粗—细的次级旋回；第二个次级旋回为③层，下部（③F～③E）磁化率较高，中部（③D～③C）磁化率高，上部（③B～③A）磁化率最低，磁化率的变化也与粒度的变化大体同步，指示又一个细—粗—细的次级小旋回。

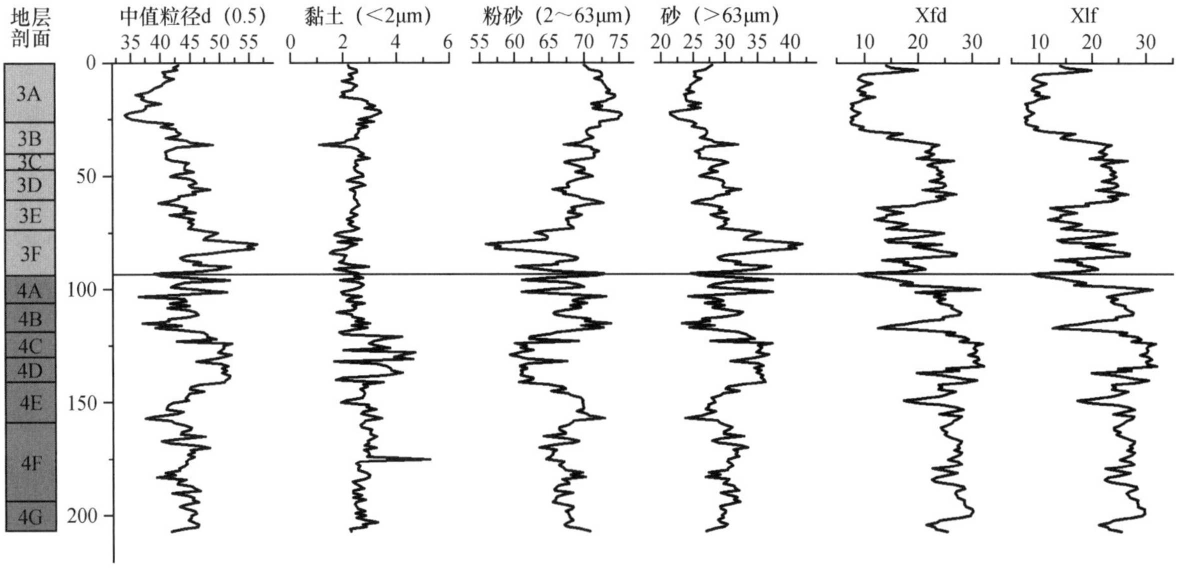

图1-12　磁化率与粒度变化曲线的对比图

1.3.1.4　孢粉分析

在文化层所在的剖面③层和④层（不包括③A层），以2cm为样长，连续采集沉积物样品92个。制片后在显微镜下进行鉴定和统计（图1-13）。

（1）孢粉种属。

92个样品中孢粉总数（不包含藻类植物孢子，藻类只计算浓度，不计入百分含量计算）超过100粒的有77个样品，低于100粒的有15个样品。在统计孢粉总数的同时也统计外加石松孢子数，并经过浓度换算公式算出每个样品的孢粉总浓度。计算结果，所有样品的孢粉浓度普遍较低，浓度最大的5446粒/百克（54粒/克），浓度最小的小于1粒/克。

鉴定出的孢粉包括如下植物种属：

乔、灌木植物花粉出现14科，有：冷杉属（*Abies*）、云杉属（*Picea*）、松属（*Pinus*）、铁杉属（*Tsuga*）、漆木属（*Rhus*）、桤木属（*Alnus*）、桦属（*Betula*）、鹅耳枥属（*Carpinus*）、榛属（*Corylus*）、荚蒾属（*Viburnum*）、卫矛属（*Euonymus*）、水青冈属（*Fagus*）、栎属（*Quercus*）、山核桃属（*Carya*）、胡桃属（*Juglans*）、木犀科（Oleaceae）、白蜡树属（*Fraxinus*）、鼠李科（Rhamnaceae）、蔷薇属（*Rosa*）、绣线菊属（*Spiraea*）、芸香科（Rutaceae）、柳属（*Salix*）、榆属（*Ulmus*）、椴属（*Tilia*）等花粉。

草本植物花粉出现26科，有紫草科（Boraginaceae）、苋科（Amaranthaceae）、石竹科（Caryophyllaceae）、藜科（Chenopodiaceae）、菊科（Compositae）、蒿属（*Artemisia*）、旋花科（Convolvulaceae）、龙胆属（*Gentiana*）、禾本科（Gramineae）、栽培禾本科（CulturalGramineae）、十字花科（Cruciferae）、大戟科（Euphorbiaceae）、唇形科（Labiatae）、豆科（Leguminosae）、百合科（Liliaceae）、蓼属（*Polygonum*）、报春花科（Primulaceae）、毛茛科（Ranunculaceae）、唐松草属（*Thalictrum*）、委陵菜属（*Potentilla*）、地榆属（*Sanguisorba*）、玄参科（Scrophulariaceae）、茄属（*Solanum*）、荨麻属（*Urtica*）、败酱属（*Patrinia*）、堇菜属（*Viola*）、伞形科（Umbelliferae）、虎耳草科（Saxifragaceae）、湿生草本植物莎草科（Cyperaceae）及水生草本植物香蒲属（*Typha*）等花粉。

蕨类植物孢子只出现3科，有中华卷柏（*Selaginellasinensis*）、里白属（*Hicriopteris*）、铁线蕨属（*Adiantum*）等孢子。

淡水静水藻类植物环纹藻（*Concentricystes*）出现较多，盘星藻（*Pediastrum*）零星出现。

这些植物种属中，乔灌木主要是温带和暖温带常见的种属，但也包含一些亚热带的种属，尤其是喜欢生长在亚热带漫滩上的水青冈属比较常见；草本植物主要为陆生旱生草本，还有生长在漫滩上的湿生植物莎草和水边的水生草本植物香蒲属，以及淡水静水藻类植物。总体上反映受亚热带气候影响的暖温带南缘地区的河漫滩生态环境（图1-14）。

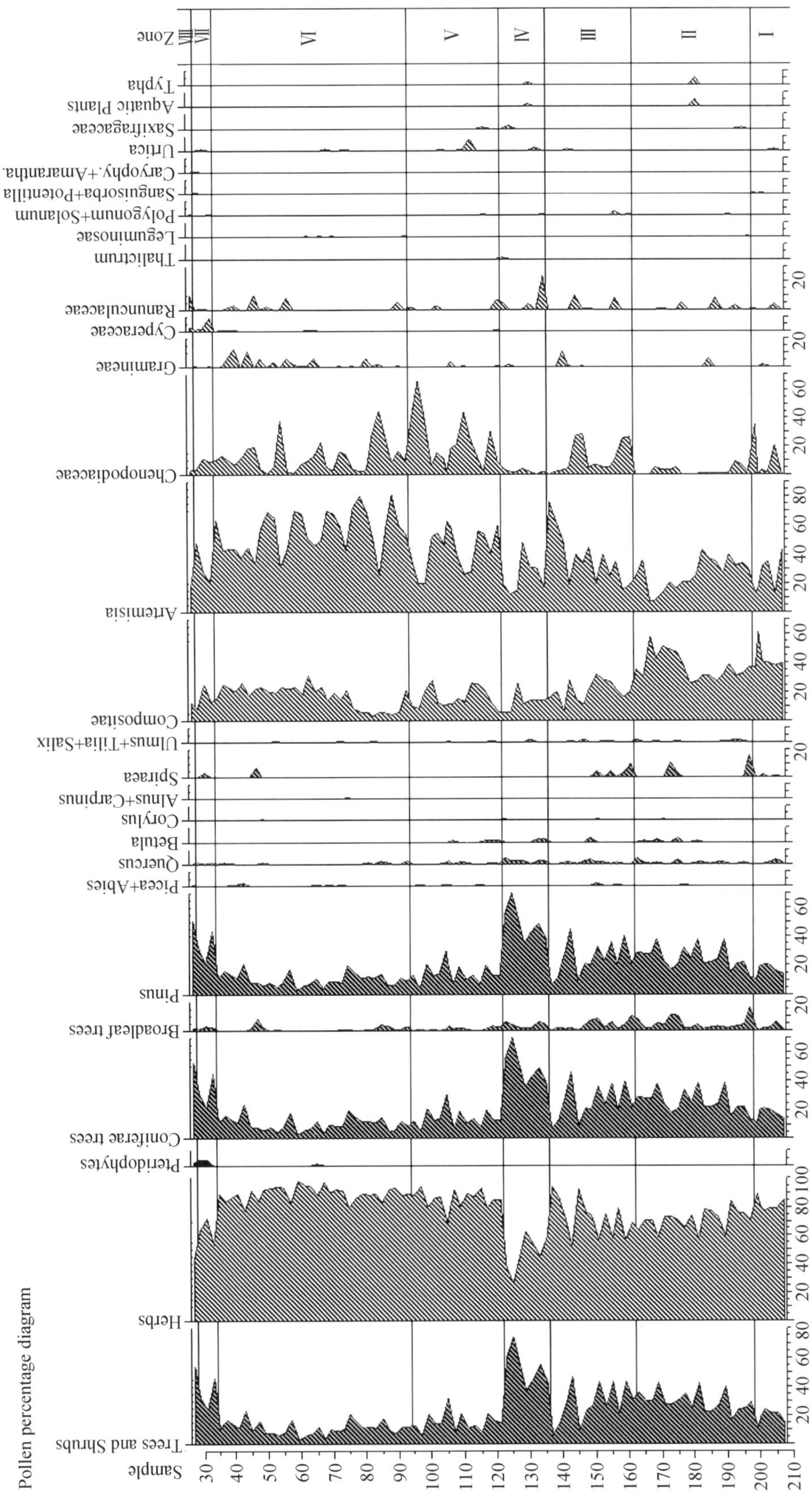

图1-13 老奶奶庙遗址第1地点文化层孢粉浓度统计表

横坐标未标注数字者一小格为5

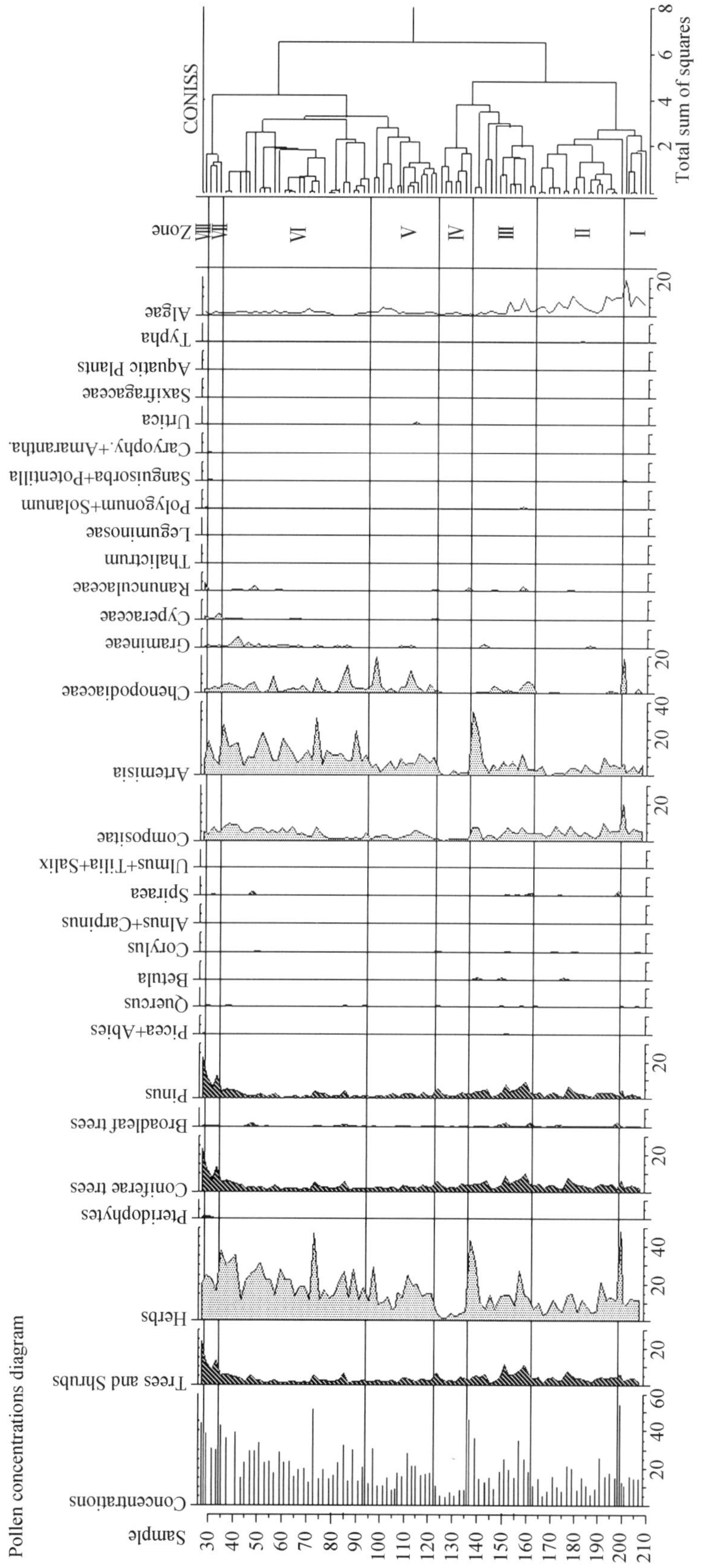

图1-14　老奶奶庙遗址第1地点文化层孢粉百分含量统计表

横坐标末标注数字者一小格为5

（2） 孢粉组合特征。

根据孢粉种属的百分含量统计和浓度计算，经聚类分析，将第一地点的剖面，从下至上划分8个组合（见孢粉浓度图和孢粉百分含量图）。

Ⅰ组：以Compositae-Chenopodiaceae-Artemisia-Pinus为主的孢粉组合。

样品编号EL199～EL207，包含6个样品（④G层下部）。孢粉总浓度在12～54粒/克之间波动。主要以草本植物花粉（浓度8～48粒/克，百分含量76.19%～88.54%）为主，乔、灌木植物花粉（浓度2～6粒/克，百分含量11.46%～23.81%）较少。针叶植物花粉（浓度2～6粒/克，百分含量10.19%～20.41%）较多，落叶阔叶植物花粉（浓度0～1粒/克，百分含量0～5.65%）零星出现。

其中乔灌木中，针叶植物只有较多的松属花粉（浓度+0粒/克，百分含量10.19%～20.41%）。落叶阔叶植物有栎属（浓度0～+0粒/克，百分含量0～3.23%），绣线菊属（浓度+0粒/克，百分含量0～2.04%）、榛属（浓度0～+0粒/克，百分含量0～0.81%）、桦属（浓度0～+0粒/克，百分含量0～0.68%），还有零星的柳属花粉出现。

陆生草本植物中，菊科（浓度4～20粒/克，百分含量36.94%～61.29%）花粉最多，其次藜科（浓度0～19粒/克，百分含量0～35.03%）、蒿属（浓度2～7粒/克，百分含量12.74%～43.01%）花粉较多，毛茛科（浓度0～+0粒/克，百分含量0～4.03%）、地榆属+委陵菜属（浓度0～+0粒/克，百分含量0～1.27%）、禾本科（浓度0～+0粒/克，百分含量0～1.36%）、虎耳草科（浓度0～+0粒/克，百分含量0～0.64%）、荨麻属（浓度0～+0粒/克，百分含量0～0.81%），还有旋花科、伞形科、唇形科、马先蒿属等零星出现。

藻类植物孢子很多，浓度达4～18粒/克。

该组合孢粉浓度虽然达到剖面最高值，但仍然很低，指示这一时期植被覆盖度不大，主要为中生草本植物菊科花粉，其次旱生、超旱生草本植物（藜科+蒿属）也较多，乔灌木中以松属为主，落叶阔叶树较少。当时本区属暖温带南缘的河谷地区，受亚热带影响较小，气候暖干，属于植被比较稀疏的河漫滩灌丛草地环境。而大量藻类植物孢子的出现，表明当时河漫滩上分布有较多的积水洼地。

Ⅱ组：以Artemisia-Compositae-Pinus为主的孢粉组合。

样品编号EL163～EL197，包含18个样品（④G层中上部和④F层下部）。孢粉总浓度在5～26粒/克之间波动。主要以草本植物花粉（浓度3～21粒/克，百分含量57.89%～83.33%）为主，乔、灌木植物花粉（浓度1～8粒/克，百分含量16.67%～42.11%）较少，其中针叶植物花粉（浓度1～7粒/克，百分含量13.04%～38.39%）较多，落叶阔叶植物花粉（浓度+0～2粒/克，百分含量0.93%～16.15%）较少。未见蕨类植物孢子。

针叶植物中，以松属（浓度1～7粒/克，百分含量12.42%～38.39%）花粉较多，冷杉属（浓度0～+0粒/克，百分含量0～0.7%），还有零星的铁杉属花粉出现。

落叶阔叶植物中，栎属（浓度0～+0粒/克，百分含量0～4.76%）、桦属（浓度0～+0粒

/克，百分含量0～3%）、榛属（浓度0～+0粒/百克，百分含量0～0.93%）、桤木属（浓度0～+0粒/克，百分含量0～0.78%）、绣线菊属（浓度0～2粒/克，百分含量0～15.53%）、榆属+柳属+椴属（浓度0～+0粒/克，百分含量0～1.59%），还有零星木犀科、胡桃属、芸香属、卫矛属、白蜡树属、漆木属等喜热植物的花粉出现。

陆生草本植物中，以菊科（浓度0～10粒/克，百分含量25.4%～57.38%）为主，蒿属（浓度+0～10粒/克，百分含量6.56%～43.52%）相近，藜科（浓度0～2粒/克，百分含量0～9.74%）、毛茛科（浓度0～1粒/克，百分含量0～7.75%）、禾本科（浓度0～+0粒/克，百分含量0～5.83%）、蓼属（浓度0～+0粒/克，百分含量0～0.72%）、虎耳草科（浓度0～+0粒/克，百分含量0～0.85%），还有零星的堇菜属、唇形科、大戟科、旋花科、伞形科等花粉出现。

水生植物零星见到香蒲属（浓度0～+0粒/克，百分含量0～5.26%）花粉。

藻类植物孢子（浓度1～10粒/克）出现较多。

该组合孢粉浓度比Ⅰ组合明显降低，指示这一时期植被覆盖度更为稀疏，主要以旱生植物蒿属为主，也有较多的中生植物菊科，针叶植物松属较多。出现有少量的亚热带代表性植物。指示本区为受亚热带气候影响的暖温带南缘河谷地区，属于气候暖干，植被十分稀疏的河漫滩灌丛草地环境。零星的水生植物和较多的藻类植物孢子出现，说明当时河漫滩上分布有较多的积水洼地。

Ⅲ组：以Artemisia-Pinus-Compositae-Chenopodiaceae为主的孢粉组合。

样品编号EL137～EL161，包含13个样品（④F层上部）。孢粉总浓度在8～46粒/克之间波动。以草本植物花粉（浓度6～43粒/克，百分含量52.58%～93.6%）为主，乔、灌木植物花粉（浓度1～11粒/克，百分含量6.4%～47.62%）较少，乔灌木中，针叶植物花粉（浓度1～10粒/克，百分含量6.4%～45.36%）较多，落叶阔叶植物花粉（浓度0～2粒/克，百分含量0～7.84%）很少。未见蕨类植物孢子。

针叶植物以松属（浓度1～10粒/克，百分含量6.4%～45.36%）花粉为主，云杉属（浓度0～+0粒/克，百分含量0～1.96%）花粉零星出现。

落叶阔叶植物主要有栎属（浓度0～+0粒/克，百分含量0～3.57%）、桦属（浓度0～+0粒/克，百分含量0～2.98%）、榛属（浓度0～+0粒/克，百分含量0～0.98%）、绣线菊属（浓度0～2粒/克，百分含量0～9.17%）、榆属+椴属（浓度0～+0粒/克，百分含量0～1.1%），还有木犀科、胡桃属等花粉零星出现。

陆生草本植物以蒿属（浓度2～35粒/克，百分含量14.91%～76%）花粉为主，其次菊科（浓度+0～8粒/克，百分含量5.88%～31.37%）、藜科（浓度+0～7粒/克，百分含量0.8%～28.57%）花粉较多，毛茛科（浓度0～3粒/克，百分含量0～9.8%）、禾本科（浓度0～2粒/克，百分含量0～10.78%）、蓼属（浓度0～1粒/克，百分含量0～3%）有时出现较多，荨麻属（浓度0～+0粒/克，百分含量0～1.03%），还有旋花科、唇形科、玄参科、堇菜属、伞形科等花粉零星出现。

水生植物零星见到香蒲属（浓度0～+0粒/克，百分含量0～0.6%）花粉。

藻类植物孢子有时出现较多，浓度为0～9粒/克。

该组合孢粉浓度比Ⅱ明显增大，但仍较低，指示这一时期植被覆盖度较低，主要以旱生植物蒿属花粉为主，针叶植物松属花粉较多，落叶阔叶树少量。代表气候比较暖干，植被比较稀疏的暖温带河漫滩灌丛草地。藻类植物孢子有的层位较多，有的层位几乎为零，表明当时河漫滩上分布上有间歇性的积水洼地。

Ⅳ组：以Pinus-Artemisia-Compositae为主的孢粉组合。

样品编号EL123～EL135，包含7个样品（④D层和④C层）。孢粉总浓度在4～11粒/克之间波动。以乔灌木植物花粉（浓度2～7粒/克，百分含量37.5%～74%）稍多，其中针叶植物花粉（浓度2～6粒/克，百分含量35.42%～70%）较多，落叶阔叶植物花粉（浓度0～+0粒/克，百分含量1.96%～5.77%）少量出现。草本植物花粉（浓度1～5粒/克，百分含量26%～62.5%）稍少。未见蕨类植物孢子。

针叶植物中只见松属花粉（浓度2～6粒/克，百分含量35.42%～70%）。

落叶阔叶植物中有栎属（浓度0～+0粒/克，百分含量0～3.85%）、桦属（浓度0～+0粒/克，百分含量0～1.89%）、榛属（浓度0～+0粒/克，百分含量0～0.96%）、榆属（浓度0～+0粒/克，百分含量0～1.96%），还有喜暖的漆木属、木犀科等花粉零星出现。

陆生草本植物中以蒿属（浓度+0～3粒/克，百分含量12%～47.92%）花粉最多，其次菊科（浓度+0～1粒/克，百分含量5.77%～25.53%）、毛茛科（浓度0～2粒/克，百分含量0～23.15%）花粉较多，藜科（浓度0～+0粒/克，百分含量0～4.17%）、荨麻属（浓度0～+0粒/克，百分含量0～1.89%）、唐松草属（浓度0～+0粒/克，百分含量0～0.96%）、禾本科（浓度0～+0粒/克，百分含量0～2%）、虎耳草科（浓度0～+0粒/克，百分含量0～2%）、蓼属（浓度0～+0粒/克，百分含量0～0.93%），还有唇形科、旋花科等花粉零星出现。

水生植物只零星见到香蒲属花粉（浓度0～+0粒/克，百分含量0～1.96%）。

藻类植物孢子少量出现（浓度+0～1粒/百克）。

该组合孢粉浓度快速降至剖面最低值，指示这一时期植被覆盖度极低，主要为针叶植物松属，落叶阔叶树少量，其次有较多的旱生草本植物。反映气候暖干，植被十分稀疏的暖温带河漫滩草地环境，当时河漫滩上可能长时间有少数积水洼地存在，生长有水生香蒲和藻类植物。

Ⅴ组：以Chenopodiaceae-Artemisia-Compositae-Pinus为主的孢粉组合。

样品编号EL95～EL121，包含15个样品（④B层、④A层和③F层底部）。孢粉总浓度在8～30粒/克之间波动。以草本植物花粉（浓度6～28粒/克，百分含量68.22%～94%）为主，乔灌木植物花粉（浓度1～4粒/克，百分含量6%～31.78%）次之。针叶植物花粉（浓度1～3粒/克，百分含量5%～30.84%）稍多，落叶阔叶植物花粉（浓度0～+0粒/克，百分含量0～2.97%）零星出现。未见蕨类植物孢子。

针叶植物中，以松属（浓度1～3粒/克，百分含量4%～29.91%）花粉稍多，云杉属+冷杉属（浓度0～+0粒/克，百分含量0～1%）花粉零星出现。

落叶阔叶植物有栎属（浓度0～+0粒/克，百分含量0～1.82%）、桦属（浓度0～+0粒/克，百分含量0～1%）、榆属（浓度0～+0粒/百克，百分含量0～0.99%）。有喜暖的胡桃属、山核桃属、白蜡树属、木犀科等花粉零星出现。

陆生草本植物以藜科（浓度+0～20粒/克，百分含量2%～66%）花粉为主，其次蒿属（浓度2～12粒/克，百分含量19.61%～63.64%）、菊科（浓度+0～6粒/克，百分含量6%～28%）花粉较多，毛茛科（浓度0～1粒/克，百分含量0～7%）、禾本科（浓度0～+0粒/克，百分含量0～4%）、莎草科（浓度0～+0粒/克，百分含量0～1%）、荨麻属（浓度0～+0粒/克，百分含量0～8.41%）、蓼属（浓度0～+0粒/克，百分含量0～1%）、虎耳草科（浓度0～+0粒/克，百分含量0～1%），还有零星的败酱属、旋花科、唇形科、十字花科、报春花科等花粉出现。

藻类植物孢子普遍出现（浓度+0～4粒/百克）。

该组合孢粉浓度比Ⅳ组合明显增大，但仍较低，指示这一时期植被覆盖度不大，主要为超旱生植物藜科花粉最多，其次旱生植物蒿属花粉也较多，针叶植物松属较少。有零星亚热带植物出现。反映受亚热带气候影响的暖温带南缘河谷地区，为气候暖干，植被比较稀疏的河漫滩灌丛草地环境。当时河漫滩上可能长期存在有积水洼地，水中有淡水静水藻类植物。

Ⅵ组：以Artemisia-Chenopodiaceae-Compositae-Pinus为主的孢粉组合。

样品编号EL35～EL93，包含29个样品（③F、③E、③D、③C和③B层下部）。孢粉总浓度在12～52粒/克之间波动。以草本植物花粉（浓度11～47粒/克，百分含量76.92%～96.52%）最多，乔、灌木植物花粉（浓度+0～6粒/克，百分含量2.68%～23.08%）较少，其中针叶植物花粉（浓度66～555粒/百克，百分含量2.68%～23.08%）较多，落叶阔叶植物花粉（浓度0～240粒/百克，百分含量0～8%）较少。蕨类植物孢子（浓度0～+0粒/克，百分含量0～0.78%）零星出现。

针叶植物主要为松属（浓度+0～6粒/克，百分含量2.68%～21.15%），云杉属（浓度0～+0粒/克，百分含量0～1.92%）花粉零星出现。

落叶阔叶植物中，绣线菊属（浓度0～2粒/克，百分含量0～8%）花粉出现较多，栎属（浓度0～+0粒/克，百分含量0～2.54%）、榆属+柳属（浓度0～+0粒/克，百分含量0～1%）、榛属（浓度0～+0粒/克，百分含量0～1%）、桤木属（浓度0～+0粒/克，百分含量0～1%），还有喜暖的水青冈属、蔷薇属、木犀科等植物花粉零星出现。

陆生草本植物以蒿属（浓度6～31粒/克，百分含量25.42%～80.19%）花粉为主，其次藜科（浓度+0～15粒/克，百分含量0.88%～44.92%）、菊科（浓度+0～9粒/克，百分含量2.27%～30.43%）等花粉较多，禾本科（浓度0～5粒/克，百分含量0～13.04%）、毛茛科（浓度0～3粒/克，百分含量0～10%）有时出现较多，莎草科（浓度0～+0粒/克，百分含量0～1.03%）、荨麻属（浓度0～+0粒/克，百分含量0～1%）、豆科（浓度0～+0粒/克，百分含量0～0.98%），还有旋花科、龙胆属、堇菜属、紫草科、委陵菜属、鼠李科等花粉零星出现。

蕨类植物中，只零星见到铁线蕨属孢子。

藻类植物孢子（浓度0～3粒/克）时多时少。

该组合孢粉浓度继续增大，但仍较低，指示这一时期植被覆盖度不大，以旱生植物蒿属+藜科为主，针叶植物松属花粉次之，偶有亚热带植物零星出现。反映略受亚热带气候影响的暖温带南缘河谷地区，气候暖干，植被比较稀疏的河漫滩灌丛草地环境。河漫滩上有时有少量积水洼地存在，水中断续出现少量的藻类植物。

Ⅶ组：以Artemisia-Pinus-Compositae-Chenopodiaceae为主的孢粉组合。

样品编号EL29～EL33，包含3个样品（③B层上部）。孢粉总浓度在29～38粒/克之间波动。草本植物花粉（浓度16～24粒/克，百分含量53.47%～72%）为主，乔灌木植物花粉（浓度7～17粒/克，百分含量24%～46.53%）次之，蕨类植物孢子（浓度0～2粒/克，百分含量0～4.39%）零星出现。针叶植物花粉（浓度6～13粒/克，百分含量21%～44.55%）较多，落叶阔叶植物花粉（浓度+0～1粒/克，百分含量0.88%～3%）很少。

乔灌木中针叶植物只有较多的松属（浓度6～13粒/克，百分含量21%～44.55%）花粉。落叶阔叶植物见少量的栎属（浓度0～+0粒/克，百分含量0～0.99%）、绣线菊属（浓度0～1粒/克，百分含量0～3%）、胡桃属等花粉。

陆生草本植物以蒿属（浓度6～19粒/克，百分含量20.79%～48.25%）花粉最多，其次菊科（浓度3～8粒/克，百分含量7.89%～25%）、藜科（浓度1～3粒/克，百分含量3.51%～11%）、莎草科（浓度+0～3粒/克，百分含量0.88%～8.91%）花粉较多。禾本科（浓度0～+0粒/克，百分含量0～0.99%）、委陵菜属（浓度0～+0粒/克，百分含量0～0.88%）、石竹科（浓度0～+0粒/克，百分含量0～0.88%）、毛茛科（浓度0～+0粒/克，百分含量0～1%）、茄属（浓度0～+0粒/克，百分含量0～0.99%）、荨麻属（浓度0～+0粒/克，百分含量0～1%）、报春花科等花粉零星出现。

蕨类植物中，见少量的中华卷柏、铁线蕨和亚热带的里白属等孢子。

藻类植物孢子零星出现（浓度0～122粒/百克）。

该组合孢粉浓度比Ⅶ组合下降，指示这一时期植被覆盖度稀疏。以针叶植物松属为主，其次旱生植物蒿属+藜科较多。有少量的藻类植物孢子。反映略有亚热带气候影响的暖温带南缘地区，属于气候暖干，植被比较稀疏的河漫滩灌丛草地生态环境。河漫滩上有少量积水洼地，生长有少量藻类植物。

Ⅷ组：以Pinus-Artemisia-Compositae-Ranunculaceae为主的孢粉组合。

样品编号EL27，包含1个样品（③B层顶部）。孢粉总浓度44粒/克。植被以乔灌木植物花粉（浓度24粒/克，百分含量53.91%）为主，草本植物花粉（浓度20粒/克，百分含量44.53%）次之，蕨类植物孢子（浓度+0粒/克，百分含量1.56%）很少。针叶植物花粉（浓度23粒/克，百分含量52.34%）占优势，落叶阔叶植物花粉（浓度+0粒/克，百分含量1.56%）很少。

针叶植物中，松属（浓度22粒/百克，百分含量50.78%）花粉为主，云杉属+冷杉属（浓度

+0粒/克，百分含量1.56%）花粉很少。

落叶阔叶植物中，只见少量荚蒾属、芸香科花粉。

陆生草本植物中，蒿属（浓度8粒/克，百分含量17.19%）最多，其次菊科（浓度6粒/克，百分含量11.72%）、毛茛科（浓度4粒/克，百分含量9.38%）较多，藜科（浓度1粒/克，百分含量3.13%）、莎草科（浓度1粒/克，百分含量2.34%）、蓼属+茄属（浓度+0粒/克，百分含量0.78%）及委陵菜属等花粉少量出现。

蕨类植物中，只见少量里白属、中华卷柏孢子。

藻类植物孢子少量出现（浓度1粒/克）。

该组合孢粉浓度较低，指示这一时期植被覆盖度较小，以针叶植物松属为主，其次旱生植物蒿属+藜科较多，出现少量亚热带蕨类植物里白属。反映略受亚热带气候影响，属于暖温带南缘河谷地区，气候暖干，植被稀疏的河漫滩草地环境。河漫滩上有少量积水洼地，生长淡水静水藻类植物。

以上8个孢粉带中，第Ⅷ～第Ⅴ带对应于③层和④层上部，第Ⅵ～第Ⅰ带对应于④层中下部，均属于距今4.5万～4.4万年前后的MIS3阶段中期。

（3）孢粉分析小结。

全部孢粉样品均采自MIS3阶段中期的古河道沉积。孢粉浓度普遍偏低，说明气候干燥，植被稀疏。

植被中以暖温带常见的旱生草本植物，如菊科、蒿属、藜科等为主，也有一些暖温带常见的乔灌木，并出现有少数亚热带代表性的植物，如铁杉属，水青冈属、白蜡树属和里白属等，指示在MIS3阶段中期，嵩山东南麓地处暖温带南缘，受亚热带气候影响，气候比较温暖干燥，与当地现代的气候环境相仿。

根据所有样品中湿生草本植物莎草科常见，水生植物香蒲属零星出现，淡水静水藻类植物或多或少地连续出现。说明这里一直属于河漫滩环境（包括滨河床沙坝和河床边滩）。进而根据剖面上部（③层和④层上部）的第Ⅷ～第Ⅴ孢粉带中，以蒿属、藜科等旱生草本为主要组分，环纹藻出现较少，而剖面下部（④层中下部）第Ⅵ～第Ⅰ带中以中生草本菊科为主要组分，并出现较多的淡水静水藻类植物环纹藻，推测在45～44ka B.P.的MIS3阶段中期，前段气候较湿，河漫滩上有较多的积水洼地，后段气候变干，河漫滩上积水洼地明显减少（表1-4）。

古人类文化遗物主要出现在剖面上部的③层，④层中也有分布。③层是MIS3阶段晚段气候比较干燥的时段，推测当时比较干燥的河漫滩灌丛草地环境，比MIS3早段比较潮湿的河漫滩灌丛草地，受洪水影响较小，河漫滩大面积出露水面，漫滩上积水洼地数量减少，面积变小，这一环境的变化更适宜于古人类较长时间在此的逗留和生活，并成为古人类活动的中心遗址。

表1-4　老奶奶庙遗址第1地点植物生态环境

孢粉带	地层	浓度（粒/克）	草本	乔灌本	蕨类	水生	藻类（粒/克）	生境
Ⅷ	③B	44	蒿—菊—毛茛科，其他5种	松稍多，云杉属+冷杉属少量荚蒾属、芸香科	中华卷柏、里白属	无	少量14	略受亚热带影响的暖温带南缘河谷地区暖干的河漫滩稀疏灌丛草地
Ⅶ	③B	29～39	蒿—藜—菊，其他8种	松为主，少量栎属、绣线菊属、胡桃属	中华卷柏、里白属、铁线蕨少量	香蒲属	较少0～1	
Ⅵ	③B～③E	12～52	蒿—藜—菊，其他11种	松为主、云杉次之、绣线菊属较多，栎属、榆属+柳属、榛属、桤木属、水青冈属、蔷薇属、木犀科等零星	铁线蕨零星	无	波动0～3	略受亚热带影响的暖温带南缘河谷地区比较暖干的河漫滩稀疏灌丛草地
Ⅴ	③F～④B	8～30	藜—蒿—菊，其他11种	松稍多，云杉属+冷杉属栎属、桦属、榆属、胡桃属、山核桃属、白蜡树属、木犀科等零星	无	无	普遍+0～4	
Ⅳ	④C～④D	4～11	蒿—菊，其他11种	松属、栎属、桦属、榛属、榆属、漆木属、木犀科等零星	无	香蒲	+0～1	暖温带南缘河谷地区温干的河漫滩河灌丛草地
Ⅲ	④E	8～46	菊—蒿—藜，其他9种	松属为主，云杉属零星，栎属、桦属、榛属、绣线菊属、榆属+椴属、木犀科、胡桃属等花粉零星		香蒲	偶较多0～9	暖温带南缘河谷地区略微温湿的河漫滩稀疏灌丛草地
Ⅱ	④F	5～26	菊—蒿，其他10种	松属花粉较多，冷杉属、铁杉属零星。栎属、桦属、榛属、桤木属、绣线菊属、榆属+柳属+椴属、木犀科、胡桃属、芸香属、卫矛属、白蜡树属、漆木属等零星		香蒲	较多1～10	略受亚热带影响的暖温带南缘河谷地区比较暖湿的河漫滩稀疏灌丛草地
Ⅰ	④G	2～54	蒿—藜—菊，其他10种	松为主，栎属、线菊属、榛属、桦属、柳属等零星	无	无	多4～18	暖温带南缘河谷区较暖湿的漫滩稀疏灌丛草地

1.3.2　老奶奶庙遗址第2地点

1.3.2.1　第2地点的位置

第2地点位于第一地点南西100m的公路东侧，比第1地点低5.5m。与第1地点处于同一地貌部位，属于同一条古河道（图1-8）。我们在探方南壁进行了地层划分，在文化层所在的③、④、⑤层，按样长2cm连续采集沉积物样品54个，采样厚度108cm。

1.3.2.2　地层划分

老奶奶庙遗址第2地点剖面位于探方西壁。按岩性特征可以划分为5层，剖面由上而下描述如下（图1-15）。

上部：属于晚期堆积

①层：表土层，为修建公路时形成的松散灰黄色粉砂土堆积，厚约200cm，含较多黄褐色水锈斑，其中采集有数量较少的动物骨骼残片，未见石制品。

②层：厚90cm（19个样品），浅黄褐色黏质粉沙层，为晚期阶地堆积，土质较为松软，土色纯净，含较多黄褐色水锈斑。出土遗物很少，仅零星发现动物骨骼和石制品。

下部：古河道堆积

③层：厚54cm（9个样品），灰褐色黏土层，土质极为致密，质地较硬，土色纯净，未见遗物。属于MIS3阶段河漫滩泛滥平原堆积。

④层：厚30cm（6个样品），黄褐色黏质粉沙层，土质较致密，含较多褐色水锈斑，局部包含有砂粒。动物骨骼和石制品多集中分布于此。属于河漫滩泛滥平原上的小汊河堆积。

⑤层：厚45cm（9个样品），黑褐色黏土层，未见底。致密坚硬，土色纯净，不见其他包含物。属于MIS3阶段的湖沼堆积。

文化遗存主要出土于④层。

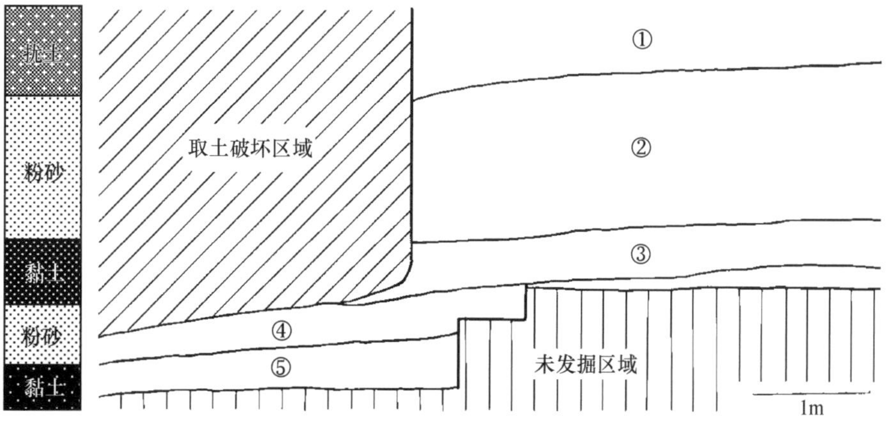

图1-15　老奶奶庙遗址第2地点剖面图

1.3.3　老奶奶庙遗址第3地点

1.3.3.1　第3地点的位置

第3地点位于第1地点南西100米的公路东侧，第2地点西侧，两者之间以公路相隔。其下部（④～⑤层）地层与第1地点③～④层、第2地点③～⑤层可以对比，是同一古河道的堆积，上部（②～③层）为晚期（全新世以来）的河流阶地堆积。

1.3.3.2　地层划分与年代

按岩性及包含物对剖面由上而下描述如下（图1-16）。

上部：晚期堆积

①层：黄褐色黏质粉砂，夹灰白色斑块，部分区域颜色略红，分布于整个发掘区。属扰土层，厚度为36～69cm。

②层：黄褐色黏质粉砂，土质疏松，亦含近现代砖瓷片。分布于整个发掘区。时代为近现代。扰土层。厚度为86～130cm。

中部：元代堆积

③层：褐色黏质粉砂，具水平层理，土质较为疏松，遗物有青砖、石块、红烧土、炭屑和元明时期的白地黑花瓷片等。本层分布于整个发掘区。为元明时期堆积。厚为48～90cm。

--------------侵蚀面-----------------

下部：古河道堆积

④层：灰绿色黏质粉砂，具水平层理，广泛分布铁锈斑，土质致密、坚硬，包含物有钙质结核和螺壳，本层从上部至下呈现出灰绿色向黄褐色渐变的现象，而且螺壳和钙结核也逐渐变

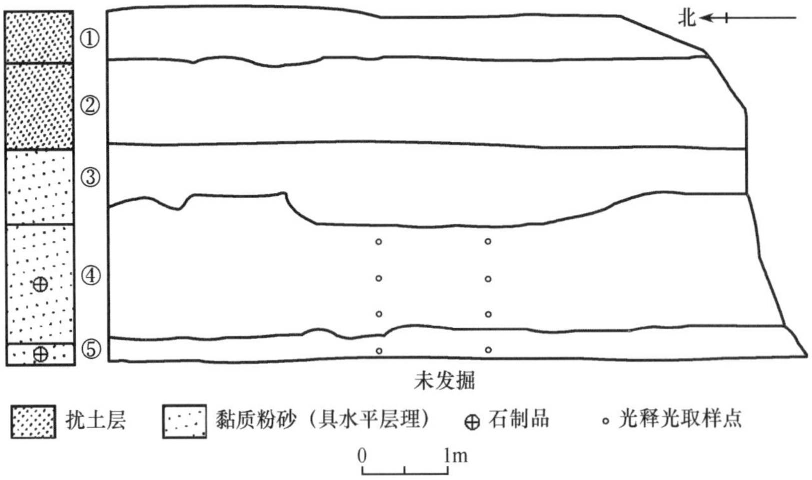

图1-16　老奶奶庙遗址第3地点东壁剖面图

多，并在本层下部出现大量可能因滞水而形成的薄层泥炭堆积，为河漫滩泛滥平原堆积。出土动物化石、石制品。厚度为112～150cm。

⑤层：灰绿色黏质粉砂，具水平层理，分布大量铁锈斑，土质致密、坚硬，包含物有少量钙质结核，罕见螺壳，也为河漫滩泛滥平原堆积。出土有较多动物化石、石制品。本层发掘厚度为14～37cm，未见底。

出土有石制品的④层和⑤层，在层位上与老奶奶庙文化层相当，且石制品性质相同，据此我们认为其年代应与老奶奶庙相仿，大致也在距今4.5万年或更早一些。

1.3.4 老奶奶庙遗址群的古环境重建

1.3.4.1 古地貌和古水文复原

根据野外地貌调查和沉积物分析，我们可以进行MIS3阶段老奶奶庙遗址古生态环境的复原。

老奶奶庙遗址的三个地点基本上呈南北展布，第1地点在北，第2地点在南，第3地点居中，彼此相距不足100米。其中第1地点堆积剖面，上部为巨厚的马兰黄土堆积，中部为MIS3阶段河流堆积，由滨河床沙坝和边滩组成，下部为马栏黄土堆积，夹在黄土堆积之间的河流堆积层属于黄土期的古河道堆积。第2地点的剖面上部为晚期河流阶地堆积，下部为MIS3阶段的河流堆积，由夹有汊河堆积的河漫滩泛滥平原堆积组成。第3地点上部为晚期河流阶地堆积，下部为MIS3阶段的河漫滩泛滥平原堆积。三个地点的MIS3阶段河流堆积物同属黄土中的一道埋藏古河道，它们在沉积物特征上的差别，反映了它们所处地貌部位的不同（图1-17）。

沉积剖面的横向对比表明，在MIS3阶段早期，古河道从北边的第1地点，经中间的第3地点再到南边的第2地点，依次形成滨河床沙坝和边滩堆积（第1地点）、河漫滩泛滥平原堆积（第3地点）和夹有小汊河的河漫滩泛滥平原堆积（第2地点），构成古河流南岸的地貌—沉积断面，当时古河床应在第1地点北侧。在古河道发育的晚期，由于目前仅在第1地点见到有滨河床沙坝和边滩堆积（③层），由第1地点向北地层没有揭露，向南这套堆积被后期河流侵蚀破坏，因此无法建立这一时段的河流横断面。从人类文化遗存来看，在古河道发育早期，古人类主要出现在第1地点的边滩和滨河床砂坝上，留下了较多的文化遗存，而向里到第3地点和第2

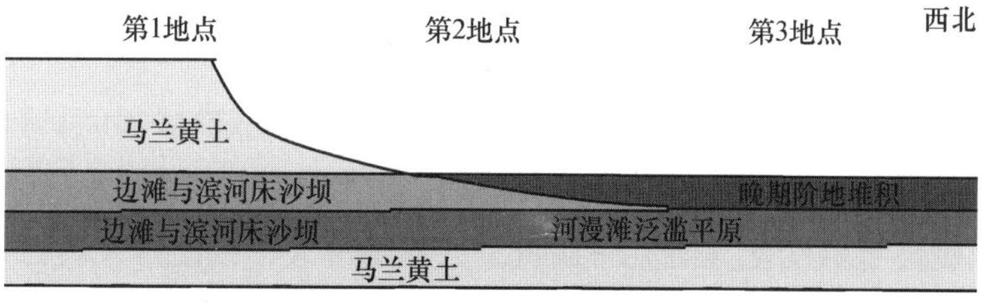

图1-17　老奶奶庙遗址地貌部位示意图

地点的河漫滩泛滥平原上，遗存较少。在古河道发育晚期，人类文化遗存主要集中在第1地点的边滩和滨河床砂坝上，且远比前期丰富，说明这一时期人类活动有所加剧，当时是否也曾到泛滥平原上活动，由于地层缺失，尚无法了解。

根据老奶奶庙地区MIS3阶段河流沉积剖面的特征，我们可以看出，组成滨河床沙坝和边滩的堆积物都比较细，主要是粉砂，而砂和黏土含量较少，且跃移组分大于悬移组分，缺乏推移组分，说明河流水动力条件不强，搬运能力较弱，以跃移为主，悬浮物较少；进而根据剖面中滨河床沙坝的砂体形态不太明显，与边滩堆积不易区分，表明当时洪水期水位不高，与平水位相差不大，不能形成规模较大的滨河床沙坝。另外，我们在沉积剖面上见到的侵蚀槽，规模较小，深度也较浅，也说明当时水动力侵蚀下切作用不强。另外，河漫滩泛滥平原堆积物质较细，为黏质粉砂，具水平层理，缺乏细粒的静水堆积，剖面中夹有一些薄层细砂或小型细砂透镜体，说明当时山前洪积平原上的河流具有干燥区的洪水泛滥特征：平水期水量小，流速一般，流态不稳定，而行洪时水量变化加大，但水位涨落快，在漫滩上残留的水洼地较少。

1.3.4.2　气候植被复原

孢粉分析结果表明，在MIS3阶段，老奶奶庙遗址周围植被稀疏，主要生长有暖温带陆生旱生草本植物，如菊科、蒿属和藜科等，少量暖温带常见的落叶阔叶树，如椴属、桦木属、鹅耳枥属、栎属、榆属和柳属等乔灌木，附近山地上生长有松属、云杉属等针叶树。亚热带针叶树铁杉属和常绿阔叶树，如枫杨属、漆木属、水青冈属、山核桃属、白蜡树属、芸香科（Rutaceae）以及亚热带蕨类植物黑白属等时有出现。喜欢生长在河漫滩环境的湿生草本莎草科和水边的香蒲属比较普遍。反映人类生息在暖温带南缘河谷平原的河漫滩灌丛草地（或河漫滩草地）生境，受亚热带气候影响的，气候暖干，草木稀疏，河漫滩上有积水洼地分布。

1.3.4.3　人类选择

老奶奶庙遗址地处靠近亚热带的暖温带南缘，在MIS3阶段，以暖温带气候为主，经常受到亚热带气候北进的影响，总体上气候温暖干燥，植被比较稀疏，但比黄土堆积期要好一些，估计与现今类似，但略为干燥一些，属于马兰黄土堆积期中一个比较温暖的时期，即小间冰期（L_1S）。当时嵩山山前洪积平原上辫状河分布，河流下切不深，地势比较平坦，河谷呈浅盆型，河漫滩比较发育。这一气候环境和地貌环境比较适宜于古人生活。这一时期人类依水而居，他们活动在这些古河道两侧的河漫滩上，尤其是地势较高、距河较近的河漫滩前缘滨河床沙坝上，河漫滩上动植物资源比较丰富，是人类从事采集和狩猎活动的良好场所。MIS3阶段结束之后，气候开始进入比较寒冷干燥的MIS2阶段，黄土堆积加剧，这些河道逐渐被黄土掩埋。随着气候和地貌环境的变化，河流明显减少并逐渐消失，致使古人离开原来的营地，去寻找新的栖息地。

1.4　赵庄遗址的古环境分析

图1-18　赵庄遗址探方南端

赵庄遗址位于河南省新郑市梨河镇赵庄村西（地理坐标北纬34°18.026′，东经113°41.548′，海拔高程104m）。遗址地处嵩山东南麓山前黄土台地的前缘，溴水河从遗址西流过，形成高达6m的黄土陡坎（图1-18）。2006年春调查发现，后经多次复查，确认其包含丰富的石制品和动物化石等。2009年10～12月，对该遗址进行了正式发掘，发掘面积60m^2，在距地表−4.34～−6.25米的探方下部砂层中获得石制品（包括大量石核、石片、断块、碎屑、石料和少量经过修理的刮削器、尖状器等工具）以及动物化石（古菱齿象、羊、鹿）等，共计7129件。

1.4.1　遗址的地貌部位

赵庄遗址附近黄土台地发育，溴水河深切于黄土台地之中，沿河谷两岸多黄土陡坎，紧贴黄土陡坎常有河流阶地发育。赵庄遗址的文化层位于溴水河东侧黄土台地断面的下部，其上覆地层为厚层的马兰黄土，其下伏地层也是马兰黄土。

文化层岩性主要为粉细砂，砂质含量较高，具有黄灰相间的水平层理及斜层理，包含有丰富的文化遗物等，属于河流堆积，与上、下黄土堆积有明显区别。这套河流堆积主要见于探方下部（⑥、⑦层），在探方东壁呈近水平状产出，厚50～160cm（未见底），在南壁，地层向东倾斜，西高东低，倾角15°～20°。形成一个西南高，东北低，向上凸起的透镜状砂体。砂体的西部被后期沟谷破坏，北、东、南部分因探方的面积有限未加揭露，故未能窥见透镜体的全貌，但从残留的砂体形态来看，可以推测完整的砂体应该是一个高1m左右，东北坡缓，西南坡陡的滨河床沙坝。进而根据它夹在马兰黄土之中，推测属于马兰黄土堆积期间的一条古河道的滨河床沙坝，赵庄遗址就位于沙坝之上（图1-19）。

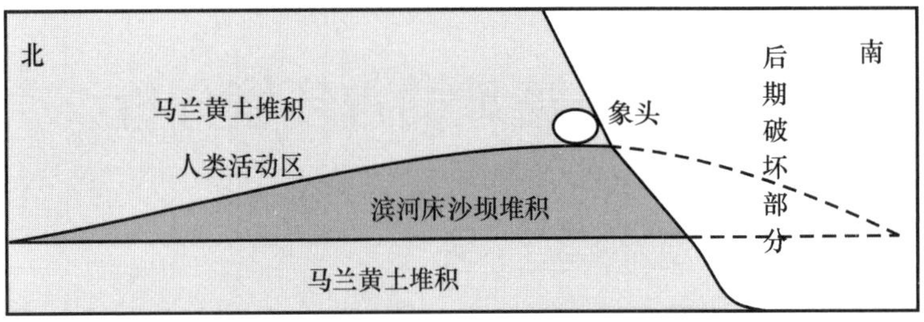

图1-19 赵庄遗址蚀余滨河床沙坝示意图

1.4.2 剖面特征和年代测定

1.4.2.1 剖面特征

以发掘区南壁剖面为例，按岩性特征及包含物，可以将赵庄剖面划分为7层，归纳为3部分（图1-20）。

上部：晚期堆积

①层，耕土层，黄褐色砂质黏土，土质较疏松，包含植物根系、石块、砖块、瓷片、夹砂红陶片、泥质红陶片等。厚0～60cm。

②层，黄色砂质黏土，质地较硬，较纯净，包含有裴里岗时期的红色素面泥质陶片。不整合斜披在③～⑦层之上，属晚期堆积。厚0～360cm。

中部：马兰黄土

③层，灰黄色砂质黏土，质地偏硬，夹杂褐色斑点及小钙结核颗粒，钙结核直径一般小于或等于1cm，此外还有白色钙质斑点。不包含文化遗物。厚0～192cm。

④层，黄色砂质黏土，质地偏硬。包含大量钙结核，直径2～15cm不等，以5cm左右者居多。未见文化遗存。厚0～350cm。

⑤层，黄褐色黏土质粉砂，包含少量钙结核，未见文化遗存。厚60～120cm。

下部：河流堆积

⑥层，灰褐色黏土质粉砂，土质较硬，带灰黄色斑点，含少量钙结核和蜗牛壳。包含少量文化遗物。厚50～80cm。

⑦层，灰白色黏质含砂粉砂，土质略硬，有锈黄色斑点，含砂量比⑥层大，局部可见黄灰相间的水平层理及斜层理，包含极少量的螺壳和钙结核，为河流沙坝堆积。包含大量石制品和动物化石，属主要文化层。厚15～80cm。

下伏马兰黄土（图1-21）。

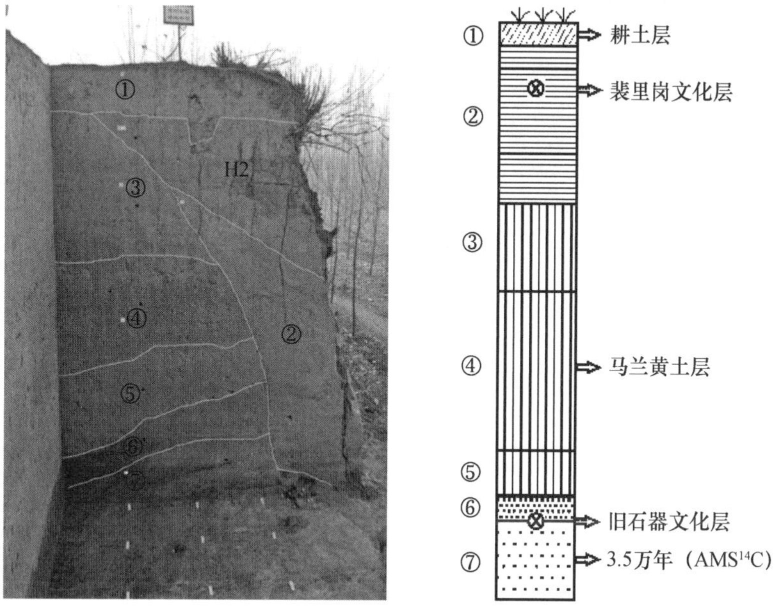

图1-20　赵庄遗址探方南壁

空白处为象头位置

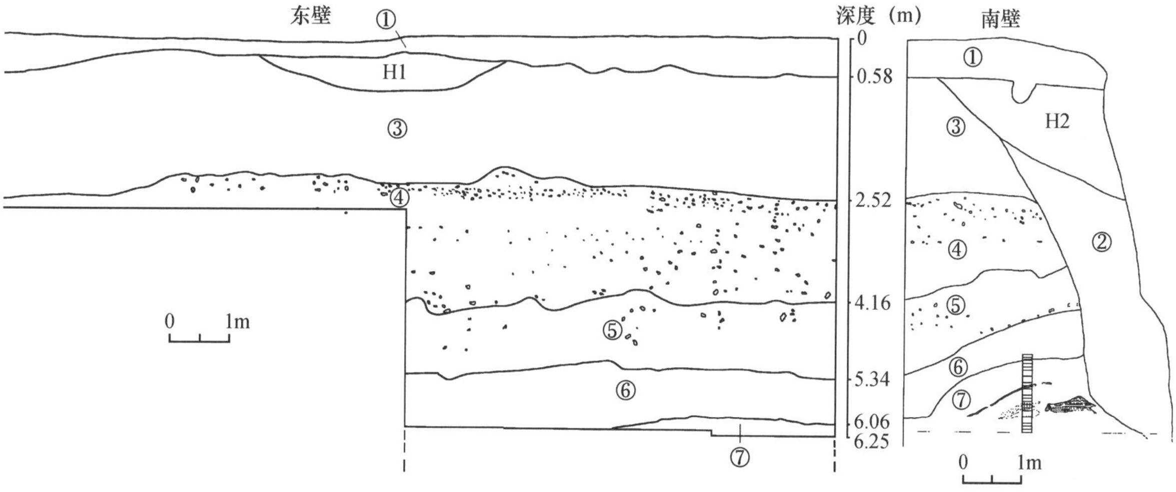

图1-21　赵庄遗址探方剖面的东壁和南壁

⑥～⑦层为文化层

1.4.2.2　年代测定

北京大学考古文博学院科技考古实验室对⑦层发现的炭屑进行了^{14}C代测定，结果在28735±100～33040±170 aB.P.之间，树轮校正后年代在38～33 ka B.P.，属于深海氧同位素3阶段（MIS3）晚期，略晚于老奶奶庙遗址（表1-5）。

表1-5 赵庄遗址⑦层的AMS^{14}C年代数据

实验室编号	样品	地层	深度	年代（B.P.）	树轮校正后年代（calB.P.）	
					1σ（68.2%）	2σ（95.4%）
BA10006	炭	⑦	−558	30690 ± 155	34804 ~ 34472	34950 ~ 34266
BA10007	炭	⑦	−565	29515 ± 110	33840 ~ 33609	33956 ~ 33491
BA10008	炭	⑦	−600	28735 ± 100	33091 ~ 32691	33306 ~ 32476
BA110701	炭	⑦	−563	33040 ± 170	37489 ~ 36735	37896 ~ 36495

1.4.3 沉积物分析

在剖面⑥层下部和⑦层，以5cm样长连续采样25个，进行了相关的粒度、色度、磁化率、孢粉和常量化学元素分析。

1.4.3.1 粒度分析

在北京大学第四纪沉积物分析实验室和地科院地质力学研究所沉积物分析实验室，将经过前处理（方法同前）的⑥层下部和⑦层共25个样品，置于英国Malvern公司的Mastersizer2000激光粒度仪进行粒度测试。

（1）粒度组分特征。

主要选取中值粒径d（0.5）、（体积）平均粒径、表面积平均粒径，以及按照乌登—温特沃斯分类标准所划分的黏土（<2μm）、粉砂（2 ~ 63μm）、砂（>63μm）的含量作为判断粒度的指标。

所得粒度数据表明，所有样品的中值粒径和平均粒径，其变化范围均在35 ~ 50μm的范围内，粒度总体较细，以粉细砂为主，占60% ~ 70%，砂次之，占20% ~ 35%，黏土含量最少，不足7%。沉积物组成说明当时河流的水动力条件较强，分选较好。

所有样品的中值粒径、平均粒径之间的相关系数为0.99；它们与砂（>63μm）之间的相关关系显著，分别为0.96和0.97，与粉砂（2 ~ 63μm）和黏土都呈明显的负相关关系，相关系数的范围在−0.7 ~ −1之间，说明影响粒径中值粒径和平均粒径大小的主要是样品中砂（>63μm）的含量。

如图1-22所示，沿剖面沉积物的粒径有一定的粗细变化，据此，可以将剖面的⑦层由下而上划分出为3个沉积旋回。

旋回3：深度125 ~ 95cm，对应剖面⑦层的下部。中值粒径变化范36.69 ~ 47.78μm，黏土含量较低，不到10%，粉砂含量最高，为60% ~ 70%，砂的含量为20% ~ 30%。中值粒径、平均粒径和砂的含量，都具有由细—粗—变细的变化过程，组成一个由正韵律和反韵律组成的沉积旋回，记录一个河流发育的全过程。

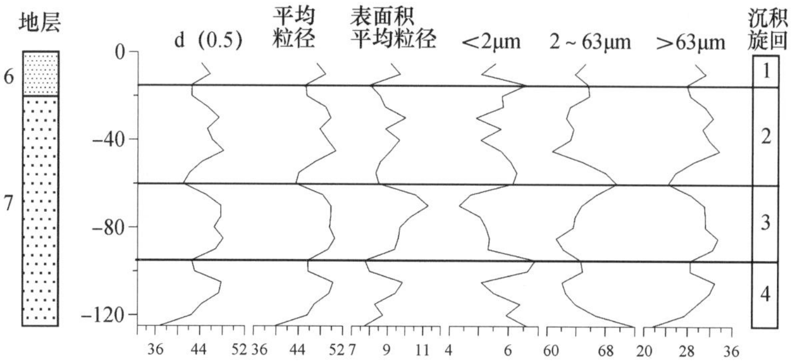

图1-22 赵庄遗址剖面⑥层下部至⑦层沉积物粒度变化曲线图

旋回2：深度95～60cm，对应剖面⑦层的中部。中值粒径变化范围为40.94～48.12μm，黏土含量降低，为4%～5%。中值粒径、平均粒径和砂的含量，都显示由细—粗—细的变化过程，构成一个由正韵律和反韵律组成的沉积旋回，也记录一个河流发育的全过程。

旋回1：深度60～20cm，对应剖面⑦层的上部。中值粒径变化范围为42.11～48.19μm，以粉砂为主，砂和黏土少量。中值粒径、平均粒径以及砂的含量，都显示沉积物粒度由细—粗—细的变化过程，构成一个由正韵律—反韵律组成的沉积旋回。记录一次河流发育的全过程。

剖面的⑥层下部（深度20～0cm），此段中值粒径又开始变粗，可能指示另外一个沉积旋回的开始。但由于此段仅采样3个，各参数变化规律不明显，因此略去不表。

粒度结果显示，剖面⑦层具有3个完整的沉积旋回，说明这一阶段河流经历过三次由弱—强—弱的河流过程。

（2）粒度曲线特征分析。

25个样品的粒度频率曲线和粒度概率累积曲线基本一致。所有样品的粒度频率曲线均为单峰态，主峰位置在4～4.5Φ，含量接近10%，属窄峰，分选较好。在细粒端含小的拖尾（6～12Φ），含量均不足1%。粒度概率累积曲线图呈两段式，主要由跃移总体和悬移总体两部分构成，缺乏推移组分，跃移组分（3～5Φ）约占70%以上，斜率大，分选好，由斜率略有差异的两个线段成，反映存在有微弱的水流往复作用；悬移组分（>5Φ）约占30%，斜率小，分选差（图1-23）。

根据粒度频率曲线主要为单窄峰，概率累积曲线以跃移总体为主，且斜率高，缺乏推移总体，推断沉积物属于河流沉积，进而根据剖面中砂体具有向上突起的地貌形态，跃移总体由斜率不同的两段组成，推断属于水流往复作用明显的滨河床砂坝（天然堤）堆积。

1.4.3.2 孢粉分析

（1）样品采集与前处理。

将采集的⑥层下部和⑦层共25个样品，分别粉碎后过筛（筛子孔径0.28cm），取干样品

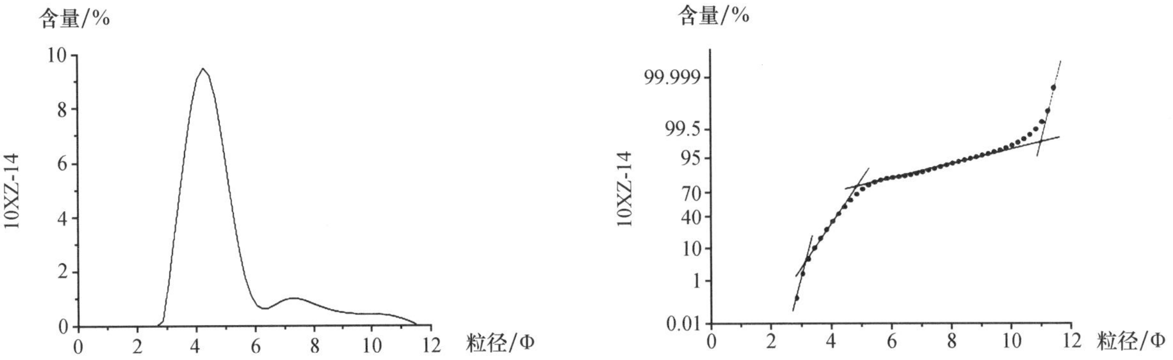

(a) 粒度频率曲线　　(b) 粒度概率累积曲线

图1-23　赵庄遗址⑦层代表性的粒度频率曲线和概率累积曲线

30g，加入约6000粒石松孢子（用于计算孢粉浓度Concentrations），进行盐酸→氢氟酸→盐酸处理，用筛选法将样品中的孢粉集中在试管中。制片后通过显微镜进行种属的详细鉴定和统计。

（2）种属统计。

孢粉样品经过详细的分析鉴定，各样品所含孢粉均较少，孢粉浓度最大的为29粒／克，孢粉浓度最小的仅2粒/克。

共出现62科植物。

其中乔、灌木植物有柏科（Cupressaceae）、松属（*Pinus*）、落叶松属（*Larix*）、云杉属（*Picea*）、冷杉属（*Abies*）、桤木属（*Alnus*）、桦属（*Betula*）、榛属（*Corylus*）、流苏树属（*Chionanthus*）、鹅耳枥属（*Carpinus*）、水青冈属（*Fagus*）、栎属（*Quercus*）、椴属（*Tilia*）、黄栌属（*Cotinus*）、大戟属（*Euphorbia*）、胡桃属（*Juglans*）、枫杨属（*Pterocarya*）、柳属（*Salix*）、雪柳属（*Fontanesia*）、榆属（*Ulmus*）、乌桕属（*Sapiμm*）、卫矛属（*Euonymus*）、绣线菊属（*Spiraea*）、荚蒾属（*Viburnμm*）、丁香属（*Syringa*）、蔷薇属（*Rosa*）、胡颓子属（*Elaeagnus*）。

草本植物有苋科（Amaranthaceae）、石竹科（Caryophyllaceae）、菊科（Compositae）、十字花科（Cruciferae）、紫草科、禾本科（Gramineae）、龙胆属（Gentiana）、报春花科（Primulaceae）、叶底珠属（*Phyuantheae*）、豆科（Legμminosae）、百合科（Liliflorae）、毛茛科（Ranunculaceae）、唇形科（Labiatae）、堇菜属、茄属（*Solanμm*）、玄参科（Scrophulariaceae）、瑞香科（Thymelaeaceae）、虎耳草科（Saxifragaceae）、蒿属（*Artemisia*）、藜科（Chenopodiaceae）、车前草属（*Plantago*）、葎草属（*Hμmulus*）、荨麻属（*Urtica*）、蓼属（*Polygonμm*）、唐松草属（*Thalictrμm*）、地榆属（*Sanguisorba*）、莎草科（Cyperaceae）及水生植物香蒲属（*Typha*）、浮萍属（*Lemna*）。

蕨类植物有铁线蕨属（*Adiantμm*）、石松属（*Lycopodiμm*）、卷柏属（*Selaginella*）、中华卷柏（*S.sinensis*）、水龙骨科（Polypodiaceae）。

这些植物种属中，乔灌木主要为温带和暖温带常见的种属，但也包含一些亚热带的代表性种属，如铁杉属和水青冈属，后者是亚热带漫滩上常见的种属；草本植物主要为陆生旱生草本，还有不少生长在漫滩上的湿生植物莎草科和水生草本植物香蒲属、浮萍属等以及淡水静水藻类植物。反映了受亚热带影响的暖温带南缘的河漫滩生境。

（3）孢粉带划分。

根据孢粉的组合特征，将剖面自下而上划分为四个孢粉带（图1-24）。

第Ⅳ孢粉带：深度1.25～1m，对应于⑦层底部（样品10XZ25～10XZ20）。本带孢粉浓度很低，仅2～29粒/克。以乔、灌木植物为主，占53.03%～83%，其中针叶树有松属、云杉属和冷杉属，落叶阔叶树有榛属、栎属、胡桃属、榆属等，出现有较多的亚热带树种水青冈属、枫杨属；本带下部松属占绝对优势（30%～71.68%），上部落叶阔叶树为主。草本含量为17%～45.45%，C/A值较低，小于1，主要有菊科、禾本科、蒿属、藜科以及少量湿生草本莎草科、水生草本香蒲属等；蕨类含量较少，仅0～2.7%，有中华卷柏、水龙骨科等。

本带指示受亚热带气候影响的暖温带南缘温暖干燥的河漫滩灌丛草地环境，漫滩上生长有稀疏的陆生旱生草本植物，湿生草本植物莎草科，还有少量落叶阔叶灌丛和亚热带常绿阔叶树水青冈属、枫杨属，河边或积水洼地生长有水生草本植物香蒲属，山麓地带生长有少量针叶树和阔叶树。

第Ⅲ孢粉带：深度1～0.8m，对应⑦层中下部（样品10XZ19～10XZ16）。本带孢粉浓度低，仅为3～19粒/克。乔、灌木植物含量有所下降，占33.3%～67.1%，其中松属含量急剧下降（4%～50.7%），但仍为优势树种，云杉属含量降低。落叶阔叶树以榆属（2.7%～12.8%）较多，还有桤木属、桦属、流苏树属、栎属、椴属、黄栌属等都有出现，偶有亚热带常绿阔叶树水青冈属出现；草本含量最高，为32.9%～66.7%，C/A值升高，为0.33～1，草本植物中菊科含量增大，禾本科含量降低，其他草本植物还包括十字花科、紫草科、蒿属、藜科、龙胆属、报春花科、毛茛科等，湿生草本植物莎草科含量增高，伴生植物荨麻属有一定含量；蕨类含量升高，为0～10.6%，主要种属是水龙骨科。

本带也指示暖温带南缘生长有少量灌丛的温暖干燥的河漫滩草地环境，漫滩上生长有稀疏的陆生旱生草本植物和一些莎草科的湿丛生草本植物，还有少量落叶阔叶灌丛和零星亚热带常绿阔叶树水青冈属。山麓地带生长有少量针叶树。说明气候较第Ⅳ孢粉带偏干凉。

第Ⅱ孢粉带：深度0.8～0.35m，对应于⑦层中上部（样品10XZ15～10XZ7）。本带孢粉浓度极低，仅为2～6粒/克。孢粉组合中以乔、灌木为主，占43.5%～63.3%，其中榆属含量突然升高（5.9%～32%），成为优势树种，其次为松属（0～16.7%）、柏科（0～9.5%），云杉属、桤木属、桦属、榛属、流苏树属、鹅耳枥属、栎属、胡桃属等落叶阔叶树都有出现，个别层位还有水青冈属、枫杨属等亚热带植物出现；草本含量为34.7%～56.5%，C/A值升高，为0.4～2，有菊科、禾本科、十字花科、蒿属、藜科、毛茛科、虎耳草科等，个别层位偶有瑞香科出现，湿生植物莎草科、水生植物有香蒲属、浮萍属等，伴生植物荨麻属有一定含量；蕨类

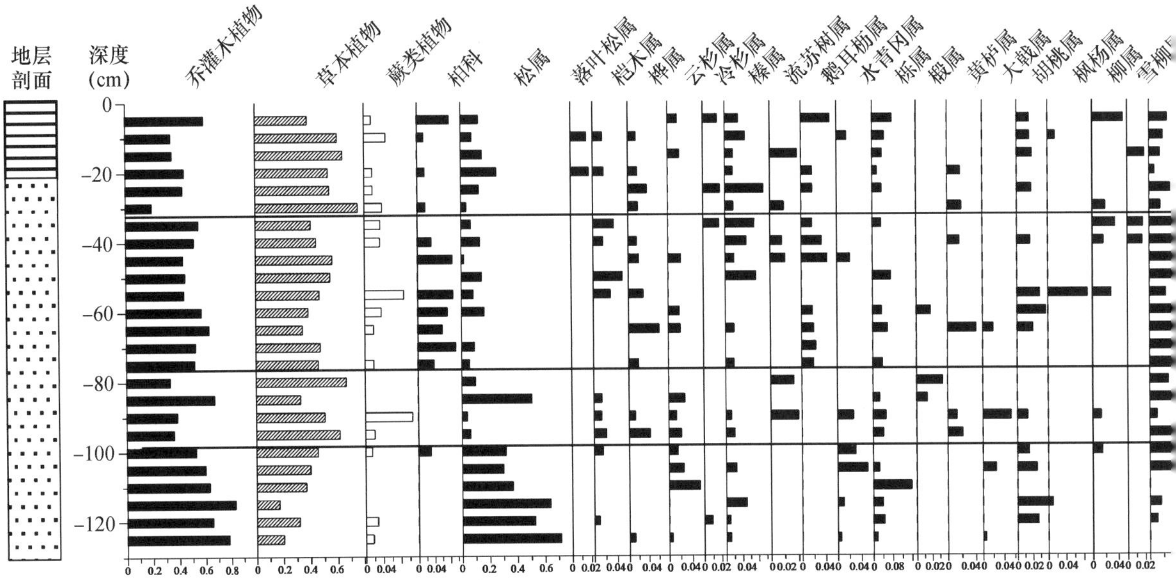

图1-24　赵庄遗址

含量为0～8.82%，主要种属是水龙骨科，石松属在局部有较高含量。

本带指示含有少量亚热带种属的暖温带南缘温暖干燥的河漫滩灌丛草地环境，漫滩上生长有极其稀疏的陆生旱生草本植物、莎草科湿生草本植物以及以榆属为主的落叶阔叶树乔灌木，还有少量亚热带常绿阔叶树水青冈属、枫杨属零星出现。山麓地带生长有少量针叶树，河湾或积水洼地中生长有香蒲属、浮萍属等。说明气候与第Ⅲ孢粉带相近，但湿生和水生较多，说明有水洼地存在或距河道较近。

第Ⅰ孢粉带：深度0.35～0m，对应于⑦层上部（样品10XZ6～10XZ1）。本带孢粉浓度很低，与第Ⅲ孢粉带相近，为3～14粒/克。以草本植物为主，含量为38.7%～76%，C/A值范围为0～2，有菊科、禾本科、蒿属、藜科、虎耳草科等，湿生草本植物莎草科含量较高，伴生植物荨麻属较频繁出现并有较高含量；乔、灌木植物含量降低（20%～59.7%），其中松属含量最高，为4%～26%，还有落叶松属、云杉属、冷杉属等，阔叶树有少数榛属、榆属、胡桃属、柏科、桤木属、桦属、流苏树属、鹅耳枥属、栎属、胡桃属等；其中2号样品中出现水青冈属、枫杨属等亚热带代表性植物。蕨类植物含量为0～5%，主要为水龙骨科。

本带指示暖温带南缘温暖干燥的河漫滩草甸环境，孢粉浓度很低，漫滩上生长有极其稀疏的陆生旱生草本植物和一些湿生莎草科草本植物，还有少量阔叶树乔灌木，偶有零星的亚热带常绿阔叶树水青冈属、枫杨属出现。靠近山麓地带生长有少量以松属为主的针叶树。没有发现水生植物，与缺乏积水洼地或距河较远有关。

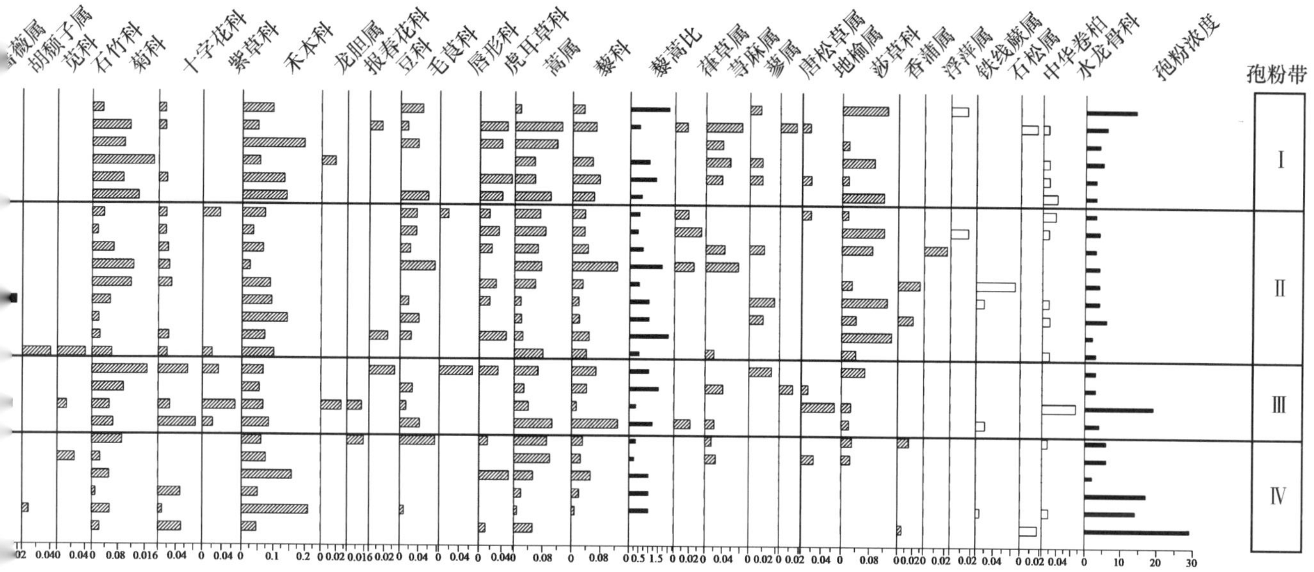

下部和⑦层）的孢粉百分含量图谱

总之，人类活动遗迹较多的⑦层，其孢粉组合反映了我国中原地区暖温带南缘的特征：气候温暖干燥，植被非常稀疏，以暖温带植物为主，受气候变化波动的影响，剖面上优势植物存在有乔灌木和草本的交替，相比之下，乔灌木占优势时期（第Ⅱ、Ⅵ孢粉带），气候比较湿暖，出现亚热带植物的几率较高，反之，草本植物占优势时期（第Ⅰ、Ⅲ孢粉带），气候比较干暖，亚热带植物出现的几率较低。古人类主要生活在靠近河道的河漫滩砂坝上，这里地势较高，周围的河漫滩上生长有旱生草本菊科、蒿属、禾本科等，以及湿生草本莎草科和水生植物香蒲属、浮萍属等，经常有动物出没，比较适宜于人类栖息（表1-6）。

表1-6　赵庄遗址⑦层不同时段生态环境表

孢粉带	地层	孢粉浓度	优势植被	针叶树	阔叶树	陆生旱生草本	湿生植物	水生植物
Ⅰ	⑦中上	3～7	草本	松属为主，落叶松属、云杉属、冷杉属	暖温带阔叶落叶树，偶见亚热带水青冈属、枫杨属	菊科、禾本科、蒿属	莎草科	无
Ⅱ	⑦中下	2～6	乔灌木	松柏为主	榆属居多的暖温带阔叶落叶树，个别出现亚热带水青冈属、枫杨属	菊科、禾本科、十字花科、蒿属	莎草科	香蒲属、浮萍属
Ⅲ	⑦下	3～19	草本	松属为主	榆属为主的落叶阔叶树，偶有亚热带水青冈属	菊科、禾本科	莎草科	香蒲属、浮萍属
Ⅵ	⑦底部	2～29	乔灌木	松属、云杉属、冷杉属	落叶阔叶树，有较多亚热带的水青冈属、枫杨属	菊科、禾本科、蒿属、藜科	莎草科	香蒲属

1.4.3.3　化学分析

（1）常量元素氧化物。

对⑦层和⑥层下部的25个样品，做了沉积物全岩的常量化学元素分析。主要常量元素的氧化物含量曲线如图1-25所示。

按照含量的变化，将剖面分为3段，从下到上分别为：

第3段：深度1.25～1.05m。大致对应孢粉曲线的④层。此段SiO_2、Al_2O_3、K_2O、Na_2O、LOI总体含量较高，变化情况基本一致，中间有一点小波动；Fe_2O_3、MgO、TiO_2情况基本一致，处于高值；CaO、MnO、P_2O_5为低值，中间出现一个小高峰。

第2段：深度1.05～0.75m。大致对应孢粉曲线的③层。此段SiO_2、Al_2O_3、Fe_2O_3、MgO、K_2O、Na_2O、TiO_2、P_2O_5都处于谷值，CaO、MnO、LOI处于高峰。

第1段：深度0.75～0m。大致对应孢粉曲线的①、②层。此段SiO_2、Al_2O_3、Fe_2O_3、MgO、K_2O、Na_2O、MnO、TiO_2、P_2O_5都处于高值，比较稳定；CaO、MnO、LOI处于低值，也比较稳定。

赵庄遗址剖面的河流沉积物主要是碎屑堆积。通常认为，河流沉积物的碎屑颗粒组分是影响其化学组分的主要因素，而碎屑颗粒的组分与物源及流水机械分异作用密切相关：河水动力条件愈稳定，沉积物的机械分异越好，化学组分变化愈小。上述全岩的化学组分分析结果表明，整个剖面的常见元素氧化物含量变化不大，说明沉积物物源的一致性。而剖面下部（第3段和第2段）元素氧化物含量变动明显大于上部（第1段），说明下部的河水动力条件不稳定，而上部的动力条件比较稳定。

（2）常量元素氧化物比值。

除了水动力条件之外，物源区的风化作用对河流沉积物化学元素组成也有一定的影响。因此我们根据不同矿物或元素的抗化学风化能力的差异，以抗化学风化能力强者为分子，弱者为分母，选择了几个常量元素氧化物的比值作为古气候的代用指标，如SiO_2/Al_2O_3、SiO_2/P_2O_5、K_2O/CaO、Al_2O_3/P_2O_5、$Al_2O_3/(CaO+K_2O+Na_2O)$和CIA［$Al_2O_3/(Al_2O_3+K_2O+Na_2O+CaO)$］×100等来进行古气候分析。凡比值大者指示化学风化作用强，气候湿热，反之。比值小者指示化学

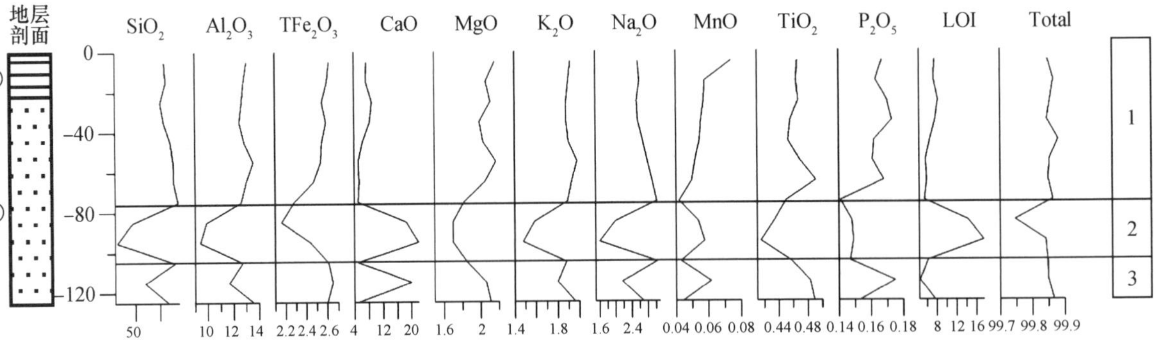

图1-25　赵庄遗址常量化学元素曲线图

风化作用弱，气候干冷。

根据各化学氧化物比值沿剖面的变化，可以将⑥层下部到⑦层划分为4段，从下而上分别为：

第4段（1.25～1m）：可分为④-1层和④-2层，分别对应孢粉曲线的第4带上部（4-1）和下部（4-2）。其中④-2层，主要常量元素氧化物比值均较低，呈现一个小的低谷，指示气候较为冷干；④-1层，氧化物比值均骤然升高，出现小的波峰，指示温暖的气候环境。

③层（1～0.8m）：主要常量元素氧化物比值出现明显的低谷，指示干冷的气候条件。

②层（0.8～0.45m）：主要常量元素氧化物比值都呈现高值，指示温暖的气候环境。

①层（0.45～0m）：主要常量元素氧化物比值略有下降，波动不大（图1-26）。

主要常量元素氧化物比值的变化表明，赵庄遗址在有人类活动时期（⑥层下部和⑦层），区内气候环境前期比较干冷，后期比较湿暖。这与孢粉分析得到的气候变化过程相近。

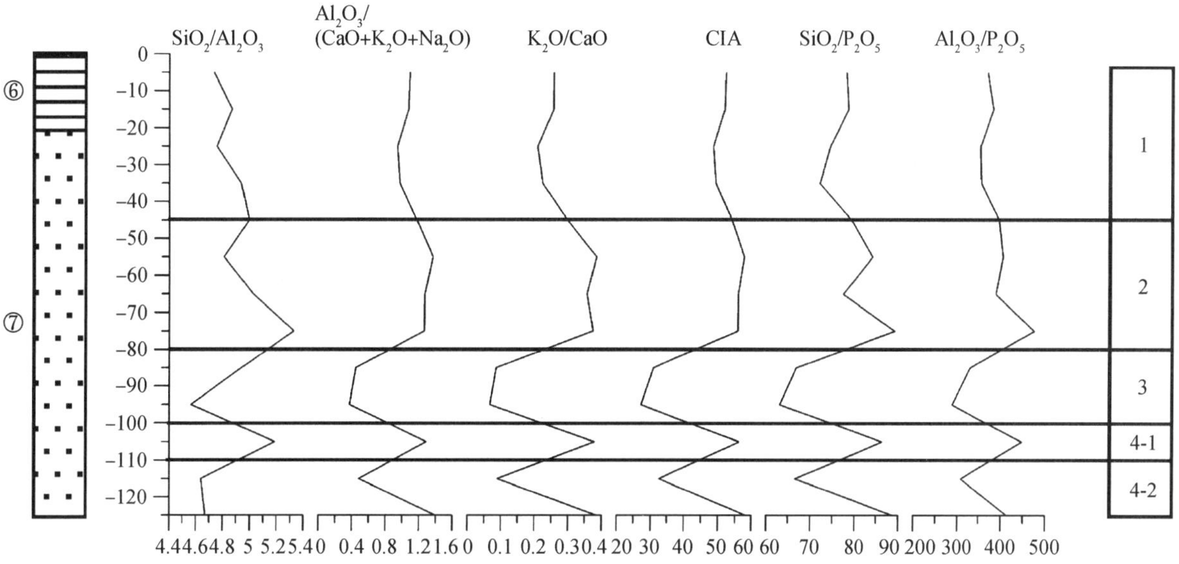

图1-26　赵庄遗址主要常量元素氧化物比值变化曲线图

1.4.3.4　色度分析

对沉积物进行色度测量的具体步骤是：首先，将沉积物样品放入恒温40℃的烘箱内充分烘干；其次，在不破坏原有颗粒的情况下，将样品用橡胶磨棒研磨至45μm以下，以备测量；再次，将5～8g样品分别装入等体积的圆柱形塑料盒中，压实、压平，保持表面光滑平整；最后，将样品分别放在土色计下面进行测量。最终根据所测得的数据计算出亮度（L*）、红度（a*）、黄度（b*）三个色度参数值（表1-7、表1-8）。

色度测量结果显示，亮度（L*）的变化范围在44.6～53.35之间，平均值为50.41，剖面底部110cm以下L*值较低，110cm以上L*值较高。红度a*值变化范围为3.63～4.54，平均值为4.14；黄度b*值变化范围为13.96～18.86，平均值为16.56。

表1-7　赵庄遗址粒度、磁化率、色度参数相关系数表

	L*	a*	b*	Xlf	Xfd	d（0.5）	平均粒径	砂	粉砂	黏土
L*	1.00									
a*	0.60	1.00								
b*	0.56	0.96	1.00							
Xlf	0.30	0.78	0.84	1.00						
Xfd	0.25	0.17	0.09	0.14	1.00					
d（0.5）	0.42	−0.01	−0.01	−0.04	0.08	1.00				
平均粒径	0.42	0.00	0.01	0.00	0.02	0.99	1.00			
砂	0.44	0.10	0.10	0.06	0.05	0.96	0.97	1.00		
粉砂	−0.42	−0.14	−0.14	−0.06	−0.03	−0.90	−0.91	−0.98	1.00	
黏土	−0.29	0.10	0.09	−0.04	−0.11	−0.73	−0.74	−0.61	0.43	1.00

相关分析表明：L*值的变化与粒径有着一定的对应关系（尤其是在①～③层）：粒径粗，L*值大；粒径细，L*值小。这可以归结于由于粒径较粗的颗粒比粒径细的颗粒具有较强的反射率，因此颜色比较明亮。L*值沿剖面的变化，表明以110cm为界，剖面底部粒度较粗，上部较细。

相关系数计算还表明：L*与各常量化学元素之间并不存在特别显著的对应关系，但值得注意的是红度a*、黄度b*值均与TFe_2O_3、MnO有一定的正相关关系。而TFe_2O_3、MnO两者均与气候的湿暖程度有关。

剖面下部（深度125～95cm，⑦层下部）。红度a*和黄度b*值的变化情况基本一致，早期沉积物数值较低，颜色较浅，中后期偏黄偏红，说明沉积物变红、黄色，反映TFe_2O_3和MnO含量增多，指示气候由干暖变为湿暖。

剖面中部（深度95～60cm，⑦层中部）。红度（a*）和黄度（b*）值降低，表明沉积物颜色浅，TFe_2O_3和MnO含量低，指示比较干燥温暖的气候环境。

剖面上部（深度60～20cm，⑦层的上部）。红度（a*）和黄度（b*）值较高，说明沉积物颜色偏黄偏红，反映较高的TFe_2O_3和MnO值，指示较暖湿的气候环境。

1.4.3.5　磁化率分析

样品的磁化率测试在北京大学地表过程分析与模拟教育部重点实验室和地科院地质力学所沉积物分析实验室完成。测试仪器均为英国Bartington仪器公司生产的MS2型磁化率仪，该仪器产生的交变磁场强度约80A/m。测量之前，先用研磨钵把烘干的样品在不破坏原有结构的情况下碾碎，然后装入1cm^3的正方体塑料盒中压实、封紧，再利用电子天平测出其质量。测量时，在仪器状态稳定的情况下，工作频率选择低频（0.47kHz）和高频（4.7kHz），分别测得样品的低频磁化率和高频磁化率。为保证测试精度，高、低频磁化率均重复测试6次，并求出其算

表1-8　赵庄遗址沉积物色度与常量化学元素相关性分析

	L*	a*	b*	Xlf	Xfd	d（0.5）	平均粒径	砂	粉砂	黏土	SiO_2%	Al_2O_3%	TFe_2O_3%	CaO%	MgO%	K_2O%	Na_2O%	MnO%	TiO_2%	P_2O_5%	LOI%	Total%
L*	1.00																					
a*	0.54	1.00																				
b*	0.45	0.94	1.00																			
Xlf	0.15	0.76	0.82	1.00																		
Xfd	0.33	−0.06	−0.25	−0.24	1.00																	
d（0.5）	0.48	0.02	0.01	−0.01	0.03	1.00																
平均粒径	0.46	0.04	0.04	0.02	−0.03	0.99	1.00															
砂	0.45	0.11	0.10	0.05	0.04	0.97	0.97	1.00														
粉砂	−0.43	−0.14	−0.15	0.07	−0.05	−0.91	−0.92	−0.98	1.00													
黏土	−0.32	0.11	0.17	0.04	0.02	−0.71	−0.71	−0.56	0.39	1.00												
SiO_2%	0.03	0.24	0.19	0.43	−0.17	0.04	0.00	−0.12	0.23	−0.45	1.00											
Al_2O_3%	−0.16	0.29	0.27	0.55	−0.23	−0.25	−0.27	−0.36	0.44	−0.19	0.93	1.00										
TFe_2O_3%	−0.50	0.37	0.49	0.62	−0.49	−0.42	−0.40	−0.34	0.30	0.36	0.33	0.55	1.00									
CaO%	−0.15	−0.40	−0.29	−0.45	0.12	0.05	0.07	0.19	−0.30	0.41	−0.96	−0.90	−0.28	1.00								
MgO%	−0.34	0.27	0.36	0.66	−0.35	−0.44	−0.43	−0.47	0.49	0.15	0.57	0.81	0.71	−0.52	1.00							
K_2O%	−0.15	0.24	0.23	0.55	−0.21	−0.17	−0.20	−0.30	−0.39	−0.25	0.94	0.99	0.52	−0.88	0.80	1.00						
Na_2O%	0.02	0.14	0.07	0.31	−0.16	0.12	0.09	−0.05	0.18	−0.56	0.98	0.86	0.23	−0.94	0.43	0.88	1.00					
MnO%	0.11	0.34	0.49	0.47	−0.11	−0.04	0.01	0.08	−0.15	0.27	−0.36	−0.17	0.31	0.38	0.32	−0.16	−0.47	1.00				
TiO_2%	−0.60	−0.22	−0.15	0.26	−0.33	−0.39	−0.38	−0.48	0.55	−0.11	0.61	0.76	0.54	−0.50	0.80	0.78	0.56	−0.05	1.00			
P_2O_5%	−0.29	0.15	0.39	0.61	0.48	−0.13	−0.08	−0.07	0.05	0.13	0.10	0.30	0.62	0.00	0.07	0.35	−0.02	0.60	0.53	1.00		
LOI%	0.30	0.40	−0.03	−0.37	0.26	−0.04	000	0.09	−0.17	0.32	−0.85	−0.85	−0.49	0.68	−0.67	−0.89	−0.81	0.16	−0.78	−0.38	1.00	
Total%	−0.16	0.39	0.46	0.44	−0.46	−0.31	−0.30	−0.33	0.32	0.21	0.57	0.65	0.67	−0.53	0.56	0.61	0.48	−0.08	0.41	0.25	−0.57	1.00

术平均值，再用各样品所测的磁化率数据除以其密度，分别求得低频质量磁化率（Xlf）和高频质量磁化率（Xhf）（单位$10^{-8}m^3/kg$）。再通过公式Xfd=［（Xlf-Xhf）/Xlf］×100%计算得到样品的频率磁化率。

我们主要选取低频磁化率（Lf）和频率磁化率（Lf）作为主要参数（图1-27）。

④层：深度125～95cm，对应剖面⑦层的下部。低频磁化率（Xlf）和频率磁化率（Xfd）的变化规律不明显。

③层：深度95～60cm，对应剖面⑦层的中部。低频磁化率值降低，频率磁化率值波动剧烈。

②层：深度60～20cm，对应剖面⑦层的上部。此段低频磁化率值升高，频率磁化率值波动减小。

①层：深度20～0cm，对应剖面⑥层。由于此段仅采样3个，各参数变化规律不明显，因此略去不表。

从对比图和相关系数计算来看，磁化率的变化和粒度之间的相关关系不明显，但低频磁化率（Lf）与红度（a）、黄度（b）相关性较大，这可能与它们均与沉积物中TFe_2O_3和MnO含量的多少有关。频率磁化率（Lf）与色度之间的相关关系不明显。

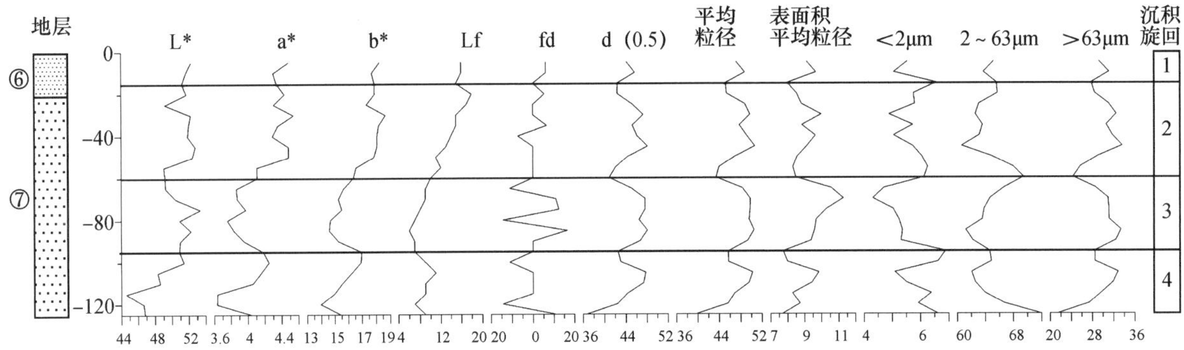

图1-27　赵庄遗址磁化率、色度、粒度曲线对比图

以上各项古气候代用指标所反映的气候环境变化，都反映在赵庄遗址人类生活期间，气候总体温暖干燥，但存在一定的波动，早期偏湿，中期较干，晚期变湿。与孢粉分析的结果基本一致（表1-9）。

表1-9　古气候代用指标沿剖面上下的变化状况

层位	中值粒径（μm）	主要氧化物	氧化物比值	亮度	红度黄度	低频磁化率	孢粉组合
上部	42.11～48.19	高	高	低	升高	升高	温暖较湿
中部	40.94～48.12	低	低	低	低	降低	温暖干燥
下部	36.69～47.78	高	高—低	高	升高	中等	温暖较湿

1.4.4 赵庄遗址的古人类生存环境

1.4.4.1 地貌和水文环境

赵庄遗址的文化遗存都出土于黄土台地所夹的古河道透镜体中，说明在黄土堆积时期赵庄这里有河流发育，这条河流与现今的河流无关，古人类就生活在这条河流的河边地带（图1-28）。

剖面观察发现古河道沉积物由三个下粗上细的河流沉积韵律组成，具有细微斜层理、斜交层理等沉积结构，属于河流的冲积物。沉积物粒度一步表明，这些冲积物属于河漫滩前缘的滨河床沙坝（天然堤）或河床边滩堆积。由此推断赵庄古人类生活的古地貌环境属于黄土期山前冲洪积平原上发育的河道凸岸的滨河床沙坝（天然堤）或河床边滩（参见第4章图4-4）。

在河边地势较高的滨河床沙坝（天然堤）顶部发现的象头，居高临下，为古人类有意所为，推断与古人的原始祭祀活动有关。由于象头被置于天然堤的最高处，根据铺垫象头的岩块北边较少，南边不仅岩块多，而且铺垫的岩块也厚，推测沙坡南坡要比北坡陡一些。同时根据发现的石制品主要集中在象头的北侧，向北缓倾斜，分布面积较大，象头东侧遗物向东倾斜，分布面积较小，象头南侧遗物分布极少，推测人类主要在背向河流的天然堤北坡活动，这里坡度较缓，也不宜受到河流的直接冲刷，比较适宜于人类生活。

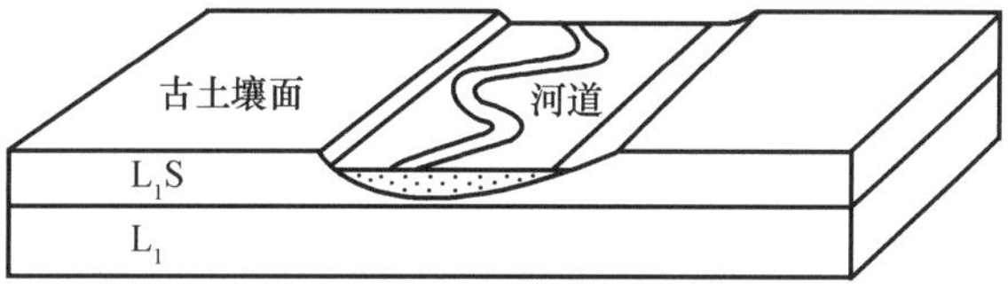

图1-28　赵庄遗址古地貌示意图

1.4.4.2 气候和植被环境

赵庄遗址的孢粉组合说明本区MIS3阶段属暖温带南缘，植被主要以暖温带常见的中—旱生草本植物为主，针叶树和落叶阔叶树少量。受亚热带北界向北移动的影响，还出现一些亚热带的代表性植物。总体气候温暖干燥，与今天的气候环境相近。

根据孢粉组合的分析，并参考常量元素氧化物比值的变化。可以把⑥层下部和⑦层从早到晚划分为4个阶段：

第一阶段，对应地层剖面⑦层下部（125～100cm）。该段以松属为代表的乔、灌木为主，草本含量较少，其中下部松属含量较高，上部阔叶树含量较高；常量元素氧化物比值在下部较低，上部出现小的波峰。说明本段气候总体较为温暖湿润，相比之下，其中晚期比早期气候更为暖湿。

第二阶段，对应地层剖面⑦层中部（100～80cm）。该段孢粉浓度略有降低，乔、灌木含量下降，松属含量骤然降低，草本植物的含量和种类都明显增多；常量元素氧化物比值在本段出现明显的波谷。说明本段气候总体比之前段变冷变干，森林乔、灌木植物含量减少，草本植物增多。

第三阶段，对应地层剖面⑦层上部（80～35cm）。该段乔、灌木的含量有所增大，其中榆树含量骤增，超越松属，成为优势种，其他落叶阔叶树的含量也有所增加；与之相应，常量元素氧化物比值在本段出现显著的波峰。指示本段气候又一次变暖变湿。

第四阶段，对应剖面⑥层（35～0cm）。该段孢粉以草本为主，乔、灌木含量降低，其中榆属含量明显下降，松属含量略有增加；常量元素氧化物比值在本段略有下降。说明本段气候相比第3阶段变冷变干。

总之，距今3.8万～3.3万年（MIS3阶段晚期），赵庄遗址先民们生息在嵩山山前冲洪积平原的河流两岸，依水而居，滨河床沙坝或边滩是他们的栖息地。当时，气候温暖比较干燥，属于小间冰期气候环境（MIS3），尽管植被稀疏，但处于暖温带河漫滩灌丛草甸草地环境的赵庄遗址，河漫滩平原地势平坦，水资源和动植物资源相对比较丰富，适宜于古人类生活。

1.5　黄帝口遗址

黄帝口遗址在赵庄遗址西侧，两者目前隔河相望，直线距离不足1km。黄帝口遗址的文化层厚度仅10cm左右，发掘到的各类文化遗物仅100多件，包括石制品和动物化石等。其中石制品一般个体较小，多以石英为原料，砸击法与锤击法并用，经过第二步加工的工具很少，多为石核、石片以及断块、碎屑等，刮削器和尖状器很少。动物化石包括鹿类等，少数具有人工打击疤痕，还有清楚的被切割痕迹[4]。

1.5.1　遗址地貌部位

黄帝口遗址位于溱水河西岸的黄土台地东侧陡坎前缘（见图1-29），文化层位于黄土陡坎底部的灰绿色粉砂质黏土层中，上下地层均为马兰黄土，其地貌结构与一河相隔的赵庄遗址类似，推测它们可能是黄土中的同一条古河道堆积，唯有组成物质较赵庄颜色偏灰，粒度偏细，因此可能属于是河漫滩内部的泛滥平原堆积。

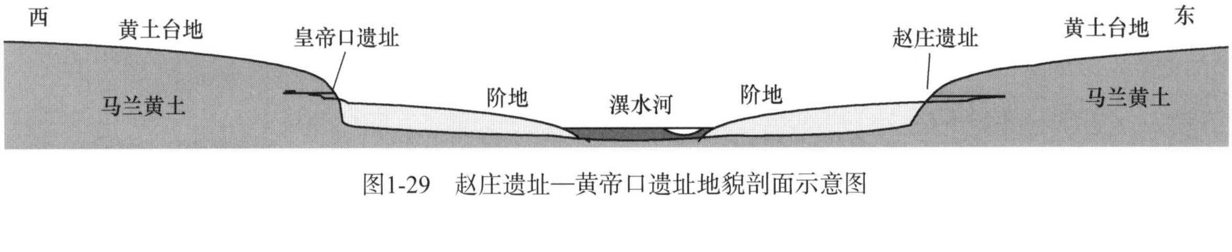

图1-29　赵庄遗址—黄帝口遗址地貌剖面示意图

1.5.2　沉积剖面特征和年代测定

1.5.2.1　剖面特征

以黄帝口遗址的沉积剖面从上到下共有6层（图1-30）。

①层：耕土层。棕黄色耕作土壤，土质较疏松。包含陶片、瓷片、现代制品和植物根茎等。厚度为30～50cm。

②层：扰土层。深灰色细砂至粉砂质黏土，局部呈灰黑色，土质疏松。西侧包含有从龙山时代至今的陶片和现代制品。厚度为150～400cm。

③层：黄色粉砂质黏土，夹杂有灰色粉砂质黏土条带。包含有少量的动物骨骼化石和石制品，另外含有少量的钙质结。厚度为20～280cm。

④层：棕色粉砂质黏土，性质与③层类似，颜色较之略深。包含有动物骨骼化石和少量的石制品。厚度为50～70cm。

⑤层：灰绿色砂质黏土层，夹杂有大量的蚌螺壳碎屑。积水洼地堆积。包含有较多的动物骨骼化石和石制品，为主要文化层发掘。厚度为10～20cm。

⑥层：灰黄色黏土质粉砂，发掘区范围内仅出土1件动物骨骼化石。发掘厚度5～20cm，未见底。

剖面的①～②层为扰土层，③层为马兰黄土，④—⑤—⑥层为河流堆积，出土有石制品，其中⑤层出土化石和石制品较多，为遗址的主要文化层。

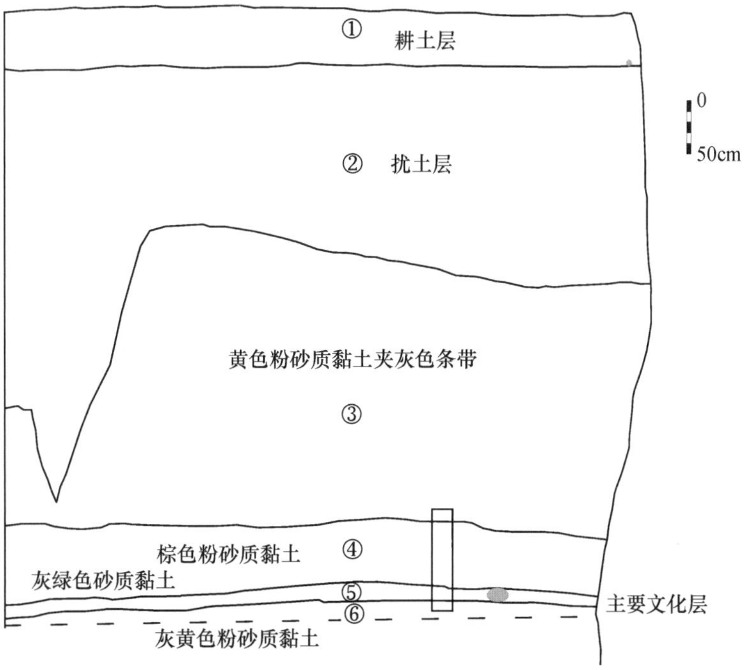

图1-30　黄帝口遗址北壁剖面实测图

1.5.2.2　年代测定

对黄帝口遗址地层中炭样进行的AMS^{14}C测年的结果为距今35ka B.P.（校正后），与赵庄遗址应属于同一时代。

1.5.3　沉积物分析

在剖面的③层下部、④层、⑤层和⑥层上部，按5cm的样长，连续采集沉积物样品18个，厚90cm，其中④、⑤、⑥层为河流堆积。分别进行了粒度、孢粉、常量化学元素分析和色度、磁化率分析。以了解剖面的沉积环境。

1.5.3.1　粒度分析

（1）粒度组成。

所有样品均以粉砂为主，含量55%～70%；砂次之，含量20%～35%；黏土较少，含量仅4%～9%。中值粒径的变化范围为32～47.1μm。

相关分析说明，中值粒径、平均粒径之间的相关系数为0.98，有很大的一致性；它们与砂（＞63μm）之间的相关关系显著，分别为0.91和0.98，中值粒径、平均粒径与粉砂（2～63μm）和黏土都呈明显的负相关关系，相关系数的范围在−0.5～−1.0之间，说明在皇帝口剖面，沉积物的中值粒径和平均粒径主要取决于粒径＞63μm的砂粒，砂砾愈多中值粒径和平均粒径越大，相反，粉砂和黏土越多，中值粒径和平均粒径越小。

沿剖面由下而上，中值粒径和平均粒径下部较粗，中部变粗，上部较细，与砂的含量变化一致，反映了水动力的变化，形成一个比较完整的河流旋回，包括多个次一级的沉积旋回。

剖面下部：深度90～75cm，对应剖面⑤～⑥层。以粉砂为主，占55%～70%，砂的含量为20%～35%，黏土含量为4%～9%。中值粒径的变化范围为32～40μm。中值粒径、平均粒径的数值和砂的含量在顶部突然降低，构成一个次一级的下粗上细的沉积旋回。

剖面中部：深度75～20cm，大致对应剖面④层。以粉砂为主，占55%～70%，砂的含量为20%～35%，黏土含量为4%～9%。中值粒径的变化范围为32～40μm。中值粒径的变化范围为32.3～47.1μm。可以进一步划分为两个次一级由细—粗—细的沉积旋回。

上部：深度20～0cm，大致对应剖面③层下部。以粉砂为主，占65%～70%，砂的含量为27%～30%，黏土含量为5%～7%。中值粒径的变化范围为39.5～42.6μm。剖面下段较细，向上变粗（图1-31）。

（2）粒度曲线征。

黄帝口遗址所采的全部18个样品，粒度曲线基本相同（图1-32），其中粒度频率曲线为单峰态，主峰位置在4～4.5Φ左右，含量约为8%，属尖窄峰，分选较好，曲线粗端陡，细端上

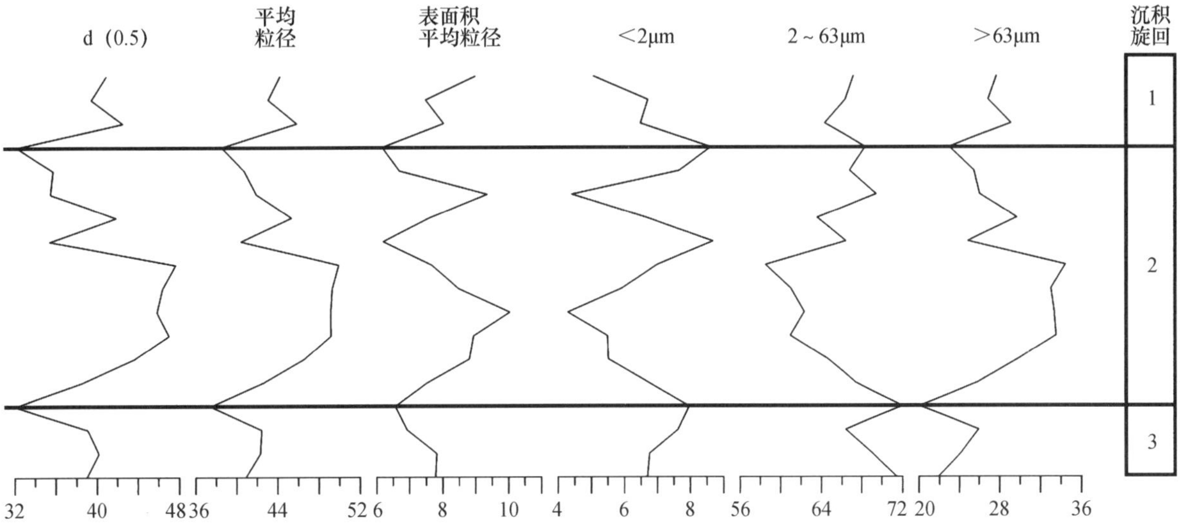

图1-31　黄帝口遗址粒度变化曲线对比表

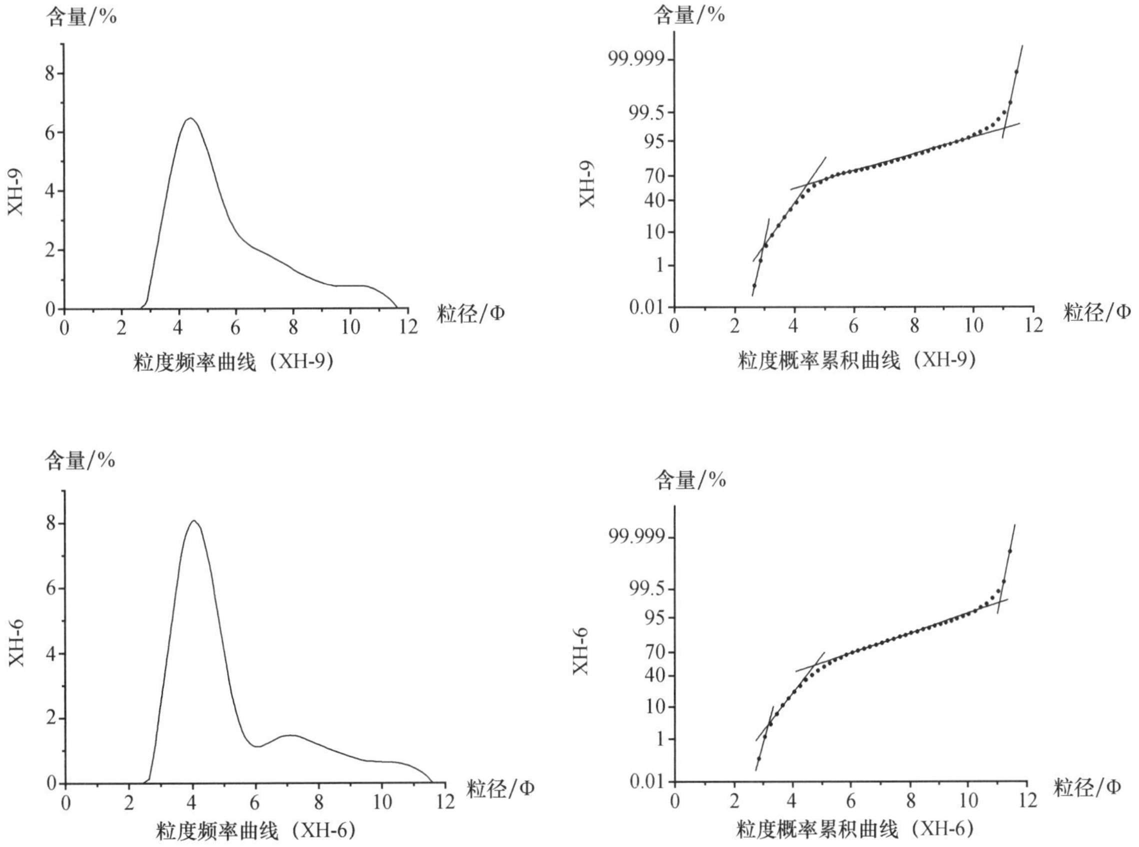

图1-32　黄帝口遗址沉积物的粒度曲线图

半段（4.5～6.0Φ）较陡，下半段（6～12Φ）较缓，部分样品在7Φ出现小峰，含量不足2%。粒度概率累积曲线呈两段式，主要由跃移总体和悬移总体两部分构成，缺乏推移组分。跃移组分（2.5～4.5Φ）约占60%～70%，斜率大，部分样品占40%～50%，由斜率略有差异的两部分组成，反映水流的微弱往复作用；悬移组分（>4.5Φ）约占30%，部分样品较多，占50%左右，斜率小，分选差。

根据粒度频率曲线属单窄峰，峰值在4～4.5Φ，分选好。粒度概率累积曲线跃移段占主要组分、斜率高，且由斜率不同的两段构成等特征，说明水流流速较缓，搬运物主要为粉砂，且以跃移方式为主，具有微弱往复运移的特征，属于水动力较弱的河漫滩—边滩堆积。部分样品中黏土含量较多，粒度频率曲线细端出现次小峰，悬浮组分分选不好，可能属河漫滩早期堆积。

1.5.3.2　孢粉分析

（1）孢粉种属。

经过详细分析鉴定，所有16个样品的孢粉浓度偏低，最大的为18粒/克，最小仅2粒/克。说明植被的覆盖度十分稀疏。植物种属有：

乔、灌木植物有针叶树柏科（Cupressaceae）、松属（*Pinus*）、云杉属（*Picea*）、冷杉属（*Abies*）和阔叶树桤木属（*Alnus*）、桦属（*Betula*）、榛属（*Corylus*）、鹅耳枥属（*Carpinus*）、栎属（*Quercus*）、山核桃属（*Carya*）、枫杨属（*Pterocarya*）、水青冈属（*Fagus*）、梨属（*Pyrus*）、榆属（*Ulmus*）、柳属（*Salix*）、白蜡树属（*Fraxinus*）、黄栌属（*Cotinus*）、忍冬属（*Lonicera*）、大戟属（*Euphorbia*）、胡桃属（*Juglans*）、珍珠梅属

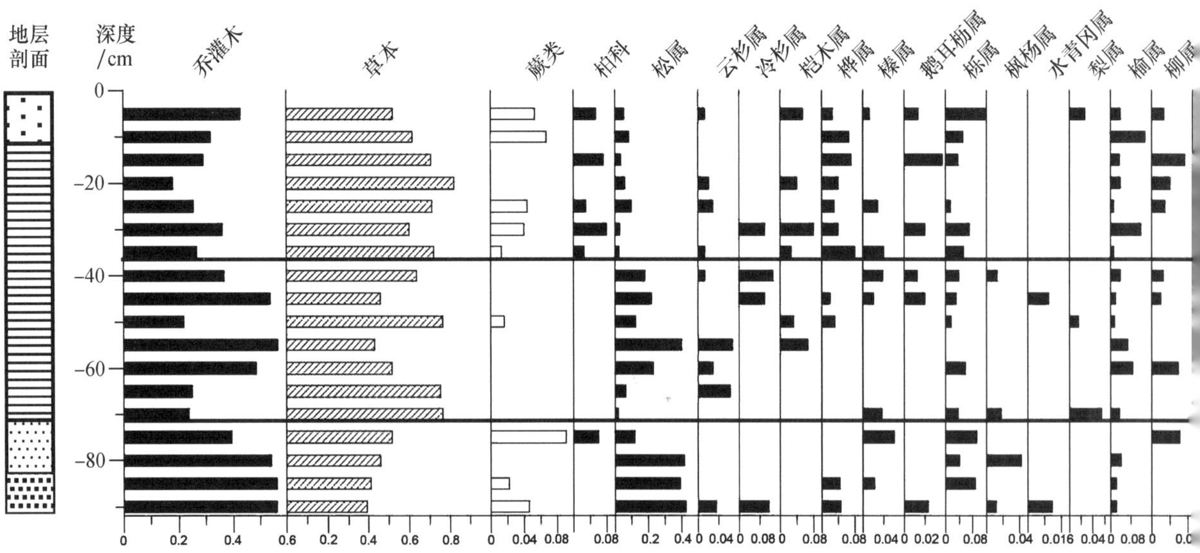

（*Sorbaria*）、绣线菊属（*Spiraea*）、卫矛属（*Euonymus*）、蔷薇属（*Rosa*）。

草本植物有旱生草本紫草科（Boraginaceae）、石竹科（Caryophyllaceae）、十字花科（Cruciferae）、菊科（Compositae）、禾本科（Gramineae）、豆科（Legµminosae）、唇形科（Labiatae）、毛茛科（Ranunculaceae）、瑞香科（Thymelaeaceae）、虎耳草科（Saxifragaceae）、唐松草属（*Thalictrµm*）、败酱属（*Patrinia*）、蒿属（*Artemisia*）、藜科（Chenopodiaceae）、葎草属（*Hµmulus*）、荨麻属（*Urtica*）、蓼属（*Polygonµm*）、湿生草本地榆属（*Sanguisorba*）、莎草科（Cyperaceae）。

蕨类植物有石松属（*Lycopodiµm*）、水龙骨科（Polypodiaceae）、阴地蕨属（*Botrychium*）、铁线蕨属（*Adiantµm*）、中华卷柏（*S.sinensis*）。

总体上孢粉浓度偏低，植被十分稀疏。植被中有23种温带—暖温带常见的乔灌木，也有一些亚热带代表性的乔灌木，如枫杨属和水青冈属，温带—暖温带中旱生草本植物16种，亚热带草本1种，还有湿生草本地榆属、莎草科，属于暖温带南缘温暖干燥的植被类型。

（2）孢粉带划分。

按照孢粉分析结果，由下而上，将剖面划分为3个孢粉带（图1-33）。

第Ⅲ孢粉带：深度90～70cm，对应于⑥、⑤层（样品10XH18～10XH15）。本带孢粉浓度极低，为3～7粒/克。其中乔、灌木植物占39.4%～56.5%，以松属含量最高，为12.1%～42.5%；栎属、榛属、鹅耳枥属、榆属等含量较少；局部含有零星的枫杨属、水青冈属等亚热带种属。草本植物含量为39%～51.5%，C/A值范围为1～2，以菊科、唇形科、蒿属、藜科、虎耳草科为主，湿生草本植物莎草科有一定含量；蕨类植物含量为0～9.1%，主要为水龙骨科，石松属和中华卷柏也偶有出现。

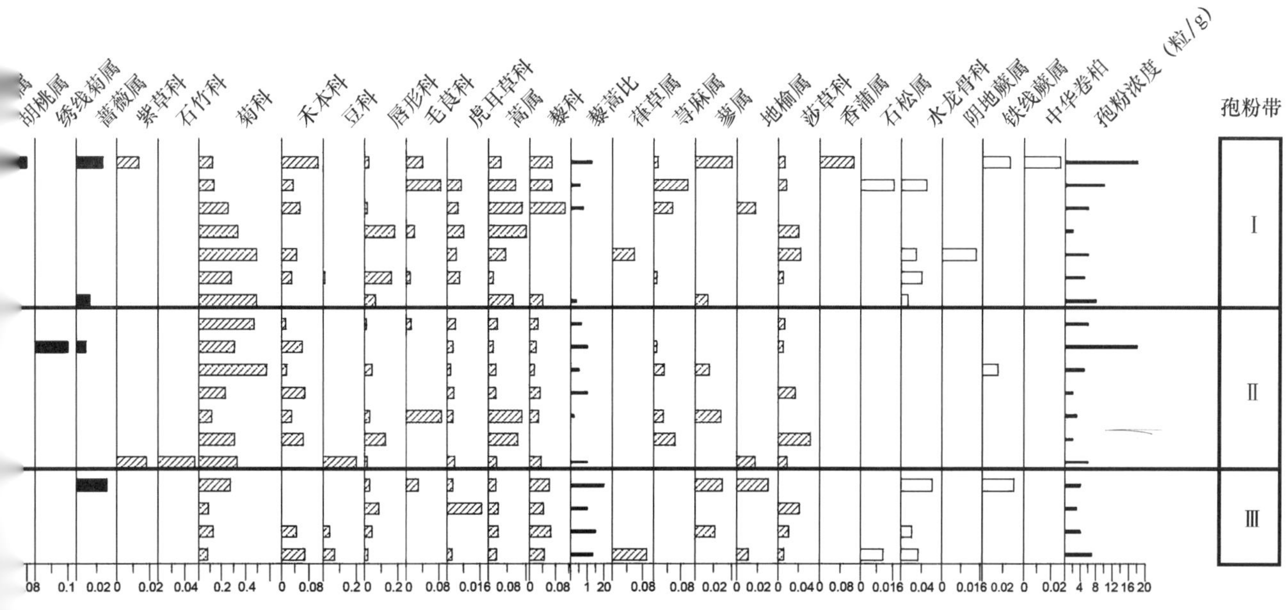

l遗址剖面孢粉图

本组合反映暖温带南缘地区气候比较暖湿的河漫滩灌丛草地环境。当时附近山地有以松属为主的针叶树生长，漫滩上植被十分稀疏，主要由以菊科为主的陆生旱生草本植物，一定含量的湿生草本植物莎草科以及暖温带落叶阔叶树，亚热带的水青冈属、枫杨属、山核桃属等组成。水域相对较多。

第Ⅱ孢粉带：深度70～35cm，对应于④层下部（样品10XH14～10XH7）。本带孢粉浓度有所增高，为2～18粒/克。以草本植物为主，含量为43.3%～76.6%，C/A值减小，为0～1，主要为菊科，还有少量禾本科、蒿属、虎耳草科、藜科等，以及湿生草本植物地榆属、莎草科，出现伴生植物荨麻属；乔、灌木植物含量为21.9%～56.7%，以松属含量最高，为1.8%～40%，其他如云杉属和栎属、榆树、黄栌属、柳属等都有较少含量；还有个别亚热带的水青冈属、枫杨属出现，蕨类植物仅铁线蕨属零星出现，含量骤降为0～1.56%。

本组合反映暖温带南缘地带气候比较暖干的河漫滩灌丛草地环境。当时附近山地有以松属为主的针叶树生长，漫滩上植被比较稀疏，主要生长有以菊科为主的陆生旱生草本植物，少量湿生草本莎草科，还有一些暖温带常见的乔灌木和亚热带的水青冈属、枫杨属等。水域较少。

第Ⅰ孢粉带：深度35～0cm，对应于④层上部和③层下部（样品10XH6～10XH1）。本带孢粉浓度为2～18粒/克。草本植物含量升高，为52%～82%，C/A值为0～1.25，草本植物以菊科为主，还含有禾本科、蒿属、藜科、虎耳草科、唇形科、毛茛科等，湿生草本植物莎草科、水生草本植物香蒲属有一定含量，荨麻属在上部出现；乔、灌木植物含量为18%～42.7%，松属含量明显降低，栎属、桦属、榆树、桤木属、鹅耳枥属、柳属、胡桃属、大戟属等有一定含量；蕨类植物含量增大，为0～6.7%，以水龙骨科为主，石松属、阴地蕨属、铁线蕨属、中华卷柏等零星出现。分为Ⅰ-1层（15～0cm）和Ⅰ-2层（35～15cm），其中Ⅰ-2层相比上部Ⅰ-1层而言气候要暖湿一些。

本带反映暖温带南缘地区比较温湿的河漫滩灌丛草地环境。当时河漫滩上植被稀疏，主要生长以菊科为主的陆生旱生草本植物和少量以莎草科为代表的湿生草本植物，乔灌木较少，没有亚热带植物出现。水域较多。

文化遗物主要分布在第Ⅲ孢粉带上部的⑤层，说明当时比较暖湿的气候环境和比较多的水域环境比较适宜于人类生活（表1-10）。

表1-10　黄帝口遗址剖面植被分析

孢粉带	地层	孢粉浓度	优势	乔灌木	亚热带植物	旱生草本	湿生草本	蕨类	气候
Ⅰ	③下、④上	2～18	草本	松属减少，阔叶树8种	无亚热带植物	菊科为主	莎草香蒲	增多 水龙骨	比较温湿 水域较多
Ⅱ	④下	2～18	草本	松属居多，阔叶树6种	水青冈属、枫杨属	菊科为主	莎草	减少 铁线蕨	比较暖干 水域较少
Ⅲ	⑤～⑥	3～7	乔灌草	松属居多，阔叶树6种	水青冈属、枫杨属、山核桃属等	菊科为主	莎草科	较多 水龙骨	比较暖湿 水域较多

1.5.3.3　化学分析

（1）常量化学元素曲线分析。

将黄帝口剖面的18个样品，在北京大学ICP实验室进行了常量化学元素分析，结果如下（图1-34）。

按照各常量化学元素氧化物的含量，可将剖面分为4部分，自下而上分别为：

下部（90～70cm）：剖面⑤～⑥层，对应第Ⅳ孢粉带。SiO_2、Al_2O_3、K_2O、MnO都处于高值，而Fe_2O_3、CaO、TiO_2、P_2O_5、LOI都处于低值。

中部（70～35cm）：剖面④层中下部，对应第Ⅲ孢粉带。SiO_2、Na_2O呈现明显的峰值，而Al_2O_3、MgO、K_2O则出现明显的波谷，MnO、P_2O_5也处于低值；Fe_2O_3、CaO、LOI的含量则呈波动状态，略有增大。

上部（35～15cm）：剖面④层上部，对应于第Ⅰ孢粉带下部。SiO_2、Na_2O处于低谷，而Al_2O_3、Fe_2O_3、CaO、MgO、K_2O、TiO_2、LOI则呈现明显的高峰，MnO、P_2O_5持续处于低值。

顶部（15～0cm）：剖面③层底部，对应于第Ⅰ孢粉带上部。SiO_2、Na_2O变为高值，而Al_2O_3、Fe_2O_3、CaO、MgO、K_2O、TiO_2、LOI将为低值，MnO、P_2O_5仍持续处于低值。

（2）常量元素的氧化物比值。

由于沉积物的化学成分与物源区的地表化学过程有密切关系，所以我们选取了几个抗化学风化强度差异较大的元素，计算它们的比值：SiO_2/Na_2O、Al_2O_3/K_2O和TiO_2/K_2O作为气候的代用指标，其中分子都是稳定元素，分母都是不稳定元素，比值越高，说明气候越湿暖，反之则越干冷。

这3个三个常量元素氧化物比值沿剖面的变化曲线如下图所示（图1-35）。

根据常量元素氧化物比值的变化曲线可将剖面分为4段，自下而上分别为：

第4段（0.9～0.7m）：剖面⑤～⑥层，对应第Ⅳ孢粉带。SiO_2/Na_2O、Al_2O_3/K_2O、TiO_2/K_2O值较高，其中⑤层出现峰值，表明气候比较暖湿。

第3段（0.7～0.35m）：剖面④层中下部，对应第Ⅲ孢粉带。SiO_2/Na_2O、Al_2O_3/K_2O、TiO_2/K_2O值较低，处于波谷，表明气候变冷变干。

第2段（0.35～0.15m）：剖面④层上部，对应第Ⅱ孢粉带。SiO_2/Na_2O、Al_2O_3/K_2O、TiO_2/K_2O值略有升高，为小波峰，表明气候变得暖湿。

第1段（0.15～0m）：剖面③层，对应孢粉曲线第Ⅰ带。SiO_2/Na_2O、Al_2O_3/K_2O、TiO_2/K_2O值处于低值，指示气候开出现变冷干的趋势。

上述常量化学元素参数曲线变化与孢粉曲线变化情况一致，说明剖面经历了一个“暖湿—冷干—暖湿—变冷干”的变化过程。

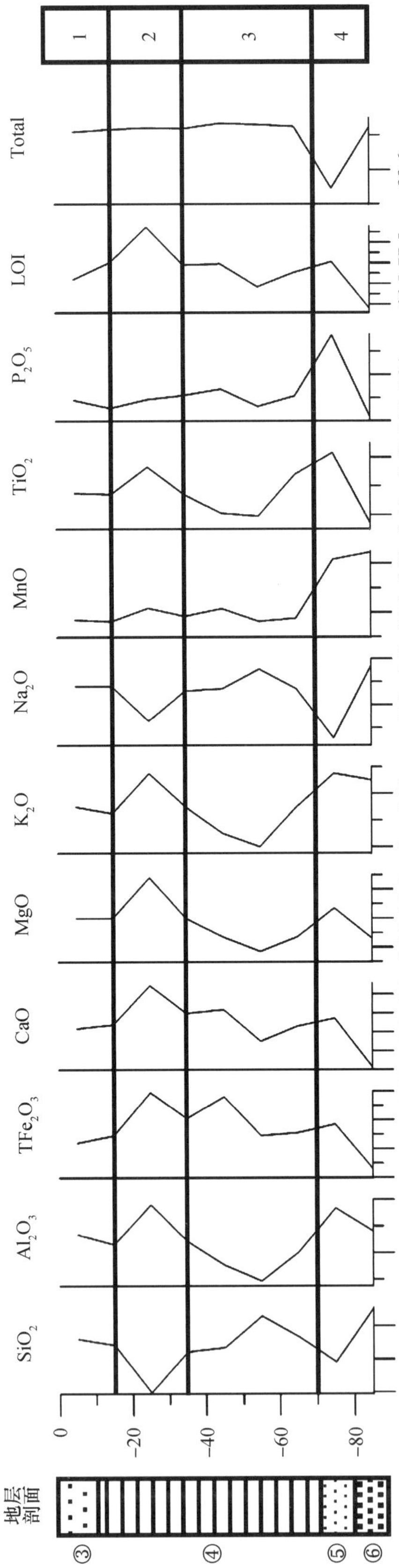

图1-34　黄帝口遗址剖面常量化学元素曲线图

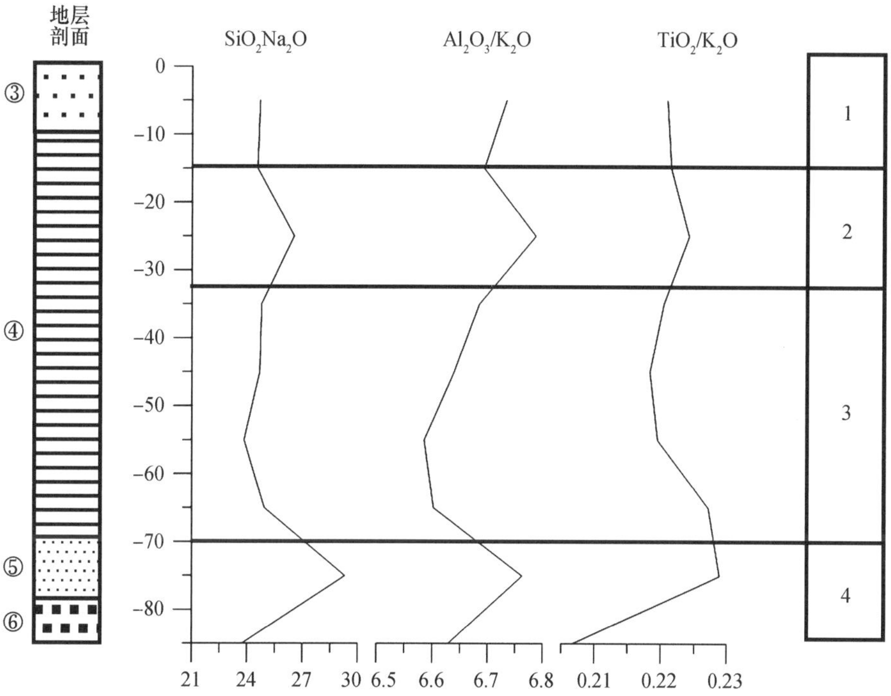

图1-35　黄帝口遗址剖面常量元素氧化物比值变化曲线图

1.5.3.4　色度分析

将黄帝口剖面的18个样品，在色度仪上进行了沉积物的色度分析。

色度结果显示（表1-11），亮度（L*）的变化范围在48.57～54.11之间，平均值为51.76，在整个剖面顶部（0～15cm）较低，15cm以下L*值较高，但在40～50cm的深度出现低谷。红度a*值变化范围为3.37～4.47，平均值为4；黄度b*值变化范围为15.66～19.04，平均值为16.87。剖面下部，红度（a*）和黄度（b*）值较低，表明沉积物颜色较浅。中部红度（a*）和黄度（b*）值升高，上部红度（a*）、黄度（b*）值都降低。

相关分析表明，L*值和a*值和TFe_2O_3呈正相关关系，相关系数分别为0.37，b*值和TFe_2O_3的相关系数分别为0.58。而TFe_2O_3和MnO与气候的化学风化作用有关，剖面下部红度（a*）和黄度（b*）值较低，表明沉积物化学风化作用较弱。中部红度（a*）和黄度（b*）值升高，表明沉积物化学风化作用加强，上部红度（a*）、黄度（b*）值都降低，显示化学风化作用减弱。可以说明气候经历了一个有冷干—暖湿—冷干的过程（表1-11）。

1.5.3.5　磁化率分析

磁化率测试结果显示，低频磁化率值从下到上逐渐升高，频率磁化率值在⑤层波动剧烈。根据磁化率的变化，可以将剖面划分为3段（图1-36）。

第3段：深度90～75cm，对应剖面⑤～⑥层。低频磁化率（Xlf）和频率磁化率值（Xfd）

表1-11　黄帝口遗址剖面色度、磁化率、粒度及常量化学元素相关性分析表

	L*	a*	b*	X1d	Xfd	d（0.5）	平均粒径	砂	粉砂	黏土	SiO_2%	Al_2O_3%	TFe_2O_3%	CaO%	MgO%	K_2O%	Na_2O%	MnO%	TiO_2%	P_2O_5%	LOI%	Total%
L*	1.00																					
a*	−0.31	1.00																				
b*	−0.11	0.78	1.00																			
Xld	−0.56	0.69	0.36	1.00																		
Xfd	−0.58	0.66	0.61	0.53	1.00																	
d（0.5）	−0.41	0.55	0.62	0.22	0.48	1.00																
平均粒径	−0.40	0.60	0.69	0.25	0.53	0.99	1.00															
砂	−0.38	0.69	0.79	0.30	0.61	0.95	0.98	1.00														
粉砂	0.40	−0.70	−0.85	−0.28	−0.70	−0.89	−0.93	−0.97	1.00													
黏土	0.12	−0.30	−0.17	−0.20	0.02	−0.63	−0.63	−0.58	0.36	1.00												
SiO_2%	0.00	−0.15	−0.10	−0.19	−0.40	0.53	0.44	0.29	−0.13	−0.65	1.00											
Al_2O_3%	0.23	−0.37	−0.55	−0.08	−0.24	−0.93	−0.94	−0.89	0.80	0.73	−0.64	1.00										
TFe_2O_3%	−0.07	0.38	0.58	0.12	0.64	−0.03	0.07	0.24	−0.41	0.43	−0.81	0.12	1.00									
CaO	−0.10	0.37	0.39	0.29	0.63	−0.23	−0.12	0.05	−0.2	0.45	−0.94	0.34	0.93	1.00								
MgO	0.01	0.06	−0.17	0.22	0.15	−0.73	−0.67	−0.55	0.43	0.64	−0.90	0.85	0.51	0.73	1.00							
K_2O	0.37	−0.48	−0.65	−0.27	−0.37	−0.89	−0.93	−0.92	0.85	0.70	−0.45	0.95	−0.05	0.14	0.69	1.00						
Na_2O%	−0.23	0.35	0.23	0.11	−0.01	0.78	0.70	0.60	−0.47	−0.70	0.84	−0.73	−0.57	−0.70	−0.77	−0.60	1.00					
MnO%	0.42	−0.80	−0.59	−0.66	−0.69	−0.59	−0.67	−0.75	0.69	0.56	0.13	0.51	−0.35	−0.39	0.05	0.65	−0.25	1.00				
TiO_2%	0.28	−0.33	−0.37	−0.05	0.00	−0.74	−0.66	−0.58	0.52	0.46	−0.74	0.68	0.40	0.61	0.70	0.59	−0.90	0.08	1.00			
P_2O_5%	0.31	−0.60	−0.22	−0.26	−0.17	−0.59	−0.53	−0.50	0.42	0.50	−0.43	0.42	0.32	0.34	0.29	0.34	−0.82	0.40	0.69	1.00		
LOI%	−0.10	0.28	0.23	0.23	0.51	−0.35	−0.24	−0.08	−0.07	0.52	−0.97	0.44	0.87	0.97	0.81	0.25	−0.74	−0.32	0.67	0.32	1.00	
Total%	−0.33	0.76	0.50	0.28	0.47	0.76	0.73	0.73	−0.69	−0.48	0.29	−0.55	−0.01	−0.10	−0.31	−0.50	−0.75	−0.58	−0.66	−0.92	−0.14	1.00

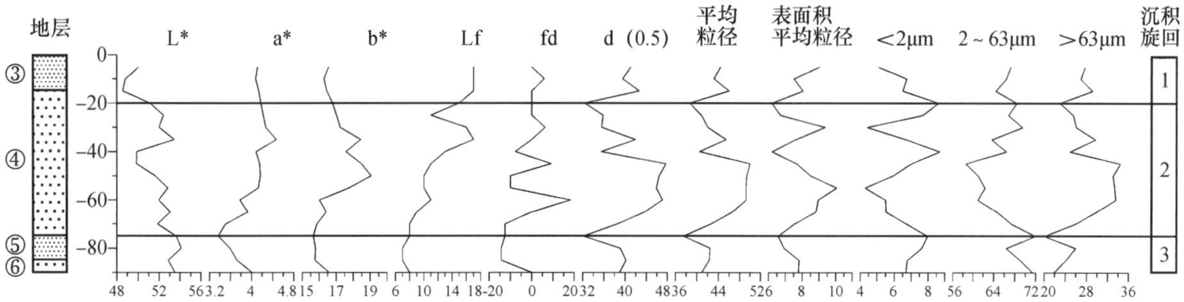

图1-36　黄帝口遗址色度、磁化率、粒度曲线对比图

都较低，和粒径的变化情况相反。

第2段：深度75～20cm，大致对应剖面④、⑤层。低频磁化率（Xlf）和频率磁化率值（Xfd）都有所升高，频率磁化率值波动较明显。

第1段：深度20～0cm，大致对应剖面④层。低频磁化率（Xlf）和频率磁化率值（Xfd）都较高，频率磁化率值波动较小。

相关分析表明，Xlf值和a*值的相关系数最高，为0.7；Xlf和L*之间呈负相关关系，相关系数为−0.65；Xlf和粒度参数之间的相关性很弱，相关系数的范围仅为−0.15～0.15之间，说明频率磁化率值和粒度之间没有特别的对应关系。决定Xlf值的主要因素还是沉积物中的铁化合物。Xfd值和平均粒径、中值粒径、砂的含量呈正相关关系，相关系数分别为0.29，0.34，0.39；而和粉砂和黏土则呈负相关关系，相关系数分别为−0.36，−0.27，说明频率磁化率值和粗颗粒的物质有关。

文化层所在的⑤层具有最低的Xlf值，这可能与当时所处的沉积环境有关。由于⑤层属于泛滥平原堆积，比较暖湿，水域较大，在还原环境下，沉积物颜色偏灰绿，TFe_2O_3通常具有低值，Xlf值故而也偏低。

1.5.4　黄帝口遗址人类生存环境分析重建

1.5.4.1　遗址的地貌部位

从黄帝口遗址文化遗迹的分布情况看，⑤层是主要文化层，出土的石制品、动物化石等古人类活动的遗物都分布在河流堆积物中。这套河流堆积夹在黄土地层之中，应属于黄土期的古河道堆积。进一步根据对黄帝口剖面沉积物所做的粒度分析，可以判断这些沉积物属于河流边滩—漫滩沉积。由此推断黄帝口遗址的古人类就活动在古河道的河滩（包括河漫滩和边滩）上。由于当时河流的水动力不强，水文状况波动不大，适宜于古人类的生活。

1.5.4.2　气候环境

根据孢粉分析，并参考化学分析结果，我们讨论一下黄帝口古人类生活时期的古气候状况。

有古人类活动遗存的剖面⑥层上部至⑤层漫滩堆积中（90 ~ 70cm），孢粉十分稀少，但植被组合中乔灌木和草本的含量大致相当。前者有暖温带落叶阔叶树，间有亚热带的水青冈属、枫杨属、山核桃属等。后者有以菊科为主的陆生旱生草本植物和占较大比例的湿生草本植物莎草科。蕨类植物较多。说明这里当时地处暖温带南缘地区，受亚热带气候影响较大，气候比较暖干，属水域较多的河漫滩灌丛—草地环境。适宜于人类生活。

⑤层之后，气候略有变干，河滩上植被比较稀疏，主要生长以菊科为主的陆生旱生草本植物，湿生草本少见，还有一些暖温带常见的乔灌木，亚热带代表性植物水青冈属、枫杨属等继续出现，反映暖温带南缘比较暖干，水域较少的河漫滩灌丛草地环境。④层气候比⑤层变冷变干。到晚期，气候比较温干，当时河滩上植被比较稀疏，主要生长为以菊科为主的陆生旱生草本植物，湿生草本较少，乔灌木不多，受气候变化影响，植物中没有亚热带植物出现。反映暖温带比较温干的河漫滩灌丛草地环境。

古人类生活的MIS3阶段晚期，嵩山东南麓的黄帝口—赵庄一带，地处暖温带南缘，受气候变化影响，亚热带气候可能发生小规模的北侵，造成当地气候变暖，植被中会间断性地出现一些亚热带成分，这种生态环境比较适宜于古人类在此逗留。

1.6　方家沟遗址

方家沟遗址位于河南省登封市东南约9千米处的卢店镇方家沟村，地理坐标为113°8′21.90″E，34°26′7.19″N。遗址地处嵩山东南麓的丘陵地区的颍河流域，是颍河支流五渡河的源头地区。2014 ~ 2015年，对方家沟遗址进行了发掘，出土了丰富的旧石器时代石制品和动物化石。经过年代测定，遗址主要遗迹为距今5万 ~ 3万年前后。

1.6.1　遗址的地貌部位

方家沟遗址所在地黄土堆积巨厚，为微倾斜的山前冲洪积黄土台地。颍河支流五渡河深切于台地之中，形成两岸陡峭的黄土陡崖和宽阔的谷地。方家沟遗址的文化遗物都出土于黄土陡崖底部的粉细砂层中，厚3m。根据其上、下地层均为马兰黄土，推断它应该属于马兰黄土期的古河道堆积。古人类当时就在这一古河道上活动。

1.6.2　遗址地层剖面特征和年代

1.6.2.1　遗址地层剖面特征

根据考古发掘的情况，方家沟遗址的地层剖面由上而下描述如下（图1-37）：

近现代堆积

①层：表土层。厚20～40cm；

②层：扰土层，为现代砖窑废弃堆积。厚120～170cm。

全新世堆积

③层：黄褐色黏土质粉砂。厚110～710cm。

晚更新世黄土堆积

④层：黄色粉砂，较纯净致密，含较多钙质白色菌丝体和钙结核，具有垂直节理，出土较多螺壳和零星的动物化石。厚140～180cm。

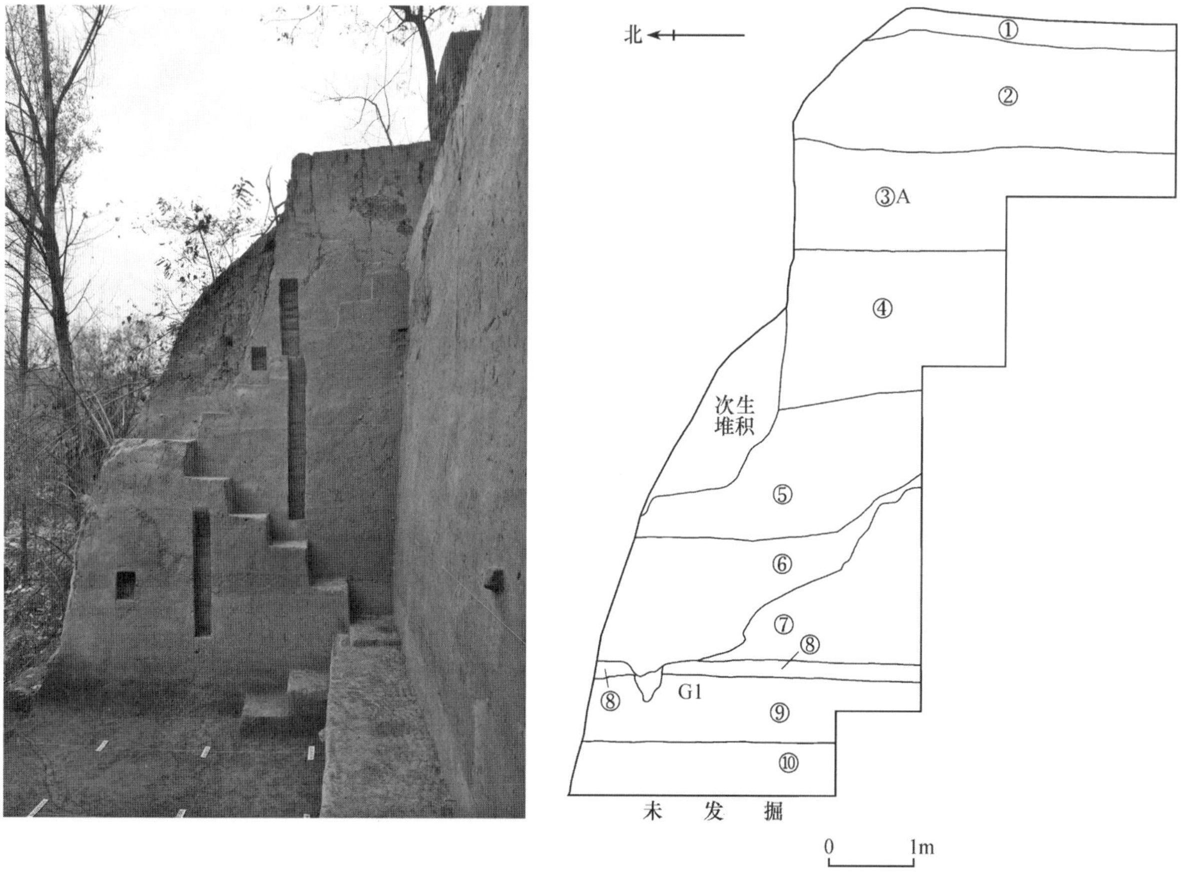

图1-37　方家沟遗址东壁剖面图

晚更新世河流堆积（MIS3阶段）

⑤层：浅黄色—浅红色粉砂互层，局部偶见较明显的水平层理，含少量砾石和磨圆的钙结核，出土较多螺壳和零星的石制品、动物化石、炭屑和红烧土颗粒。地层略向西北倾斜。厚120～180cm。

⑥层：黄褐色—红褐色粉砂，有清晰的水平层理，包含直径不等、颜色不一的纯净黏质粉砂土团块，含较多砾石、岩块、钙结核，出土少量动物化石、螺壳，偶见石制品和零星红烧土颗粒。地层略向西北倾斜。底部为侵蚀面。厚20～140cm。

⑦层：浅褐色粉砂，较纯净，表层有较多磨圆的钙结核，包含极少量细砾，无文化遗物。该层主要分布于发掘区东南部，东南角最厚，向西北倾斜直至尖灭，最厚约230cm。

G1：黄褐色粉砂，包含直径不等的黏质粉砂土颗粒，含一定数量的砾石、岩块、钙结核，呈楔状体开口于⑥层下，打破⑧～⑩层，与⑦层无接触关系。楔状体开口宽40～50cm，最深110cm，东西延伸760cm，推测为⑦层堆积之后形成的大地裂缝的充填物，其中出土有大量石制品和较多动物化石，是发现石制品最多的层位。

⑧层：棕褐色粉砂质黏土，顶部和底部存在两层厚1～2cm的砾石层，砾石以细砾为主，出土零星的石制品和鸵鸟蛋皮。地层东部略高，向西倾斜，厚20～40cm。

⑨层：灰黄—红褐色粉砂，夹3～4条厚1～3cm的浅红色粉砂质黏土薄层，其中含少量砾石和岩块，出土零星的石制品和鸵鸟蛋皮。地层东部略高，向西倾斜，厚约60cm。

下伏地层：晚更新世黄土堆积

⑩层：红褐色粉砂质黏土，较纯净，含极少量砾石，无文化遗物。地层东部略高，向西倾斜，最大厚度约300cm，未见底。已发掘最厚约55cm（表1-12）。

表1-12　方家沟遗址东壁采样剖面描述

层位	厚度（cm）	样品号	岩性描述	文化遗物	沉积环境
④	15	001～003	黄色粉砂致密，含较多菌丝体和钙结核，具有垂直节理	较多螺壳和零星动物化石	马兰黄土
⑤	150	004～034	浅黄色—浅红色粉砂互层，偶见水平层理，含少量砾石和磨圆的钙结核	较多螺壳和零星的石制品、动物化石、炭屑和红烧土粒	河流堆积
⑥	50	035～044	黄褐色—红褐色粉砂，有水平层理，含黏土粒和较多砾石、岩块、钙结核	少量动物化石、螺壳，偶见石制品和零星红烧土颗粒	
G	20	G01～G04	黄褐色粉砂，含黏粒和砾石、岩块、钙结核	出土大量石制品和动物化石	
⑦	55	045～056	浅褐色粉砂，含极少量细砾。表层有较多磨圆的钙结核	无文化遗物	
⑧	20	057～060	棕褐色粉砂质黏土，顶部和底部存在两层细砾层	零星的石制品和鸵鸟蛋皮	
⑨	125	061～075	灰黄—红褐色粉砂，夹3～4条浅红色薄层粉砂质黏土，含少量砾石和岩块	零星的石制品和鸵鸟蛋皮	
⑩	10	076～077	红褐色粉砂质黏土，含极少量砾石	无文化遗物	马兰黄土

1.6.2.2　年代测定

遗址的⑤～⑨层经^{14}C和光释光测年，年代为30～50ka B.P.；⑩层为红褐色粉砂质黏土，已发掘部分厚约50cm，未见底，光释光年代77～56ka B.P.。据此判断，方家沟遗址文化层的时代应为30～50ka B.P.，相当于深海氧同位素3（MIS3）阶段。

2014年，我们对方家沟旧石器遗址进行了野外考察，并在遗址探方东壁采集了88个沉积物样品（包括用于地层对比的7个样品），用于古环境指标分析。2016～2018年，我们对这些样品进行了孢粉、粒度、磁化率、色度、化学元素等项目的实验室分析，并结合野外地貌考察和剖面观察，对实验数据进行古环境分析。

1.6.3　剖面沉积物分析

方家沟遗址发掘区东壁剖面以5cm间隔连续采样，从④B层底部开始采样向下，至⑩层上部，共采了77个样品，并在⑥层之下的沟（G1）中采取4个样品。

1.6.3.1　粒度分析

（1）粒度组合特征。

剖面（④B～⑨层）沉积物以粉砂（10～50μm）为主，含量变化范围在40%～60%，平均含量为50.6%；砂（>50μm）和黏土（<5μm）含量较少，其含量的变化范围分别为5%～35%和10%～25%；平均含量分别为20%和15.9%。中值粒径的变化范围为15.6～28.4μm，平均值为19.2μm（表1-13）。

表1-13　方家沟遗址东壁剖面各层粒度特征

层位	中值粒径（μm）		砂含量（%）		粉砂含量（%）		黏土含量（%）		粒度
	范围	均值	范围	均值	范围	均值	范围	均值	
④B	20.9～22.8	22.1	17.2～18.6	17.8	50.6～53.0	52.2	17.2～23.5	17.9	细
⑤	16.4～22.3	19.0	6.7～18.9	15.1	47.1～58.4	51.0	17.2～23.5	20.4	
⑥	16.2～20.7	18.9	12.3～20.9	16.1	43.9～53.3	49.5	18.8～22.4	20.7	
⑦	18.5～28.4	20.6	17.7～33.5	20.1	42.0～51.2	47.7	12.8～22.1	18.7	粗
⑧	19.1～19.6	19.4	14.8～19.3	18.0	46.1～53.9	48.5	17.6～21.3	20.1	
⑨	15.6～23.8	18.4	7.7～24.8	12.8	47.0～56.0	53.5	16.4～22.3	20.1	细
⑩	15.7～20.0	17.9	9.3～25.2	17.3	41.1～54.1	47.6	20.0～21.0	20.5	

野外地层沉积特征观察表明，剖面⑤～⑨层属于河流相沉积。其中上部的⑤～⑥层的砂含量较低，且稳定；中部的⑦层出现峰值；而下部⑧～⑨层，砂的含量呈下低上高的变化趋势，且波动较大。整个剖面砂的含量呈现下部较低，中部较高，上部较低的变化趋势。粉砂的变化不明显，黏土含量与砂的变化相反。粒度分析结果说明，剖面中砂、粉砂、黏土的含量变化有一定的规律：构成一个从细到粗再到细的完整旋回，反映水流由弱到强再到弱的河流过程（图1-38）。

（2）粒度曲线特征。

1）粒度频率曲线特征。

由粒度分析得到77个样品的频率曲线，从中可以发现不同层位的粒度频率曲线基本相似，根据峰态可以划分为单峰和双峰两种类型，反映它们在沉积环境上的差异（图1-39）。

剖面上部④～⑤层的样品以单峰为主，主峰在4.8φ左右，峰值6%～7%，峰度中等，粗粒段比较陡直，细粒段和缓；而剖面下部⑥～⑩层，除单峰曲线外，还有部分样品为双峰曲线，主峰在4.8φ左右，峰值6%～7%，峰度中等，粗粒段比较陡直，细粒段和缓。次峰位于1.3φ左右，峰值0.5%左右，少数可达2.5%。粒度频率曲线的上述特征说明，剖面整体上以水流比较平稳的河流堆积为主，但在河流过程的早中期（⑥～⑨层），流态不太稳定，出现有流速较急的水流，形成具有粗次峰的粒度频率曲线。

2）粒度概率累积曲线。

由粒度分析得到77个样品的概率累积曲线，从中可以发现不同层位的粒度概率累积曲线整体比较相似，但根据曲线形态，划分为两段式和三段式两类（图1-40）。

Ⅰ类：两段式，由跃移组分和悬浮组分构成。其中跃移组分（3～5Φ）占40%～70%，斜率较大，分选好；悬移组分（＞5Φ）比例较大，占30%～50%，斜率大，分选较好。代表流速较慢、流态较稳定的水动力条件，属于河流的河漫滩堆积。

Ⅱ类：两段式，与第一类相近，也由跃移组分和悬浮组分构成。但其中跃移组分由斜率略有差异的两部分组成，说明存在有水流的往复作用；靠近河边岸线附近的河床边滩或滨河床沙坝边缘的沉积环境。

Ⅲ类：三段式，由推移总体、跃移总体和悬移总体三部分构成。其中推移组分（0～2Φ）占5%～20%，斜率较大，分选好；跃移组分（2～5Φ）约占30%～50%，斜率较大，分选好；悬移组分（＞5Φ）占30%～50%，斜率较大，分选好。代表流速较大、水动力条件较强、流态不太稳定的水动力沉积，反映河床边滩的沉积环境。

以上三类概率累积曲线在⑤～⑦层都有出现，反映这里地处河床和漫滩的交接地带，遗址所处地貌位置，随河水的涨落和水边线的移动会发生迅速的变化。

从图1-41中可以看出，剖面下部的⑦～⑩层曲线以类型Ⅰ、Ⅲ组合为主，说明此阶段整体水动力条件变化较大，河水经常泛滥，水边线不稳定，导致河床边滩和河漫滩交互出现。⑥层沉积物曲线类型Ⅰ、Ⅱ、Ⅲ都有分布，说明除河床边滩和河漫滩交互出现之外，还出现有比较

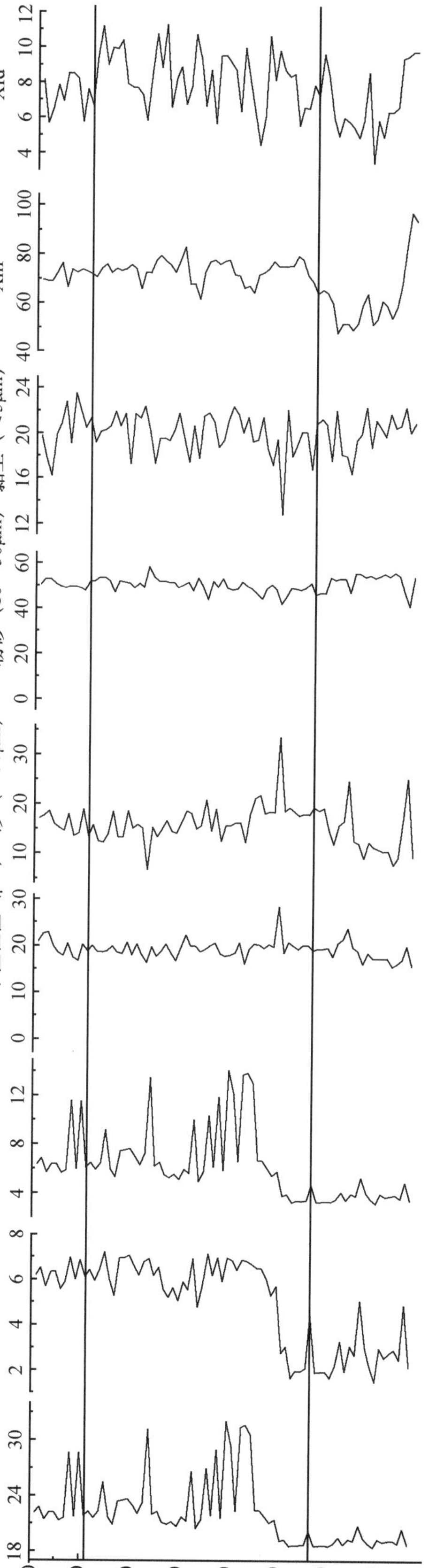

图1-38　方家沟遗址东壁剖面色度、粒度和磁化率的变化曲线

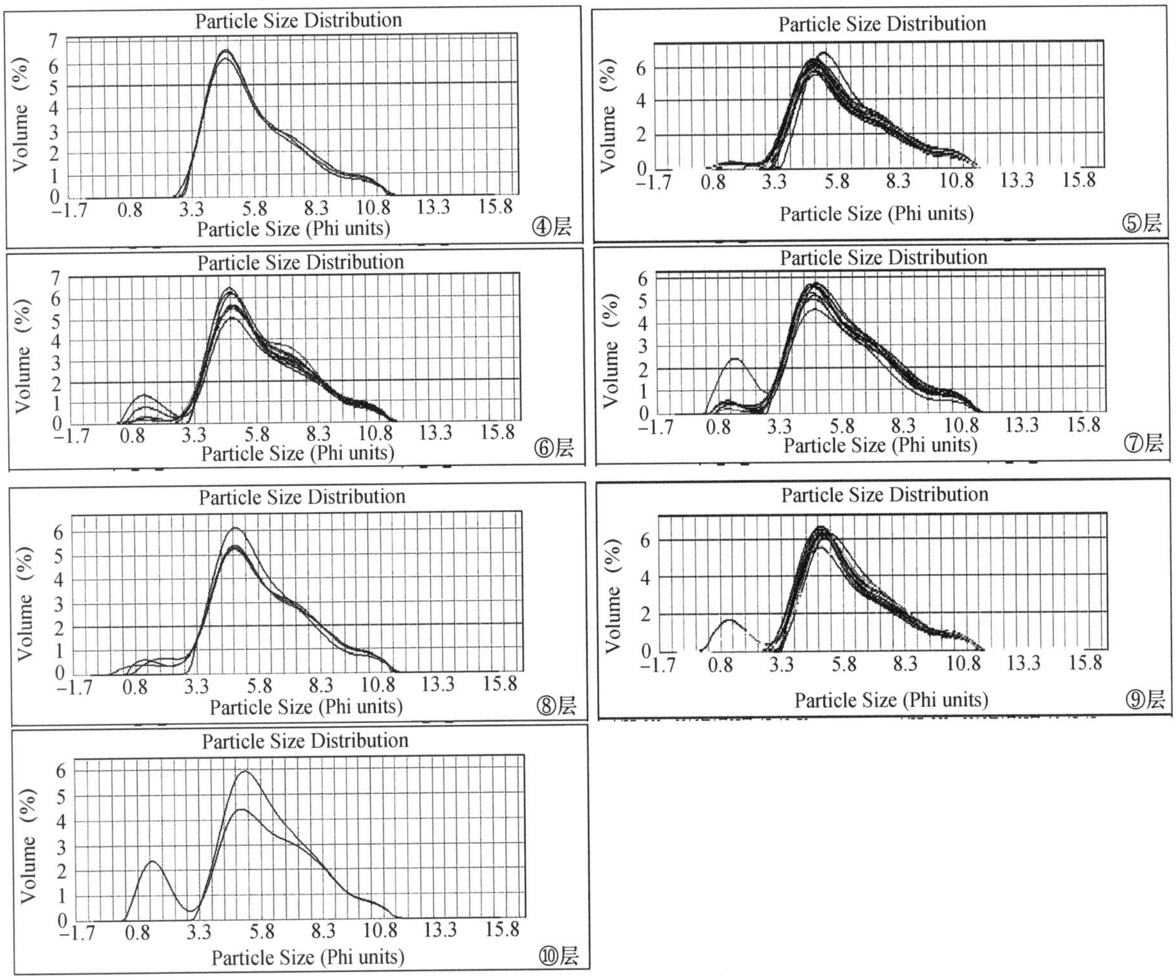

图1-39　方家沟遗址东壁剖面各层粒度频率曲线

稳定的岸线附近的河床边滩（或滨河床沙坝边缘）环境；⑤层的粒度概率累积曲线以类型Ⅰ和Ⅱ为主，说明此阶段水动力条件较弱，河面涨落比较缓慢，水边线常稳定在一个位置，形成漫滩沉积和靠近河水边线附近的河床边滩（或滨河床沙坝边缘）交互的沉积环境；④B层粒度概率累积曲线为类型Ⅰ，结合剖面沉积特征，推测其主要为沉积动力较稳定的风成黄土沉积（表1-14）。

总体来讲，剖面下部⑦～⑨层水动力较强，流态不稳定，河面涨落明显，以河床边滩和河漫滩交互出现为主；剖面中部⑥层水动力比⑦～⑨层稍弱，流态不够稳定，河面涨落比较明显，主要以河床边滩和河漫滩交互出现为主，但在河面稳定时期，会出现靠近河边岸线附近的河床边滩（或滨河床沙坝边缘）沉积环境。剖面上部的⑤层，水动力较弱，流态稳定，河面涨落不明显，主要以漫滩沉积和靠近河边岸线附近的河床边滩（或滨河床沙坝边缘）环境为主。

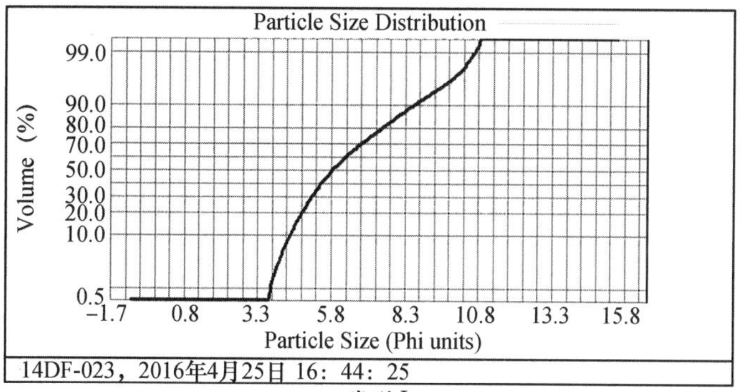

a. 类型Ⅰ

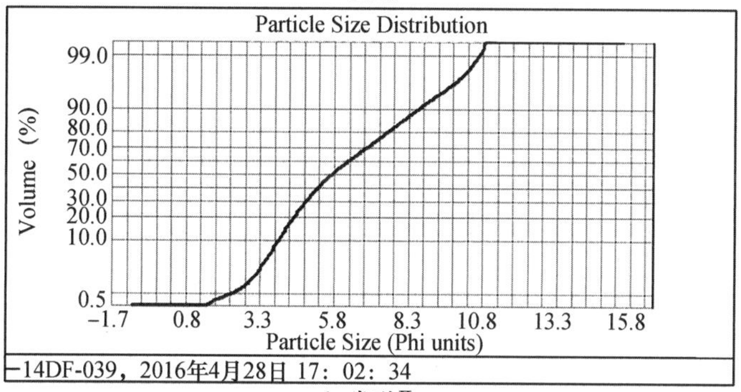

b. 类型Ⅱ

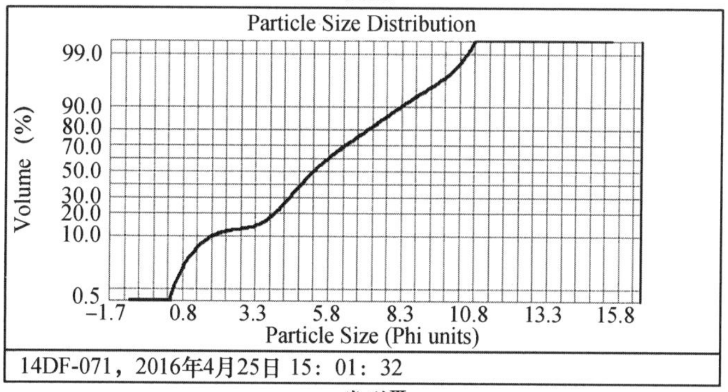

c. 类型Ⅲ

图1-40　方家沟遗址东壁剖面三种主要粒度概率累积曲线

表1-14　方家沟遗址不同层位粒度概率累积曲线和沉积环境

层位	曲线类型	沉积环境	水动力状况
④B	Ⅰ	风成黄土	
⑤	Ⅰ、Ⅱ	漫滩沉积和靠近河边的河床边滩	较弱，稳定
⑥	Ⅰ、Ⅱ、Ⅲ	河漫滩和河床边滩交互 出现了靠近河边的河床边滩环境	次强，不稳定
⑦～⑨	Ⅰ、Ⅲ	河漫滩和河床边滩交互	较强，不稳定

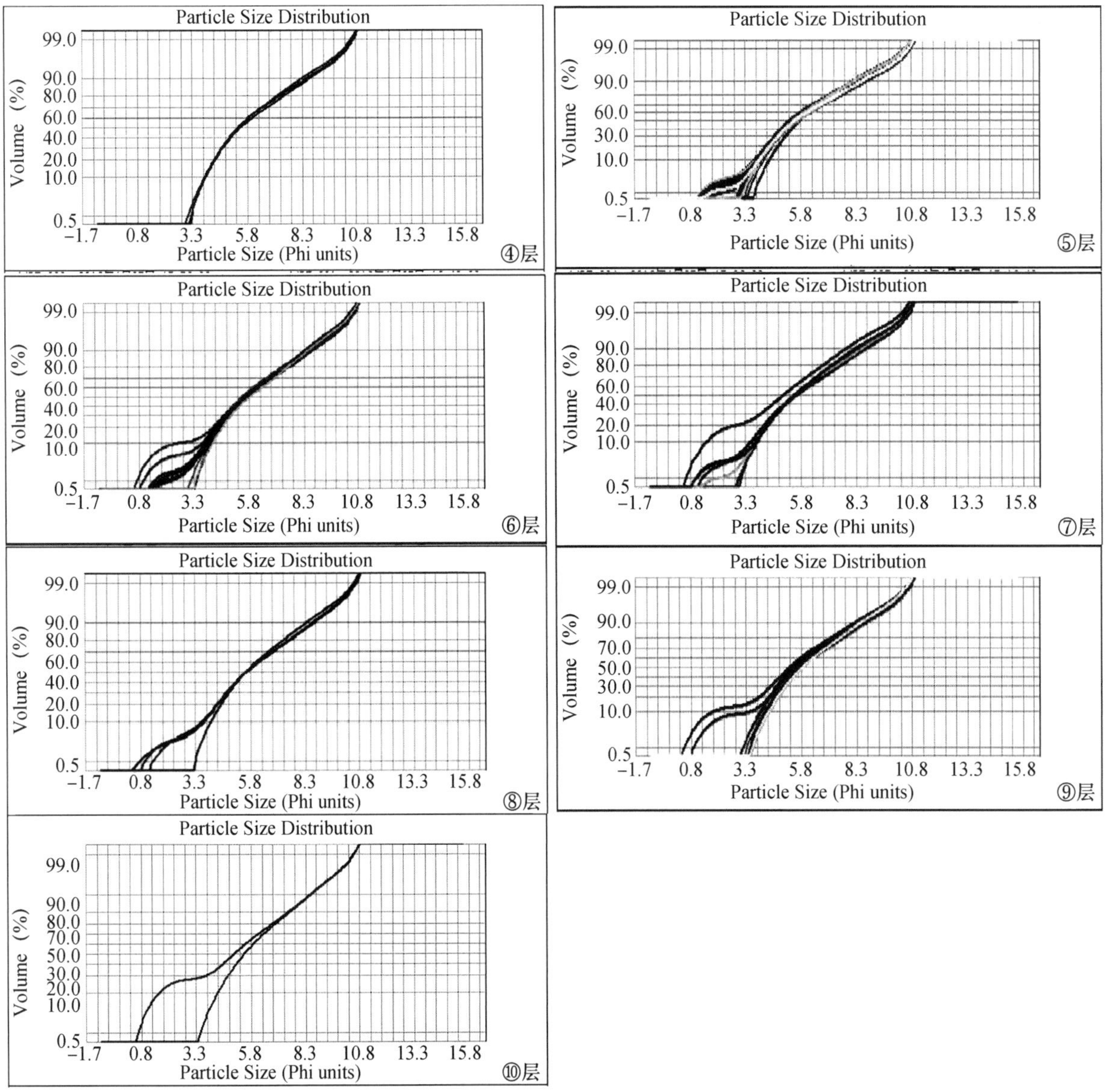

图1-41　方家沟遗址东壁剖面各层粒度概率累计曲线分布

1.6.3.2　磁化率分析

我们对方家沟遗址东壁剖面的77个样品进行了高频磁化率（Xhf）和低频磁化率值（Xlf）的测定。并计算了样品的频率磁化率（Xfd）。

从高频磁化率（Xhf）的变化特征可以看出，剖面④～⑤层的高频磁化率较高且较为稳定，变化较小（变化范围65.8～83 × $10^{-8}m^3/kg$，平均值73.5 × $10^{-8}m^3/kg$）；自⑤层底部（样品201④DF031）始至⑦层的高频磁化率值有两次明显下降且波动范围变大（变化范围61.7～79.3 × $10^{-8}m^3/kg$，平均值72.7 × $10^{-8}m^3/kg$）；⑧～⑨层高频磁化率值出现一个较宽的低谷，达到最低值（变化范围47.8～84.2 × $10^{-8}m^3/kg$，平均值59 × $10^{-8}m^3/kg$）；⑩层高频磁化率又急剧升高至剖面最高值（变化范围93.8～97.2×$10^{-8}m^3/kg$，平均值95.5×$10^{-8}m^3/kg$）。低频磁化率值（Xlf）具有相同的变化趋势。

频率磁化率（Xfd）值在④层和⑤层上部（样品201④DF001～201④DF012）期间值较低且较稳定（变化范围5.7～9.4，平均值7.5）；自⑤层下部至⑧层频率磁化率值有所升高且波动较大（变化范围4.4～11.3，平均值8.2）；在⑨层频率磁化率值和高频磁化率值一样，同样出现一个较明显的低谷（变化范围3.4～9.5，平均值6.3）；至⑩层又明显升高，重新回到较高值（平均值9.8）。

根据磁化率值的变化（表1-15），可以将剖面自下而上可以分为三段：第一段（⑨～⑩层），高频磁化率和频率磁化率均为剖面最低值，结合粒度分析，推测由于此期遗址距水边较远，缺乏近岸边水体的往复作用，铁磁性矿物富集度差，因此磁化率值偏低；第二段（⑥～⑧层），高频磁化率和频率磁化率值均明显增大，同时具有较明显的波动，推测当时地处靠近水边的漫滩和边滩环境，受河水位变化的影响，铁磁性矿物富集带发生移动，导致磁化率值有所升高，并出现明显的波动；第三段（④～⑤层），此阶段磁化率值为整个剖面最大值，可能与当时为靠近水边线的边滩位置，河水的往复作用造成了铁磁性矿物的大量富集。

表1-15　方家沟遗址东壁剖面磁化率变化所反映的沉积环境特征

层位	高频和频率磁化率	沉积地貌环境	水动力条件
④～⑤	最高值	靠近河边线的漫滩和边滩	岸线稳定，往复作用强
⑥～⑧	明显增高，波动明显	较靠近河边的漫滩和边滩	岸线不稳定，往复作用中等
⑨～⑩	最低值	远离河边的漫滩和边滩	岸线远离，往复作用弱

1.6.3.3　色度分析

色度采用亮度（L*）、红度（a*）和黄度（b*）等三项指标进行分析。从剖面整体曲线变化看，三个指标均呈现较一致的变化，仅存在细微差别。

④B层的亮度值L*和黄度值b*较低（变化范围分别是21.43～22.73和7.37～19.07，平均值分别是22.1、11.06）；红度值a*较高（变化范围5.93～6.09，平均值6.69）。

⑤层亮度值L*和黄度值b*依然较低，但个别样品的值明显较高，存在波动（变化范围分别是20.5～31.1和4.9～13.5，平均值分别是22.9、7）；红度值a*较高，和第④B层相比波动增加（变化范围4.8～7.2，平均值6.2）。

⑥层亮度值L*和黄度值b*明显增加，波动加剧，变化剧烈（变化范围分别是21.4～32和5.8～14，平均值分别是26.7、10），红度值a*也有所增高（变化范围5.8～7.1，平均值6.6）。

⑦～⑩层亮度L*和黄度值b*突然出现断崖式下跌，出现较为稳定持续的低值（变化范围分别是18.5～22.4和1.5～6.5，平均值分别是19.5、3.2）；红度值a*在⑦层上部（样品DF046～DF050）为较为稳定的高值（变化范围5.3～6.5，平均值6），之后才出现较为明显的下降（样品DF051～DF077），且仍有波动（变化范围1.5～5.1，平均值2.6）。

剖面的色度特征较好地反映了剖面颜色的变化，而颜色的变化这往往与氧化还原状况有关。⑦～⑩层的亮度L*，红度a*和黄度b*值都较低，指示沉积物颜色偏暗偏绿，可能河漫滩的弱还原环境有关；⑥层的亮度L*，红度a*和黄度b*值都较高，且波动剧烈，指示沉积物较明亮，推测可能沙坝和边滩的弱氧化环境有关；④～⑤层的亮度L*和黄度b*值较低，而红度a*值较高，指示剖面颜色偏暗偏红，可能与沙坝和边滩的较强氧化环境有关（表1-16）。

表1-16 方家沟遗址剖面不同层位沉积物色度差异所反映的沉积环境特征

层位	沉积物颜色	亮度L*	红度a*	黄度b*	氧化还原状况
⑤～④	偏暗偏红	较低	较高	较低	较强氧化
⑥	较明亮、偏红黄	较高、波动	较高、波动	较高、波动	弱氧化
⑦～⑩	偏暗偏绿	低	低	低	弱还原

1.6.3.4 常量化学元素分析

我们对方家沟剖面77个沉积物样品中的常量元素氧化物含量进行了分析。分析在北京大学造山带与地壳演化教育部重点实验室完成。

分析结果可见，SiO_2、Al_2O_3、Fe_2O_3和CaO是剖面的主元素（图1-42），其中SiO_2在剖面中的含量最高，平均含量为62.1%，变化范围在59.2%～65%之间，变异系数为9.4%；Al_2O_3在剖面中含量仅次于SiO_2，变化范围在12.2%～13.3%之间，平均值为12.7%，变异系数为8.4%；Fe_2O_3平均含量为5.4%，变化范围在4.9%～5.9%之间，变异系数为18.4%；CaO平均含量为6.1%，变化范围在4.4%～8%之间，变异系数为58.7%。相比之下，Na、K、Ca、Mg等易迁移元素在剖面中的含量较低。其中：K_2O平均含量为2.7%，变化范围在2.5%～2.9%之间，变异系数为12.6%；Na_2O、MgO平均含量分别为1%、1.8%，变化范围在0.9%～1.3%、1.7%～1.9%之间，变异系数分别为：34.8%、11.8%。TiO_2为稳定元素，在剖面中变化不大，平均含量为0.73%，变化范围在0.7%～0.78%之间，变异系数为10%。

根据各个常量元素在剖面中的变化情况，我们把剖面分为三段：

第1段（④B～⑤层上部，样品DF001～DF010），本段中SiO_2，Al_2O_3，MgO的含量均较低，其变化范围和平均值分别为：SiO_2（60.6%～62.4%，61.4%），Al_2O_3（12.3%～12.9%，12.5%），MgO（1.68%～1.76%，1.71%）。其他元素CaO，Na_2O的含量则较低，变化范围分别为在6.2%～7.6%和0.96%～1.25%之间，平均含量分别为6.9%、1.08%。

第2段（⑤层下部～⑦层，样品DF011～DF056），本段中SiO_2，Al_2O_3，MgO等元素的含量明显升高，其变化范围和平均值分别为：SiO_2（60.4%～65%，63%），Al_2O_3（12.2%～13.2%，12.7%），MnO（0.08%～0.11%，0.09%）。CaO，Na_2O，P_2O_5，K_2O的含量下降，其变化范围和平均值分别为：CaO（4.4%～7.6%，5.5%），Na_2O（0.95%～1.12%，1.04%），P_2O_5（0.14%～0.20%，0.15%），K_2O（2.54%～2.88%，2.7%）。其中SiO_2，Al_2O_3，TFe_2O_3，CaO在样品DF040～DF050之间（⑥层和⑦层交界处）出现明显的震荡，而

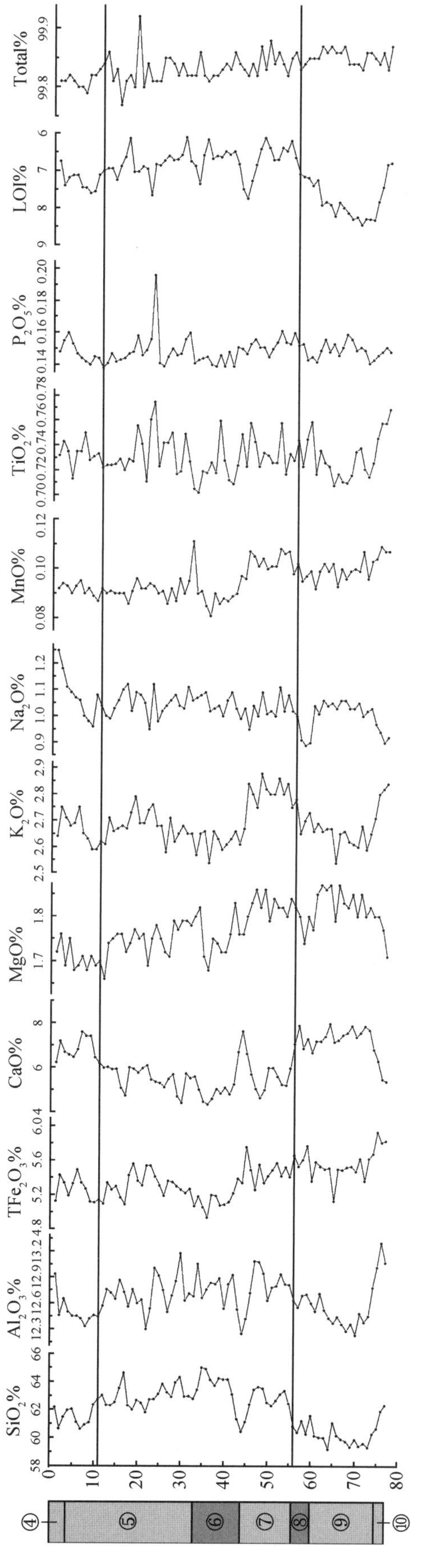

图1-42　方家沟遗址东壁剖面常量化学元素含量变化曲线

MgO，K_2O，MnO在此处出现明显升高。

第3段（⑧～⑨层，样品DF057～DF075），此段中SiO_2，Al_2O_3，TFe_2O_3，K_2O，TiO_2，LOI等值均明显降低，其变化范围和平均值分别为SiO_2（59.2%～61.6%，60.1%），Al_2O_3（12.3%～13%，12.5%），TFe_2O_3（5.1%～5.9%，5.5%），K_2O（2.5%～2.8%，2.7%），TiO_2（0.71%～0.76%，0.73%），LOI（7.2%～8.4%，7.9%）。而CaO，MgO的值则升高，其变化范围分别是6.3%～8%、1.7%～1.9%，平均值分别是7.3%、1.8%。

⑩层仅有两个样品，数据太少，暂不予讨论。

从常量化学元素沿剖面的变化来看，SiO_2，Al_2O_3，MgO等元素的变化规律基本一致，呈现剖面上部和下部含量较低，中部含量较高的变化过程，推测出现这种变化的原因主要与沉积物的粒径大小有关。沉积物粒径越粗，这三种元素的含量越高，沉积物粒径越细，这三种元素的含量越低。其原因推测可能与粗颗粒的砂中含有较多的石英、长石以及含Al和Mg的矿物有关，因此，粒度变化与Fe_2O_3，CaO，K_2O，MnO等氧化物的变化规律基本吻合。根据以上对粒度、磁化率、色度等的分析，剖面上部为粗颗粒，水流强，属氧化环境，因此造成Fe、Ca、K、Mn等易迁移元素的流失，导致含量降低；而剖面下部为细颗粒，水流弱，主要为还原环境，因此这些元素保存较好，含量较高。整体上TFe_2O_3的含量变化曲线与磁化率的变化曲线相吻合，说明沉积物中铁磁性矿物受沉积过程中氧化／还原环境的影响较大，也是影响磁化率值高低的重要因素之一（表1-17）。

表1-17　方家沟遗址剖面主要常量元素氧化物分层

层位	变化范围／平均值（%）							
	SiO_2	Al_2O_3	TFe_2O_3	K_2O	TiO_2	LOI	CaO	MgO
第1段 ④B～⑤上	60.6～62.4 （61.4）	12.3～12.9 （12.5）	5.11～5.49 （5.28）	2.59～2.75 （2.67）	0.71～0.75 （0.73）	6.74～7.61 （7.28）	6.2～ 7.6 （6.9）	1.68～1.76 （1.71）
第2段 ⑤下～⑦	60.4～65.06 （3.0）	12.2～13.2 （12.7）	0.08～0.11 （0.09）	2.54～2.8 （2.70）	0.70～0.78 （0.73）	6.1～7.74 （6.75）	4.4～7.6 （5.5）	1.66～1.86 （1.77）
第3段 ⑧～⑨	59.2～61.6 （60.1）	12.3～13.0 （12.5）	5.1～5.9 （5.5）	2.5～2.8 （2.7）	0.71～0.76 （0.73）	7.2～8.4 （7.9）	6.3～8.0 （7.3）	1.7～1.9 （1.8）

1.6.3.5　孢粉分析

（1）孢粉种属。

通过显微镜对方家沟剖面全部样品进行了详细的孢粉鉴定和统计，孢粉含量普遍较低，其中只有12个样品统计孢粉化石总数在100粒以上，有51个样品统计孢粉化石总数在50～99粒之间，其余样品统计孢粉化石总数不足50粒。经过浓度计算，孢粉浓度普遍较低，其中孢粉浓度最大的约10粒/克，最小的每克不足1粒。说明取样地区植物覆盖度十分低。

共鉴定出孢粉类型36科。以温带—暖温带植物为主，偶见亚热带植物。灌木及陆生草本植物花粉相对较多，针叶植物、阔叶植物、湿生和水生植物、蕨类植物等较少。淡水静水藻类零星出现。

包含的植物种属如下：

针叶植物（Coniferaetrees）有松属（*Pinus*）、雪松属（*Cedrus*）、云杉属（*Picea*）等1科花粉出现。阔叶植物（Broadleaftrees）有栎属（*Quercus*）、桦木属（*Betula*）、鹅耳枥属（*Carpinus*）、榛属（*Corylus*）、椴属（*Tilia*）、胡桃属（*Juglans*）、青檀属（*Pteroceltis*）、榆属（*Ulmus*）、杜仲科（Eucommiaceae）、柳属（*Salix*）等7科花粉出现。亚热带植物（Subtropicalplant）有常绿栎属（*EvergreenQuercus*）、枫香树属（*Liquidambar*）、芸香科（Rutaceae）、五加科（Araliaceae）等4科花粉出现。

灌木和陆生草本植物（Shrubs+Herbs）有木犀科（Oleaceae）、蔷薇属（*Rosa*）、绣线菊属（*Spiraea*）、卫矛属（*Euonymus*）、桔梗科（Campanulaceae）、菊科（Compositae）、蒿属（*Artemisia*）、苍耳属（*Xanthium*）、藜科（Chenopodiaceae）、禾本科（Gramineae）、栽培禾本科（CulturalGramineae）、龙胆属（*Gentiana*）、十字花科（Cruciferae）、豆科（Leguminosae）、旋花科（Convolvulaceae）、毛茛科（Ranunculaceae）、唐松草属（*Thalictrum*）、蓼属（*Polygonum*）、地榆属（*Sanguisorba*）、委陵菜属（*Potentilla*）、茄属（*Solanum*）、唇形科（Labiatae）、荨麻属（*Urtica*）、茜草科（Rubiaceae）、紫草科（Boraginaceae）、败酱属（*Patrinia*）、堇菜属（*Viola*）、玄参科（Scrophulariaceae）、虎耳草科（Saxifragaceae）等22科花粉出现。

湿生草本植物有泽泻科（Alismataceae）花粉出现。水生草本植物（Aquatic）有香蒲属（*Typha*）花粉出现。蕨类植物（Pteridophytes）有中华卷柏（*Sellaginellasinensis*）孢子出现。淡水静水藻类有环纹藻（*Concentricystes*）出现。

这些植物种属中，乔灌木主要为暖温带常见的种属，但也包含一些亚热带的代表性种属，如常绿栎属、枫香树属、芸香科、五加科等；草本植物主要为陆生旱生草本，还有不少生长在漫滩上的湿生植物泽泻科和水生草本植物香蒲属等以及淡水静水藻类植物。反映了受亚热带影响的暖温带南缘河漫滩灌丛草地生境。

（2）孢粉带划分。

剖面上从下至上连续出现且含量较多的花粉有针叶植物松属花粉，陆生草本植物绣线菊属、菊科、蒿属、藜科、荨麻属花粉。其他孢子和花粉少量或零星出现。淡水静水藻类少量出现。根据主要孢粉浓度聚类分析结果，将方家沟遗址剖面77个样品从下至上划分4个孢粉组合带（见图1-43，浓度单位：粒/克）：

1）Ⅰ组合带。

以Compositae-Pinus-Spiraea-Artemisia-Chenopodiaceae-Urtica-Tilia为主，对应⑨层。

本带孢粉总浓度在1～4粒/克之间波动。以灌木和陆生草本植物花粉（57.14%～92.5%）为主，其次针叶植物花粉（2.5%～42.85%）较多，阔叶植物花粉（百分含量0～17.39%）。淡水静水藻类环纹藻零星出现。

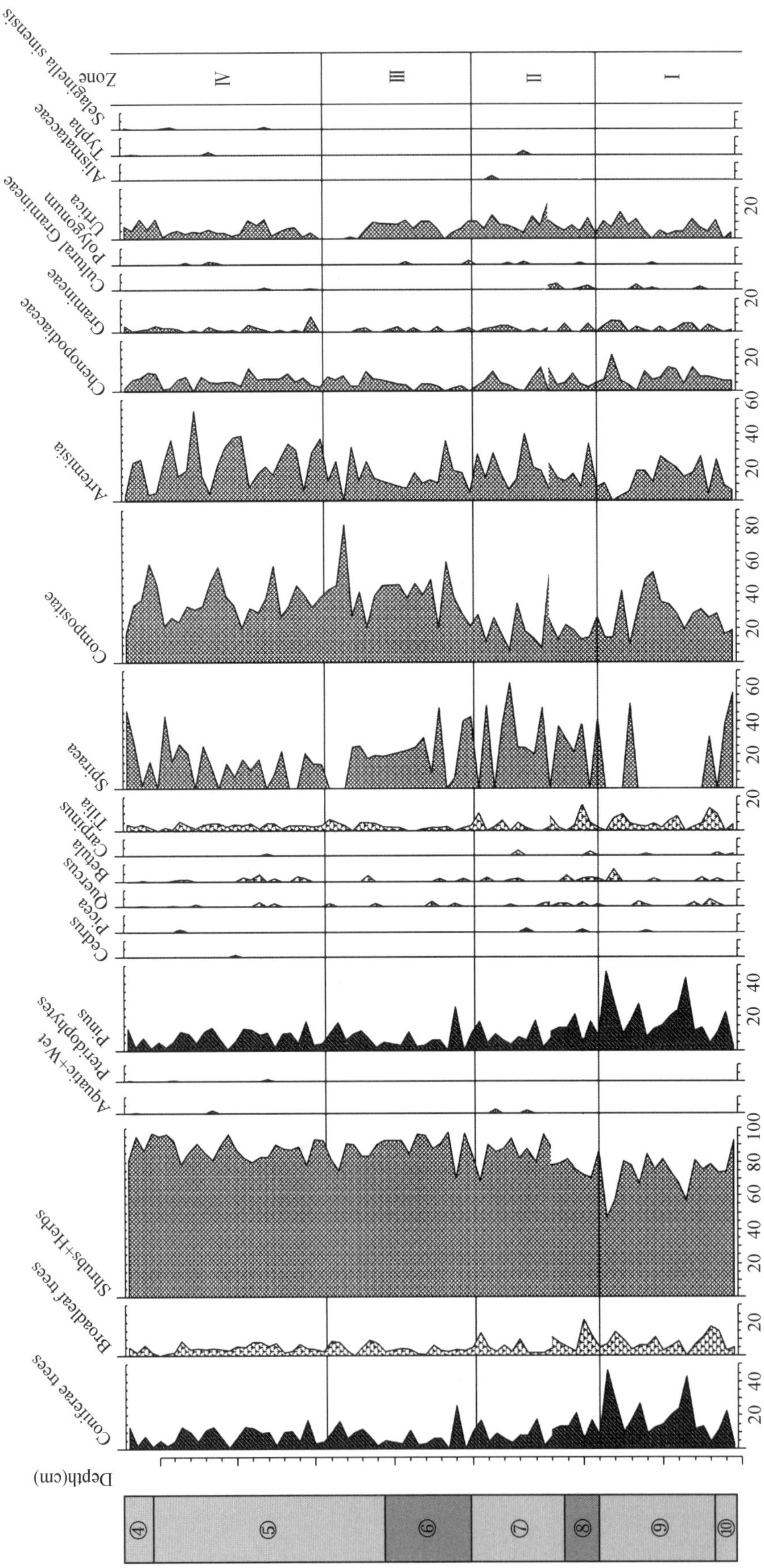

图1-43　方家沟遗址东壁剖面孢粉图

其中：针叶植物松属（2.5%～42.86%）花粉最多，云杉属（0～1.28%）花粉零星出现。

落叶阔叶植物中椴属（0～13.04%）花粉出现过高含量，桦木属（0～7.14%）、柳属（0～5.71%）、榆属（0～4.44%）、栎属（0～4.35%）、鹅耳枥属（0～1.89%）等花粉零星出现。

亚热带植物中枫香树属（0～2.38%）等花粉零星出现。

灌木和陆生草本植物中菊科（10%～52.86%）花粉最多，其次绣线菊属（0～56.25%）、蒿属（0～26.67%）、藜科（0～21.43%）、荨麻属（0～16.13%）、禾本科（0～7.14%）花粉出现过高含量。虎耳草科（0～7.14%）、木犀科（0～4.76%）、唇形科（0～4.76%）、苍耳属（0～1.67%）、毛茛科（0～3.23%）、茜草科（0～3.23%）、委陵菜属（0～2.38%）、茄属（0～2.38%）、蓼属（0～1.43%）等花粉零星出现。

该组合孢粉浓度很低，指示这一时期气候干燥，植被覆盖度低。植物种属以温带—暖温带灌木和旱生草本植物为主，有菊科、绣线菊属、蒿属、藜科等；针叶植物以松属为主。还有椴属，桦木属、柳属、榆属、栎属、鹅耳枥属等常见落叶阔叶树。出现有少量亚热带植物枫香属。淡水静水藻类环纹藻零星出现。代表温暖干燥，植被稀疏，受亚热带气候影响的暖温带南缘河漫滩灌丛草地环境。静水藻类植物孢子零星，反映河漫滩上可能有少量水洼地出现。

2）Ⅱ组合带。

以Compositae-Artemisia-Urtica-Pinus-Spiraea-Chenopodiaceae为主，对应⑦～⑧层。

本带孢粉总浓度在1～5粒/克之间波动。以灌木和陆生草本植物花粉（46.43%～96%）为主，针叶植物花粉（2%～46.43%）、阔叶植物花粉（2%～21.74%）等连续少量出现，湿生和水生草本植物花粉（0～2.38%）零星出现，未见蕨类植物孢子。

针叶植物松属（2%～46.43%）花粉少量出现，云杉属（0～2%）花粉零星出现。落叶阔叶植物椴属（0～15.94%）、榆属（0～3.45%）、鹅耳枥属（0～3.28%）、桦木属（0～3.39%）、栎属（0～2.9%）、榛属（0～2%）等花粉零星出现。

灌木和陆生草本植物中：菊科（7.22%～52.38%）、蒿属（7.14%～40%）、荨麻属（3.33%～21.43%）等花粉较多，其次绣线菊属（0～62.65%）、藜科（0～14.0%）等花粉出现过高含量。禾本科（0～5.08%）、蓼属（0～2%）、玄参科（0～2%）、蔷薇属（0～2.38%）、豆科（0～1.67%）、十字花科（0～1.06%）等花粉零星出现。

湿生草本植物泽泻科（0～2.38%）花粉零星出现。水生草本植物香蒲属（0～2%）花粉零星出现。

该带孢粉浓度很低，指示这一时期气候干燥，植被稀疏，主要以旱生草本植物为主，有菊科、蒿属、蓼属花粉等，针叶树和落叶阔叶树均不多。有少量河漫滩常见的湿生植物泽泻科和水生植物香蒲属。代表温暖干燥，植被稀疏的暖温带河漫滩灌丛草地环境。

3）Ⅲ组合带。

本带是以Compositae-Spiraea-Artemisia-Pinus-Chenopodiaceae-Tilia为主，对应⑤层下

部～⑥层。

孢粉总浓度在1～4粒/克之间波动。以灌木和陆生草本植物花粉（浓度1～4粒/克，含量70%～97.44%）为主，针叶植物花粉（0～26%）、阔叶植物花粉（0～9.52%）零星出现，未见湿生和水生草本植物花粉及蕨类植物孢子。淡水静水藻类环纹藻零星出现。

其中：针叶植物松属（0～26%）花粉零星出现。落叶阔叶植物中椴属（0～6.78%）花粉稍多，桦木属（0～3.57%）、榆属（0～3.23%）、栎属（0～3.13%）、柳属（0～2%）、杜仲科（0～1.19%）等花粉零星出现。

灌木和陆生草本植物中菊科（19.05%～78.13%）花粉较多，其次绣线菊属（0～47.69%）、蒿属（0～35.9%）、委陵菜属（0～16.95%）、藜科（0～11.9%）、荨麻属（0～11.32%）花粉出现过高含量。零星出现的有苍耳属（0～3.13%）、禾本科（0～3.03%）、蓼属（0～2.63%）、蔷薇属（0～2.56%）、卫矛属（0～1.69%）、十字花科（0～1.56%）、虎耳草科（0～1.54%）、唐松草属（0～1.19%）等花粉。

该带孢粉浓度很低，植被覆盖度低，气候干燥。植物以温带—暖温带旱生灌木和陆生草本植物占优势，有菊科、绣线菊属、蒿属等，共14种，针叶树和阔叶落叶树较少，没见湿生、水生植物和藻类，反映温暖干燥的温带—暖温带灌丛草地环境。

4）Ⅳ组合带。

本带以Compositae-Artemisia-Pinus-Spiraea-Chenopodiaceae为主，对应④～⑤层中上部。

孢粉总浓度在2～10粒/克之间波动。以灌木和陆生草本植物花粉（浓度0～10粒/克，含量77.78%～97%）为主，其次针叶植物花粉（0.75%～17.46%）少量出现，阔叶植物花粉（0～8.7%）、水生草本植物花粉（0～1.47%）、蕨类植物孢子（0～1.45%）零星出现。淡水静水藻类环纹藻少量出现。

针叶植物松属（0.75%～17.46%）花粉连续少量出现，云杉属（0～1.74%）花粉零星出现。亚热带植物常绿栎属（0～1.37%）、枫香树属（0～1.14%）等花粉零星出现。落叶阔叶植物椴属（0～5.22%）、栎属（0～2.67%）、榆属（0～1.97%）、桦木属（0～4%）、鹅耳枥属（0～1.45%）、榛属（0～1.15%）等花粉零星出现。

灌木和陆生草本植物中菊科（16.15%～57%）、蒿属（3.08%～53.41%）花粉最多，绣线菊属（0～46.15%）、毛茛科（0～16.98%）、藜科（0～13.7%）、荨麻属（0～11.84%）、禾本科（0～9.42%）等花粉出现过高含量。紫草科（0～5.78%）、蔷薇属（0～1.59%）、苍耳属（0～1.47%）、蓼属（0～1.47%）、唇形科（0～1.45%）、栽培禾本科（0～1.45%）、堇菜属（0～1.45%）、玄参科（0～1.3%）、卫矛属（0～1.32%）、败酱属（0～1.14%）、旋花科（0～1.1%）等花粉零星出现。

另外，水生草本植物中香蒲属（0～1.47%）花粉零星出现；蕨类植物中中华卷柏（0～1.45%）孢子零星出现。

该孢粉带孢粉浓度略高，指示这一时期气候比较湿润，植被覆盖度有所上升。植物以灌木和陆生草本植物花粉占优势，达77.78%～97%，有菊科、蒿属等18种，针叶树和阔叶落叶树不多，出现少量的亚热带常绿阔叶树常绿栎属和枫香树属，有蕨类植物中华卷柏和水生植物香蒲属，反映受亚热带气候影响下的比较温湿的暖温带南缘河漫滩灌丛草甸环境。

（3）孢粉分析小结。

方家沟遗址77个样品中孢粉浓度普遍偏低，说明气候温暖干燥，植物稀疏，植被覆盖度很低，属于由菊科、蒿属和绣线菊属等暖温带草本植物组成的河漫滩草甸或灌丛草甸。有点层位含有少量的亚热带植物花粉，表明受气候变化的影响，暖温带植被中出现了一些代表性的亚热带种属。

剖面上下存在有一定的差别：下部（⑦～⑨层）木本植物含量较多，草本植物含量相对减少，出现零星的亚热带常绿阔叶树，出现零星的湿生草本植物泽泻科和水生草本植物香蒲属。推测气候较为温暖湿润。而上部（④～⑥层）木本植物含量较少，草本植物含量增多，有零星的水生植物香蒲属，推测比下部气候温暖干燥，其中⑤层出现较多的亚热带常绿阔叶树，说明亚热带气候的影响一度加大。人类主要活动于剖面下部（⑦～⑨层），似乎与亚热带气候北进带来的略微湿润的环境有关。

1.6.4　方家沟遗址古环境重建

1.6.4.1　地貌环境

方家沟遗址基本上位于MIS3阶段洪积平原上发育的一条古河道的岸边，古人类主要活动在河床边滩和滨河床沙坝上，由于地势低缓，平水期尚可在此活动（图1-44），但洪水期水位较高，大部分河漫滩可能被洪水淹没，人类难以逗留，所以区内人类遗留下来的遗物较少，地层中仅发现有零星石制品。

目前大量石制品集中分布在⑥层之下的一道埋藏小沟中。小沟上宽下窄，开口处宽40～50cm，深110cm，长760cm，东西向延伸。呈楔状切入⑧～⑨层，其上被⑥层覆盖。由于没有见到它与⑦层的接触关系，因此目前只能推断小沟出现在⑥层之前，可能与⑦层同时或略早。小沟中的充填物为具有层理的黄褐色粉砂，较疏松，混杂有一定数量的直径不等的土块、砾石、岩块和钙结核等，其中包含石制品、动物化石、鸵鸟蛋皮等遗物。是遗址中石制品最丰富的地方。从沟的形态来看，开口较宽，向下变窄，并很快尖灭，可能属于规模较大的古地震所造成的地裂缝，其中的充填物，都应该是小沟形成之后由流水填充进去的，而其中的大量文

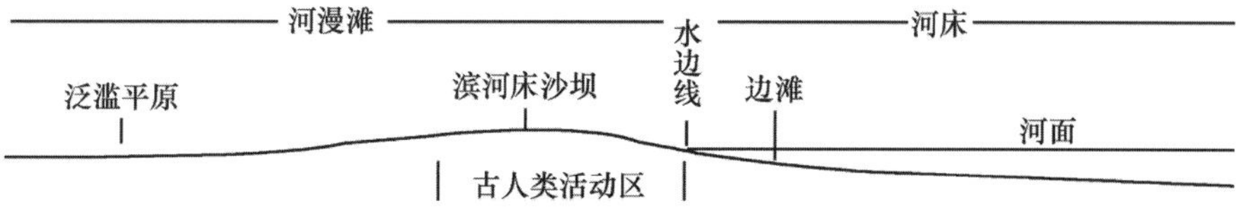

图1-44　方家沟遗址人类活动的地貌部位

化遗物，没有分选和定向排列，脉石英制品十分新鲜，几乎没有风化和磨蚀，据此推测遗物未经长距离的流水搬运，为原地掩埋。推测可能是在小沟的填埋过程中，地势相对比较低洼，孢粉分析中出现有许多的淡水静水藻类，说明当时低洼地中有积水存在。在填埋过程中，古人类选择低洼的微地貌在此逗留，并留下了石制品。

在小沟开口所在的同一地面上，还见到有多条裂缝，宽5～20cm，呈不规则网状交错排列，方向与小沟大体一致，略有相交，裂缝边界折曲明显，均填充有黄土状物质。其中有一条裂缝与G1走向相近，与沟底相接，裂缝宽1～25cm不等，垂直发育，深约90cm，未到底。所有裂缝均打破⑩层，但普遍未与⑧层接触。在探方西/东壁的断面上，还可见部分小裂缝向上延伸，并尖灭在不同的层位。裂缝中的黄土充填物，可能是由下部地层经地震液化贯穿上来的产物，应属于地震喷砂过程形成的砂管（图1-45）。

大量古地震遗迹如地裂缝和砂管的存在，说明在3万～5万年后段（⑥层之前，或相当于⑦层），方家沟一带发生过较大规模的地震活动。而人类遗物的存在，说明地震过后，古人类曾一度利用地震造成的微地貌，在此做过短期的逗留。

图1-45　方家沟遗址古地震遗迹

1.6.4.2　水文环境

方家沟遗址属于古河道堆积，人类一直活动在靠近河边的滨河床沙坝和河床边滩上。在人类生活期间，受气候影响，河水涨落明显，对古人类的活动场造成一定的影响。

在古河道活动的早期（⑦～⑨层），河流水流不太稳定，水位变幅较大，岸线移动较快，由于河水在边滩上部边缘停留的时间较短，因此河边沙滩上少见由于河水的往复作用行程的重矿物富集带，而且也很少形成具有跃移两段的边滩边缘的沉积物。人类活动区主要以漫滩和边滩的快速更替为特征，水位变化大而迅速。

在古河道活动的中期（⑥层），河流水流趋于稳定，水位变幅减小，岸线移动变缓，有时岸线（水边线）会在边滩边缘做短暂的停留，这一地带水体的往复作用，会造成铁磁性矿物的富集和具有跃移两段的边滩边缘沉积物。人类活动区比较靠近岸边，在水边线附近的河床边滩，水位比较稳定，易形成铁磁性矿物的富集。

在古河道活动的晚期（④~⑤层），河流水流作用减弱，水位稳定，涨落不大，岸线移动比较缓慢，由于岸线（水边线）在边滩边缘有较长时间的停留，因此，人类活动区主要为靠近河边的河漫滩和河床边，河水往复作用形成的重矿物富集带和具有跃移两段的沉积物比较发育。

人类遗存富集的小沟，发育于古河道发育的早期末段，当时河流水文状态发生变化，河水趋于稳定，水位变幅减小，岸线移动变缓，稳定的漫滩和边滩环境有利于人类在此逗留。

1.6.4.3　气候、植被环境

孢粉分析结果表明，方家沟遗址从早到晚一直处于暖温带南缘，遗址所在的河谷地带温暖干燥，植被稀疏，主要生长菊科—蒿属—藜科等旱生草本，还有少量的针叶树和落叶阔叶树，湿生和水生植物零星出现，属于河漫滩稀疏草地—灌丛草地环境。在古河道发育的早期（⑦~⑨层），植被中出现了一些亚热带植物种属，说明早期随气候变暖，亚热带北界北移，部分亚热带植物种属北上进入本区。古人类开始到此活动，其中以⑦层前后人类活动最为活跃。晚期（④~⑥层）随气温的下降，亚热带植物种属退出本区。虽然在晚期亚热带北界后退过程中，有时也会出现气候的反弹，如⑤层曾一度出现较多的亚热带植物种属，但古人类并没有随之在本区再次出现。

1.7　西施—东施遗址群古环境分析

西施—东施遗址群位于河南省登封市大冶镇洧水河北岸，西施村和东施村之间，包括西施第1地点（即西施遗址）、第2地点和东施遗址（图1-46）。由于农民长期取土，这些遗址目前破坏较为严重。本节主要讨论西施第1地点和东施遗址。

1.7.1　西施遗址第一地点

西施遗址第一地位于河南省郑州市登封市大冶镇西施村村南，地理坐标为34°26′38.82″N，113°13′20.16″E，海拔高度约270m。该地点尽管后期破坏较大，但残留的部分仍出土了大量的石制品，包括史前人类生产的石叶和使用的石料，属我国首次发现的距今26 000年前的史前人类石叶加工场。

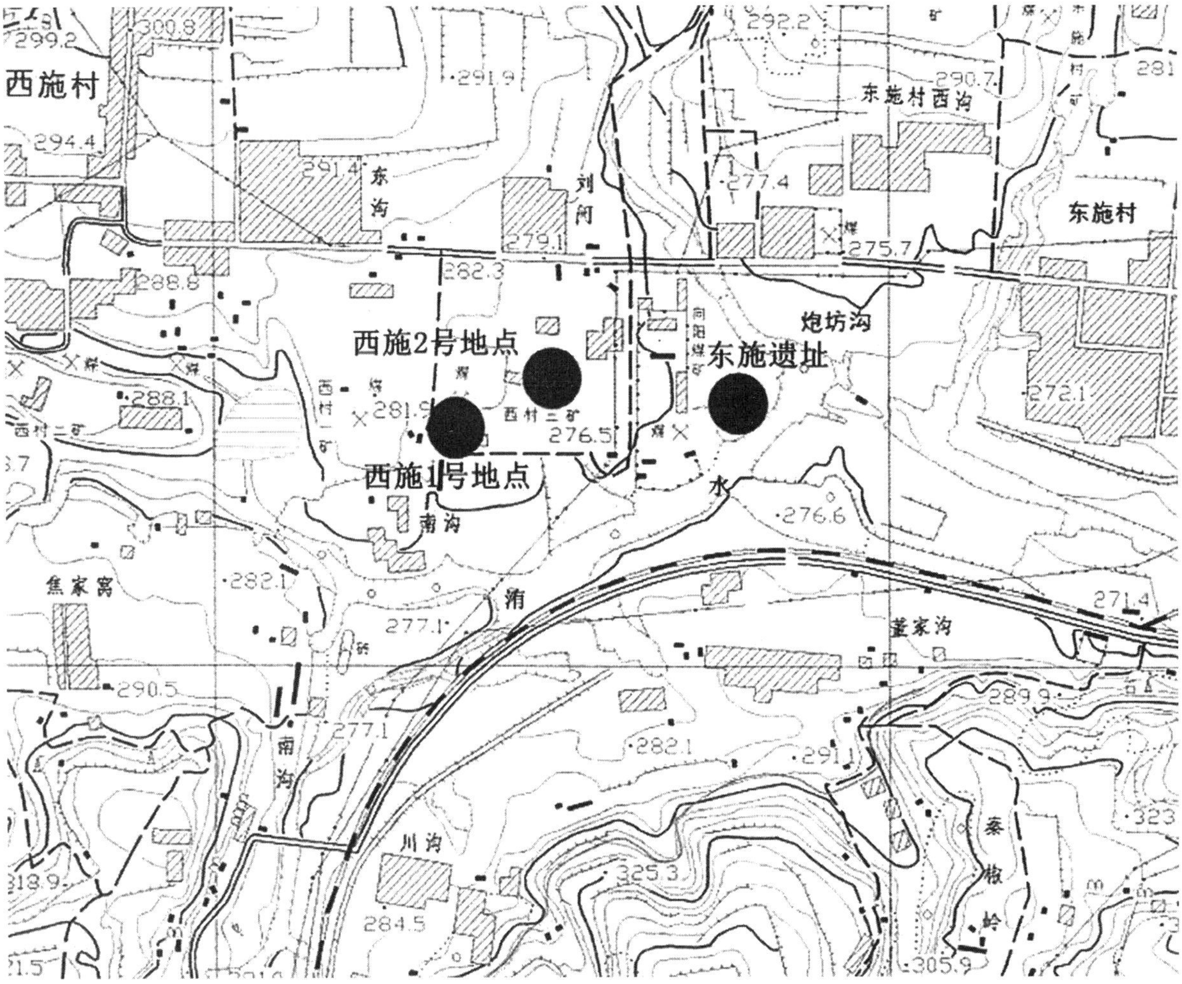

图1-46　西施遗址第1地点、第2地点和东施遗址位置

1.7.1.1　地貌部位

河南省登封市大冶镇附近黄土堆积巨厚，构成黄土台地，是豫西嵩山南麓山前黄土台地的一部分。洧水河支流深切于黄土台地之中，沿河发育两级河流阶地。西施遗址第1地点的文化层就位于河流左岸第二级阶地的河流堆积物之中（图1-47）。

1.7.1.2　剖面特征和年代测定

西施遗址第1地点所在的二级阶地保存较好，由于长期取土，阶地已被人工开挖成一个深2～3m的洼地，文化遗物就出土于洼地西侧高3m左右的取土陡坎下部。

探方西壁剖面由上而下可以划分为三层（图1-48）。

①层：耕土层。

②层：阶地堆积，上部为灰黄色粗粉砂，含钙质，质地致密，厚225cm。发现有1件燧石石片（称上文化层）。下部为灰黄色细粉砂，厚58cm。在靠底部的30cm范围内（距地表深

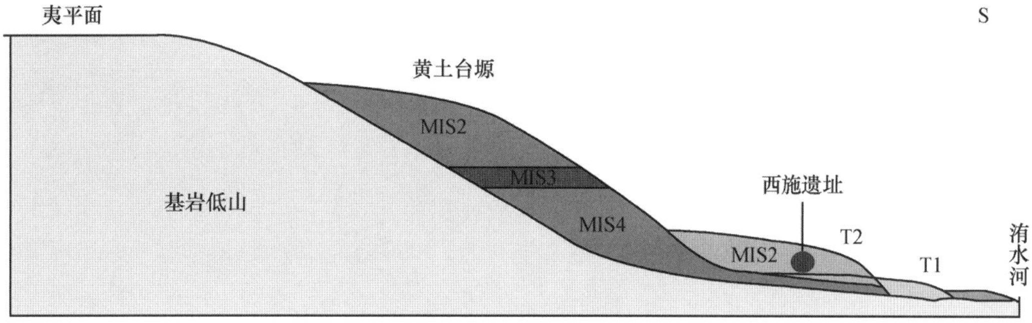

图1-47　西施遗址地貌示意图

250～283cm），集中出土了8000余件石制品，是西施第1地点的主要文化层（称下文化层）。

③层：马兰黄土层，属阶地基座。

采自西施遗址下文化层的3个AMS^{14}C年代数据均分布在22ka B.P.左右。经过校正后该遗址石叶加工场的实际年龄应为26ka B.P.前后。同层的光释光测年数据也与此相近。

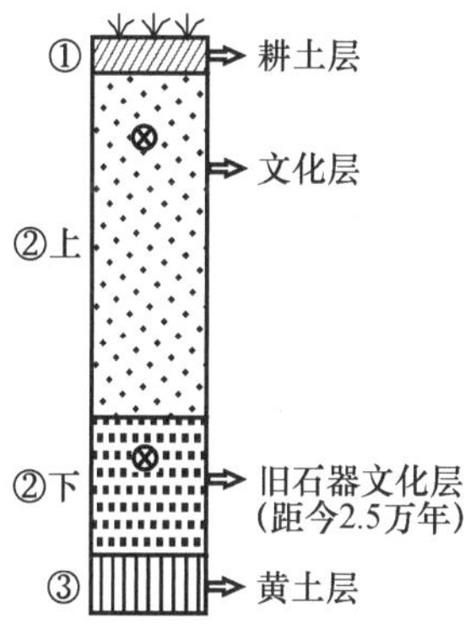

图1-48　西施遗址第1地点剖面图

1.7.1.3　沉积物分析

在西施遗址西区剖面的②～③层共采集76个样品，其中②层上部以5cm为样长，采集样品15个；②层下部以2cm为样长，采集样品59个；③层顶部采集长5cm的1个样品（图1-49）。我们对这些样品分别进行了粒度、孢粉、色度、磁化率和常量化学元素分析，结果如图1-50所示。

（1）粒度组分特征。

粒度结果显示，剖面②层沉积物的粒度以粉砂占绝对优势，含量达75%～90%，砂和黏土分别占5%～15%和5%～11%。中值粒径的变化范围为10～25μm，平均粒径的变化范围为20～40μm。沿剖面粒度波动不明显，但下部大于上部。

以剖面②层顶面为0cm，向下242cm为界，②层上下两部分有一定的差别：

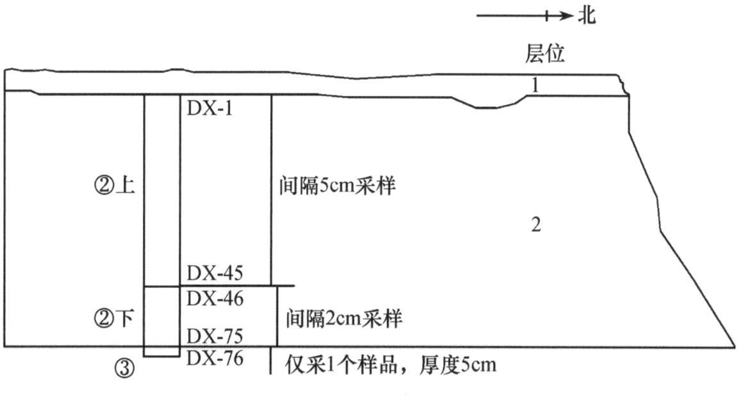

图1-49　西施遗址第1地点采样剖面图

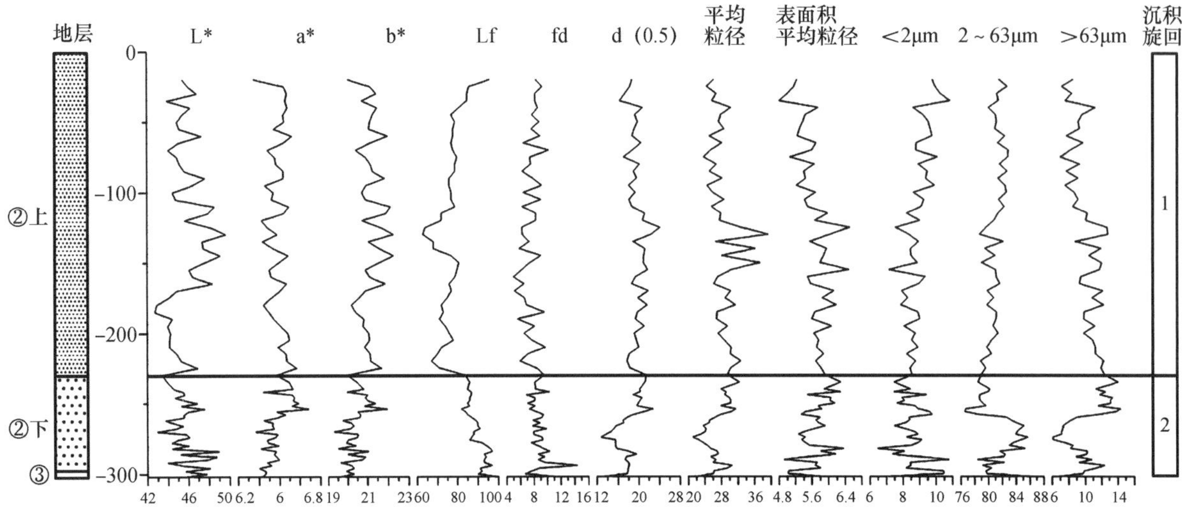

图1-50　西施遗址第1地点采样分析结果

上部（0～242cm）沉积物以粉砂为主，含量78%～83%，黏土和砂次之，含量分别为7%～11%和7%～15%。中值粒径的变化范围为16.43～24.22μm，变化不大，指示水动力条件较为稳定。其中在125～155cm之间，平均粒径突然增大并剧烈波动，可能反映这一时期水动力条件突然发生明显的变化。

下部（242～283cm）沉积物也以粉砂为主，含量为75%～87%，黏土和砂次之，含量分别为5%～11%和5%～15%。中值粒径的变化范围为12.77～22.79μm，较上部略细。其中在250～280cm之间，中值粒径出现一明显的低谷，这个低谷与砂含量的低值区、粉砂含量的高值区同步，指示当时出现了一个水动力条件较弱的时期，这个时期恰好与石制品集中出现的时期相符合。

②层具有下细上粗的反韵律，反映早期水流流速较小，后期水流流速加大。古人类主要活动于剖面下部流速相对较小的河流发育早期。

（2）粒度曲线分析。

粒度曲线可以表征沉积物的粒度组成和颗粒的搬运沉积机制。根据粒度频率曲线和粒度概率累积曲线特征，可以将78个样品划分为A型和B型两类（图1-51）。

A型：粒度频率曲线为单峰态，主峰位置在4～4.5Φ左右，含量为5.5%，正偏态，属窄峰，分选较好，曲线粗端陡，部分样品在0～3Φ之间出现一低峰，细端上半段（4.5～6Φ）较陡，下半段（6～12Φ）较缓。粒度概率累积曲线主要由跃移总体和悬移总体两部分构成，缺乏推移组分，呈两段式，其中跃移组分（2.5～5.5Φ）占40%～50%，由斜率不同的两段组成，反映水流的往复作用；悬移组分（>5.5Φ）约占50%，斜率小，分选差。部分样品具三段式，含少量推移组分（0.5～1.5Φ），占1%～5%，斜率大，分选好。根据粒度频率曲线的峰态和概率累积曲线的形态，可以将A型粒度曲线进一步划分出两个亚类（A1和A2），其中A1的频率曲线为单窄峰，A2为双峰，除主峰为窄峰外，在粗粒部分还有一个小次峰。A1的粒度概率累

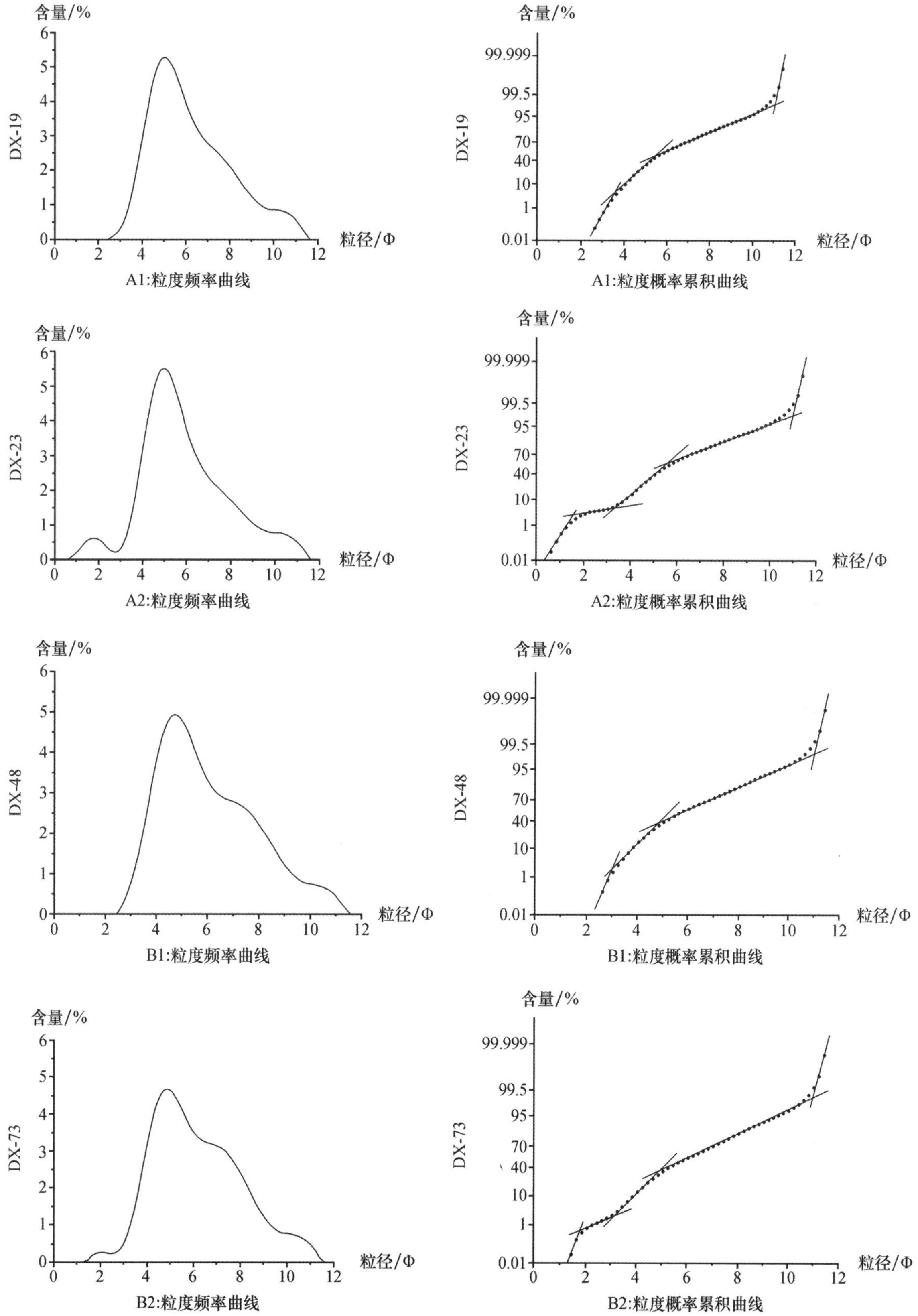

图1-51　西施遗址第1地点剖面的代表性粒度曲线图

积曲线为二段式，缺乏滚动组分，而A2为三段式，有少量滚动组分。推断两者的流速有一定的区别，A2的流速要急一些（图1-51）。

B型：粒度频率曲线为单峰态，主峰位置在4～4.5Φ，含量为4.5%～5%，正偏态，属宽峰，分选较差，曲线粗端陡，部分样品在1～3Φ之间出现一极低峰，细端在6～7Φ和9～11Φ之间分别出现缓和的平台。粒度概率累积曲线主要呈两段式，由跃移总体和悬移总体两部分构成，缺乏推移组分，其中跃移组分（2.5～5.5Φ）约占40%，由斜率不同的两段组成，反映水流的往复作用；悬移组分（>5.5Φ）约占60%，斜率小，分选差。部分样品呈三段式，含推移组分（1～2Φ），不足1%，斜率小，分选差。

根据粒度频率曲线的峰态和概率累积曲线的特征，可以看出A型流速较快，流态稳定，B型流速较慢，流态比较紊乱。

进一步还可以将A1划分为两个亚类（A1和A2），A1的粒度概率累积曲线为二段式，缺乏滚动组分，而A2为三段式，有少量滚动组分。推断A2的流速要大于A1。同样可以将B型划分出两个亚类（B1和B2），其中B1的主峰为单较宽峰，B2除主峰为单较宽峰之外，并在粗粒部分出现一个小次峰。推断B2的流速要大于B1（表1-18）。

表1-18　西施遗址第1地点粒度曲线特征表述

<table>
<tr><th colspan="2" rowspan="2">类型</th><th colspan="3">粒度频率曲线</th><th colspan="4">粒度概率累积曲线</th><th colspan="2" rowspan="2">水动力状况
判断</th></tr>
<tr><th>主峰</th><th>次峰</th><th>偏态</th><th>类型</th><th>推移段</th><th>跃移段</th><th>悬浮段</th></tr>
<tr><td rowspan="2">A</td><td>A1</td><td>单峰、窄峰位置：
4～4.5Φ
峰值：5.5%</td><td></td><td>正偏
细端缓无平台</td><td>两段式</td><td>0</td><td>40%～50%
大斜率的两段</td><td>50%
斜率低</td><td rowspan="2">流急
水稳</td><td>流速较缓
偏边滩位置</td></tr>
<tr><td>A2</td><td>单峰、窄峰位置：
4～4.5Φ
峰值：5.5%</td><td>低峰
0～3Φ</td><td>正偏
细端缓有平台</td><td>三段式</td><td>1%～5%</td><td>40%～50%
大斜率的两段</td><td>50%
斜率低</td><td>流速较缓
偏边滩位置</td></tr>
<tr><td rowspan="2">B</td><td>B1</td><td>单峰、较宽峰位置：
4～4.5Φ
峰值：4.5%～5%</td><td></td><td>正偏
细端缓无平台</td><td>两段式</td><td>0</td><td>50%
大斜率的两段</td><td>60%
斜率低</td><td rowspan="2">流缓
不稳</td><td>流速较急
偏沙坝位置</td></tr>
<tr><td>B2</td><td>单峰、较宽峰位置：
4～4.5Φ
峰值：4.5%～5%</td><td>低峰
1～3Φ</td><td>正偏
细端缓有平台</td><td>三段式</td><td>1%</td><td>50%
大斜率的两段</td><td>60%
斜率低</td><td>流速较急
偏沙坝位置</td></tr>
</table>

以上粒度频率曲线和概率累积曲线的分析表明，西施剖面的沉积环境早期主要是滨河床沙坝，后期主要是边滩，进而根据流速较快，流态稳定的A类样品主要分布在剖面②层上部，流速较慢，流态比较紊乱的B型样品主要分布于剖面②层下部，而人类文化遗存主要分布在②层下部，说明古人类更喜欢生活在流速较慢的河流早期的滨河床沙坝—边滩上。

1.7.1.4　孢粉分析

（1）孢粉种属统计。

西施遗址的孢粉样品经过详细分析鉴定，所含孢粉普遍较少，经过计算，孢粉浓度最大的为389粒/克，孢粉浓度最小的为2粒/克。

主要植物种属有：

乔、灌木植物有松属（*Pinus*）、云杉属（*Picea*）、冷杉属（*Abies*）、铁杉属、柏科（Cupressaceae）、桦属（*Betula*）、榛属（*Corylus*）、榆属（*Ulmus*）、椴属（*Tilia*）、槭属（*Acer*）、柳属（*Salix*）、桤木属（*Alnus*）、漆树属（*Rhus*）、鹅耳枥属（*Carpinus*）、栎属（*Quercus*）、胡桃属（*Juglans*）、山核桃属（*Carya*）、臭椿属（*Ailanthus*）、水青冈属（*Fagus*）、青荚叶属（*Helwiagia*）、皂荚属（*Gleditsia*）、荛花属（*Wikstroemia*）、忍冬属（*Lonicera*）、叶底珠属（*Securinega*）、雪柳属（*Fontanesia*）、桑属（*Morus*）、大戟属（*Euphorbia*）、木犀属（*Osmanthus*）、白蜡树属（*Fraxinus*）、枫杨属（*Pterocarya*）、枫香属（*Liquidambar*）、黄栌属（*Cotinus*）、构树属（*Broussonetia*）、蔷薇属（*Rosa*）、杜仲科（*Eucommiaceae*）、栗属（*Castanea*）、流苏树属（*Chionanthus*）、荚蒾属（*Viburnμm*）、胡颓子属（*Elaeagnus*）、绣线菊属（*Spiraea*）、卫矛属（*Euonymus*）、丁香属（*Syringa*）。

草本植物有菊科（Compositae）、禾本科（Gramineae）、唇形科（Labiatae）、血水草属（*Eomecon*）、紫草科（Boraginaceae）、石竹科（Caryophyllaceae）、旋花科（Convolvulaceae）、瑞香科（Thymelaeaceae）、十字花科（Cruciferae）、豆科（Leguminosae）、茄属（*Solanum*）、毛茛科（Ranunculaceae）、报春花科（Primulaceae）、虎耳草科（Saxifragaceae）、蒿属（*Artemisia*）、藜科（Chenopodiaceae）、车前草属（*Plantago*）、荨麻属（*Urtica*）、葎草属（*Humulus*）、蓼属（*Polygonum*）以及喜欢生长在河漫滩上的莎草科（Cyperaceae）、地榆属（*Sanguisorba*）及水生植物香蒲属（*Typha*）、眼子菜属（*Potamogeton*）。蕨类植物有：中华卷柏（*S. sinensis*）、卷柏属（*Selaginella*）、铁线蕨属（*Adiantum*）、石松属（*Lycopodium*）、紫萁属（*Osmunda*）。

以上植物种属比较多样，主要为暖温带常见的针叶树和落叶阔叶树，还有一些亚热带针叶树和阔叶树，草本植物以暖温带陆生旱生为主，还有一些生长在河漫滩上的湿生植物和水生植物，蕨类植物丰富。反映了受亚热带气候影响的暖温带南缘河漫滩生态环境。

（2）孢粉带。

按照孢粉鉴定结果，将剖面划分为2个孢粉带，分别对应地层的②层上部和②层下部（图1-52）。

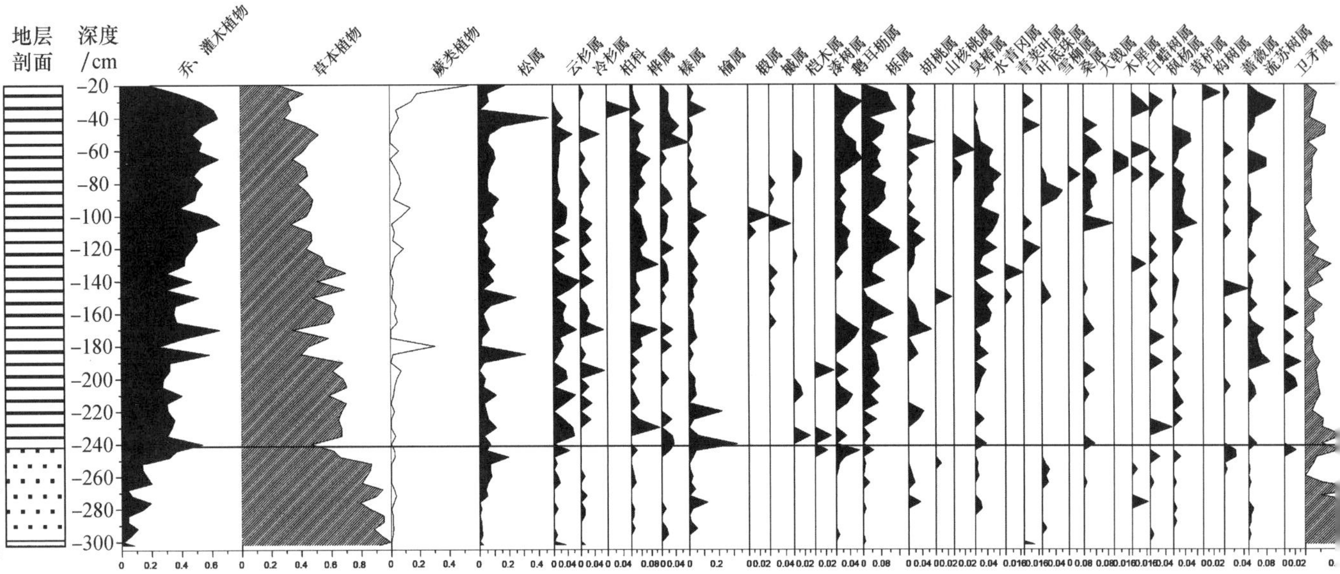

图1-52　西施遗址

第Ⅱ孢粉带：深度302～242cm，对应于②层下部（样品10DX78～10DX46）。本带孢粉浓度为5～71粒/克。以草本植物为主，含量为61.3%～99.1%，C/A值较低，为0～2，其中下部以菊科（0～68.4%）和蒿属（0～74.6%）占绝对优势，上部以蓼属（0～81%）为主。还含有少量禾本科、石竹科、虎耳草科、藜科等，以及湿生草本植物莎草科、地榆属、香蒲属，还有少量伴生植物荨麻属；乔、灌木植物含量为0～36%，松属、榆属较高，还有云杉属、冷杉属、桦属、榛属、栎属、胡桃属、黄栌属、流苏树属等。亚热带代表性植物水青冈属、雪柳属、白蜡树属、枫杨属等，都有少量分布；蕨类植物含量较低，为0～3.4%，仅中华卷柏、铁线蕨属零星出现。

该带孢粉浓度较小，指示这一时期植被覆盖度较低，以旱生草本植物为主，有菊科、蒿属、蓼属花粉等，生长有较多的乔灌木，如松属和榆属。亚热带的植物种属较多，有水青冈属、雪柳属、白蜡树属、枫杨属等，少量出现，属于受亚热带气候影响，温暖比较干燥，植被比较稀疏的暖温带南缘的河漫滩灌丛草地环境。藻类植物孢子有的层位较多，有的层位几乎为零，可能反映河漫滩上有水洼地间歇出现，或者与距河边的远近有关。

第Ⅰ孢粉带：深度242～0cm，对应于②层上部（样品10DX45～10DX1）。本带孢粉浓度为2～389粒/克。草本植物含量降低，为26%～70%，C/A值增大，为0～10，草本植物中菊科、禾本科、蒿属、藜科、蓼科含量都较高，为0～20%左右，其他草本植物如唇形科、血水草属、紫草科、石竹科、豆科、茄属、毛茛科、报春花科、虎耳草科、车前草属、葎草属均广泛出现，湿生草本植物莎草科含量极高，为0～35.5%，地榆属也有一定含量，香蒲属、眼子菜属也零星分布，伴生植物荨麻属也在普遍出现；乔、灌木植物含量增高，为20%～65.8%，松属、栎属、鹅耳枥属、水青冈属等含量较高，云杉属、冷杉属、柏科、桦属、榛属、榆属、椴

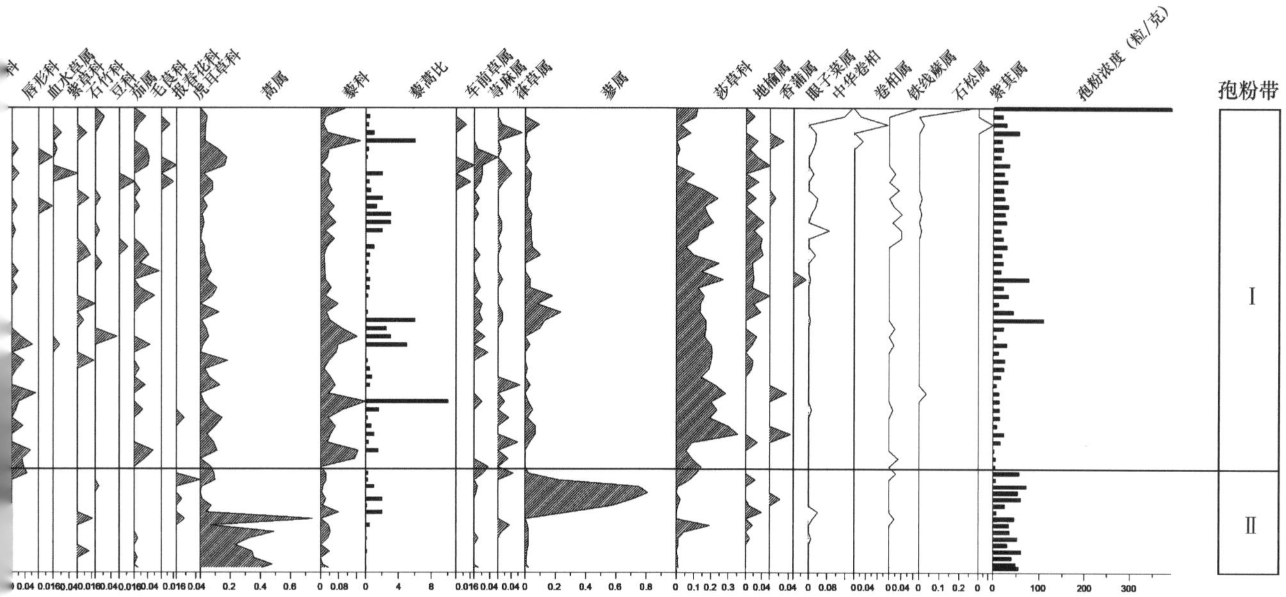

孢粉图

属、槭属、桤木属、漆树属、胡桃属、山核桃属、臭椿属、青荚叶属、叶底珠属、雪柳属、桑属、大戟属、木犀属、白蜡树属、枫杨属、黄栌属、构树属、蔷薇属、流苏树属、卫矛属均有一定含量；蕨类植物含量增大，尤其在顶部含量骤增，为0～54%，中华卷柏、卷柏属、铁线蕨属、石松属、紫萁属等均零星出现。

该带孢粉浓度较高，指示这一时期植被覆盖度有所上升，草本植物与乔灌木大致相等，其中草本植物以陆生旱生为主，种属较多，湿生草本莎草含量极高，香蒲属、眼子菜属也零星分布。乔灌木以暖温带针叶树和落叶阔叶树为主，种属丰富，还有较多的亚热带代表性植物山核桃，枫杨、水青冈属等，蕨类大量出现，反映受亚热带气候北移影响，本区属于比较温暖湿润的暖温带南缘河漫滩灌丛草甸环境。②层上部比下部要湿润一些。

（3）孢粉分析小结。

②层植被比较稀疏，以暖温带植物为主，出现有一些亚热带植物，有一定数量的生长在河漫滩的旱生、湿生和水生草本植物，属于受亚热带气候影响，气候温暖干燥—比较湿润的暖温带南缘地区河漫滩灌丛草甸环境。其中人类活动较多的②层下部，与上部相比，气候比较干燥，植物较稀疏，受亚热带气候影响较少，植被中仅出现较少的亚热带植物。比较暖干的环境适宜于人类活动。

1.7.1.5　常量元素氧化物分析

（1）常量元素氧化物。

②层沉积物中常量元素氧化物SiO_2、Al_2O_3、TFe_2O_3、CaO、MgO、K_2O、Na_2O、MnO、TiO_2、P_2O_5、LOI、Total等的含量变化曲线如图所示（图1-53）。

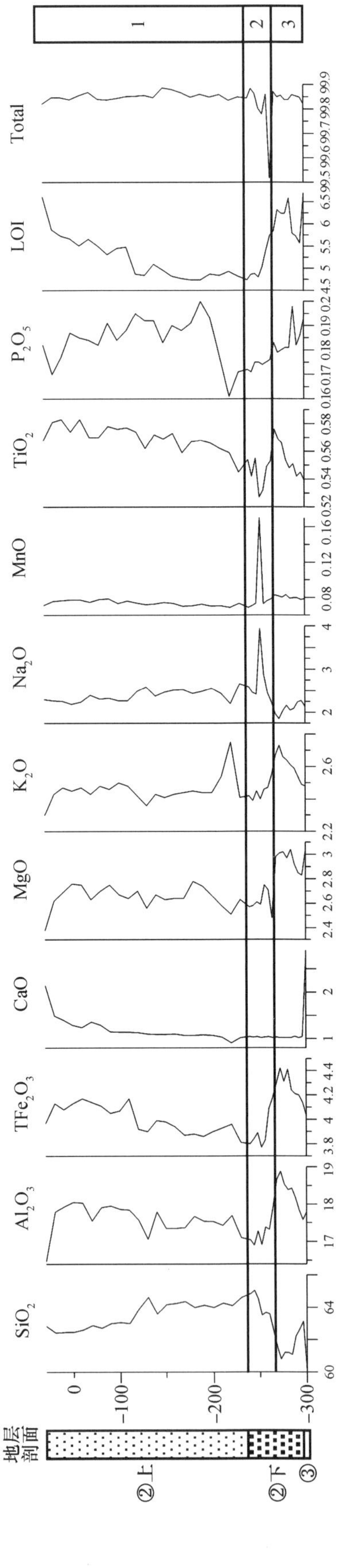

图1-53　西施遗址剖面常量元素氧化物含量曲线图

根据各常量元素氧化物的含量变化，可将②层自下而上划分为上中下3部分。

下部（302～268cm）：对应于②层下部下段。此段SiO_2处于低值且向上不断降低，Al_2O_3、Fe_2O_3、MgO、K_2O、LOI值较高且向上不断增大，Na_2O处于低值，TiO_2值不断增大，P_2O_5的含量从高值逐渐降低。反映粗粒的石英砂（SiO_2）较少，而细粒的黏土矿物（Al_2O_3）较多，含较多重砂矿物（Fe、Mg、Ti），说明当时水动力较弱，具有较强的往返分选作用，可能与沙滩环境有关。

中部（268～242cm）：对应于②层下部上段。此段SiO_2含量明显增高；而Al_2O_3、Fe_2O_3、MgO、K_2O、TiO_2、Total含量则骤然降低，出现明显的波谷；Na_2O、MnO的含量在本段中部出现异常峰值。反映粗粒的石英砂增多，而黏土矿物较少，含铁、镁、钛等重矿物较少。说明当时水动力较强，往返分选作用不明显。可能与滨河床沙坝的沉积环境有关。

上部（242～0cm）：对应于②层上部。本段SiO_2含量维持高值，后期有所下降，Al_2O_3、Fe_2O_3、MgO、TiO_2含量维持低值，除MgO外，后期均有升高，P_2O_5在2.3m处含量骤增。反映粗粒的石英砂（SiO_2）较多，后期减少，而黏土矿物（Al_2O_3）较少，变化不大，重矿物（含铁、镁、钛等）较少，但呈上升趋势。说明当时水动力较强，且比较稳定，往返分选作用不明显，可能与滨河床沙坝的沉积环境有关。

（2）常量化学元素比值分析。

相比于单一元素的氧化物，常量元素的氧化物比值更能反映环境的影响。我们选取了4个常量元素的比值：Al_2O_3/MgO，Al_2O_3/TFe_2O_3、TFe_2O_3/MgO和TiO_2/MnO的比值来做进一步的分析（图1-54）。

讨论常量元素氧化物比值环境意义的基础是元素的迁移能力。就元素的稳定性而言，$Al_2O_3>MgO$、$Al_2O_3>Fe_2O_3$、$Fe_2O_3>MgO$、$TiO_2>MnO$。因此，Al_2O_3/MgO，Al_2O_3/TFe_2O_3、TFe_2O_3/MgO和TiO_2/MnO的比值越高，风化作用越强，气候越湿暖，反之，比值越低，风化作用越弱，气候越干冷。

根据这一原理，我们可以对剖面上常量元素比值的变化，自下而上做一讨论：

下部：②层下部下段包括③层顶部（3.02～2.68m）：Al_2O_3/MgO、Al_2O_3/TFe_2O_3、TFe_2O_3/MgO和TiO_2/MnO值较低，表明气候比较温暖干燥。

中部：②层下部上段（2.68～2.42m）：Al_2O_3/MgO、Al_2O_3/TFe_2O_3、TFe_2O_3/MgO和TiO_2/MnO值有所升高：Al_2O_3/MgO、Al_2O_3/TFe_2O_3出现异常峰值，TiO_2/MnO则出现异常谷值，表明气候较前有所变好，温暖比较干燥，但存在有较大波动。

上部：②层上部（2.42～0m）：Al_2O_3/MgO、Al_2O_3/TFe_2O_3、TFe_2O_3/MgO和TiO_2/MnO值均较高，波动不大，指示气候比较暖湿，且比较稳定。

上述常量元素氧化物比值的变化，说明②层堆积期间经历了一个从比较温暖干燥到比较温暖湿润的气候变化过程。

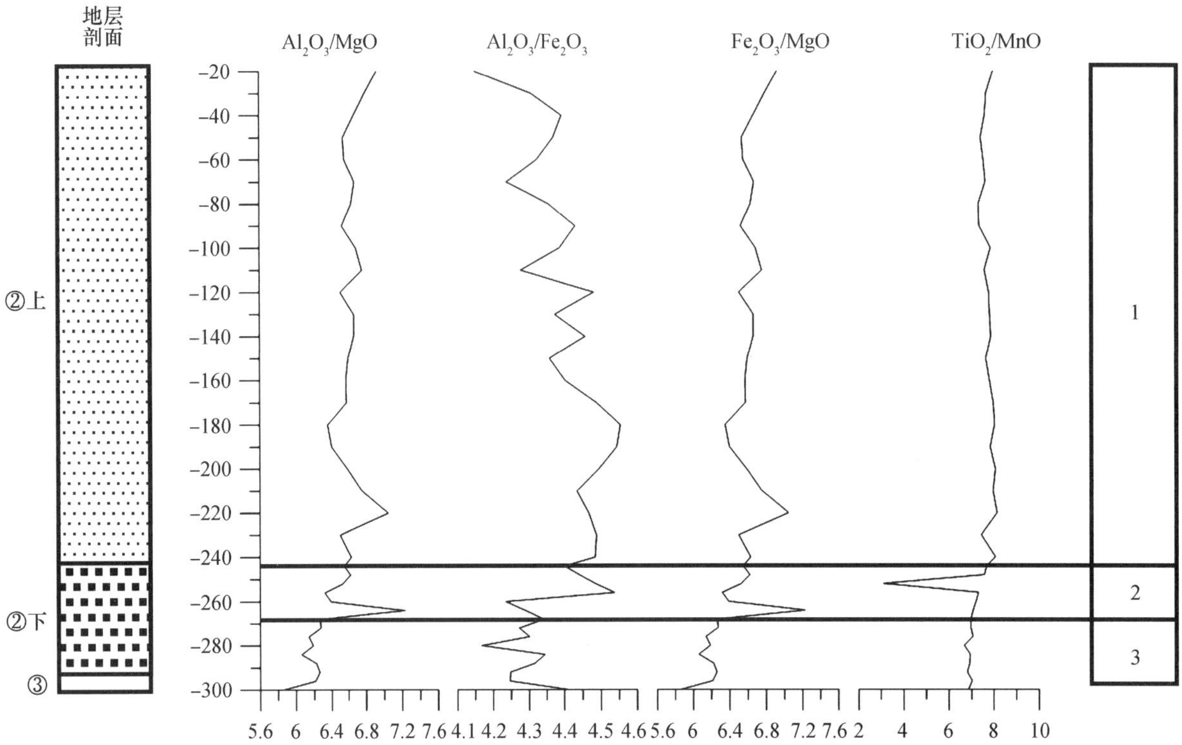

图1-54　西施遗址剖面主要化学元素氧化物比值曲线图

1.7.1.6　其他环境代用指标

（1）色度。

色度的参数有亮度（L*）、红度（a*）、黄度（b*）。其中②层的亮度（L*）的变化范围在42.73～49.64之间，平均值为45.73，在②层深125～155cm处出现低谷。红度a*值变化范围为5.51～6.57，平均值为5.96；黄度b*值变化范围为19.3～22.28，平均值为20.83（图1-55）。

在沉积剖面上，亮度（L*）、红度（a*）、黄度（b*）三者的变化具有一致性：②层上部亮度值（L*）、红度（a*）和黄度（b*）值均较高；②层下部亮度值（L*）、红度（a*）和黄度（b*）值都较低。

（2）磁化率。

②层下部的低频磁化率（Xlf）较高，上部降低，频率磁化率值（Xfd）没有明显变化，基本稳定。

（3）色度、磁化率、粒度的环境意义。

我们对西施遗址的色度、磁化率、粒度参数等数据进行了相关性分析，结果如下（表1-19）。

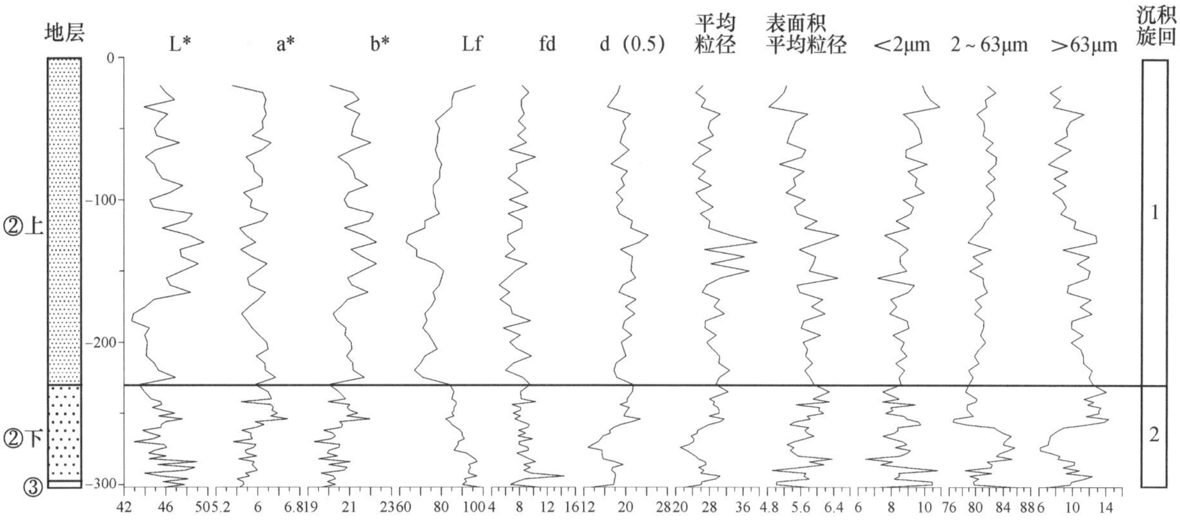

图1-55　西施遗址第1地点剖面沉积物的色度、磁化率和粒度变化曲线对比

表1-19　西施遗址第1地点剖面色度、磁化率、粒度相关系数表

	L*	a*	b*	Xlf	Xfd	d（0.5）	砂	粉砂	黏土
L*	1.00								
a*	0.20	1.00							
b*	0.64	0.66	1.00						
Xlf	−0.08	−0.20	−0.62	1.00					
Xfd	−0.11	−0.18	−0.39	0.53	1.00				
d（0.5）	0.15	0.30	0.51	−0.57	−0.34	1.00			
砂	0.13	0.39	0.29	−0.28	−0.16	0.76	1.00		
粉砂	−0.18	−0.44	−0.38	0.31	0.21	−0.73	−0.91	1.00	
黏土	0.12	0.10	0.20	−0.05	−0.08	−0.10	−0.27	−0.16	1.00

从表1-19和表1-20中可以看出，某些参数之间存在着明显的相关关系，可以反映一定的环境意义。

1）色度（L*、a*和b*值）和中值粒径（d0.5）、砂含量存在有正相关关系，而与粉砂则为负相关关系，说明亮度越大，颜色越偏向红黄，沉积物粒径越粗。

2）色度（L*、a*和b*值）与铁氧化物TFe_2O_3的含量呈正相关，亮度L*还与$CaCO_3$的含量正相关。由此推断，亮度越高，沉积物钙质越高，而色度越高，TFe_2O_3的含量越高，沉积物颜色偏红黄，反映气候越湿润。

3）磁化率（Xlf、Xfd）和中值粒径、砂的含量之间均存在负相关关系，而和粉砂之间则是正相关关系，说明磁化率越低，表征沉积物中粉砂含量对中值粒径的影响越小，而砂含量对中值粒径的影响越大。

表1-20　西施遗址第1地点剖面各代用指标相关性分析

	L*	a*	b*	Xlf	Xfd	d（0.5）	砂	粉砂	黏土	SiO_2%	Al_2O_3%	TFe_2O_3%	CaO%	MgO%	K_2O%	Na_2O%	MnO%	TiO_2%	P_2O_5%	LOI%	Total%
L*	1.00																				
a*	0.09	1.00																			
b*	0.60	0.59	1.00																		
Xlf	0.08	−0.15	−0.54	1.00																	
Xfd	−0.10	−0.12	−0.40	0.56	1.00																
d（0.5）	−0.03	0.10	0.37	−0.59	−0.35	1.00															
砂	0.04	0.20	0.19	−0.36	−0.32	0.74	1.00														
粉砂	−0.11	−0.22	−0.27	0.36	0.36	−0.73	−0.94	1.00													
黏土	0.21	0.04	0.19	0.03	−0.09	−0.11	−0.26	−0.07	1.00												
SiO_2%	−0.24	0.27	0.25	−0.54	−0.38	0.71	0.68	−0.62	−0.24	1.00											
Al_2O_3%	0.13	−0.05	−0.06	0.19	0.28	−0.64	−0.60	0.64	−0.08	−0.76	1.00										
TFe_2O_3%	0.22	−0.18	−0.14	0.46	0.44	−0.78	−0.77	0.80	−0.01	−0.82	0.84	1.00									
CaO	0.17	−0.31	−0.10	0.20	−0.07	−0.04	−0.17	−0.04	0.62	−0.42	−0.13	0.00	1.00								
MgO	0.21	−0.23	−0.27	0.40	0.30	−0.54	−0.38	0.40	−0.02	−0.74	0.77	0.63	0.06	1.00							
K_2O	−0.02	0.00	−0.25	0.23	0.25	−0.73	−0.39	0.48	−0.22	−0.55	0.79	0.68	−0.29	0.59	1.00						
Na_2O%	−0.16	0.26	0.09	−0.21	−0.18	0.52	0.52	−0.52	−0.05	0.55	−0.67	−0.72	−0.16	−0.46	−0.54	1.00					
MnO%	0.01	0.19	−0.05	0.22	0.14	−0.12	−0.03	0.04	−0.02	−0.16	−0.06	−0.05	−0.05	0.05	−0.01	0.65	1.00				
TiO_2%	0.03	0.04	0.45	−0.43	−0.17	0.02	−0.41	0.37	0.16	−0.07	0.32	0.27	0.03	−0.10	−0.01	−0.44	−0.38	1.00			
P_2O_5%	0.27	−0.39	0.16	−0.24	−0.28	0.17	−0.17	0.17	0.03	−0.12	0.15	0.05	0.19	0.29	−0.22	−0.12	−0.11	0.29	1.00		
LOI%	0.26	−0.35	−0.29	0.66	0.44	−0.69	−0.66	0.58	0.28	−0.92	0.55	0.78	0.51	0.55	0.40	−0.60	0.01	0.05	0.01	1.00	
Total%	0.12	0.09	0.22	−0.20	−0.13	0.14	0.13	−0.16	0.08	0.16	−0.05	−0.08	−0.03	−0.03	−0.09	−0.05	−0.14	0.23	0.18	−0.16	1.00

4）低频磁化率Xlf和TFe_2O_3之间的相关性最强，相关系数为0.82。

根据剖面②层（MIS3阶段）沉积物上部色度高、低频磁化率较低，反映②层上部具有较高的TFe_2O_3值和较粗的粒度，可能指示比较湿暖的环境，而②层下部色度低、低频磁化率较高，反映②层下部具有较低的TFe_2O_3值和较细的粒度，可能指示比较温暖干燥的环境。

1.7.1.7　重建西施遗址第1地点的古人类生存环境分析

西施遗址第1地点地处洧水河北岸的二级河流阶地，遗址的主要文化层（剖面②层下部）位于阶地堆积物的下部。沉积物的粒度分析表明，这些沉积物都属于河水往复作用比较明显的河床边滩或河漫滩滨河床沙坝外缘部分的堆积。出土的绝大部分石制品都集中这套堆积的下部，说明当时古人类主要活动在流速较慢、物质较细的河流滩滨河床沙坝—边滩上。

采自②层的孢粉分析表明，当时孢粉浓度较高，植被比较繁盛，遗址周边是以暖温带常见的中生—旱生草本植物（如菊科、蒿属、藜科、禾本科等）为主，并间有比较丰富的湿生草本植物莎草科、地榆属，以及香蒲属、眼子菜属等水生植物等，乔灌木主要为针叶树和暖温带落叶阔叶树，有多种亚热带代表性植物种属（如铁杉属、水青冈属、白蜡树属和里白属等）出现。

虽然当时全球气候已经开始变冷，已经进入MIS2阶段，但地处中原的嵩山南麓，仍处于暖温带南缘，气候变冷的影响不大，仅有气候出现湿润化的趋势。受亚热带气候的影响，本地区植被中仍保留有一些亚热带的标志性植物，总体面貌与MIS3阶段的气候没有很大的差别，仍属于受亚热带气候影响的暖温带南缘环境。在这一时期早期，大致在2.6万年前后，人类选择在气候温暖干燥植被比较稀疏的河漫滩灌丛草甸上生活，从事石叶加工，形成加工场。晚期可能由于气候变湿，河水水量变大，可能受水位上升，地貌环境发生变化的影响，此地不再适宜人类作为石器加工场或居住地使用而被放弃。

1.7.2　东施遗址

东施遗址位于河南嵩山南麓的登封大冶盆地内，2005年由郑州市文物考古研究院调查发现。2013年9～11月，对该遗址进行了抢救性发掘。发掘面积25平方米，共发现石制品将近2600件。包括上下两个文化层，其中上文化层石制品2568件，以燧石原料为主，含典型石叶技术与处于早期发展阶段的细石叶技术，石制品类型多样，以石器生产阶段的副产品为主，推测其性质为一处石器加工场所。下文化层出土石制品20件，原料皆为石英。类型包括石片、断块、碎屑等，石器面貌为华北石片石器工业。该遗址记录了MIS3阶段末期郑州地区石器技术的转型现象，具有十分重要意义。

1.7.2.1　遗址的地貌部位分析

位于嵩山南麓的东施遗址，地貌上属豫西山地向豫东平原过渡的浅山丘陵区。这里黄土堆积发育，形成黄土台地或黄土台塬。洧水河由西向东从此流过，沿河发育两级河流阶地。遗址点位于大冶镇东施村西沟的洧水河北岸二级阶地，基点地理坐标为N34°6.725′，E113°13.636′，海拔270m。

东施遗址的文化遗物赋存于二级河流阶地的阶地堆积物之中。这套阶地堆积主要由粗粒的河床相和细粒的河漫滩相堆积组成，具有下粗上细的二元结构。出土于阶地河漫滩相沉积中的文化遗存，表明当时东施遗址的古人类主要活动在河流的河漫滩上。

1.7.2.2　堆积地层和年代

东施遗址由于人工取土破坏较严重，目前仅保存一道呈南北向延伸，宽0.5～2m、高0.5～2m、长20余米的土垣。探方开挖在土垣西侧，其东壁深达3m。根据剖面特征可以将北壁划分为三个大层七个小层，由上而下描述如下（图1-56）。

①层：浅褐色粉砂质黏土，厚190～455cm，土质疏松，混杂有大量不同时期的文化遗物。从旧石器时代到明清时期都有分布，为扰土层（东施遗址出土的具石叶和细石器技术的石制品，大都出自此层，为后期扰动破坏的结果）。

②层：浅黄—灰黄色粉砂质黏土，为河漫滩堆积。可分为三小层。

②A：浅灰黄色粉砂质黏土，土质细密，含零星炭屑。发掘区北部的本小层顶部发现有6件燧石石器。厚30cm左右。

②B：浅棕黄色粉砂质黏土，土质细密，土色较②A层偏红。发掘区中部的本小层靠近底部40cm内发现20件石英石器。厚85～135cm。

②C：浅灰黄色含砂黏土质粉砂，土质较细密，含零星炭屑，含砂量高于上两层（②A、②B）。厚约45cm。

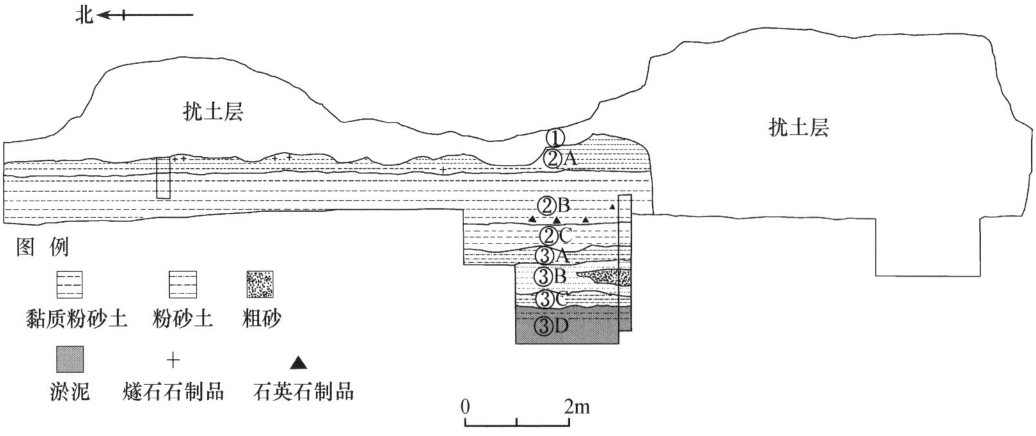

图1-56　东施遗址东壁剖面图

③浅灰白—灰白色粉砂细砂，为河流边滩堆积。可细分为四个小层。

③A：灰白色粉砂，厚25～40cm，其中夹杂有多个小型的细砂透镜体。

③B：浅灰白色细砂，质地疏松，具明显的水平层理和粗细的韵律变化。夹有厚约30cm的粗砂透镜体，含有棕黄色水锈。包含物中有贝壳。厚60～85cm。

③C：浅灰绿色粉砂，含有较多棕黄色水锈，底部夹有一细砂条带。厚20～25cm。

③D：棕褐色黏土和灰绿色粉砂质黏土交互出现，质地细密，其中棕褐色黏土坚硬，黏性较大，含有贝壳。出露处厚度为70cm。

东施遗址目前缺乏年轮数据。根据相距仅500m左右的西施遗址的^{14}C测年结果为26ka B.P.（校正后），且两者均处于相同的地貌部位，出土遗物的内涵也具有高度相似性，据此推断东施遗址的年代与西施遗址相近，也应该在26ka B.P.左右。

1.7.2.3　沉积物分析

为进行环境分析，在遗址剖面②层和③层按样长5cm连续采集环境样品66个，其中样品1③DD01～1③DD15采自N127E104探方的东壁，1③DD16～1③DD66采自N118E102探方的东壁。采集样品的地层岩性描述及样品分布如下（表1-21）。

表1-21　东施遗址采集样品的地层岩性描述及样品分布

层	亚层	样号	深度/m	岩性
②	A	01～06	00～30	浅灰黄色粉砂质黏土，有炭屑。含6件燧石石器
	B	07～26	30～130	浅棕黄色粉砂质黏土
	C	27～35	130～175	浅灰黄色含砂黏土质粉砂，有炭屑。含20件石英石器
③	A	36～40	175～200	灰白色粉砂，夹细砂透镜体
	B	41～53	200～265	浅灰白色细砂，夹粗砂透镜体，含贝壳
	C	54～57	265～285	浅灰绿色粉砂，底部夹细砂条带
	D	58～66	285～330	棕褐色黏土和灰绿色粉砂质黏土交互出现，含贝壳

（1）粒度分析。

1）粒度组成。

所有66个样品的粒度组合均以粉砂为主，占64.24%～92.51%；砂次之，占0.27%～36.16%；黏土仅占3.58%～8.05%，中值粒径11.53%～47.17%。

剖面下部的③层较粗，砂的含量较高，为0.29%～36.16%，黏土含量较低，仅3.81%～8.05%；而剖面上部的②层，粒度较细，砂的含量较低，为0.27%～19.11%；黏土含量较高，为4.63%～9.41%；形成一个下粗上细的河流沉积韵律。

2）粒度曲线特征。

粒度频率曲线主要为单窄峰，少数宽峰，峰值8%左右，正偏态，粗端陡立，细端前陡后缓，末端出现一小平台。粒度概率累积曲线两段式，其中跃移段70%～80%，斜率大，分选好，通常由斜率相近的两部分组成，悬浮段占20%～30%，斜率较大。个别样品为三段式，有跃移组分，位于2.5～3.5Φ，分选不好。

从粒度频率曲线和粒度概率累积曲线来看，都反映出河流堆积的特征。进而根据单窄峰的频率曲线和以跃移组分为主，且由斜率相近的两部分组成，悬浮段分选较好，推移组分少见的粒度概率累积曲线，推断属于河漫滩滨河床沙坝和河床边滩沉积（图1-57）。

（2）孢粉分析。

东施遗址65个孢粉样品，每个样品取干重50g（其中有28个样品送样时不足50g），加入约8295粒石松孢子（用于计算孢粉浓度），分别进行盐酸→氢氟酸→盐酸处理，用孔径6μm的筛网过筛，将样品中的孢粉化石集中在试管中，制2个固定片子在生物显微镜下鉴定。

1）孢粉种属特征。

通过显微镜下详细鉴定和统计，有15个样品统计孢粉化石100粒以上，其余50个样品统计孢粉化石总数在50～99粒之间。共出现孢粉类型38科。经过浓度计算，孢粉浓度普遍较小，其中孢粉浓度最大的约30粒/克，孢粉浓度最小的每克不足1粒（用“+”表示）。说明取样地区植物稀疏，植被覆盖度低。

植物种属有：

针叶植物（Coniferaetrees）有云杉属（*Picea*）、松属（*Pinus*）、铁杉属（*Tsuga*）等。

阔叶植物（Broadleaftrees）有栎属（*Quercus*）、栗属（*Castanea*）、桦木属（*Betula*）、鹅耳枥属（*Carpinus*）、榛属（*Corylus*）、椴属（*Tilia*）、胡桃属（*Juglans*）、榆属（*Ulmus*）、柳属（*Salix*）等。

灌木和陆生草本植物（Shrubs+Herbs）有木犀科（Oleaceae）、瑞香科（Thymelaeaceae）、鼠李科（Rhamnaceae）、蔷薇属（*Rosa*）、绣线菊属（*Spiraea*）、卫矛属（*Euonymus*）、麻黄属（*Ephedra*）、菊科（Compositae）、蒿属（*Artemisia*）、苍耳属（*Xanthium*）、藜科（Chenopodiaceae）、苋科（Amaranthaceae）、禾本科（Gramineae）、栽培禾本科？（CulturalGramineae）、十字花科（Cruciferae）、豆科（Leguminosae）、旋花科（Convolvulaceae）、毛茛科（Ranunculaceae）、石竹科（Caryophyllaceae）、地榆属（*Sanguisorba*）、蓼属（*Polygonum*）、茄属（*Solanum*）、唇形科（Labiatae）、葎草属（*Humulus*）、荨麻属（*Urtica*）、败酱属（*Patrinia*）、堇菜属（*Viola*）、玄参科（Scrophulariaceae）、虎耳草科（Saxifragaceae）等。

湿生草本植物（Wet）有莎草科（Cyperaceae）。

水生草本植物（Aquatic）有香蒲属（*Typha*）。

蕨类植物（Pteridophytes）有石松属（*Lycopodium*）、中华卷柏（*Sellaginellasinensis*）、凤尾蕨属（*Pteris*）、水龙骨科（Polypodiaceae）、铁线蕨属（*Adiantum*）等。

淡水静水藻类有环纹藻（*Concentricystes*）。

这些植物种属中，乔木主要有温带和暖温带常见的针叶树和落叶阔叶树，还出现有零星的

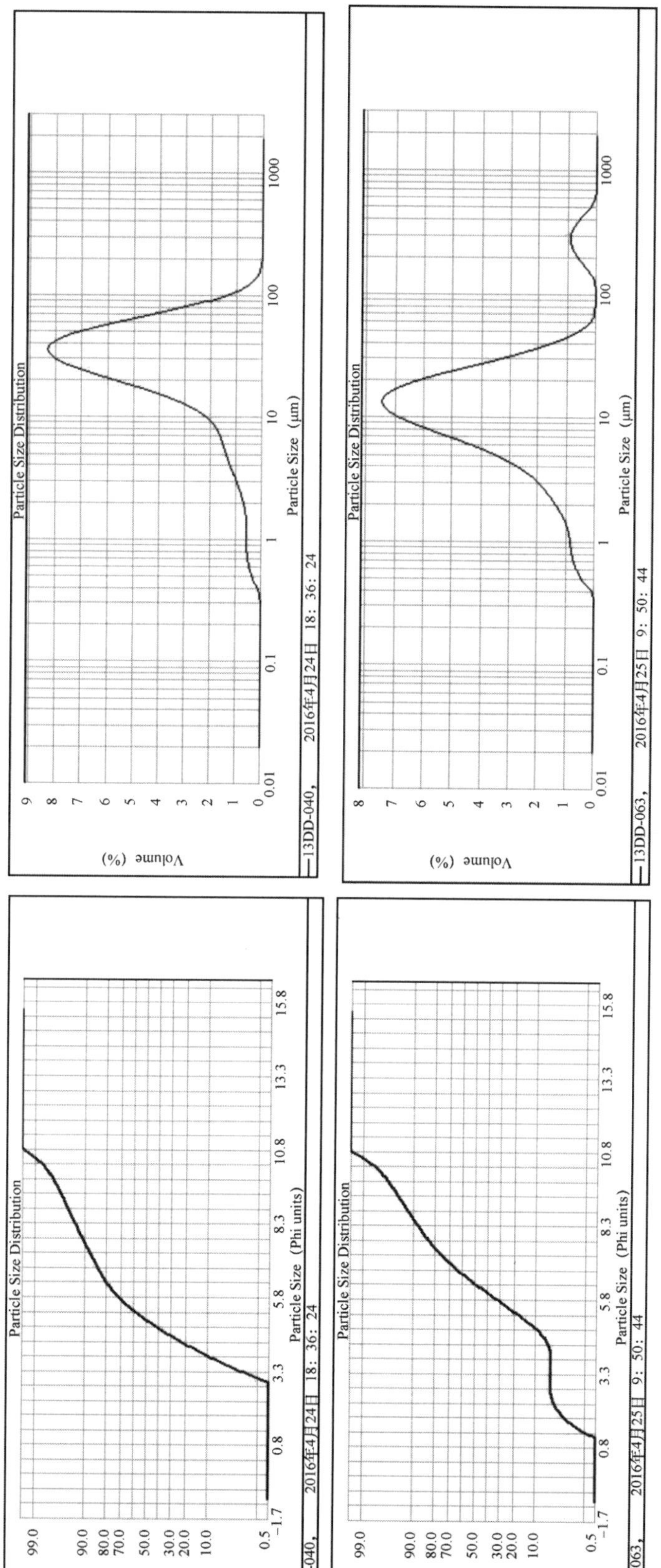

图1-57　东施遗址沉积物的粒度曲线图

亚热带代表性植物铁杉属；灌木和草本植物主要为陆生旱生植物，其中有不少漫滩上生长的湿生和水生草本植物，以及淡水静水藻类植物。总体上反映了受亚热带气候影响微弱的暖温带南缘地区河漫滩生态环境。

2）孢粉组合特征。

根据主要孢粉百分含量和浓度的聚类分析结果（图1-58、图1-59），将东施剖面65个样品从下至上划分四个孢粉组合带。组合特征叙述如下。

Ⅰ组合带：以Compositae-Urtica-Artemisia-Pinus为主的组合。

采样深度−250～−330cm。对应于③D、③C和③B层的下部。孢粉总浓度在2～5粒/克之间波动。灌木和陆生草本植物花粉（浓度2～5粒/克，百分含量83.61%～95.45%）为主，针叶植物花粉（浓度+～+粒/克，百分含量2.43%～13.11%）较少，阔叶植物花粉（浓度0～+粒/克，百分含量0～7.14%）、蕨类植物孢子（浓度0～+粒/克，百分含量0～1.23%）零星出现，未见湿生和水生草本植物花粉。淡水静水藻类环纹藻（浓度0～+粒/克）零星出现。

针叶植物中：松属（浓度+～+粒/克，百分含量2.47%～13.11%）花粉连续少量出现，云杉属（浓度0～+粒/克，百分含量0～1.52%）花粉零星出现。落叶阔叶植物有椴属（浓度0～+粒/克，百分含量0～5.17%）、桦木属（浓度0～+粒/克，百分含量0～3.57%）、榆属（浓度0～+粒/克，百分含量0～1.79%）、鹅耳枥属（浓度0～+粒/克，百分含量0～1.64%）、栗属（浓度0～+粒/克，百分含量0～1.64%）、栎属（浓度0～+粒/克，百分含量0～1.28%）等花粉零星出现。

灌木和陆生草本植物中：菊科（浓度1～2粒/克，百分含量31.43%～58.62%）花粉最多，荨麻属（浓度+～1粒/克，百分含量7.14%～25.93%）、蒿属（浓度+～+粒/克，百分含量3.85%～12.5%）连续少量出现。藜科（浓度0～+粒/克，百分含量0～20%）、禾本科（浓度0～+粒/克，百分含量0～14.29%）、绣线菊属（浓度0～+粒/克，百分含量0～13.99%）、苍耳属（浓度0～+粒/克，百分含量0～11.54%）等花粉出现过高含量。零星出现的有：毛茛科（浓度0～+粒/克，百分含量0～1.89%）、木犀科（浓度0～+粒/克，百分含量0～1.79%）、十字花科（浓度0～+粒/克，百分含量0～1.79%）、麻黄属（浓度0～+粒/克，百分含量0～1.56%）、栽培禾本科（浓度0～+粒/克，百分含量0～1.52%）、蔷薇属（浓度0～+粒/克，百分含量0～1.45%）、卫矛属（浓度0～+粒/克，百分含量0～1.28%）、旋花科（浓度0～+粒/克，百分含量0～0.7%）、虎耳草科（浓度0～+粒/克，百分含量0～0.7%）等花粉。

蕨类植物中：水龙骨科（浓度0～+粒/克，百分含量0～1.23%）孢子零星出现。

该组合带孢粉浓度很低，说明这一时期植被覆盖度低。植被中灌木和陆生草本植物占优势，种属较多，达16种，其中以中生植物菊科为主，其次旱生、超旱生植物（藜科+蒿属）也较多。乔木中针叶树以松属居多，落叶阔叶树有6种，数量较少，且都是温带暖温带常见的树种。未见湿生和水生草本植物花粉。蕨类植物和淡水静水藻类环纹藻零星出现。反映了气候暖干、植物稀疏的温带—暖温带河漫滩草地生境。

Ⅱ组合带：以Compositae-Urtica-Pinus-Chenopodiaceae-Artemisia-Gramineae为主的组合。

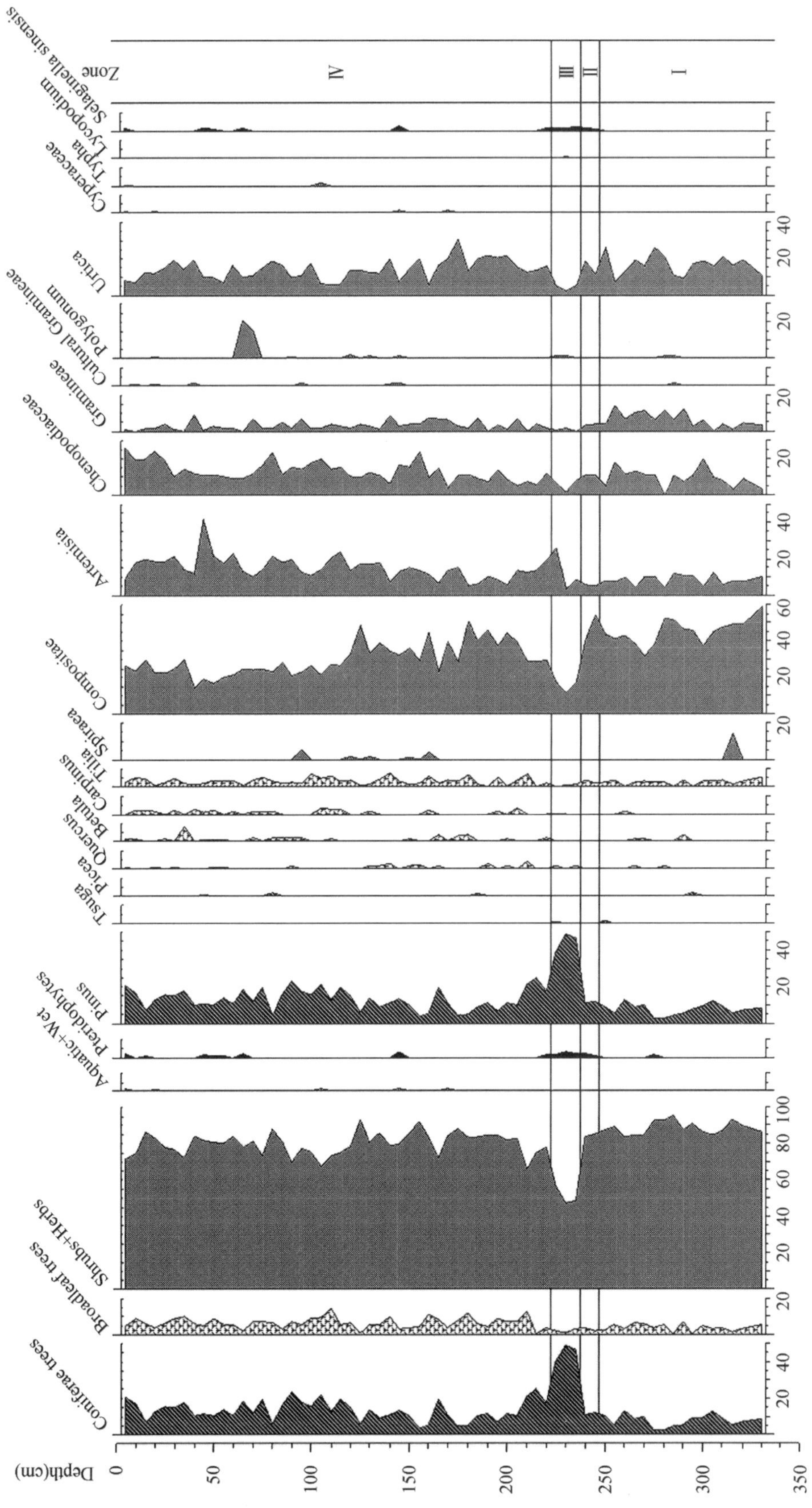

图1-58　东施遗址孢粉百分含量曲线变化图
横坐标未加数字者均为10

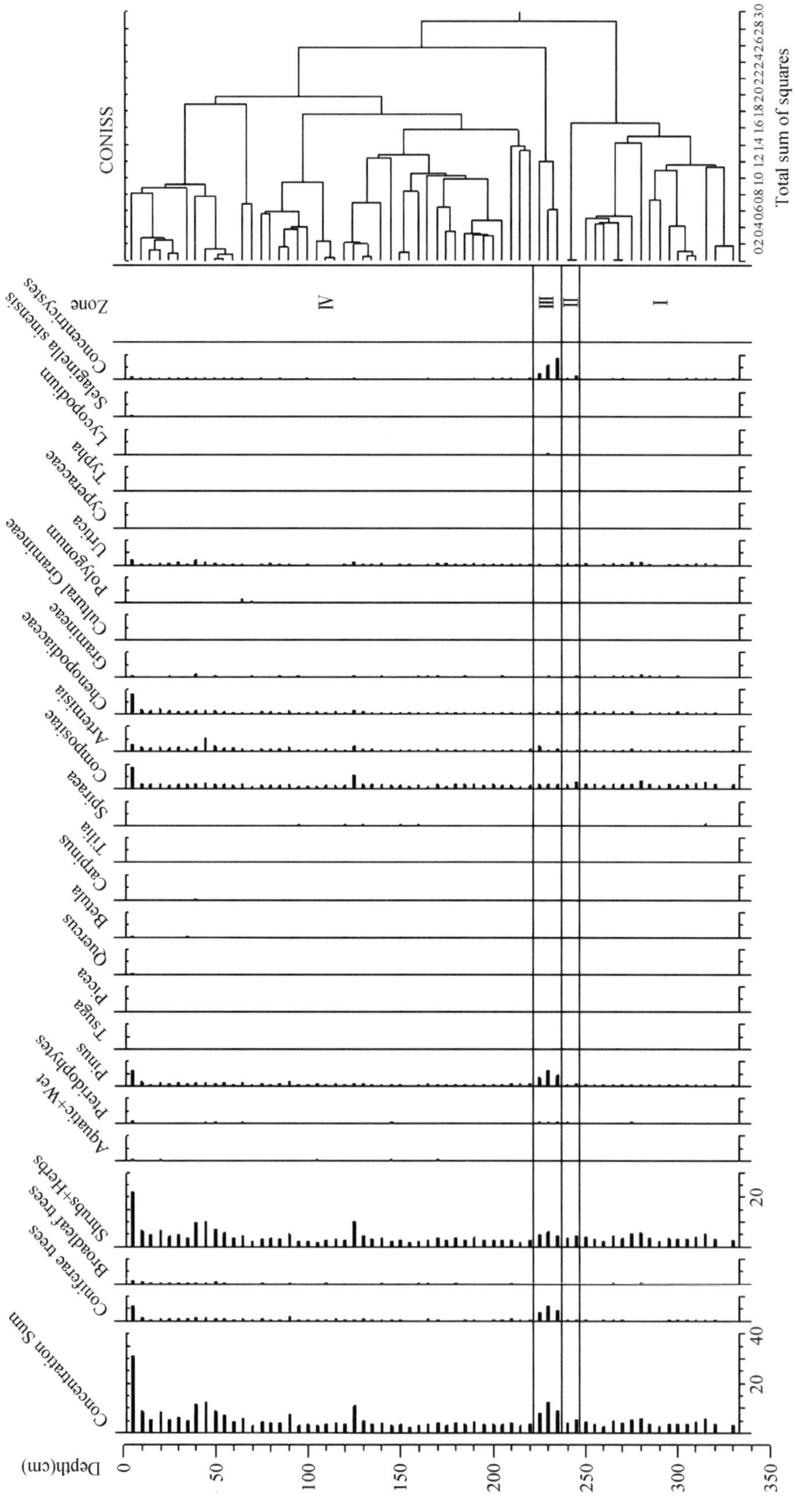

图1-59　东施遗址孢粉浓度曲线变化图

横坐标未加数字者均为10

采样深度−240～−245cm。对应于③B层的中部。孢粉总浓度在4～5粒/克之间波动。灌木和陆生草本植物花粉（浓度3～4粒/克，百分含量83.33%～85.15%）为主，针叶植物花粉（浓度+～+粒/克，百分含量11.11%～11.88%）、阔叶植物花粉（浓度+～+粒/克，百分含量1.98%～3.7%）、蕨类植物孢子（浓度+～+粒/克，百分含量0.99%～1.85%）连续少量出现，未见湿生和水生草本植物花粉。淡水静水藻类环纹藻（浓度+～1粒/克）少量出现。

针叶植物中：松属（浓度+～+粒/克，百分含量11.11%～11.98%）花粉少量出现。

落叶阔叶植物有椴属（浓度+～+粒/克，百分含量1.98%～3.7%）花粉少量出现。

灌木和陆生草本植物中：菊科（浓度1～2粒/克，百分含量40.74%～54.46%）花粉较多，荨麻属（浓度+～+粒/克，百分含量10.89%～15.52%）、藜科（浓度+～+粒/克，百分含量10.89%～11.11%）、蒿属（浓度+～+粒/克，百分含量4.95%～5.56%）、禾本科（浓度+～+粒/克，百分含量3.7%～3.96%）等花粉连续少量出现，唇形科（浓度0～+粒/克，百分含量0～1.85%）、虎耳草科（浓度0～+粒/克，百分含量0～1.85%）等花粉零星出现。

蕨类植物中：中华卷柏（浓度+～+粒/克，百分含量0.99%～1.85%）孢子少量出现。

该组合带孢粉浓度很低，说明这一时期植被覆盖度低。植被以灌木和陆生草本植物为主，其中菊科居多，其次为旱生、超旱生植物（荨麻、藜科、蒿属）；针叶树和落叶阔叶树均十分少见，且种属十分单调。没有出现湿生和水生植物，仅少量蕨类植物和淡水静水藻类环纹藻出现。反映了温暖干燥、植被十分稀疏的温带—暖温带河漫滩草地生境。

Ⅲ组合带：以Pinus-Artemisia-Compositae-Chenopodiaceae-Urtica为主。

采样深度−225～−235cm。对应于③B层的上部。孢粉总浓度在7～12粒/克之间波动。灌木和陆生草本植物花粉（浓度4～5粒/克，百分含量46.88%～56.95%）稍多，其次针叶植物花粉（浓度3～6粒/克，百分含量39.74%～49.22%）较多，阔叶植物花粉（浓度+～+粒/克，百分含量0.78%～2.8%）、蕨类植物孢子（浓度+～+粒/克，百分含量1.32%～3.13%）少量出现，未见湿生和水生草本植物花粉。淡水静水藻类环纹藻（浓度2～8粒/克）出现较多。

针叶植物中：松属（浓度3～6粒/克，百分含量39.07%～49.22%）花粉最多，铁杉属（浓度0～+粒/克，百分含量0～0.66%）花粉零星出现。

落叶阔叶植物有栎属（浓度0～+粒/克，百分含量0～1.4%）、椴属（浓度0～+粒/克，百分含量0～1.4%）、鹅耳枥属（浓度0～+粒/克，百分含量0～0.66%）等花粉零星出现。

灌木和陆生草本植物中：蒿属（浓度+～2粒/克，百分含量3.13%～25.83%）、菊科（浓度1～1粒/克，百分含量10.94%～17.48%）、藜科（浓度+～+粒/克，百分含量1.56%～7.69%）、荨麻属（浓度+～+粒/克，百分含量2.34%～4.9%）等花粉连续少量出现。毛茛科（浓度0～3粒/克，百分含量0～24.33%）、禾本科（浓度0～+粒/克，百分含量0～1.56%）、蓼属（浓度0～+粒/克，百分含量0～1.56%）、败酱属（浓度0～+粒/克，百分含量0～1.32%）、堇菜属（浓度0～+粒/克，百分含量0～0.78%）、茄属（浓度0～+粒/克，百分含量0～0.7%）、唇形科（浓度0～+粒/克，百分含量0～0.78%）等花粉零星出现。

蕨类植物中：中华卷柏（浓度+～+粒/克，百分含量1.32%～2.1%）、石松属（浓度0～+粒/克，百分含量0～0.78%）、凤尾蕨属（浓度0～+粒/克，百分含量0～0.78%）等孢子少量或零星出现。

该组合孢粉浓度较低，但较前有所升高，说明这一时期植被覆盖度增大。植被以灌木和陆生草本植物为主，其中旱生的蒿属、菊科、毛茛科较多；针叶树以松科为主，还出现零星的亚热带植物（铁杉属）。落叶阔叶树零星出现，仅三种，种属比较单调。没有出现湿生和水生植物，仅有少量蕨类植物，淡水静水藻类环纹藻出现较多。反映比较温暖干燥、植被比较稀疏、有积水洼地分布的，略受亚热带气候影响的温带—暖温带河漫滩灌丛草地生境。

Ⅳ组合带：Compositae-Artemisia-Urtica-Chenopodiaceae-Pinus组合。

采样深度−5～−220cm。对应于③层顶部和②层。孢粉总浓度在2～30粒/克之间波动。灌木和陆生草本植物花粉（浓度1～22粒/克，百分含量66.07%～93.2%）为主，针叶植物花粉（浓度+～1粒/克，百分含量3.92%～25%）相对较少，阔叶植物花粉（浓度0～1粒/克，百分含量0～14.08%）、湿生和水生草本植物花粉（浓度0～+粒/克，百分含量0～1.54%）、蕨类植物孢子（浓度0～+粒/克，百分含量0～2.94%）零星出现。淡水静水藻类环纹藻（浓度0～1粒/克）零星出现。

针叶植物中：松属（浓度+～6粒/克，百分含量3.92%～25%）花粉连续出现，云杉属（浓度0～+粒/克，百分含量0～1.54%）花粉零星出现。

落叶阔叶植物中：椴属（浓度0～+粒/克，百分含量0～7.41%）、柳属（浓度0～+粒/克，百分含量0～4.29%）、栎属（浓度0～+粒/克，百分含量0～3.57%）、鹅耳枥属（浓度0～+粒/克，百分含量0～3.39%）、榛属（浓度0～+粒/克，百分含量0～3.33%）、桦木属（浓度0～+粒/克，百分含量0～3.28%）、榆属（浓度0～+粒/克，百分含量0～1.85%）、胡桃属（浓度0～+粒/克，百分含量0～1.41%）等花粉零星出现。

灌木和陆生草本植物中：菊科（浓度+～7粒/克，百分含量14.71%～49.18%）、蒿属（浓度+～5粒/克，百分含量4.92%～41.8%）、荨麻属（浓度+～2粒/克，百分含量5.56%～30.3%）、藜科（浓度+～7粒/克，百分含量3.7%～25.88%）花粉连续出现。毛茛科（浓度0～1粒/克，百分含量0～22.94%）、蓼属（浓度0～1粒/克，百分含量0～21.10%）等花粉出现过高含量。零星出现的有：禾本科（浓度0～1粒/克，百分含量0～8.82%）、绣线菊属（浓度0～+粒/克，百分含量0～5.26%）、败酱属（浓度0～+粒/克，百分含量0～4.26%）、堇菜属（浓度0～+粒/克，百分含量0～2.6%）、地榆属（浓度0～+粒/克，百分含量0～1.96%）、唇形科（浓度0～+粒/克，百分含量0～1.92%）、鼠李科（浓度0～+粒/克，百分含量0～1.79%）、虎耳草科（浓度0～+粒/克，百分含量0～1.79%）、玄参科（浓度0～+粒/克，百分含量0～1.75%）、葎草属（浓度0～+粒/克，百分含量0～1.75%）、栽培禾本科（浓度0～+粒/克，百分含量0～1.75%）、瑞香科（浓度0～+粒/克，百分含量0～1.75%）、蔷薇属（浓度0～+粒/克，百分含量0～1.72%）、木犀科（浓度0～+粒/克，百分含量

0～1.69%）、石竹科（浓度0～+粒/克，百分含量0～1.67%）、苍耳属（浓度0～+粒/克，百分含量0～1.69%）、苋科（浓度0～+粒/克，百分含量0～1.69%）、茄属（浓度0～+粒/克，百分含量0～1.54%）、豆科（浓度0～+粒/克，百分含量0～1.47%）、卫矛属（浓度0～+粒/克，百分含量0～1.39%）等花粉。

湿生草本植物中：莎草科（浓度0～+粒/克，百分含量0～1.47%）花粉零星出现。水生草本植物中：香蒲属（浓度0～+粒/克，百分含量0～1.54%）花粉零星出现。

蕨类植物中：中华卷柏（浓度0～+粒/克，百分含量0～2.94%）、铁线蕨属（浓度0～+粒/克，百分含量0～1%）、水龙骨科（浓度0～+粒/克，百分含量0～0.92%）等孢子零星出现。

该组合带孢粉浓度较高，说明这一时期的植被覆盖度比较高。植被以灌木和陆生草本植物占优势，主要是中生和旱生的蒿属、菊科、荨麻属、藜科，还有其他种属，多达22种；乔木中针叶树仅有少量松科和云杉，落叶阔叶树零星出现，但种属较多，有8种，均为温带和暖温带常见种属；有少量的蕨类植物；还有零星的莎草科和香蒲属等湿生和水生植物以及淡水静水藻类环纹藻零星出现。反映气候比较温暖湿润，植被比较繁茂的温带—暖温带河漫滩灌丛草地生境。古人类主要活动在这一阶段的晚期（②A、②B层）。

1.7.2.4　东施遗址人类生存环境重建

（1）地貌和水文环境。

东施遗址位于二级河流阶地，文化遗物主要分布在阶地堆积物上部的河漫滩堆积中，说明当时河边的河漫滩是人类活动的主要场所。

从剖面特征来看，堆积物下部砂层较多，为河床堆积；上部主要是粉砂堆积，为河漫滩堆积，剖面中没有见到明显的天然堤堆积体，说明洪水期水位不高，洪水期和平水期河流水位变化不明显，河漫滩滨河床沙坝并不发育，河漫滩与河床边滩为渐变过渡。

（2）植被和气候环境。

东施遗址65个粉样品所含的孢粉很少，孢粉浓度很低，植物十分稀疏，植被覆盖度很低。遗址周围主要生长有旱生超旱生植物，其中以菊科、藜科、蒿属等相对出现较多，温带暖温带乔灌木稀少，亚热带植物偶有零星出现（铁杉属，仅1个样品中出现1粒），蕨类植物如中华卷柏等少量出现。说明当时气候（MIS2）与MIS3阶段相比变冷变干。其中也存有一定的波动，早期暖温带的乔灌木稀少，没有湿生和水生植物，气候温干。从早期末段（第Ⅲ组合）开始，突然出现丰富的淡水静水藻类，指示水域的明显扩大。晚期（第Ⅳ组合）淡水静水藻类环纹藻虽有减少，但出现了少量的水生植物香蒲属，说明晚期气候比早期有所变湿，河漫滩上出现较多的水域（表1-22）。

东施人主要活动在河流发育的晚期。当时这里早期河床边滩环境已经被河漫滩环境所代替，气候也变得比较温湿。在平坦的河漫滩上，积水洼地较多，菊、藜、蒿等温带—暖温带旱生草本植物比较繁茂，并间有少量的乔灌木生长，这样的生态环境比较适宜于古代人类的生活。

表1-22　东施遗址剖面孢粉带划分及其生态环境

层	亚层	孢粉带	生态环境
②	A	Ⅳ	温带—暖温带气候，比较暖湿、植被比较繁茂的河漫滩灌丛草地。其中②A和②B层是古人类活动的时期
	B		
	C		
③	A		
	B	Ⅲ	温带—暖温带气候比较暖干、植被比较稀疏的河漫滩灌丛草地
		Ⅱ	温带—暖温带气候温暖干燥、植被十分稀疏河漫滩草地
		Ⅰ	温带—暖温带气候温暖干燥、植被稀疏的河漫滩草地

1.8　李家沟遗址

李家沟遗址位于河南省新密市岳村镇李家沟村西南约200m的椿板河（溱水河上游）东岸，地理坐标为34°41′19.2″N，112°41′15.1″E，海拔在200m左右。其年代从旧石器晚期一直延续到新石器早期，是我国北方旧新石器时代过渡时期的代表性遗址（图1-60）。

1.8.1　遗址的地貌部位

遗址所在地区属于豫西嵩山东南麓的山前黄土洪积倾斜平原，地势比较平坦，略向东南方向倾斜。平原上大小河流纵横，沿河流两岸，山前黄土洪积平原由于河流的下切，往往出现高度不等的黄土陡崖，形成黄土台地，其中河流上游的黄土台地相对较高，可达数十米，台地陡坎上出露有发育良好的黄土—古土壤剖面，沿河而下，黄土台地的高度不断降低，并逐渐过渡为冲洪积平原。

流经遗址西侧的椿板河（溱水河上游）属于淮河的三级支流，它源自嵩山，自西北向东南从遗址西南侧流过。在遗址附近椿板河深切于黄土台地之中，河谷深15m左右，宽度不足20m，沿河谷发育有两级河流阶地，其中二级阶地高于河床约10m，属于基座阶地，基座由黄土—古土壤层组成，阶地堆积物主要由河流相的砂砾石和黏土质粉砂交互组成，厚7～8m。一级阶地高于河床2～3m，属于基座阶地，基座由基岩组成，阶地堆积物下部为砂砾石层，上部为黏土质粉砂，组成河流相的二元结构，厚2～3m。

李家沟遗址的文化遗物埋藏在二级阶地的堆积物之中，从阶地堆积物的底部到顶部，依次出现旧石器晚期文化遗存、新石器早期的李家沟文化遗存和稍晚的裴李岗文化遗存。说明这些时期的人类均生活在不同阶段的河漫滩上（图1-61）。

图1-60　李家沟遗址位置

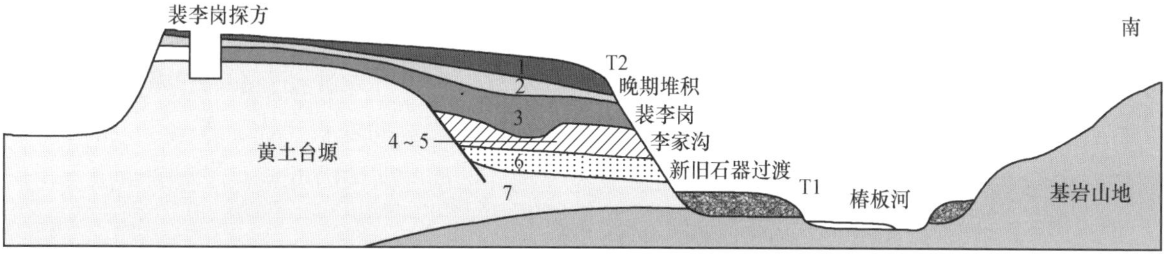

图1-61　李家沟遗址地貌结构略图

1. 扰土层　2. 晚于裴李岗　3. 裴李岗　4. 裴李岗　5. 李家沟　6. 新旧石器过渡　7. 马兰黄土

1.8.2　遗址地层剖面特征和年代测定

1.8.2.1　遗址地层剖面特征

李家沟遗址包括南北两区，据探方剖面揭示，两区的地层略有不同。我们以南区探方南壁、东壁和北区北壁、东壁为主，建立遗址的地层剖面，由上而下描述如下（图1-62）：

图1-62　李家沟遗址南区南壁地层剖面

①扰土层　②棕褐色黏土质粉砂，富含钙结核，为河流堆积　③暗灰色细砾粗砂层，为侵蚀充填堆积，含裴李岗陶片　④棕黄色黏土质粉砂层，为蚀余堆积　⑤棕红色黏土质粉砂，靠上部颜色变暗，呈灰黑色，分布不连续，也为蚀余堆积，其中含少量新石器早期的压印纹夹砂陶片　⑥褐棕黄色砂砾石层，其中含丰富的新旧石器过渡时期的文化遗存　⑦马兰黄土

①层：扰土层，含有陶片和瓷片等近现代遗物。厚4～3cm。

②层：棕褐色砂砾石层，主要分布在南区。砂砾石层中含有大量大小不一，略有磨圆的钙结核，构成明显的大型斜层理，属于原生钙结核经河流再搬运的堆积产物。厚94～176cm。层内含有少量裴李岗文化时期的陶片，疑为非原地埋藏。本层在区域内可见叠压在裴李岗文化层之下，其年代不会晚于裴李岗文化时期。北区本层不发育。

③层：暗灰色细砾粗砂层，主要见于南区，其分布呈不规则的透镜体状，中部厚度较大，为134cm，向东西两侧变薄，最薄仅18cm。透镜体底面为明显的侵蚀面，顶面略有下凹。组成透镜体的细砾粗砂磨圆度不好，但有一定的分选，其中可见较多的棕黄色粗砂细砾条带，条带长10～20cm，产状近乎水平，略有下凹。根据③层的产状和沉积特征，可以判断它属于侵蚀充填堆积。其中出土有零星的裴李岗时期的陶片，可能经过后期搬运，属于非原地埋藏。南区采样处厚115cm。北区本层不发育。

④层：暗灰色为主，杂有棕黄色的黏土质粉砂层。在南区由于受上覆地层（③层）的下蚀切割，仅局部有所分布，属于侵蚀残余堆积，厚14～78cm；在北区，本层与下伏地层不易区

分，采样处厚50cm。无论南区还是北区，本层中文化遗物极少见到。

⑤层：暗灰色为主，杂有棕红色的黏土质粉砂。在南区由于③层的侵蚀破坏，本层被分割为彼此不相连的东西两部分，厚40～156cm。含有少量新石器早期的压印纹夹砂陶片和石磨盘等文化遗物。在北区探方东壁，本层比较稳定，致密块状，质地均一，厚200cm。其中发现有数量较多的陶片、石制品（细石器和磨盘等）和小型鹿类动物的骨骼碎片等，还发现有人工的石块集聚区，属李家沟文化。北区采样处厚200cm。

⑥层：褐棕黄色砂砾石层。南区呈顶凸底平的透镜状分布，发育有斜层理，厚40～182cm。可能为沙坝堆积。其底部分布有丰富的文化遗存，既有船形、柱状的细石核与细石叶等典型的细石器文化遗存，也有粗大的石制品和人工搬运的石料，还有局部磨制的石锛与素面夹砂陶片，呈现旧新石器文化过渡的特征。同时还发现有用石制品和人工搬来的石块所组成的椭圆形石圈和大型食草动物（如大中型鹿类、马、牛等）的骨骼遗存。采样处厚度大于35cm。北区本层不甚发育。

下伏地层：

⑦层：灰黄色黄土，夹有棕红色古土壤层。为阶地基座。南区采样处厚度大于15cm。基座面上发育有大量被砂砾充填的楔状裂缝。

上述沉积地层的性状表明，剖面主体（②～⑥层）具有河流沉积的特征，属于二级阶地的堆积物，其年代从全新世早期到裴李岗时期。其中⑥～④层组成一个下粗上细的沉积旋回；③～②层组成一个下粗上细的沉积旋回。上下沉积旋回之间存在有明显的侵蚀面，代表两个不同的河流过程。剖面底部的⑦层为更新世晚期（马兰期）黄土—古土壤堆积，它与上覆的阶地堆积之间侵蚀面明显，属于阶地的基座。

1.8.2.2　年代测定

我们在剖面的不同层位采取了年代测试样品，在北京大学年代学实验室进行了AMS^{14}C测年。其中采自南区剖面⑥层（细石器文化层）的木炭样品年龄在10 500～10 300B.P.（经过树轮校正，下同）；采自北区不同层位的木炭样品年龄分别为10 000B.P.（⑥层）、9000B.P.（⑤层）和8600B.P.（④层）（图1-63；表1-23）。

1.8.3　沉积物分析

在李家沟遗址，我们系统采集了沉积物样品81个，用于古环境分析。样品采集从剖面③层顶部开始到⑦层顶部为止，其中③层、⑥层、⑦层采自南区剖面，④层、⑤层采自北区剖面（原编号为⑤层）。将两个剖面的采样层段按地层顺拼接成一个完整的采样剖面。按每个样品长度为5cm，连续采样（图1-64）。

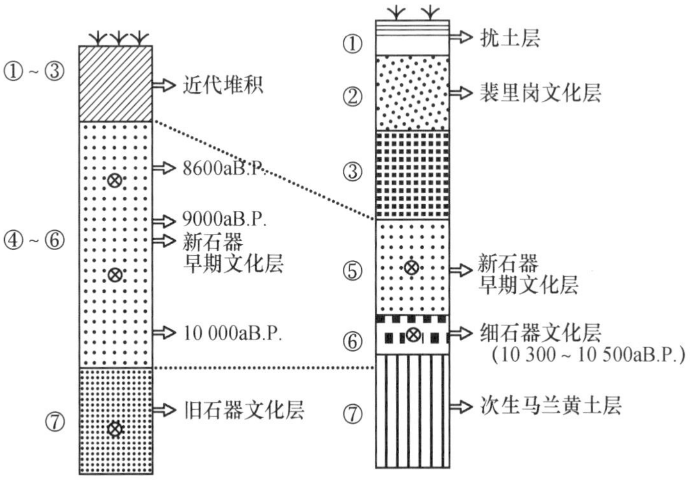

图1-63　李家沟遗址南北两区地层对比

表1-23　李家沟遗址测年数据一览表

野外编号	位置	层位	测年材料	^{14}C年代（B.P.）	树轮校正年龄（BC）	
					1σ（68.2%）	2σ（95.4%）
BA091416	北区	④	木炭	7740±40	6610~6500 7060~7000（21.1%）	6650~6480
BA091417	北区	⑤	木炭	8015±35	6970~6910（22.9%） 6890~6830（24.3%） 8250~8180（35.5%）	7070~6810
BA091494	北区	⑥	木炭	8950±40	8120~8090（8.2%） 8080~8060（3.9%） 8050~7990（20.6%）	8280~8160（44.2%） 8140~7960（51.2%）
	南区	⑥	木炭		10 300~10 500aB.P.	

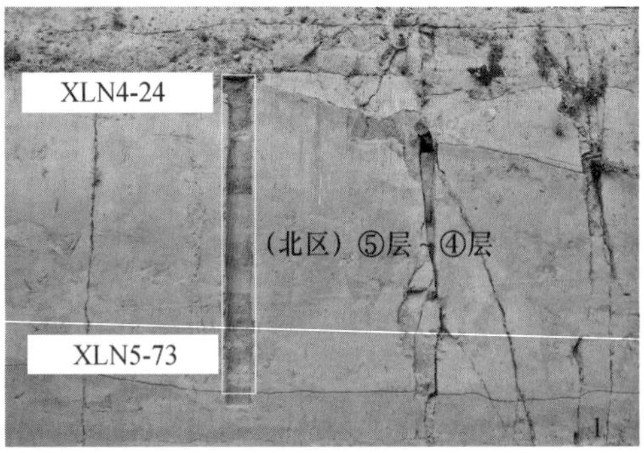

图1-64　李家沟遗址采样剖面

左侧为北区④层和⑤层，右侧为南区③~⑦层

1.8.3.1　粒度分析

（1）粒度组成特征。

沉积物的粒度组成以粉砂为主，占40%～75%；砂次之，占15%～55%；黏土含量较少，仅为3%～10%。

不同层位的粒度组成存在有明显的变化：

③层：厚115cm，共取样品23个。其粒度较粗，中值粒径（d0.5）变动于45.24～66.24μm之间，平均值为58.96μm；平均粒径（D4.3）变动于63.87～96.14μm之间，平均值77.66μm。

④层：50cm，共取样品10个，其粒度较粗，中值粒径变化于39.7～53.69μm之间，平均值45.6μm；平均粒径（D4.3）变动于51.19～93.03μm之间，平均值63.54μm。

⑤层：厚200cm，共取样品40个，其粒度较细，中值粒径变化于24.7～56.3μm之间，平均值43.64μm；平均粒径（D4.3）变动于36.95～96.37μm之间，平均值59.91μm。

⑥层：厚35cm，共取样品7个。此段粒度较粗，中值粒径变化于34.97～61.57μm之间，平均值46.53μm，平均粒径（D4.3）变动于56.97～111.97μm之间，平均值82.59μm。

⑦层：厚15cm，共取样品3个，相当于剖面⑦层的顶部。此段粒径较细，中值粒径37.73μm，平均粒径（D4.3）62.813μm（表1-24）。

表1-24　李家沟遗址剖面各层的沉积粒度参数特征

<table>
<tr><th rowspan="2">层位</th><th rowspan="2">厚度（cm）</th><th rowspan="2">样品数</th><th colspan="2">中值粒径（d0.5）/μm</th><th colspan="2">平均粒径（D4.3）/μm</th><th rowspan="2" colspan="2">沉积旋回</th><th rowspan="2">文化时期</th></tr>
<tr><th>变化范围</th><th>均值</th><th>变化范围</th><th>均值</th></tr>
<tr><td>③</td><td>115</td><td>23</td><td>45.24～66.24</td><td>58.96</td><td>63.87～96.14</td><td>77.66</td><td>粗</td><td>Ⅲ</td><td rowspan="2">裴李岗文化</td></tr>
<tr><td>④</td><td>50</td><td>10</td><td>39.70～53.69</td><td>45.60</td><td>31.19～93.03</td><td>63.54</td><td>略粗</td><td>Ⅱ</td></tr>
<tr><td>⑤</td><td>200</td><td>40</td><td>24.70～56.30</td><td>43.64</td><td>36.95～96.37</td><td>59.91</td><td>细</td><td rowspan="2">Ⅰ</td><td>李家沟文化</td></tr>
<tr><td>⑥</td><td>35</td><td>7</td><td>34.97～61.57</td><td>46.53</td><td>56.97～111.97</td><td>82.59</td><td>粗</td><td>旧新石器过渡</td></tr>
<tr><td>⑦</td><td>15</td><td>1</td><td></td><td>37.73</td><td></td><td>62.81</td><td colspan="2">黄土基座</td><td>马兰黄土</td></tr>
</table>

剖面中⑥～③层属于河流堆积，其中剖面靠近底部的⑥层，物质以粗粒为主，向上⑤层和④层都以细粒为主，共同组成一个完整的河流二元结构，反映河流从河床相到河漫滩相的堆积过程，对应于旧新石器过渡—李家沟文化时期；剖面上部的③层，沉积物再次明显变粗，与④层之间的侵蚀面十分清楚，代表第2个河流沉积旋回；至于剖面顶部的②层，没有做粒度分析，仅根据野外剖面所见，其粒度更粗，与③层之间侵蚀面清楚，属于第3个沉积旋回。后两个沉积旋回都缺乏上部的细粒部分，为后期侵蚀破坏所致。而底部的⑦层，其岩性特征和豫西地区常见的马兰期黄土—古土壤堆积相近，推断为晚更新世黄土堆积，与⑥层之间有明显的侵蚀面，属于阶地的基座。

（2）粒度曲线特征。

由粒度分析得到80个样品的频率曲线和粒度概率累积曲线，从中可以发现不同层位的粒度曲线具有不同的特征，可以反映它们在沉积环境上的差异。

③层：本层共采23个样品，粒度分析表明，这一层的粒度频率曲线都为单峰，主峰位置在4.5Φ左右，含量7.5%～8%，峰态窄—较窄，分选好—较好，主峰两翼基本对称，其中主峰左侧的粗颗粒部分的曲线较陡，而右侧的细颗粒部分的曲线上半段（4.5～6.0Φ）较陡，下半段（6～12Φ）平缓；粒度概率累积曲线图呈两段式，由跃移总体和悬移总体两部分构成，其中跃移组分（2.5～5Φ）占60%～70%，斜率较大，分选好，部分样品的跃移组分由斜率不同的两段组成，反映水流的往复作用；悬移组分（>5Φ）约占30%，斜率小，分选差。部分样品有推移组分。野外所见本层底部具有明显的冲刷槽，冲刷槽下切在原先形成的漫滩堆积层之中，槽内含有多个条带状粗砂细砾夹层，具侵蚀再充填的堆积特征。根据粒度特征和野外沉积结构特征，说明③层属于河床堆积（图1-65）。

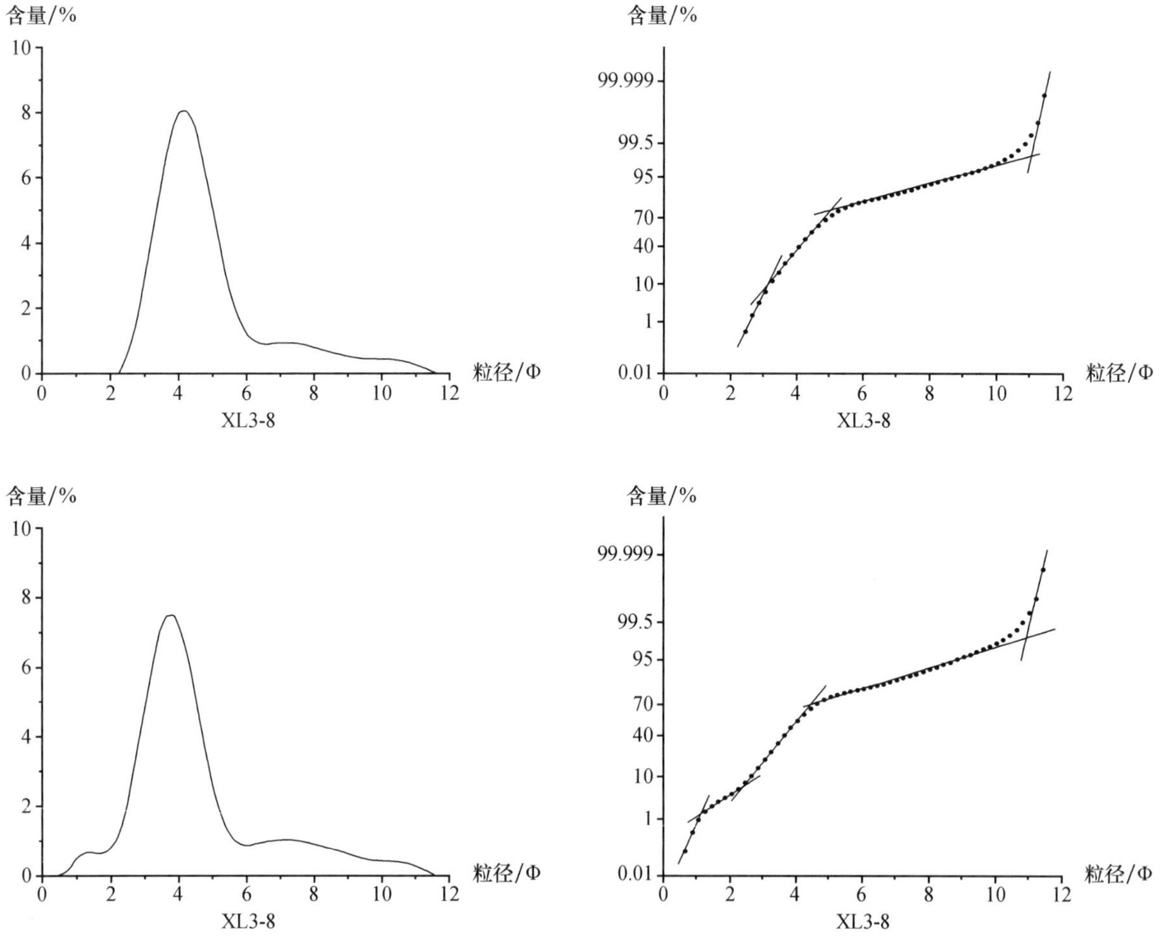

图1-65　李家沟遗址③层粒度曲线特征

左侧为粒度频率曲线，右侧为粒度概率累积曲线

⑥层：本层共采7个样品。粒度分析表明，这一层的沉积物粒度频率曲线为多峰态，主峰位置在4～4.5Φ，含量约为4%，属宽峰，分选差。主峰左侧的粗粒部分在0～2Φ之间出现一个次高峰，主峰右侧的细粒部分上半段（4.5～6Φ）较陡，下半段（6～12Φ）较缓，表现为一个明显的平台。粒度概率累积曲线以悬移组分（>4.5Φ）为主，占50%以上；跃移组分（1.5～4.5Φ）次之，占30%左右；推移组分（0～1.5Φ）少量，仅占10%～15%。野外所见，⑥层位于阶地堆积物的底部，主要由粗砂细砾组成，砂砾石，磨圆差，分选不好，局部可见斜层理。根据粒度特征和野外沉积结构，表明本层属河床堆积。在河流急剧下切形成的河谷底部，由于河水流态极不稳定，物质来源比较复杂，有泥（水）石流、坡积物等不同成因的物质相互混杂，因此，河谷中的早期堆积常常由多个总体构成，且不同组分之间分异不明显（图1-66）。

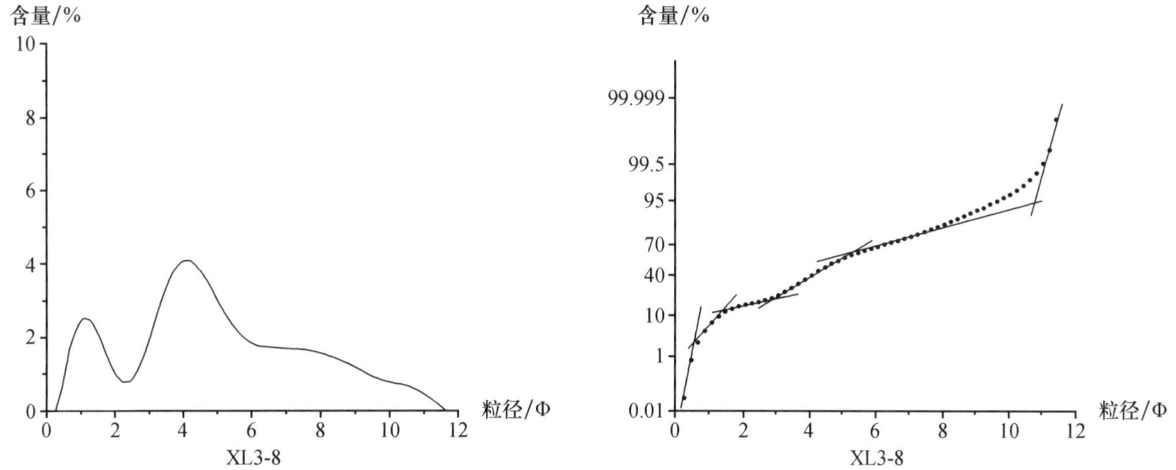

图1-66　李家沟遗址⑥层粒度曲线特征

左侧为粒度频率曲线，右侧为粒度概率累积曲线

④层、⑤层：这两层共采样品50个，粒度分析表明，这两层样品的粒度频率曲线以双峰态为主，主峰位于4～4.5Φ，峰值不高，峰态中等—较窄，两侧基本对称，在主峰左侧，在1Φ附近有一明显的次峰；粒度概率曲线由滚动段、跃移段和悬浮段三部分组成，其中滚动段（0～2Φ）占10%，斜率大，分选好；跃移段（2～4.5Φ）由斜率不高的两部分组成，占60%左右；悬浮段（大于4.5Φ）斜率低，分选差，占30%。与⑥层的粒度曲线相比，主峰峰值较高，各段分异比较明显。根据粒度曲线的总体特征：频率曲线呈双峰态，主峰窄高，次峰明显，概率曲线呈三段式，跃移组分居多（由两段组成），滚动组分增多，悬浮分选差说明它们属于河床边滩—滨河床砂坝堆积。由于这里靠近河床，水动力条件较强，且受水面波浪的影响，水流携带的物质主要以跃移方式往返运移，部分粗颗粒还会以滚动的方式运移（图1-67）。

除此之外，这两层中还有部分样品的频率曲线为单峰态，主峰位于4Φ左右，峰值在6.5%，峰态中等—较宽，两侧基本对称，其中主峰左侧粗粒部分陡直，右侧细粒部分上段较

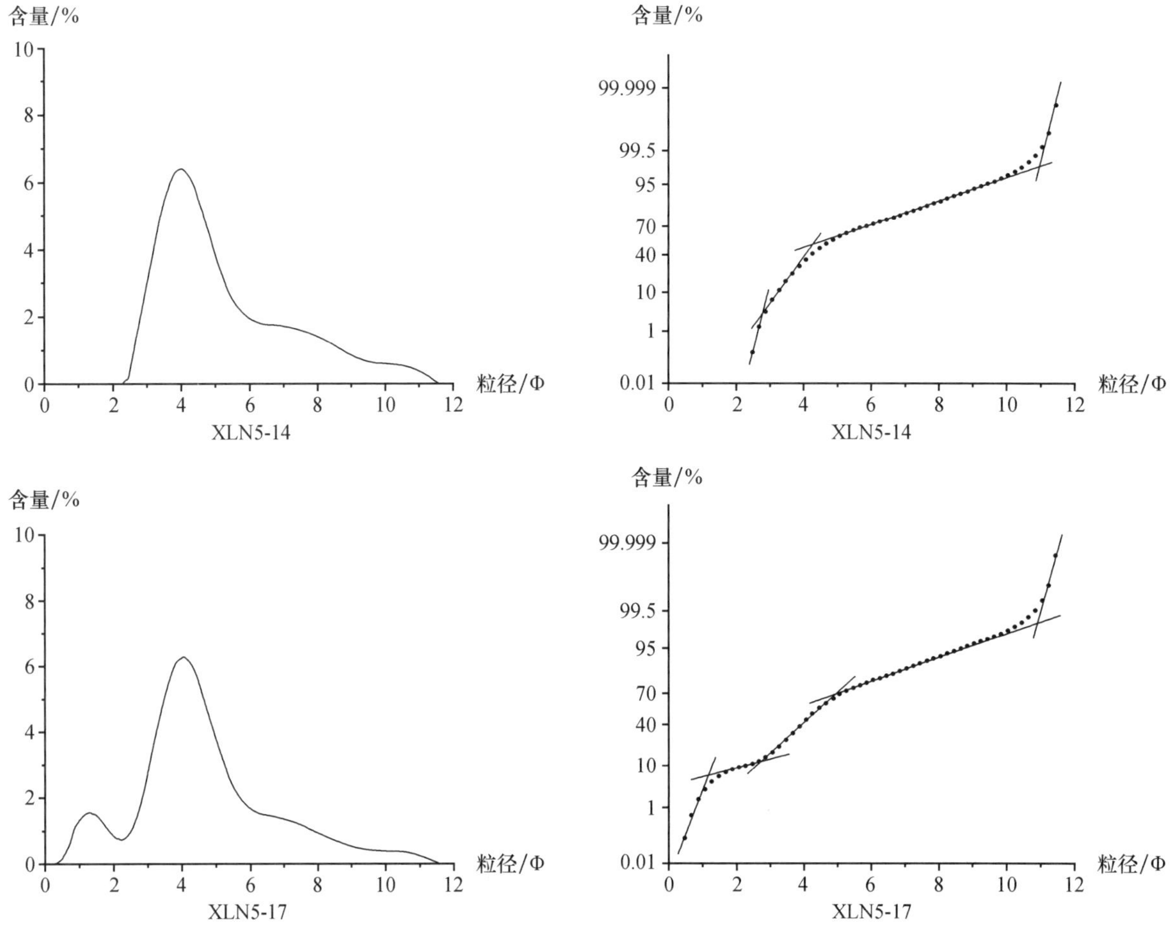

图1-67　李家沟遗址④、⑤层粒度曲线特征

左侧为粒度频率曲线，右侧为粒度概率累积曲线

陡，下段出现两个台阶；粒度概率曲线主要由跃移段和悬浮段组成，缺少滚动组分。其中跃移段（2～4.5Φ）占50%左右，斜率大，上下斜率略有差别，悬浮段（大于4.5Φ）占40%，斜率低，分选不好，悬浮组分明显增多。与③层粒度曲线相比，其主峰峰值较低，峰态较宽，细粒部分台阶明显，悬浮组分较多。粒度曲线的总体特征说明它们属于水动力较弱的滨河床砂坝的沉积特征。此类曲线在④层的样品中占较高的比重。

（3）粒度小结。

根据剖面各层的粒度参数和粒度曲线特征，并结合剖面的野外沉积特征，我们可以把李家沟剖面的阶地堆积划分为三个沉积旋回：第一个旋回由剖面中—下部的⑥～④层组成，其中⑥层属于新河谷形成初期河床堆积，⑤层以河床边滩堆积与滨河床砂坝堆积交互出现为特征，④层主要为滨河床砂坝堆积，下粗上细，构成一个完整的河流沉积旋回；第二旋回由剖面上部的③层组成，主要由具侵蚀充填结构的河床堆积构成旋回下部的粗粒部分，由于后期侵蚀，旋回上部的细粒部分缺失，属于一个不完整的河流沉积旋回；第三个旋回由剖面顶部的②层组成，主要为河床相的砂砾石层，构成旋回下部的粗粒堆积，缺少旋回上部的细粒部分，也属于一个不完整的河流沉积旋回。根据旋回中的文化遗存和测年数据，第一个河流旋回出现在旧新石器过渡—新石器早期，大致在距今10 500～8600年期间，相当于末次冰消期。第二个和第三个河流旋回出现在裴李岗时期，大致在距今8600年之后，相当于冰消期之后，全新世大暖期开始的时期（表1-25）。

表1-25　李家沟遗址剖面各层的粒度曲线特征

地层	代表性粒度频率曲线	代表性粒度概率累积曲线	粒度曲线特征	主要沉积类型	粒度特征	沉积旋回	文化时期
③	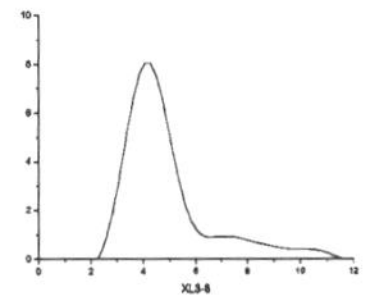	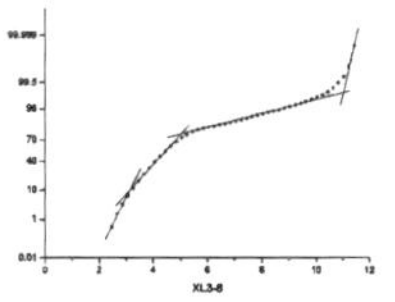	单峰、两段式分选较好，以跃移为主，悬浮次之	水动力很强，具侵蚀充填结构的河床堆积	粗	Ⅱ	裴李岗文化
④	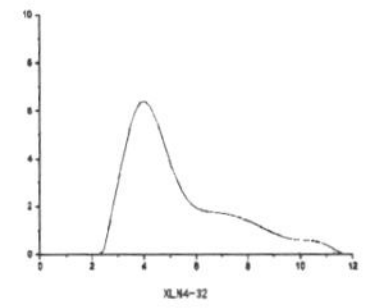	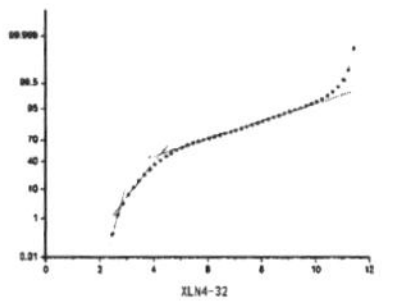	单峰、两段式分选较差，以跃移为主，悬浮次之	水动力较弱的滨河床沙坝堆积	略粗	Ⅰ	
⑤	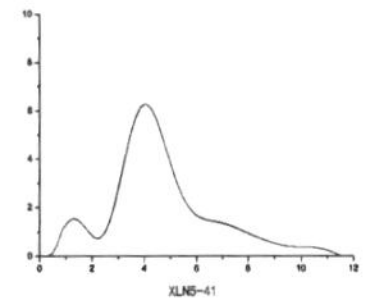	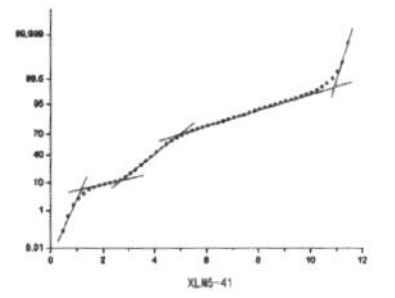	双峰、多段式分选较差，以跃移为主，悬浮和滚动次之	水动力较强的边滩—滨河床沙坝堆积	细		李家沟文化
⑥	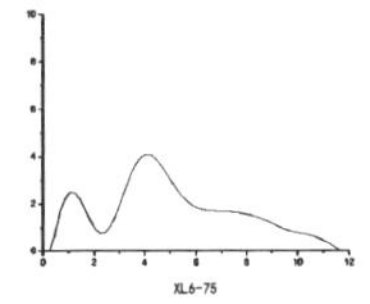	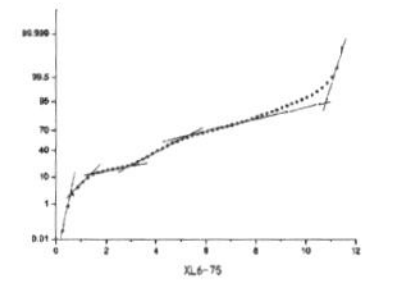	双峰、多段式分选较差，以悬浮为主，滚动和跃移次之	物源和水动力复杂的河床堆积	粗		新旧石器过渡文化
⑦			黄土基座				马兰黄土

1.8.3.2　磁化率分析

我们对野外采集的样品与粒度分析同步进行了磁化率测试，试验在磁化率仪上进行，获取了低频磁化率（Xlf）和高频磁化率（Xhf）数据，并进行了频率磁化率（Xfd）的计算。

从表1-26中可以看出，阶地堆积剖面的⑥～③层的低频磁化率（Xlf）值变化于4～53之间，均值变动在7.13～33.83之间，高频磁化率值变动于3～50之间，均值变动在6.3～32.94之间，沿剖面两者具有相同的变化规律：剖面⑥层和⑤层下至中部较高，⑤层上部和④层较低，③层最低。频率磁化率值率变化于−4～28.6之间，均值变动在1.52～11.68之间，沿剖面频率磁化率变化以剖面的⑤层下部最低，③层最高，其他层中等。与高、低频磁化率变化存在有一定的负相关关系（表1-26）。

表1-26　李家沟遗址各层样品的磁化率数据的统计结果

层位		低频磁化率（Xlf）		高频磁化率（Xfd）		频率磁化率（Xfd）	
		区间	均值	区间	均值	区间	均值
③		4 ~ 19	7.13	3 ~ 12	6.30	0 ~ 28.6	11.68
④		9 ~ 19	14.1	9 ~ 19	13.5	0 ~ 18.2	4.90
⑤	上	11 ~ 23	15.5	11 ~ 23	15.48	0 ~ 11.1	3.24
	中	27 ~ 30	28	28	28.5	3.57 ~ 7.14	5.36
	下	25 ~ 53	33.65	24 ~ 50	32.94	−4 ~ 5.66	1.52
⑥		26 ~ 32	31.83	26 ~ 29	30.5	0 ~ 9.37	4.23
⑦		33 ~ 36	33.45	33 ~ 35	32.88	0 ~ 2.78	1.39

通常认为，河流沉积物的低频磁化率和高频磁化率都与沉积物中铁磁性矿物的含量有关，前者主要指示粗颗粒铁磁性矿物（$>0.03\mu m$）的多少，后者主要指示细颗粒铁磁性矿物（$<0.03\mu m$）的多少。李家沟遗址剖面上低频磁化率和高频磁化率沿剖面的变化，说明阶地堆积的下半段粗颗粒铁磁性矿物和细颗粒铁磁性矿物都较多，而上半段粗颗粒铁磁性矿物和细颗粒铁磁性矿物均较少。由于铁磁性矿物属于重矿物，其搬运和堆积过程与水动力状况直接有关，较多的铁磁性矿物（无论颗粒大小）指示较强的水动力环境。因此，阶地堆积剖面上低频和高频磁化率的变化表明，第一个河流旋回的水动力状况，早期较强，晚期有所减弱。而第二个河流旋回底部（③层）低值的出现，可能与③层中钙质含量增多有关。

1.8.3.3　沉积物色度分析

沉积物的色度（主要指亮度L*、红度a*和黄度b*）在一定程度上可以反映沉积物的形成环境。其中亮度主要反映沉积物对光线的反射程度。红度和黄度可以反映沉积物中铁的含量及其氧化还原程度。

（1）色度测试。

我们对来自李家沟遗址剖面的80个样品，在仪器上进行了沉积物的色度测试，结果如表1-27所示。

表1-27　李家沟遗址剖面各层的沉积物色度测试结果

层序	亮度（L*）		红度（a*）		黄度（b*）	
	区间	均值	区间	均值	区间	均值
③	57.46 ~ 48.94	53.55	2.03 ~ 3.70	2.78	11.02 ~ 16.21	12.37
④	40.40 ~ 51.06	45.56	3.23 ~ 4.16	3.87	12.70 ~ 15.47	14.10
⑤-1	45.74 ~ 51.54	47.87	3.61 ~ 4.28	3.78	13.67 ~ 17.36	14.82
⑤-2	45.51 ~ 48.81	47.20	3.79 ~ 4.30	4.04	14.90 ~ 15.78	15.34
⑤-3	39.87 ~ 52.84	46.71	3.98 ~ 5.84	4.39	14.40 ~ 21.60	16.84
⑥	46.01 ~ 52.08		4.23 ~ 5.63	4.84	17.38 ~ 20.50	19.15
⑦	45.00 ~ 48.62		4.86 ~ 6.72	6.06	20.59 ~ 22.59	20.86

从表1-27中可以看出：阶地堆积物的亮度（L*）变动于39.87～57.46之间，各层的平均值以③层最高，⑥层次之，⑤层较低，④层最低。红度（a*）：红度变化于为2.03～5.84，各层的平均值以⑥层最高，向上逐渐减低，③层最低。黄度（b*）变化于11.02～21.6之间，各层的平均值以⑥层最高，向上逐渐减低，③层最低。而阶地基座堆积亮度高，红度和黄度高，具有显著的黄土色度的特征。

（2）相关系数计算。

我们对李家沟遗址剖面80个样品的色度、粒度以及磁化率的相关系数进行了计算，获得他们之间的相关系数如下（见表1-28）。

表1-28　李家沟遗址剖面色度、磁化率、粒度相关性分析表

	亮度L*	红度a*	黄度b*	低频磁化率Xlf	频率磁化率Xfd	中值d（0.5）	平均粒径	砂	粉砂	黏土
亮度L*	1.00									
红度a*	−0.44	1.00								
黄度b*	−0.16	0.92	1.00							
低频磁化率Xlf	−0.32	0.85	0.89	1.00						
频率磁化率Xfd	0.46	−0.43	−0.34	−0.37	1.00					
中值d（0.5）	0.56	−0.72	−0.58	−0.55	0.42	1.00				
平均粒径	0.54	−0.28	−0.11	−0.20	0.37	0.65	1.00			
砂	0.56	−0.68	−0.54	−0.53	0.43	0.99	0.72	1.00		
粉砂	−0.55	0.64	0.50	0.49	−0.44	−0.97	−0.74	−0.99	1.00	
黏土	−0.34	0.66	0.58	0.58	−0.13	−0.64	−0.28	−0.59	0.49	1.00

从图表中可以看出，色度与粒度、磁化率之间存在着明显的相关关系。

1）亮度和粒度（中值粒径、平均粒径和砂含量）之间存在正相关关系，相关系数分别为0.56、0.54、0.56，粒径越粗，沉积物越亮，反之，粒径越细，沉积物越暗。红度、黄度与粒度（中值粒径、平均粒径、砂的含量）之间存在负相关关系，粒径越细，沉积物颜色越偏向红黄。

2）红度、黄度和低、高频磁化率之间存在显著正相关关系，相关系数分别为0.85和0.89，也就是说两者与沉积物中的细粒铁磁性颗粒含量呈正相关关系。

（3）色度的环境意义。

由此，我们可以看出，李家沟阶地堆积物的亮度变化与粒度关系密切，沉积物对光线的反射率越强，粒径越粗。剖面⑥～④层色度的变化表明，粒度以③层最粗，⑥层次之，⑤层较低，④层粒度最细，这与野外所见阶地堆积⑥～④层组成一个下粗上细的旋回，③层属于另一个旋回开始的认识相符。而红度、黄度和磁化率之间存在有相关关系，后者和沉积物中的铁磁性颗粒含量关系密切。因此，红度和黄度值越高，沉积物中铁磁性颗粒的含量越高，剖面⑥～④层红度、黄度的变化说明，在第一个河流旋回中存在有铁磁性颗粒含量向上逐渐降低的明显趋势，这种变化趋势可能与河流过程中水动力由强变弱有关。至于③层粒度最粗，而红度、黄度反而出现最低值，推测可能与③层富含钙质有关，大量钙质的加入，造成了沉积物中铁磁性矿物百分含量的减少。

（4）河流过程的综合指标分析。

由于上述几项指标具有一定的相关性，因此综合利用这些环境指标，可以在沉积环境分析中，相互验证和补充。

根据剖面的色度、磁化率和粒度参数特征曲线（图1-68），可以直观地把李家沟遗址相关的河流过程（⑦～③层，②层未做分析）划分为四个阶段。

黄土堆积阶段：对应于剖面⑦层顶部，属阶地的黄土基座。此段中值粒径的变化范围为27.45～37.73μm，粒径较细，以粉砂为主（66.37%～70.8%），其次为砂（19.55%～27.75%），黏土含量少量（5.47%～9.65%）；亮度值（L*）较低，不够明亮，红度（a*）和黄度（b*）值较高，沉积物偏红黄色，与黄土堆积相近。说明这一时期是黄土堆积时期（由于此段磁化率值仅有两个数据，因此不参加讨论）。

第1河流旋回的早期阶段：对应于剖面⑥层，属于阶地堆积的下部。此段中值粒径的变化范围为35.33～61.57μm，均值46.53μm，粒径较粗，以粉砂为主（45%～60%），但砂的含量明显增多，达30%～50%，黏土少量（4.87%～8.43%）。此段的亮度（L*）、红度（a*）、黄度（b*）值相对于⑦层的黄土堆积，均略有升高。低频磁化率（Xlf）处于高值段的低谷区［频率磁化率值（Xfd）变化不明显］。⑥层所具有的上述颗粒粗，色红黄，比较明亮等特征，都说明⑥层属于河床堆积。

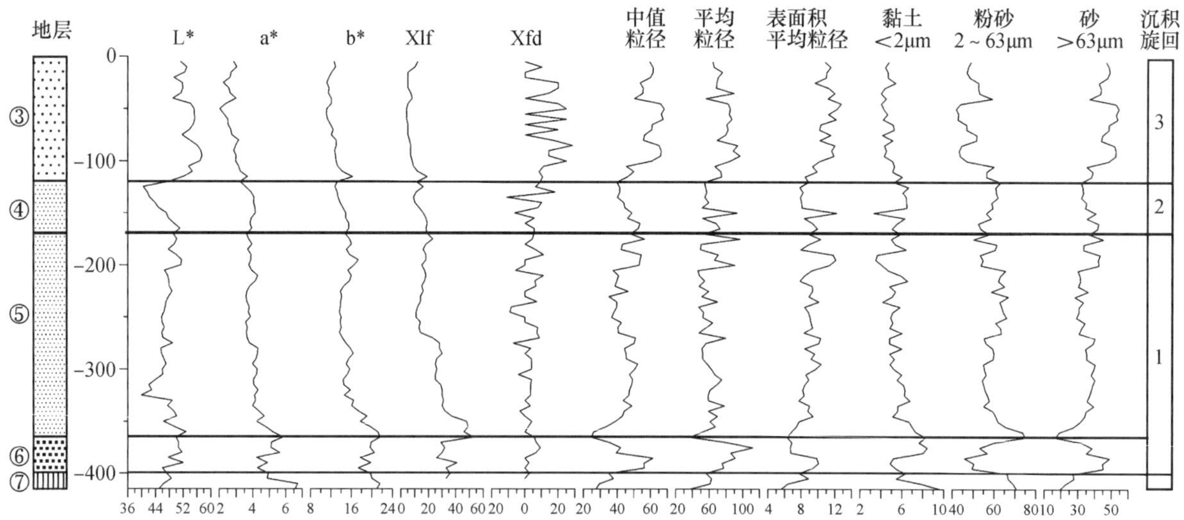

图1-68 李家沟遗址剖面色度、磁化率、粒度曲线图

L*为亮度值，a*为红度，b*为黄度；Xlf为低频磁化率值，Xfd为频率磁化率值；d（0.5）为中值粒径，<2μm、2～63μm、>63μm为粒度区间不同区间的粒度百分含量

第1河流旋回的中—晚期阶段：对应剖面④～⑤层，属于阶地堆积的中—上部。此段中值粒径的变化范围为24.7～56.3μm，均值43.64μm，粒径较细，以粉砂为主，含量为50%～75%，砂的含量减少，仅占16%～46%，黏土含量少量（3.28%～8.27%）。此段亮度值（L*）、红度（a*）、黄度（b*）值和低频磁化率（Xlf）低于下部，且都具有下部较高，向上缓慢降低的相同趋势。在325～310cm处和145～125cm处出现两处低谷，说明这一段河流开始流速较快，物质较粗，向上流速减缓，粒度变细。细颗粒的加入，尤其是黏土矿物和有机物的加入，使沉积物向上变暗，红黄程度变差。同时，由于早期水流较大，分选较好，铁磁性矿物比较富集，向上随着流速的变缓，铁磁性矿物有所减少，低、高频磁化率减低。粒度变细、亮度和红黄度变差以及磁化率变小，都说明这一阶段属于河漫滩发育时期，而且经历了从河床边滩—滨河床砂坝交互逐渐转变为滨河床砂坝的过程。

第2河流旋回的早期阶段（晚期堆积缺失）：对应于阶地堆积的上部（剖面③层）。此段沉积物的中值粒径的变化范围为45.24～68.07μm，均值为58.9μm，粒度明显变粗，以粉砂为主，占40%～60%，砂的含量较多，其含量高达35%～55%，黏土少量，占3.9%～6%。此段亮度值（L*）明显增大，也说明这一段沉积粒度变粗，比较明亮，分选差，反映河床堆积的特征。而红度（a*）、黄度（b*）和低频磁化率降低［频率磁化率值（Xfd）在上部波动剧烈］，说明沉积物红黄程度不高，铁磁性矿物颗粒含量低，这与粒度粗的情况不一致，推测可能与沉积物中钙质成分增高有关，钙质成分的会导致沉积物中铁磁性矿物百分含量的降低。粒度曲线和野外沉积特征表明，这一阶段属于新生沟谷的侵蚀充填时期。

1.8.3.4　常量元素氧化物分析

组成沉积物的中常量元素的氧化物含量可以在一定程度上指示其粒度组合的特征，其比值可以反映物源区地表岩石的风化程度。

（1）常量元素氧化物测试结果。

对来自李家沟剖面的81个沉积物样品，按照隔一取一的方法，选取了42个样品，在ICP上进行了全样的常量元素氧化物分析（图1-69；表1-29 ）。

从表和图中可以看出，李家沟剖面的河流阶地堆积物（⑥～③层）可以分为三部分：下部（⑥层）具有最高的TFe_2O_3，较高的SiO_2，Al_2O_3、CaO、MgO、K_2O、Na_2O、TiO_2、P_2O_5值和LOI值；中部⑤层和④层具有最高的SiO_2，Al_2O_3、MgO、K_2O、Na_2O、TiO_2、P_2O_5值和最低的CaO、LOI；上部③层具有最低的SiO_2、Al_2O_3、TFe_2O_3、MgO、K_2O、Na_2O、TiO_2、P_2O_5和最高的CaO、LOI。明显的转折出现在④层与③层之间，亦即第1旋回和第2旋回之间，说明两者在物质组成上存在有截然不同的变化，这种变化可能与河流的物源变化有关。从图上还可以明显看出，第1旋回曲线比较稳定，第2旋回的曲线不但变动频繁，而且变化的幅度大，说明第1旋回期间河流的流态比较稳定，因此堆积物的化学成分比较一致，而第2旋回开始阶段，沟谷强烈下切，河水流态处于不稳定状态，造成河流堆积化学成分的明显波动。

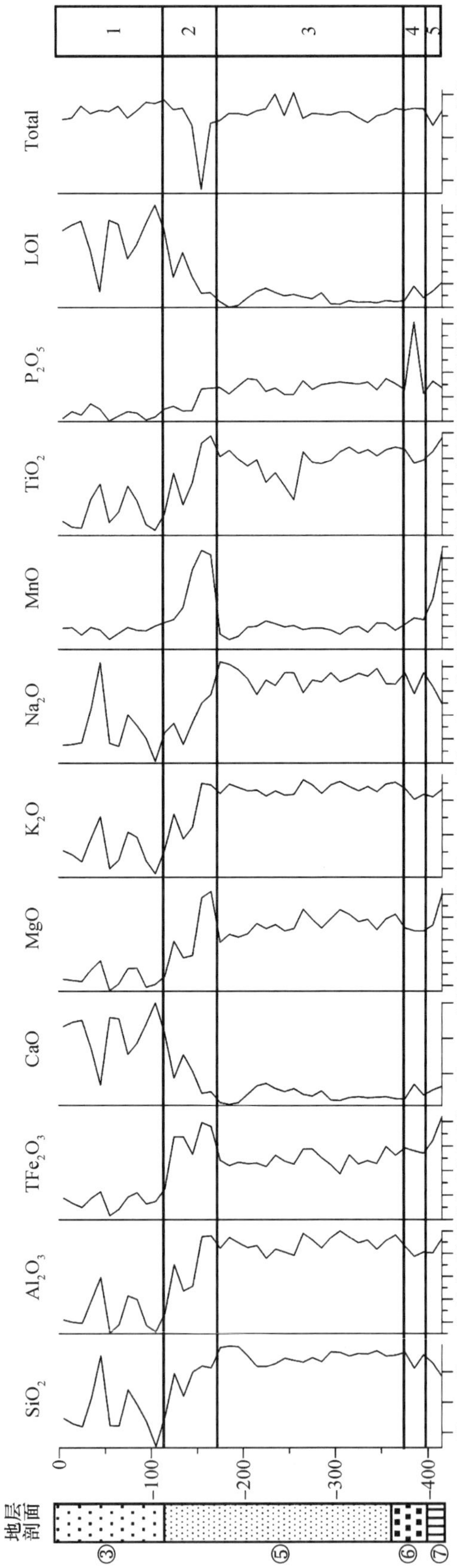

图1-69　李家沟遗址常量元素氧化物曲线图

表1-29　李家沟遗址剖面各层主要常量元素氧化物均值含量

层位		SiO_2	Al_2O_3	TFe	CaO	MgO	Ka_2O	Na_2O	MnO	TiO_2	P_2O_5	LOI
③		46.56	8.72	1.89	21.49	1.34	1.41	1.74	0.029	0.394	0.116	16.17
④		66.49	14.81	2.65	3.15	2.10	2.13	2.68	0.027	0.500	0.174	5.14
⑤	上	64.49	14.83	2.71	4.39	2.33	2.13	2.59	0.030	0.484	0.170	5.71
	中	65.97	15.18	2.70	3.18	2.36	2.16	2.64	0.027	0.517	0.180	4.92
	下	64.12	14.63	2.98	4.41	2.33	2.11	2.53	0.037	0.513	0.188	6.02
	∑	64.42	14.77	2.82	4.34	2.33	2.13	2.57	0.032	0.497	0.178	5.79
⑥		58.34	12.60	3.17	9.83	2.04	1.82	1.86	0.047	0.466	0.135	9.51
⑦		61.34	15.56	3.40	4.90	2.85	2.18	2.34	0.062	0.544	0.168	6.49

（2）常量元素氧化物之间的相关分析。

常量元素氧化物之间相关性计算结果表明（表1-30）：

1）主要常量元素氧化物SiO_2、Al_2O_3、TFe_2O_3、MgO、K_2O、Na_2O、TiO_2、P_2O_5等，其中不管是稳定还是不稳定元素，它们之间均存在有正相关关系，说明这些氧化物的含量主要取决于物源区母岩的组分，与物源区气候变化导致的风化作用差异关系不大。

2）CaO与LOI（烧失量）之间存在显著的正相关关系，相关系数可达0.999。估计LOI（烧失量）主要来自于沉积物中的碳酸钙。

3）据CaO、LOI（烧失量）与主要常量元素氧化物SiO_2、Al_2O_3、TFe_2O_3、MgO、K_2O、Na_2O、TiO_2、P_2O_5之间存在有负相关关系，这种负相关关系目前只能从CaO的地球化学性质来揭示。CaO是地球上分布最广、含量最多的易溶成分，在地表地球化学过程中，CaO的影响因子要大于其他易溶成分。由于化学风化和地表径流的作用，母岩中的CaO会以溶液状态进入河流，并在比较干燥的气候环境下，以$CaCO_3$的固体形式沉积下来，成为河流堆积物主要组成部分。当沉积物中$CaCO_3$增多时，其他氧化物的百分含量都会随之减少，出现负相关关系。

4）从剖面上CaO含量的变化来看，第1旋回下部的⑥层较高，上部的⑤～④层降低。说明这一时期气候存在有从干燥向湿润发展的趋势。而第2旋回下部的③层出现最高值，可能与这一阶段气候温暖偏干，但干湿波动明显有关，温暖湿润时期化学溶蚀作用强，物源区大量的CaO进入地表径流，而温暖干燥时期，水中的CaO容易发生淀积。这可能是造成③层CaO含量偏高的主要原因。

（3）常量元素氧化物与其他物理指标的相关性分析。

1）与色度的相关关系。

亮度（L*值）和Al_2O_3（−0.85）、SlO_2（−0.85）、MnO（−0.77）、K_2O（−0.83）、Na_2O（−0.82）、TiO_2（−0.80）、TFe_2O_3（−0.55）等呈明显的负相关关系，而与CaO（0.85）、LOl（0.85）呈明显的正相关关系，这似乎说明沉积物中CaO（0.85）、LOl（0.85）含量越多，其亮度越大，越明亮。

表1-30　李家沟遗址剖面常量化学元素相关性分析表

	L*	a*	b*	Xld	Xfd	d（0.5）	平均粒径	砂	粉砂	黏土	SiO_2（%）	Al_2O_3（%）	TFe_2O_3（%）	CaO（%）	MgO（%）	K_2O（%）	Na_2O（%）	MnO（%）	TiO_2（%）	P_2O_5（%）	LOI（%）	Total（%）
L*	1.00																					
a*	−0.44	1.00																				
b*	−0.18	0.93	1.00																			
Xld	−0.32	0.83	0.89	1.00																		
Xfd	0.44	−0.57	−0.52	−0.51	1.00																	
d（0.5）	0.58	−0.73	−0.62	−0.56	0.53	1.00																
平均粒径	0.56	−0.31	−0.19	−0.27	0.39	0.67	1.00															
砂	0.58	−0.69	−0.59	−0.55	0.53	0.99	0.73	1.00														
粉砂	−0.58	0.65	0.55	0.51	−0.55	−0.97	−0.73	−0.99	1.00													
黏土	−0.25	0.63	0.60	0.58	−0.18	−0.62	−0.37	−0.57	0.47	1.00												
SiO_2（%）	−0.85	0.60	0.40	0.44	−0.57	−0.66	−0.55	−0.66	0.68	0.21	1.00											
Al_2O_3（%）	−0.83	0.66	0.48	0.50	−0.59	−0.77	−0.62	−0.78	0.80	0.30	0.95	1.00										
TFe_2O_3（%）	−0.55	0.92	0.87	0.82	−0.59	−0.84	−0.47	−0.82	0.80	0.59	0.72	0.81	1.00									
CaO（%）	0.85	−0.65	−0.46	−0.49	0.59	0.72	0.58	0.73	−0.74	−0.27	−0.99	−0.98	−0.78	1.00								
MgO（%）	−0.71	0.71	0.60	0.60	0.59	−0.79	−0.62	−0.82	0.83	0.34	0.84	0.96	0.86	−0.90	1.00							
K_2O（%）	−0.83	0.63	0.45	0.45	−0.61	−0.73	−0.63	−0.75	0.77	0.25	0.96	0.99	0.78	−0.98	0.94	1.00						
Na_2O（%）	−0.82	0.38	0.19	0.19	−0.61	−0.55	−0.55	−0.58	0.61	0.04	0.95	0.89	0.55	−0.93	0.77	0.91	1.00					
MnO（%）	0.07	0.60	0.77	0.77	−0.48	−0.41	−0.12	−0.44	0.42	0.36	0.08	0.21	0.61	−0.15	0.41	0.18	−0.07	1.00				
TiO_2（%）	−0.80	0.66	0.50	0.50	−0.32	−0.76	−0.62	−0.78	0.78	0.37	0.89	0.94	0.81	−0.92	0.92	0.93	0.80	0.33	1.00			
P_2O_5（%）	−0.63	0.44	0.30	0.30	−0.54	−0.55	−0.50	−0.56	0.57	0.27	0.70	0.75	0.58	−0.72	0.71	0.75	0.68	0.09	0.72	1.00		
LOI（%）	0.85	−0.62	−0.43	−0.43	0.58	0.68	0.57	0.69	−0.71	−0.23	−1.00	−0.97	−0.75	1.00	−0.89	−0.98	−0.94	−0.12	−0.91	−0.72	1.00	
Total（%）	0.25	−0.28	−0.29	−0.29	1.44	0.26	0.23	0.27	−0.27	−0.15	−0.19	−0.24	−0.34	0.22	−0.31	−0.23	−0.08	−0.54	−0.35	−0.11	0.21	1.00

红度（a*值）和TFe_2O_3（0.92）、MnO（0.77）、MgO（0.71）、Al_2O_3（0.60）、SiO_2（0.60）、K_2O（0.63）呈正相关关系，而与CaO（−0.65）、LOl（−0.62）呈负相关关系。根据TFe_2O_3和a*值的相关系数高达0.92，推测TFe_2O_3是影响红度的主要因素。

黄度（b*值）和TFe_2O_3（0.87）、MnO（0.77）、MgO（0.60）、Al_2O_3（0.48）、SiO_2（0.40）等也呈正相关关系，与CaO（−0.46）、LOl（−0.62）呈负相关关系。根据a*值和TFe_2O_3的相关系数高达0.87，推测TFe_2O_3也是影响黄度的主要因素。

2）与磁化率的相关关系。

低频磁化率Xlf和TFe_2O_3、LOI之间的相关性最强，相关系数分别为0.46和0.66；频率磁化率和TFe_2O_3、LOI之间也呈现正相关关系，相关系数均为0.44。说明TFe_2O_3、LOI是影响磁化率的重要因素。

3）与粒度的相关关系。

常量元素氧化物和粒度与之间的相关关系较为显著。其中具有正相关关系的有CaO（0.72）和LOI（0.68），负相关的有SiO_2（−0.66）、Al_2O_3（−0.77）、Fe_2O_3（−0.84）、MgO（−0.79）、K_2O（−0.73）、TiO_2（−0.76）、Na_2O（−0.55）、MnO（−0.41）、P_2O_5（−0.55）。表明粗颗粒的沉积物含有较多的CaO和较少的其他氧化物，而细颗沉积物含有较多的氧化物和较少的CaO和LOI。这可能与CaO主要来源于淋滤沉淀作用，而粗颗粒沉积物由于多空隙，容易发生CaO的淋滤沉淀有关，同时还与碳酸钙沉淀作为粗颗粒再次搬运堆积有关。

（4）常量元素氧化物比值。

依据沉积物化学风化的理论，有人把常量元素氧化物比值作为古气候的代用指标，来讨论气候的变化。尽管前面已经讲过，李家沟河流堆积中除CaO以外，其他常量元素氧化物的变化主要与物源有关，但考虑到可能也会存在有环境的影响，我们选取了其中7个有代表性的常量元素氧化物比值：Al_2O_3/Na_2O、Al_2O_3/K_2O、Al_2O_3/Fe_2O_3、TiO_2/K_2O、TiO_2/MnO、TiO_2/P_2O_5、TiO_2/MgO，进行这一方面的尝试（图1-70；表1-31）。其中氧化物比值中的分母均为抗风化能力较差，比较容易被淋溶迁移的氧化物，而分子则为抗风化相对较强，不容易被淋溶迁移的氧化物，两者的比值大小被认为可以反映沉积物的风化程度，比值越大，风化程度越高，气候越湿暖。

从图表中可以看出，李家沟阶地堆积物各层的常量元素氧化物比值有明显的差别，这种差别反映了本区从晚更新世晚期到新石器早中期的气候变化过程，也反映了河流二元结构对沉积物化学组分的影响：

旧石器晚期（⑦层）：本段仅一个样品，不具代表性。

旧—新石器时代过渡（⑥层）：本段的氧化物比值，除TiO_2/P_2O_5的均值属于剖面最高值之外，其他氧化物比值的均值，都处于中等水平。而且，Al_2O_3/Na_2O、Al_2O_3/K_2O、TiO_2/K_2O、Al_2O_3/Fe_2O_3、TiO_2/P_2O_5、TiO_2/MgO等的高值都出现在下部，向上明显下降。反映在末次冰期结束，气温开始上升时期，化学风化作用曾一度明显加剧，但随后又急剧减弱，说明气候变暖过

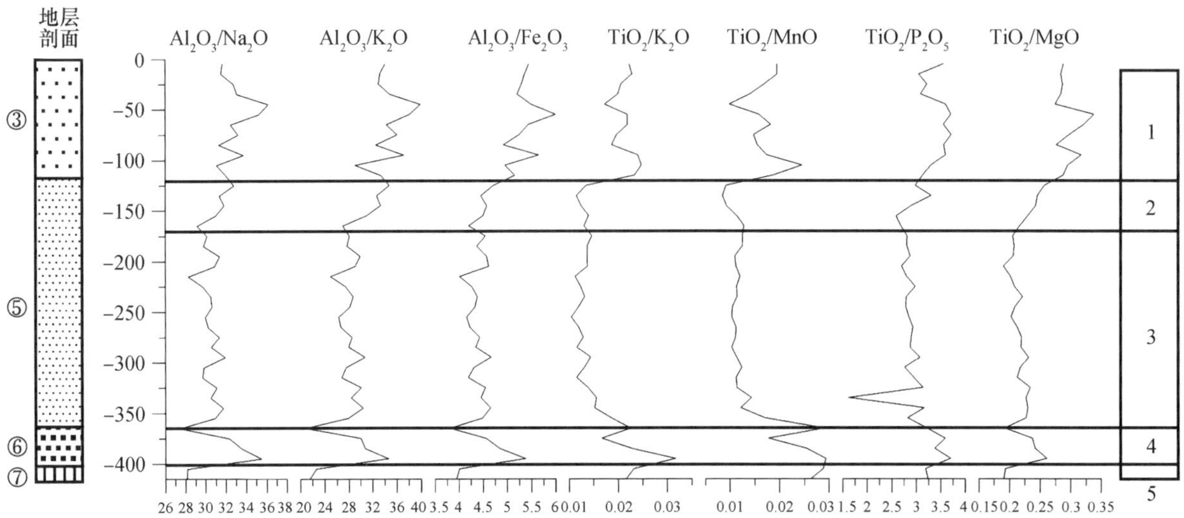

图1-70　李家沟遗址剖面代表性常量元素氧化物比值曲线图

表1-31　李家沟遗址剖面各层常量元素氧化物比值的均值统计

层位	Al_2O_3/Na_2O	Al_2O_3/K_2O	Al_2O_3/Fe_2O_3	TiO_2/K_2O	TiO_2/MnO	TiO_2/P_2O_5	TiO_2/MgO
③	32.85	34.65	5.35	0.02	0.02	3.43	0.30
④	31.22	31.77	4.49	0.01	0.01	2.89	0.24
⑤	30.32	27.80	4.37	0.01	0.01	2.84	0.21
⑥	32.37	29.52	4.70	0.02	0.03	3.47	0.23
⑦	28.14	21.52	3.94	0.02	0.03	3.24	0.19

程从暖变冷。同时也说明这一时期以河床相为主，粒度较粗，上述氧化物比值较高，后期向河漫滩相过渡，氧化物比值降低。

新石器早期（⑤层和④层，李家沟、裴李岗文化时期）：本段Al_2O_3/Na_2O、Al_2O_3/K_2O、Al_2O_3/Fe_2O_3、TiO_2/K_2O、TiO_2/MgO、TiO_2/MnO、TiO_2/P_2O_5的均值处于剖面的最低值，是剖面的低值区，波动小，比较稳定。说明这一阶段属于稳定的温暖偏干气候环境，化学风化作用较弱。但后期（④层）除TiO_2/K_2O和TiO_2/MnO之外，其他氧化物比值，如Al_2O_3/Na_2O、Al_2O_3/K_2O、Al_2O_3/Fe_2O_3、TiO_2/P_2O_5、TiO_2/MgO的均值出现明显的上升。说明当时气候仍属于温暖偏干气候环境，但出现向偏湿方向发展的趋势。同时也说明这一时期以河漫滩堆积为主，上述氧化物比值较低，后期向河床相过度，氧化物比值有所升高（表1-32）。

新石器早中期（③层，裴李岗文化）：本段的氧化物比值普遍偏高，其中Al_2O_3/Na_2O、Al_2O_3/K_2O、Al_2O_3/Fe_2O_3、TiO_2/K_2O、TiO_2/MgO的均值为剖面的最高值，TiO_2/MnO、TiO_2/P_2O_5的均值也高于⑥层，但波动较大。晚期有所下降。说明这一时期（裴李岗文化初期），化学风化作用较强，气候温暖偏湿，但存在有干湿的波动。同时也说明这一时期主要是河床相堆积，粒度粗，上述氧化物比值较高。

表1-32　李家沟遗址基于氧化物比值的气候记录

层	年代与文化	沉积类型	氧化物比值	气候环境
③	裴李岗文化	河床堆积	较高，其均值为剖面最高值，波动较大	温暖偏湿，干湿波动明显
④	距今8500年（裴李岗文化）	漫滩堆积	较低，其均值为剖面低值。晚期上升	温暖偏干，向偏湿方向发展
⑤	距今10 000～9000年（李家沟文化）	漫滩堆积	较低，稳定，其均值为剖面最低值	温暖偏干，晚期偏湿
⑥	距今10 500～10 000年（新旧石器过渡）	河床堆积	早期较高，后期明显下降	升温，温暖偏干
⑦	马兰黄土堆积时期	风成黄土	仅一个样品，不具代表性	

1.8.4　孢粉分析

1.8.4.1　孢粉种属分析

通过显微镜下详细鉴定和统计，孢粉普遍较少。其中有42个样品每个样品统计孢粉总数100粒，另41个样品每个样品统计孢粉总数在100～200粒之间。

在统计孢粉总数的同时也统计外加石松孢子数，并经过浓度换算公式算出每个样品的孢粉总浓度。计算结果，孢粉浓度普遍较小，浓度最大的为219粒/克，浓度最小的仅有22粒/克。孢粉类型比较少，共出现35个科的植物种类。均以草本植物花粉为主，乔、灌木植物花粉较少，蕨类植物孢子零星出现。淡水静水生长的藻类植物孢子在个别样品中有较多出现。

其中草本植物花粉出现25科，百分含量相对较多的有菊科（Compositae）、蒿属（*Artemisia*），其次是藜科（Chenopodiaceae）、禾本科（Gramineae）、荨麻属（*Urtica*）等花粉有较多出现。少量或零星出现的有苋科（Amaranthaceae）、石竹科（Caryophyllaceae）、景天属（*Sedum*）、十字花科（Cruciferae）、莎草科（Cyperaceae）、龙胆属（*Gentiana*）、栽培禾本科（Cultural Gramineae）、唇形科（Labiatae）、豆科（Leguminosae）、合子草属（*Actinostemma*）、葎草属（*Humulus*）、蓼属（*Polygonum*）、报春花科（Primulaceae）、毛茛科（Ranunculaceae）、唐松草属（*Thalictrum*）、委陵菜属（*Potentilla*）、地榆属（*Sanguisorba*）、茄属（*Solanum*）、瑞香科（Thymelaeaceae）、虎耳草科（Saxifragaceae）、水麦冬属（*Triglochin*）、霸王属（*Zygophyllum*）、单侧花（Orthiliasecunda）及水生植物香蒲属（*Typha*）等花粉。

乔、灌木植物花粉出现10科。其中针叶植物松属（*Pinus*）花粉含量虽少但基本连续出现，云杉属（*Picea*）零星出现。落叶阔叶植物花粉少量或零星出现，有桦属（*Betula*）、栎属（*Quercus*）、鹅耳枥属（*Carpinus*）、榛属（*Corylus*）、卫矛属（*Euonymus*）、胡桃属（*Juglans*）、皂荚属（*Gleditsia*）、蔷薇属（*Rosa*）、绣线菊属（*Spiraea*）、柳属（*Salix*）、榆属（*Ulmus*）、椴属（*Tilia*）、白刺属（*Nitraria*）等花粉。

蕨类植物偶见卷柏属（*Selaginella*）、阴地蕨属（*Botrychium*）孢子。

淡水静水生长的藻类植物环纹藻（*Concentricystes*）在个别样品中有较多分布，双星藻

（*Zygnema*）零星出现。

以上孢粉组合以含有低代表性的木本植物和水生藻类为特征，其中松属、桦属、栎属、鹅耳枥属、榛属、卫矛属、胡桃属、皂荚属、蔷薇属、绣线菊属、柳属、榆属、椴属等属均为中生木本植物，属于暖温带半湿润—半干旱气候环境下常见的落叶阔叶树种。草本植物大多属于中生草本植物，如菊科、蒿属、苋科、石竹科、景天属、十字花科、莎草科、龙胆属、唇形科、豆科、合子草属、葎草属、蓼属、报春花科、毛茛科、唐松草属、委陵菜属、地榆属、茄属、瑞香科、虎耳草科、水麦冬属、霸王属、单侧花等。水生草本植物香蒲属和淡水藻类环纹藻可以视为有水域存在的标志。而草本植物中的藜科和荨麻属等属于伴人杂草，可能与人类活动的强度有关，景观代表性不强。因此，可以认为该地区旧石器晚期到新石器早期的植被类型属于暖温带疏林草原—草原。

1.8.4.2　孢粉带划分

根据孢粉组合特征，将该剖面83个样品从下至上划分七个孢粉组合带（图1-71）。各带孢粉组合特征描述如下。

第Ⅶ孢粉带：相当于剖面⑦层（样品号6-33～6-39，仅三个样品），为黄土堆积。该带孢粉浓度极低，几乎为0粒/克。孢粉组合中草本植物花粉占绝对优势，达84%～91%，均值87%；乔、灌木植物花粉含量较高，为9%～16%，均值13%。未见蕨类植物孢子。藻类植物中只有零星环纹藻（仅1粒）。

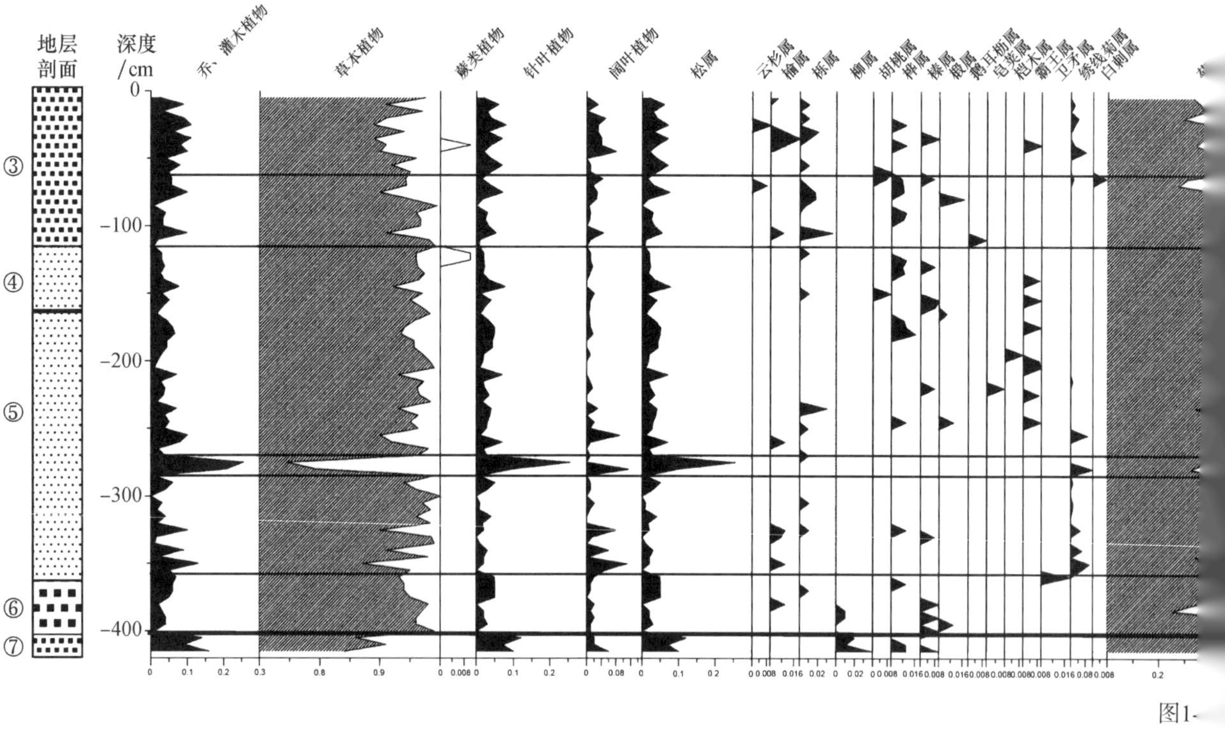

图1-

其中草本植物中以菊科为主（43%～48%，均值45%），其次有禾本科（11%～16%，均值12%）、蒿属（10%～17%，均值13%）、藜科（5%～10%，均值8%）、荨麻属（4%～10%，均值7%）等花粉。少量或零星出现的有毛茛科、龙胆属等花粉。

乔、灌木植物中针叶植物松属（7%～12%，均值10%）花粉稍多，落叶阔叶植物的柳属、桦属和榛属花粉零星出现。

该带孢粉浓度极低，孢粉组合草本植物占绝对优势，其中菊科含量居半，蒿属、禾本科、藜科和荨麻属含量相近。乔灌木较多，主要为针叶树（松属），出现有暖温带落叶阔叶林的代表性树种。环纹藻零星。说明遗址所在地植被稀疏，是以菊科—蒿属—禾本科（或藜科和荨麻属）组合为主的稳定—暖温带灌丛草地，附近山地上生长有较多的针叶树（松属），河流（湿地）不发育。

第Ⅵ孢粉带：对应于剖面⑥层，样品号6-33～6-39，共7个样品。该带孢粉浓度几乎为零。孢粉组合中草本植物花粉（94%～99%，均值97%）占绝对优势，乔、灌木植物花粉（1%～5%，均值3%）含量较少。未见蕨类植物孢子。淡水藻类植物环纹藻少量（0～8粒），还有零星双星藻。

其中草本植物以菊科为主（25%～59%，均值43%），蒿属（10%～29%，均值19%）次之，还有禾本科（7%～16%，均值11%）、藜科（5%～18%，均值10%）、荨麻属（6%～15%，均值11%）等。少量或零星出现的有虎耳草科、毛茛科、龙胆属、报春花科、十字花科、石竹科、蓼属等花粉。

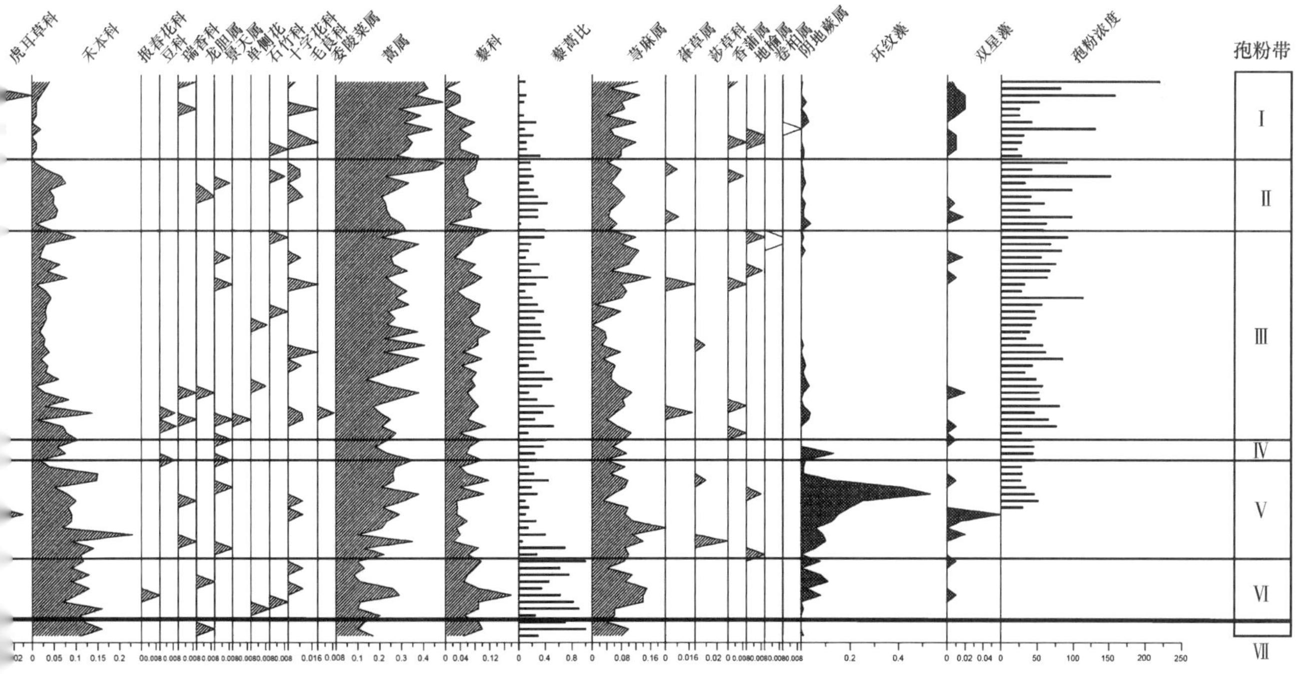

址剖面孢粉图

乔、灌木植物中针叶植物松属（0～5%，均值2%），含量较⑦层明显减少（7%～12%，均值10%），落叶阔叶植物有栎属、榆属、榛属、柳属、椴属等5种，零星出现。

该带孢粉浓度极低，孢粉组合草本植物占绝对优势，其中菊科含量居半，蒿属次之，禾本科、藜科和荨麻属含量较高。乔灌木较少，主要为松属，出现有少量暖温带落叶阔叶树，环纹藻零星。说明遗址所在地当时遗址周边温暖干燥，植被稀疏，是以菊科—蒿属—禾本科（或藜科和荨麻属）等旱生草本为主，有少量水域存在的暖温带河漫滩灌丛草地环境。附近山地上生长有少量针叶树（松属）。

第Ⅴ孢粉带：对应于剖面⑤层下部，样品号5-34～5-50，共17个样品。该带孢粉浓度为0～51粒/克（下段几乎为零，上段明显加大）。孢粉组合中草本植物花粉占绝对优势（87%～100%，均值95%）；乔、灌木植物花粉含量较少（0～13%，均值5%），未见蕨类植物孢子。淡水藻类植物环纹藻数量明显增加（0～66粒），上段并出现剖面的峰值。还有少量双星藻。

其中草本植物中以菊科（34%～67%，均值49%）为主，蒿属（10%～39%，均值24%）次之，还有禾本科（2%～15%，均值10%）、荨麻属（4%～20%，均值19%）、藜科（3%～13%，均值6%）。少量或零星出现的有景天属、茄科、蔷薇科、地榆属、瑞香科、虎耳草科、毛茛科、唐松草属、豆科、苍耳属等。

乔、灌木植物中针叶植物松属（0～5%，均值3%）花粉与第6孢粉带相近，落叶阔叶植物中桦属、栎属、榆属、榛属、卫矛属等零星分布。首次出现绣线菊属，数量不多（0～10粒）。

该带孢粉浓度下部极低，上部明显升高。孢粉组合中草本植物占绝对优势，其中菊科含量居半，蒿属和荨麻属次之，禾本科和藜科较少。乔灌木少量，主要为松属，还有绣线菊属等落叶阔叶树，环纹藻明显增多。说明该遗址周边植被稀疏，后期比较繁茂，以菊科—蒿属—荨麻为主，属于气候温暖偏干，晚期变湿的暖温带河漫滩灌丛草地环境。近山地上生长有少量针叶树（松属）。

第Ⅳ孢粉带：对应于⑤层中部，样品号5-32、5-33共2个样品。该带孢粉浓度在44～45粒/克之间，均值45粒/克。草本植物花粉（75%～79%，均值77%）占优势，乔、灌木植物花粉（21%～25%，均值23%）含量较多，未见蕨类植物孢子。出现淡水藻类植物环纹藻。

其中草本植物中含量较多的有菊科（34%～41%，均值38%）、蒿属（18%～24%，均值22%），其次有禾本科（0～7%，均值4%）、荨麻属（6%～10%，均值8%）、藜科（6%～7%，均值7%），零星出现的有虎耳草科花粉。

乔、灌木植物中针叶植物松属花粉较多（10%～25%，均值19%），落叶阔叶植物中仅有少量绣线菊属（0～12粒）。未见其他落叶阔叶植物花粉。

该带孢粉浓度较大。孢粉组合中草本植物占优势，其中除蒿属外，菊科、禾本科、荨麻属、藜科含量普遍减少。乔灌木含量明显增多，主要为松属，含量居剖面之首，除少数绣线菊属之外，不见其他阔叶落叶树。环纹藻较多。说明遗址周边植被比较繁茂，以菊科—蒿属为主，属于温暖较湿润的河漫滩草地。附近山地上生长有比较茂盛的针叶树（松属）。

第Ⅲ孢粉带：对应于⑤层的上部，样品号（5-11～5-31），共21个样品。该带孢粉浓度在28～80粒/克，均值为52粒/克。草本植物花粉占绝对优势（90%～99%，均值96%），乔、灌木植物花粉（3%～10%，均值96%）含量较少，未见蕨类植物孢子，淡水藻类植物环纹藻、双星藻少量或零星出现。

其中：草本植物中以菊科为主（34%～69%，均值54%），蒿属（16%～40%，均值28%）次之，其他还有禾本科（1%～12%，均值5%）、藜科（4%～14%，均值8%）、荨麻属（3%～11%，均值7%）。少量或零星出现的有茄属、毛茛科、葎草属、虎耳草科、豆科、景天属、龙胆属、蓼属、石竹科、瑞香科、委陵菜属、单侧花及水生植物莎草科、香蒲属等。

乔、灌木植物中针叶植物松属（1%～7%，均值3%）花粉较第Ⅳ孢粉带明显减少，落叶阔叶植物有霸王属、胡桃属、白刺属、椴属、桦属、栎属、榆属、榛属、鹅耳枥属、桤木属等花粉少量或零星出现，还出现有少量绣线菊属（0～9粒）。

该带孢粉浓度较高，但变化较大。孢粉组合中草本植物占绝对优势，其中菊科含量过半，蒿属次之，藜科、禾本科和荨麻属较少。乔灌木少量，主要为松属，还有少量绣线菊科植物，其他阔叶落叶树数量不多，但种属较多，多为暖温带常见的乔灌木树种，还有个别耐旱的树种（白刺属）。出现有少量的水生植物和环纹藻。表明遗址周边气候温暖偏干、有干湿波动，植被比较繁茂，是以菊科—蒿属组合为主的河漫滩灌丛草地。附近山地上生长有少量针叶树（松属）。

第Ⅱ孢粉带：对应于剖面④层，样品号5-1～5-10，共10个样品。孢粉浓度在28～114粒／克之间，均值为67粒／克。草本植物花粉占绝对优势（92%～98%，均值为96%），乔、灌木植物花粉含量较少（2%～8%，均值为4%），蕨类植物孢子罕见。淡水藻类植物环纹藻和双星藻零星出现。

其中草本植物中含量较多的有菊科（40%～97%，均值为55%）、蒿属（21%～50%，均值为34%）、荨麻属（1%～17%，均值为9%）、禾本科（6%～9%，均值为5%）、藜科（4%～11%，均值为7%）。少量或零星出现的有茄属、毛茛科、葎草属、十字花科、景天属、龙胆属及水生植物香蒲属、地榆属等。

乔、灌木植物中针叶植物松属稍多（2%～8%，均值为4%），落叶阔叶植物少量或零星出现，有胡桃属、椴属、桦属、栎属、榛属、霸王属等。无绣线菊属。

该带孢粉浓度较高，但波动较大。孢粉组分中草本植物占绝对优势，其中菊科含量过半，蒿属次之，禾本科、荨麻科和藜科普遍偏低。乔灌木少量，主要为松属，落叶阔叶植物零星，种属减少，线菊属植物消失。出现有零星水生植物和藻类，表明该遗址周边气候温暖偏干，有干湿波动，植被比较繁茂，是以菊科—蒿属等中性草本为主的河漫滩灌丛草地。附近山地上生长有少量针叶树（松属）。

第Ⅰ孢粉带：对应于剖面③层，样品号（3-1～3-8和3-18～3-32），共23个样品。孢粉浓度在25～219粒／克之间，波动较大，均值为70粒／克。草本植物花粉占绝对优势（89%～99%，均值为94%），乔、灌木植物花粉含量较少（1%～10%，均值为6%），蕨类植物孢子仅见零星阴地蕨属。藻类植物环纹藻、双星藻连续零星出现。

其中草本植物中含量较多的有菊科（29%～67%，均值为49%），蒿属（21%～80%，均值为39%）、其他还有荨麻属（5%～25%，均值为9%）、藜科（0～16%，均值为7%）、禾本科（0～9%，均值为4%）等，少量或零星出现的有虎耳草科、茄属、蓼科、瑞香科、景天科、合子草属、苋科、毛茛科、十字花科、葎草属和水麦科以及水生植物香蒲属、地榆科。

乔、灌木植物中针叶植物以松属居多（0～7%，均值为4%），还有零星的云杉，落叶阔叶植物有榆属、栎属、胡桃属、桦属、榛属、椴属、鹅耳枥属、霸王属、绣线菊属等零星出现。

该带孢粉浓度较高，但变动较大。孢粉组合中草本植物占绝对优势，其中菊科含量近半，蒿属次之，荨麻属、藜科和禾本科等伴人植物含量普遍偏低。乔灌木少量，主要为松属，落叶阔叶植物数量零星，但种属比较多样，以暖温带落叶阔叶树种为主，表明当时气候温暖偏湿，干湿波动比较明显，遗址周边植被比较繁盛，是以菊科和蒿属等中性草本为主的河漫滩灌丛草地。附近山地上生长有少量针叶树（松属）。

1.8.4.3　孢粉分析小结

整个剖面孢粉组合变化不大，各层均以草本植物占绝对优势或占优势，含量普遍高于75%，最高到99%，而乔灌木普遍在25%以下，最低到0%或1%。其中草本植物又均以菊科为主，蒿属次之，还有较少的禾本科、荨麻属和藜科等，表明在旧新石器过渡—李家沟—裴李岗期间，本区地处气候温暖湿润—湿润偏干的暖温带河漫滩灌丛草地环境，仅第Ⅳ孢粉带时期5为河漫滩草地环境。

尽管孢粉组合所反映的剖面植被类型的变化不大，但通过孢粉浓度、孢粉组合的细微变化，仍然可以看出，以第Ⅳ孢粉带（⑤层）为界，剖面上下两部分的孢粉组合存在有一定的差异：

剖面下部（包括第Ⅵ孢粉带和第Ⅴ孢粉带）的大部分样品孢粉浓度极低，几乎为零，到第Ⅴ孢粉带上部才略有增加。孢粉组合中以菊科、蒿属为主，禾本科含量较多，藜科和荨麻属含量也较高；其他草本植物不但数量少，而且种属也比较少（11种）；落叶阔叶树含量普遍偏低，且种属偏少（8种）。说明这一阶段气候温暖干燥，遗址周围植被稀疏，以菊科、蒿属、禾本科等中性草本为主，其他种属较少，指示水域环境的环星藻比较丰富，生长有少量落叶阔叶乔灌木的河漫滩灌丛草地。藜科和荨麻属等伴人杂草的含量较高，指示可能有较强的人类活动（表1-33）。

表1-33　李家沟遗址各层的孢粉组合特征及生态环境综合表

<table>
<tr><th rowspan="2">孢粉带</th><th rowspan="2">地层</th><th rowspan="2">孢粉浓度（粒/克）</th><th colspan="3">木本植物（%），（ ）内为均值</th><th colspan="3">草本植物（%），（ ）内为均值</th><th rowspan="2">蕨类</th><th rowspan="2">藻类/粒</th><th rowspan="2">气候</th><th rowspan="2">遗址周边生态环境</th></tr>
<tr><th>针叶树</th><th colspan="2">落叶阔叶树</th><th>中生草本</th><th>伴人杂草</th><th>水生</th></tr>
<tr><td rowspan="2">Ⅰ</td><td rowspan="2">③层，厚115cm</td><td rowspan="2">22～219（70）</td><td colspan="3">乔灌木较少1%～10%（6%）</td><td colspan="3">草本占绝对优势89%～99%，平均94%</td><td rowspan="2">零星</td><td rowspan="2">环纹藻0～3粒，双星藻1～2粒</td><td rowspan="2">温暖偏湿，干湿波动明显</td><td rowspan="2">植被繁盛，为以菊科和蒿属草本为主，生长有多种落叶阔叶乔灌木的河漫滩灌丛草地</td></tr>
<tr><td>松属0～7%（4%）</td><td>绣线菊0～8粒</td><td>栎、桦、榛、榆等9种，零星</td><td>菊29%～67%（49%）
蒿21%～80%（39%）
禾本科0～9%（4%）</td><td>荨麻5%～25%（9%）
藜0～16%（7%）</td><td>零星</td></tr>
<tr><td rowspan="2">Ⅱ</td><td rowspan="2">④层，厚50cm</td><td rowspan="2">28～114（67）</td><td colspan="3">乔灌木较少2%～8%（4%）</td><td colspan="3">草本占绝对优势92%～98%，平均96%</td><td rowspan="2">零星</td><td rowspan="2">环纹藻0～2粒，双星藻1～2粒</td><td rowspan="2">温暖偏干，有干湿波动</td><td rowspan="2">植物比较繁盛，为以菊科和蒿属为主，生长有松属和多种落叶阔叶树的灌丛草原。有湿地分布。人类活动较弱</td></tr>
<tr><td>松属1%～9%（3%）</td><td>绣线菊，无</td><td>栎、桦、榛等6种，零星</td><td>菊40%～97%（55%），
蒿21%～50%（34%），
禾本科6%～9%（5%）</td><td>荨麻1%～17%（9%），
藜4%～11%（7%）</td><td>零星</td></tr>
<tr><td rowspan="2">Ⅲ</td><td rowspan="2">⑤层上，厚105cm</td><td rowspan="2">28～80（52）</td><td colspan="3">乔灌木较少1%～10%（4%）</td><td colspan="3">草本占绝对优势90%～99%，平均96%</td><td rowspan="2">0</td><td rowspan="2">环纹藻0～4粒，双星藻1～2粒</td><td rowspan="2">温暖偏干，有干湿波动</td><td rowspan="2">植被比较繁盛，为以菊科和蒿属为主，生长有多种落叶阔叶乔灌木的河漫滩灌丛草地。人类活动较弱</td></tr>
<tr><td>松属1%～7%（3%）</td><td>绣线菊0～9粒</td><td>栎、桦、霸王等9种，零星</td><td>菊34%～69%（54%），
蒿16%～40%（28%），
禾本科1%～12%（5%）</td><td>荨麻3%～11%（7%），
藜科4%～14%（8%）</td><td>零星</td></tr>
<tr><td rowspan="2">Ⅳ</td><td rowspan="2">⑤层中，厚10cm</td><td rowspan="2">44～45（45）</td><td colspan="3">乔灌木较多21%～25%（23%）</td><td colspan="3">草木占优势75%～79%，平均77%</td><td rowspan="2">0</td><td rowspan="2">环纹藻0～14粒</td><td rowspan="2">温暖较潮湿</td><td rowspan="2">植被比较繁盛，为以菊科和蒿属为主，落叶阔叶乔灌木稀少的河漫滩草地，附近山地生长有较多松属。人类活动较弱</td></tr>
<tr><td>松属10%～25%（19%）</td><td>绣线菊0～10粒</td><td>无落叶阔叶树</td><td>菊34%～41%（38%），
蒿19%～25%（22%），
禾本科0～7%（4%）</td><td>荨麻6%～10%（8%），
藜6%～7%（7%）</td><td>0</td></tr>
<tr><td rowspan="2">Ⅴ</td><td rowspan="2">⑤层下，厚85cm</td><td rowspan="2">上部27～51（37），中下部0</td><td colspan="3">乔灌木较少0～13%（5%）</td><td colspan="3">草木占优势87%～100%，平均95%</td><td rowspan="2">0</td><td rowspan="2">环纹藻0～66粒，双星藻0～6粒</td><td rowspan="2">温暖偏干，晚期变湿</td><td rowspan="2">植物稀疏，后期比较繁盛，为以菊科—蒿属—荨麻属为主，生长有少量落叶阔叶乔灌木的河漫滩灌丛草地。人类活动较强</td></tr>
<tr><td>松属0～5%（3%）</td><td>绣线菊（0～10粒）</td><td>榆、桦、栎等4种，零星</td><td>菊34%～67%（49%），
蒿10%～39%（24%），
禾本科2%～23%（10%）</td><td>藜3%～13%（6%），
荨麻4%～20%（19%）</td><td>零星</td></tr>
</table>

续表

<table>
<tr><th rowspan="2">孢粉带</th><th rowspan="2">地层</th><th rowspan="2">孢粉浓度（粒/克）</th><th colspan="3">木本植物（%），（ ）内为均值</th><th colspan="3">草本植物（%），（ ）内为均值</th><th rowspan="2">蕨类</th><th rowspan="2">藻类/粒</th><th rowspan="2">气候</th><th rowspan="2">遗址周边生态环境</th></tr>
<tr><th>针叶树</th><th colspan="2">落叶阔叶树</th><th>中生草本</th><th>伴人杂草</th><th>水生</th></tr>
<tr><td rowspan="2">Ⅵ</td><td rowspan="2">⑥层，厚35cm</td><td rowspan="2">0</td><td colspan="3">乔灌本木本较少1%～5%（3%）</td><td colspan="3">草木占绝对优势95%～99%，平均97%</td><td rowspan="2">0</td><td rowspan="2">环纹藻0～8粒</td><td rowspan="2">温暖干燥</td><td rowspan="2">植被稀疏，以菊科、蒿属、禾本科（或藜科、荨麻属）等草本植物为主，生长有少量落叶阔叶树的河漫滩灌丛草地。人类活动较强</td></tr>
<tr><td>松属0～5%（2%）</td><td>绣线菊无</td><td>柳、榛等5种，零星</td><td>菊25%～59%（45%），蒿10%～29%（19%），禾本科7%～16%（11%）</td><td>藜5%～18%（10%），荨麻6%～15%（11%）</td><td>0</td></tr>
<tr><td>Ⅶ</td><td>⑦层，厚15cm</td><td>0</td><td colspan="3">乔灌木较多9%～16%（13%）</td><td colspan="3">草本占绝对优势84%～91%，平均87%</td><td>0</td><td>环纹藻0～1粒</td><td>温暖干燥</td><td>该地植被稀疏，为以菊科—蒿属—禾本科（或藜科和荨麻属）等草本植物为主，生长有少数落叶阔叶树乔灌木的灌丛草地。人类活动较弱</td></tr>
</table>

剖面上部（包括第Ⅲ孢粉带、第Ⅱ孢粉带和第Ⅰ孢粉带）的大部分样品孢粉浓度较高，但波动较大。孢粉组合中草本占绝对优势，其中以菊科、蒿属为主，禾本科含量明显少于下部，其他草本植物虽然数量不多，但种属比较丰富（14种），落叶阔叶树含量极少，但种属也比较丰富（14种）。说明这一阶段属于气候温暖偏干，后期偏湿，波动逐渐明显，遗址周边植被比较繁茂，是以菊科和蒿属为主，其他种属较多，并有指示水域环境的环星藻出现，生长有少量落叶阔叶乔灌木的河漫滩灌丛草地。而藜科和荨麻属含量偏低，指示人类活动比较弱。

位于上下两者之间的第Ⅳ孢粉带（⑤层中部），孢粉浓度介于上下层之间。孢粉组合中草本植物占优势，其中以菊科、蒿属为主，但所占比重减少，其他草本植物数量极少，种属单调（仅6种）。乔灌木，尤其是松属明显增多，落叶阔叶树仅出现有少量绣线菊属。说明这一阶段属于气候温暖较潮湿，遗址周边植被比较繁茂，为以菊科和蒿属为主，其他草本种属较少，环星藻明显减少，乔灌木稀少的河漫滩草地环境。附近山地有较多的松林分布。较低的藜科和荨麻属含量，指示人类活动较弱，伴人杂草不多。

1.8.5　古地震遗迹分析

在李家沟遗址，考古发掘揭示地表以下埋藏有规模较大的断裂破碎带和众多的古地震裂缝，在探方的壁上和底面，可以清楚地观察到这些构造形迹。

1.8.5.1　断裂破碎带

主要见于探方南区南壁最东端的T2阶地后缘，这里发育有一条宽1~1.5米的断裂破碎带，断裂破碎带内地层破碎，夹杂有大量不同时代阶地堆积物的块体，这些堆积物块体大小混杂、排列无序。破碎带的总体产状近乎直立，走向NNW，在南区其西南侧为阶地堆积，东北侧为构成黄土台地的黄土—古土壤，断裂带上被含有大量钙结核的②层所覆盖。由于②层中含有裴李岗时期的陶片，说明这一断层的活动时间应该早于裴李岗文化期间，属于新断层（活动断层），可能是老断层再次发生活动。在北区，这一断层破碎带西侧为阶地堆积，并造成北区的阶地基座面与南区阶地基座面之间出现一定的高差。

1.8.5.2　古地震遗迹

在探方南区，在由⑦层黄土—古土壤组成的阶地基座面上，可以见到密集分布的大小裂缝。其中以探方南壁最为明显，这里大部分裂缝开口于⑦层顶面，彼此相隔10~20cm，形状各异，有的呈上大下小楔状，有的呈两边平行的箱状，深度大于20cm（以下探方没有揭示），裂缝中充填有来自上覆⑥层的河流砂砾石。推断为古地震形成的地裂缝。地裂缝形成的年代，根据裂缝没有进入⑥层，其中的充填物主要为⑥层的堆积物，推断这一地震事件发生在阶地形成之前，早于旧新石器过渡时期，不会晚于10 500年。由于这些裂缝都分布在阶地底部侵蚀面之下的黄土地层中，开口于阶地底部侵蚀面上，推测地裂缝可能属于早于旧新石器过渡时期的黄土堆积期的古地震遗迹。目前我们见到的仅仅是经河流侵蚀后残留的古裂缝根部，还不能确定其发生的具体年代。

在同一探方壁上，我们发现还有部分地裂缝向上分别贯穿到阶地堆积⑥层、④层和③层的顶面，并分别被④层、③层和②层所覆盖。据此，我们推断在④层之前，③层之前以及②层之前，也就是说在旧新石器过渡时期结束、李家沟文化结束、和裴李岗早期结束之前这三个时期，本区至少还发生过三次地震活动。根据地裂缝数量较少，推测后二次古地震的规模要远小于旧新石器过渡时期之前的那一次地震事件。

这些古地震遗迹主要出现在大断层破碎带南界约10m的范围之内，有的地裂缝甚至与断裂破碎带相连通，说明它们的出现与大断裂带有密切的关系，是大断裂多次活动引发的古地震的遗迹。

1.8.5.3 古地震事件的影响

断层破碎带和古地震裂缝的存在说明李家沟遗址处于断裂带附近，属于新构造运动十分活跃的地区。从旧石器晚期到新石器早期，这里发生过间歇性的断层活动，并引发了多次古地震，这些断裂活动和古地震，不仅影响到一万年前后河流的下切和新谷地的形成，而且频繁出现的地震活动也会给早期人类的活动带来一定的负面影响。

1.8.6 李家沟遗址古环境重建

通过区域地貌第四纪调查和沉积物的实验室分析（包括粒度、磁化率、色度、化学元素和孢粉分析），我们初步恢复了李家沟遗址的形成过程和人类的生存环境（图1-72）。

1.8.6.1 李家沟遗址出现之前（黄土平原和河流下切、河谷出现时期）

李家沟遗址出现之前，在末次冰期（距今7万~1.3万年）干冷的气候环境下，本区接受了大量的黄土堆积（称马兰黄土）形成嵩山山前的冲洪积—黄土倾斜平原。在此期间的MIS3阶段，气候相对比较湿暖，古土壤和河流堆积发育，其中发现有丰富的旧石器遗址，是古人类活动比较活跃的时期。但是对于李家沟遗址出现之前本区环境的具体状况，由于我们只在遗址所在阶地的基座黄土地层顶部采集了少量样品，对整个黄土剖面，尤其是被河流侵蚀掉的黄土地层没有进行系统的采集，因此，对于李家沟遗址出现之前的古环境状况，也就是距今10 500年之前的环境状况，还缺乏深入的了解。

地貌结构分析表明，在李家沟遗址出现之前，本区发生了一次强烈的河流下切事件，发生在距今10 500年前后的这次下切事件，在我国华北地区具有普遍性，前人称之为“板桥期侵蚀”。我国北方随着新仙女木事件的结束，气候开始转型，由此引发的气候转暖、降雨增多可

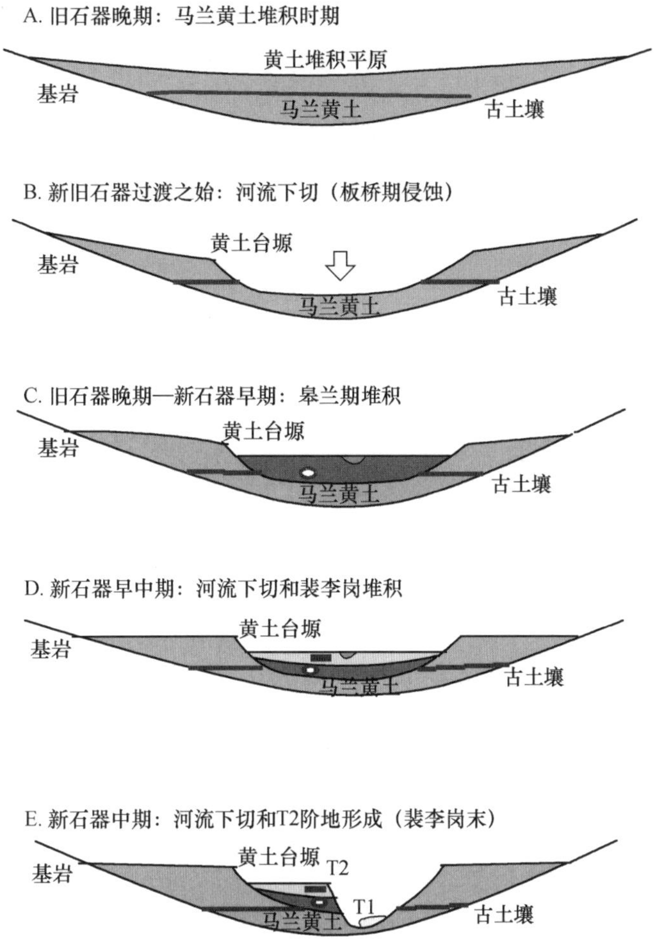

图1-72 李家沟遗址形成过程

能是造成当时河流普遍下切的主要原因。也许还和这一时段的新构造运动再次活跃有关。我们在李家沟遗址东区发现的断层破碎带和⑦层黄土侵蚀面上保存的古地震造成的大量地裂缝和砂管，说明旧石器末期—新石器早期，本区曾发生过断裂活动，并伴生有强烈的地震，导致了椿板河的下切。

1.8.6.2 旧石器末—新石器早期（⑥层）

这一时期，本区植被为温带半干旱气候下，以菊科—蒿属—禾本科（或藜科和荨麻属）组合为特征的暖温带草原环境。当时气候比较温暖干燥，植被稀疏，在板桥期下切形成的河谷中，河流加积作用强烈，是河漫滩发育时期，这些堆积物覆盖在黄土侵蚀面上，并充填黄土面上的地裂缝，形成宽阔的砂砾石河滩。古人类活动在以旱生草本以（菊科—蒿属—禾本科）为主的暖温带河漫滩灌丛草地上，从事采集和狩猎，并留下了他们使用的细石器和食余的大中型食草动物残骸。由于地震活动造成的大量碎屑物分布在地表，并在温暖干燥、降雨集中的气候背景下，形成河沟中的水石流（或泥石流），水石流的发育可能会给当时生活在此的古代人类造成了一定的危害。

1.8.6.3　李家沟文化时期（⑤层）

这一时期，遗址周边温暖干燥—温暖偏干，相对比较稳定，期间还出现过短暂的温湿气候，植被比较繁茂，河漫滩发育，属于暖温带半干旱气候下，以菊科—蒿属—松属组合为主的河漫滩灌丛草地。植被早期以菊科—蒿属—荨麻属组合，晚期以菊科—蒿属组合为特征。气候比旧石器晚期—新石器早期要湿润一些，因此这一时期河流较前发育，是河漫滩形成和发展的时期，河谷中河床边滩和河漫滩滨河床沙坝比较发育，这一时期，古人类主要生活在河床边滩和河漫滩的滨河床沙坝上，在附近的河漫滩平原上从事采集和狩猎，并遗留下他们的遗物，包括细石器和食余的中小型食草动物残骸，而陶片的出土，说明古人类曾较长时间在此逗留，生活比较稳定。

1.8.6.4　李家沟—裴李岗过渡时期（④层）

这一时期，遗址周围气候温暖偏干，有干湿波动，植被比较繁茂，河漫滩发育，属于暖温带半干旱气候下，以菊科—蒿属组合为主，草本植物占绝对优势的河漫滩灌丛草地。比较繁茂的植被和宽阔的河漫滩比较适宜于人类的生活，但目前其中发现的古人类活动遗迹较少，这可能与后期（③层）沟谷强烈侵蚀造成的地层缺失有关。

1.8.6.5　裴李岗时期（③～②层）

这一时期，全球环境开始进入全新世大暖期，我国北方其他地区一样，本区也开始出现暖湿的气候环境，并导致沟谷的强烈下切，其最大下切深度可以达到⑤层的底面，这次沟谷下切事件可能是8.3ka B.P.气候事件的区域响应。当时遗址周围气候温暖干燥，偏湿润，植被相对比较繁茂。是以菊科—蒿属组合为特征，草本植物占绝对优势的河漫滩灌丛草地。这一时期的早期（③层），随着偏湿气候的到来，降雨增加，沟谷规模随之逐渐扩大。晚期，亦即②层堆积时期，根据②层中出现由钙结核组成的大型斜层理，说明当时降雨明显增强，黄土地层中所含的钙结核经坡面侵蚀，不断从黄土中被剥离出来，然后经河水搬运磨圆，并作为砾石与其他砂砾石一起堆积下来，形成具有大斜层理的河床堆积。这一时期的沟谷堆积物，无论是早期还是晚期堆积物中，都出土有少量经过搬运的裴李岗时期的人类遗存，根据李家沟遗址以东数十米的黄土台地上，分布有裴李岗文化遗址，且该遗址裴李岗文化层的上部与李家沟剖面的②层相连，说明李家沟遗址上部的裴李岗文化遗物应该来自该遗址裴李岗文化堆积的上部，两者为同时异相关系。

1.9　嵩山东南麓晚更新世古人类的生态环境

根据以上对嵩山东南麓晚更新世7个遗址或遗址群的古环境调查，我们可以得出如下几点认识。

1.9.1　遗址群的地貌分布

嵩山东南麓晚更新世遗址分布广泛，内容丰富，数目众多，初步调查有遗址或地点300～400处，从晚更新世早期，到距今5万～3万年的MIS3阶段、距今3万～2万年的MIS2阶段和距今1万年前后的旧新石器过渡时期，一直都有古人类活动，是我国北方晚更新世阶段旧石器遗址分布最密集的地区之一。

野外地貌和第四纪地质调查发现，本区晚更新世早期遗存主要发现在织机洞下部及洞外的黄土堆积。如前所述，这种情况一直到豫西洛阳北窑遗址都较相近，反映出晚更新世早期阶段该区古人类生存环境与遗址地貌特点。

材料更丰富的是晚更新世的中、晚期。进入MIS3阶段之后更多见旷野遗址，在地貌分布上有不同的部位（图1-73）。在距今5万～3万年的MIS3阶段，嵩山东南麓的遗址主要有老奶奶庙、方家沟、赵庄、黄帝口等，都分布在与马兰期古土壤层（L_1S）同一层位的粉—细砂层中。这些粉—细砂层具有斜层理和水平层理，它们呈透镜状夹在马兰黄土之中，是MIS3阶

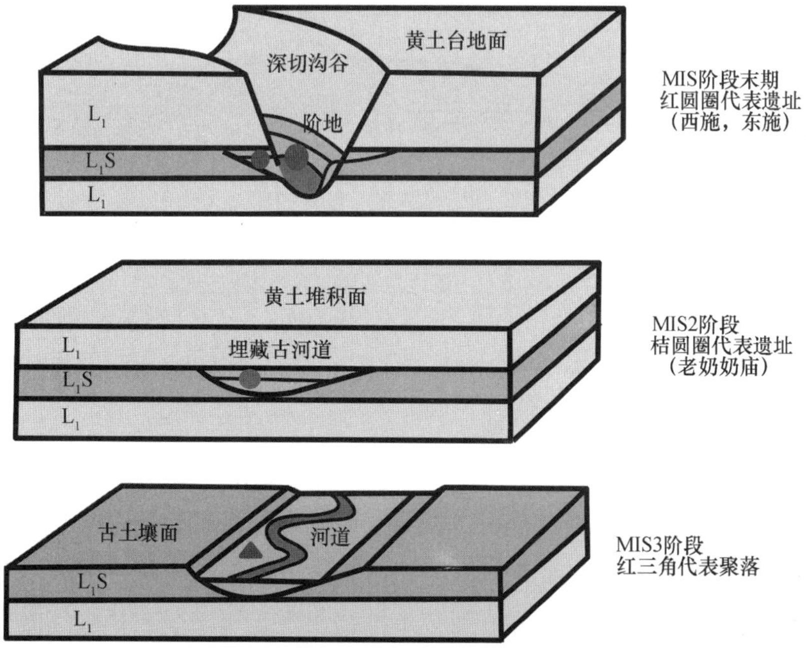

图1-73　嵩山东南麓地貌演化和遗址变迁过程示意

段的古河道堆积。古河道走向与现代沟谷往往斜交，两者的分布格局完全不同。推测MIS3阶段嵩山东南麓地带为山前黄土堆积平原或山前黄土冲洪积扇平原，MIS3阶段比较暖湿的环境下，平原上发育古土壤（L_1S），并出现有辫状水系，上述古河道就是其中之一。当时的古人类就栖息在这些古河道两岸，并留下自己的文化遗存。在MIS3阶段之后，由于气候变冷，黄土堆积加剧，古土壤层、古河道堆积以及文化遗存，一起被黄土掩埋，成为黄土堆积中的夹层或透镜体，其中的文化遗存就构成了马兰黄土剖面中MIS3阶段的文化堆积。

在距今3万～2万年的MIS2阶段，遗址主要有西施和东施遗址（距今2.6万年左右），文化层分布在黄土区河流二级阶地的河漫滩堆积物之中。在3万年前后，由于全球变冷，气候开始进入MIS2阶段，黄土开始堆积。到26ka B.P.年前后或稍早，可能受气候突然变暖事件（OD4，28.83±0.06～28.46±0.06kyrB.P.，持续时间为0.37±0.06kyr）的影响，河流突然下切，形成新的黄土河谷。当时强烈的加积作用导致黄土谷地中河流堆积迅速，是河漫滩发育的时期。MIS2阶段的古人类生活在河漫滩上，并开始生产石叶。这种现象在本区西施至邻近的山西吉县柿子滩遗址29地点等所反映的古环境变化过程中都有所表现[5]。

在距今1万年前后的新旧石器过渡时期，主要有李家沟遗址，分布在黄土区河流二级阶地的河漫滩堆积物之中。在距今1万年前后，由于全球气候开始变暖，进入冰消期，随着河流的再次下切，MIS2阶段的河漫滩变成为河流阶地，并形成新的谷地，这一时期强烈的加积作用同样也导致河谷中河流堆积迅速，河漫滩再次发育。李家沟人开始到新生的河漫滩上生活，并留下自己的文化遗存。这一过程可以一直延续到裴李岗时期，河流再次下切，形成新的阶地，裴李岗人开始到阶地上生活，并开始早期的农耕活动（图1-74）。

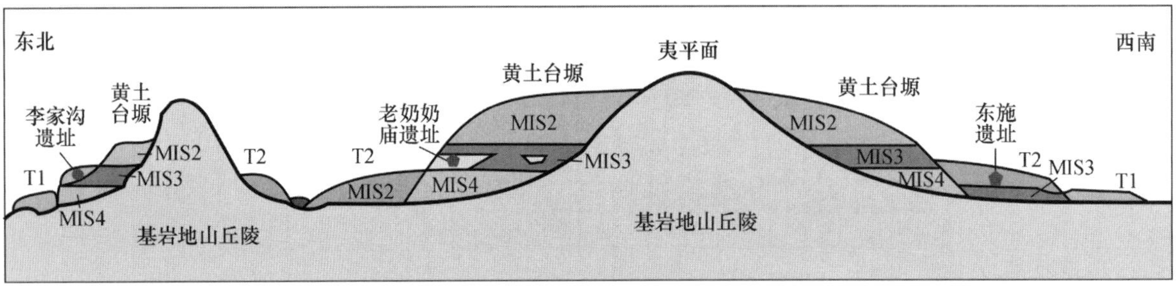

图1-74　嵩山东南麓地貌结构与人类遗址分布

1.9.2　气候和植被

孢粉和其他资料表明，嵩山东南麓地的河谷地区，从MIS3阶段到MIS2阶段，气候温暖干燥，植被稀疏，主要为菊科、蒿属、藜科、铁绣线菊等暖温带旱生的草本植物，还有少量针叶树和暖温带常见的落叶阔叶树。在此期间，本区一直地处暖温带南缘，受气候变化影响，亚热带气候时有北进，导致本区植被中经常有亚热带植物出现，属于受亚热带气候影响的暖温带南缘河漫滩灌丛草地环境。其中MIS3阶段，出现亚热带植物的频率高，种属也比较丰富，MIS2

阶段早中期仍有亚热带植物出现，但频率低，种属也比较单一。目前尚缺少末次盛冰期的地质纪录。距今1万年前后的旧新石器过渡时期，孢粉记录显示为暖温带植物，气温降低，已经不再有亚热带植物出现。从MIS3阶段至少到MIS2阶段中期，嵩山东南麓的气候环境一直比较温暖干燥，有变冷的迹象，但并不明显，适宜于人类生活。估计到MIS2阶段晚期，受末次冰期最盛期气候的影响，本区才明显变冷，开始进入冰期气候，环境恶化，人类活动的遗迹罕见。直到距今1万年前后，受全球气候转暖的影响，本区才重新出现受亚热带气候影响的暖热带南缘气候，随气候回暖。人类活动再次出现。

1.9.3　河漫滩与晚更新世人类栖居地

嵩山东南麓目前发现的遗址来看，晚更新世早期的遗址既有洞穴也有旷野类型。从MIS3阶段开始到旧新石器过渡时期的遗址，则更多位于大小河流的河漫滩上，这充分说明，河谷中的河漫滩是嵩山东南麓晚更新世，尤其是晚更新世中、晚期古人类活动的首选之地。

孢粉等资料的分析表明，在气候暖干的环境下，这一阶段的河漫滩上植被稀疏，大都为暖温带的草本植物，生长有少量的乔灌木以及零星的亚热带植物，属于暖温带河漫滩灌丛草地。而一些湿生和水生草本植物以及静水淡水藻类的出现，说明这一阶段在气候暖干的情况下，河漫滩上仍相对比较潮湿，分布有一些水洼地，适宜于人类和动物生存。

一般而言，河漫滩地势平坦，水草丰盛，动物出没，还常有积水洼地分布，应是人类喜欢栖息的地方。但由于河漫滩经常受被洪水淹没，成为不适宜于人类长期居住的地方。只有在气候比较干燥的年份或洪水期短、洪水涨落幅度不大的季节，古人类才会选择在河漫滩上生活，尤其是河漫滩的滨河床沙坝，通常地势较高，被洪水淹没的几率相对较低，且地面物资组成较粗，比较干爽，适宜人类生活，而河漫滩泛滥平原，则由于地势较低，容易被洪水淹没，物质较细，湿度较大，不利于人类生活。嵩山东南麓的古人类遗址，大都选择河流的滨河床沙坝，或沙坝与边滩的过渡地带，从事采集、狩猎、打制石器，甚至“祭祀”活动，并随河流的水文动态变化，不断移动自己的活动地点。只有在滨河床沙坝相对地势较高，规模较大的情况下，才会在此做较长时间的停留，形成所谓的“中心营地”。

注　释

［1］ 夏正楷，刘德成，王幼平，等. 郑州织机洞遗址MIS3阶段古人类活动的环境背景［J］. 第四纪研究，2008，28（1）：96-102.

［2］ 张松林，刘彦峰. 织机洞旧石器时代遗址发掘报告. 人类学学报，2003，22（1）：1-17.

［3］ 刘富良，杜水生. 洛阳北窑黄土旧石器遗址1998年发掘报告［J］. 人类学学报，2011，30（1）：13-21.

［4］ 王幼平，张松林，顾万发，等. 郑州老奶奶庙遗址暨嵩山东南麓旧石器地点群［N］. 中国文物报，2012-

01-13（4）.

［5］ Ynahua Song, et.al. Environmental reconstruction and dating of Shizitan 29, Shanxi Province: An early microblade site in north China. *Journal of Archaeological Science*, 79 (2017): 19-35.

第2章　织机洞遗址

2.1　概　　述

织机洞遗址在1985年河南省文物普查工作中被发现，根据采集物特征，初步被判断为一处以旧石器时代堆积为主，同时也包含新石器时代堆积的遗址。1990年郑州市考古文物研究所对其进行了试掘，同年展开第一次正式发掘，主要发掘了洞口以东的洞穴上部堆积以及洞口南部和中部偏北的部分堆积。此后，张松林等整理了出土的旧石器时代遗存，特别是石制品，并于2003年发表了初步发掘报告，描述和报道了地层堆积、遗物、遗迹的基本情况，并且得出关于遗址年代和性质、石器工业特点和发展趋势的一些认识。1990年的发掘揭露了新石器时代到旧石器时代的遗存，地层堆积被划分如下：织机洞旧石器时代早段（①～⑫层）、旧石器时代晚段（⑬～⑱层）、全新世遗存（⑲～㉓层）。旧石器时代遗存中包含大量石制品、动物化石和用火遗迹或灰烬。不平衡铀系法测得⑱层下钙板层的年代是7.19±1万年，结合堆积特征以及伴出的动物化石，研究人员推测“织机洞旧石器文化层最晚部分的年代可能在距今7万年前，该遗址的起始时间估计为旧石器时代中期前段，也不排除旧石器早期的某一阶段”[1]。织机洞文化层堆积厚，遗存丰富，包括石制品、用火遗迹、烧骨等，而且遗址属原地埋藏，张松林等认为织机动是人类长期居住地和石器生产场所。他们提出织机洞属于北方主工业，并且与周口店北京猿人遗址的石器工业有密切关系，显示出中国猿人文化期的后工业特点——以锤击法剥片为主，砸击法衰落，几乎退出剥片技术舞台。

为了更系统地认识织机洞遗址旧石器时代堆积的形成过程，人类占用遗址的方式、人类技术行为和栖居的特点；为了建立遗址更准确细致的文化年代序列、认识织机洞所在地区在我国旧石器时代文化发展过程中的位置，我们于2001年起先后（2001年、2003年、2004年）对织机洞旧石器时代堆积部分进行了三次系统发掘和系统取样测年。这次发掘采用平面揭露法，按$1\times1m^2$布方，编号为S1～S15，每个探方再细分为四个亚区。以10cm为一个水平层下挖，出土遗物按地层和亚区进行收集和记录，筛选所得遗物的收集也遵循这个规则。发掘过程中，在每个探方的每个水平层收集土样，以供孢粉、矿物质和植硅石分析；同时也尽可能收集可供测年的样品。本阶段的发掘获得了大量密集分布的石制品，以及集中在S10和S15⑦层的动物遗存。

经鉴定，化石主要为鹿、鸟、啮齿类。此外在发掘区北部的⑦层还发现用火遗迹与烧石[2]，但动物遗存和遗迹的数量很少。发掘过程中我们还注意采集测年样品，除很少量炭屑外，所收集到的大量是泥炭。此外，我们在发掘区北壁剖面上按地层序列取了一些用于光释光测年的沉积物样品。直到2004年秋季发掘完毕后，洞前北部旧石器文化层序列和遗存特征才被较完整地揭露出来。

邵文斌（2003）曾在其硕士论文中对织机洞2001年的发掘材料进行初步研究。他对织机洞2001年发掘区的石器工业面貌、人类行为和遗址功能得到一些新认识。2001年发掘区的石制品以石英和燧石为主，工具以小型为主，刮削器为绝对主体，但也包含其他若干类型。研究结果表明该年度发掘区的南部可能是石制品初加工场所，而北部则可能属于石制品加工以及人员临时就餐和休息的场所，发掘区内显示出功能分区。与北方小石器工业传统的遗址，如周口店15地点、许家窑、塔水河和小南海进行比较后，他认为织机洞旧石器文化遗存可能属于旧石器时代晚期偏早阶段，同样属于华北小石器传统工业。同时考虑到织机洞遗址所在地理位置，他也指出织机洞对研究南北方文化交流具有重要意义。

织机洞的发现和已有的初步研究表明该遗址对于认识我国华北南部晚更新世人类活动特点和石器技术工业，对于研究行为和文化的演变具有重要学术价值和意义。因此本文将通过对2003年和2004年的考古材料进行系统分析，从更全面的角度综合研究织机洞遗址所记录的人类行为、技术、遗址利用情况的特点与变化，探讨我国晚更新世旧石器时代文化的发展轨迹和人类行为的区域多样性，为研究东亚现代人起源提供线索。

2.2　地理位置和地貌环境

织机洞位于河南省郑州市西南30km的荥阳崔庙乡王宗店村北（图2-1），地理坐标113°13′E，34°38′N。该遗址地处嵩山北部的低山丘陵区，海拔约452m。洞口向西，索须河西支从洞前流过，织机洞位于支沟右岸的山坡上，洞口高于河床底部30m左右。沿沟发育有三级河流阶地，其中三级阶地属基座阶地，阶地沉积物主要由黄土状堆积组成，本级阶地在洞口附近不发育，但在洞口的南、北两侧保存较好，阶地面平整，宽数十米，高于河床10m，与织机洞洞口的高程大致相当。二级阶地和一级阶地均为基座阶地，分别高于河床6m和2m，在洞口附近保留完好，现已被用作农田。织机洞所在地区水源充足，植被丰富，自然环境受季风气候影响，地理位置处于温带和亚热带的过渡地带。

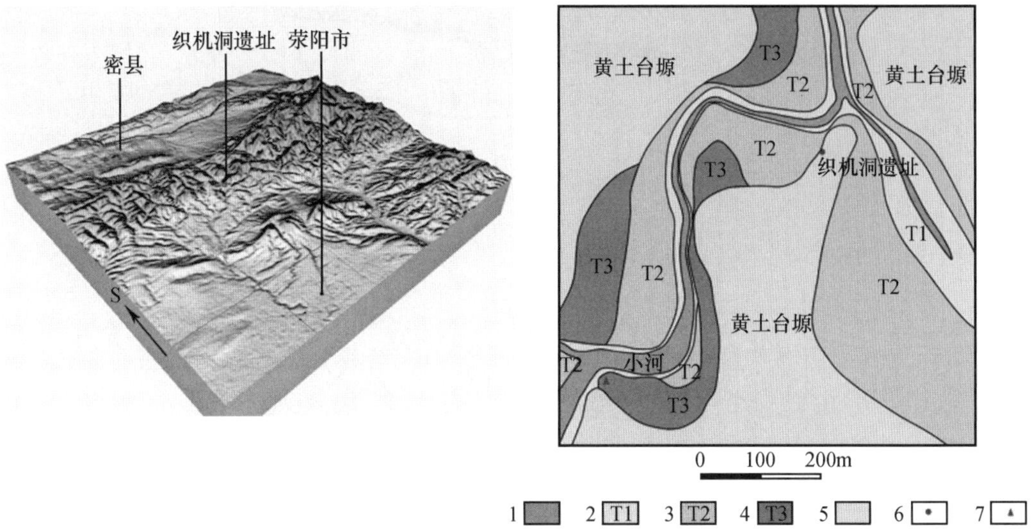

图2-1　织机洞遗址所在区域地貌图

1. 河流　2. 一级阶地　3. 二级阶地　4. 三级阶地　5.黄土台塬　6. 织机洞　7. 黄土柱

2.3　地层堆积与年代

2.3.1　地层堆积

织机洞遗址是一处沿石灰岩裂隙发育的岩厦式溶洞，其附近山体几乎都为石灰岩。洞口高约20、宽13～16、进深约20m。洞内堆积巨厚，约20m。堆积的来源方式包括洞顶的坍塌或洞顶天窗漏入，以及洞外流水冲入。洞内堆积可划分为四部分，第一部分为全新世堆积，含新石器时代文化遗存；本部分堆积为含灰岩角砾的棕黄色黏土质粉砂，角砾大小不一，数量较多，靠近底部有一薄层棕红色黏土质粉砂。第二部分为棕红—黄褐色的砂质黏土夹角砾层，角砾大小不一，呈悬浮状分布在棕黄色黏土质粉砂之中，略具成层性。第三层为灰白色与浅黄色黏土、砂质黏土互层，局部夹很厚的泥炭层；此部分堆积很可能与流水作用密切相关，系短时期内，由于洞外流水灌入洞内而形成的静水沉积物，沉积物具有明显的成层性，这部分堆积中没有发现人类活动遗存。最下部为褐色、黄褐色和红色的砂质黏土，含有少量灰岩角砾，这部分是我们发掘的主要对象，出土了大量石制品，亦是本书的研究重点。

下面以洞穴北壁剖面为例，对堆积特点和层位划分进行描述（图2-2）。洞穴北壁剖面厚9m，由上至下被分为九层[3]。

①层：表土层，棕黄色黏土质粉砂，含有灰岩碎屑。0～60cm。

②层：土黄色黏土质粉砂，含有少量3～5cm灰岩角砾。60～160cm。

③层：钙积层，上部为灰白色，下部为砖红色，风化强烈，呈团块状，顶部起伏不平，厚度变化较大。含少量石制品。160～300cm。

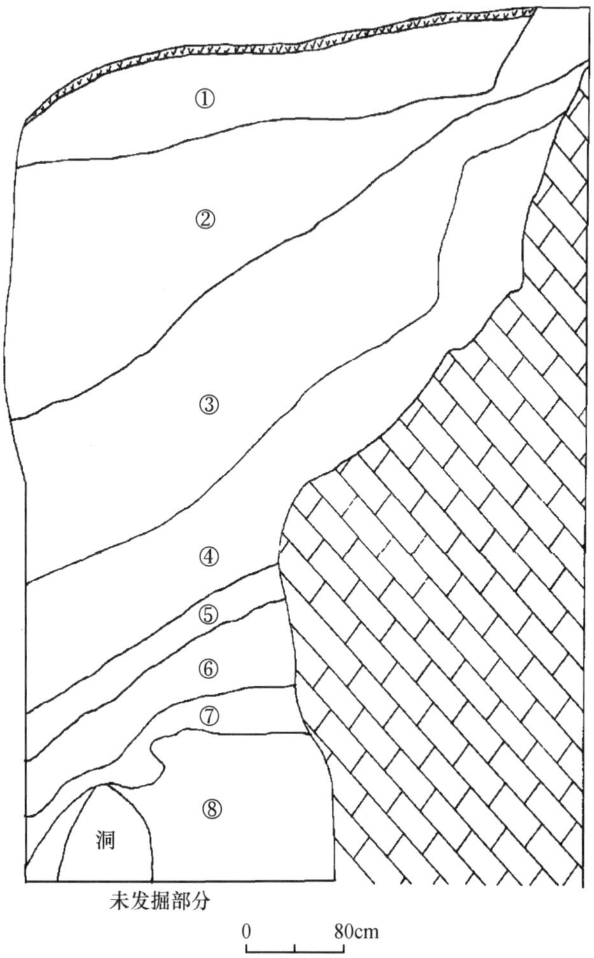

图2-2　织机洞遗址北壁剖面图

④层：褐灰色钙质粉砂质黏土，含极少量灰岩碎屑，夹灰黑色锰质条带。含有少量石制品。300 ~ 365cm。

⑤层：褐灰色钙质粉砂质黏土，底部含薄层灰岩碎屑。含少量石制品。365 ~ 382cm。

⑥层：砖红色钙质黏土，含较多灰岩碎屑，扁平状，含有大量的钙结核。本层底部颜色变深，出现灰黑色锰质条带。含有较多石制品。382 ~ 430cm。

⑦层：灰黑色钙质黏土，含有少量灰岩碎屑，钙质条带发育。含丰富石制品。430 ~ 459cm。

⑧层：灰褐色砂质黏土，夹灰白色钙板团块，有较多的灰黑色锰质条带，分布不均。含少量石制品。459 ~ 526cm。

⑨层：褐灰色砂质黏土，混杂大量的灰黑色锰质条带和灰白色钙质条带，条带弯曲，产状多变，为洞底的落水洞充填物。含少量石制品。526 ~ 900cm（图2-2中未表示）。

此外，各层堆积物构成表明洞内曾发生较为强烈的化学作用。洞穴微环境复杂，对人类的栖居活动和遗存产生重要影响。发掘区的堆积特点还反映出复杂的地质现象与堆积过程。北部、南部和东部的地层明显倾斜，其中南部地层向东倾斜约45°，局部大于45°，北部地层向西南方向倾斜，应当是洞底溶斗堆积的下陷所造成。发掘区的中部位于沉降中心，因此位于这个区域的遗存的垂直位移应当最大，而边缘区沉降程度相对较小，因此造成同一水平层上同时存在年代早和年代晚的地层。此外，发掘区南部还有断层现象。堆积的沉降下陷所造成的遗存纵向位移在石制品的剖面分布上有明显体现（图2-3）；同时，遗物可能也发生相应的水平位移，是石制品分布密度较高的原因之一。

总之，地层的大幅度倾斜和下陷不适宜人类活动和居住，这些地质作用可能是发生在遗址遭到废弃以后，也可能是造成晚期人群被迫放弃这处活动场所的原因之一。从堆积形成过程看，洞穴环境非常不稳定，在上文化层，人类曾反复利用过遗址，但每个阶段的占用时间都不太长。

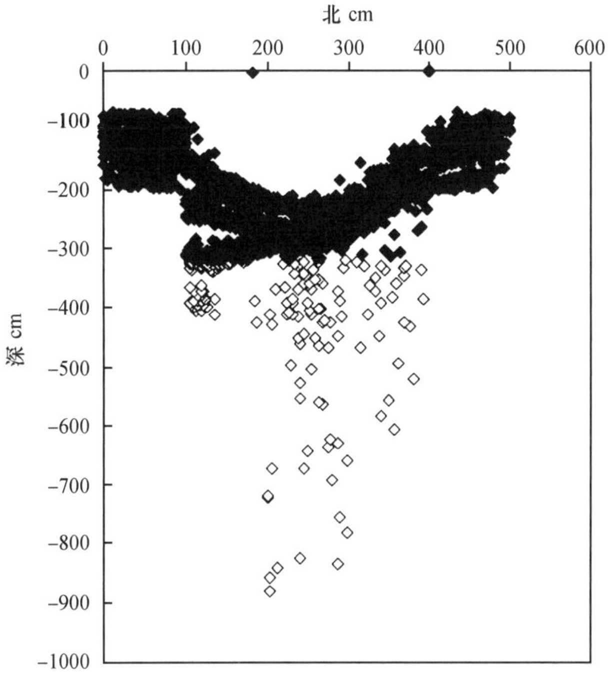

图2-3　织机洞遗址石制品的垂直分布

2.3.2　年代

遗址中极少见炭屑，但大量泥炭被发现。遗址中还缺乏适合测年的动物骨头，这些情况给^{14}C测年带来困难。我们从⑦层取得的泥炭样品，经过^{14}C测年，其年龄如下（表2-1）。

为了解遗址的年代序列，初步检验⑦层的4个数据，我们还从第三部分与第二部分之间的厚层自然堆积中取得泥炭样品（位于Ⅲ部分顶部）进行^{14}C测定，结果为34655±200 B.P.，与上述几个年代在序列上基本吻合。

表2-1　织机洞遗址⑦层的^{14}C年代数据

实验室编号	样品	年代（B.P.）	校正后（B.P.）
BA03386	泥炭	38 530 ± 530	42 990 ± 646
BA03387	泥炭	38 520 ± 670	42 989 ± 697
BA03388	泥炭	>40 000	
BA03389	泥炭	>40 000	

值得注意的是，泥炭不是^{14}C测年的理想样品，用其测年的准确度不如木炭或骨胶原保存较好的骨头，另外^{14}C测年的上限为50～40 ka B.P.，因此这个层位的年代可能会更早。更为重要的是，泥炭与所在层位的人类活动究竟是如何关联的，还有待讨论。因此这组^{14}C年代需谨慎对待，最好结合其他测年结果进行检验。因此我们还采用OSL方法进行了系统测年。

我们从发掘区北壁剖面自①～⑦层连续取沉积物样品，采样科学，OSL测年结果如下（表2-2）。

表2-2　织机洞遗址上文化层光释光测年数据

样号	地层	等效剂量（Gray）	年剂量率（Gray/ka）	年龄（k.a.）
B1	①层	?	3.52 ± 0.10	
B2	②层	171.2 ± 15.3	4.58 ± 0.13	37.4 ± 3.51
B3	③层	?	7.85 ± 0.29	
B4	④层	389.1 ± 40.4	3.93 ± 0.11	99.0 ± 10.65
B5	⑤层	199.5 ± 16.6	4.289 ± 0.13	46.5 ± 4.12
B6	⑥层	244.8 ± 55.9	5.09 ± 0.16	48.1 ± 11.1
B7	⑦层	255.1 ± 28.5	5.13 ± 0.16	49.7 ± 5.76
B8	⑧层	307.6 ± 24.8	7.579 ± 0.294	40.6 ± 3.63

我们发现B4与B8两个数据应为异常，织机洞Ⅲ部分中①～⑦层堆积的OSL年代区间基本分布在ca.45ka～40/37kaB.P.，⑤～⑦层基本为连续堆积。遗憾的是，由于缺少绝对年代，我们很难准确判断织机洞Ⅲ部分⑨层、⑧层的堆积速率和堆积连续性情况。

2.4　埋藏学分析

埋藏环境是遗物保存状况的重要影响因素——遗物存在或缺失、是否被改造、改造的形式和程度、是否发生位移等。因此，通过遗物探讨人类行为、复原史前社会生活时，应先检验遗物的出土状况和埋藏学特征，看一看遗物与人类活动的关联或者说在多大程度上反映人类活动，多大程度上受到自然埋藏条件或生物因素的干扰。埋藏环境的分析，一方面依靠沉积物的堆积特征，沉积物的微结构和所含矿物质的分析；另一方面也可根据出土遗物的产状以及保存情况，通常采用长轴、倾角、倾向、风化和磨蚀程度等指标进行评估。

2.4.1　产状分析

下面简要地分析说明织机洞出土（2003～2004年）石制品的产状。

长轴指遗物出土时，其长轴在水平面上的方向。我们划分了5个方向区域，分别用数字0～5表示（图2-4）。发掘时，我们对各层存在明显长轴的石制品的长轴方向作了记录，统计结果显示：除垂直于水平面的石制品（数量很少）以外，每层中其他4个方向（1～4）的标本所占比例很接近，表明在织机洞被占用的不同阶段石制品长轴分布都没有规律（表2-3）。

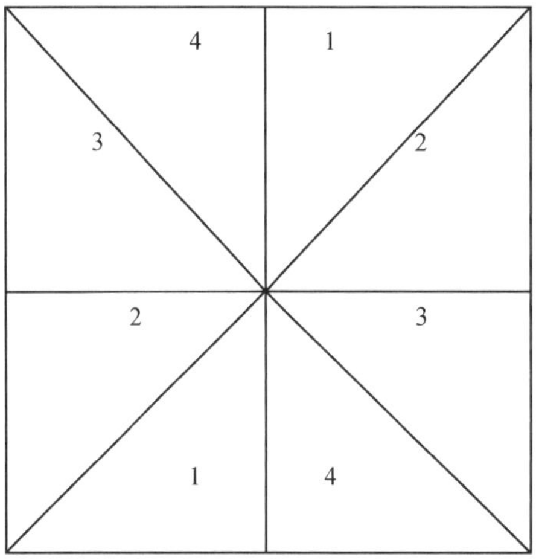

图2-4　织机洞遗址石制品长轴方向示意

倾向是遗物出土时的倾斜方向。从正北方开始顺时针旋转360°，以45°为单位将东南西北方向划分为8个级，分别表示为“1”到“8”。水平状态记为“0”，垂直状态记为“9”。各层绝大部分标本倾向的记录和统计结果如下（表2-4）：各层标本的倾向分布皆多样，除“0”和“9”等级外，各层内部每个等级的标本数量和比例没有太大差别，不存在规律。这一结果与2001年出土标本所揭示的情况一致。邵文斌（2003）对2001年出土标本的分析结果表明，南区1和2等级的标本较多，而北区4和5等级的标本较多，他认为这与南北区地层沉降的不同方向有关。

倾角是衡量遗物出土时倾斜状态的指标，分为水平、倾斜、垂直三个级别，分别记为“0”“1”“2”。2003～2004年绝大部分出土标本的倾角的记录和统计结果如（表2-5）：各层绝大多数标本皆呈倾斜状。水平和垂直状出土标本的比例很低，结合倾向和长轴数据，表明石制品未经水流动力搬运。

表2-3　织机洞遗址石制品长轴方向统计表

地层＼方向	0	1	2	3	4
⑤层	0	12	8	10	6
⑥层	2	54	49	58	36
⑦层	12	468	478	532	500
⑧层	0	15	10	14	8
⑨层	0	3	6	7	6

表2-4　织机洞遗址石制品倾向统计表

地层＼方向	0	1	2	3	4	5	6	7	8	9
⑤层	9	4	2	4	6	2	3	2	2	3
⑥层	18	14	15	21	32	46	18	19	8	14
⑦层	139	287	214	218	298	266	159	160	202	127
⑧层	0	4	6	7	11	6	3	3	6	1
⑨层	2	0	2	4	2	4	2	2	4	0

表2-5　织机洞遗址石制品倾角统计表

地层＼倾角	0	1	2
⑤层	10	26	3
⑥层	26	164	15
⑦层	164	1797	123
⑧层	0	46	1
⑨层	2	20	0

2.4.2　保存状况

遗物的保存状况通常根据风化模式的程度进行衡量。风化指标本在埋藏以前经历的化学变化，其程度可分为无风化——石制品断口新鲜，结构致密；化石无损坏，表面富有光泽；轻度风化——石制品断口较新鲜，动物骨骼表面状况差、光泽差；中度风化——石制品断口新鲜，结构较疏松，动物骨骼表面无光泽、骨质较疏松；重度风化——石制品断口极为模糊，看不到节理细节；动物骨骼非常疏松、易碎。风化级别分别用数字0～3表示。从2001年发掘所获动物遗存的风化磨蚀情况看，动物骨骼的保存状况良好。

织机洞2003～2004年度发掘出土石制品的风化程度较低（表2-6）。除22件未记录的标本外，各层以无风化和轻度风化标本为主。⑨层、⑧层和⑦层的轻度风化标本比例最高，超过50%，其次是无风化标本；在⑥层和⑤层，无风化标本的比例最高，均在50%以上，超过轻度风化者，这个时期石制品的埋藏速度很可能加快。中度和重度风化标本的比例在各层都很低。

石制品在埋藏过程中受到微环境中矿物和水的影响，上文化层约50%的标本表面覆盖碳酸钙。下文化层石制品碳酸钙不如上文化层普遍和严重。这种差异体现了上、下文化层沉积微环境的改变。

磨蚀指遗物在埋藏以前和埋藏过程中受到的包括自然力、动物力和人力在内的各种因素的影响而经历的物理机械磨损或磨耗。磨蚀程度划分为无磨耗、轻度、中度和重度四个等级，分别用“0～3”表示。统计结果发现，各层中绝大多数标本属无磨蚀和轻度磨蚀（表2-7）。

表2-6　织机洞遗址石制品风化情况统计表

地层 \ 风化程度		0	1	2	3
⑤层	N	30	12	0	0
	%	71	29	0	0
⑥层	N	124	104	14	2
	%	51	43	5.7	0.82
⑦层	N	714	1708	142	18
	%	27.7	66.2	5.5	7
⑧层	N	25	39	4	1
	%	36.2	56.5	5.8	1.4
⑨层	N	1	20	4	1
	%	3.8	77	15.4	3.8

注：22件标本未被记录

表2-7　织机洞遗址石制品的磨蚀程度统计

地层 \ 磨蚀程度	0	1	2	3
⑤层	31	11	0	0
⑥层	236	107	17	2
⑦层	1187	1222	160	15
⑧层	61	7	1	1
⑨层	17	6	1	1

注：21件标本未被记录

以上数据表明不同时期石制品的埋藏环境有所差别，但不显著。石制品在埋藏过程中受到沉积物中矿物的影响较强。此外，绝大部分石器受到的磨蚀程度轻微，石制品可能较少受到自然力和生物力，如水流、动物或人的反复踩踏作用的影响。

2.5　石器组合与技术特点

织机洞石器工业研究将以2003～2004年度发掘的石制品为基本材料。根据堆积特点、年代以及初步观察的石器文化面貌，主要的文化堆积层——⑤～⑨层，进一步被分为下文化层（⑨层、⑧层）和上文化层（⑦～⑤层）。为了认识人类占用织机洞不同时期的技术和行为特点以及动态变化趋势，我们将对下文化层和上文化层的石器工业分别进行分析与讨论。在分析石器工业以前，首先对出土石制品的总体情况作一概述。这两年度的发掘共获得石制品2986件，其中96件出自下文化层，2890件出自上文化层。石制品原料岩性包括石英、燧石、石英砂岩、石英岩、玛瑙等。燧石以黑色和灰黑色为主，石英主要为白色或白色半透明者，石英砂岩和砂岩多为肉红色或暗紫红色，少量为褐色和灰色（注：石英砂岩和砂岩制品归在一起进行统计）。石制品包括石核、石片、不完整石片、石器、断块和碎屑。下文化层出土7件石核、11件石片、8件不完整石片、39件石器、33件残片和断块。上文化层出土石核152件、石片249件、不完整石片206件、石器990件、残片和断块1291件。各层出土石制品的数量详见表2-8。

表2-8　织机洞遗址各层出土石制品数量统计表

分类＼地层		④层	⑤层	⑥层	⑦层	⑧层	⑨层	总计
	Ⅰ1型				26		1	27
	Ⅰ2型				9			10
	Ⅰ3型			1	10			13
	Ⅱ1型				18		1	19
石核	Ⅱ2型			4	29	3		33
	Ⅲ型		1	5	46	1	1	54
	砸击				2			2
	不确定				1			1
	总计		1	10	141	4	3	159
	Ⅰ型				1	2		3
	Ⅱ型		1	5	10	1		17
	Ⅲ型			1	19	1		21
石片	Ⅴ型		1	6	40	1	2	50
	Ⅵ型		9	18	132	3	1	163
	砸击				5			5
	台面缺失				1			1
	总计		11	30	208	8	3	260
	近端断片			4	42	2		48
	远端断片		3	7	58	1	1	70
不完整石片	中间断片			2	20			22
	左裂片			2	33		1	36
	右裂片		1	6	28	3		38
	总计		4	21	181	6	2	214
	砍砸器			1	3		1	5
	单刃刮削器	1	4	40	485	16	4	550
	双刃刮削器		1	15	216	7	1	240
石器工具	复刃刮削器		1	1	49		1	52
	尖状器			1	49	2		52
	端刮器			5	72	2	0	79
	凹缺刮器				21			21
	雕刻器			1	8			9

续表

分类 \ 地层		④层	⑤层	⑥层	⑦层	⑧层	⑨层	总计
石器工具	钻		1	2	12			15
	石锤				1	2	3	6
	总计	1	7	66	916	29	10	1029
残片断块	残片	1	7	37	327	4	2	378
	断块		13	81	819	19	5	937
	砾石			1		1	2	4
	碎屑			1	4			5
	总计	1	20	120	1150	24	9	1324
合计		2	43	247	2596	71	27	2986

2.5.1　下文化层

2.5.1.1　原料

织机洞下文化层原料的岩性以石英砂岩为主，少量石英，更少燧石（表2-9）。洞前河滩中富含石英砂岩砾石，因此这种岩性原料的获取很容易，属于就地取材。

表2-9　织机洞遗址下文化层不同岩性原料所占比例　（单位：%）

地层 \ 岩性	石英	燧石	石英砂岩	石英岩	硅质岩	玛瑙	泥岩	总计
⑧层	35.2	21.1	40.8	1.4	0	1.4	0	100
⑨层	10.7	0	82.1	3.6	0	0	3.6	100

在下文化层，石英砂岩是最主要原料。这种原料硬度中等，质不脆、不易碎，通常剥下大中型石片、不易产生大量断块、碎屑。这种原料来自河滩砾石，随需随得，很容易获取，对当时人来说是非常便利的资源。⑨层所用原料包括石英砂岩、石英和石英岩。绝大部分石制品都是石英砂岩的。工具共10件，其中9件为石英砂岩；石片、石核、废品基本全是石英砂岩，反映出人们对石英砂岩的偏好。⑧层原料种类变得丰富，人们开始关注石英砂岩以外的原料——石英、燧石和石英岩出现，前两者的比例明显增加，而石英砂岩比例有所下降。⑧层各类石制品仍以石英砂岩为主，但工具主要由石英制成，石英砂岩石片可能被直接使用，其使用功能只能经过微痕分析才能被判断。遗址中没有发现燧石石核，但却存在燧石石片和工具等，表明人们在采石场初加工燧石后，将打下的石片运回织机洞进一步加工成工具，或者人们在石料场加工燧石工具，然后把它们带回营地。

2.5.1.2　剥片

获取原料或坯材以后，通常进入剥片阶段。石核是经过修理、剥片、再修理、再剥片步骤后或直接剥片后剩余的产品，因此石核记录了剥片过程和技术方法。然而，遗址中发现的石核处于最终形态或废弃阶段，若不经过拼合，很难完整地再现剥片的动态细节。在这种情况下，我们一方面需要观察石核上保存的各种特征，提取剥片程序和技术信息；另一方面结合毛坯、废片等其他类型石制品进行综合分析。

织机洞下文化层石核数量很少，⑨层3件、⑧层4件，以石英砂岩和石英者为主，包含Ⅲ型、Ⅱ型和Ⅰ型（表2-10）。

表2-10　织机洞遗址下文化层石核类型统计

石核类型	Ⅰ1型	Ⅰ2型	Ⅰ3型	Ⅱ1型	Ⅱ2型	Ⅲ型	砸击
⑧层	0	0	0	0	3	1	0
⑨层	1	0	0	1	0	1	0

图2-5　织机洞遗址⑨层Ⅰ1型石核

⑨层的3件石核中有2件以石英砂岩砾石为材料（图2-5），1件以石英为材料。⑧层的4件石核中，2件为石英砂岩，2件为石英。凡石英砂岩石核皆厚且重（表2-11），⑧层中一件石英砂岩石核的重量甚至超过1000g。石英石核的体积和重量相比较要小得多。石核的尺寸和重量与石料直接相关。下文化层石核片疤比例（占石核体）很低，集中在0～25%，个别为25%～50%。石英砂岩石核的较大体积和片疤的低比例共同说明了剥片率低，这应当与原料丰富且容易获取有关。然而个别石英砂岩石核反映出人们尽量利用合适台面而充分剥片的意图（图2-6）。

表2-11　织机洞遗址⑨层石核尺寸

标本号	长（mm）	宽（mm）	厚（mm）	重（g）
1269	40.61	48.44	76.65	160
1278	34.42	38.92	36.32	53.5
1286	96.39	53.55	76.19	538

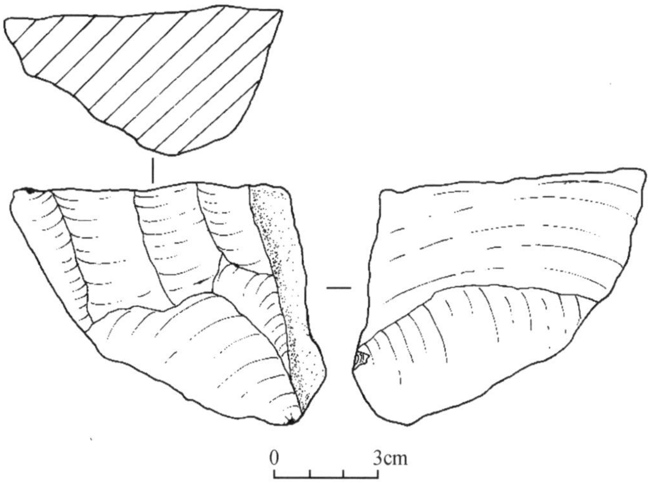

图2-6 织机洞遗址⑧层Ⅱ2型石核

为了解剥片的规律性以及人们打片时是否有所计划，我们对片疤方向进行了观察和统计，织机洞石核片疤方向分为单向、双向、对向、向心和多项。对向和向心在一定程度上可以反映出剥片规律性及人们对石核体的认识。下文化层对向和向心剥片的石核比例极低，其他三类片疤方向在各时期所占比重都较大（表2-12），体现了无计划和不规律剥片。

表2-12 石核片疤方向

剥片方向 / 地层		单向	双向	对向	多向
⑧层	N	0	2	1	1
	%	0	50	25	25
⑨层	N	1	0	1	1
	%	33.3	0	33.3	33.3

总之，下文化层使用硬锤直接打击法在大中型砾石石材上剥片，其粗放的风格与晚更新世早期或更早华北南部泾渭流域和黄河下游以南河南地区砾石工业相似。石核剥片率不高，但遗址显然不是唯一的剥片地点，人类在多个地点初步剥片后把石核或把初级产品带回遗址。石核上的多种特征表明剥片不具有规律性和计划性，在本质上属于简单剥片技术，几何概念、设计思维和特殊技能的把握没有体现。

下文化层以普通石片为主（图2-7）。石片尺寸的变异区间大，既有很大型的，也有小的，但总体上呈现大石片面貌（表2-13）。

石片台面的形态多样，⑧层的石片具有4种台面类型，而⑨层只有素台面石片。总的来说，下文化层素台面石片占绝对主导，其次是自然台面石片。但是下文化层的石片数量太少，统计意义微弱。台面的情况表明下文化层采用的是简单的锤击剥片，亦可能存在锐棱砸击的方法。石片背面石皮的保留率相对较高，⑧层和⑨层超过半数的石片的石皮保留率都为

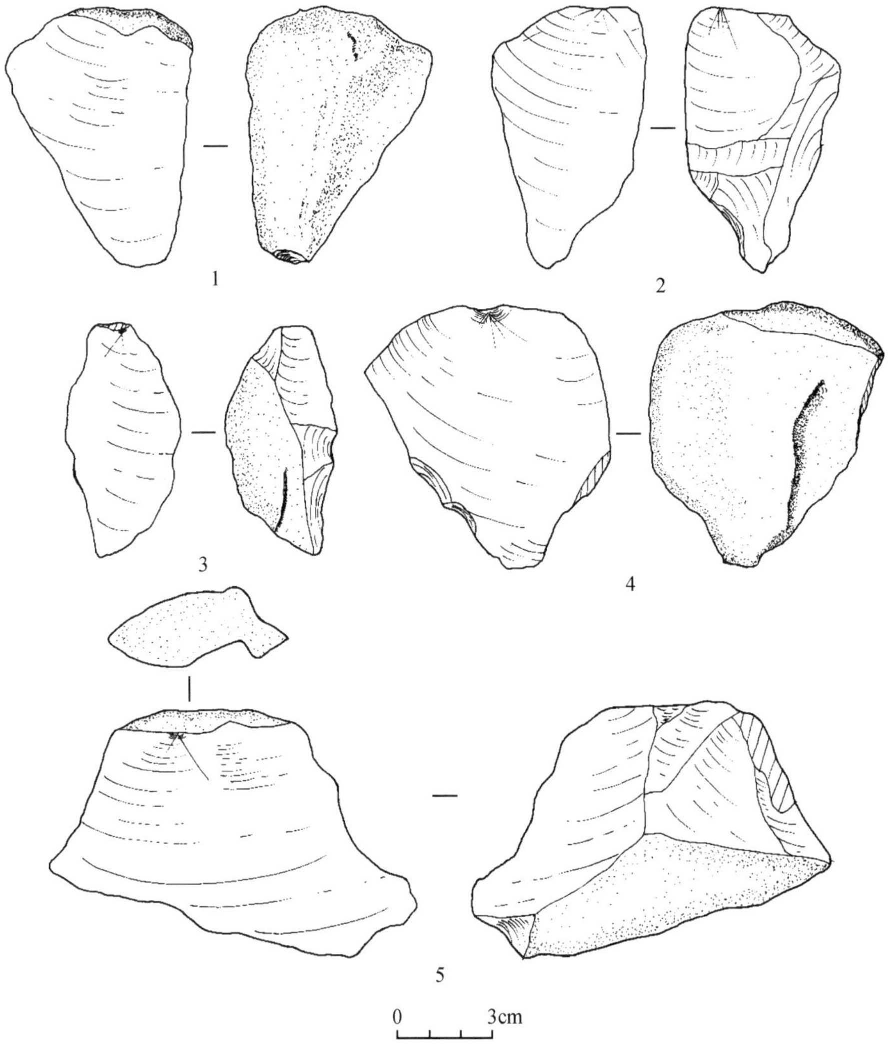

图2-7　织机洞遗址下文化层石片

1、4. Ⅰ型石片　2、5. Ⅲ型石片　3. Ⅴ型石片　5. Ⅲ型石片

表2-13　织机洞遗址下文化层石片尺寸

地层	尺寸	最大值	最小值	均值	标准差
⑧层	长（mm）	80.6	41	66.9	14.9
	宽（mm）	112.9	40.8	60.4	23.9
	厚（mm）	36.4	10.7	20.8	10.1
	重（g）	251.5	16	84	78.3
⑨层	长（mm）	131	31.8	77.2	50.1
	宽（mm）	101.6	24.9	54	41.6
	厚（mm）	65.3	12.2	31.9	29.1
	重（g）	914	10	320.7	514

50%～75%，与石核检测到的剥片率较低的情况基本吻合。下文化层绝大多数石片是石英砂岩的，其余有一件石英石片，一件燧石石片。石英和燧石石片都不带石皮，一定程度上暗示了对不同岩性原料的处理策略，但是由于标本数量太少，难以证实。

石片以石英砂岩者为主。石片的打击特征不十分显著：打击点都较清楚；半锥体基本不存在或难以看出；有些石片打击泡比较清楚；多数石片的锥疤很不清晰；石片基本均无同心纹和放射线。这些特征与石料岩性质地有关。石片背面片疤包含单向、双向、多向、聚向。单向中很少发现片疤平行者，双向片疤中对向比较多见，背向极少见。没有发现发散型的多向片疤。聚向片疤可以反映计划性剥片，打下预计形状规则的石片。织机洞遗址带有聚向片疤的石片的确存在，但其比例很低，而且这类石片的形状并不规则。另外，石片背脊形态比较多样、没有规律，说明剥片方向无规律，剥片比较随意。总之，石片的片疤方向和背脊形态都无法证明预制剥片或有意识的计划性剥片行为的存在。

上述各项观测特征充分说明织机洞剥片技术的随意和不稳定性，且自下层到上层没有变化。

2.5.1.3　石器加工

剥片、修理石材的最终目的是制造工具。史前人类成功有效地狩猎—采集、加工食物等活动都依赖得利的工具。人们根据需求选择毛坯，加工成形态、功能各异的石器。石器是研究史前人类行为与自然环境资源、社会环境和经济形态的重要素材。研究表明：决定和影响石器加工、石器风格和使用方式的因素很多，例如原料特性、毛坯的特征、生存环境、资源的特点、人们的适应策略、人群流动性、栖居模式、文化传统和生活习惯等。石器技术与这些因素存在各种关联。人们加工石器通常会根据对工具的需求（包括类型、大小、数量）、加工习惯等对毛坯进行考虑和选择，然后修理加工。毛坯是否具有适于修理或使用的刃缘会成为选择的重要标尺。在我国旧石器时代华北北部和西南地区的遗址里，绝大多数石器都是用石片修理而成的，然而同时期东南地区的遗址中，砾石是主要毛坯。毛坯的特征对工具大小和形态具有重要影响，可以说对石器组合的整个面貌的塑造起着重要作用。

下文化层出土石器数量很少且不很典型。⑨层主要以砾石和大石片为毛坯，⑧层石器主要用石片和断块修理而成（表2-14）。下文化层毛坯的使用没有显示出选择偏好。

表2-14　织机洞遗址下文化层石器毛坯的选用情况

地层 \ 毛坯类型		完整石片	不完整石片	残片	断块	石核	砾石（断块）
⑧层	N	8	5	4	9	1	2
	%	27.6	17.2	13.8	31	3.4	6.9
⑨层	N	3	0	0	0	2	5
	%	30	0	0	0	20	50

石料岩性也是影响石器修理加工的关键因素。石料的作用在东亚表现得尤为突出，有学者认为该地区在大多数时期粗陋原始的旧石器文化面与劣质原料的使用以及缺少对优质原料的开发利用有关。实验考古表明：加工燧石等优质原料的毛坯时，更容易修理出理想的形状，修理后的刃口容易达到相对整齐的效果。相反，劣质原料的修理效果通常较差，如石英、石英岩等，加工的成功率偏低。

古人类若具备岩性知识，在生产工具时他们会考虑哪种岩性更容易把工具加工成特定形状，并且有利于工具效能的最大限度发挥，利于工具长久耐用。因此人们可能选择不同岩性的原料加工成不同类型的工具。是否对原料做出这样的选择，除了取决于人们对原料特性的认识，还取决于其他因素，诸如原料是否容易获取，丰富程度，原料运输模式、生计模式，对工具效能和耐用性的要求、人群流动性以及群体间交换等社会行为。

在织机洞⑨层，除1件工具外，其余9件不同类型的工具均为石英砂岩（表2-15），表明人们对这种石料的偏好和依赖。然而⑧层人们选择多种岩性原料加工刮削器，只用石英和燧石制端刮器和尖状器，石锤则只由石英砂岩制成，表明人们选用不同岩性原料加工不同类型的工具，是原料选择性利用的反映（图2-8）。但不可否认的是下文化层石器数量太少，现有的统计结果不足以充分说明问题。

表2-15　织机洞遗址下文化层的石器—原料岩性统计

地层	岩性	单刃刮削器	双刃刮削器	复刃刮削器	端刮器	尖状器	砍砸器	石锤
⑧层	石英	8	5	0	2	1	0	0
	燧石	4	2	0	0	1	0	0
	石英砂岩	3	0	0	0	0	0	2
	石英岩	1	0	0	0	0	0	0
⑨层	石英	1	0	0	0	0	0	0
	燧石	0	0	0	0	0	0	0
	石英砂岩	3	1	1	0	0	1	3
	石英岩	0	0	0	0	0	0	0

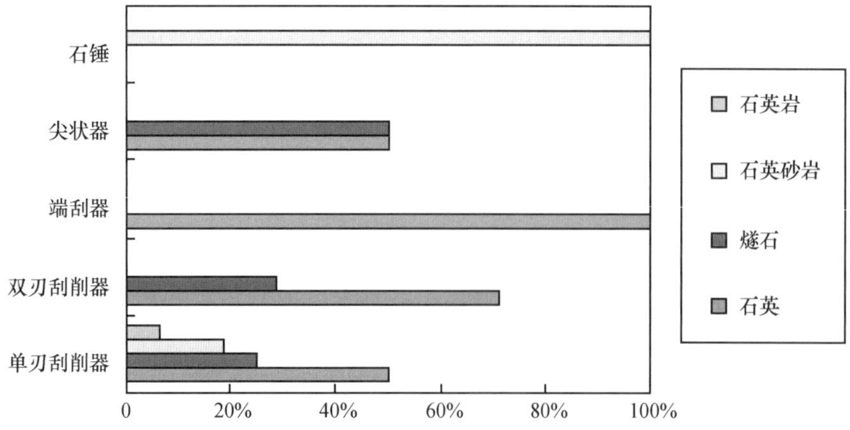

图2-8　织机洞遗址⑧层石器类型与原料岩性关系

前面一部分分析了毛坯的使用，石器的尺寸情况已有所展现。从测量统计结果看，下文化层石器尺寸的变异范围很大（表2-16）。变异主要源于原料和毛坯。大中型工具基本由个体较大的石英砂岩毛坯修理而成，尺寸偏小的工具以石英和燧石为材料。⑨层工具多大型者，小型者只有一件。⑧层大型工具减少，中小型工具占主导，后者亦包含石英砂岩者。⑧层石器尺寸的减小与毛坯的选择有关。

表2-16 织机洞遗址下文化层石器尺寸

尺寸＼地层		最大值	最小值	均值	标准差
长（mm）	⑨层	119.8	38.8	78.2	22.3
	⑧层	107.3	17.9	38.9	18.5
宽（mm）	⑨层	94.4	29.5	59.6	18.6
	⑧层	99.4	15.3	31.5	17.2
厚（mm）	⑨层	70.7	18	41.5	17.2
	⑧层	63.6	5.1	16.9	11.9
重（g）	⑨层	1005	19.5	286.4	295.1
	⑧层	650.5	1.5	54.2	152.8

石器的修理加工可分为使用、粗修（modified）和加工（retouched）几类，标志着工具加工的不同程度。本项研究没有划分出“使用”和“粗修”这两类，存在3个以上修疤者便列为工具，并区分类型。织机洞石制品中具有修理片疤的占有较大比例，修疤的总特点是短小、深、较为密集，多数连续，表明了较强的二次加工意图。修疤短、小、深（表2-17），且有些修疤呈不规则重叠状的特点，显示出硬锤直接打击的特色，不存在软锤修理或压制法修理的迹象，石器的修理加工缺乏控制和规范操作。

表2-17 织机洞遗址下文化层石器修疤深度和长短

地层		修疤深度			修疤长短		
		深	中等	浅	近	中	远
⑧层	N	12	14	3	28	0	1
	%	41.4	48.3	10	96.6	0	3.4
⑨层	N	5	2	3	9	1	0
	%	50	20	30	90	20	0

有些石器的修疤甚微，疑似使用过程中形成的破损疤，但在没有进行微痕观察以前，不能完全确认其未经修理而直接使用，在此暂归为石器，待微痕观察揭示更多信息。

工具的加工方向是显示修理加工规律与模式的重要方面。研究中，加工的模式被分为正向、反向、复向、转向、异向、对向和交互共七类，分别定义如下：①正向：由破裂面向背面加工；②反向：由背面向破裂面加工；③复向：在同一个刃缘上正向和反向加工没有规律和顺序地混合在一起；④转向：在同一刃缘上，首先正向加工一部分刃缘，然后再反向加工剩下的部分，或先反向加工，再正向加工；⑤异向：例如两个刃缘，其中一个为正向，另一个为反向加工；⑥对向：指一段刃缘上的相同位置的两面加工；⑦交互：正、反向修疤逐个交替出现。

下文化层的石器修理以复向、正向和反向为主要方式，前两者出现的比率最高，但这三种方式出现频率没有太大悬殊；加工方向与石器类型、毛坯、原料没有对应关系，显示了加工的随意和不确定性。下文化层缺少精加工的石器。织机洞下文化层经过二次加工的工具很少，类型相对有限（表2-18），包括石锤、边刮器、尖状器、端刮器和砍砸器（图2-9）。⑨层以刮削器为主，石锤亦是重要构成，使在遗址上剥片和石器加工的推测趋于合理。⑧层的石器数量增加，但类型构成与⑨层相似。刮削器比例大幅增加，但平均尺寸大大减小，几乎全部由石英、燧石原料制成，石器尺寸的改变与⑧层原料构成的改变密切相关，同时反映出小型刮削器的需求开始增加。有限的石器数量表明人类在遗址的活动很有限或不频繁，尤其很少在遗址上加工成型工具；另一种可能性是：发掘区域并非这个时期的生活区域，具有使用价值的“石器”可能被带到其他区域使用。

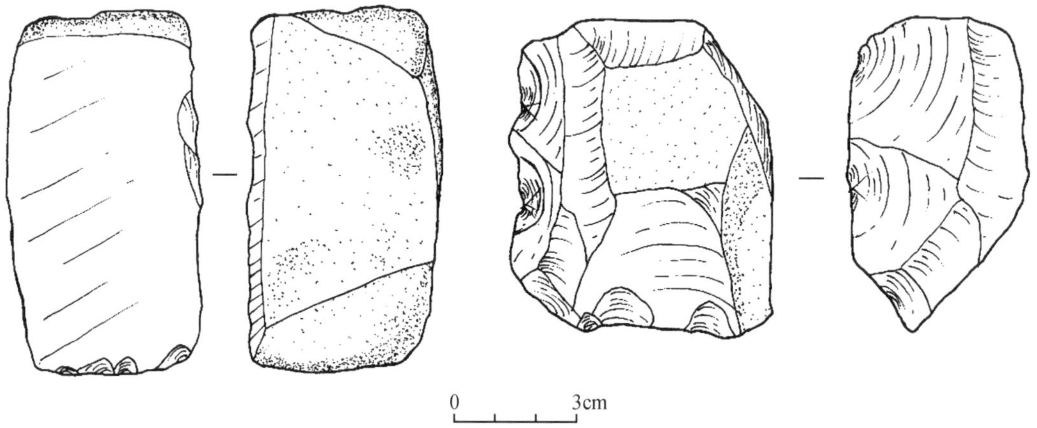

图2-9　织机洞遗址⑨层刮削器和砍砸器

表2-18　织机洞遗址下文化层石器类型及所占比例

地层＼器类	石锤	刮削器	尖状器	端刮器	砍砸器
⑧层	2	23	2	2	0
	6.9%	79.3%	6.9%	6.9%	0
⑨层	3	6	0	0	1
	30%	60%	0	0	10%

2.5.1.4 废品

织机洞发现了大量废品，由断块、碎屑和残片组成。本文所及残片指呈片状，但缺少石片的典型特征，且剥片技术程序无法被识别的石制品。残片的产生原因尚不确定，应当是剥片过程中的副产品或废弃物，有些残片具有合适形态和刃缘，被用作毛坯加工成石器，但多数残片没有修理痕迹，个别残片可能被直接使用。本文暂将残片归为废片类。除编号标本外，我们筛选出和采集的长度小于2cm或1.5cm的标本中也包含大量小型断块和碎屑。断块是废品的一类重要组成。断块可在粗修石材、剥片、制作毛坯的过程中产生，作为副产品或残弃品而存在。在上、下文化层中各发现2件和1件石核断块，应当是剥片后石核废弃的产物。断块在很大程度上是原材料受打击后发生破裂或断裂的结果，其产生的容易度和断裂程度（大小、细碎程度等）反映岩性特征，在某些情况下也反映技术水平。从技术性质来看，与残片相比，断块作为废品的性质更明确。然而有些断块也具有修理痕迹，被制成工具。

织机洞下文化层，断块的比例远高于残片和碎屑（表2-19）。在⑨层，断块和残片数量很少，其中80%以上为石英砂岩。⑧层的断块、残片数量增加，约50%的断块是石英、燧石和玛瑙；4件残片中有2件石英，1件玛瑙，1件石英砂岩。废品的增加与原料岩性的改变密切相关，同时证明了石英和燧石易碎易裂的物理特性，可能也反映了剥片活动的增加。碎屑在修理加工石器时经常、也最易产生。对小型毛坯或坯材进行修理时，特别是由于石英节理发育，以及燧石结核的特性，经常产生碎屑，不易产生断块或较大的残片。下文化层中碎屑比例很低，我们推测石器的修理加工可能很少发生或程度太低。

表2-19　织机洞遗址下文化层残片与断块的数量和比例

地层		编号标本		筛选采集（2004年）		
		断块	残片	断块	碎屑	残片
⑧层	N	19	4	55	2	1
	%	83	17	94.8	3.4	1.7
⑨层	N	5	2	3	1	1
	%	71	29	60	20	20

2.5.1.5 行为阐释

遗址功能是人类在遗址上活动的内容、频率、强度，空间结构的综合体现，反映史前人群对遗址的利用情况。石制品的类型、数量比例、工具种类和功能、不同类型石制品的空间分布都是判断遗址类型与人类活动内容的指标。例如，在狩猎营地、植物采集点和屠宰地，狩猎采集者按需生产或携带工具，可能对某些类型工具有特别需求，因此工具类型不一定全面多样。在原料坯材初加工地或石器制造场石制品构成和比例相对复杂。在原料坯材初加工场所，原材料（母坯）、石核、断块碎屑的比例应当较高，石片也会存在，但数量可能有限，石片数量和所占比例高低取决于剥片程度和剥片成功率（即良好的产品被人们带走的可能性较大）。在大本营或石器制造场所，石制品和石器种类相对丰富。后者往往具有剥片和石器加工的各阶段产品、副产品。大本营的石制品组合可能有相似特征，但由于同时作为石器的使用场所，石器的数量较多。

石器生产程序和空间分布的分析表明：织机洞下文化层石制品包含生产程序中各阶段的产品（石核、石片、残片和碎块和工具），其中废品和石器（包括二次修理和可能使用过的）的数量相对较多；石片、石核所占比例较低。⑧层石制品数量增加，但每种类型所占的比例与⑨层几无区别，表明人群在遗址上的活动有所增加，但活动内容、石器的生产模式可能没有改变。下文化层石制品分布没有明显规律，基本上每类石制品周围都混杂有其他类型石制品，石器和废品分布相对靠近，暗示这个时期人类在遗址上从事以石器加工为主的活动。此外，有些石器可能是经过修理—使用—再维修后的产物，有些可能是修理加工不成功的产物，有些则可能在使用后遭到废弃，这些工具可能都因无法发挥功用而最终被丢弃在这里。因此遗址发掘区也可能是石器的次级加工场（⑨层若干石锤的存在显示出发掘区作为毛坯生产场所的角色）。

需要强调说明的是：织机洞遗址发掘面积非常有限，因此对遗址功能和人类活动的解释面临着困难。我们根据现有材料和分析对人类活动试图做出的解释，在目前的研究阶段必然存在很大推测成分且不全面，需要未来结合更多更深入研究进行完善。

民族学观察表明，狩猎采集人群的流动策略具有多种类型。流动策略指狩猎采集者在地域景观中季节性流动的性质，流动策略是狩猎采集者应对食物获取的问题所采取的应对措施。流动的频率和形式与资源分布、资源结构、资源获取情况及与之关联的群体关系、社会—地域关系等因素密切相关。有些学者假设与狩猎采集人群流动关系最密切的是特定环境中的食物资源结构[4]。在相对空旷和人口稀少的土地上，如果食物资源分布较为分散或分散不均，且数量有限，那么人们需要时常迁居营地以确保相对稳定的食物来源。环境急剧变化造成资源匮乏或人口数量显著增加造成资源缺乏时，在大范围内的相对频繁迁移营地似乎是首选措施。高频的人员流动则常发生在资源相对丰富且较稳定的区域。

Binford（1980）[5]提出按照流动性和土地利用方式，把狩猎采集人群可分为两种类型：第一种以频繁的迁居流动为特征，这在Kuhn的理论中被称为后勤移动策略。这种人群集中开采生活区周边的资源，当资源耗尽时，便全体转移到新区域，建立新营地。高流动性栖居地的考古学特征之一是：含有相同性质石器（组合）的遗址在一定区域内散布，且遗址密度低。第二种人群迁居流动的频率很低，他们拥有相对长期、稳定的大本营，家庭成员外出狩猎、渔猎或采集，并将成果带回营地，与家人分享、消费。狩猎采集发生的时间和频率不定，取决于资源远近、获取的难易程度、食物消费的快慢等。这种遗址被人们占用的时间相对较长；周围区域应该分布有觅食过程中的临时地点或不同的活动地点。然而，这种栖居结构很难在考古遗址中发现。

目前缺乏对当地资源种类、资源分布与遗址关系等方面的研究，因此很难从生计、资源结构的角度对人群流动性和织机洞人群栖居形态作出判断。但是孢粉分析表明：在人类栖居织机洞的时期，气候相对温暖、湿润，没有大幅波动，呈现温带森林草原环境景观，这种景观拥有较为丰富的植物资源且能够吸引动物常到此活动。总的来说，由于温度、湿度等环境条件相对稳定，植被生长和动物群活动都相对稳定，不会造成动、植物资源数量的骤增骤减或迁徙。因此，食物资源应当比较丰富且稳定，不会对织机洞人造成生存危机和压力。可利用资源的丰度亦与人口密度密切相关，然而已有材料难以令我们衡量人口规模与密度。根据下文化层石器生产和石器分布密度，我们推测此时期织机洞人口密度很低。当时的织机洞人群应当没有因为环境剧变或人口压力引起可用资源锐减而必须频繁迁徙营地，开拓新领地以便寻找食物。

人群的流动模式和栖居特点还可以从石器加工的精致、粗简、权宜程度以及石制品类型组合中寻找线索。精致工具指经过有意识地控制和仔细修理的工具，或经过设计而打制成的外形规则、精美，刃缘平齐规整的工具。这种工具通常耐用、有些适于多功能并且便于维修。精致加工被看作是应对原料匮乏，优质原料最大化利用的对策，也是技术传统的重要表现。精致工具耐用且功能性强，用于多种生计活动，迁居过程中多被携带，这类工具的“生命史”长，不会被轻易丢弃。权宜技术指不投入太多精力和成本而加工工具的技术。在这种技术状况下加工成的石器简单、粗糙、不规则，耐用性不高；权宜石器的“生命史”较短，基本不经维修而直接废弃。权宜加工的模式暗示人们在一个地点的栖居时间相对较长，营地较为稳定，所在区域的资源相对丰富，获取资源并不困难，生存风险、压力和不确定性较低。权宜工具便能够满足需求，不需要投入太多的劳动、精力和时间。因此这方面的观察分析也表明织机洞下文化层人群迁居流动不频繁。

总之，织机洞下文化层石制品鲜明的权宜风格，以及气候环境条件、资源状况的综合信息指示出较弱的流动性，营地相对固定，迁居不频繁。然而现代狩猎采集部落的资料显示：石制品类型多样性可以与人群流动频率存在负相关关系[6]。织机洞下层单调的石器组合，简单粗糙的加工一方面与生产的方式和传统有关，反映投入—收益的最佳比率，同时也表明织机洞洞外应当还存在当时人群活动的其他主要地点。

2.5.2　上文化层

2.5.2.1　原料的获取和利用

上文化层的石制品以燧石和石英为最主要原料，石英岩和石英砂岩次之，泥岩、玛瑙极少见（表2-20）。根据野外调查，燧石原料可能来自于距离遗址6～7km的新密市石灰岩山体（图2-10），这些山体中夹杂大量燧石结核，遗址中利用的燧石原料很多是板状燧石结核。与下文化层普遍使用的本地石英砂岩砾石相比，燧石产地较远，需要采取特定的运输策略。石英的产源地有待进一步调查，目前遗址周围没有发现其产地。

表2-20　织机洞遗址上文化层原料岩性　　（单位：%）

岩性/地层	石英	燧石	石英砂岩	石英岩	硅质岩	玛瑙	泥岩	总计
⑤层	68.8	15.6	9.4	3.1	0	0	3.1	100
⑥层	46.4	39.2	11.2	2.4	0.4	0	0	100
⑦层	36.4	46.8	11.9	2.2	1.3	0.7	0.7	100

图2-10　织机洞遗址燧石原料产地

织机洞人群对石料的偏好在上文化层显著改变，石英和燧石原料成为绝对主体。这两种岩性的石核、石片、工具和废品所占比例最高。这里的石英和燧石，特别是石英节理发育，质地硬且脆，打片时不易受控制，易断易碎。这些特性可能是造成上文化层断块碎片比例大增的原因之一。各层的（注：本章所提“各层”指上文化层中的⑦层、⑥层和⑤层，④层标本极少，以下讨论不涉及此层）废品中石英者比例最高。⑦层的原料构成大大丰富，原料选择、运输和利用变得相对复杂。燧石产地较远，搬运成本相对较高，但却得到人们的重视和主要利用，特别体现在工具的制作上，因为本层出土的工具中，燧石比例最高，其次是石英。但是，石核、石片和废品类石制品中石英者所占比例是最高的，其次是燧石，二者比例远远超过其他岩性的原料（图2-11）。不同岩性的石制品中，废品所占比例都是最高的，其次是工具，再次是完整石片和石核，表明人们对各种原料的利用模式比较接近（图2-12）——石器加工兼剥片活动。⑥层原料的利用情况与⑦层相同，以石英和燧石为主，在石核、石片和工具类中，燧石所占比例最高，但石英砂岩有所增加。在石英、燧石、石英砂岩和石英岩石制品中，废品的比例最高，石英和燧石制品中，所占比例居次的是工具，远高于石片和石核，石核所占比例很低。在石英砂岩材料中，被加工成工具的较少，石片数量较多（图2-13）。⑤层中石英成为主体，石核、不完整石片和绝大多数完整石片与废品都以石英为原料；燧石的比例下降，尽管如此，近半数的工具由燧石制成。石英材料中，废品和工具比例下降，石片和石核比例上升；燧石制品中仅包含工具和废品；石英岩的情况与燧石相似，石英砂岩制品仅为石片（图2-14）。总之，原料的运输和利用在⑤层再次变化：由于遗址中仅存燧石石器，这种原料的初加工和毛坯的生产很可能是在其他地点进行的，如原料产地或洞穴周边。同时，人们把大量石英运回遗址，生产毛坯并加工工具。

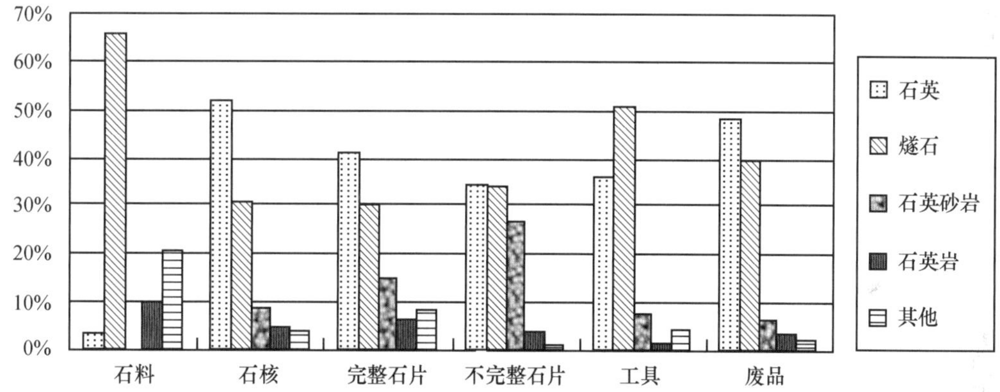

图2-11　织机洞遗址⑦层石制品类型与原料岩性

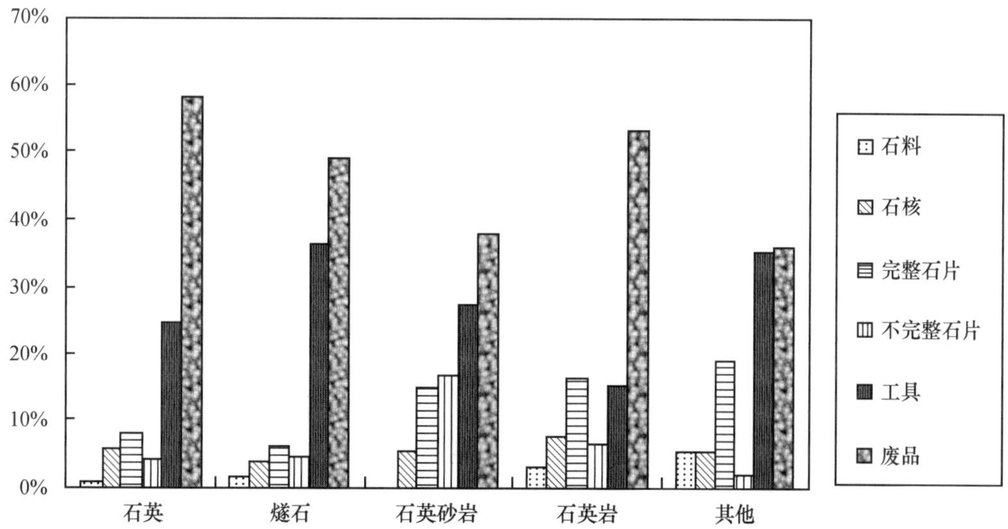

图2-12　织机洞遗址⑦层原料—石制品类型

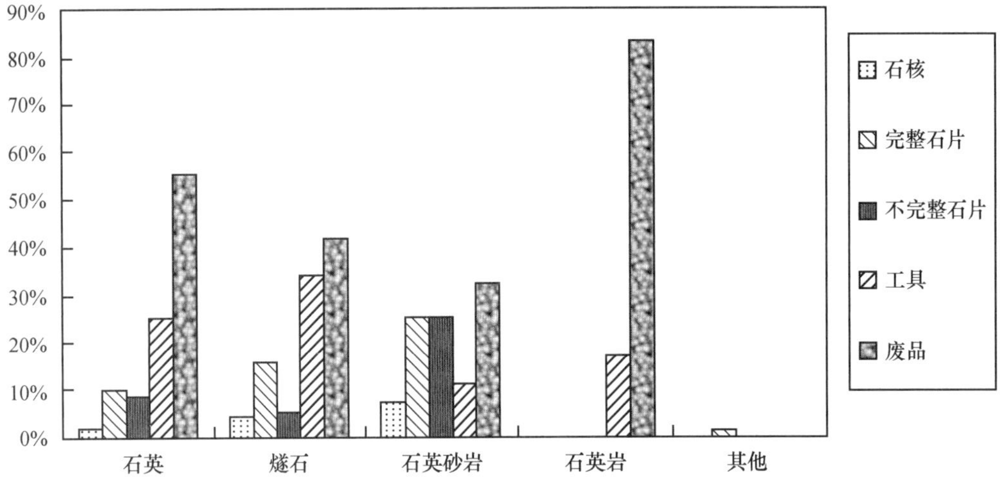

图2-13　织机洞遗址⑥层原料—石制品类型

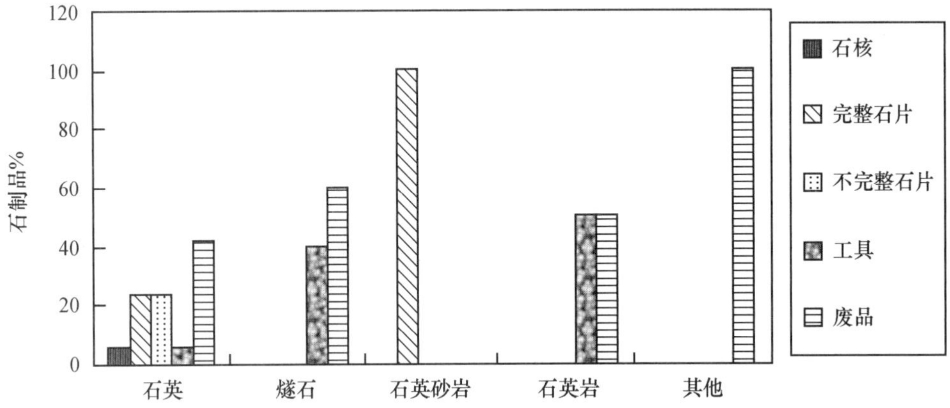

图2-14　织机洞遗址⑤层原料—石制品类型

总之，从⑦层、⑥层和⑤层原料的差异看，上文化层原料的使用模式，包括重点使用的原料的岩性、不同岩性的石制品的各种类型在各层的比例有所变化，原料运输策略等方面至少发生了三次变化。原料开发、运输和利用的改变应当与各阶段人群的生活方式和选择策略有关。

2.5.2.2　剥片

⑤层只出土一件石核，因此对上文化层石核技术特征的统计分析基于⑦层和⑥层的材料。石核数量在⑦层大幅增加，类型也较多，以Ⅲ型石核为主，其次是Ⅱ2型和Ⅰ1型石核，各类型所占比例的差异不大（表2-21）。

剥片仍以锤击法为主，与下文化层的剥片技术相同。砸击法偶有应用，鉴定为砸击石核的仅2件，分别为石英和燧石制品（图2-15左）。经过我们的观察，遗址中仅有的砸击石核体积远小于锤击石核的平均大小。因此，砸击法很可能是受石料岩性影响，在充分剥片的意图下而应用的。

表2-21　织机洞遗址上文化层石核类型统计

石核类型	Ⅰ1型	Ⅰ2型	Ⅰ3型	Ⅱ1型	Ⅱ2型	Ⅲ型	砸击
⑤层	0	0	0	0	0	1	0
⑥层	0	0	1	0	4	5	0
⑦层	26	9	11	18	29	46	2

上文化层剥片活动主要作用于燧石和石英石材，其次是石英砂岩，再次是很少量的石英岩和硅质岩（表2-22）。⑦层经统计：燧石石核中双台面石核最多，其次是单台面石核；石英石核以多台面石核为主；而石英砂岩石核中则单、双台面者居多；石英岩石核单台面者最多（图2-16）。较高比例的多台面或双台面石核表明人们尽量寻找合适台面剥片，暗示对石材的充分利用（图2-15右）。这在石英石核上表现最为突出，其次是燧石者。但单台面未必意味没有充分利用石材，一个合适的单台面可以多次剥片，打下多个石片，因此我们也把石核片疤与石料岩性结合进行统计，结果显示：除石英砂岩以外，各种岩性的石核中，多片疤石核都占有绝对优势比例，进一步表明本层剥片程度较大，人们对石英和燧石石材特别地充分利用。⑥层的石核也以燧石和石英者为主。本层缺少单台面石核，每件石核都是多片疤的，不仅燧石和石英石核如此，石英砂岩石核亦都是多片疤，反映出人们对各种石材尽量充分利用的行为。

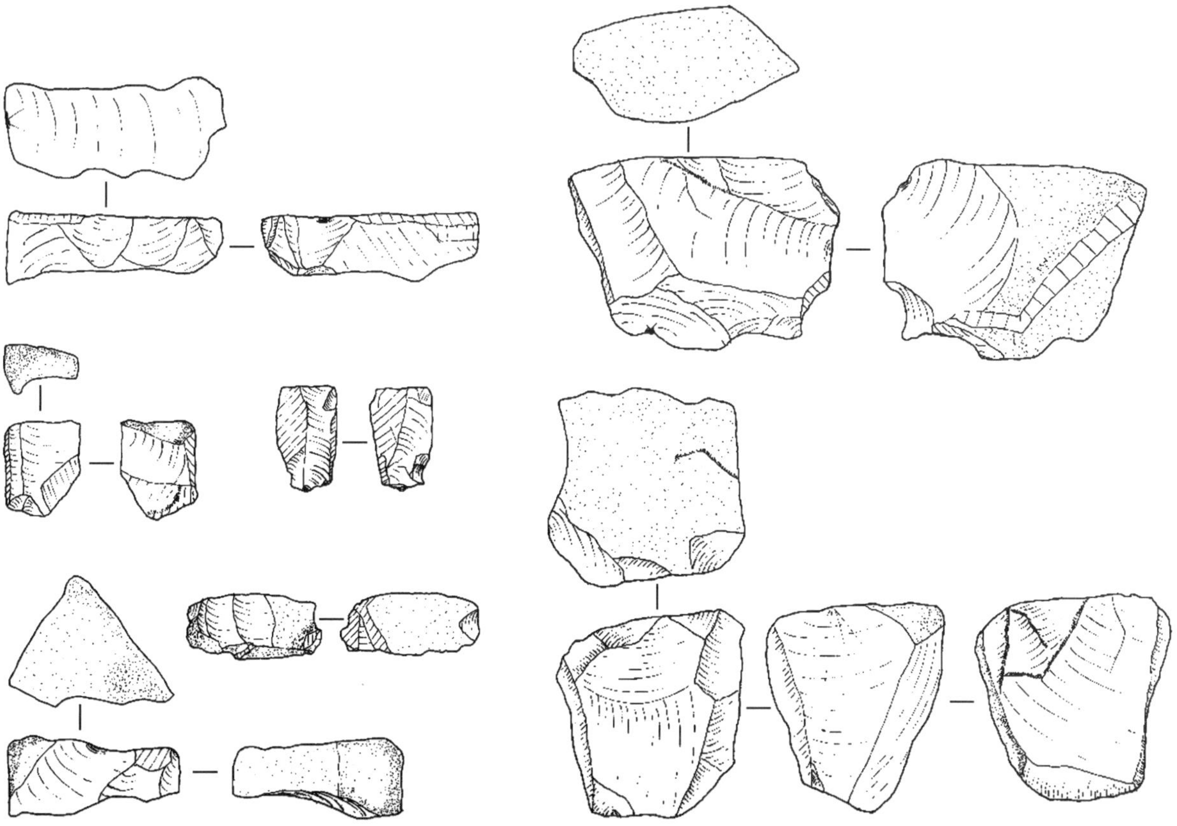

0　3cm

图2-15　织机洞遗址上文化层单台面石核和砸击石核（左）及多台面石核（右）

表2-22　织机洞遗址⑦层石核类型与原料关系

原料	Ⅰ1型	Ⅰ2型	Ⅰ3型	Ⅱ1型	Ⅱ2型	Ⅲ型	砸击
燧石	9	3	4	7	13	13	1
石英	11	6	5	7	13	27	1
石英砂岩	4	0	1	3	2	4	0
石英岩	1	0	1	1	1	2	0
硅质岩	1	0	0	0	0	0	0

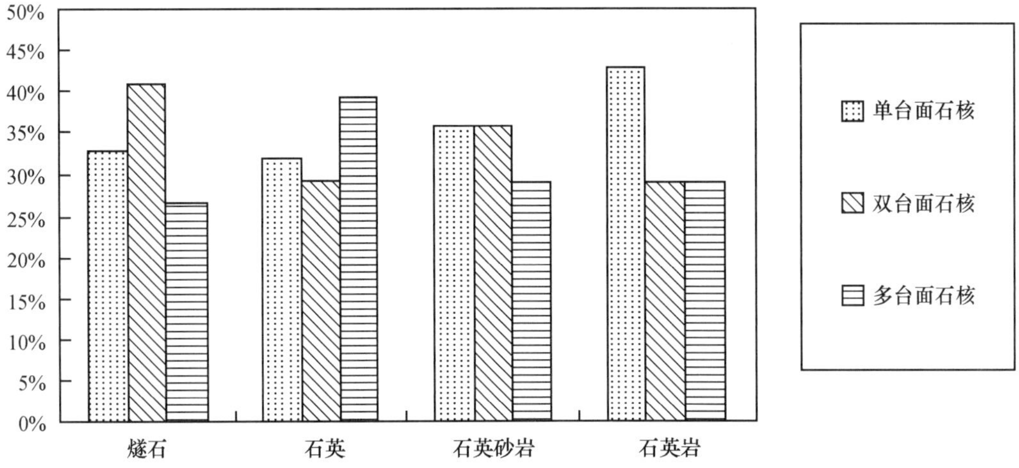

图2-16　织机洞遗址⑦层石核台面数与原料关系

与下文化层相比，上文化层石核的平均尺寸明显减小（图2-17），重量突出下降。结合上文化层石核与石片的尺寸看，石英和燧石的原始坯材就较小。因此石核尺寸与重量的下降应与石材原始大小直接相关。石核片疤较多，多片疤石核的比例较下文化层明显增加。石皮保留的比率很低，有些石核不存在或缺少继续剥片的适合台面，反映石材尽其所用。石核片疤仍以多向、单向或双向为主。对向和向心比例极低（表2-23），片疤方向总体上没有规律，显现出较为随意、缺乏计划的剥片特点。然而若干标本上发现了先剥片产生的石片疤成为此后剥片的台面的现象，这或许是人们在剥片过程中追寻合适台面的意图的反映。

上下文化层剥片行为的变化与原料策略（包括原料的选择、开发利用、运输等方面）的改变密切相关。石材岩性、体积大小以及获取的难易程度等对石核体积、剥片强度，甚至剥片方法造成直接影响。上文化层原料开发利用的重心转为不太容易获取或运输成本相对较高的燧石，虽然锤击剥片的技术本质没有改变，但与下文化层相比，上文化层石核片疤、台面等特点表现出人们更加充分开发石材的意图，剥片活动的强度增加，暗示人们对某些岩性的毛坯需求的增加。

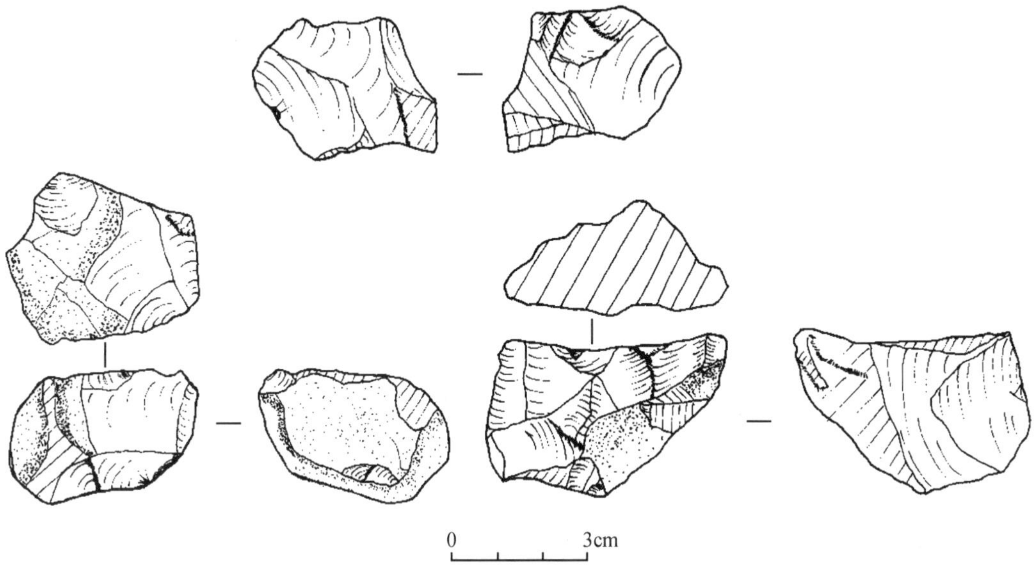

图2-17　织机洞遗址上文化层双台面和多台面石核

表2-23　织机洞遗址上文化层石核片疤方向统计

地层		单向	双向	对向	多向	向心
⑤层	N	0	0	0	1	0
	%	0	0	0	100	0
⑥层	N	1	5	1	3	0
	%	10	50	10	30	
⑦层	N	40	24	17	27	2
	%	36.4	21.8	15.5	24.5	1.8

上文化层出土石片的类型涵盖了Ⅰ～Ⅵ型（包括完整石片和不完整石片），不包括Ⅳ型。石片数量很多，主要由燧石和石英制成，其次为石英砂岩者。各层中人工台面石片多于自然台面石片；而前者中Ⅵ型石片是绝对主体。Ⅵ型石片在⑤层以石英为主，在⑥层主要是石英和燧石者，在⑦层，Ⅵ型和Ⅴ型石片中燧石最多，其次为石英（表2-24）。天然台面石片Ⅲ型和Ⅱ型偏多，Ⅰ型仅1件。Ⅱ型和Ⅲ型石片以石英砂岩者为主。以上情况的出现与原料自身特征有关或暗示着人们对待燧石、石英和石英砂岩的不同策略，同时也暗示着上文化层较高的石材利用率。

与下文化层比，上文化层石片的平均尺寸明显减小，平均重量显著下降，与石核的尺寸呈现相同的变化趋势（表2-25）。石片大小与原料具有较强相关性：石英和燧石生产的石片绝大多数属小型，少量中型，而石英砂岩石片偏大，但与下文化层的石英砂岩石片相比，上文化层石英砂岩石片总体上尺寸偏小。

表2-24　织机洞遗址上文化层石片类型与原料

地层	类型	石英	燧石	石英砂岩	石英岩	硅质岩	泥岩
⑤层	Ⅰ型	0	0	0	0	0	0
	Ⅱ型	0	0	1	0	0	0
	Ⅲ型	0	0	0	0	0	0
	Ⅴ型	1	0	0	0	0	0
	Ⅵ型	6	1	1	0	1	0
⑥层	Ⅰ型	0	0	0	0	0	0
	Ⅱ型	0	2	3	0	0	0
	Ⅲ型	0	1	0	0	0	0
	Ⅴ型	1	3	2	0	0	0
	Ⅵ型	7	8	2	0	0	1
⑦层	Ⅰ型	0	0	0	1	0	0
	Ⅱ型	1	2	6	1	0	0
	Ⅲ型	5	6	7	0	1	0
	Ⅴ型	12	16	10	1	1	0
	Ⅵ型	46	63	20	2	1	0
	砸击	2	0	0	0	0	0

表2-25　织机洞遗址上文化层石片尺寸统计

测量值 地层	尺寸	最大值	最小值	均值	标准差
⑤层	长（mm）	58.2	18.1	28.8	12.7
	宽（mm）	76.5	10.6	25.5	19
	厚（mm）	21.1	4	9.9	5.4
	重（g）	77.5	1	12.2	22.8
⑥层	长（mm）	81.2	12.4	31.7	15.5
	宽（mm）	93.9	13	31.5	16.6
	厚（mm）	44.3	5.9	13	7.5
	重（g）	181	1	17.9	35.4
⑦层	长（mm）	111.9	11.3	32	12.8
	宽（mm）	137.5	9.9	28.9	12.7
	厚（mm）	44.6	3.5	12.8	5.6
	重（g）	557	0.5	16.5	44.6

绝大多数石片的打击点比较清晰，但锥疤、打击泡、放射线和同心纹很不清楚或没有显现，各层90%以上的石片没有同心纹和放射线。观察比较发现：大多数燧石和石英砂岩石片腹面的打击特征较石英石片相对明显。个别燧石石片的打击泡非常突出，很少数燧石石片具有显著的放射线。放射线在石英砂岩和石英石片上基本不见。以上特征表明石片腹面特征主要与原料岩性相关。石片的打击特征显示出硬锤直接打击的特色。两件石英砸击石片的存在证明砸击技术偶尔被使用。从砸击石片的岩性和尺寸看，砸击法很可能是在处理或充分利用个别石英原料时而被采用的。

石片形状多不规则，若干石片呈三角形和长形。长形石片两边几乎平行，形态似石叶，这种类型石片多以燧石或石英为原料。这些长形石片或三角形石片虽然形似特殊技法或剥片技术的产品，但缺少预制、修理或计划性剥片的技术特征以及这类技术的其他相关产品在遗址中没有发现，因此相对规则的若干石片应当是简单剥片技术下偶然产生的。石片台面特征亦可证明织机洞上文化层剥片技术的本质：人工素台面为主，其他类型台面产生的偶然性很强，缺少修理台面（图2-18）。⑦～⑤层各层中都存在若干有疤台面石片，台面因此具有修理的迹象。以上现象结合石核的诸项特征分析证明上层不存在预制和石核修理技术或特殊剥片步骤与技法，整体石制品组合中缺少复杂或相对复杂剥片技术下的石核和毛坯。

石片角相对集中分布在100°～120°的范围内，但变异大，处于不同石片角范围的石片所占比例相对均衡，暗示出原料，特别是燧石和石英在剥片时不易受控制的特点。然而，明显变化的是：上文化层中石片角大于120°的石片所占的比例在⑥层显著下降，在⑤层则消失不见。据统计，⑦层中石片角大于120°的石片只有11.1%为石英砂岩，其余均为石英和燧石石片。⑥层石片角大于120°的石片只有2件，分别为石英和燧石石片。同样地，石片角在90°～100°之间的石片的比例在⑥层也显著下降，但在⑤层明显升高。统计观察表明，石片角处于这个范围的石片与原料也没有对应关系，其比例的变化应当与原料没有相关性。以上变化可能暗示着技术方法或操作上的某些变化，这种变化应当与原料没有关联。然而我们也考虑到⑥层和⑤层的样品数量太少，不足以说明问题。

织机洞上层石片背面的片疤数量多，自然面比例极低（表2-26），表现了较高的剥片率，对坯材充分利用，与石核的分析结果相吻合。

表2-26　织机洞遗址上文化层石片背面的自然面所占比例

地层		0	0～25%	25%～50%	50%～75%	75%～100%	100%
⑤层	N	9	0	1	1	0	0
	%	81.8	0	9.1	9.1	0	0
⑥层	N	21	6	2	1	0	0
	%	70	20	6.7	3.3	0	0
⑦层	N	156	16	15	15	3	3
	%	75	7.7	7.2	7.2	1.4	1.4

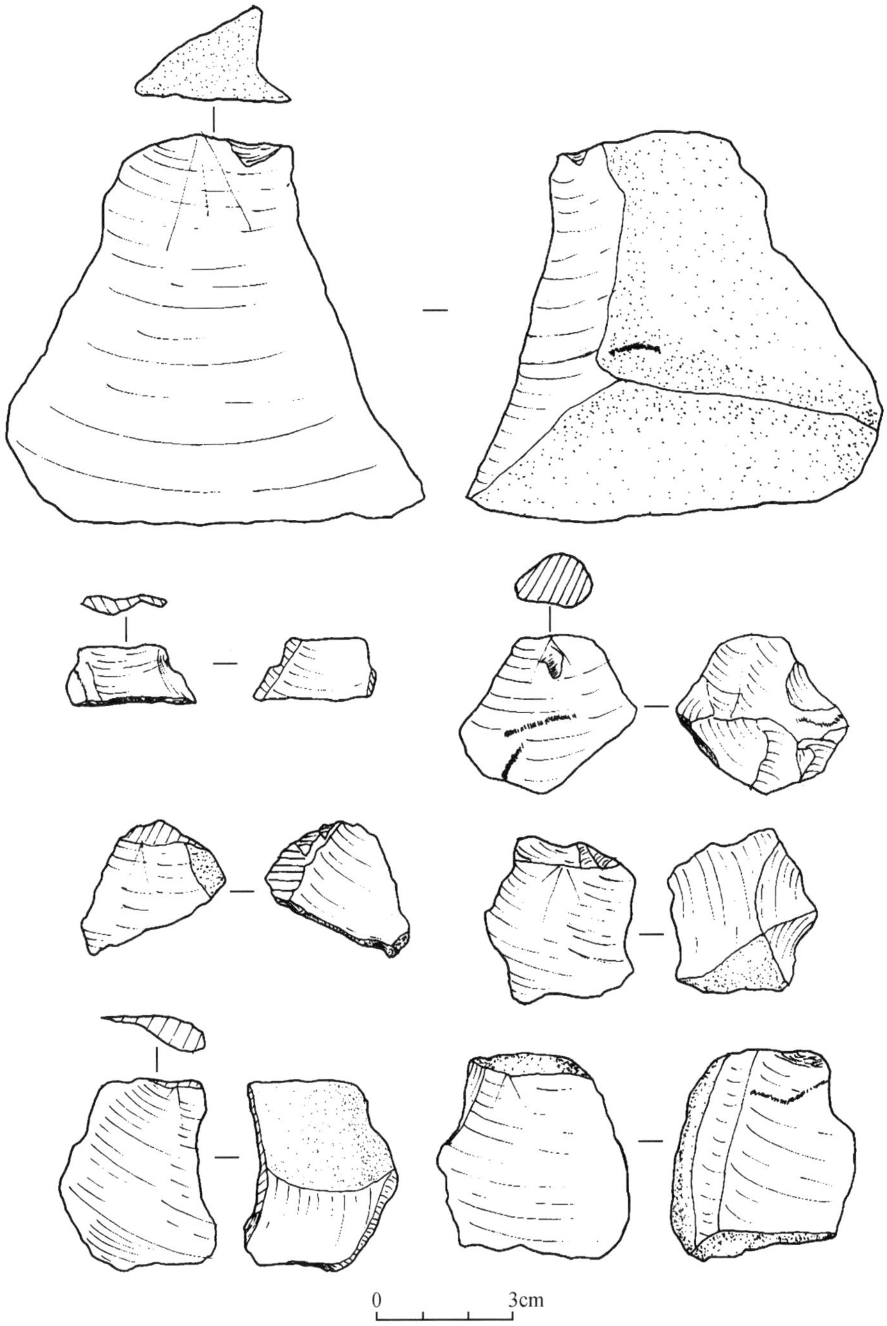

图2-18　织机洞遗址上文化层天然台面和人工台面石片

石片背脊多为无规律的复杂形态，总体上体现无规律、无计划的剥片行为。然而也存在若干具有“Y”形、倒“Y”形、“人”字形或“X”形背脊的石片。这些背脊通常显现出较为清晰的剥片方向，其中片疤双向者较多，极少为向心（聚向）。背脊特征（即最后剥片以前所剥离片疤的方向与位置关系）对石片形态有重要塑造和限制作用。上述几种背脊形态相对清晰可辨、规则的石片，其整体形态也相对规范，适于再加工和使用。具有特殊背脊形态的石片表明织机洞上文化层剥片行为有所变化——不是完全盲目、随意的，有些剥片过程中带有思考和设计因素。

对于上文化层剥片技术的补充说明是：在若干燧石石片或其他类型毛坯上，我们发现了浅圆形的凹坑，是燧石受热后石片或残块表面部分膨胀脱离的证据。研究表明，由于燧石受热后，节理特征易发生改变，因此将其加热能起到辅助剥片或修理的作用[7]，加热燧石是织机洞上文化层剥片或加工石器所用的特别方法或辅助方法。目前国内有关加热燧石的报道和研究还很少，在我国，远古人类最早在什么时候开始使用这种方法？这种方法是否存在一个发展过程？这种方法在我国是否属于某个时期或某种人群的行为特征？这些问题有待未来研究的回答。

2.5.2.3　石器加工

上文化层修理石器所用的毛坯以中小型石片、残片和断块为主（表2-27）。每种类型工具几乎都由这几种毛坯修理而成，每类工具中完整石片、不完整石片、残片和断块毛坯的比例差异不显著（表2-28），不存在特意挑选毛坯的行为。石器的岩性以燧石和石英为主，其次为石英砂岩，即具有修理或使用痕迹的燧石和石英毛坯的数量远远超过石英砂岩，石器修理过程中也不存在"选择"原料岩性的情况，各工具类型的岩性呈现显著多样性（表2-29），即每种工具都用2种以上不同岩性的原料制成，表明当时人们没有选择特定种类原料加工特定工具类型的意识与需求。

表2-27　织机洞遗址上文化层石器的毛坯

地层		完整石片	不完整石片	残片	断块	石核	砾石（含砾石断块）
⑤层	N	1	1	2	3	0	0
	%	14.3	14.3	28.6	43	0	0
⑥层	N	17	10	17	20	2	0
	%	25.8	15.2	25.8	30.3	3	0
⑦层	N	252	136	187	326	11	4
	%	27.5	14.8	20.4	35.6	1.2	0.4

表2-28　织机洞遗址⑦层石器类型与毛坯

工具类型	完整石片	不完整石片	残片	断块	石核	砾石
刮削器	197	112	158	273	11	1
端刮器	25	9	12	26	0	0
砍砸器	0	0	0	2	0	0
雕刻器	3	1	0	4	0	0
钻	1	1	5	5	0	0
尖状器	18	11	7	13	0	0
凹缺刮器	8	2	5	5	1	0

表2-29　织机洞遗址⑦层石器类型与原料

岩性＼类型		刮削器			砍砸器	端刮器	凹缺刮器	尖状器	钻	雕刻器	石锤
		单刃	双刃	复刃							
石英	N	177	59	6	1	16	4	17	4	3	0
	%	37	27	12	33	22	19	35	44	33	0
燧石	N	238	126	38	0	44	7	29	5	6	0
	%	49	58	78	0	61	33	59	56	67	0
石英砂岩	N	50	14	3	2	7	3	3	0	0	1
	%	10	7	6	67	10	14	6	0	0	100
石英岩	N	7	2	2	0	2	1	0	0	0	0
	%	1	1	4	0	3	5	0	0	0	0
硅质岩	N	8	6	0	0	1	2	0	0	0	0
	%	2	3	0	0	1	10	0	0	0	0
玛瑙	N	1	7	0	0	2	1	0	1	0	0
	%	0.2	3.2	0	0	2.8	4.8	0	11.1	0	0
泥岩	N	3	3	0	0	0	3	0	0	0	0
	%	0.6	1.4	0	0	0	14.3	0	0	0	0
合计		484	217	49	3	72	21	49	9	9	1

石器尺寸和重量呈显著减小的趋势。从平均值看，各项尺寸特征在⑧层开始减小，但标准差太大，变化主要自⑦层开始。工具尺寸变化主要表现为厚度和重量显著减小。这种变化趋势与石料和毛坯尺寸的变化呈正相关。上文化层石器尺寸和风格类型（下文介绍）展现了以轻型工具为代表的工业面貌。

观察表明，上文化层石器的修理程度多数属于粗修，修疤总体上不规范、具有随意性，表现在修理技术、修疤的形态、大小、分布等方面。石器基本都是由硬锤修理加工的，然而加工的强度和精致度的个体差异较大，而且不同岩性石器之间亦有较为明显的区别。修理的强度和精致度与原料有一定相关性，即燧石和石英石器修理刃缘的数目、修疤密度、修疤出现频率都高于石英砂岩石器，毛坯的利用率高；石英砂岩石器的修疤更短（尤其相对于其较大的毛坯来说）、分布较稀疏、刃缘数量较少（图2-19）。

石英和燧石石器加工风格的差异不大，不足以证明人类处理这两种原料的技能差别和带有选择性的加工。具体而言，大量石英和燧石工具都被粗简地修理而成，修疤较深且不十分规范，体现出硬锤打击的痕迹。有相当一部分被归为石器的燧石制品上的修疤短小、深且杂乱，可能是使用过程中磕碰、崩离而形成的。这种疤痕的形成原因需要通过实验进行解释。燧石材料容易形成锋利、可直接使用的刃缘，人们可能直接使用，在使用到一定程度后再修理、维修（通常选择其他适于加工的刃缘），因此在随意加工和使用意识、需求与行为模式的影响下，面对这种相对优质的原料，虽然易于控制并加工成相对规整的石器，人们也不会特意仔细或精致地加工。然而精加工工具的比例在⑦层还是呈现出明显上升趋势的，主要是燧石和石英石器。有些工具加工得非常精美、修疤规范、浅平、远，与使用软锤修理的效果相似。少量石英石器的修疤尤其清晰、浅平、连续且规整（图2-20）。面对石英这种易碎、敲打时不易控制的

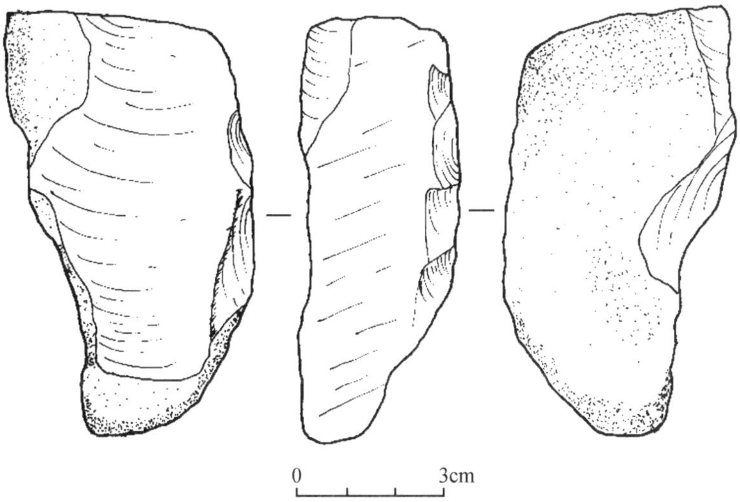

图2-19　织机洞遗址上文化层的砍砸器

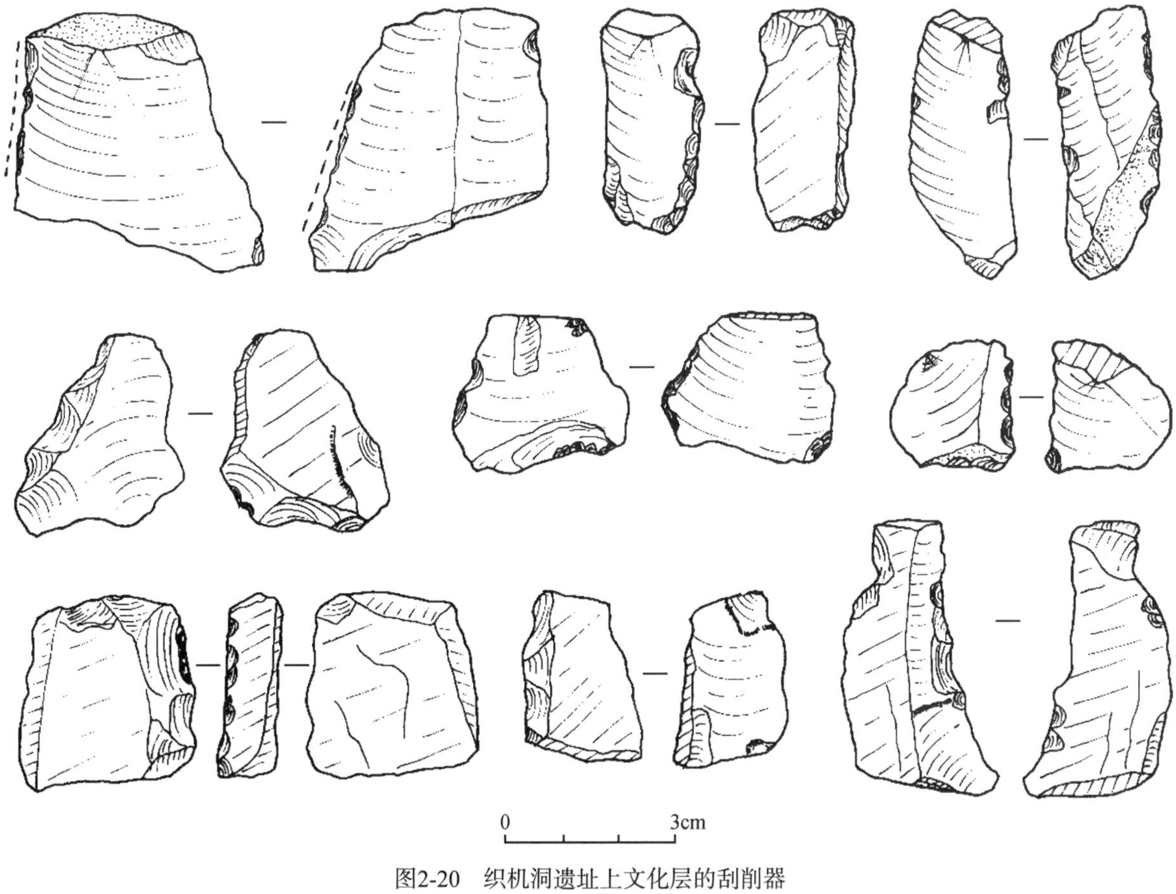

图2-20　织机洞遗址上文化层的刮削器

材料，能够加工出这样精致的石器，反映了修理技能的进步。这种精致、刃缘平齐规整的修理在石英砂岩和其他岩性工具上较为罕见。

修疤深度在上、下文化层没有显著变化。⑦～⑤层，深度与中度修疤者超过86%；修疤长短也无变化，绝大多数工具的修疤都很短，这种工具在各层所占的比例分布在85%～96%之间（表2-30）；以上特征一致显示织机洞上层人群使用硬锤简单修理。修理刃缘占整个毛坯边刃的比例较高（基本均为50%以上）而且刃缘修理绝大多数呈连续分布。上文化层（尤指⑦层）出土的复刃和双刃刮削器占有较高比例，其他类型如端刮器、尖状器等也通常具有多个修理刃缘，尤其是燧石和石英石器。从修理刃缘的数目看，修理的强度还是比较高的，同时说明当时人们充分开发合适的刃缘修理加工成工具的意图。刃缘数目也有可能是石器多个位置被充分或反复使用的反映。有些具有两个以上修理刃缘的工具还具有以下特点：一个边刃的修疤较为清晰或相对连续、整齐，而其他边刃修疤不明显或分布零散，这种现象所暗示的含义尚不能确定，但可能反映出人们充分利用燧石或石英原料的毛坯或石器，或者暗示出对工具的维修或对新刃缘的开发及试探性修理。

表2-30　织机洞遗址上文化层石器修疤深度和长短　（单位：%）

地层	修疤深度			修疤长短		
	深	中等	浅	近	中	远
⑤层	43	43	14.3	85.7	14.3	0
⑥层	36.4	57.6	6.1	89.4	7.6	3
⑦层	50.5	44.3	5.1	93	5.2	1.7

石器的加工方向比较多样。正向、复向是各层主要的加工方式，反向次之（表2-31）。⑦层正向和复向刃缘占绝大比例，少量反向和转向等。⑥层正向和复向刃缘所占比例几无变化，反向刃缘比例下降而转向刃缘的比例明显上升。⑤层正向修理的比例增加并继续为最主要的修理方式，其余方式，如反向、复向、转向和异向的比例几乎一致但很低。当然，⑤层出土石器的数量以及修理刃缘数目过少，因此数据的统计意义微弱。上文化层采用的大量复向修理方式体现了缺少规律计划的加工特点。此外正向加工为主的方式体现了这个时期本地区的人群行为习惯和特点。

表2-31　织机洞遗址上文化层石器加工方向统计表

地层＼刃缘		正向	反向	复向	转向	异向	对向	交互
⑤层	N	5	1	1	1	1	0	0
	%	56	11.1	11.1	11.1	11.1	0	0
⑥层	N	36	4	31	12	1	1	0
	%	42	4.7	36.5	14.1	1.2	1.2	0
⑦层	N	555	174	508	72	32	3	5
	%	41	12.9	37.7	5.3	2.4	0.2	0.4

工具类型变得丰富多样（表2-32）。⑦层的工具仍以刮削器为绝对主体，同时出现雕刻器、凹缺刮器、石钻等新类型（图2-21）；尖状器、端刮器、雕刻器（图2-22）的数量较下文化层增加，但它们的比例都低于10%。上文化层缺少石锤是一个有趣的现象。然而，石核、石片以及大量废品的存在，却提供了人们在遗址上从事剥片和生产石器的证据。石锤可能随人类迁移而被带走，或者人们对修理石器的工具有其他选择。

表2-32　织机洞遗址上文化层石器组合

地层＼器类	石锤	刮削器	尖状器	端刮器	凹缺刮器	砍砸器	雕刻器	石钻
⑤层	0	6	0	0	0	0	0	1
	0.0%	86.0%	0.0%	0.0%	0.0%	0.0%	0.0%	14.0%
⑥层	0	56	1	5	0	1	1	2
	0.0%	85.0%	1.5%	7.6%	0.0%	1.5%	1.5%	3.0%
⑦层	1	750	49	72	21	3	8	12
	0.1%	82.0%	5.3%	7.9%	2.3%	0.3%	0.9%	1.3%

石器种类和数量在⑥层呈下降趋势，绝大多数为刮削器。⑤层工具种类和数量更少，只有刮削器和钻。⑥层和⑤层的其他类型石制品数量也大幅减少，说明人类在遗址上的活动强度，特别是石器生产加工活动大大减弱。从⑦层到⑤层，尽管石器数量和类型显著减少，但刮削器在各层的比例始终在80%以上（其中包含直接使用而在边刃留下疤痕的工具），表明刮削器是当时人们最依赖的一种工具。刮削器的主导地位贯穿我国旧石器时代，是栖居这片土地的人群所选择的加工成本相对较低并且能够满足很多使用需求的工具，成本和收益达到最佳比率。

2.5.2.4　废品

废品数量在石制品组合中占有相当大的比例，其中断块所占比例远高于残片和碎屑（表2-33）。与下文化层相比，断块和残片在上文化层的比例大大增加，一方面反映剥片活动的增强，另一方面与原料的改变有重要关系。上文化层大量使用石英和燧石结核材料，这两种原料在生产过程中非常容易破碎或断裂，因此绝大多数断块的出现亦是石英和燧石这两种材料物理特性的反映。碎屑比例依然很低，然而织机洞被划分为经过修理加工的石器很多，绝大多数石器的修疤很小，由此推之，碎屑数量本应该很多，所占比例应当很高，但是由于碎屑太小，不易保留或很难被发现，导致遗址中发现的碎屑数量和比例很有限。

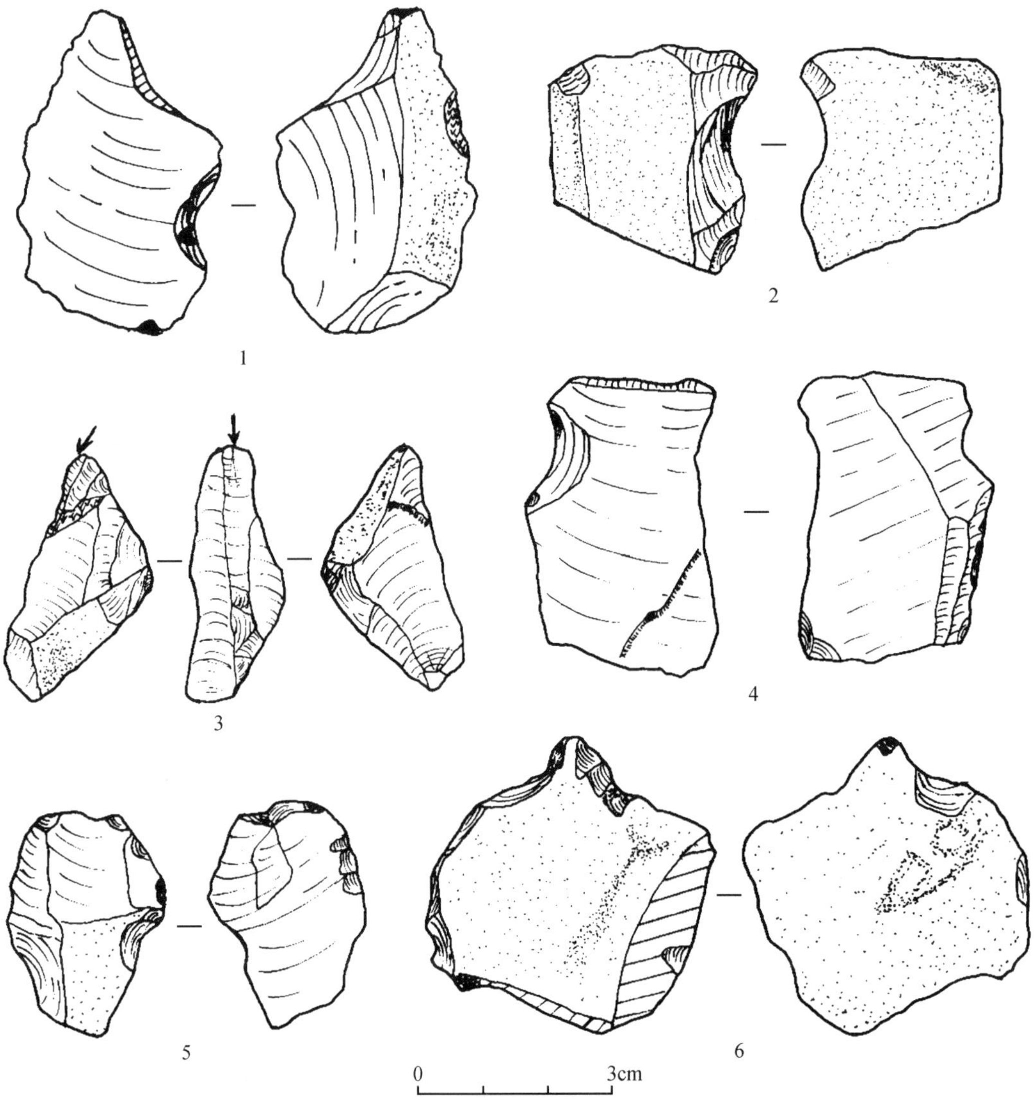

图2-21　织机洞遗址上文化层的凹缺刮器、石钻和雕刻器

1、2、4、5. 凹缺刮器　3. 雕刻器　6. 石钻

表2-33　织机洞遗址上文化层断块和残片的数量和比例

地层		编号标本		筛选采集（2004年发掘）		
		残片	断块	断块	碎屑	残片
⑤层	N	7	13	20	2	2
	%	35	65	83.3	8.3	8.3
⑥层	N	37	80	359	52	42
	%	32	68	79.2	11.5	9.3
⑦层	N	327	818	4589	471	443
	%	29	71	83.4	8.6	8.1

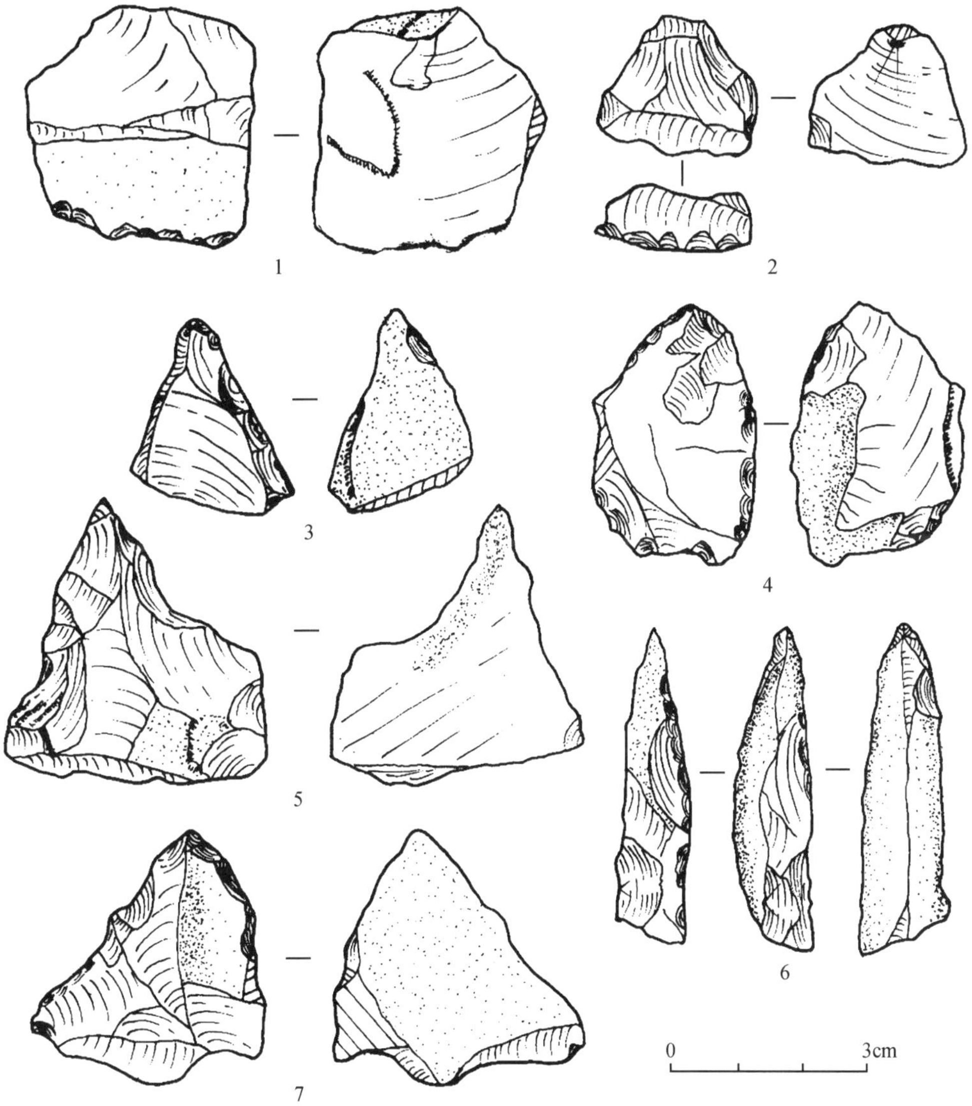

图2-22　织机洞遗址上文化层端刮器、尖状器和雕刻器
1、2. 端刮器　3～5、7. 尖状器　6. 雕刻器

断块或残片不绝对作为废弃物或废料而存在。观察发现：一方面，有相当一部分工具是以残片和断块为毛坯修理而成的，而且这些毛坯在出土的所有断块和残片中占有较高比例，证明修理石器时，只要具有合适刃缘就可以被选作毛坯进行修理，暗示对工具需求的增加。另一方面，个别断块或残片带有1～2个小修疤（由于存在3个片疤以上才被归为石器，这些断块暂列入废品中进行统计）或使用疤，这个现象可能暗示着人们曾试图加工或使用这些断块、残片，但最终没有完成修理或停止使用；另一种可能就是它们也被当作工具，只是修理得如此简单。总之，对断块残片的利用表明人们对燧石、石英原料的充分利用，也暗示着对工具需求的增加，无论毛坯形态如何，只要其具有适合使用或修理刃缘的特点，均被加以利用。

对各层石制品分布的简析展示了人群在织机洞（发掘区域）活动的历史。人类在遗址上生产石器的具体位置、不同类型石制品的数量、比例和相互之间的位置关系、分布密度，这些方面从下层到上层发生了至少两次显著的变化。以上分析一方面证明了该发掘区域作为石器制造场的性质，另一方面揭示了不同时期，空间利用策略和活动强度（对遗址占用强度）的变化。这些变化与技术组织中原料开发模式有关联，更主要地应当是不同时期人群栖居策略和流动模式的反映。

由于发掘面积有限，且石制品受到地层堆积塌陷倾斜的影响发生不同程度的位移，因此该遗址石制品空间分布的内涵比较复杂，以上分析还只是处于推断阶段。精确地解析石制品的空间关系、遗址的空间利用模式，需要得到拼合研究的帮助，这将是以后工作的一个重要方向。

2.5.2.5 行为阐释

织机洞上文化层各阶段包含生产程序中各阶段的产品（石核、石片、残片和碎块和石器），且数量较多，其中废品和石器所占比例尤为突出，石片和石核的比例较低。各层石制品分布没有明显规律，基本上每类石制品周围都混杂有其他类型石制品。遗址发掘区域在⑦～⑤层应当是石器生产和加工场所，因为废品占有相当高的比例，石器亦数量较多且与废品混杂分布。有些石器可能经过使用—再维修，有些则可能在使用后或因维修和加工得不理想而被废弃。

然而，2001年在发掘区的北部发现了一些动物遗存，主要集中在S10和S15的⑦层，经鉴定，动物骨骼上存在火烧痕迹、人工敲击和切割痕迹，再现了人们烧烤和消费肉食与骨头的情景。动物骨骼与用火遗迹分布在同一个区域内，还与炭屑和烧石共存。这些现象表明织机洞⑦层发掘区域同时作为生产工具和预备加工食物以及消费食物场所的功用。⑥层和⑤层没有发现动物遗存、用火遗迹等反映人类日常生活的遗物与遗迹，说明了这两个时期人们只在遗址上打制石器，而不从事备办和消费食物等日常活动。20世纪90年代发掘的洞前南区动物遗存较为丰富，相比之下，我们在北区发现的动物遗存太少。这种差异可能一方面与微埋藏环境有关；另一方面可能受遗址功能分区的影响。因此⑥层以后的时期，人类可能也在遗址上从事其他日常活动，但却发生在遗址的其他区域空间。

根据遗址功能、剥片活动强度以及石器类型来看，⑦层应当是人类集中和长时期活动的场所。⑦层石制品数量多、分布密度很高，石器类型丰富，存在灰堆和用火现象，这些暗示生计活动的进行。除上述现象外，这个时期存在一定数目的精细加工的工具，但大多数工具加工得比较粗简，整体上表现出权宜和随意的风格，可能暗示迁居流动的减弱。然而，大量开采中远程的燧石原料表明人类活动范围扩大，超出了遗址及附近区域。石器生产和加工强度以及日常活动范围的拓展暗示着需求的增加，推测这个时期的人口有所增长，但增长幅度不大。⑥层石制品数量开始减少，分布密度下降，至⑤层和④层数量和分布密度的下降达到顶峰，代表着遗址的废弃阶段。此时遗址性质发生改变，从长期活动或栖居营地变为临时停留地或活动场所，主要活动区可能转移到洞外其他区域。⑥层和⑤层，可能代表着人群迁居流动较为频繁的阶段。关于石制品所反映的遗址功能和人类活动的分析表明，此时遗物密度很低，石器数量和类型显著减少，但工具的加工风格没有变化，暗示人类在遗址活动强度的下降。在织机洞被人类占用的最后时期，群体规模可能减小，同时由于洞穴堆积环境的不稳定，迫使人群频繁流动，更换活动地点。

在我国和东南亚地区，石器组合的丰富程度相对低，刮削器和砍砸器在各个时期一直占主导地位，因此在我国北方以刮削器为核心的工具组合对于群体流动性变化的指示不敏感。工具套似乎更是生活方式、传统或文化选择的反映。

上文化层石器加工的精致度和强度提高，集中体现在部分燧石和石英石器上（特别是⑦层），但绝大多数石器的修理仍带有强烈的权宜色彩。燧石原料产地较远（石英可能是同样情况），其开发和搬运成本较高，部分燧石产品的相对精致加工暗示着对这种原料的充分有效利用。织机洞遗址石器的加工修理风格和精致程度应当是适应原料资源和特定生计习惯的生产行为。在此，人群流动的频率则很难通过石器精加工程度来进行判断。

综上，⑦层和⑥层、⑤层的诸多差异表明织机洞上文化层的人口规模、人群流动、遗址栖居模式在⑤层以后至少又发生一次变化。

2.6　织机洞人类技术行为的变化

织机洞曾被古人类反复占用，存在5个主要时期——⑨层、⑧层、⑦层、⑥层、⑤层。石器工业和人类活动特点在各个时期都不断发生一些变化，记录了人类栖居洞穴的动态过程。其中最显著的变化发生在50kaB.P.左右，记为上、下文化层技术和人类行为的变化。其前后的其他阶段也在不同方面有所变化。尽管如此，从下文化层至上文化层，石器技术的本质和风格却是相同的，可概括为：

（1）使用硬锤直接打击剥片，剥片过程中缺少预设和计划的概念与操作环节。石制品中没有发现预制石核及副产品，没有发现与勒瓦娄哇技法相关的产品。生活在织机洞的狩猎采集者没有使用过复杂的石器技术。他们使用的剥片技术中不蕴含复杂的几何概念，不涉及需要反复练习才能掌握的特殊技能。

（2）用不规则的石片、砾石或断块做毛坯加工石器，加工时，不对毛坯刻意挑选。有一部分工具可能是没经过修理而直接使用的石片。

（3）石器的修理一直以单向正向和复向为主（图2-23），修理部位没有规律。很多被定义为工具的标本上的修疤总特征是短小且深（图2-24）；从形态观察，有些可能与使用或某种磕碰动作有关，不完全是二次加工的结果。织机洞各阶段的工具保持着粗简的加工风格。下文化层石器似乎更带有权宜的色彩，而上文化层石器突显最大化利用材料的目的以及工具使用需求增加，表现为石器加工强度的增强和石器规整精致程度的提高（图2-25）。

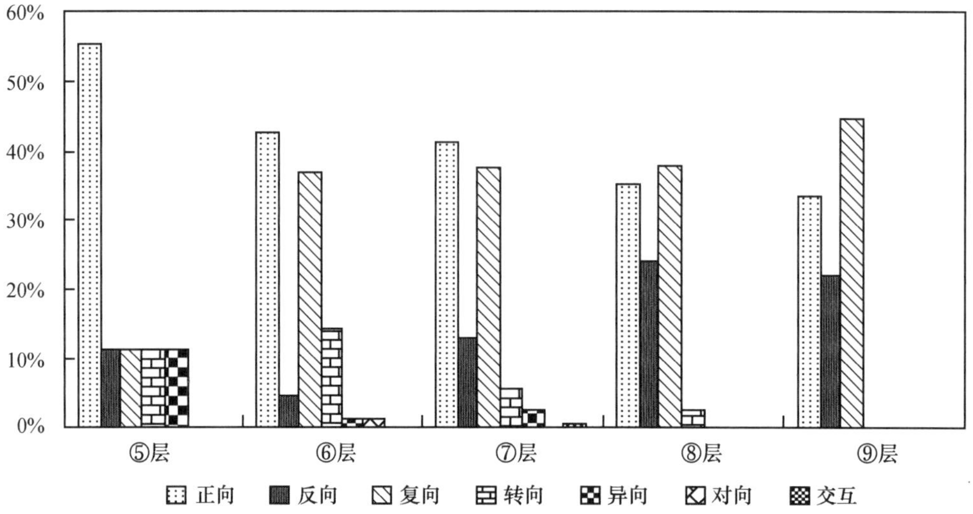

图2-23　织机洞遗址上、下文化层石器加工方向

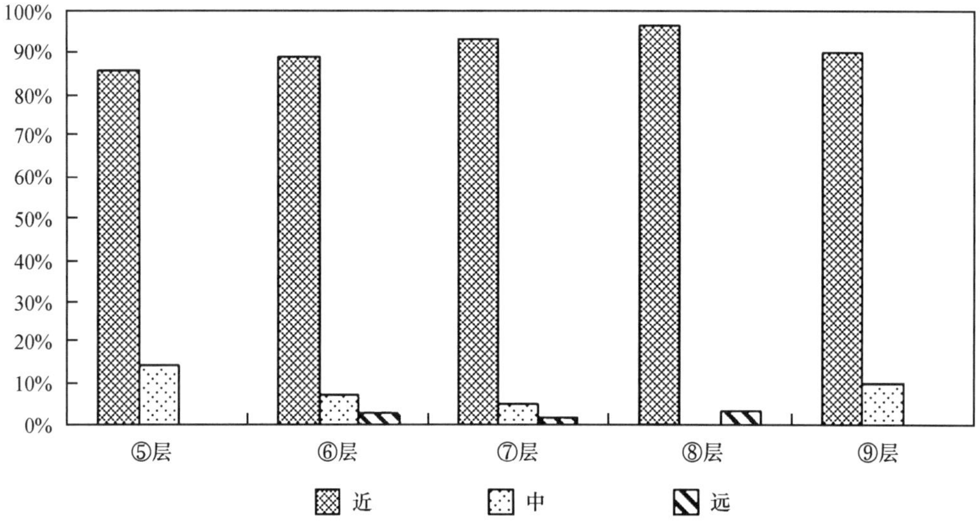

图2-24　织机洞遗址上、下文化层石器修疤长短

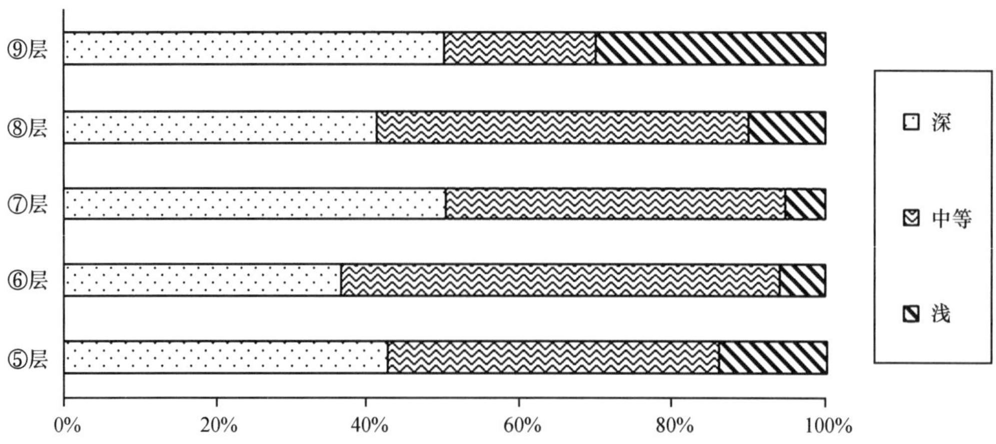

图2-25　织机洞遗址上、下文化层石器修疤深度

（4）刮削器在织机洞石器组合中始终占据绝对主导地位（图2-26）。以上特征体现出与华北地区旧石器早期、中期石器技术本质和工业面貌的相似性。

织机洞的人类技术和行为在下、上文化层各阶段发生的变化集中体现在以下几个方面。

（1）原料。

在下文化层人们就近获取洞前河滩中的砾石作为石器生产的原材料，此后注意力和偏好逐渐转移到相对优质、容易剥片、体积较小的燧石和石英原料。具体来说，⑨层较多地使用大型且质地粗糙的石英砂岩或砂岩，石英也有一定程度的使用；⑧层开始，石英原料的比例显著上升（图2-27），同时灰黑色燧石也开始被使用，但比例低，石英砂岩的比例陡然下降。石英砂岩原料很容易从附近河滩获取。对于这种材料，人们不仅能在河滩上就地剥片，也可以轻易把坯材或初加工产品运回遗址再做处理。石英砂岩破裂的物理特性导致这种原料不易产生小石片等小型毛坯和副产品，因此石核、石片以及工具个体偏大，且石核和石片上的片疤较大。在⑧层，石英增加且燧石原料开始被利用，工具多由这两种原料制作，小型工具明显增加。总之，原料的利用、毛坯和工具类型在⑧层初显变化，这个时期似乎是石器技术工业由下文化层向上

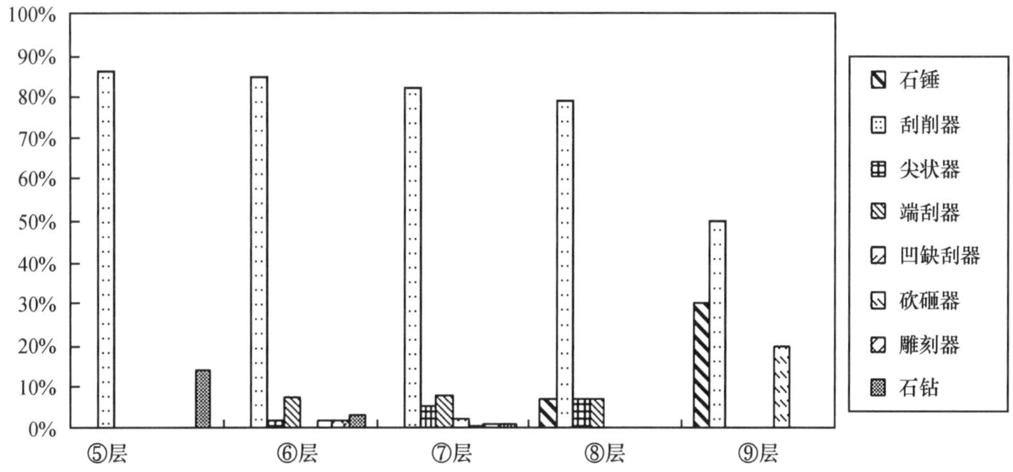

图2-26　织机洞遗址上、下文化层石器组合

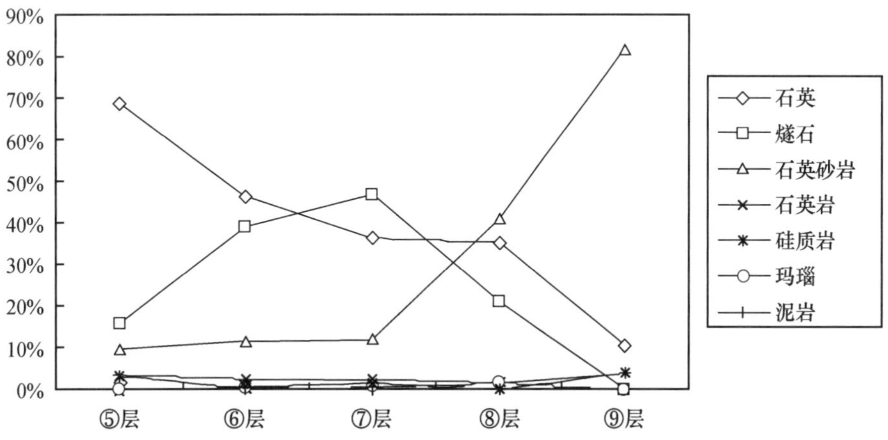

图2-27　织机洞遗址原料比例的变化

文化层转变的过渡。

⑦层燧石的比例大幅增加，人们主要使用燧石和石英这两种原料生产轻小型，并加工精致的工具。石英砂岩的使用显著减少。燧石的大量和高强度利用标志着人们不惜较高的成本投入，开发较远处的石材并运输到洞穴。原料种类构成变得多样，相对优质的原料受到关注和利用。自⑥层开始，原料策略再次发生改变，燧石制品的比例开始下降，但石英制品的比例呈明显上升趋势。石英在下、上文化层的各阶段一直有所使用，但程度不同，说明人类很早就发现了石英产地，并长期开采利用，成为依赖性原料。在人类栖居织机洞的最晚期，石英的比重远远超过任何其他岩性的原料，其原因有待进一步的解释，但石英产地的发现将有助于解答这个现象。

原料开发利用模式的改变应当源自人们对岩性认识和需求的改变，可能与新人群迁入这个地区有关，新人群可能携带或应用不同的技术，需要特定质地或结构的原料，由此引发了原料开发策略的改变。人类对原料的需求一方面取决于剥片和加工技术，另外还受到产地距离的影响。一般来说，近距离的原料产地能够节省人们在采集和运输上所耗费的能量，从而在狩猎、采集或其他生计活动上投入更多的时间与精力。因此狩猎采集者的原料策略在很大程度上反映出经济活动投入与收益的最佳均衡状态。那么织机洞上文化层原料开发策略的变化可能与狩猎—采集人群生计活动方式的调整或社会人群结构的变化密切相关。

（2）技术环节的变化。

剥片环节和石器加工在不同阶段也不断发生不同程度的变化，很多方面的变化与原料的改变直接相关。由下文化层至上文化层，石核数量增加，尺寸显著减小，石核上石皮保存少的石核逐渐变为绝对主导，多片疤石核比例增加，这些特征暗示织机洞由早到晚剥片强度的上升（图2-28），说明剥片地点、石器加工强度以及人们对待不同产地和不同岩性原料的选择利用发生变化。

其次，石片毛坯和工具尺寸因原料坯材尺寸的减小而变小（图2-29）。轻小型燧石和石英石器由下文化层至上文化层逐渐占主导，在⑦层其数量达到顶峰。石器的修理加工在上文化层有精致的趋势。石英这种岩性的材料易碎、易裂，剥片和修理时不易受控制，而在⑦层、⑥层，人们能够加工较为精细规范的石英石器，表明修理技能和技术的提高。工具修理程度和精

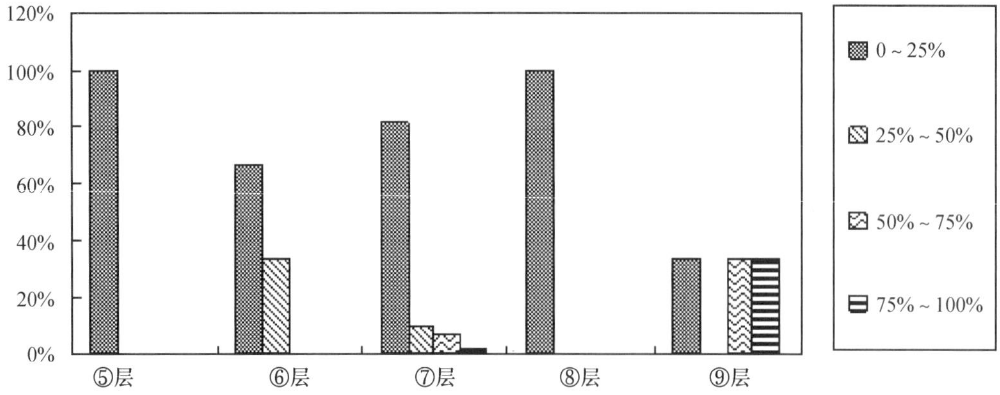

图2-28　织机洞遗址各层石核上所带石皮的比例

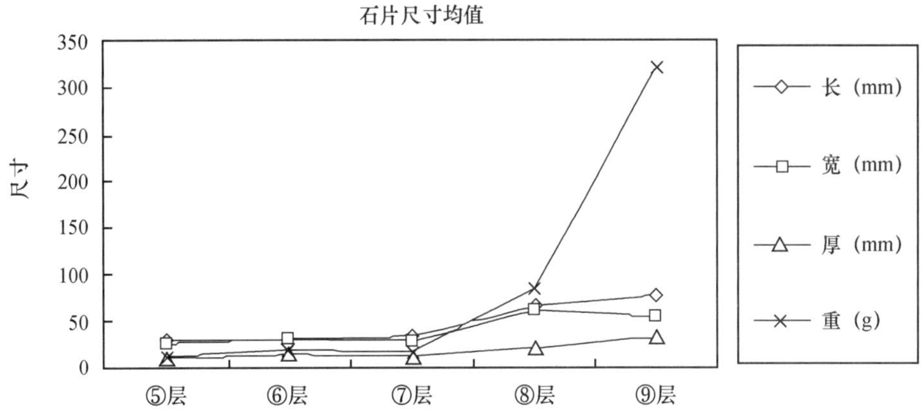

图2-29 石片平均尺寸的变化

致度提高的趋势暗示着工具使用方式、工具需求以及生计活动频率和强度的改变。石器平均重量在⑧层陡跌，石器平均长宽在⑦层显著减小，且自此以后更明显地向长宽厚等比发展。在工具组合方面，刮削器一直是石器组合的绝对主体。工具套由下文化层到上文化层经历了由单一变丰富，再变得单一的过程。⑨层的工具只包含石锤、砍砸器和刮削器三种类型，多为大中型；⑧层开始出现端刮器和尖状器等轻小型工具，重型工具较少见；⑦层、⑥层种类最为丰富；⑤层只有两种类型。工具修理特征和工具类型的变化与原料和毛坯的改变密切相关。

（3）栖居的变化。

织机洞各层的原料开发策略、石制品构成、数量、类型、比例（图2-30）、分布及其反映的石器技术工业和人类活动以及遗址自身埋藏堆积的变化展现出在这五个时期或阶段人群迁入、迁出的流动过程，表现了人类利用遗址的强度和方式的变化。下文化层发现的石制品数量很少，人类在遗址发掘区从事打制石器的活动十分有限。织机洞外的附近区域应当存在当时人群活动的主要场所。下文化层发掘区所在位置可能是石器加工场，而不是生活区，因为没有

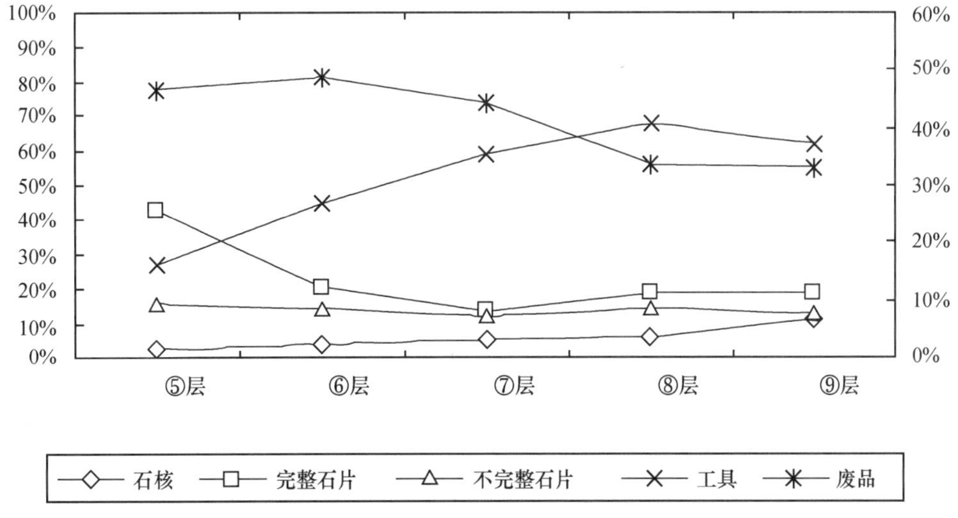

图2-30 各类型石制品比例变化的趋势

发现动物遗存或生活遗迹等，或者动物遗存、用火遗迹等受埋藏环境的影响未能保存，需要通过土壤矿物成分分析进行进一步检测。下文化层所用石料大多数来自附近河滩，且个体较大，工具偏重偏大。一些史前研究案例显示：大型权宜工具的制作与使用多发生在原料产地的附近[8]。这种情况同时也表明下文化层人群活动或流动范围较小。

上文化层的石工业面貌自⑦层起显著改变，石制品数量激增，这个时期人群对遗址的依赖程度增加，从事了很多打制石器的活动，同时还在此加工、消费食物。此时织机洞扮演了一个适合生活的营地角色。我们推想这个阶段人群结构、人口数量可能发生一些变化，生活需求有所增加，由此引发生计方式、活动强度和内容的改变。结合原料开发策略看，此时人类活动范围大大拓展，可能也是为了满足生产或生活上所增加的需求。⑥层石制品在数量上显著减少，人类在遗址的活动强度大大下降，相同的趋势在⑤层表现得更加突出。这些阶段的人群采取与前一个阶段（⑦层）不同的栖居模式。发掘区依然是生产毛坯和加工石器的场所，但应该不再是长期停留的营地，人群流动性增加。流动性和遗址功能的变化可能与自然环境资源或人群关系变化引起的生计策略的改变有关，当然遗址内部功能区的转换以及遗址所能够提供的生存条件变化也可能是重要原因。总之，各阶段人类占用遗址发掘区的强度和方式是不同的。

人类技术行为、石器工业和人类占用遗址的强度与方式在各阶段不断变化，但是在织机洞被占用的时期技术和行为没有发生革命性的变化：没有出现对新材料资源的认识和开发利用，没有出现新的石器技术、没有迹象表明该地区狩猎采集社会的经济、人口规模与结构发生变化或趋于复杂化，没有证据暗示人类的思维意识，即认知领域发生显著变化等等。原料开发利用模式及主要由此导致的石器工业面貌的变化可能暗示着新人群的出现，然而每个阶段占据织机洞的狩猎采集人群的性质以及他们之间的关系，仍是目前无法回答的问题。

注　释

［1］张松林，刘彦峰，等. 织机洞旧石器时代遗址发掘报告［J］. 人类学学报，2003，22（1）：1-18.

［2］邵文斌. 织机洞遗址2001年的发现与初步研究.［M］. 2003，北京大学硕士论文。

［3］夏正楷、刘德成，王幼平，等. 郑州织机洞遗址MIS3阶段古人类活动的环境背景［J］. 第四纪研究，2008，28（1）：96-102.

［4］Kelly R. Hunter-gatherer mobility strategies［J］. Journal of Anthropological Research, 1983, 39: 277-306.

［5］Binford L R. Willow smoke and dogs' tails: hunter-gatherer settlement systems and archaeological site formation［J］. American Antiquity, 1980, 45: 4-20.

［6］Shott, M J. Settlement mobility and Technological organization and: An Ethnographic Examination［J］. Journal of Anthropological Research, 1986, 42: 15-51.

［7］Gregg M L, Grybush R J. Thermally altered siliceous stone from prehistoric contexts: intentional versus unintentional alteration［J］. American Antiquity, 1976, 41: 189-192.

［8］Gamble C. The Palaeolithic Societies of Europe［M］. Cambridge: Cambridge University Press, 1999.

第3章　老奶奶庙遗址

3.1　概　　述

老奶奶庙遗址位于郑州二七区的侯寨镇樱桃沟，东南距离代家门村约500m，西邻贾鲁河上游九娘庙河，坐落在河旁二级阶地之上。遗址地处嵩山余脉向东延伸的低山丘陵区，区内黄土堆积发育。老奶奶庙遗址旧石器文化遗存埋藏在河漫滩相堆积中，是一个多层连续堆积的晚更新世露天遗址，遗址的主要发现是以灰烬堆积为中心的居住遗迹，以及数量众多的石制品与动物化石遗存（图1-1）。

老奶奶庙遗址经历2011年、2012年、2013年三个年度的发掘，总发掘面积约90平方米（图3-1）。

老奶奶庙遗址的布方采用国际旧石器考古田野发掘普遍流行的方法，按1m×1m的面积布设探方。以西南角为总基点，总基点所在探方编号为N100E100，往北和往东探方编号数据递

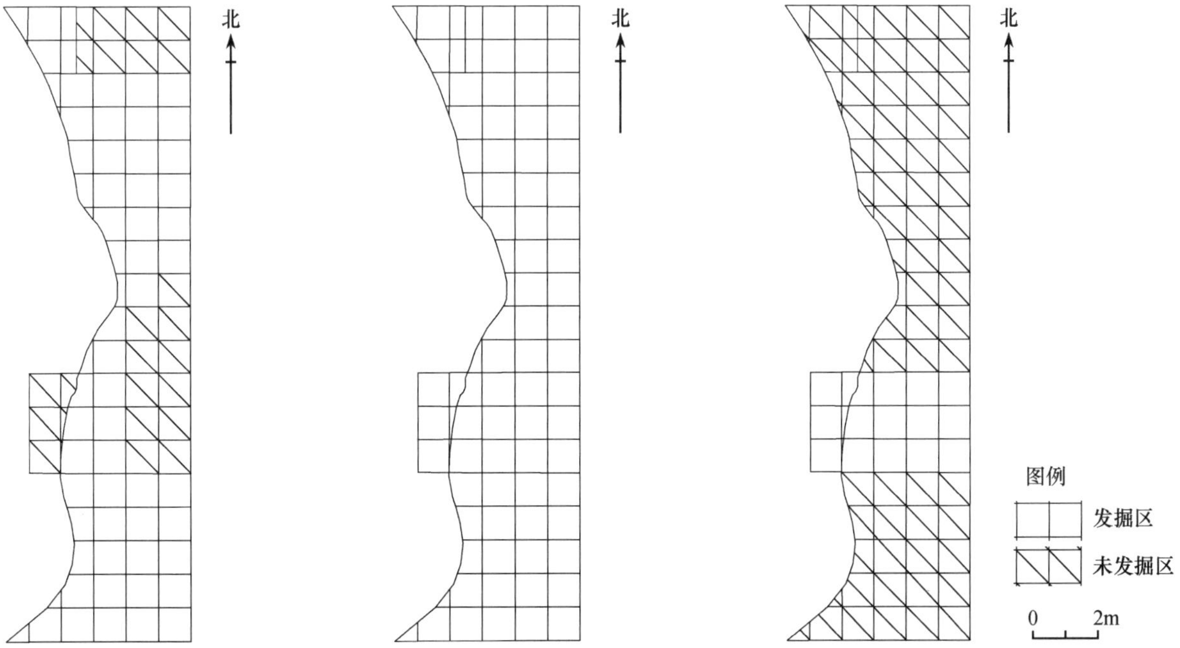

图3-1　老奶奶庙遗址2011～2013年发掘区探方分布

增。发掘上采用在地层划分基础上按照水平层的平面发掘法，发掘时将每个探方进一步划分为4个小区，按小区发掘，出土遗物按地层、水平层和亚区进行收集和记录，筛选所得遗物的收集也遵循这个规则。发掘过程中对每件遗物的三维坐标、长轴、倾向、倾角、风化磨蚀情况等方面进行全面记录。水平层发掘过程中，按文化层遗物和遗迹的具体情况，基本以3～10cm为一个水平层全面揭露所有探方。每个水平层清理完毕后划出地层，对出土遗物进行编号、照相、测量、记录、绘图以及收取。

3.2　地层划分与年代测定

老奶奶庙遗址堆积厚度达6米，其堆积自上而下从土质、土色、粒度等方面变化不甚明显，这对于地层的划分造成一定困难。但是，老奶奶庙遗址本身包含有丰富的遗物和遗迹现象，这些遗物和遗迹组成了较为清晰的活动面，每个活动面的层表都有炭屑或灰烬等标志现象，这些现象对于地层的划分提供了非常有利的线索。

所以，老奶奶庙遗址的地层划分依据是在野外发掘中对于遗物空间分布的观察和把握，再结合土质、土色、粒度等信息，文化层与自然层划分相结合。最终地层划分结果是将该遗址的更新世晚期堆积分为4个大层，16个亚层，22个小层（图3-2）。具体地层情况自上而下描述如下。

②A层：厚60～100cm，属于近代扰土层。

②B层：厚10～110cm，属于近代扰土层。

②C层：厚7～86cm，系浅灰黄色黏质粉砂，较硬，较致密，属于马兰黄土层。

③层和④层系河流相堆积，为主要文化层：

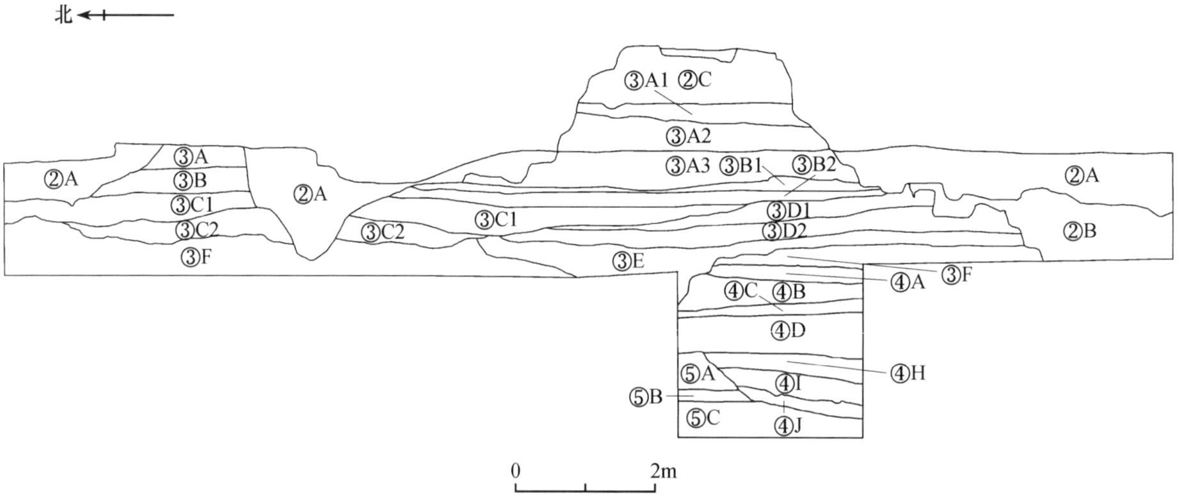

图3-2　老奶奶庙遗址东壁剖面图

③A1层：厚16～33cm，系浅黄褐色黏质粉砂，较硬，较致密，较细水平层理微弱可见，包含零星砾径较小的钙结核和少量条带状锈斑，包含少量文化遗物。

③A2层：厚38～62cm，系黄褐色黏质粉砂，较硬，较致密，较细水平层理微弱可见，包含零星砾径较小的钙结核和少量条带状锈斑，包含零星文化遗物。

③A3层：厚32～58cm，系浅黄褐色黏质粉砂，较硬，较致密，较细水平层理微弱可见，包含砾径较大的姜状钙结核和近平行的条带状锈斑，包含部分文化遗物和保存比较差的灰烬。

③B层：厚4～24cm，系灰褐色黏质粉砂，较硬，较致密，细水平层理较明显，包含少量钙结核和少量条带状锈斑，层表有薄层炭屑，包含有丰富的文化遗物和用火遗迹。

③C层：厚0～50cm，系黄褐色黏质粉砂，较硬，较致密，细水平层理较明显，包含少量较小钙结核和局部锈斑，包含有较为丰富的文化遗物和用火遗迹。

③D层：厚0～66cm，系灰褐色黏质粉砂，较硬，较致密，细水平层理较明显，包含较多砾径较小的钙结核和零星锈斑，包含有较为丰富的文化遗物和用火遗迹。

③E层：厚20～60cm，系灰褐色黏质粉砂，较软，较疏松，细水平层理和交错层理可见，包含零星钙结核和锈斑，包含有丰富的文化遗物和用火遗迹。

③F层：厚19～36cm，系黄色黏质粉砂，较软，较疏松，细水平层理和交错层理可见，包含零星钙结核和少量条带状锈斑。

④A层：厚15～23cm，系浅灰白色粉砂，较软，较疏松，细水平层理和交错层理清晰可见，层表有薄层炭屑。

④B层：厚5～25cm，系黄褐色粉砂，较软，较疏松，细水平层理和交错层理清晰可见，层表有薄层炭屑，遗物分布比④A层稍为稀疏，但也有相当数量的遗物分布。

④C层：厚17～20cm，系浅黄色粉砂，较软，较疏松，水平层理发育。

④D层：厚10～20cm，系浅黄褐色粉砂，较软，较疏松，细水平层理和交错层理显著，局部发育淤泥透镜体和细砂透镜体，遗物分布比④C层稍为稀疏，但也有相当数量的遗物分布。

④E层：厚0～20cm，系浅灰黄色粉砂，较软，较疏松，细水平层理和交错层理显著，局部发育淤泥透镜体和细砂透镜体，由东向西倾斜，遗物分布于发掘区的西部。

④F层：厚0～20cm，系浅灰白色粉砂，较软，较疏松，细水平层理和交错层理显著，局部发育淤泥透镜体和细砂透镜体，含有砾径较小的钙结核和较小的锈斑，包含遗物较为稀疏。

④G层：厚20～55cm，系浅灰黄色粉砂，较软，较疏松，细水平层理和交错层理显著，局部发育淤泥透镜体和细砂透镜体，含零星炭屑，含有砾径较小的钙结核和较小的锈斑，包含遗物较为稀疏。

④H层：厚40～60cm，系浅灰黄色粉砂，较软，较疏松，细水平层理和交错层理显著，内夹有较薄的细砂透镜体，含零星炭屑，含有砾径稍大的钙结核和较大的锈斑，包含遗物较为稀疏。

④I层：厚15～35cm，系浅灰黄色粉砂，较软，较疏松，细水平层理和交错层理显著，少

见钙结核，锈斑面积很小，局部有细砂透镜体，包含遗物较为稀疏。

④J层：厚30～45cm，系浅灰黄色粉砂，较软，较疏松，细水平层理和交错层理显著，少见钙结核，锈斑面积很小，局部有细砂透镜体，包含遗物较为稀疏。

此外，在发掘区东部见有⑤层灰白色黏质粉砂堆积，以发掘区东壁为代表介绍如下：

⑤A层：厚约50cm，系灰白色黏质粉砂，较软，较疏松，包含钙结核较多，锈斑面积较大，包含遗物较为稀疏。

⑤B层：厚约30cm，系浅灰黄色黏质粉砂，较软，较疏松，包含钙结核较多，锈斑面积较大，包含遗物较为稀疏。

⑤C层：厚约60cm，灰白色黏质粉砂，较软，较疏松，包含钙结核较多，锈斑面积较大，包含遗物较为稀疏。

⑤C层向下钻探130cm左右，系灰白色—灰黄色黏质粉砂，仍是河流相堆积，堆积纯净，不见炭屑和文化遗物。

野外发掘结束后，进入室内整理阶段。我们运用SPSS软件对遗物进行空间分析，并将其与野外发掘的记录进行了细致比对。比对结果显示，遗物的空间分布结果与野外地层划分结果一致。得到这个结果并不意外，因为我们在野外划分地层的过程中详细观察记录并充分考虑了遗物的空间分布特征。不过，由于在野外发掘过程中的地层划分还依据了土质、土色、粒度等观察结果，地层划分更为细致，而SPSS软件统计成图显示某些地层中的遗物很难在实际操作过程中将其分开。所以，在室内整理阶段有必要将某些地层合并处理，以便于后期统计和分析。最终分析结果划分如下：③A层为一单位，③B层为一单位，③C、③D层为一单位，③E层为一单位，③F层为一单位，④A、④B层为一单位，④C层为一单位，④D层为一单位，④E～④I层为一单位。不同的单位之间有年代先后差别，并且代表了不同的活动面，具有分开统计的意义。

老奶奶庙遗址从文化堆积底部到顶部获得的多个^{14}C年代数据集中分布在距今4.1万～4万年之间，校正后距今约4.5万年。

3.3　遗存概况与埋藏特征

老奶奶庙遗址经历3个年度的发掘，出土有丰富的石制品和动物化石遗物。其中石制品共计7000余件，长度大于2cm的编号石制品2811件。编号石制品标本中石英石制品1754件，石英砂岩石制品862件，红色砂岩石制品136件，灰岩石制品40件，燧石石制品12件，石英岩石制品4件，灰白色硅质岩石制品3件，石制品标本合计共2811件。具体层位的遗物出土情况见表3-1，部分层位不确定的标本和②A、②B扰土层内的标本未统计在表内。

表3-1　老奶奶庙遗址出土石制品标本数量分层统计表

类型 地层	石核	石片	工具	残断	合计
④E～④I	3	25	3	22	53
④D	2	20	9	22	53
④C	16	59	11	43	129
④A、④B	9	62	13	150	234
③F	25	174	39	537	775
③E	13	31	11	148	203
③C、③D	5	25	5	156	191
③B	37	469	40	577	1123
③A	2	14	6	28	50
合计	112	879	137	1683	2811

从地貌位置看，老奶奶庙遗址的文化遗物埋藏在河流相堆积之中。在野外发掘过程中，结合堆积物的粒度和结构，明显可以看出③A～③D层的堆积物粒度较细，为黏质粉砂，且层理很微弱（图3-3，A、B），反映出一种弱水动力条件下的堆积过程；③E、③F层系③层和④层的过渡层，该层位堆积物粒度为黏质粉砂，但可见明显的水平层理和交错层理（图3-3，C），反映其堆积过程中的水动力大于③A～③D层；④层可以分为上下两部分，上部④A～④C层的埋藏环境与③E、③F较为相似；下部④D～④J层粒度明显增大，且其堆积物结构水平层理和交错层理显著（图3-3，D），常见淤泥透镜体和细砂透镜体，反映出水动力较为复杂。并且④D～④J层堆积中可见有一些沟槽现象（图3-3，E），这些沟槽中亦有遗物发现。这些沟槽可能是河漫滩上发育的小沟，亦有可能是河床堆积。之所以推测④D～④J层可能存在河床堆积，是因为其下部的⑤层堆积的颜色、粒度、包含物均显示其是另外一套沉积单元（图3-3，F），故④D～④J层应位于河流相堆积的下部，加上其包含遗物较为稀疏，可能与距离河床较近有关。综合野外发掘过程中的认识，老奶奶庙遗址的堆积可以见到较为清楚的上下“二元结构”，③A～④C层系上部典型河漫滩堆积，下部④D～④J层可能包含部分河床相堆积。

在一定的水动力的作用下，遗物会有一定程度磨圆，并且会受到水流的分选作用。因此，对遗物的磨蚀程度和分选状况的观察，有助于判断流水对遗址改造程度的强弱。

老奶奶庙遗址在野外发掘过程中，对遗物磨蚀程度的观察记录为0、1、2三个级别，分别表示没有磨蚀、磨蚀程度较轻和磨蚀程度较强。而磨蚀程度的判定主要依靠对遗物棱角的磨圆程度的观察。老奶奶庙遗址不同层位遗物的磨蚀状况的统计分析（图3-4），显示该遗址从上到下，无论是河漫滩相堆积，还是河床相堆积，遗物的磨蚀程度均较低。这从一定程度表明流水对遗址的改造程度较弱。

至于遗物的分选状况，在野外发掘过程中，可以清晰地看到石制品和动物化石交错分布的

图3-3　老奶奶庙遗址堆积结构

现象，并且大的动物骨骼碎片、小的动物骨骼碎片与不同尺寸的石制品交错分布，不见明显的分选现象。

老奶奶庙遗址未发现砾石层，但出土有丰富的文化遗物，其产状可以帮助判断水动力条件。判断的原理是河流中的砾石在水流的长期作用下，将逐渐适应水动力条件，达到稳定状态。砾石长轴不管最初与水流的夹角如何，在水流的推动下通常以长轴垂直于水流的方向向前滚动，因为这种状态下砾石运动所需的水动能最小，并最终形成最大扁平面向水流上游方向倾斜排列的叠瓦状的稳定状态。同理，河漫滩或河床上的遗物，受到水流作用，其产状也会发生变化。如果遗物长期受到一定水动力的作用，其长轴会垂直于水流方向，表现出遗物长轴方向集中分布的现象；同时，遗物的倾向会与水流方向相反，表现出遗物倾向集中分布的现象。老奶奶庙遗址在发掘过程中，为了研究埋藏特征，详细记录了遗物的长轴（有1～4共4个方

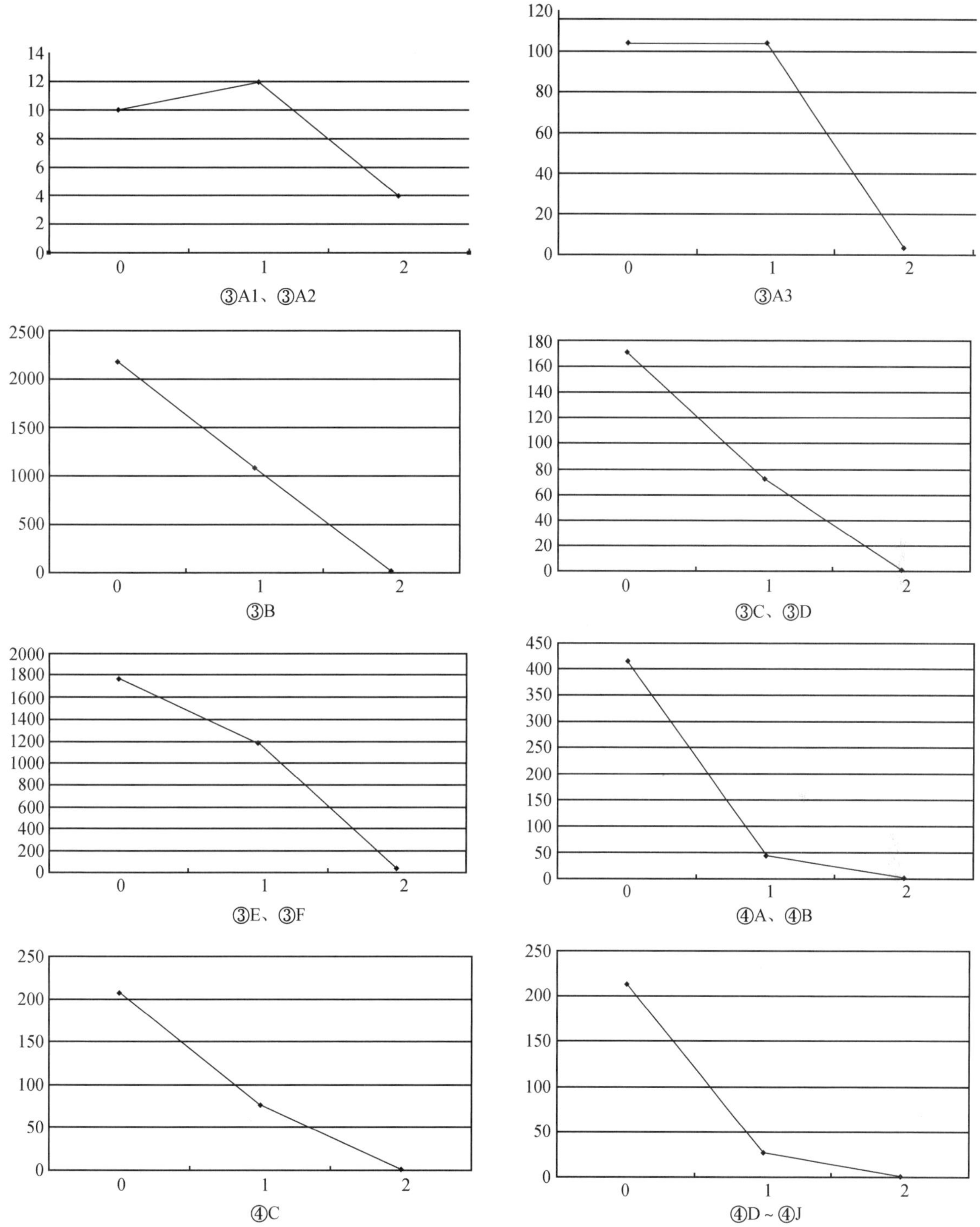

图3-4　老奶奶庙遗址不同层位遗物磨蚀程度

向）、倾向（有0～9共10个方向，其中0表示水平，9表示垂直）和倾角（0表示水平，1表示倾斜，2表示垂直）（图3-5）。

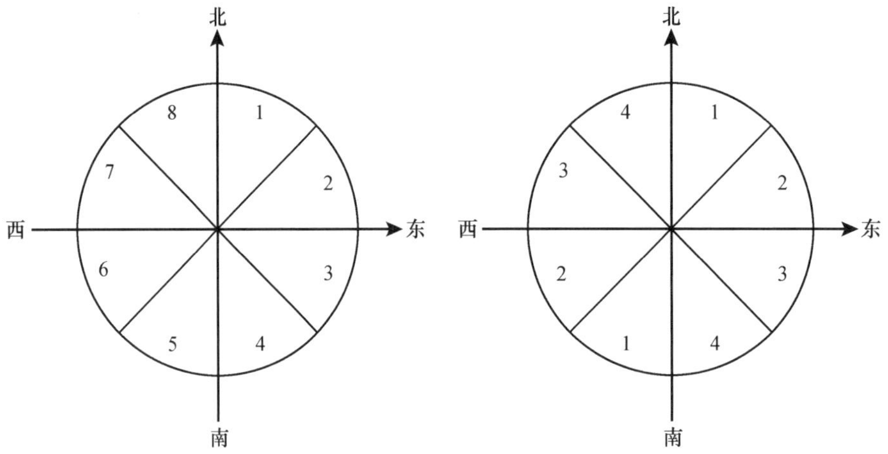

图3-5　老奶奶庙遗址出土遗物长轴（左）、倾向（右）的定义

老奶奶庙遗址遗物的长轴和倾向的分布统计，没有显示集中分布的现象，相反，遗物的产状分布表现出分散的特点（图3-6），遗物倾角为0°或接近0°（倾向为0，倾角为0°）的占据相当比例，而遗物倾角为90°或接近90°（倾向为9，倾角为90°）几乎不见。这表明该遗址在形成过程中水动力对遗物的产状改造不甚明显。

老奶奶庙遗址石器的拼合研究发现22个拼合组，分布于③B～④I等多个层位（表3-2）。本研究采用王社江先生对于洛南花石浪龙牙洞遗址石器拼合研究的描述方法，用拼接组合关系和拼对组合关系来区分不同的拼合组合关系，拼接关系指不完整石片之间以及断块与断块之间拼合组合关系，强调拼合对象间是剥片过程中同时产生的；而拼对关系指石核与石片之间、石片之间或石片与断块之间以及工具与修理工具产生的废片之间等拼合组合关系，强调拼合对象间是剥片过程中先后产生的。

由于不完整石片的成因往往是剥片失误或者原料内部节理造成，其产生之后往往难以受到石器打制者的关注而再次受到人类行为作用，拼接类型中不完整石片之间的距离最能反映遗址的埋藏情况，不完整石片之间的距离越短，说明受到后期的扰动越小。老奶奶庙遗址剥片过程中产生的形态较小的呈拼接关系的不完整石片和断块，如（图3-7、图3-8）都位于同一层位的同一探方或相邻探方，表明其位于同一层位的相距较远的探方，应当是人类在遗址内部的搬运行为所致。

老奶奶庙遗址2011年发掘出土部分层位的收集品经过精确测量和统计，③F～③B等主要文化层的石制品中小于20mm的石制品比例相当高，其中③F层高达87%，③E层为65%，③C层、③D层为70%，③B层最低为58%。其中③B层比例稍低应和其原料为石英砂岩有关，应为石英石料原料形体较大，且在剥片过程中不易产生大量碎屑。所以，据此我们可以认定③F～③B层的原地埋藏性质。

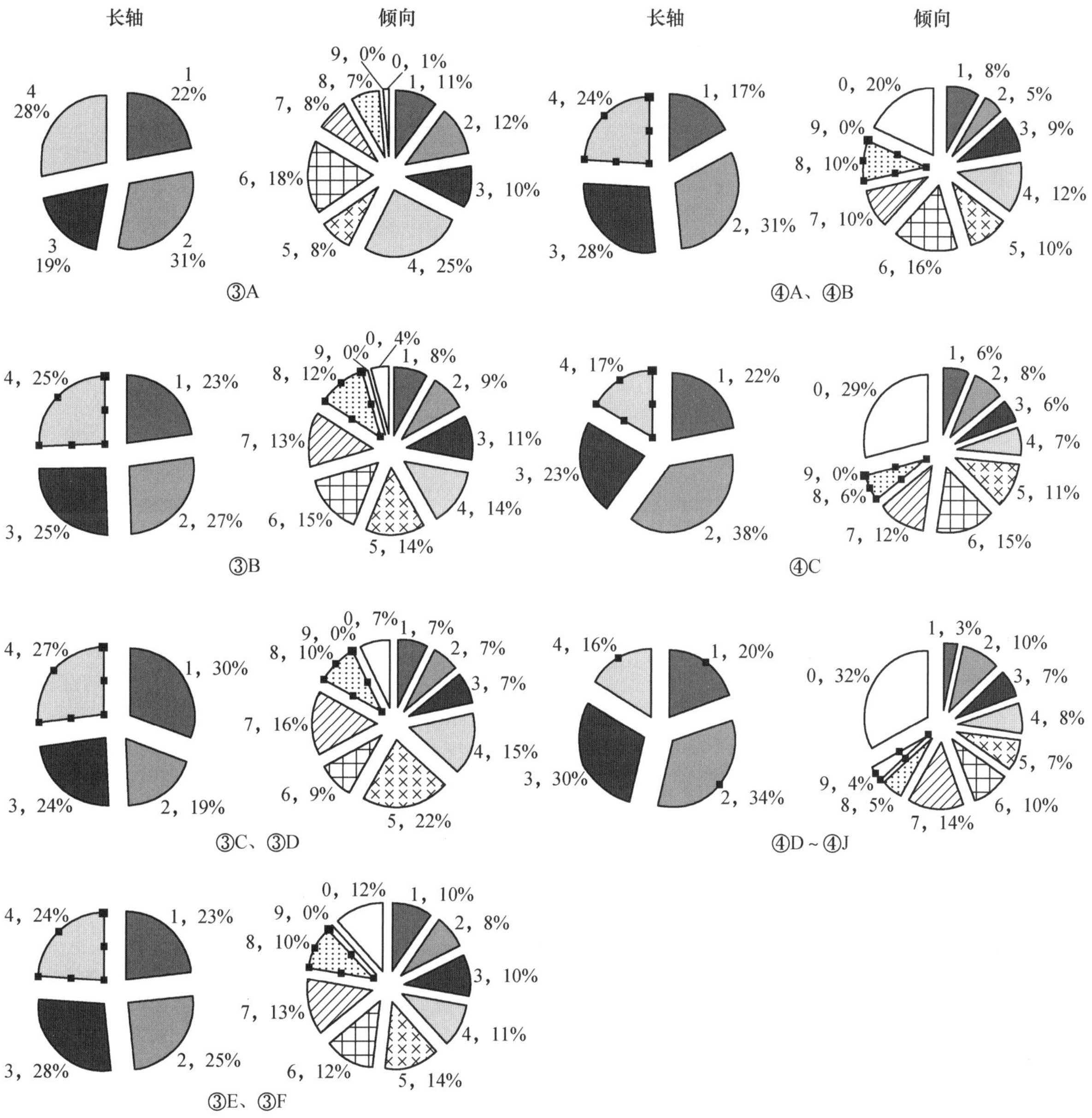

图3-6　老奶奶庙遗址③层、④层遗物产状

表3-2　老奶奶庙遗址石器拼合组登记表

拼合组编号	原料	层位	标本号/收集品	探方号	拼前类型	拼合关系（拼后类型）
③B：1	红色砂岩	③B	11EL：0565	N114E99	断块	拼接（断块）
		③B	11EL：0856	N114E98	断块	
③B：2	红色砂岩	③B	11EL：0358	N107E98	断块	拼接（断块）
		③B	12EL：1502	N118E95	断块	
③B：3	石英砂岩	③B	12EL：2026	N108E99	右裂片	拼接（石片）
		③B	12EL：2443	N109E100	左裂片	

续表

拼合组编号	原料	层位	标本号/收集品	探方号	拼前类型	拼合关系（拼后类型）
③B：4	石英砂岩	③B	12EL：2121	N108E100	残片	拼接（残片）
		③B	12EL收集	N108E100	残片	
③B：5	石英砂岩	③B	12EL：2679	N109E99	残片	拼接（残片）
		③B	12EL收集	N109E99	残片	
③B：6	石英砂岩	③B	12EL：2878	N110E100	残片	拼接（残片）
		③B	12EL：2879	N110E100	残片	
③C：1	石英	③C	12EL：3239	N106E99	右裂片	拼合（石核）
		③C	12EL：3245	N106E99	石核	
③E：1	灰岩	③E	12EL：3523	N107E100	残片	拼接（残片）
		③E	12EL收集	N107E99	残片	
③E：2	红色砂岩	③E	11EL：1179	N105E97	断块	拼接（断块）
		③E	11EL：1263	N106E97	断块	
③F：1	红色砂岩	③F	12EL：0714	N106E97	石核断块	拼接（石核）
		③F	12EL：0784	N108E97	石核断块	
③F：2	红色砂岩	③F	11EL：1563	N105E98	石核断块	拼接（石核断块）
		③F	11EL收集	N104E98	石核断块	
③F：3	红色砂岩	③F	11EL：2503	N104E98	左裂片	拼接（近端断片）
		③F	11EL收集	N104E98	右裂片	
③F：4	红色砂岩	③F	11EL：2025	N103E98	石核	拼合（石核）
		③F	11EL收集	N103E98	石片	
③F：5	红色砂岩	③F	11EL 收集	N106E98	左裂片	拼接（石片）
		③F	11EL收集	N101E97	右裂片	
③F：6	红色砂岩	③F	11EL收集	N105E98	右裂片	拼接（近端断片）
		③F	11EL收集	N105E98	近端断片	
		③F	11EL收集	N105E98	残片	
		③F	11EL收集	N104E98	左裂片	
③F：7	红色砂岩	③F	11EL收集	N103E97	右裂片	拼接（石片）
		③F	12EL收集	N107E99	左裂片	
③F：8	红色砂岩	③F	12EL：3839	N105E99	断块	拼接（断块）
		③F	12EL：3840	N105E99	断块	
		③F	12EL收集	N105E99	断块	
③F：9	红色砂岩	③F	11EL收集	N111E99	断块	拼接（断块）
		③F	11EL收集	N111E99	断块	

续表

拼合组编号	原料	层位	标本号/收集品	探方号	拼前类型	拼合关系（拼后类型）
③F：10	红色砂岩	③F	11EL：1413	N103E98	右裂片	拼接（石片）
		③F	11EL：2486	N107E97	左裂片	
③F：11	红色砂岩	③F	12EL：收集	N105E99	残片	拼接（残片）
		③F	12EL：收集	N105E99	残片	
③F：12	红色砂岩	③F	11EL：1384	N103E100	断块	拼接（断块）
		③F	11EL：1386	N103E100	断块	
		③F	11EL：1462	N104E100	断块	
④I：1	石英砂岩	④I	11EL：1729	N105E95	近端断片	拼接（石片）
		④I	11EL：1730	N105E95	远端断片	

图3-7　老奶奶庙遗址③B层石器拼合组

1. ③B：1　2. ③B：5　3. ③B：4　4. ③B：6　5. ③B：2

图3-8　老奶奶庙遗址③F层石器拼合组

1. ③F：1　2. ③F：2　3. ③F：12　4. ③F：4　5. ③F：9　6. ③F：8　7. ③F：③　8. ③F：7　9. ③F：11　10. ③F：6　11. ③F：5　12. ③F：10

通过对老奶奶庙遗址堆积结构的观察、遗物磨蚀状况和分选状况的观察，以及遗物产状的统计、碎屑比例和室内拼合研究，我们基本可以判定老奶奶庙遗址受流水改造的程度是相当低的。尤其是遗址上部的④C～③A层，系典型河漫滩堆积，保存了良好的活动面，河流在缓慢涨水的过程中，水流携带泥沙逐渐将活动面覆盖，一些灰烬和炭屑可能被流水漂动，但石制品和动物骨骼碎片较完好地埋藏在原地。

3.4　石器组合与技术特点

3.4.1　分类体系

3.4.1.1　原料

原料是指由人类搬运至遗址上的可以用来剥片或加工工具而未见加工痕迹的石料。嵩山东麓常见的原料形态有砾石或岩块等，常见的原料岩性有石英、砂岩、燧石、灰岩、石英岩等。老奶奶庙遗址由于主要系河漫滩原地埋藏，并且当地古河床相堆积中不见砾石，所以原料的性质较容易判定，在遗址上的石料一般而言都应系人类搬运行为所致。在老奶奶庙遗址上发现的原料可能是当时人群储备的未加工的石料，也可能是当时人群放弃使用的石料。原料的形态和岩性可以帮助寻找原料产地，同时原料的数量、形态和分布可以帮助分析遗址的功能，原料与其他石器产品的比对可以帮助认识当时人群石器生产的技术与行为。

3.4.1.2　石核

石核是指用于生产片状坯材并保留有完整剥片片疤的剥片后的石料。石核由于是分析剥片程序与方法的可靠信息来源，所以向来被研究者重视。

老奶奶庙遗址的石核形态多样，种类繁多，按照传统的石核分类方法，石核根据台面的多少可以分为单台面石核、双台面石核与多台面石核。但是如果使用传统分类方法研究老奶奶庙的石核，一些石核的规律性特征和本遗址特有的技术特点不易被揭示出来。

由于石核蕴含了石器打制者的认知、行为等大量信息，其可以从多个角度观察，进而提取到不同的有效信息。石核除了可以按台面多少分类，还可以按石核的原型、剥片方向、台面的转换顺序和相互关系、剥片程度、预制与否、几何组织结构、台面等级程度等不同视角分类。本研究计划重点从石核的几何组织结构、石核的剥片方向、石核不同台面的利用程度对石核进行观察。

所谓“几何组织结构”，是指石核体的台面和剥片工作面的组织关系及其所组成的立体几何形态，这种几何组织结构是在有计划的“操作程式”下剥片的结果，而非偶然产生。如勒瓦娄哇石核与棱柱状石核都可以连续生产石叶，但其几何组织形式有明显不同，前者是两面体结构，而后者是柱形结构。老奶奶庙遗址石核的特点是呈现出多种“几何组织形式”，包括A类、B类、C类、D类、E类和F类等（图3-9）。

在此基础之上，老奶奶庙遗址的石核分类同时关注了石核体的剥片方向。石核体的剥片方向已被学术界关注，如有学者根据台面的数量和片疤的方向将锤击石核分为单向石核、对向石

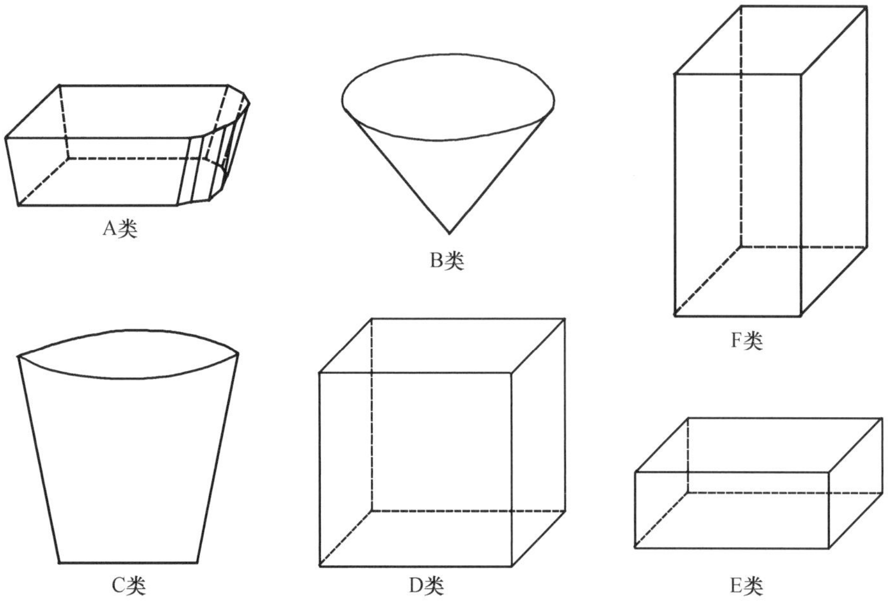

图3-9　老奶奶庙遗址石核立体几何组织形式

核与多向石核。本书认为，单向石核、对向石核与多向石核的区分反映了不同的剥片习惯或称剥片方式，具有一定文化上的区分意义。高度开发的单向石核和对向石核亲缘较近，是棱柱状石叶石核的前身；而多向石核反映了另外一种古老的文化习惯，在欧亚大陆西端其极致是旧石器时代中期勒瓦娄哇石核，而在欧亚大陆东端到了旧石器时代中期经多次转向剥片后体形浑圆的转向石核也是另外一种“东方极致”。

同时，分析石核不同台面的利用程度也是衡量剥片系统性的重要标准。通常情况下，系统性剥片的石核不但有较为稳定的几何组织形态，而且对台面的选择和利用也很考究。如旧大陆西方代表系统性剥片的勒瓦娄哇石核和棱柱状石叶石核等对石核的主台面均有很高的利用强度，包括对石核主台面的预制、强化利用主台面生产石片、对主台面的修理以及更新等。本研究重点关注老奶奶庙遗址不同类型石核的不同台面之间是否存在等级性差异，如果存在等级性较高的主台面则可能被认为是系统性剥片的反映。

综上所述，本研究对老奶奶庙遗址石核的研究思想为：首先，根据石核体的几何组织形态对石核“分类”；然后根据石核的利用结构、剥片方向以及不同台面的利用程度对石核进行“分型”。为了便于表示不同类型石核的几何结构，本研究绘制了不同类型石核的几何模型，本书涉及石核几何模型的插图中石核体内部的箭头均示意剥片方向，特此说明。具体方案陈述如下。

A类石核：该类石核是老奶奶庙遗址最为稳定和最具特色的一类石核，往往以厚石片为毛坯，以厚石片平坦的腹面为台面（偶尔以厚石片的背面为台面），沿台面周缘向石核底面剥片。石核体的片疤未汇聚于一点，而是延伸到石核体底面的小平面上。石核体的整体特点是台面和底面是两个平行或近平行的平面，台面面积大于底面面积，通常器身略长，似船形。A类石核和传统分类方案中的“单面盘状石核”有一定亲缘关系，但也有明显区别，即盘状石核是“两面体石核”，包括台面和剥片工作面两个面，片疤的汇聚性很明显，而老奶奶庙的A类石核非两面体石核，剥片工作面和底面有明显的区分，并且片疤的汇聚性不明显，片疤间的关系多呈平行或近平行的关系。A类石核根据石核的利用结构和主台面的利用程度，可以分为A1、A2和A3共三型（图3-10）。

B类石核：石核一般由两个面构成，一个面是较平的台面，另一个面是主剥片工作面，并且主剥片工作面汇聚于石核底部一点，或接近一点，呈漏斗形。B类石核与传统分类方案中的“单面盘状石核”非常接近。老奶奶庙遗址的B类石核根据石核体的利用结构可以分为B1、B2、B3共三型（图3-11）。

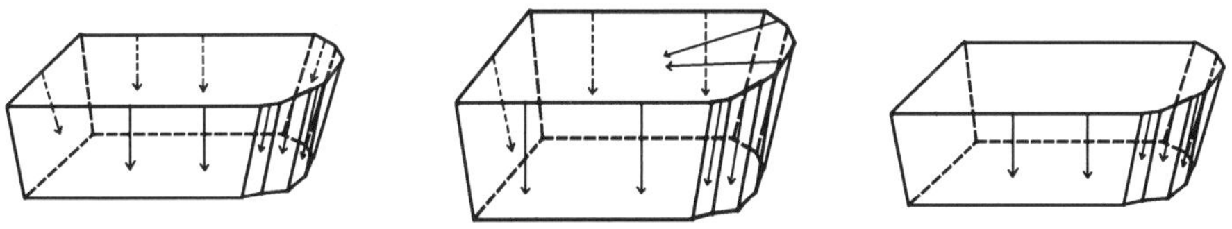

A1　A2　A3

图3-10　老奶奶庙遗址A类石核几何模型

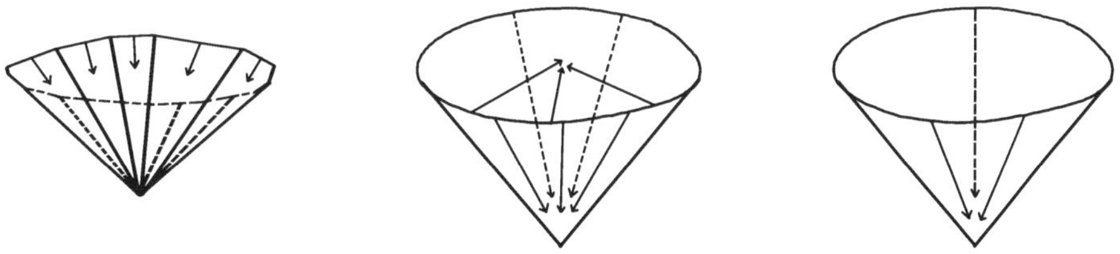

B1　B2　B3

图3-11　老奶奶庙遗址B类石核几何模型

C类石核：老奶奶庙遗址的C类石核也是非常有特色的一类石核，这类石核整体上观察近似楔形，但是几何组织结构相对多样化，根据不同的利用结构和剥片技术特点可以细分为八型（图3-12）。

D类石核：石核由6个平面组成，呈正方体的结构，往往有多个台面和多个剥片工作面，可归入传统分类方案中的多台面石核。根据主台面的等级高低，可以分为D1、D2、D3共三型。其中D1型的主台面等级最高，或者说主台面利用率最高；D2型主台面等级性较高；D3型的主台面不存在，或者说台面之间等级性不明显。

E类石核：石核呈扁立方体结构。通常有6个面组成，往往有多个台面和多个剥片工作面，可归入传统分类方案中的多台面石核。根据主台面的等级高低，可以分为E1、E2、E3共三型，其中E1型的主台面等级最高，或者说主台面利用率最高；E2型主台面等级性较高；E3型的主台面不存在，或者说台面之间等级性不明显。

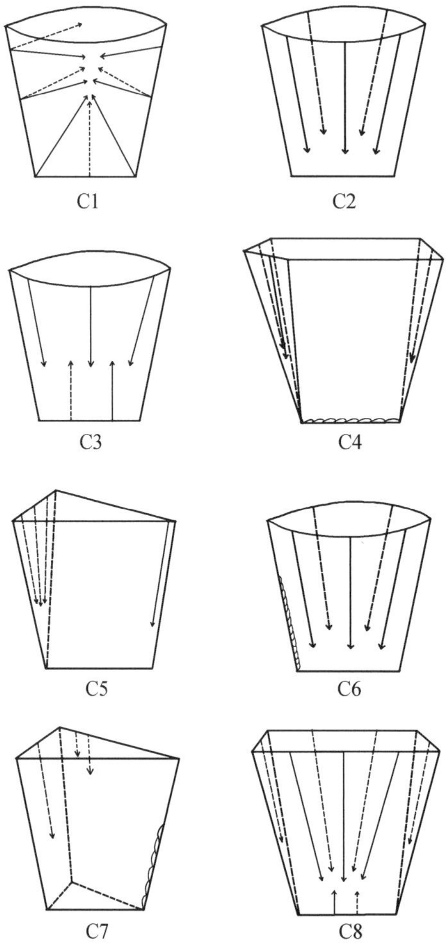

图3-12　老奶奶庙遗址C类石核几何模型

F类石核：石核呈柱形。通常有6个面组成，往往上下两个台面为主台面，4个侧面为主剥片工作面，常常为对向石核，有时也为多向石核。根据主台面的等级高低，可以分为二型，其中F1型的主台面等级最高，F2型主台面等级性较高。

H类石核：权宜类石核，形态较小，石核几何组织形状不规整，且利用程度较低，台面数量多为1～2个，片疤数量多为1～3个。

上述A～F类和H类石核为锤击石核。另外老奶奶庙遗址存在少量的砸击类石核，由于数量较少，为了简化分类，本研究在石核分类体系中不再单独开辟大类，将砸击类石核定为G类石核和锤击石核一并叙述。

另外需要强调的是，老奶奶庙遗址的A类、B类和C类石核虽然分别近似船形、漏斗形和楔形的特征，但是与华北晚更新世末期出现的石叶石核和细石叶石核还是有明显的技术区别的。特此说明，以免混淆。

3.4.1.3　石片

石片是从石核上打下的片状坯材。在石器生产过程中，石核与石片的分离只在“一瞬间”。故石片与石核保存有很多相似的信息。

为了考察剥片的“系统性”，老奶奶庙遗址的石片分类系统首先应与本遗址的石核分类系统对应，锤击石片根据背面片疤方向可以分为单向石片、对向石片和多向石片共三个类别。

A类单向石片：石片背面片疤方向相同（或只有一个片疤），且与石片剥片方向相同，是同向连续剥片的产品。

B类对向石片：石片背面片疤方向相对，或石片背面片疤方向相同（或只有一个片疤）但与石片剥片方向相对，是180°转换台面后剥片的证据。

C类多向石片：石片背面片疤方向为两个方向以上，或石片背面片疤方向相同（或只有一个片疤）但与石片剥片方向不同，是90°转换台面剥片的证据。

另外还有D类砸击石片。

需要注意的是，单向石核一定生产单向石片，但是单向石片不一定均由单向石核产出，多向石核也可以生产单向石片。因为我们看到的石核是剥片末期的产品，其之前发生了什么有多种可能性。如果多向石核从剥片一开始就随意地不停转动台面，那么其生产的单向石片往往形态不稳定，且数量有限；但是如果多向石核是单向石核到了剥片的较后阶段才被迫转动台面以获得最大的利用效率，那么其在操作链很长一个阶段都可以生产单向石片。

但是，多向石核生产的单向石片往往形态不稳定，且数量有限。如果在遗址中发现较多形态稳定的单向石片，则表明单向石核的存在，并存在稳定的单向剥片技术。

在动态类型学的指导下，当今学术界比较流行的是Nicholas Toth的六型动态分类法：1型石片，自然台面、自然背面；2型石片，自然台面、自然和人工混合背面；3型石片，自然台面、人工背面；4型石片，人工台面、自然背面；5型石片，人工台面，自然和人工混合背面；6型石片，人工台面，人工背面。

老奶奶庙遗址的石片在分四大类的基础上，会结合Nicholas Toth的六型动态分类法，考虑每一类石片所处的动态过程。这样，A类单向石片、B类对向石片、C类多向石片分别会有A1～A6型、B1～B6型、C1～C6型共18型。D类砸击石片暂不分型。

3.4.1.4　不完整石片、断块和碎屑

不完整石片则包括断片、裂片和残片。其中，在可以判断石片方向的情况下，根据不完整石片的保留部位：保留近端称为近端断片，保留远端称为远端断片，保留左侧称为左裂片，保留右侧称为右裂片。如果无法判断不完整石片的方向和保留部位，则称为残片。

断块和碎屑是指人类在加工石器过程中由于原料性质或其他偶然因素非主观意愿产生的附加产品。断块在形态上具备块状的形体，但没有或残缺完整的台面与剥片工作面；碎屑在形态

上较残片更小（本文中规定碎屑的长径小于2mm），并无法鉴定其方向和位置。断块和碎屑虽然不是人类主观意愿想要的产品，但是在石器加工过程中在数量上占有很大的比例。尤其是在嵩山东麓地区，石英石料被广泛使用，但石英石料往往节理发育，在打制过程中会产生数量惊人的断块和碎屑。这些断块和碎屑虽然在研究石器技术的过程中作用不太大，但是对于判定遗址的功能和埋藏过程具有重要的作用。

3.4.1.5　工具

工具是指由不同类型的毛坯二次加工而成的具备一定形态并可以从事某种或多种活动的石制品。在石器生产的操作链条中，工具相对于石核和石片等而言处于链条的较后阶段，其可以保存一些石片甚至是石核上的若干信息，并且具备若干石核、石片上不具备的修理或使用等信息，所以其可以提炼更多的技术元素和人类行为信息。

华北地区晚更新世传统的工具类型分类方案包括刮削器、尖状器、钻、锯齿刃器、凹缺刮器等。老奶奶庙遗址的工具拟定在采用传统分类方案的基础上，运用器形整体形态和刃缘局部形态相结合的分类方案进行讨论。

根据整体形态的不同，将工具分为：

A类，边刮器类：老奶奶庙遗址的边刮器类工具系由片状或薄块状毛坯的两侧边加工的具有修理边缘的小型工具。根据刃缘数量和刃缘形态，刮削器细分为A1型直刃、A2型凸刃、A3型凹刃和A4型双刃（图3-13）。

B类，尖状器类：老奶奶庙遗址的尖状器指修理片状或薄块状毛坯的两边形成尖部的小型工具，即裴文中先生所定的“两边夹一角”。根据尖部的形态，本类可以细分为B1型三棱尖状器、B2型非三棱尖状器和B3型钻具。B1型三棱尖状器，是指工具尖部存在较厚的三棱结构；B2型非三棱尖状器是指工具尖部较薄，不存在三棱结构且构成尖部的两边较为平直；B3型钻具，是指工具尖部较短且构成尖部的两边在靠近尖部处有明显向尖部的转折（图3-14）。

C类，端刮器和盘状器类：本类工具是指对片状或薄块状毛坯的远端或者周缘进行连续修理的小型工具。根据修理部位的不同，本类工具细分为三型，分别是C1型端刮器、C2型盘状器和C3型器（介于端刮器和盘状器之间）（图3-15）。

D类，凹缺刮器：凹缺刮器指对片状或薄块状毛坯的边缘进行一次或多次剥片修理，并形

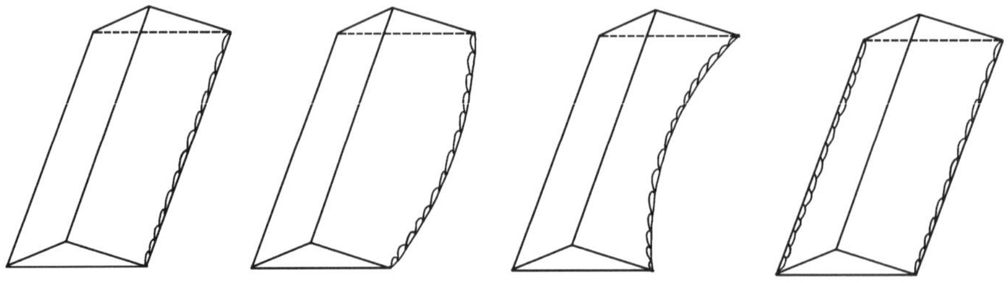

图3-13　老奶奶庙遗址刮削器类工具分型示意图

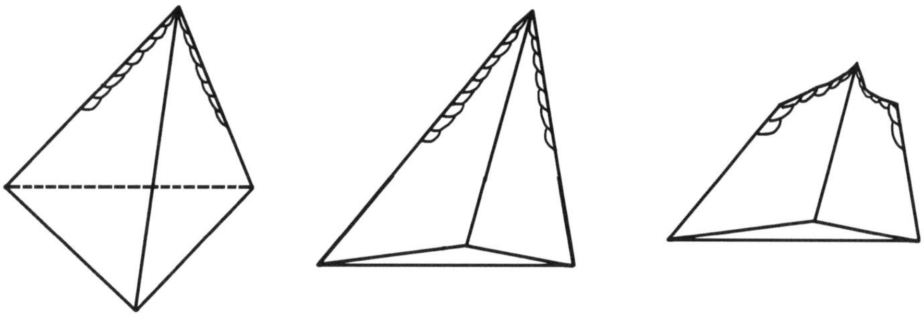

图3-14　老奶奶庙遗址尖状器类工具分型示意图

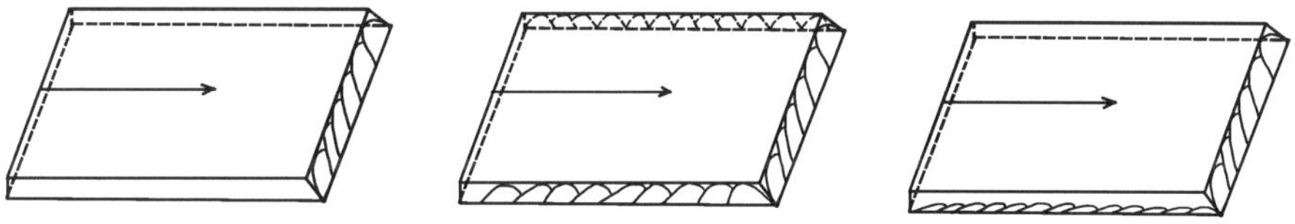

图3-15　老奶奶庙遗址端刮器和盘状器类工具分型示意图

成较深的凹缺口的小型工具。根据凹缺口的加工方式，凹缺刮器细分为D1型“克拉克当凹缺刮器”和D2型“标准凹缺刮器”，前者凹缺口仅有一次剥片行为，后者凹缺口有多次细小的剥片行为（图3-16）。

E类，雕刻器：老奶奶庙遗址的雕刻器系在片状或薄块状毛坯的端部由“雕刻器技法”打出凿形刃口的小型工具。凿形刃口由两个“雕刻器小面”组成，两个雕刻器小面中至少有一个由“雕刻器技法”打制而成（图3-17）。

F类，砍砸器：老奶奶庙遗址的砍砸器系在片状或块状毛坯的端部打出砍砸刃缘的大型工具。砍砸器与石核有时较难区分，老奶奶庙遗址砍砸器与石核的区分标准是砍砸器有较直的刃缘，且刃缘上存在一些非剥片意图的较小的修疤或使用疤。

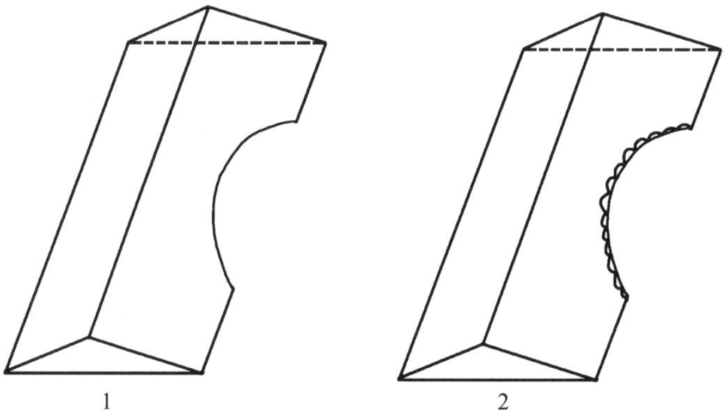

图3-16　老奶奶庙遗址凹缺刮器分型示意图
1. D1型“克拉克当凹缺刮器”　2. D2型“标准凹缺刮器”

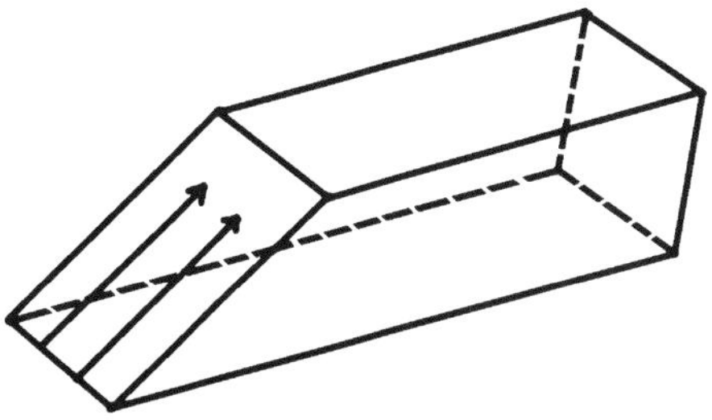

图3-17　老奶奶庙遗址雕刻器示意图

以上是对根据工具整体形态的分类，A ~ F共六大类，每类又有若干型。在此基础之上，老奶奶庙遗址工具分类时还考虑了刃缘的局部形态，根据刃缘局部凹凸程度，将工具进一步细分为a、b、c三个亚型：

a亚型，近平刃器：修理刃缘凹凸部分相邻最凸点和最凹点的垂直距离大多＜0.5mm。

b亚型，微锯齿刃器：修理刃缘凹凸部分相邻最凸点和最凹点的垂直距离大多≥0.5mm并＜1mm。

c亚型，锯齿刃器：修理刃缘凹凸部分相邻最凸点和最凹点的垂直距离大多≥1mm。

其中c亚型，即传统分类方案中的锯齿刃器，锯齿刃器可以理解为一种特殊的刮削器，也是欧亚大陆西部旧石器时代中期的典型石器类型之一，以“锯齿状莫斯特类型”而著称。老奶奶庙遗址的工具分类方案中，把锯齿刃器放入亚型中讨论，不是忽视了锯齿刃器，相反，而把锯齿刃器提升到一个足够高的地位。因为传统分类方案中的刮削器、尖状器和盘状器等都可能在局部拥有锯齿刃缘形态，而锯齿刃器只是上述器类中比较典型的一部分。而将锯齿刃缘放入亚型中讨论之后，一方面对不同种类工具的界定有了清晰明确的标准，不易产生混淆；另一方面可以把有锯齿刃缘的工具全面无误地抽离出来，为探索工具刃缘形态动态变化过程和功能分析奠定基础。

从理论上讲，平刃工具和锯齿刃工具的使用方式和功能有明显不同。

平刃工具的主要用法是“推式切割”，即将工具刃缘推向待处理物体，如剥动物皮，是在动物皮下层推进工具刃缘；再如削木头，也是将工具刃缘在木头表皮下推动。而锯齿刃工具的主要用法是“拖式切割”，即将工具刃缘划过待处理物体，如切肉，是在肉的表面拖动工具刃口，划开表面并划入其中；再如锯木头，也是将工具刃缘在木头表面拖动并进一步深入其中。

平刃工具比较适合完成一些在物体表皮作用的工作，如剥动物皮，削木头，刮树皮等；而锯齿刃工具比较适合完成一些需要深入坚韧物体内部的工作，如切割肉，锯断木头等。而微锯齿刃是介于平刃和锯齿刃之间的刃缘形态，可能是加工而成，也可能是由平刃工具和锯齿刃工具使用过程中变化而成。平刃工具在使用过程中发生崩损可能变成微锯齿刃，锯齿刃器在使用过程中发生崩损和磨圆也可能变成微锯齿刃。

综上所述，老奶奶庙遗址的工具分类体系已经建立，根据器型的整体形态分A ~ F六大类和若干型，再根据刃缘的局部形态分a、b、c共三个亚型。

3.4.2 定位与观测

老奶奶庙遗址石制品的观测项目及定位测量规则主要根据《石器研究：旧石器时代考古方法初探》一书，并根据老奶奶庙遗址石制品的自身特点量身定制而成。

3.4.2.1　基本观测项目

（1）标本编号：野外发掘现场标本的编号，由发掘年份、区县名称、遗址名称和序号组成，如11EL：0001，11代表2011年，E是“二七区”中“二”的首字母，L是“老奶奶庙”中“老”的首字母，0001是指2011年二七区老奶奶庙遗址发掘出的第一件遗物。

（2）探方号：野外发掘标本所在探方的编号。

（3）文化层：野外发掘标本所在文化层的编号。

（4）水平层：野外发掘标本所在水平层的编号。

（5）重量：精确到0.1g。

（6）岩性：老奶奶庙遗址石制品的岩性有石英、石英砂岩、石英岩、灰岩、燧石等。

（7）颜色：如石英砂岩的颜色有灰白色和红色两种。

3.4.2.2　石核的定位与观测项目

（1）类型：A ~ H类。

（2）定位：

A类石核、B类石核：台面朝上，主剥片工作面正对观测者。

C类石核：底缘朝下，主剥片工作面正对观测者。

D类石核、E类石核、F类石核、H类石核：主台面朝上，主剥片工作面正对观测者。

G类石核：石核两端较平的一端朝上，主剥片工作面朝向观测者。

（3）长（高）：定位后，石核体垂直于（主）台面的纵向最大距离。

（4）宽：定位后，石核体平行于（主）台面和（主）剥片工作面的横向最大距离。

（5）厚：定位后，石核体平行于（主）台面，垂直于（主）剥片工作面的最大距离。

（6）原型：石块，断块，石片和砾石等。

（7）台面数量。

（8）（主）台面性质：自然面，人工面。

（9）（主）台面形状：不规则形，四边形等。

（10）（主）台面长：（主）台面上与（主）剥片工作面平行的最大距离。

（11）（主）台面宽：（主）台面上与（主）剥片工作面垂直的最大距离。

（12）（主）台面片疤数量。

（13）（主）台面剥片工作面数量。

（14）主片疤台面角。

（15）片疤间关系：普通，亚平行，平行等。

（16）主片疤深度：1（较浅），2（较深）。

（17）主片疤延展度：1（≤1/2剥片工作面长度），2（＞1/2剥片工作面长度）。

（18）主片疤长。

（19）主片疤宽。

其他台面的观测同主台面。

3.4.2.3 石片的定位与观测项目

（1）类型：A类单向石片、B类对向石片、C类多向石片分别会有A1～A6型、B1～B6型、C1～C6型共18型。D类砸击石片暂不分型。

（2）定位：

锤击石片：石片台面朝上，腹面正对观测者；台面一端为近端，与台面相对的一端为远端；腹面左侧为石片左侧，腹面右侧为石片右侧。

砸击石片：石片两端较尖的一端朝上，腹面正对观测者。

（3）长：定位后，石片垂直于台面的纵向最大距离。

（4）宽：定位后，石片平行于台面和腹面的横向最大距离。

（5）厚：定位后，石片平行于台面，垂直于腹面的最大距离。

（6）石片角：石片台面与腹面的夹角。

（7）台面角：石片台面与背面主片疤的夹角，相当于石核的台面角。

（8）台面长：台面平行于腹面的最大距离。

（9）台面宽：台面垂直于腹面的最大距离。

（10）台面类型：自然台面，素台面，有疤台面等。

（11）台面形状：四边形，不规则形，三角形等。

（12）台面打击点：0（不显著），1（较显著），2（清晰）。

（13）半椎体：0（不显著），1（较显著），2（清晰）。

（14）打击泡：0（不显著），1（较显著），2（清晰）。

（15）同心波：0（无），1（有）。

（16）放射线：0（无），1（有）。

（17）锥疤：0（无），1（有）。

（18）腹面形态：凸、平、凹等。

（19）背面自然面比例。

（20）背面节理面比例。

（21）背面砾石面比例。

（22）背面片疤数量。

（23）背面片疤方向：单向（平行、汇聚），对向，多向。

（24）背脊形态。

（25）两边关系：平行，近平行，汇聚，不平行。
（26）使用痕迹：0（无），1（有）。
（27）使用部位。
（28）使用特征。
（29）远端形态：崩断，尖灭，内卷，外翻，贯通。

3.4.2.4　工具的定位与观测项目

（1）类型：A～F类。
（2）定位：
刮削器类：主要依据石片的定位规则。
尖状器类：尖部朝上，并依据石片定位规则。
砍砸器类：刃缘朝下，并依据石片定位规则。
（3）毛坯原型：石片，左裂片，右裂片，近端断片，远端断片，残片，断块等。
（4）长、宽、厚：主要依据石片的测量方法。
（5）尖角度数：主要测量尖状器和钻。
（6）刃角度数：主要测量刮削器、锯齿刃器、凹缺刮器，分近、中、远可测量多个。
（7）修理部位。
（8）修理方向：正向、反向、复向、同向、异向（包括错向）、转向、两面加工等。
（9）刃缘长度。
（10）修理刃缘长度。
（11）刃缘形状：直、凸、凹等。
（12）修疤大小：大、中、小。
（13）修疤形态：普通、叠层、阶状、平行与亚平行。
（14）修疤分布状态：连续、断续、部分。
（15）加工距离：1（近，＜石器宽10%），2（中，≥石器宽10%，≤石器宽30%），3（远，＞石器宽30%）。

以上是老奶奶庙遗址石器分析中主要石器类型的观测项目，至于其他类型如不完整石片、断块、碎屑等则依据石片和石核的观测项目择要观测。

3.4.3　④I～④E层石器

老奶奶庙遗址最早期的石制品的发现始于④I层，但自下而上一直到④E层分布均较为稀疏，应该和当时遗址的功能有关。为了增加基础数据量，本文将④I～④E层的石制品合并统计，使其具备统计学的意义。

④I～④E层人群主要利用石英和石英砂岩两种原料，另少量利用红色砂岩和灰岩。④I～④E层人群作为本遗址最早的开拓者，没有携带外地的如燧石等优质石料，而是对遗址周边本区域的分布于不同地点的本地石料有不同程度的开发，这表明当时人群不是刚刚来到这个陌生的环境，而是对本区域石料资源的分布已有初步的认识。

值得注意的是，④E～④I层的所有石英石制品均不见砾石面。结合当时人群的剥片技术，如果当时人群用石英砾石作为原料的话，在其石英产品中一定可以见到带有砾石面的石制品的，况且遗址附近并不见含石英的古砾石层，调查显示距离遗址最近的含石英的古砾石层为遗址向南15km处，而距离遗址最近的大量含石英团块的基岩出露点为遗址向南20多千米新密境内的低山区。故我们初步推断当时人群是从20多千米以南的山地远距离采办石英原料的。远距离地开发利用石英原料，一方面反映出当时人群对石英原料的依赖程度比较高；另一方面反映出当时人群的活动范围比较大，可以携带石英原料或工具远距离流动。

至于当时人群没有开采距离遗址稍近的约15km的河道中的石英砾石的原因，笔者初步推测可能是河道中的石英砾石匮乏，并且形体较小（从其他层位出土的石英砾石原料推测），开发成本较高。

石器剥片技术主要由石核和石片的技术特征所反映，并且石核和石片在反映剥片技术时相互关联又各有优势。一方面，石核是剥片的母体，石核往往能明确记录大量的剥片技术和策略，而石片曾经是石核上的一部分，尤其是石片的台面和背面保留了部分石核台面和剥片工作面的信息；另一方面，如果生产石片行为是在遗址上发生的话，那么一个单位的全部石片则更能反映从剥片初期到剥片末期的动态过程，而1件石核则是其停止剥片时的静态显示。在一个单位的功能还未明确时，必须将石核和石片结合起来分析，才有可能对该层位的石器剥片技术和策略有初步的了解。尤其是石核的数量较少时，石片的重要性就更凸显出来，老奶奶庙遗址本期的情况便是如此。

④E～④I层石制品尺寸普遍偏小，长度多集中在5cm范围之内，缺乏大的石料和石核。石片的长、宽数据呈现出极低的线性关系，表明石片长、宽比例及尺寸不固定，没有达到标准化的程度（图3-18）。

石英石制品的尺寸略小于石英砂岩石制品，从原料经济学的方面考虑，应该和石英原料的产地距离较远有关。为了降低搬运成本，一方面可以在石料产地对石料进行初步整形，挑选形态和结构利于剥片的原料，使石英原料的体形控制在一定范围之内；另一方面在对石英原料的利用时利用效率更高。这些策略都会造成石英石制品的尺寸较小。

④E～④I层单向石片的比例占据绝对优势，结合石片的两边关系和背脊形态，表明当时人群在剥片时有很强的连续剥片能力，对单一台面的开发程度很高，在剥片过程中转动石核的频率较低。这是当时人群剥片技术较高的反映，因为在剥片过程中稳定地开发某一台面，一方面这个台面是主台面，往往开阔平坦便于剥片；另一方面可以连续使用石核体上已经开发出的背脊，便于生产形制规整两边平行或近平行的石片。而转换台面的成本则往往是新台面的情况复

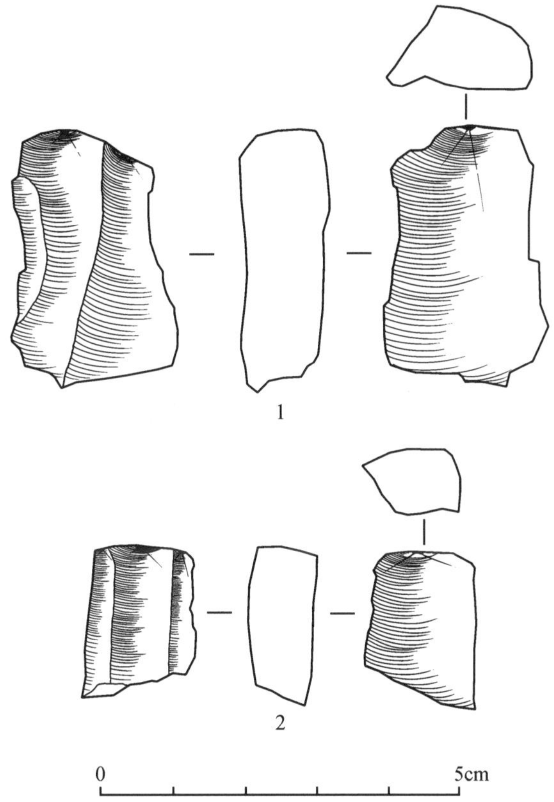

图3-18　老奶奶庙遗址④E～④I层石英砂岩单向石片
1. 13EL：0527　2. 13EL：0514

杂，开阔平坦度不如主台面；并且新的剥片工作面需要投入新的成本去开发新的背脊；最为严重的是频繁地转动石核会破坏石核体的整体形状和剥片角度，反而不利于提高石核的利用效率。

④E～④I层石英石片缺乏1型和2型石片，而3型和6型石片比例较高，表明大多数石英石片属于石核开发利用的中后期的产品，而石英石核的初步加工可能不在本遗址或发掘区域。相比而言，石英砂岩则具备剥片不同阶段的石片，石英砂岩石核的完整剥片程序应该均在遗址内进行。

④I～④E层石片平均长25.8mm，宽23.5mm，厚11.5mm，重9.5g。石片宽/长值小于0.5，即石片长大于宽的2倍，是石叶的长宽比值标准，这类长石片在④E～④I层很少。本研究认为宽/长值小于1（即长大于宽）的石片为长型石片，宽/长值大于1（即宽大于长）的石片为宽型石片。整体来看，④E～④I层长型石片比例略大于宽型石片。

本研究采用卫奇先生提出的用石片厚宽比值是否小于0.618作为界定薄型石片与厚型石片的标准。但薄型石片是一个较为宽泛的概念，在石片厚宽比所在的0～0.618区间之内，石片的薄度可以很大区分，石叶或细石叶技术产品的薄度可以小于0.3，而普通剥片技术的产品则较难达到这个指标。

④E～④I层大部分石片厚/宽值小于0.618，或略大于0.618，说明薄型石片比例较高。同时，④E～④I层无论是石英石片还是石英砂岩石片，均显示其长度和厚度的线性关系很低，并且石片的厚度多集中在5～15mm，随石片长度的变化不大，表明当时人群在剥片时对石锤在石核上的落点有较为精准的控制，一方面是当时人群剥片技术较高有能力控制石片厚度的反映，另一方面是当时人群较高效利用石料资源的反映。

④E～④I层发现3件石核，其中2件是H类权宜石核，1件是G类砸击石核，不能全部反映本层位的剥片技术特点。值得注意的是，G类石核的存在是砸击技术剥片的重要证据，是当时人群高效利用石英石料的反映，也是本区域的一个重要石器技术传统。

2件H类石核形态较小，但剥片效率不高，与石片分析反映出的技术特点不太吻合。推测当时人群对石核是有选择地开发利用，对于一些形态较小不利用高效利用的石料会很果断地废弃，而对于形态宽大利于剥片的石料会连续高效利用。

④E～④I层出土3件工具，包括2件石英砂岩端刮器和1件石英刮削器。值得关注的是，2件石英砂岩端刮器风格独特，器身较厚，远端修理，加工精致，刃口为锯齿刃（图3-19），并且在其他层位罕见，其功能暂不清楚，但可能代表了一种技术风格。

标本描述如下：

13EL：0490，端刮器，C1c型，岩性为灰白色石英砂岩，毛坯为单向5型石片，修理部位为远端，连续正向加工，保留若干个较小的片疤，刃缘为凸刃，修理刃缘长42.4mm，刃角75°～80°。长宽厚重依次为68.9mm，41.5mm，13.5mm，41.6g（图3-19，1）。

13EL：0453，端刮器，C1c型，岩性为灰白色石英砂岩，毛坯为单向6型石片，修理部位为远端，连续反向加工，保留7个较小的片疤，刃缘为凸刃，修理刃缘长32.9mm，刃角75°～79°。长宽厚重依次为42.4mm，35.8mm，19.3mm，34.8g（图3-19，2）。

13EL：0502，单直刃刮削器，A1b型，岩性为石英，毛坯为单向6型石片，修理部位为左侧，连续正向加工，保留4个较小的片疤，刃缘为直刃，修理刃缘长23.4mm，刃角43°～56°。长宽厚重依次为25.6mm，22.9mm，5.3mm，4.6g（图3-19，3）。

据我们调查发现，遗址附近的石英砂岩基岩因为其成层性结构，风化后多呈板状或块状直接脱落，形态规整平坦，存在天然棱脊，便于剥片。2件端刮器特征鲜明，均为石英砂岩材质，表明当时人群有选择地利用不同石料，也表明石英砂岩虽然没有石英优质，但是其凭借地缘优势和形态优势，同样得到当时人群的青睐。

整体来看，④I～④E层人群远距离开发利用石英的行为特征鲜明，并采用锤击法和砸击法较为高效地利用开发成本较高的石英原料。在剥片过程中，无论是对石英还是石英砂岩的处理，都较为考究，大量单向石片的存在表明，剥片过程中石核台面不会轻易更换，利用石核体上已有背脊较高效连续剥片，降低了转换台面的成本并且很好地维护了石核体的形状和角度。

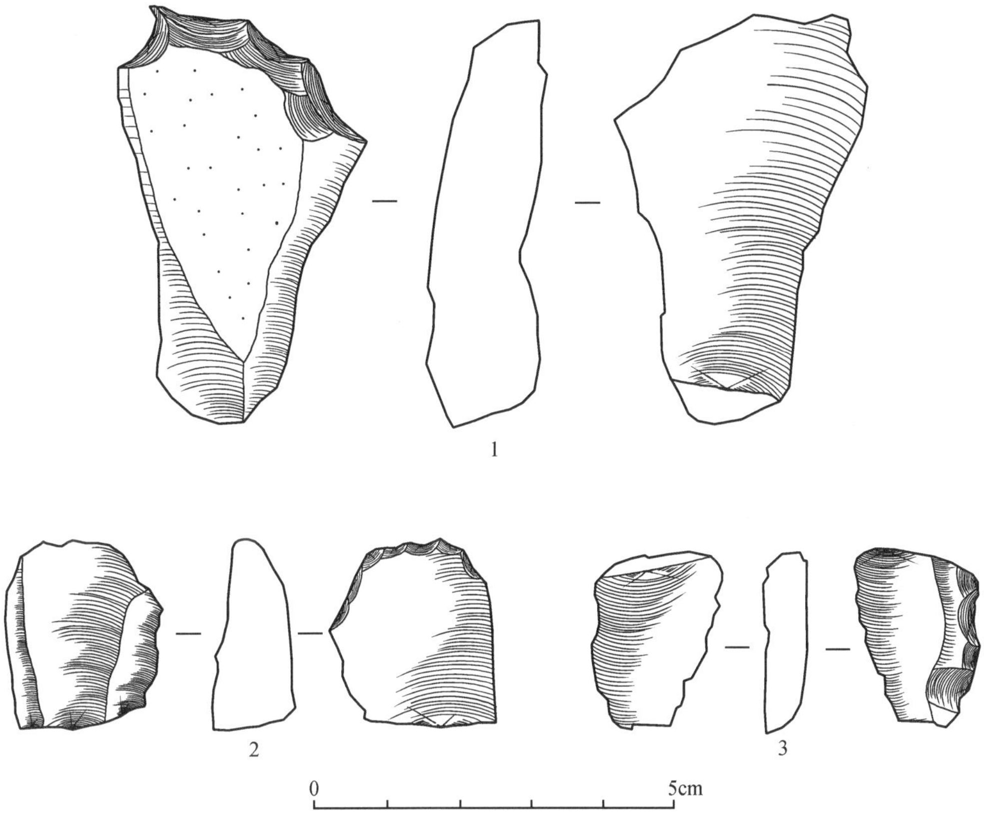

图3-19　老奶奶庙遗址④E～④I层工具

1. 石英砂岩端刮器（13EL：0490）　2. 石英砂岩端刮器（13EL：0453）　3. 石英刮削器（13EL：0502）

3.4.4　④D层石器

④D层人群利用了石英、石英砂岩和红色砂岩三种原料，相比于早期层位，本层位对远距离资源石英石料的利用强度增大。对近距离资源石英砂岩和红色砂岩也有一定程度的利用。并且所有石英石制品依然不见砾石面，本层人群依然没有利用石英砾石。

④D层石制品尺寸普遍较小，长度多集中在5cm范围之内，缺乏大的石料和石核。石片的长、宽数据呈现出的线性关系较上一层位有所提高，表明石片标准化程度有所提高。

石英石制品的尺寸略小于石英砂岩石制品，从原料经济学的方面考虑，应该和石英原料的产地距离较远有关。为了降低搬运成本，一方面可以在石料产地对石料进行初步整形，挑选形态和结构利于剥片的原料，使石英原料的体形控制在一定范围之内；另一方面在对石英原料的利用时利用效率更高。这些策略都会造成石英石制品的尺寸较小。

④D层的石片类型和早期层位保持一致性，一方面是单向石片的比例占据绝对优势，选择了主台面后不会轻易转动石核，主动开发背脊并利用背脊连续剥片，主动避免开发新台面和新背脊的高成本，并主动维护石核体的几何形态；另一方面是两边平行或近平行的石片占据主体

地位，这缘于当时人群在剥片时对剥片工作面背脊成功地利用和娴熟的石片形态控制能力。

④D层3型和6型石片比例较高，表明大多数石片属于石核开发利用中后期的产品。另外，2型石英石片的存在表明当时人群直接携带未加工石英石料进入遗址的可能性。

④D层石片平均长25.4mm，宽24.3mm，厚13mm，重14.8g。

石片宽/长值小于0.5，即石片长大于宽的2倍，是石叶的长宽比值标准，这类长石片在④D层不见；而宽/长值小于1（即长大于宽）的长型石片比例小于宽/长值大于1（即宽大于长）的宽型石片。

④D层石片的厚/宽值较早期层位有所增大，薄型石片比例略大于厚型石片；同时石片厚度绝对值较早期层位也有所增加，石片厚度分布在5～30mm；石片长度和厚度的线性关系较早期层位也有所增强。这些数据表明本层位人群在生产石片时对石片厚度的控制程度降低，或者可以理解为对石料资源的利用效率略有降低，可能和当时人群携带石英石料进入遗址，石料资源的丰富程度增加有关，同时暗示当时遗址的功能正在发生变化，当时人群进入遗址时带有明显的计划性，准备也更为充分，剥片时也显得更为从容。

④D层发现2件石核，值得注意的是，平均长43.5mm，宽33.9mm，厚29.7mm，重24.4g。这2件石核均为C类石核，几何形态鲜明，风格突出，应为研究本遗址剥片技术特征时的一重要线索。

老奶奶庙遗址的C类石核也是非常有特色的一类石核，在石核分类体系中定为C类。这类石核整体上观察近似楔形，但根据不同的利用结构和剥片技术特点可以细分为8型。④D层的C类石核为C5型。C5型石核的台面窄长，石核体拥有未经修理的底缘和后缘，主剥片工作面位于石核体的前面，另外也可以利用石核的后缘剥片。

这两件石核标本具体描述如下：

13EL：0355，C5型，岩性为石英，毛坯为断块，台面为窄长的素台面，台面长35.1mm，台面宽9.9mm，沿窄长台面的两端向底部剥片，保留有3个片疤，底部汇聚于一点，台面角为70°左右。该石核无底缘或底缘已耗尽，处于剥片中晚期。长宽厚重依次为35.5mm，39.1mm，13mm，15.1g（图3-20，1）。

13EL：0358，C5型，岩性为灰白色石英砂岩，毛坯为厚石片，台面为窄长的素台面，台面长48.8mm，台面宽28.8mm，沿窄长台面的一端向底缘剥片，保留有3个片疤，底缘较直，台面角为56°左右。该石核仍可继续剥片，处于剥片中期。长宽厚重依次为49.4mm，28.6mm，44.4mm，33.7g（图3-20，2）。

这两件石核剥片工作面上保留的片疤修长，长大于宽的两倍，证明当时人群具备生产窄长石片的技术。

④D层工具比例较早期层位有明显增加，共发现9件工具。同时，与早期层位不同的是，④D层不见④E～④I层出土的风格独特的石英砂岩端刮器，并且9件工具均由石英石料加工而成，尺寸较小。本层位工具类型包括边刮器4件，尖状器2件，锯齿刃器2件，雕刻器1件，工具类型多样性也较早期层位有明显增大。

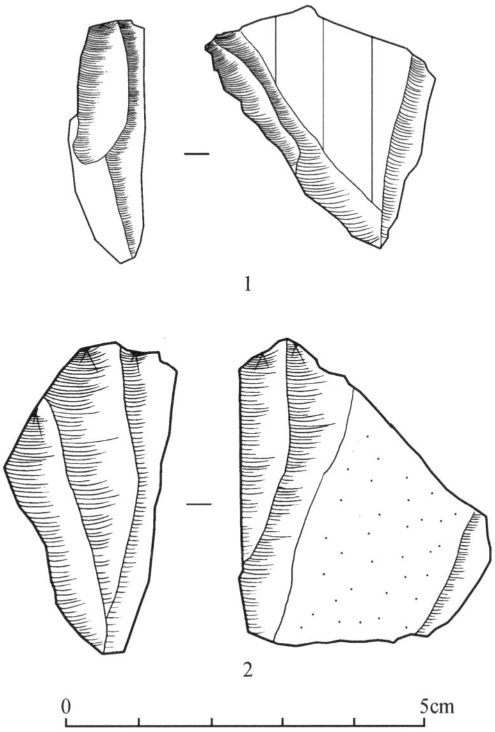

图3-20　老奶奶庙遗址④D层石核

1. C类石英石核（13EL：0355）　2. 石英砂岩C类石核（13EL：0358）

3.4.4.1　边刮器和锯齿刃器（A类）

边刮器共2件，具体标本描述如下。

13EL：0317，残断单凸刃边刮器，A2b型，岩性为石英，毛坯为石片，靠近台面端残断，修理部位为左侧，残留有连续正向加工，保留3个较小的片疤，刃缘为凸刃，修理刃缘长19.3mm，刃角69°～76°。长宽厚重依次为23.1mm，15.1mm，11mm，3.9g（图3-21，5）。

13EL：0389，单直刃边刮器，A1a型，岩性为石英，毛坯为远端断片，也可能为修理为工具后使用过程中折断，修理部位为右侧，连续两面加工，保留若干个微小的片疤，修理精细，一些微疤也可能是使用所致，刃缘为直刃，修理刃缘长24.3mm，刃角35°～38°，刃缘很薄呈透明状。长宽厚重依次为29.2mm，20.4mm，4.6mm，3.2g（图3-21，1）。

锯齿刃器共2件，具体标本描述如下。

13EL：0342，A2c型，岩性为石英，毛坯为单向6型石片，修理部位为左侧，连续两面加工，保留6个较小的片疤，刃缘为凸刃，修理刃缘长13.7mm，刃角62°～64°。长宽厚重依次为34.7mm，24.9mm，10.8mm，9.6g（图3-21，4）。

13EL：0344，A1c型，岩性为石英，毛坯为单向6型石片，修理部位为右侧，连续正向加工，保留4个较小的片疤，刃缘为凸刃，修理刃缘长19.4mm，刃角59°～61°。长宽厚重依次为38.5mm，23.3mm，10.3mm，10.1g（图3-21，7）。

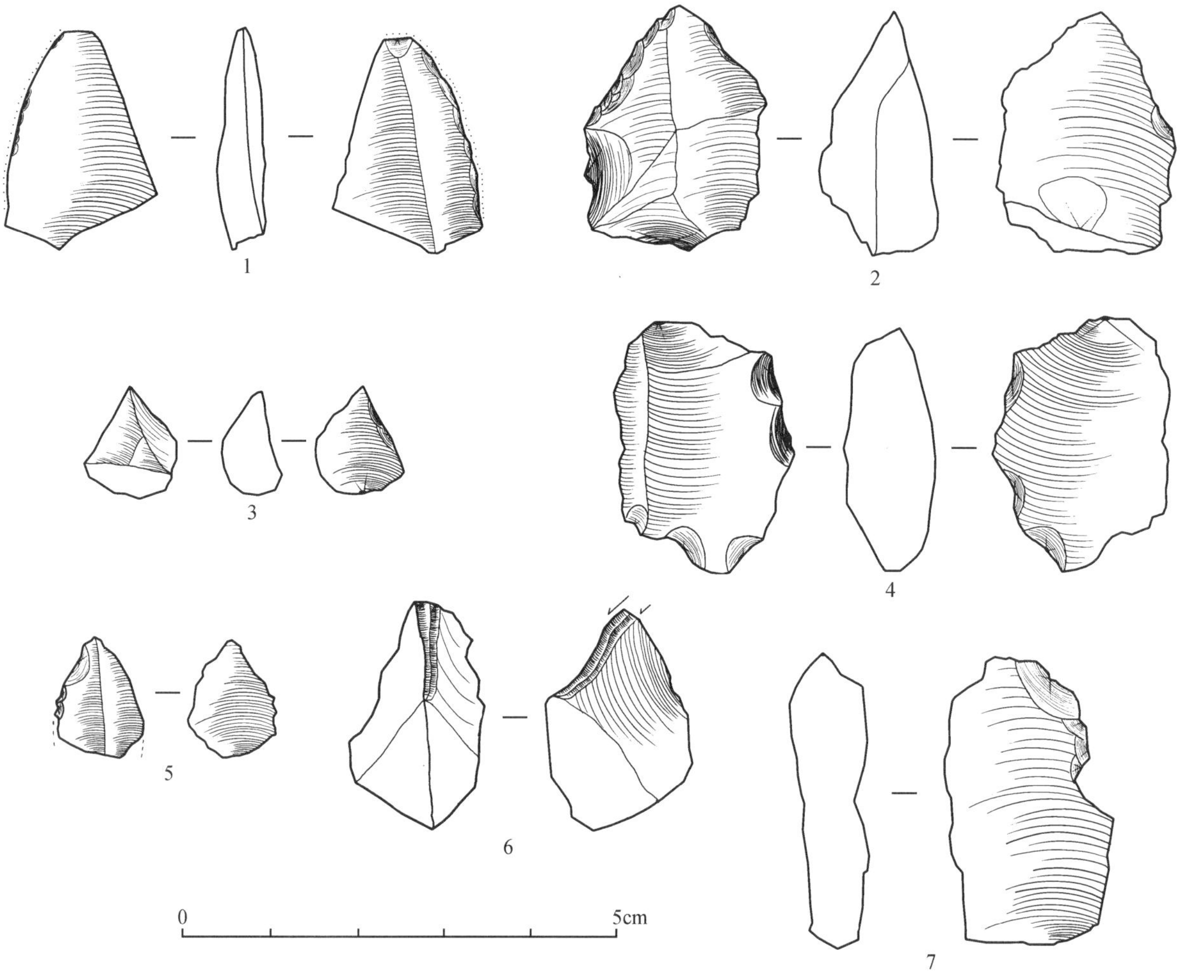

图3-21　老奶奶庙遗址④D层工具

1、5. 石英边刮器（13EL：0389、13EL：0317）　2、3. 石英尖状器（13EL：0348、13EL：0376）　4、7. 石英锯齿刃器（13EL：0342、13EL：0344）　6. 石英雕刻器（13EL：0334）

3.4.4.2　尖状器（B类）

尖状器共4件，挑选2件标本描述如下：

13EL：0348，B1c型，岩性为石英，毛坯为单向6型石片，左侧正向加工，右侧转向加工，修理出尖角，尖角度数75°，左侧修理刃缘长29.9mm，刃角53°，右侧修理刃缘长18.0mm，刃角51°。长宽厚重依次为32.0mm，23.2mm，14.9mm，10.7g（图3-21，2）。

13EL：0376，B1b型，岩性为石英，毛坯为石片，左侧反向加工，右侧正向加工，修理出尖角，尖角度数75°，左侧修理刃缘长14.2mm，刃角59°，右侧修理刃缘不明显。长宽厚重依次为21.1mm，15.6mm，11.3mm，3.7g（图3-21，3）。

3.4.4.3　雕刻器（E类）

雕刻器共1件，标本描述如下：

13EL：0334，雕刻器，岩性为石英，毛坯为断块，采用雕刻器打法沿一平面打出另一雕刻器小面，留下两个细长的片疤，组成一个凿形刃口，两个雕刻器小面所呈夹角为73°。长宽厚重依次为28.4mm，19.5mm，13.7mm，5.2g（图3-21，6）。

④D层工具类型多样，修理方向有正向、反向、交互等，修疤小而短，加工长度指数普遍较大。工具类型多样化表明当时人群在遗址上从事的活动多样，对比表明遗址功能与早期层位有所变化。

整体来看，④D层与早期层位相比，依然远距离开发利用石英，并对石英的利用强度有所增加，表现在石英石片和石英工具的主体地位。远距离开发利用相对优质石料，表明当时人群的活动范围还是很大的。但遗址拥有石英石料剥片初期的产品，以及相对较多的石英工具，都表明当时人群不是在流动过程中对遗址匆匆路过，而是有计划、有目的地占据和使用遗址，相比于早期层位，本层位遗址的活动强度明显增大。

同时，本层位的单向石片依然占据主体地位，剥片过程中石核台面不会轻易更换，利用石核体上已有背脊较高效连续剥片，降低了转换台面的成本并且很好地维护了石核体的形状和角度。另外，2件C类石核的存在表明当时人群在剥片时对石核体的几何形态有清晰的设计，并具备了生产长大于宽的2倍的窄长石片的技术。

3.4.5　④C层石器

④C层人群利用了石英、石英砂岩和红色砂岩三种原料，相比于④D层位，本层位石英石制品的比例进一步增大，占据绝对主体地位，仅零星使用了石英砂岩和红色砂岩原料。

④C层石制品尺寸和④D层位整体较为一致，长度多集中在5cm范围之内，石核尺寸略大于石片尺寸，石英砂岩尺寸略大于石英尺寸。石片的长、宽数据呈现出一定的线性关系，反映出一定的标准化程度。

3.4.5.1　石片

④C层单向石片依然占据主体地位，主动开发背脊并利用背脊连续剥片。对向石片和多向石片的存在，表明主台面在不适于剥片的情况下石器打制者会开发新的台面继续剥片，但新台面的利用强度不如原始台面（图3-22）。

④C层石片背脊形态分析表明，当时人群已经娴熟利用背脊控制石片形态，生产形态规整，两边平行或近平行的石片。当时人群优先选择“｜”形背脊剥片，“｜”形背脊最利于生

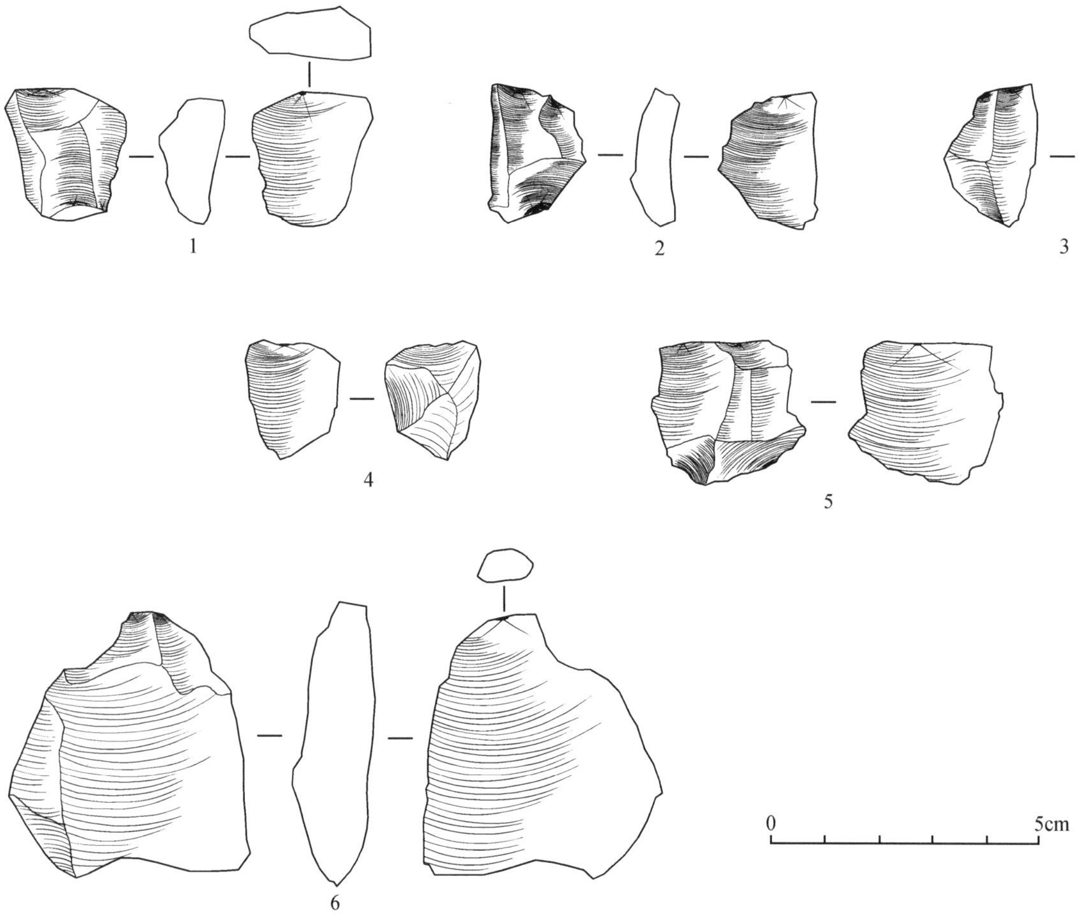

图3-22　老奶奶庙遗址④C层对向石片与多向石片

1～3. 石英对向石片（13EL：0259、13EL：0082、13EL：0043）　4、5. 石英多向石片（13EL：0160、13EL：0246）
6. 石英砂岩多向石片（13EL：0193）

产两边平行或近平行的石片。“Y”形背脊是“｜”形背脊在利用过程中，剥片失败的变体，“Y”形背脊的出现往往生产出两边汇聚的石片。倒“Y”和倒“V”形背脊往往是对向剥片的证据。④C层3型和6型石片比例较高，表明大多数石片属于石核开发利用中后期的产品。另外，2型石英石片的存在表明当时人群直接携带石英石料进入遗址的可能性。

④C层石片平均长24.3mm，宽23.5mm，厚11.4mm，重9.4g。石片宽/长值小于0.5，即石片长大于宽的2倍，是石叶的长宽比值标准，这类长石片在④C层数量很少；而宽/长值小于1（即长大于宽）的长型石片比例最高，且较④D层比例有明显提升；另外宽/长值大于1（即宽大于长）的宽型石片依然占有相当比例。

④C层石片较④D层薄型石片的比例有所增加，占据主体地位；同时石片厚度大多分布在5～20mm，石片长度和厚度的线性关系较早期层位也有所降低，表明本层位人群在生产石片时对石片厚度的控制程度提高，相应提高了石料资源利用效率，节约成本。

3.4.5.2　石核

④C层共出土15件石核，包括A类石核2件，C类石核7件，D类石核1件，G类石核4件，H类石核1件，石核岩性均为石英，尺寸普遍较小，不同类型石核暂无看出明显差别。以下对每一类石核分别介绍。

（1）A类石核。

老奶奶庙遗址的A类石核是非常有特色的一类石核。这类石核往往以厚石片为毛坯，以厚石片平坦的腹面为台面（偶尔以厚石片的背面为台面），沿台面周缘向石核底面剥片。石核体的片疤未汇聚于一点，而是延伸到石核体底面的小平面上。石核体的整体特点是台面和底面是两个平行或近平行的平面，台面面积大于底面面积，通常器身略长，似船形。A类石核和传统分类方案中的“单面盘状石核”有一定亲缘关系，但也有明显区别，即盘状石核是“两面体石核”，包括台面和剥片工作面两个面，片疤的汇聚性很明显，而老奶奶庙的A类石核非两面体石核，剥片工作面和底面有明显的区分，并且片疤的汇聚性不明显，片疤间的关系多呈平行或近平行的关系。

A类石核根据石核体的利用结构可以分为三型，④C层的2件A类石核均属于A1型（图3-23），其特点是石核利用率高，沿台面近一周向底部剥片。具体标本描述如下：

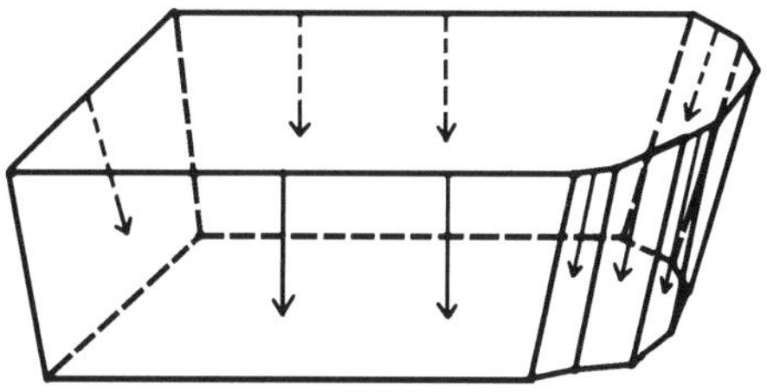
图3-23　老奶奶庙遗址A1型石核几何模型

13EL：0224，A1型，岩性为石英，毛坯为厚石片石片，以厚石片宽平的腹面为台面，沿台面近一周向石片的背面剥片，保留有7个片疤，片疤未汇聚于一点，而是延伸到石核底面的小平面，石核整体形状类似船形，台面角多在80°左右。该石核体形较小，利用程度高，应处于剥片中晚期阶段。长宽厚重依次为21.9mm，29.3mm，23.8mm，13.1g（图3-24，1）。

13EL：0272，A1型，岩性为石英，毛坯为厚石片石片，以厚石片宽平的腹面为台面，沿台面近一周向石片的背面剥片，保留有9个片疤，片疤未汇聚于一点，而是延伸到石核底面的一窄长的小平面，石核整体形状类似船形，台面角多在80°左右。该石核应处于剥片中期，仍可继续剥片。长宽厚重依次为38.5mm，25.8mm，23.5mm，25.5g（图3-24，2）。

（2）C类石核。

老奶奶庙遗址的C类石核也是非常有特色的一类石核。这类石核整体上观察近似楔形，但根据不同的利用结构和剥片技术特点可以细分为八型。④C层的C类石核包括C2、C5、C6、C7共四型。

C2型石核的台面通常窄长，拥有侧缘和底缘，石核体整体由三个面构成，包括1个台面和2个剥片工作面，侧缘和底缘都未经修理，利用窄长台面沿两个剥片工作面向底部同向剥片，④C层共发现3件。

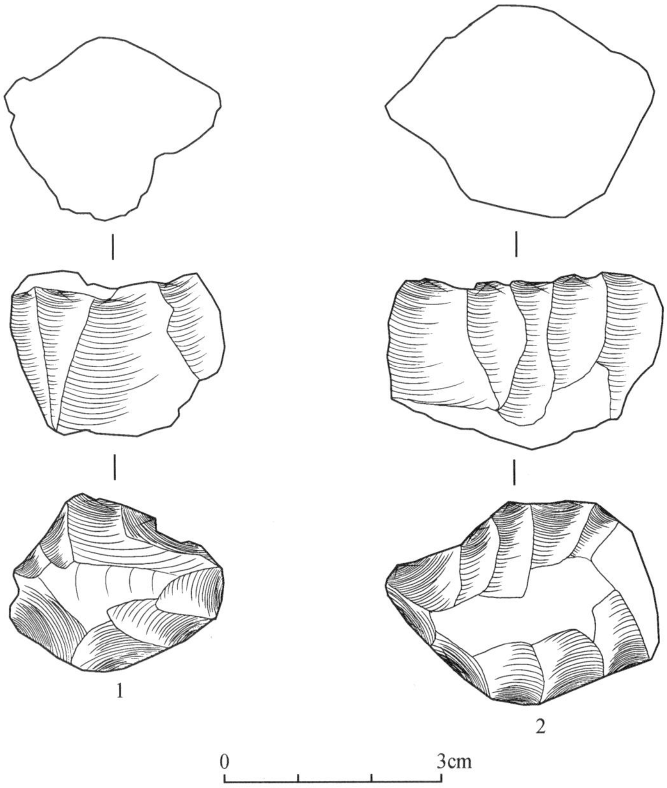

图3-24　老奶奶庙遗址④C层A1型石英石核
1. 13EL：0224　2. 13EL：0272

13EL：0153，C2型，岩性为石英，毛坯为厚石片，台面为窄长的节理面，台面长19.77mm，台面宽33.2mm，沿窄长台面的两侧向底部剥片，保留有5个片疤，台面角为66°左右。该石核形体较小，处于剥片中晚期。长宽厚重依次为35mm，35.1mm，21mm，31g。

13EL：0210，C2型，岩性为石英，毛坯为断块，台面有折断现象，沿窄长台面的两侧向底部剥片，保留有4个片疤，片疤形态窄长，片疤间呈平行关系，台面角为75°左右。该石核形体较小，处于剥片中晚期。长宽厚重依次为31.4mm，20.6mm，11.6mm，5.7g。

C5型石核在④D层出现，本层位也发现有2件，挑选1件标本介绍：

13EL：0131，C5型，岩性为石英，毛坯为断块，台面为窄长的素台面，台面长34.6mm，台面宽19.3mm，沿窄长台面的一端向底部剥片，保留有3个片疤，底部汇聚于地缘，台面角为51°左右。该石核底缘保留不多，将耗尽，处于剥片中晚期。长宽厚重依次为28.4mm，35.6mm，20.1mm，20.8g。

C6型石核是C类石核中非常独特的一型，其与C2型石核很相似，拥有前缘、后缘和底缘，不同之处是石核体的前缘经过修理。C6型石核只发现1件，13EL：0269，岩性为石英，毛坯为断块，台面有折断现象，沿窄长台面的两侧向底部剥片，保留有3个片疤。石核的前缘有修理现象，单向修理，留有6个较小的片疤。该石核形体窄小，处于剥片中晚期。长宽厚重依次为

42.8mm，32.9mm，13.6mm，15.4g（图3-25）。

C7型石核同样非常独特，其和C5型很相似，但石核的后缘经过修理。C7型石核只发现1件，13EL：0280，岩性为石英，毛坯为断块，台面为较窄的节理面，台面长38.5mm，台面宽18.7mm，沿窄长台面的两端向底部剥片，保留有3个片疤。石核的后缘有修理现象，单向修理，留有近10个较小的片疤。该石核形体窄小，处于剥片中晚期。长宽厚重依次为38.3mm，14.6mm，33.1mm，31.7g。

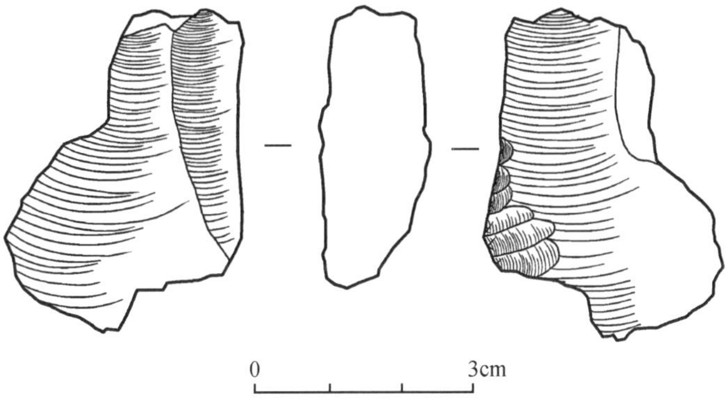

图3-25 老奶奶庙遗址④C层C6型石英石核（13EL：0269）

（3）D类石核。

老奶奶庙遗址的D类石核，由六个平面组成形似正方体的结构，往往有多个台面和多个剥片工作面，可归入传统分类方案中的多台面石核。根据主台面的等级高低，可以分为三型，其中D1型的主台面等级最高，或者说利用率最高，D2型主台面等级性较高，D3型的主台面不存在，或者说台面之间等级性不明显。

④C层发现1件D类石核，为D1型，13EL：0037，岩性为石英，毛坯为岩块，共有3个台面，主台面等级较高，拥有4个剥片工作面，共7个片疤。另外2个台面分别只有1个剥片工作面，分别有2个和3个片疤。该石核形体较小，台面角较大，处于剥片晚期。长宽厚重依次为31.3mm，34.2mm，24.6mm，34.2g。

（4）G类石核。

4C层发现砸击石核4件，G类石核在本遗址最早期地层即开始出现，是高效利用石英石料的一种有效的打制技术。现挑选3件标本描述如下。

13EL：0103，岩性为石英，毛坯不详，两极特征明显，共保留7个片疤。该石核形体较小，处于剥片晚期。长宽厚重依次为39.4mm，23.9mm，21.6mm，18.9g。

13EL：0113，岩性为石英，毛坯不详，两极特征明显，共保留9个片疤。该石核形体较小，处于剥片晚期。长宽厚重依次为42mm，38.2mm，23.1mm，41.8g。

13EL：0168，岩性为石英，毛坯为断块，两极特征明显，共保留6个片疤。该石核形体较小，处于剥片晚期。长宽厚重依次为35mm，34.8mm，23.3mm，23.6g。

（5）H类石核。

4C层发现权宜类石核1件，几何特征不明显，为单台面石核，这里不再赘述。

3.4.5.3　工具

④C层共发现11件工具，包括4件边刮器、1件锯齿刃器、2件尖状器、2件钻、1件盘状器和1件凹缺刮器，尺寸普遍偏小，以下分类介绍。

（1）边刮器和锯齿刃器（A类）。

边刮器和锯齿刃器共5件，以13EL：0068为例，单凸刃边刮器，岩性为石英，毛坯为石片，修理部位为远端，连续正向加工，保留6个较小的片疤，刃缘为凸刃，修理刃缘长33.1mm，刃角52°。长宽厚重依次为35.6mm，19.1mm，3.9mm，4.2g（图3-26，1）。

（2）尖状器和钻（B类）。

尖状器2件，标本描述如下。

13EL：0107，B1c型，岩性为石英，毛坯为厚石片，左侧交互加工，右侧交互加工，修理出尖角，尖角度数59°，左侧修理刃缘长33.9mm，刃角51°，右侧修理刃缘长13.2mm，刃角66°。长宽厚重依次为33.1mm，23.1mm，14.2mm，10.4g（图3-26，3）。

13EL：0128，B2b型，岩性为石英，毛坯为薄石片，左侧反向加工，右侧正向加工，修理出尖角，尖角度数63°，左侧修理刃缘长15.4mm，右侧修理刃缘长14.9mm。长宽厚重依次为29.5mm，20.7mm，4.9mm，2.8g（图3-26，2）。

钻1件。13EL：0144，B3型，岩性为石英，毛坯为石片，在石片远端异向加工修理出尖部，尖角40°。长宽厚重依次为24.1mm，24.3mm，10.2mm，5.3g（图3-26，4）。

（3）盘状器（C类）。

盘状器1件，标本描述如下。

13EL：0265，C2c型，岩性为石英，毛坯为背面为很平自然面的石片，沿石片的左侧、远端、右侧一周连续反向加工，保留10余个中等大小的修疤，整体形状为一面平坦另一面微凸的盘状。左侧刃缘为锯齿刃，修理刃缘长42.9mm，刃角60°～70°；远端刃缘为凸刃，修理刃缘长19.7mm，刃角75°～85°；右侧刃缘为锯齿刃，修理刃缘长34.5mm，刃角61°～72°。长宽厚重依次为41.6mm，41.4mm，12.9mm，31.2g（图3-26，5）。

④C层工具类型多样，修理方向有正向、反向、交互等，修疤小而短，加工长度指数普遍较大。工具类型多样化表明当时人群在遗址上从事的活动多样，对比表明遗址功能与早期层位有所变化。

整体来看，④C层与④D层相比，依然远距离开发利用石英，并对石英的利用强度进一步增加，表现在石英石片、石英石核和石英工具的主体地位。远距离开发利用相对优质石料，表明当时人群的活动范围还是很大的。但遗址拥有石英石料剥片初期的产品，以及相对较多的石英工具，都表明当时人群是有计划、有目的地占据和使用遗址。

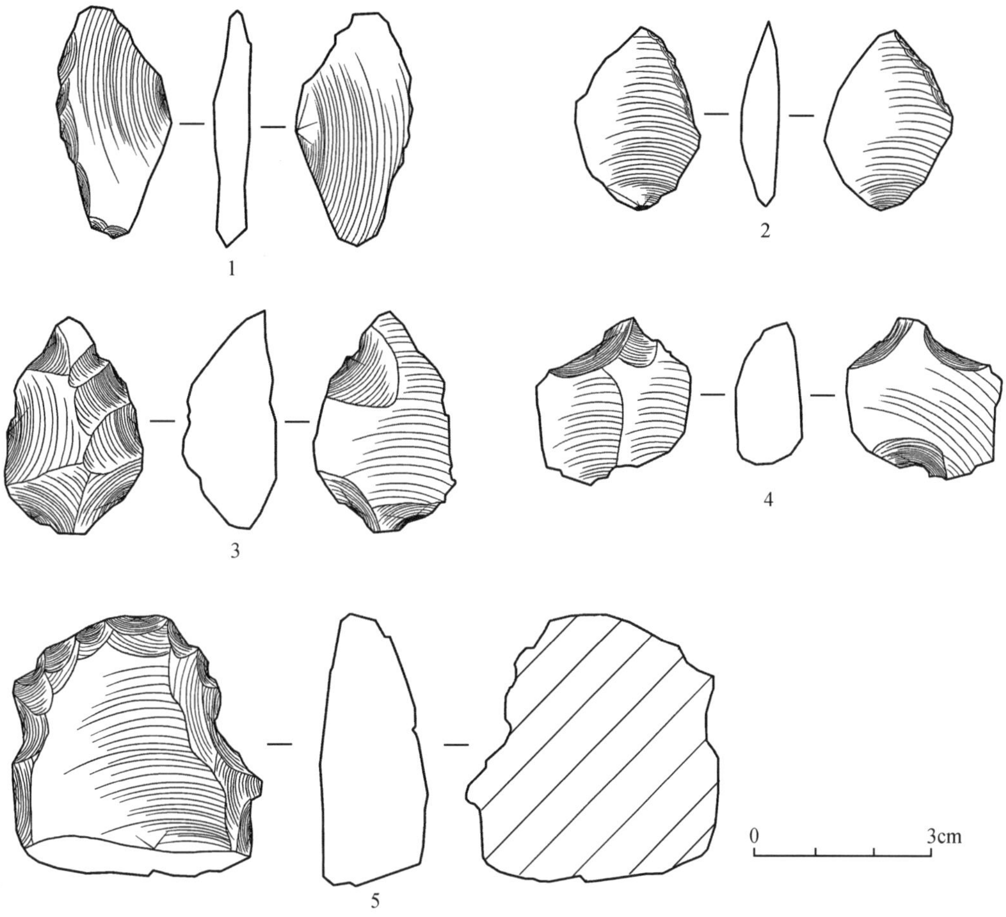

图3-26　老奶奶庙遗址④C层石英工具

1. 边刮器（13EL：0068）　2、3. 尖状器（13EL：0128、13EL：0107）　4. 钻（13EL：0144）　5. 盘状器（13EL：0265）

本层位的石片特征与④D层较为一致，并且剥片过程中对石片形态的控制比④D层做得更好，表现在窄型石片和薄型石片的比例增大。值得关注的是，本层位的石核发现较多，且很有特色，尤其是A类石核、修缘的C类石核都是本遗址首次出现。

3.4.6　④A、④B层石器

④A、④B层人群利用了石英、石英砂岩、红色砂岩和灰岩共4种原料，相比于④C层位，本层位依然以利用远距离石英石料资源为主，石英石制品占据绝对主体地位，仅零星使用了石英砂岩、红色砂岩和灰岩原料。另外值得注意的是，本层位出土了1件背面为砾石面的石英石片和1件带砾石面的石英石核，表明本层位人群开始利用河道中的石英砾石。

本层位石制品尺寸和④C层位整体较为一致，长度多集中在50mm范围之内，有 2 件红色砂岩石制品尺寸较大，接近100mm。石片的长、宽数据呈现出的线性关系较④C层进一步增强，反映出一定的标准化程度。

3.4.6.1　石片

④A、④B层的石片技术属性和④C层较为相似，不同之处是本层位石片两边关系呈汇聚形态的比例增加。另外1型和2型石英石片的存在表明石英石料被远距离开发并直接带入遗址。

④A、④B层石片平均长29.4mm，宽24mm，厚13.3mm，重15.2g。本层位长型石片和薄型石片均占据主体地位，石片的厚度多集中在5～20mm。

3.4.6.2　石核

④A、④B层共出土9件石核，包括A类石核1件，C类石核2件，G类石核1件，H类石核5件，石核尺寸普遍较小，个别红色砂岩H类石核尺寸较大，以下对每一类石核分别介绍。

（1）A类石核。

老奶奶庙遗址的A类石核自④C层开始出现，本层位也出土1件。A类石核根据石核体的利用结构可以分为三型，本层位的属于A3型，其特点是石核利用率小于A1型，沿台面半周向底部剥片。

12EL：4750，A3型，岩性为石英，毛坯为小砾石，以平坦节理面为台面，沿台面半周向石核底面剥片，保留有3个片疤，片疤未汇聚于一点，而是延伸到石核底面的小平面。石核整体形状类似船形，台面角多在70°左右。该石核器身较小，利用程度一般，应处于剥片中期阶段。长宽厚重依次为19.7mm，31.2mm，24.9mm，21.8g。

（2）C类石核。

老奶奶庙遗址的C类石核自④D层开始出现，这类石核整体上观察近似楔形，但根据不同的利用结构和剥片技术特点可以细分为八型。④A、④B层的C类石核包括C3型和C4型，这两种类型的石核都是早期层位所不见的。

C3型石核的台面稍宽，拥有侧缘和底缘，侧缘和底缘都未经修理，石核体整体由3个面构成，包括1个主台面和2个剥片工作面，其特殊之处在于利用底缘和侧缘进行一定程度剥片，本层位共发现1件。

C4型石核的台面稍宽，拥有侧缘和底缘，其特殊之处在于底缘进行了精细的修理，并且剥片工作面集中在石核的两端，本层位共发现1件。

12EL：4583，C4型，岩性为石英，毛坯为断块，石核拥有侧缘和底缘，以素台面为台面，沿窄长台面的两端向底部剥片。该石核的底缘经过精细的两面修理，保留有10余个较小的修疤。该石核器身较小，利用程度高，应处于剥片中晚期阶段。长宽厚重依次为33.2mm，22.4mm，34.5mm，34.7g。

（3）G类石核和H类石核。

④A、④B层发现砸击石核1件，权宜类石核5件。其中权宜类石核为单台面石核或双台面石核，片疤较少，几何特征不明显，这里不再赘述。

3.4.6.3　工具

④A、④B层共发现14件工具，包括6件边刮器、5件锯齿刃器、2件尖状器和1件砍砸器，工具毛坯均为石片，工具尺寸除1件砍砸器较大外，其他尺寸普遍较小，以下分类介绍（图3-27）。

（1）边刮器和锯齿刃器（A类）。

边刮器6件，以单刃边刮器为主，另有2件双刃边刮器，选择2件描述如下。

12EL：4619，单直刃边刮器，A1a型，岩性为石英，毛坯为单向6型石片，修理部位为右侧，连续正向加工，保留4个较小的片疤，刃缘为直刃，修理刃缘长24.5mm，刃角59°～62°。长宽厚重依次为33.2mm，15.5mm，9.6mm，3.8g（图3-27，1）。

12EL：4709，双直刃边刮器，A4b型，岩性为石英，毛坯为对向5型石片，修理部位为两侧，两侧均连续正向加工，保留若干个较小的片疤，刃缘均为直刃，左侧修理刃缘长48.2mm，刃角57°；右侧修理刃缘长31.7mm，刃角42°。长宽厚重依次为52mm，38.3mm，14.3mm，30.1g（图3-27，2）。

锯齿刃器5件，均为单刃，选择1件描述如下。

12EL：4577，锯齿刃器，A1c型，岩性为石英，毛坯为单向3型石片，修理部位为右侧，断续正向加工，保留3个中等大小的片疤，刃缘为直刃，修理刃缘长32.1mm，刃角45°～61°。长宽厚重依次为34.3mm，35.4mm，10.4mm，14g（图3-27，4）。

（2）尖状器和钻（B类）。

尖状器2件，包括1件三棱尖状器和1件非三棱尖状器，标本描述如下。

12EL：4631，三棱尖状器，B1型，岩性为石英，毛坯为单向6型石片，体型较大，尖部在正反两面修理，保留有3个较大的片疤，尖角度数95；左侧连续正向加工，保留3个较大的片疤，并形成切割刃缘，修理刃缘长60.4mm，刃角49°～53°；底部正向加工出2个较大的片疤，使底部变钝，便于手握。长宽厚重依次为79.7mm，61.4mm，33.7mm，162.1g（图3-27，5）。

12EL：5016，尖状器，B2型，岩性为石英，毛坯为石片，左侧两面加工，右侧两面加工，修理出尖角，尖角度数58°，左侧修理刃缘长19.6mm，刃角55°～73°，右侧修理刃缘长19.3mm，刃角49°～69°。长宽厚重依次为33.4mm，14.9mm，9.1mm，3.7g（图3-27，3）。

（3）砍砸器（F类）。

砍砸器1件，形体较大。12EL：4685，砍砸器，岩性为灰白色石英砂岩，毛坯为厚石片，体型较大，修理部位为左侧，正向加工，保留有五个较大的片疤，形成砍砸刃缘，修理刃缘长89.9mm，刃角50°～60°。长宽厚重依次为109.1mm，83.9mm，52.5mm，549.1g。

④A、④B层工具类型多样，修理方向有正向、反向、两面等。尤其是1件形体较大的三棱尖状器和1件形体较大的石片砍砸器，是早期层位所不见的，可能代表了新的使用功能，表明了当时人群在遗址从事活动的多样性。④A、④B层石制品的技术属性和④C层较为一致，尤其

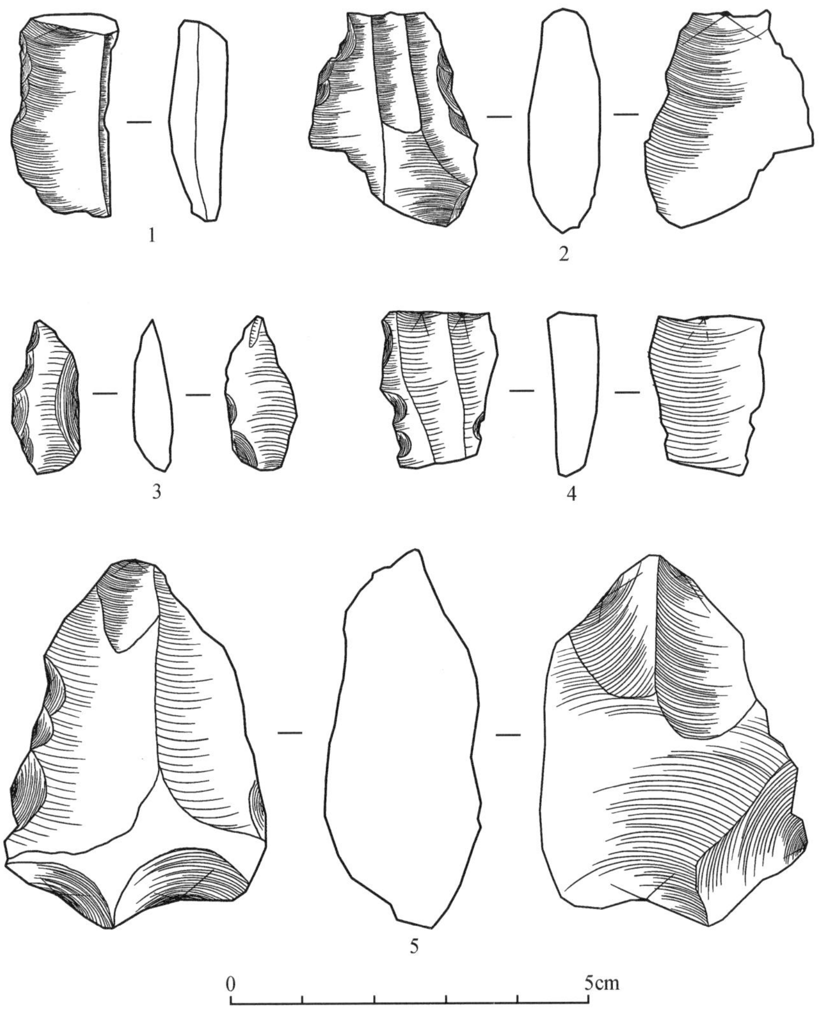

图3-27　老奶奶庙遗址④A、④B层石英工具

1、2. 边刮器（12EL：4619、12EL：4709）　3、5. 尖状器（12EL：5016、12EL：4631）　4. 锯齿刃器（12EL：4577）

是石英石制品的比例很高，并且开始利用河道中的石英砾石。另外，底部修缘的C4型石核很有特点，但数量很少，仅此一件，所以其结构特征和文化意义还有待进一步的研究。

3.4.7　③F层石器

③F层人群利用了石英、石英砂岩、红色砂岩、灰岩、黑色燧石、黄褐色燧石和石英岩共7种原料。尤其是利用了早期层位不曾利用的黑色燧石、黄褐色燧石和石英岩等，另外石英石制品的比例依然很高。

③F层石制品的尺寸较早期层位有所增大，大于5cm的石制品的比例有所增加，另外出现几件大于10cm的石制品，暗示遗址的功能或遗址上人类行为的变化。

3.4.7.1 石片

③F层石片以单向石片为主体，背脊形态反映当时人群利用背脊连续剥片，生产两边平行或近平行，或两边汇聚的石片。石英石片存在1～6型，表明打制石器的场所很可能就在遗址，同时3型石片和6型石片比例较高，也是连续高效剥片的有力证据。

③F层石片平均长25.7mm，宽24.3mm，厚12.1mm，重12.7g。③F层石片尺寸和④A、④B层位相比，统计数据较为相似，长型石片和薄型石片为主体，但宽型石片和厚型石片也有相当比例。石片的绝对厚度大多集中在5～20mm，显示当时人群对石片厚度的较强的控制能力，一些石英砂岩石片的厚度较大，但其长度也较大，两者呈现出一定线性关系（图3-28、图3-29）。

③F层共出土25件石核，包括A类石核4件，B类石核2件，C类石核3件，D类石核3件，E类石核1件，G类石核1件，H类石核11件，石核尺寸普遍较小，个别H类石核的尺寸会偏大，以下对每一类石核分别介绍。

3.4.7.2 石核

（1）A类石核。

12EL：3902，A1型，岩性为石英，毛坯为小砾石，以平坦砾石面为台面，沿台面近大半周向石核台面的对面剥片，保留有5个片疤，片疤未汇聚于一点，而是延伸到石核底面的小平面。石核整体形状类似船形，台面角多在60°左右。该石核器身较小，利用程度高，应处于剥片中晚期阶段。长宽厚重依次为15.8mm，18.4mm，34.3mm，15.8g。

（2）B类石核。

B类石核是本层位新出现的一类石核，其几何特征明显，一般由两个面构成，一个面是较平的台面，另一个面是主剥片工作面，并且环曲形的主剥片工作面汇聚于石核底部一点，或接近一点。B类石核与传统分类方案中的“盘状石核”非常接近。老奶奶庙遗址的B类石核根据石核体的利用结构可以分为B1、B2、B3共三型，本层位发现1件B2型石核和1件B3型石核。

B2型石核的特点是石核的台面上保留从剥片工作面向台面剥片的片疤，类似“双面盘状石核”。该件标本为11EL：1884，B类石核，B2型，岩性为石英，毛坯为带一弧面的断块，以弧面为主台面，沿台面一周向石核底部向心剥片，保留有6个片疤，片疤汇聚于一点，石核整体形状为漏斗状，台面角多在75°左右。另外以弧面相对的一面为台面向弧面也有向心剥片的痕迹，保留有3个片疤，固将该石核定为双面盘状石核。该石核周缘有若干小石片疤延展度很低，应为失败的剥片，并且该石核形态已较小，不便于手持，推测该石核处于剥片末期。长宽厚重依次为24.6mm，43.2mm，23.5mm，32.3g。

B3型石核的特点是石核利用率小于B1型和B2型，沿台面半周或小半周向底部向心剥片。

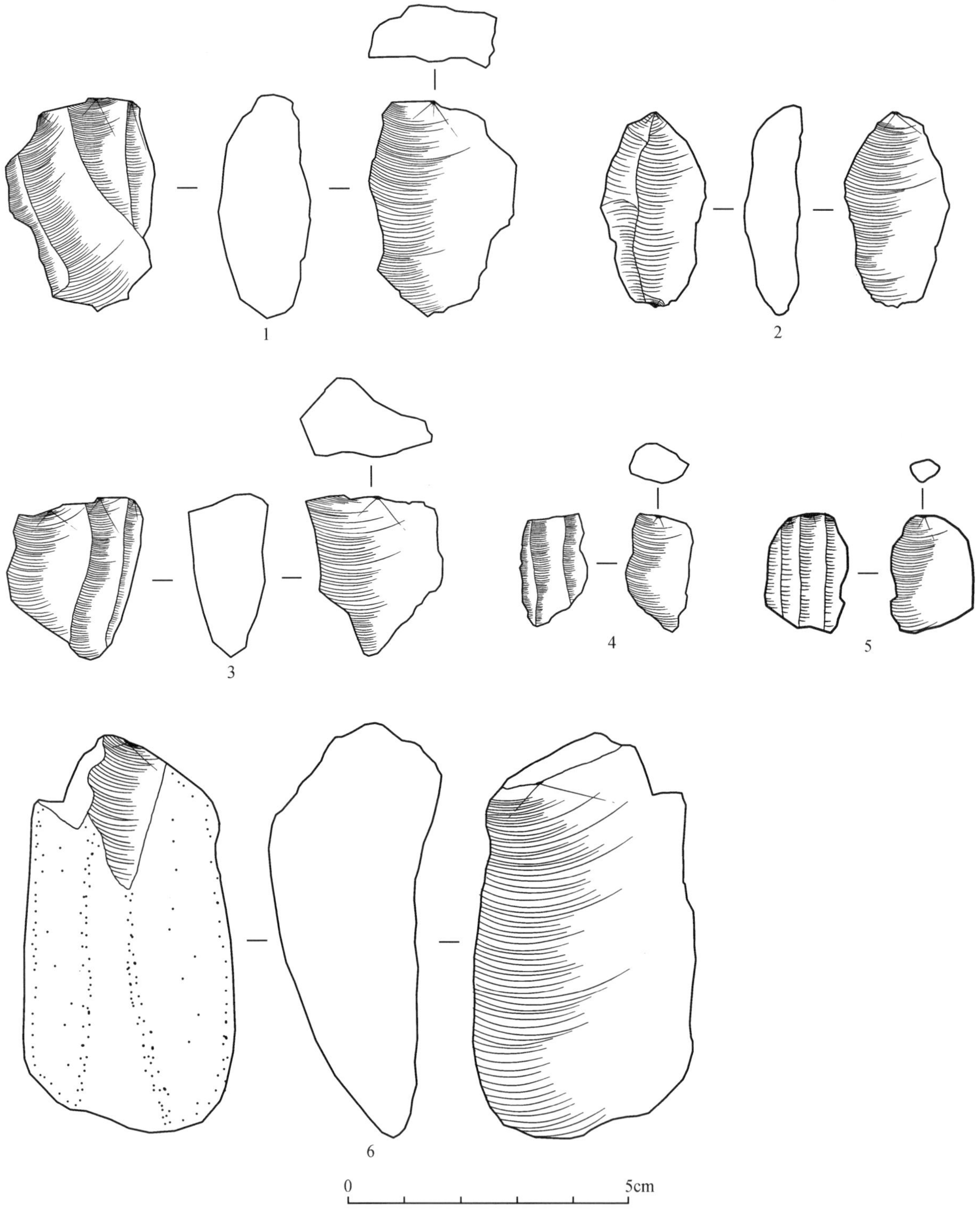

图3-28　老奶奶庙遗址③F层石英石片

1. 11EL：1513　2. 12EL：3876　3. 11EL：1627　4. 12EL：4285　5. 12EL：4551　6. 12EL：3657

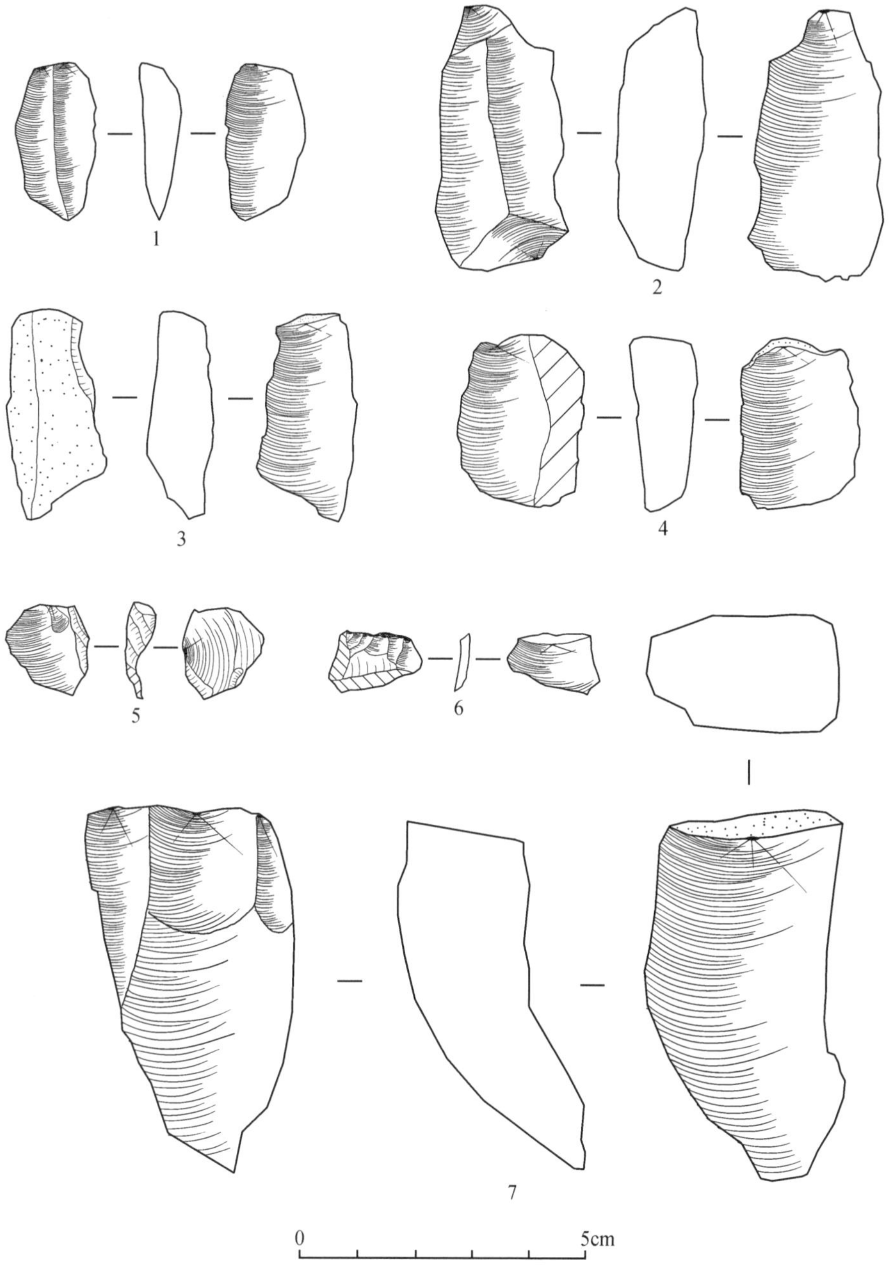

图3-29　老奶奶庙遗址③F层砂岩、燧石石片

1. 11EL：2487，红色砂岩　2. 12EL：4196，红色砂岩　3. 11EL：2531，石英砂岩　4. 11EL：2516，石英砂岩　5. 11EL：2582，黑色燧石　6. 11EL：1637，黑色燧石　7. 11EL：1321，石英砂岩

该件标本为11EL：2507，B类石核，B3型，岩性为石英，毛坯为厚石片，以石片腹面为台面，向石片背面向心剥片，保留有2个片疤，片疤汇聚于一点，石核整体形状近似为漏斗状，台面角60°左右。该石核处于剥片初期，但可能因形体较小不便手持而废弃。长宽厚重依次为18.3mm，29.6mm，34.4mm，19.3g。

（3）C类石核。

③F层的C类石核共3件，分别属于C1型、C2型、C3型。

C1型石核的特点两个剥片工作面互为彼此的台面，另外第三个面几乎没有利用。C2型和C3型在前文已有论述。

具体标本描述如下。

11EL：2051，C1型，岩性为石英，毛坯类型难以确定，可能为断块，石核整体形状近似为楔形两面体，沿楔形体的前缘、底缘和后缘向两面向心剥片，台面角70°左右，在石核体两面保留有近10个片疤。该石核形态已较小，不便于手持，推测该石核处于剥片末期。长宽厚重依次为21.2mm，24.5mm，30.3mm，11.9g（图3-30，1）。

11EL：1704，C3型，岩性为石英，毛坯为断块，石核体由主台面和两个剥片工作面构成，两个剥片工作面相交构成侧缘和底缘。该石核除了利用主台面剥片向两个剥片工作面剥片外，还利用底缘从一个剥片工作面向另一个剥片工作面剥片，保留有7个片疤。该石核形态已较小，不便于手持，推测该石核处于剥片末期。长宽厚重依次为24.6mm，21.4mm，14.5mm，5.2g（图3-30，2）。

（4）D类石核。

D类石核在④C层有所发现，本层位另发现3件。D类石核根据主台面的等级高低可以分为D1、D2和D3共3型。本层位发现1件D1型石核和2件D2型石核。

D1型石核为11EL：1862，岩性为石英，毛坯为断块，共有四个台面，主台面等级较高，拥有4个剥片工作面，共6个片疤。另外3个台面分别有1个剥片工作面，共4个片疤。该石核形体较小，台面角较大，处于剥片晚期。长宽厚重依次为19.1mm，14.3mm，14.6mm，8.4g。

D2型石核的主台面等级略低于D1型石核，但两者之间的界限并绝对。这两件标本分别为：

11EL：1501，D2型，岩性为石英，毛坯为断块，共有3个台面，主台面等级较高，拥有4个剥片工作面，共7个片疤。另外2个台面分别有1个和2个剥片工作面，分别有三个和五个片疤。该石核形体较小，台面角较大，处于剥片晚期。长宽厚重依次为34.9mm，33.8mm，

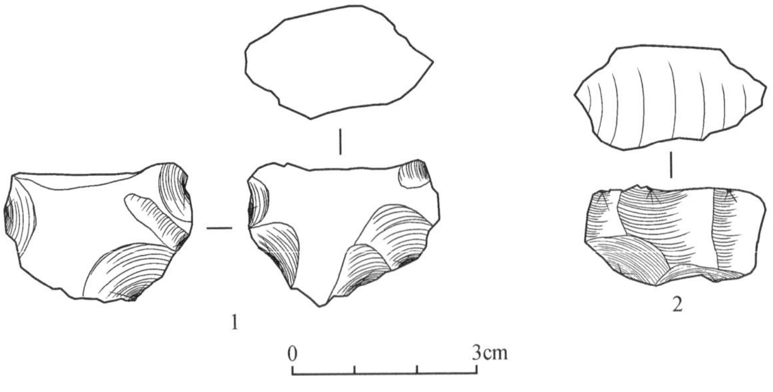

图3-30　老奶奶庙遗址③F层C类石英石核

1. 11EL：2051　2. 11EL：1704

44.9mm，83.6g。

12EL：4001，D2型，岩性为石英，毛坯为断块，共有3个台面，主台面等级较高，拥有2个剥片工作面，共4个片疤。另2个台面分别有1个和2个剥片工作面，共4个片疤。该石核形体较小，台面角较大，处于剥片晚期。长宽厚重依次为19.9mm，19.7mm，14.6mm，9.1g。

（5）E类石核。

E类与D类石核的较为相似，但较D类石核扁长。通常由六个面组成，往往有多个台面和多个剥片工作面，可归入传统分类方案中的多台面石核。根据主台面的等级高低，可以分为三型，其中E1型的主台面等级最高，或者说利用率最高，E2型主台面等级性较高，E3型的主台面不存在，或者说台面之间等级性不明显。

③F层发现1件E类石核，为E1型。

12EL：4492，E1型，岩性为石英，毛坯为断块，共有3个台面，主台面等级较高，拥有3个剥片工作面，共5个片疤。另外2个台面分别有1个剥片工作面，共2个片疤。该石核形体较小，台面角较大，处于剥片晚期。长宽厚重依次为23.8mm，14.2mm，14.3mm，4.6g。

（6）G类石核。

③F层发现砸击石核1件，12EL：4338，岩性为石英，毛坯不详，两极特征明显，共保留9个片疤。该石核形体较小，处于剥片晚期。长宽厚重依次为41.2mm，31mm，15.7mm，22.2g。

（7）H类石核。

③F层发现权宜类石核11件，几何特征不明显，多为单台面石核或双台面石核，这里不再赘述。

3.4.7.3　工具

③F层共发现39件工具，包括22件边刮器、8件锯齿刃器、1件尖状器、1件钻、2件端刮器、3件凹缺刮器、1件雕刻器和1件手斧，③F层工具处个别石英砂岩石料工具较大，石英石料工具普遍较小，以下分类介绍。

（1）边刮器和锯齿刃器（A类）。

边刮器22件，包括单直刃9件，单凸刃7件，单凹刃2件，双直刃4件。如：

11EL：2360，单直刃边刮器，A1b型，岩性为石英，毛坯为单向6型石片，修理部位为左侧，连续反向加工，保留若干个较小的片疤，刃缘为直刃，修理刃缘长33.8mm，刃角41°~61°。长宽厚重依次为34.1mm，18.8mm，13mm，8.2g（图3-31，1）。

11EL：2357，双直刃边刮器，A4b型，岩性为石英，毛坯为远端断片，修理部位为两侧，两侧均连续反向加工，保留若干个较小的片疤，刃缘均为直刃，左侧修理刃缘长19.2mm，刃角66°~83°；右侧修理刃缘长15.8mm，刃角63°~72°。长宽厚重依次为24mm，20.5mm，12.5mm，4.9g（图3-31，2）。

11EL：1516，单直刃边刮器，A1b型，岩性为石英，毛坯为左裂片，修理部位为右侧，连续正向加工，保留6个较小的片疤，修理精致，刃缘为直刃，修理刃缘长11.4mm，刃角63°～71°。长宽厚重依次为21mm，11.9mm，4.6mm，1.8g（图3-31，3）。

11EL：2303，单凸刃边刮器，A2b型，岩性为黑色燧石，毛坯为单向3型石片，修理部位为左侧，连续交互加工，保留若干个较小的片疤，刃缘为凸刃，修理刃缘长13.6mm，刃角31°～44°。长宽厚重依次为18.3mm，13.3mm，10.8mm，2.2g（图3-31，4）。

11EL：2372，单直刃边刮器，A1a型，岩性为石英，毛坯为单向6型石片，修理部位为左侧，两面加工，刃缘为直刃，修理刃缘长21.5mm，刃角55°。长宽厚重依次为24mm，23.6mm，13mm，8.2g（图3-31，5）。

11EL：2107，单凸刃边刮器，A2a型，岩性为石英，毛坯为残片，修理部位为左侧，连续正向加工，保留若干个较小的片疤，一些小疤也可能是使用所致，刃缘为凸刃，修理刃缘长15.6mm，刃角69°～75°。长宽厚重依次为34.9mm，22.7mm，9.3mm，10.3g（图3-31，6）。

12EL：4176，双直刃边刮器，A4b型，岩性为灰白色石英砂岩，毛坯为单向5型石片，修理部位为两侧，右侧正向加工，修理刃缘长23.2mm，刃角46°～65°；左侧交互加工，修理刃缘长35.3mm，刃角40°。长宽厚重依次为49.2mm，39.1mm，12.4mm，33.2g（图3-31，7）。

锯齿刃器8件，包括单直刃3件，单凸刃5件。如：

11EL：2064，A2c型，岩性为石英，毛坯为远端断片，修理部位为左侧，连续正向加工，保留6个中等大小的片疤，修理精致，刃缘为凸刃，修理刃缘长20.6mm，刃角70°～76°。长宽厚重依次为15.9mm，20.4mm，12.4mm，3.6g（图3-32，1）。

11EL：1416，A2c型，岩性为石英，毛坯为单向6型石片，修理部位为右侧，断续正向加工，保留3个较小的片疤，刃缘为凸刃，修理刃缘长23.8mm，刃角53°～61°。长宽厚重依次为21.7mm，20.8mm，10.6mm，4.2g（图3-32，2）。

11EL：2108，A1c型，岩性为石英，毛坯为单向2型石片，修理部位为左侧，连续反向加工，保留若干个较小的片疤，刃缘为直刃，修理刃缘长23.7mm，刃角70°。长宽厚重依次为28.7mm，28.5mm，14.1mm，10.6g（图3-32，4）。

12EL：4177，A1c型，岩性为灰白色石英砂岩，毛坯为石片，修理部位为右侧，转向加工，保留近10个中等大小的片疤，刃缘为直刃，修理刃缘长48.9mm，刃角42°。长宽厚重依次为54.8mm，40.8mm，14.1mm，32.3g（图3-32，5）。

（2）尖状器和钻（B类）。

尖状器和钻各1件。如：

11EL：1593，钻，B3型，岩性为灰白色石英砂岩，毛坯为单向3型厚石片，在石片远端反向加工修理出尖部，尖角92°。长宽厚重依次为35.2mm，35.1mm，22.2mm，31.9g（图3-32，6）。

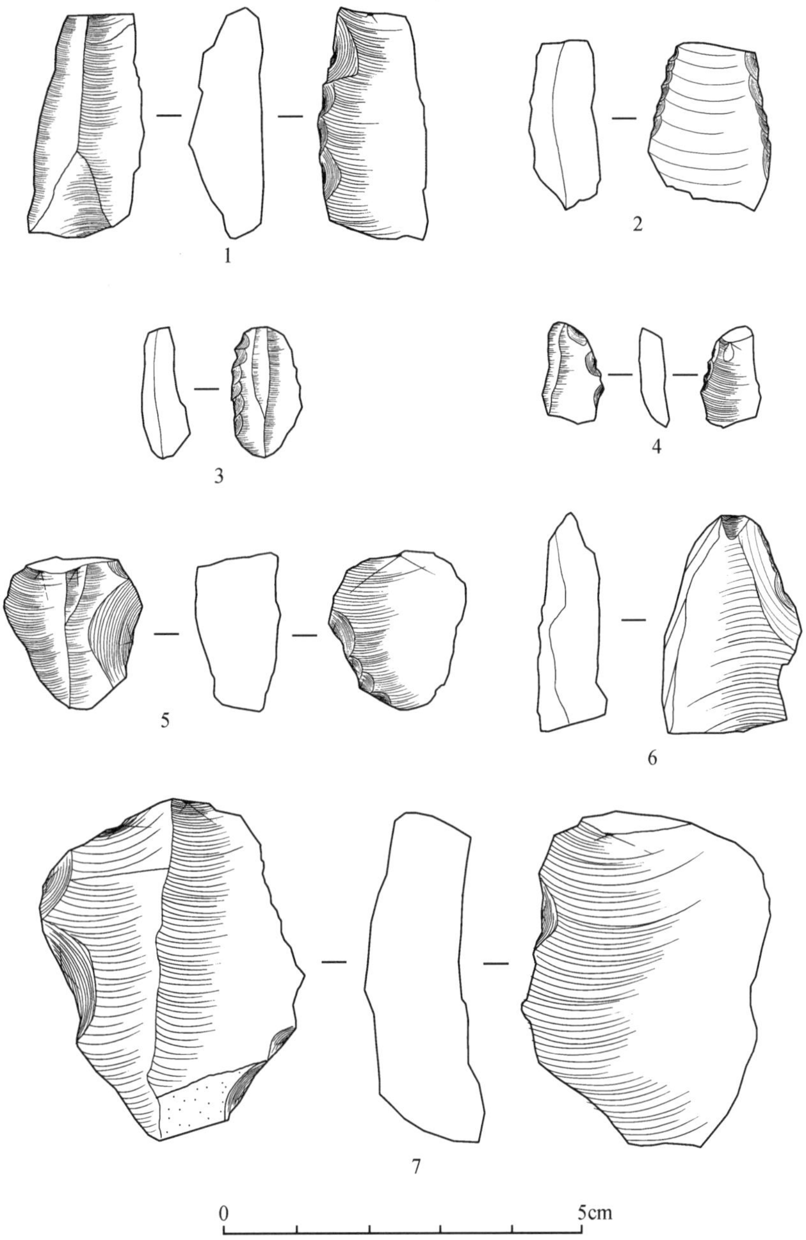

图3-31 老奶奶庙遗址③F层边刮器

1. 11EL：2360，石英 2. 11EL：2357，石英 3. 11EL：1516，石英 4. 11EL：2303，黑色燧石 5. 11EL：2372，石英 6. 11EL：2107，石英 7. 12EL：4176，石英砂岩

（3）端刮器（C类）。

端刮器2件，包括1件C3c型和1件C1b型。如：

11EL：1533，C3c型，岩性为石英，毛坯为5型石片，修理部位为近侧，连续反向加工，保留4个中等大小的片疤，刃缘为凸锯齿刃，修理刃缘长18.2mm，刃角68°。另外该器物的左侧也经反向修理，刃缘为直刃，修理刃缘长22.1mm，刃角68°。长宽厚重依次为23.7mm，

18.1mm，8.7mm，3g。

（4）凹缺刮器（D类）。

凹缺刮器共3件，均为D2型。如：

12EL：4043，D2型，岩性为石英，毛坯为石片，修理部位为石片右边，反向加工出一个凹缺口，长5.6mm，刃角76°。长宽厚重依次为14.8mm，12.3mm，5.8mm，1.6g（图3-32，3）。

11EL：1491，D2型，岩性为石英，毛坯为残片，反向加工出一个凹缺口，长13.9mm，深9mm，刃角53°。长宽厚重依次为42.8mm，39.3mm，10.8mm，14.5g（图3-32，7）。

（5）雕刻器（E类）。

11EL：1523，岩性为石英，毛坯为石片，修理部位为近端，在石片台面上用雕刻器打法打出另一个雕刻器小面，石片原有台面与新打出的雕刻器小面共同组成一个凿子形刃口，刃角为70°。长宽厚重依次为24.3mm，45.4mm，14.7mm，14.9g。

另外，本层位发现1件可初步定为小型手斧的标本，12EL：4311，较小型手斧，岩性为石英，局部带银绿色绢云母，毛坯为厚石片，左侧两面加工，形成切割刃缘，刃缘较直，修理刃缘长度64.7mm，刃角65°～77°；右侧连续正向加工，也形成切割刃缘，修理刃缘长43.8mm，

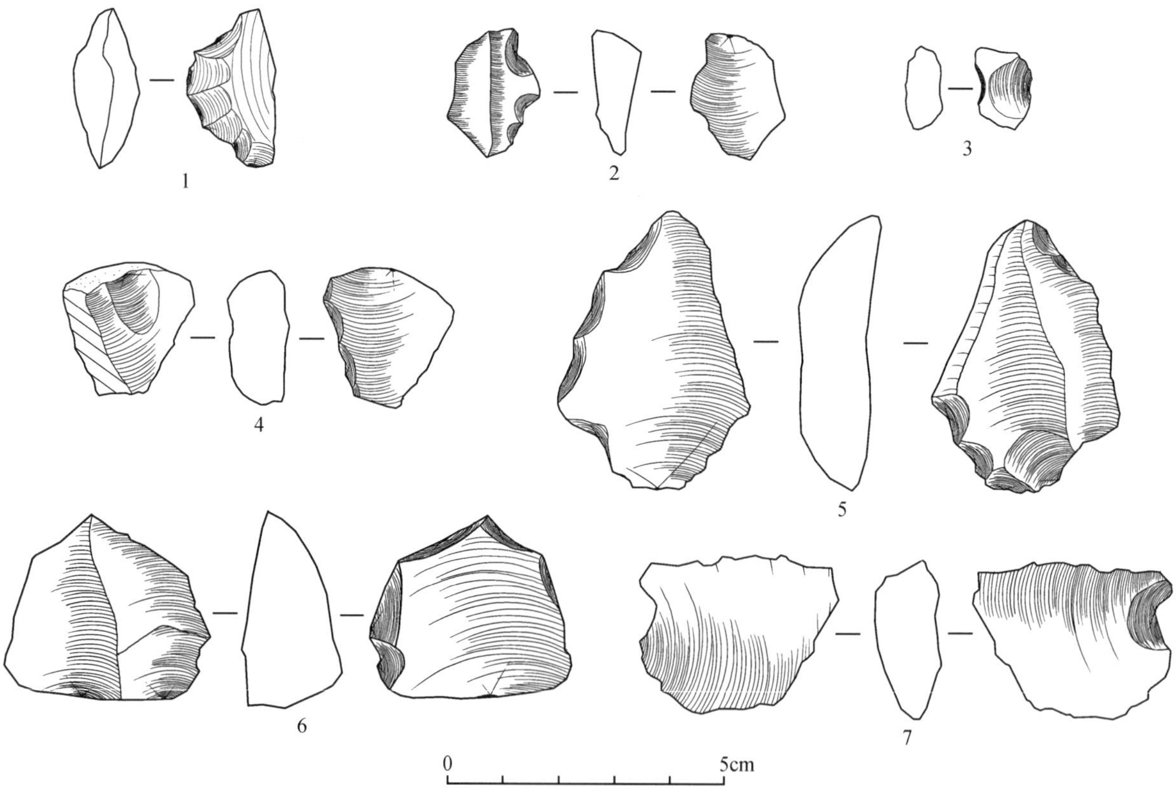

图3-32　老奶奶庙遗址③F层部分工具

1、2、4. 石英锯齿刃器（11EL：2064、11EL：1416、11EL：2108）　3、7. 石英凹缺刮器（12EL：4043、11EL：1491）
5. 石英砂岩锯齿刃器（12EL：4177）　6. 石英砂岩钻（11EL：1593）

刃角80°～82°；底部经两面加工后变钝，便于手握。长宽厚重依次为74.3mm，60.2mm，43mm，143.5g。

③F层工具类型多样，毛坯多为片状，修理方向有正向、反向、交互、两面等。尤其是1件雕刻器和1件似手斧的工具，是早期层位所不见或少见的，可能代表了新的使用功能，表明了当时人群在遗址从事活动的多样性。

整体来看，③F层发现的石器原料共有7种，超过其之前的所有层位，这些不同的原料的分布位置各有不同，表明当时人群的活动范围进一步扩大。同时，石英石制品依然占据主体地位，并且依然是远距离开发河道中的石英砾石和基岩处的石英岩块。石英石制品占据主体一方面可能是由于石英原料相对比较充足，另一方面是由于其硬度高，可以生产出刃口锋利的石片和工具，所以深得当时人群青睐。

同时，③F层的石制品尺寸较早期层位有所增大，尤其是发现5件长度大于100mm的石制品，大型石制品可能存在新的用途，暗示当时人群在遗址上的新的活动。并且③F工具种类共有8种，也超过了之前所有的层位。这些都表明当时人群在遗址上活动的多样性进一步增加。

3.4.8　③E层石器

③E层人群利用了石英、石英砂岩、红色砂岩、灰岩、黑色燧石和黄褐色燧石共6种原料，并且石英石制品依然占据主体地位。

③E层石制品尺寸多在50mm范围之内，但存在一些大于100mm的石制品。

3.4.8.1　石片

③E层单向石片依然占据主体地位，并且石片形制较为规则，两边平行或较平行的占据主体地位，背脊形态反映当时人群是利用背脊进行较为系统的连续的剥片。

2型和3型石片比例较高，表明当时人群利用自然面为台面作为主台面，并连续强化利用主台面。同时，存在一定比例的5型和6型石片，表明主台面废弃后，当时人群会开发新的台面和新的剥片工作面，继续生产形态较为规整的石片。

③E层石片平均长23.5mm，宽23.8mm，厚11.6mm，重13.8g。③E层石片的长度和薄度很少能达到石叶的标准，但长型石片和薄型石片的比例很高。同时，石英石片的厚度绝对值依然控制在5～20mm范围之内，显示出较高的利用率。

3.4.8.2　石核

③E层共出土13件石核，包括B类石核1件，C类石核1件，D类石核1件，F类石核1件，G类石核2件，H类石核7件，不同类型石核尺寸大都比较小，所有石核岩性均为石英。以下对每一类石核分别介绍。

（1）B类石核。

老奶奶庙遗址的B类石核根据石核体的利用结构可以分为B1、B2、B3共3型，本层位发现1件B3型石核。

11EL：1135，B3型，岩性为石英，毛坯为小砾石，以砾石面为台面，向石核底部向心剥片，保留有4个片疤，片疤汇聚于一点，石核整体形状近似为漏斗状，台面角70°左右。该石核形态已较小，不便于手持，推测该石核处于剥片末期。长宽厚重依次为22.9mm，24.5mm，32.3mm，15.6g。

（2）C类石核。

3E层的C类石核共1件，属于C2型。

11EL：1141，C2型，岩性为石英，毛坯为断块，台面较窄长，沿窄长台面的两侧向底部剥片，保留有7个片疤，片疤形态窄长，片疤间呈平行关系，台面角为85°左右。该石核形体较小，处于剥片中晚期。长宽厚重依次为21.4mm，20.4mm，15.4mm，5.9g。

（3）D类石核。

③E层发现1件D1型石核。

12EL：3419，岩性为石英，毛坯为砾石，共有3个台面，主台面等级较高。长宽厚重依次为43.1mm，42.5mm，35.8mm，78.8g。

（4）F类石核。

F类石核与D类石核的较为相似，但较D类石核高，呈柱形。通常有6个面组成，往往上下两个台面为主台面，4个侧面为主剥片工作面，常常为对向石核，有时也为多向石核。根据主台面的等级高低，可以分为二型，其中F1型的主台面等级最高，F2型主台面等级性较高。

3F层发现1件F类石核，为F1型。

12EL：3349，岩性为石英，毛坯为石块，共有2个台面，主台面等级较高，拥有3个剥片工作面，共九个片疤。另个台面有1个剥片工作面，共2个片疤。该石核形体较小，台面角较大，处于剥片晚期。长宽厚重依次为14.4mm，18.4mm，12.8mm，3.9g。

（5）G类石核。

3E层发现砸击石核2件，如11EL：1143，岩性为石英，毛坯为断块，共保留9个片疤。该石核形体较小，处于剥片晚期。长宽厚重依次为41.5mm，19.7mm，31.6mm，29.3g。

（6）H类石核（H类）。

③F层发现权宜类石核7件，几何特征不明显，多为单台面石核或双台面石核，这里不再赘述。

3.4.8.3 工具

③E层共发现11件工具，包括4件边刮器、5件锯齿刃器、1件尖状器和1件端刮器，岩性以石英为主，有少量黑色燧石和灰岩，尺寸比较小，以下分类介绍。

（1）边刮器和锯齿刃器（A类）。

边刮器4件，包括单直刃1件，单凸刃1件，单凹刃1件，双直刃1件。如：

11EL：1267，单直刃，A1b型，岩性为石英，毛坯为远端断片，修理部位为右侧，连续反向加工，保留3个中等大小的片疤，刃缘为直刃，修理刃缘长22.3mm，刃角50°。长宽厚重依次为33.2mm，21.8mm，12.7mm，11.4g。

12EL：3366，双直刃，A1b型，岩性为黑色燧石，毛坯为带背脊两边平行的石片，修理部位为右侧，正向加工，保留7个较小的片疤，刃缘为直刃，修理刃缘长34.7mm，刃角41°，左侧也有少许正向加工留下的片疤。长宽厚重依次为74.8mm，38.5mm，13.3mm，44.2g。

锯齿刃器5件，包括单直刃3件，单凸刃2件。如：

12EL：3514，A1c型，岩性为灰岩，毛坯为右裂片，修理部位为右边，转向加工，保留3个中等大小的片疤，刃缘为直刃，修理刃缘长34.9mm，刃角38°。长宽厚重依次为55.7mm，58.1mm，19.9mm，68.2g。

（2）尖状器（B类）。

尖状器1件。11EL：1182，尖状器，岩性为石英，B2c型，毛坯为石片，左侧正向加工，右侧两面加工，修理出尖角，尖角度数75°，左侧修理刃缘长55.9mm，刃角38°～61°，右侧修理刃缘长64.8mm，刃角42°～71°。长宽厚重依次为65.4mm，51.8mm，24.1mm，62.1g。

③E层石制品的总体特点和③F层较为相似，共利用了六种原料，并且远距离原料如石英占据石制品的主体地位。石器技术上延续了早期层位的技术特点，大量单向石片的存在表明，剥片过程中石核台面不会轻易更换，利用石核体上已有背脊较高效连续剥片，降低了转换台面的成本并且很好地维护了石核体的形状和角度。

3.4.9　③C、③D层石器

③C、③D层人群利用了石英、石英砂岩、红色砂岩和灰岩共4种原料。③C、③D层石制品的尺寸依然较小，长度多在50mm范围之内。

石片类型分析表明，③C、③D层的石器技术特点如早期层位较为一致，单向石片占据主体地位，两边汇聚的石片稍多于两边平行或近平行的石片，同时石英石片存在剥片初期的产品。

③C、③D层石片平均长28.2mm，宽24.7mm，厚12.3mm，重14.5g。③C、③D层的石片尺寸和早期层位变化不大。

③C、③D层共出土5件石核，包括A类石核1件和H类石核4件，岩性均为石英，尺寸比较小。其中A类石核为A3型，H类石核均为单台面石核，片疤2～3个。

③C、③D层共发现5件工具，包括3件边刮器，1件锯齿刃器和1件凹缺刮器。岩性除锯齿刃器为石英砂岩外，其他4件均为石英，石英砂岩工具与石英工具尺寸差异比较大。

石英工具如12EL：1742，锯齿刃器，A2c型，岩性为灰白色石英砂岩，毛坯为4型大石片，修理部位为右侧，连续正向加工，保留3个较大的片疤，刃缘为凸刃，修理刃缘长61.4mm，刃角30°。长宽厚重依次为128.7mm，83.6mm，33.9mm，364.1g。

3.4.10　③B层石器

③B层人群利用了石英、石英砂岩、红色砂岩、灰岩和白色硅质岩共5种原料。但值得关注的是，本层位石英已不占据主体地位，取而代之的是石英砂岩石制品，这一现象可能暗示遗址功能和当时人群在遗址上行为的变化。

③B层石制品的尺寸较早期层位明显增大，石英石制品多集中在50mm范围之内，但石英砂岩石制品和红色砂岩石制品的尺寸有相当比例大于50mm，但多分布在100mm范围之内。另存在10件左右大于100mm的石制品。

3.4.10.1　石片

③B层石片中单向石片依然占据主体地位，另有少量对向石片和多向石片。值得注意的是，本层位的石英砂岩单向石片中，存在一类形态较宽的石片。这类石片的背脊形态往往比较复杂，绝非“｜”形态，一般存在剥片未贯通（失败）的片疤，本研究初步认为当时人群在剥片失败的情况下，会打下形态较宽的大石片，以达到“更新工作面”效果（图3-33、图3-34）。

③B层石片平均长33.8mm，宽32.5mm，厚13.7mm，重21.4g。3B层的宽型石片比例增大，应该和“单向宽石片”的存在有关。但薄型石片的比例依然很高。另外，石英石片的绝对厚度仍比较稳定，集中在5～20mm，而石英砂岩石片的厚度部分大于20mm，没有石英石料的利用率高。

3.4.10.2　石核

③B层共出土37件石核，包括A类石核11件，B类石核3件，C类石核6件，D类石核3件，E类石核4件，F类石核2件和H类石核8件，岩性分为石英砂岩和石英两种，前者25件，后者12件。不同石核尺寸差异悬殊，A类石核、B类石核和H类石核长度比较集中，其他石核变异范围比较大。以下分类介绍。

（1）A类石核。

③B层的A类石核比例较高，占石核总数的30%，共发现11件。其中A1型5件，A2型2件，A3型4件。

A1型石核如：

11EL：0868，岩性为灰白色石英砂岩，毛坯为厚石片石片，以厚石片宽平的腹面为台面，

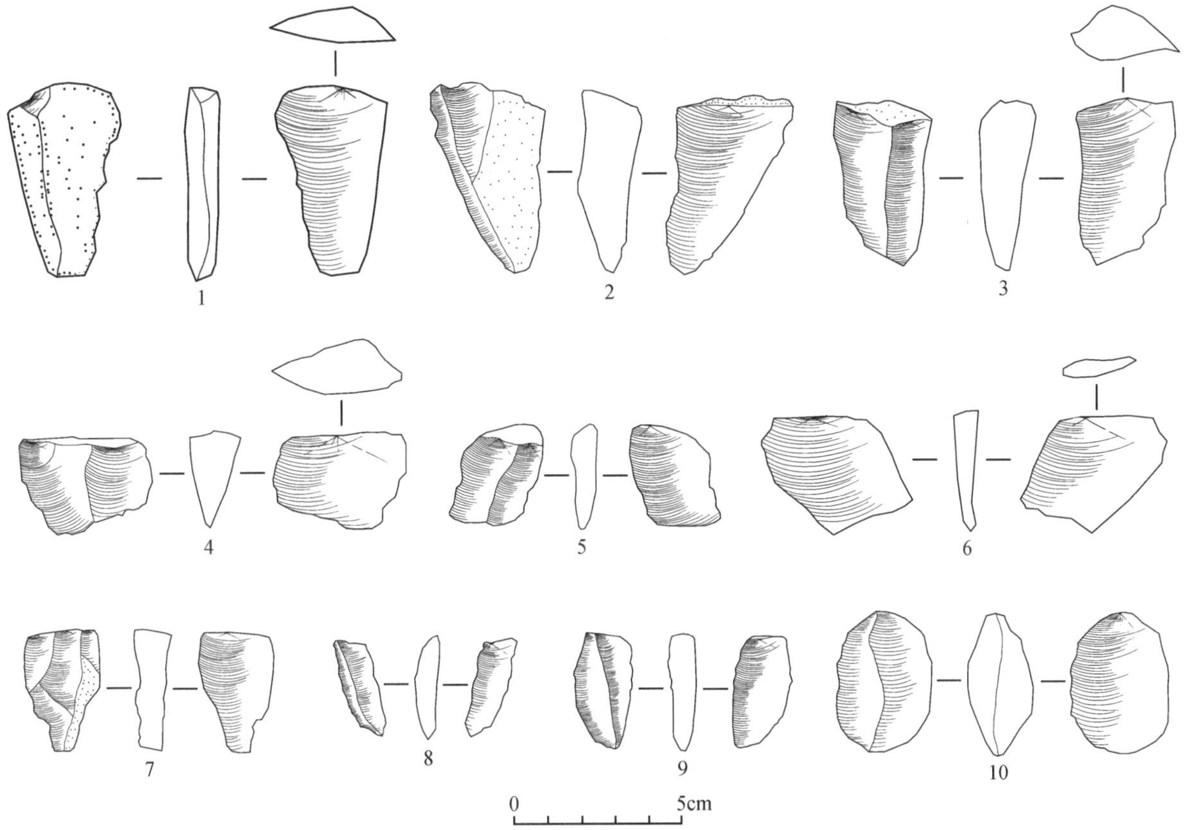

图3-33　老奶奶庙遗址③B层石英砂岩单向石片

1. 12EL：1798　2. 12EL：3172　3. 11EL：0369　4. 11EL：0437　5. 11EL：1823　6. 12EL：0913　7. 12EL：3164　8. 11EL：0460　9. 11EL：0733　10. 11EL：0447

沿台面近一周向石片的背面剥片，保留有8个片疤，片疤未汇聚于一点，而是延伸到石核底面的一窄长的小平面，石核整体形状类似船形，台面角多在70°左右。该石核周缘有三小石片疤延展度很低，应为失败的剥片，并且该石核形态已较小，不便于手持，推测该石核处于剥片末期。长宽厚重依次为22.3mm，45.9mm，31.9mm，40.2g（图3-35，1）。

11EL：1801，岩性为灰白色石英砂岩，毛坯为厚石片石片，以厚石片宽平的腹面为台面，沿台面近一周向石片的背面剥片，保留有十余个片疤，片疤未汇聚于一点，而是延伸到石核底面的一窄长的小平面，石核整体形状类似船形，台面角多在80°左右。该石核应处于剥片中期，仍可继续剥片。长宽厚重依次为22.7mm，51.8mm，39mm，63.7g（图3-35，2）。

12EL：1294，岩性为灰白色石英砂岩，毛坯为厚石片石片，以厚石片背面为台面，沿台面近一周向石片的背面剥片，保留有十余个片疤，片疤未汇聚于一点，而是延伸到石核底面的一窄长的小平面，石核整体形状类似船形，台面角多在85°左右。该石核器身较小，利用程度高，应处于剥片中晚期阶段。长宽厚重依次为58.6mm，44.1mm，29.2mm，95.1g（图3-35，3）。

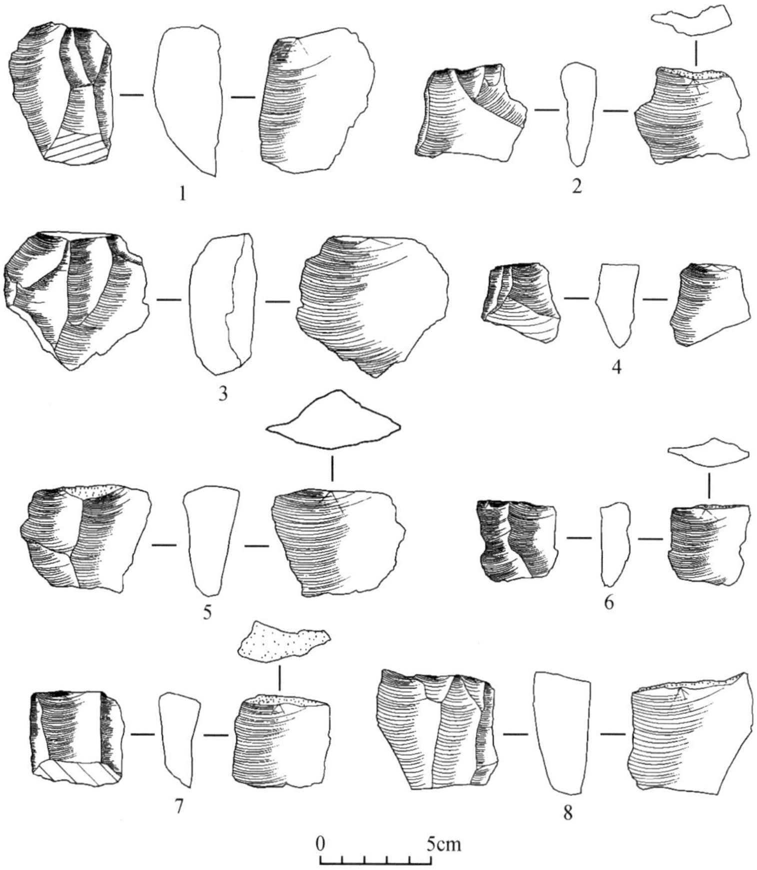

图3-34　老奶奶庙遗址③B层石英砂岩单向宽石片

1. 11EL：0377　2. 11EL：0160　3. 12EL：2961　4. 11EL：0474　5. 11EL：0924　6. 11EL：0716　7. 11EL：1781　8. 12EL：0137

12EL：1811，岩性为灰白色石英砂岩，毛坯为厚石片石片，以厚石片宽平的腹面为台面，沿台面近一周向石片的背面剥片，保留有十余个片疤，片疤未汇聚于一点，而是延伸到石核底面的一窄长的小平面，石核整体形状类似船形，台面角多在70°左右。该石核器身较小，利用程度高，应处于剥片中晚期阶段。长宽厚重依次为24.2mm，52.2mm，48.7mm，81.2g（图3-36，1）。

11EL：0669，岩性为灰白色石英砂岩，毛坯为厚石片石片，以厚石片宽平的腹面为台面，沿台面近一周向石片的背面向心剥片，保留有十余个片疤，片疤未汇聚于一点，而是延伸到石核底面的一窄长的小平面，石核整体形状类似船形，台面角多在70°左右。该石核周缘有若干小石片疤延展度很低，应为失败的剥片，并且该石核形态已较小，不便于手持，推测该石核处于剥片末期。长宽厚重依次为21.3mm，44.1mm，20.6mm，35.9g（图3-36，2）。

A2型石核为：

11EL：0114，岩性为石英，毛坯为断块，该石核体现出一定的预制过程：先打下一大石片，之后以片疤作为台面，并且对台面有修理的痕迹，在台面上保留有2个修疤，使台面角更

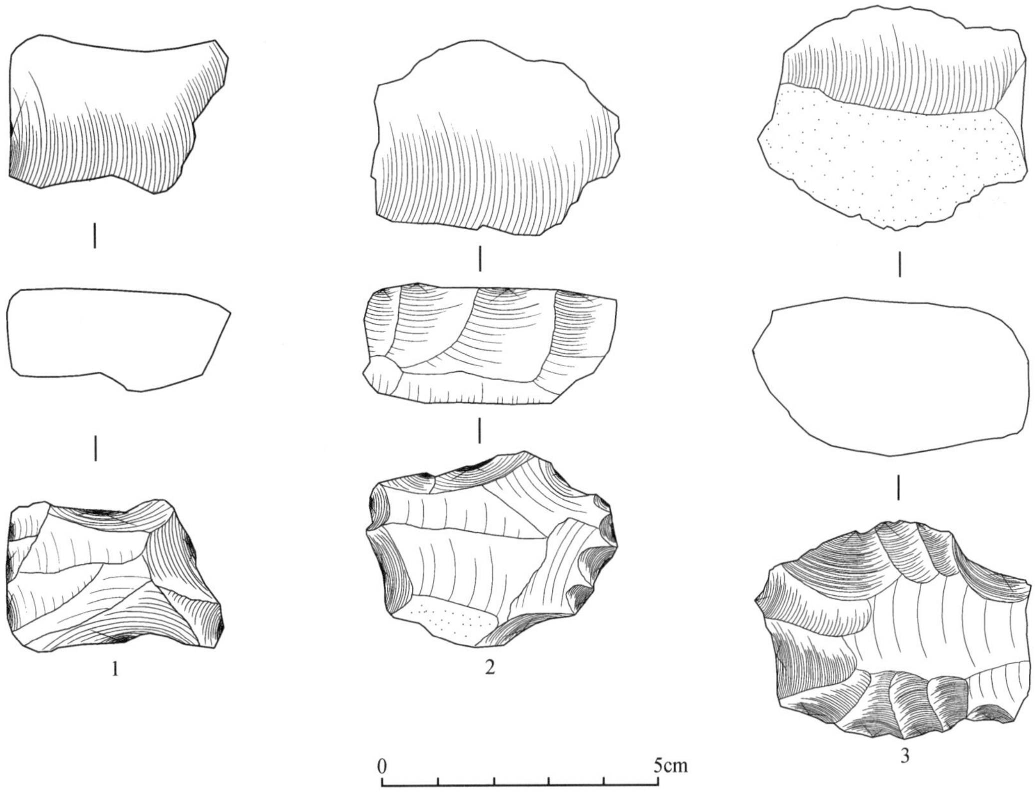

图3-35　老奶奶庙遗址③B层A1型石英砂岩石核
1. 11EL：0868　2. 11EL：1801　3. 12EL：1294

利于剥片，沿台面近一周向石核底部剥片，保留有10余个片疤，片疤未汇聚于一点，而是延伸到石核底面的一窄长的小平面，石核整体形状类似船形，但形态稍高，台面角多在70°左右。该石核周缘有4小石片疤延展度很低，应为失败的剥片，并且该石核形态已较小，不便于手持，推测该石核处于剥片末期。长宽厚重依次为23.4mm，24.6mm，33mm，22.5g。

A3型石核如：

11EL：0506，岩性为石英砂岩，毛坯为石块，以平坦节理面为台面，沿台面半周向石核底面剥片，保留有6个片疤，片疤未汇聚于一点，而是延伸到石核底面的小平面。石核整体形状类似船形，台面角多在75°左右。该石核器身较小，利用程度一般，应处于剥片中期阶段。长宽厚重依次为31.7mm，49.4mm，33.7mm，84g。

12EL：1510，岩性为石英砂岩，毛坯为厚石片，以厚石片宽平的腹面为台面，沿台面半周向石核底面剥片，保留有4个片疤，片疤未汇聚于一点，而是延伸到石核底面的小平面。石核整体形状类似船形，台面角多在75°左右。该石核器身较小，利用程度一般，应处于剥片中期阶段。长宽厚重依次为29.2mm，43.5mm，24.9mm，33.2g。

12EL：2967，岩性为石英砂岩，毛坯为厚石片，以厚石片背面为台面，沿台面半周向石核底面剥片，保留有3个片疤，片疤未汇聚于一点，而是延伸到石核底面的小平面；另以厚

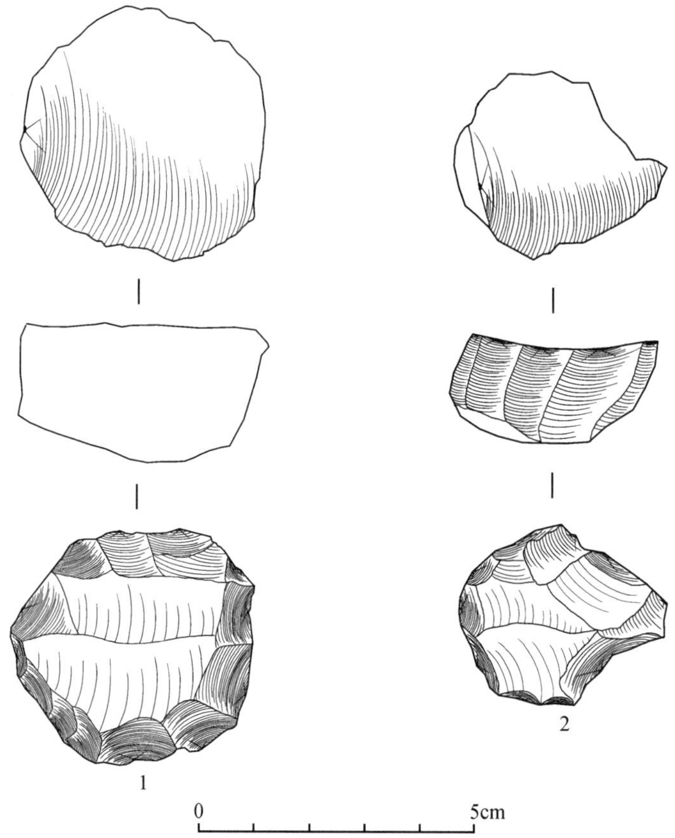

图3-36　老奶奶庙遗址③B层A1型石英砂岩石核
1. 12EL：1811　2. 11EL：0669

石片腹面为台面，向石片背面剥片，保留1个片疤。石核整体形状类似船形，台面角多在85°左右。该石核器身较小，利用程度一般，应处于剥片中期阶段。长宽厚重依次为18.1mm，44.2mm，33.1mm，32.8g。

（2）B类石核。

③B层B类石核共3件，包括1件B1型，1件B2型和1件B3型。

B1型石核为11EL：0933，岩性为灰白色石英砂岩，毛坯为带有平坦自然面的岩块，以平坦自然面为台面，沿台面一周向石核底部向心剥片，保留有十余个片疤，片疤汇聚于一点，石核整体形状为漏斗状，台面角多在70°左右。该石核周缘有若干小石片疤延展度很低，应为失败的剥片，并且该石核形态已较小，不便于手持，推测该石核处于剥片末期。长宽厚重依次为30.3mm，45.5mm，43mm，53.5g（图3-37）。

（3）C类石核。

③B层的C类石核共6件，包括C1型3件，C2型2件和C8型1件。

C1型石核几何模型如图3-12所示，现挑选2件描述。

11EL：0852，岩性为灰白色石英砂岩，毛坯为厚石片，石核体整体形状近端厚，左侧和远端皆锐，似楔形，左侧为前缘，远端为底缘，石核沿前缘和底缘连续交互向心剥片，保留6个片疤，台面角角度很锐，多在70°左右。该石核体形较小，且一些片疤为失败剥片所致，处于剥片末期阶段。长宽厚重依次为54.9mm，64.1mm，44mm，144.8g。

12EL：2842，岩性为灰白色石英砂岩，毛坯为厚石片，石核周缘皆锐，似楔形，沿周缘连续交互向心剥片，保留7个片疤，台面角角度很锐，多在70°左右。该石核体形较小，处于剥片中晚阶段。长宽厚重依次为50.1mm，41.7mm，20.5mm，42.5g。

C8型几何模型如图3-12所示。该件标本为12EL：3034，岩性为灰白色石英砂岩，毛坯为石块，石核台面端较厚，底端较锐，为底缘，侧缘不明显，石核似楔形，沿台面周缘向底缘剥片，保留近10个片疤，另沿底缘和部分侧缘向两剥片工作面剥片，保留6个片疤。该石核体形较大，但台面角也较大，不适合继续剥片，处于剥片中晚阶段。长宽厚重依次为103.8mm，102.2mm，78.8mm，1014.1g（图3-38）。

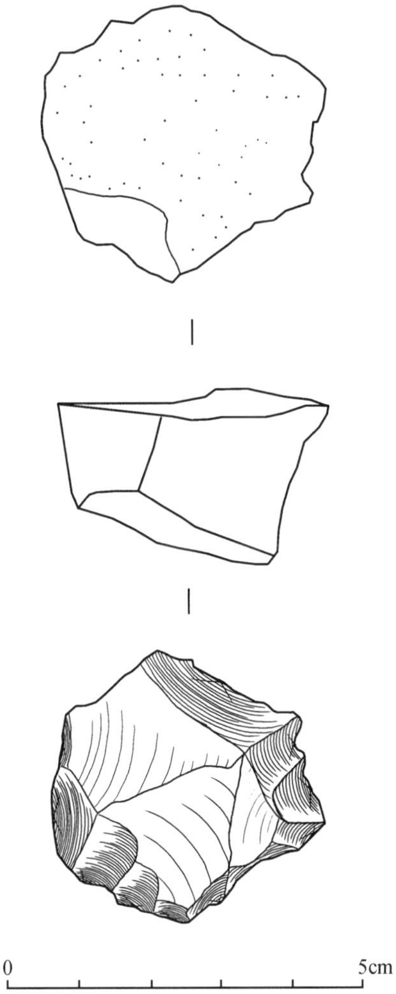

图3-37 老奶奶庙遗址③B层B1型石英砂岩石核（11EL：0933）

（4）D类石核。

③B层D类石核共发现3件，岩性均为石英砂岩。包括2件D1型石核和1件D2型石核。

D1型石核有：

11EL：0119，岩性为灰白色石英砂岩，毛坯为石块，共有三个台面，主台面等级较高，拥有4个剥片工作面，共20余个片疤。另外2个台面分别有一个剥片工作面，共7个片疤。该石核形体较大，但台面角较大，存在一些剥片失败的片疤，应处于剥片晚期。长宽厚重依次为74.5mm，73.1mm，63.6mm，529.7g（图3-39）。

12EL：1854，岩性为灰白色石英砂岩，毛坯为石块，共有2个台面，主台面等级较高，拥有4个剥片工作面，共10余个片疤。另外1个台面有3个剥片工作面，共6个片疤。该石核形体较大，但台面角较大，存在一些剥片失败的片疤，应处于剥片晚期。长宽厚重依次为85.9mm，94.1mm，75.6mm，888.7g。

D2型石核为：11EL：0635，岩性为灰白色石英砂岩，毛坯为石块，共有4个台面，主台面等级较高，拥有3个剥片工作面，共7个片疤。另外3个台面分别有1个剥片工作面，共7个片疤。该石核形体较大，但台面角较大，存在一些剥片失败的片疤，应处于剥片晚期。长宽厚重依次为72mm，109.1mm，88mm，843.5g（图3-40）。

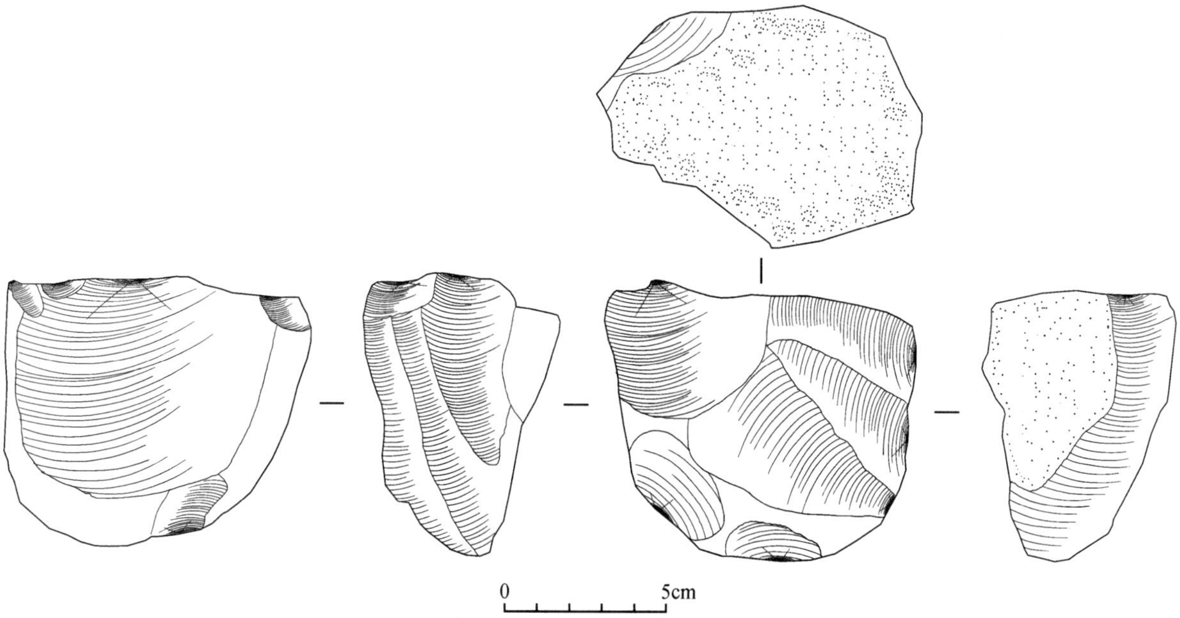

图3-38　老奶奶庙遗址③B层楔形C8型石英砂岩石核（12EL：3034）

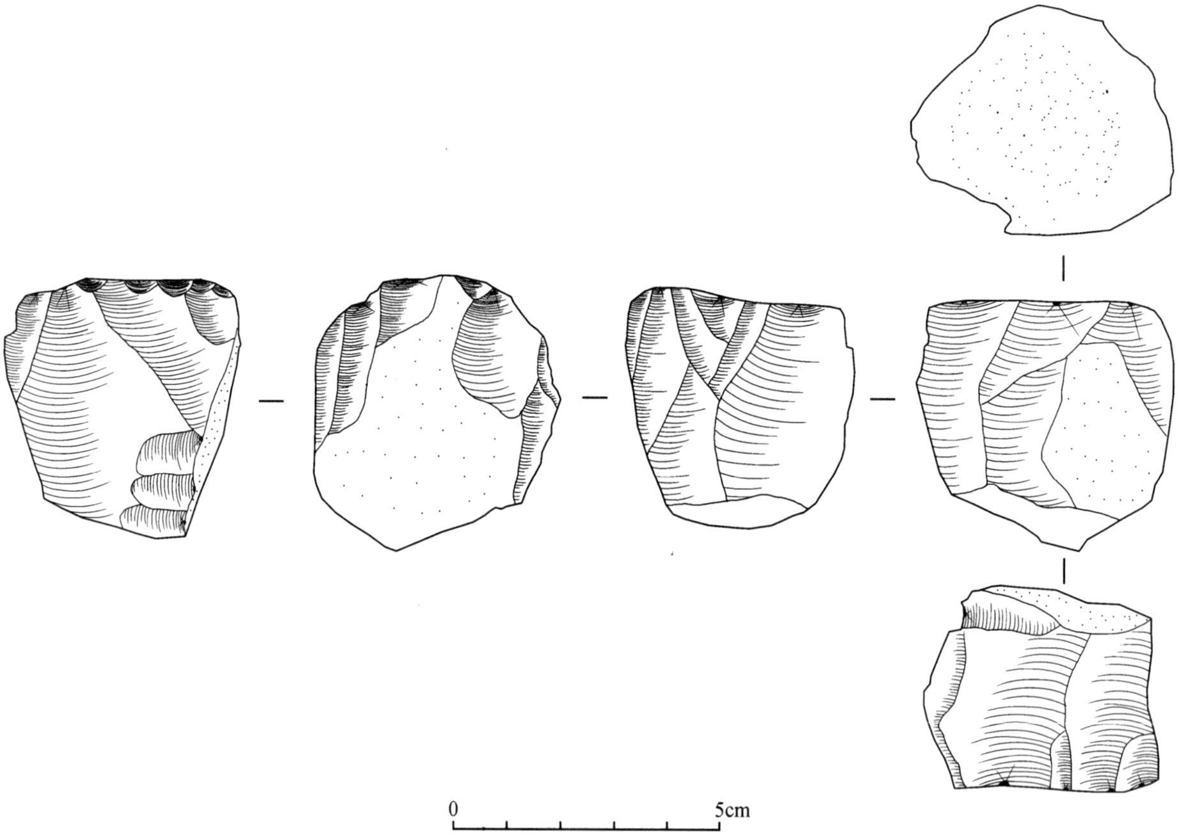

图3-39　老奶奶庙遗址③B层D1型石英砂岩石核（11EL：0119）

（5）E类石核。

E类石核在③B层共发现4件，岩性有2件为灰白色石英砂岩，2件为红色砂岩，均为E1型。如：

12EL：2049，岩性为灰白色石英砂岩，毛坯为扁平石块，共有3个台面，主台面等级较高，拥有2个剥片工作面，共十余个片疤。另外2个台面分别有1个剥片工作面，共4个片疤。该石核形体较大，但台面角较大，处于剥片晚期。长宽厚重依次为34.1mm，82.6mm，100.3mm，514.9g（图3-41、图3-42）。

（6）F类石核。

③B层F类石核共2件，岩性1件为灰白色石英砂岩，另1件为石英，均为F1型。分别为：

11EL：0624，岩性为灰白色石英砂岩，毛坯为断块，共有上、下2个台面，对向剥片，上台面拥有4个剥片工作面，共近10个片疤，下台面有4个剥片工作面，共近10个片疤。该石核台面角较大，处于剥片晚期。长宽厚重依次为43.3mm，61.7mm，44.4mm，148.4g（图3-43）。

12EL：0128，岩性为石英，毛坯为石块，共有上、下2个台面，对向剥片，上台面拥有4个剥片工作面，共7个片疤，下台面有4个剥片工作面，共6个片疤。该石核台面角较大，处于剥片晚期。长宽厚重依次为70.9mm，53.3mm，35.5mm，144.1g（图3-44）。

（7）H类石核

③B层共有8件权宜类石核，岩性包括7件石英石核和1件灰白色石英砂岩石核，多为单台面石核，拥有1～3个片疤。这里不再赘述。

3.4.10.3　工具

③B层共发现40件工具，包括17件边刮器、14件锯齿刃器、5件尖状器和4件砍砸器，岩性包括石英砂岩和石英，前者21件，后者19件。不同类型工具尺寸差别较大，以下分类介绍。

（1）边刮器和锯齿刃器（A类）。

边刮器17件，岩性12件为石英，5件为砂岩；共包括单直刃7件，单凸刃8件，双直刃2件。如：

12EL：0909，双直刃边刮器，A4b型，岩性为灰白色石英砂岩，毛坯为石片，左侧反向加工，保留4个大小不等的片疤，刃缘为直刃，修理刃缘长61.1mm，刃角70°～80°；右侧反向加工，保留3个大小不等的片疤，刃缘为直刃，修理刃缘长44.4mm，刃角60°～70°。长宽厚重依次为78.1mm，34.8mm，15.5mm，41.1g（图3-45，1）。

12EL：1471，单凸刃边刮器，A2b型，岩性为灰白色石英砂岩，毛坯为对向2型石片，修理部位为左侧，连续反向加工，保留6个大小不等的片疤，刃缘为凸刃，修理刃缘长55.8mm，刃角70°～80°。长宽厚重依次为71.2mm，59.6mm，34.7mm，169.1g（图3-45，2）。

11EL：0893，单凸刃边刮器，A2b型，岩性为石英，毛坯为3型石片，修理部位为右侧，连续正向加工，保留若干个较小的片疤，刃缘为凸刃，修理刃缘长23.6mm，刃角50°。长宽厚重依次为20.9mm，14.9mm，9.6mm，2.7g（图3-45，3）。

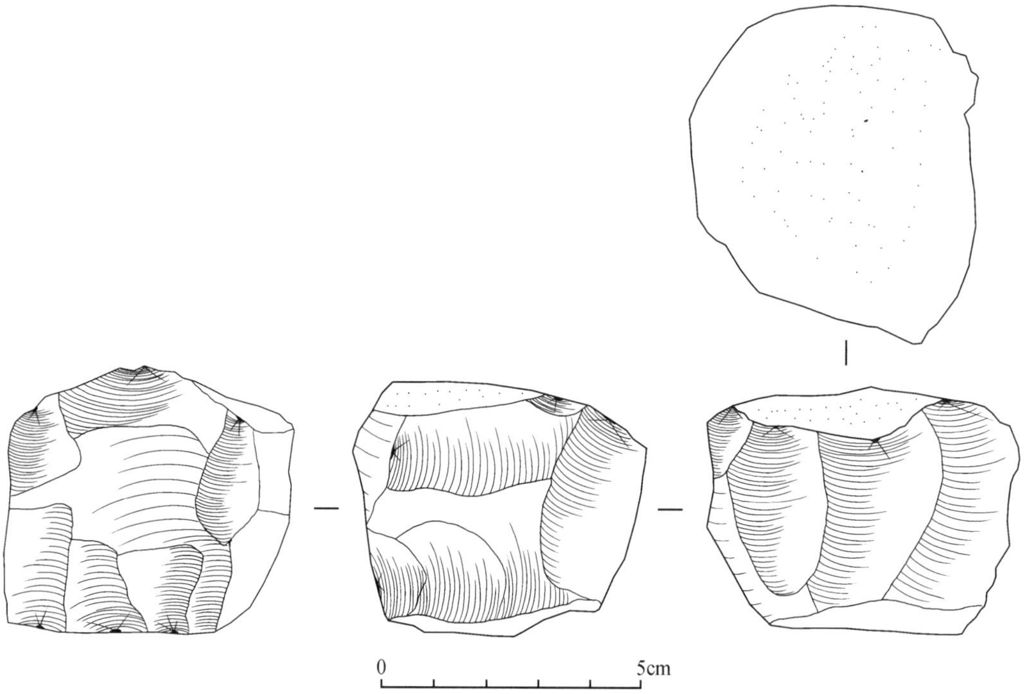

图3-40　老奶奶庙遗址③B层D2型石英砂岩石核（11EL：0635）

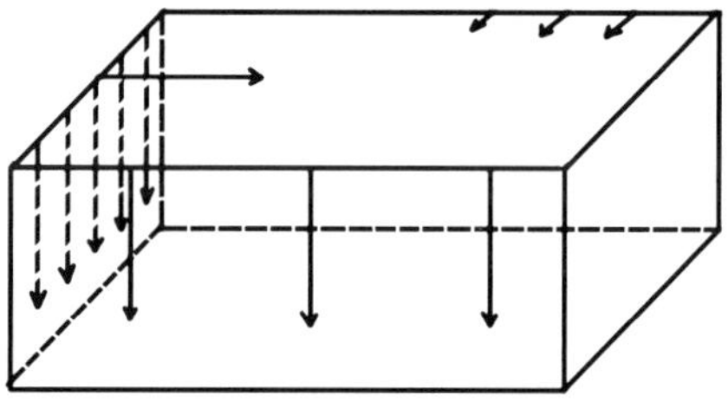

图3-41　老奶奶庙遗址E类石核（E1型）几何模型（12EL：2049）
箭头表示剥片方向

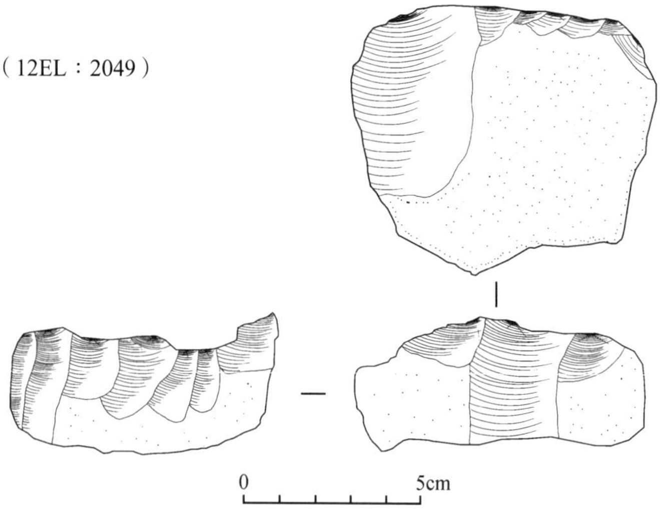

图3-42　老奶奶庙遗址③B层扁方体形E1型石英砂岩石核
（12EL：2049）

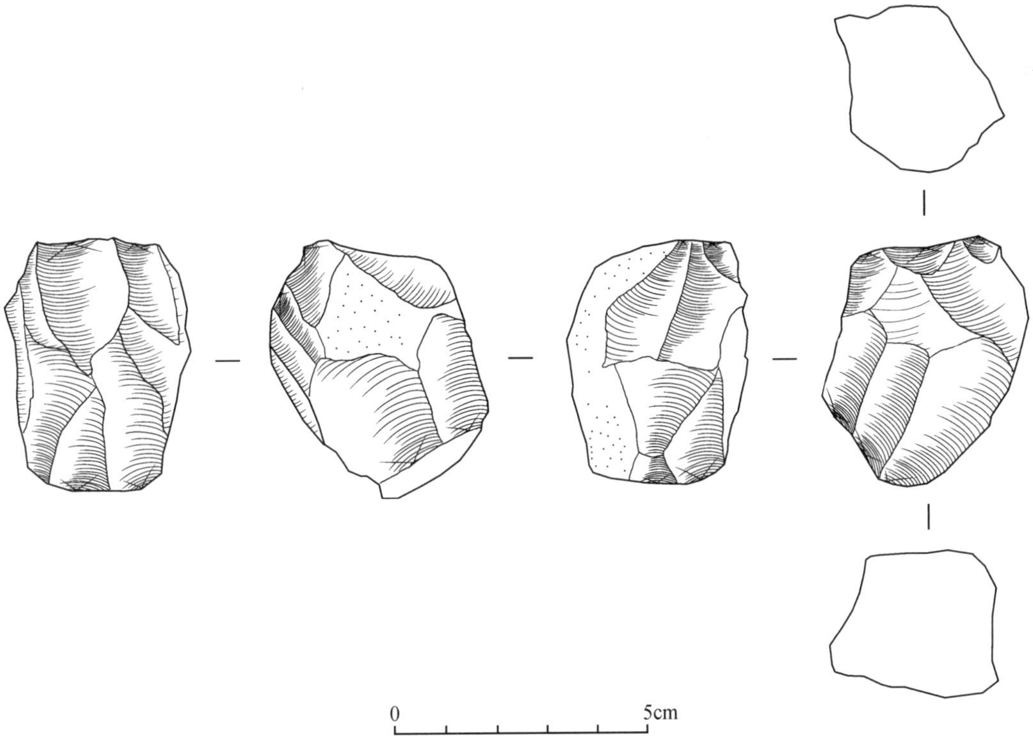

图3-43　老奶奶庙遗址③B层F1型石英砂岩石核（11EL：0624）

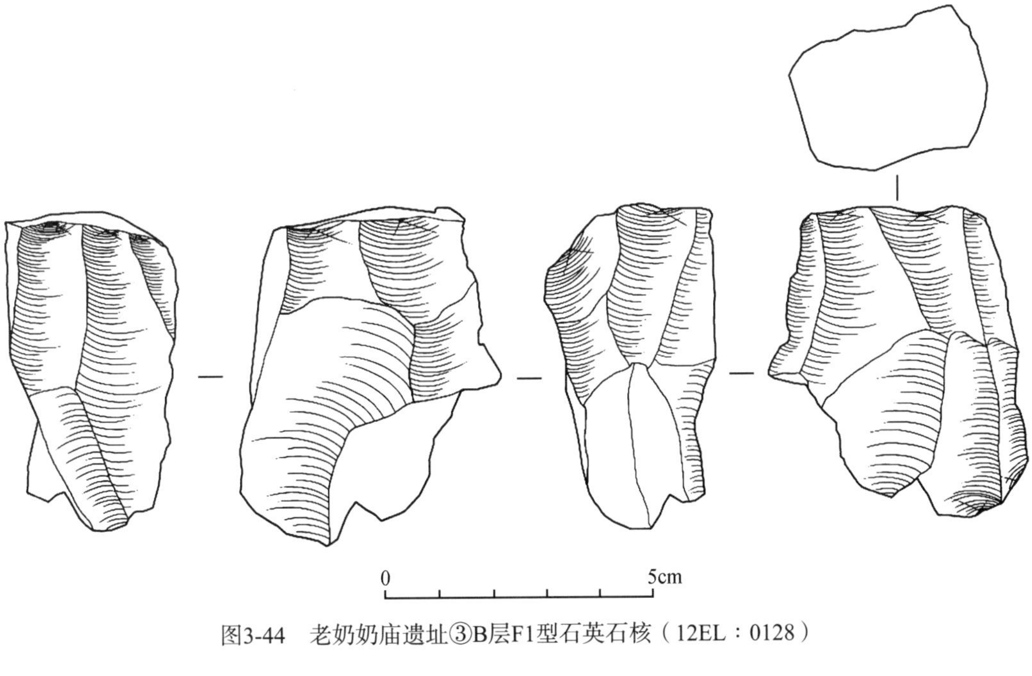

图3-44　老奶奶庙遗址③B层F1型石英石核（12EL：0128）

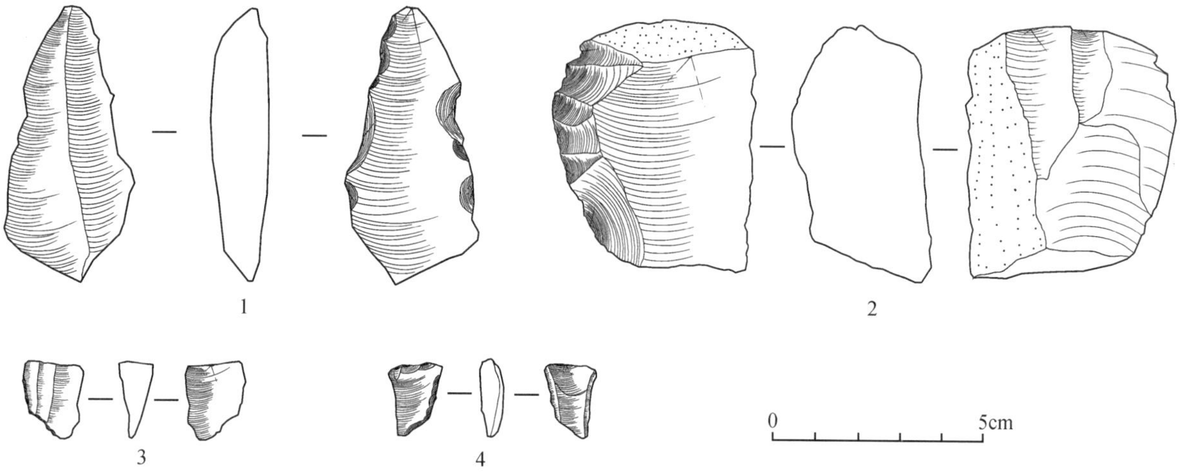

图3-45　老奶奶庙遗址③B层边刮器

1. 12EL：0909，石英砂岩　2. 12EL：1471，石英砂岩　3. 11EL：0893，石英　4. 11EL：0953，石英

11EL：0953，双直刃边刮器，A4b型，岩性为石英，毛坯为远端断片，修理部位为右侧和近端，右侧连续反向加工，保留6个较小小的片疤，修理精致，刃缘为直刃，修理刃缘长14.1mm，刃角69°～73°；近端连续反向加工，保留3个较小的片疤，刃缘为直刃，修理刃缘长9.7mm，刃角68°～71°。长宽厚重依次为20mm，13.5mm，3.7mm，1.9g（图3-45，4）。

锯齿刃器14件，岩性4件为石英，10件为石英砂岩；共包括单直刃6件，单凸刃5件，单凹刃2件，双直刃1件。如：

11EL：0963，A1c型，岩性为灰白色石英砂岩，毛坯为多向3型石片，修理部位为左侧，连续反向加工，保留3个中等大小的片疤，刃缘为直刃，修理刃缘长43.1mm，刃角66°～70°。长宽厚重依次为72mm，50.9mm，40.2mm，71.6g（图3-46，1）。

11EL：1840，A2c型，岩性为灰白色石英砂岩，毛坯为单向3型石片，修理部位为左侧，连续正向加工，保留3个较大的片疤，刃缘为凸刃，修理刃缘长38.6mm，刃角64°～81°。长宽厚重依次为63.1mm，58.6mm，35.8mm，61.9g（图3-46，2）。

11EL：0415，A1c型，岩性为石英，毛坯为单向6型石片，修理部位为右侧，连续反向加工，保留若干个较小的片疤，刃缘为直刃，修理刃缘长525.4mm，刃角58°～69°。长宽厚重依次为24.2mm，13.2mm，4.7mm，1.9g（图3-46，3）。

12EL：0139，A2c型，岩性为灰白色石英砂岩，毛坯为单向2型大石片，修理部位为左侧，连续正向加工，保留4个中等大小的片疤，刃缘为凸刃，修理刃缘长44.5mm，刃角50°。长宽厚重依次为48.7mm，25.8mm，13.4mm，18.7g（图3-46，4）。

11EL：0899，A1c型，岩性为石英，毛坯为4型石片，修理部位为左侧，连续交互加工，保留若干个中等大小的片疤，刃缘为直刃，修理刃缘长34.2mm，刃角71°。长宽厚重依次为33.5mm，21.8mm，12.2mm，10.6g（图3-46，5）。

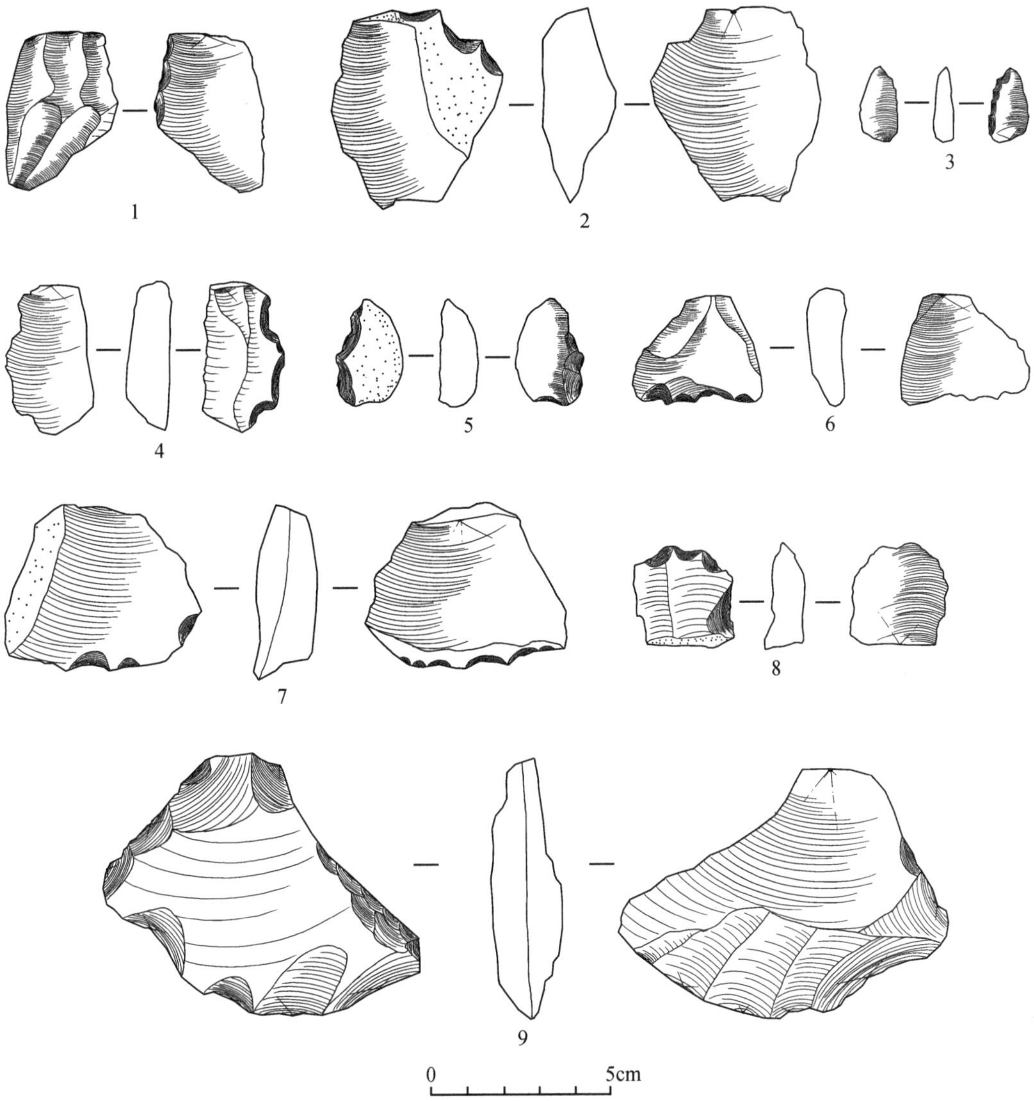

图3-46　老奶奶庙遗址③B层锯齿刃器

1. 11EL：0963，石英砂岩　2. 11EL：1840，石英砂岩　3. 11EL：0415，石英　4. 12EL：0139，石英砂岩　5. 11EL：0899，石英　6. 11EL：1775，石英砂岩　7. 11EL：0753，石英砂岩　8. 12EL：1805，石英砂岩　9. 11EL：1826，石英砂岩

11EL：1775，A1c型，岩性为灰白色石英砂岩，毛坯为单向3型石片，修理部位为远端，连续正向加工为主，保留若干个中等大小的片疤，刃缘为直刃，修理刃缘长40.8mm，刃角35°～53°。长宽厚重依次为33.3mm，643.1mm，14mm，18.2g（图3-46，6）。

11EL：0753，A2c型，岩性为灰白色石英砂岩，毛坯为单向5型石片，修理部位为远端，连续反向加工为主，保留若干个中等大小的片疤，刃缘为凸刃，修理刃缘长48.8mm，刃角45°。长宽厚重依次为52.1mm，65.1mm，29.1mm，82.9g（图3-46，7）。

12EL：1805，A2c型，岩性为灰白色石英砂岩，毛坯为单向3型石片，修理部位为远端，连续正向加工，保留3个中等大小的片疤，刃缘为凸刃，修理刃缘长30.3mm，刃角55°。长宽厚重依次为33.1mm，32.6mm，13.4mm，13.2g（图3-46，8）。

11EL：1826，A2c型，岩性为灰白色石英砂岩，毛坯为单向3型石片，修理部位为左侧、右侧和远端。左侧连续正向加工，加工后刃缘便钝，推测是便于手持只用；右侧两面加工，修理精致，刃缘为直刃，修理刃缘长58.2mm，刃角34°～45°；远端两面加工，修理精致，刃缘为锯齿刃，修理刃缘长83.7mm，刃角32°～57°。长宽厚重依次为83.3mm，110.7mm，23.1mm，154.6g。该工具加工精致，刃口较锐而且较长，便于手持，而且集直刃和锯齿刃于一身（图3-46，9）。

（2）尖状器（B类）。

3B层尖状器共5件，岩性石英3件，石英砂岩2件。其中B1型1件，B2型4件。如：

11EL：0281，尖状器，B1c型，岩性为石英，毛坯为单向3型石片，左右两侧均正向加工，修理出尖角，尖角度数68°，左侧修理刃缘长48.2mm，刃角76°～78°，右侧修理刃缘长34.1mm，刃角50°～51°。长宽厚重依次为53.9mm，44.7mm，22.5mm，44g（图3-47，1）。

11EL：0450，错向尖状器，B2c型，岩性为灰白色石英砂岩，毛坯为单向6型石片，左侧正向加工，右侧反向加工，修理出尖角，尖角度数59°，左侧修理刃缘长48.3mm，刃角49°～61°，右侧修理刃缘长44.5mm，刃角39°。长宽厚重依次为59mm，45.2mm，15.5mm，129.9g（图3-47，2）。

11EL：0291，错向尖状器，B2b型，岩性为石英，毛坯为石片，左侧正向加工，右侧反向加工，修理出尖角，尖角度数53°，左侧修理刃缘长22.7mm，刃角58°～69°，右侧修理刃缘长12.3mm，刃角54°～56°。长宽厚重依次为21.9mm，22.3mm，5.1mm，3.1g（图3-47，4）。

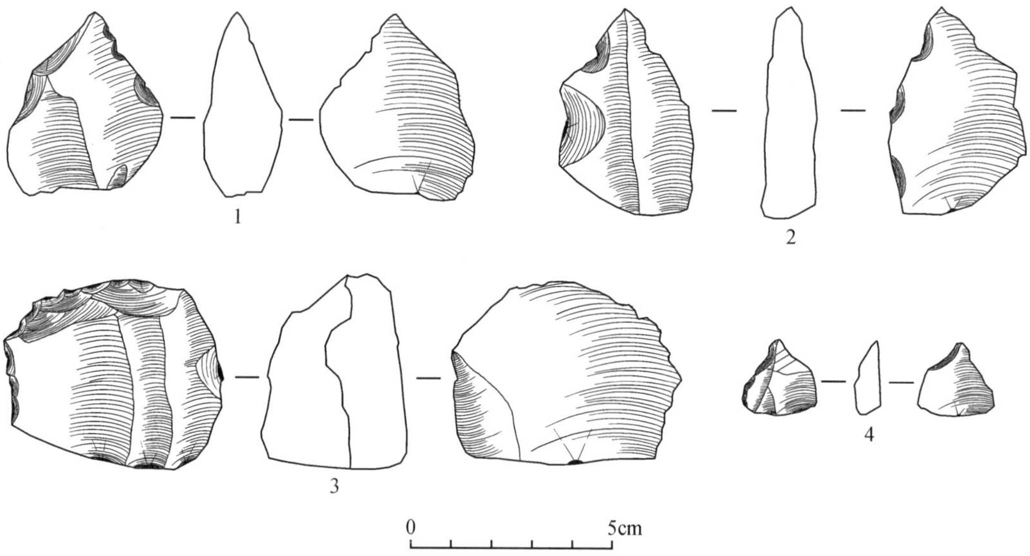

图3-47　老奶奶庙遗址③B层尖状器和砍砸器

1. 石英尖状器（11EL：0281）　2. 石英砂岩尖状器（11EL：0450）　3. 石英砂岩砍砸器（11EL：1825）　4. 石英错向尖状器（11EL：0291）

（3）砍砸器（F类）。

③B层砍砸器共4件，岩性均为石英砂岩，毛坯均为厚石片，体形较大，长径均为50～100mm。如：

11EL：1825，岩性为灰白色石英砂岩，毛坯为厚石片，体型较大，修理部位为左侧和远端，并主要集中在远端，正向加工，保留10余个大小不等的片疤，形成砍砸刃缘，一些修疤较小，证明非生产石片所致。修理刃缘长82.9mm，刃角70°～80°。长宽厚重依次为74.1mm，54.1mm，89.9mm，404.8g（图3-47，3）。

整体来看，③B层最重要的变化是近距离石料石英砂岩石制品的比例大增，占据所有石制品比例的近70%，与早期层位形成鲜明对比。石器原料的变化，在一定程度上影响了石器的尺寸，但③B层的石器技术特点和早期层位还是有很强的关联性的，尤其是A类石核、B类石核和C类石核等与早期层位的技术特点很相似，并且A类石核的数量和比例都有所增加。此外，③B层长度大于100mm的大型石制品的数量也有所增加。这些现象可能和当时遗址的功能变化有密切关联。

3.4.11　③A层石器

③A层人群利用了石英、石英砂岩、红色砂岩、灰岩和灰白色硅质岩共6种原料，本层位石英石制品再次占据主体地位。

③A层的石英石制品大多在50mm范围之内，石英砂岩和灰白色硅质岩石制品的尺寸稍大，另存在一件长度大于100mm的灰岩石核。

③A层单向石片依然占据主体地位，并且利用背脊控制石片形态，连续生产石片。

③A层石片平均长32.8mm，宽32.6mm，厚12.6mm，重22.4g。③A层长型石片的比例略大于宽型石片，薄型石片的比例大于厚型石片，并且石片的绝对厚度集中在5～25mm，显示当时人群对石料的利用率依然较高。

③A层出土2件石核，1件为石英质H类石核，为单台面石核，2个片疤，这里不再赘述。另1件石核为灰岩扁立方体石核，石核上的片疤显示当时人群利用棱脊生产长石片的证据。该件标本为12EL：1352，E类石核，E3型，岩性为灰岩，毛坯为扁平石块，共有3个台面，但主台面等级不明显。有2个台面分别拥有3个左右片疤，另一个台面拥有1个片疤。但是值得注意的是，该石核存在当时人群利用棱脊剥片的证据，1个片疤位于石核天然棱脊上，另外2个片疤相交形成一条竖直棱脊，并且至少有2个片疤长大于宽的2倍，如一个主片疤长宽分别为69.2mm、23.2mm。该石核形体较大，仍可继续剥片，处于剥片中期。长宽厚重依次为113.9mm，95.8mm，44.6mm，820.7g（图3-48）。

③A层共发现6件工具，岩性包括4件石英，1件石英砂岩和1件灰白色硅质岩，毛坯主要为石片，类型包括4件边刮器和2件锯齿刃器，平均长38.8mm，宽32.9mm，厚13mm，重44.7g。

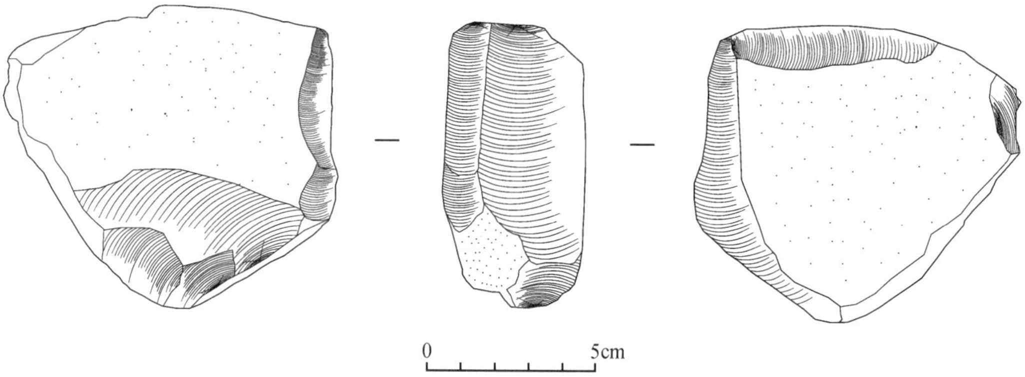

图3-48　老奶奶庙遗址③A层灰岩石核（12EL：1352）

12EL：1566，锯齿刃器，A1c型，岩性为灰白色硅质岩，毛坯为单向2型大石片，修理部位为右侧，断续反向加工，保留4个较小的片疤，刃缘为直刃，修理刃缘长65.5mm，刃角35°。长宽厚重依次为74.2mm，71.5mm，14.9mm，82.7g（图3-49，1）。

12EL：1336，单直刃边刮器，A1b型，岩性为石英，毛坯为石片，主要修理部位为左侧，正向加工，保留近5个较小的修疤，刃缘为直刃，修理刃缘长14.7mm，刃角75°。长宽厚重依次为29.5mm，22.6mm，12.1mm，9.7g（图3-49，2）。

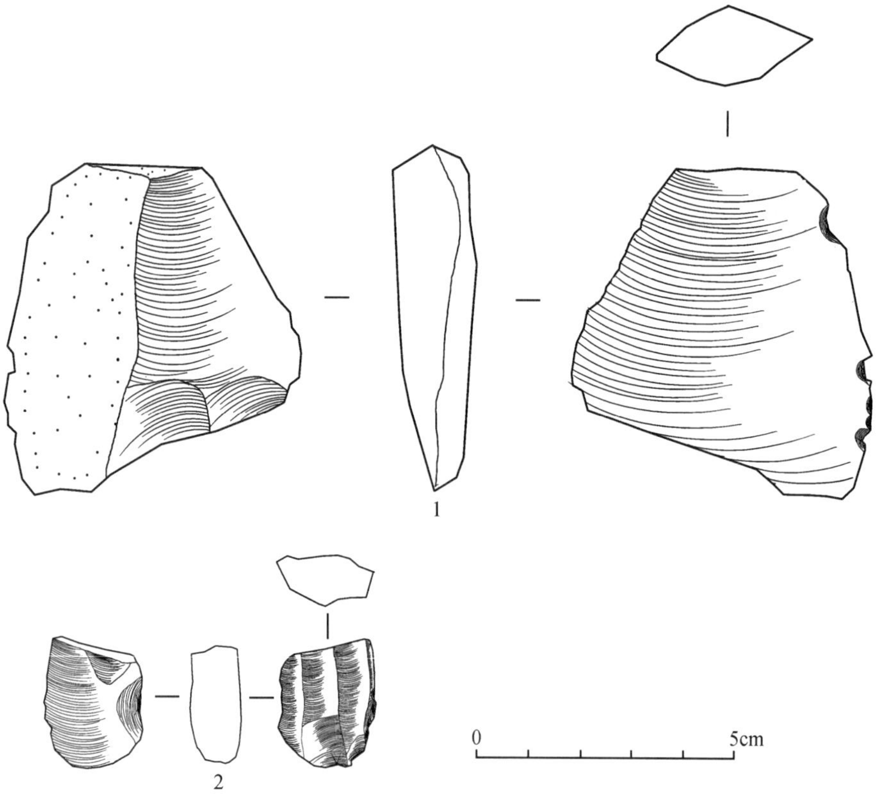

图3-49　老奶奶庙遗址③A层工具

1. 灰白色硅质岩锯齿刃器（12EL：1566）　2. 石英边刮器（12EL：1336）

3.4.12　老奶奶庙遗址石器生产操作链与石器工业特点

3.4.12.1　老奶奶庙遗址石器生产操作链

老奶奶庙遗址不同层位石器工业的系统分析显示，本遗址虽然不同层位的石制品的数量、原料种类和石器类型不尽相同，但是整体来看，本遗址不同层位的石器技术传统相对稳定，对于不同原料的利用存在相对稳定的石器生产链条。

老奶奶庙遗址狩猎采集人群在不同时期曾开发利用分布于不同空间位置的不同石料资源，包括远距离分布的石英、黑色燧石、黄褐色燧石、灰岩等石料，以及近距离分布的石英砂岩、红色砂岩、灰白色硅质岩等石料。由于不同石料的质地结构、尺寸大小以及可获性等的不同，当时狩猎采集人群对于不同原料的利用方式也不尽相同。通过前文的分析，我们可以看出老奶奶庙遗址石英、石英砂岩以及红色砂岩的数量较多，石器类型也多样，为探讨这些石料的石器生产操作链提供了大量信息。而黑色燧石、黄褐色燧石、灰岩以及灰白色硅质岩等（图3-50）由于可获性等原因其数量很少，相应地为操作链分析提供的信息很少。固本节重点探讨石英、石英砂岩和红色砂岩的石器生产操作链，其中远距离石料资源以石英石料为代表，近距离石料资源以石英砂岩和红色砂岩为代表。

远距离石英石料的石器生产操作链是最为复杂的，其在不同层位均有不同程度的开发和利用，在遗址被占用的早期④I～④C层位阶段，当时狩猎采集人群主要开发利用距离遗址20余km处的基岩风化的石英结核，未见利用石英砾石的证据。从④A、④B层阶段开始，遗址中出现带有砾石面的石英石制品的迹象（图3-51），但是数量也很有限，表明当时人群开始少量利用河道中的石英砾石，而调查显示距离遗址最近的砾石层也有10余千米。现有资料表明，当时狩猎采集人群是远距离开发利用石英石料的。

同时，当时人群对石英石料的利用率和依赖程度是非常高的。这主要表现在：一是石英石制品无论是石核、石片还是工具以及残断品，其尺寸都是较小的，大多在50mm范围之内；二是石英石核呈现出A类、B类、C类、D类、E类、F类等多种立体几何形态类型（图3-52），不同几何形态的石核有不同的利用方式，但都体现出较高的利用程度；三是石英石料工具在工具中的主体地位，石英工具无论是种类还是数量，均高于石英砂岩及其他石料。

至于石英砂岩石料利用的操作链虽然不及石英石料复杂，但是也有自身的特点（图3-53）。

第一，石英砂岩石料在不同层位有不同程度的开发利用，遗址被占据早期利用程度一直较低，石英砂岩石制品数量比例多在10%以下，但到③B层时利用程度突然增大，石英砂岩石制品数量比例达到68%，到③A层阶段比例又减少。

第二，虽然石英砂岩石料距离遗址较近，但老奶奶庙遗址狩猎采集者对石英砂岩石料的利

图3-50　老奶奶庙遗址微量原料石制品

1. 11EL：0315，灰白色硅质岩，③B层　2. 12EL：4136，灰岩，③F层　3. 11EL：1724，石英岩，③F层　4. 11EL：1520，黑色燧石，③F层　5. 11EL：1637，黑色燧石，③F层　6. 11EL：2594，黄褐色燧石，③F层　7. 11EL：1723，黑色燧石，③F层　8. 11EL：2582，黑色燧石，③F层　9. 12EL：3812，黑色燧石，③F层　10. 11EL：1232，黑色燧石，③E层　11. 12EL：4872，灰岩，④B层　12. 12EL：4002，灰岩，③F层　13. 11EL：1437，灰岩，③F层　14. 12EL：3350，黄褐色燧石，③E层

用依然展示出一定的系统性，利用石核上的背脊连续同向剥片的能力很强，并且在剥片失败的情况下具备一定更新工作面的行为，同时针对原料特点开发，对不同几何形态的原料有不同的利用方式，石核呈现出A类、B类、C类、D类、E类、F类等多种立体几何形态类型，其中以A类石核最为有特色。

第三，石英砂岩石料的工具虽然种类和数量不及石英，但在不同层位依然占据一定比例，尤其是③B层的比例相当大，表明石英砂岩石料在当时人群生产石器工业体系中的重要地位。

对于红色砂岩石料而言，由于其质地较软，结构较为疏松，其利用程度要小于石英和石英砂岩，几乎没有被利用作为制作工具的原料，这表明当时狩猎采集人群对红色砂岩的性质特点有充足的认识（图3-54）。但是，为什么当时人群还要开发利用红色砂岩呢？虽然红色砂岩在不同层位的比例都不大，均在10%以下，但是在不同层位均有一定程度的利用，这表明红色砂岩在当时人群的石器原料选择中有一定的不可替代性的。这一方面可能是遗址附近的石器原料

图3-51　老奶奶庙遗址可见石英砾石形状的石制品

1. 12EL：1546，③A层　2. 11EL：0758，③B层　3. 11EL：1345，③F层　4. 12EL：2515，③F层　5. 12EL：1927，③B层　6. 11EL：1679，③F层　7. 12EL：3244，③F层

匮乏，另一方面很有可能是因为红色砂岩岩块在营地中有其他非生产石片的用途。老奶奶庙遗址的火塘周边常常见有一些红色砂岩断块，这些断块尺寸较大，一些大于100mm，并且拥有平整的平面，剥片程度很低，可能具备一些和利用火塘相关的其他功能。

3.4.12.2　老奶奶庙遗址的石器工业特点

综上所述，老奶奶庙遗址作为东亚晚更新世中期的一处多层连读堆积的露天遗址，其石器工业展示出鲜明的时代和地域特点。这里，初步总结如下：

第一，远距离开发利用石英和燧石等优质原料。石料产地调查研究显示（图3-55），老奶奶庙遗址的石英石料产地距离遗址可能至少20余千米，黑色燧石的可能产地距离遗址10余千米，而黄褐色燧石的产地应该更远，暂未发现。

第二，剥片向系统性方向发展。这里的“系统性”强调对石核的系统利用，包括对石核体几何组织结构的控制与维护、剥片的连续与高效以及对石片形态的控制等，传统分类方案中的勒瓦娄哇技术、石叶技术和细石叶技术等都是典型的系统剥片。老奶奶庙遗址的石器工业虽不能被定性为系统剥片，但是其石核和石片的众多技术特点显示其有向系统性剥片发展的趋势。其表现在石核有A类、B类、C类、D类、E类、F类等多种较为稳定的几何组织结构类型，

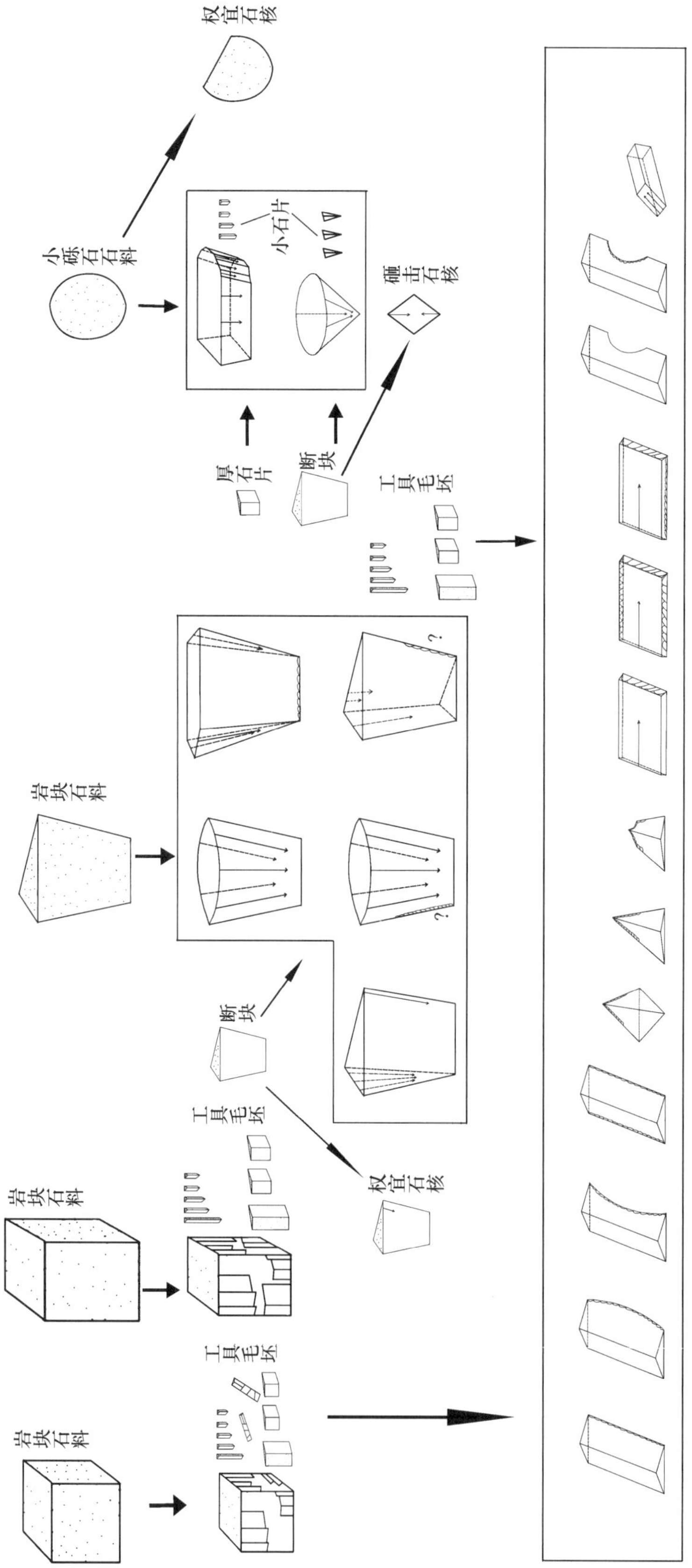

图3-52　老奶奶庙遗址石英石料利用操作链

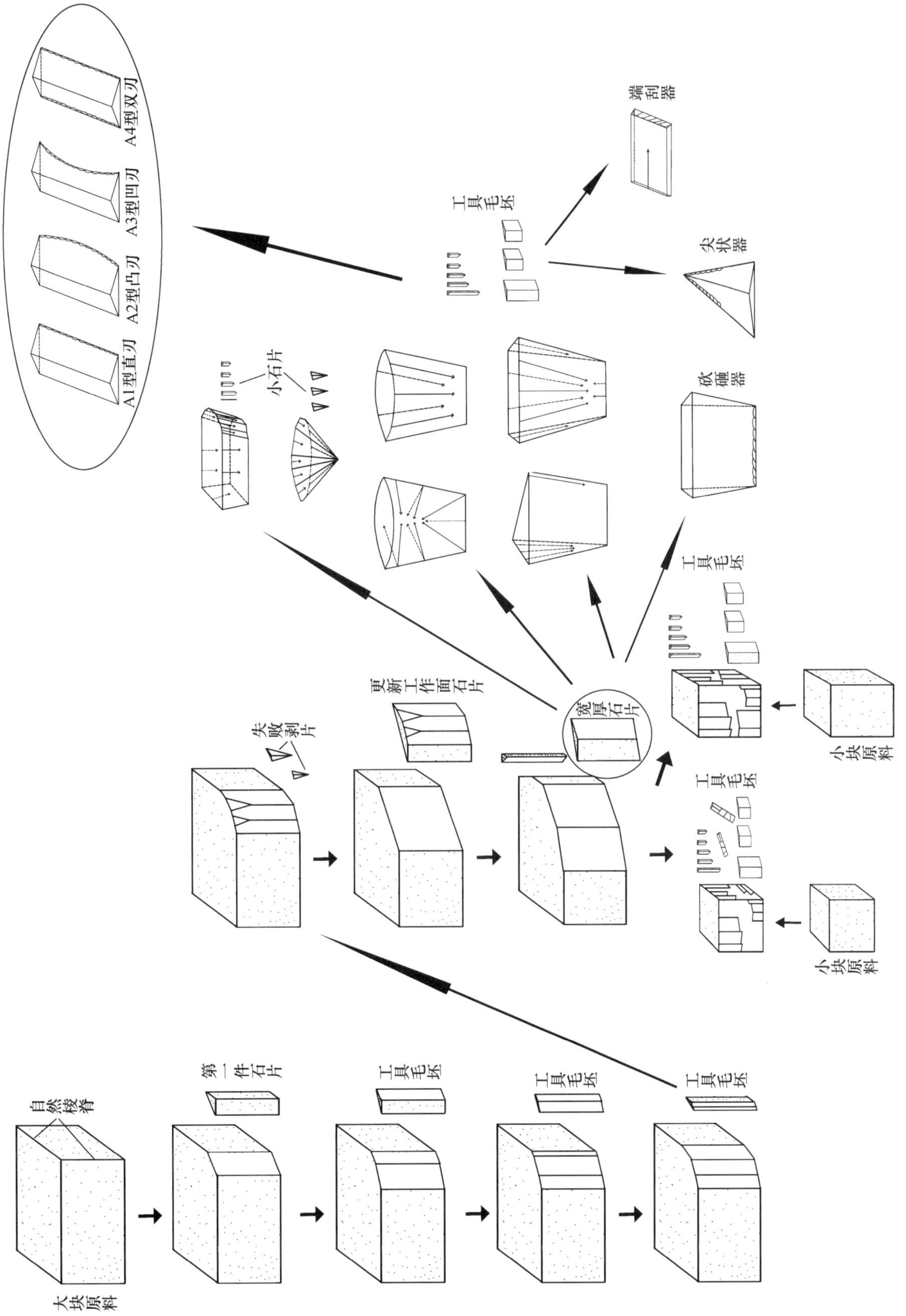

图3-53　老奶奶庙遗址石英砂岩石料利用操作链

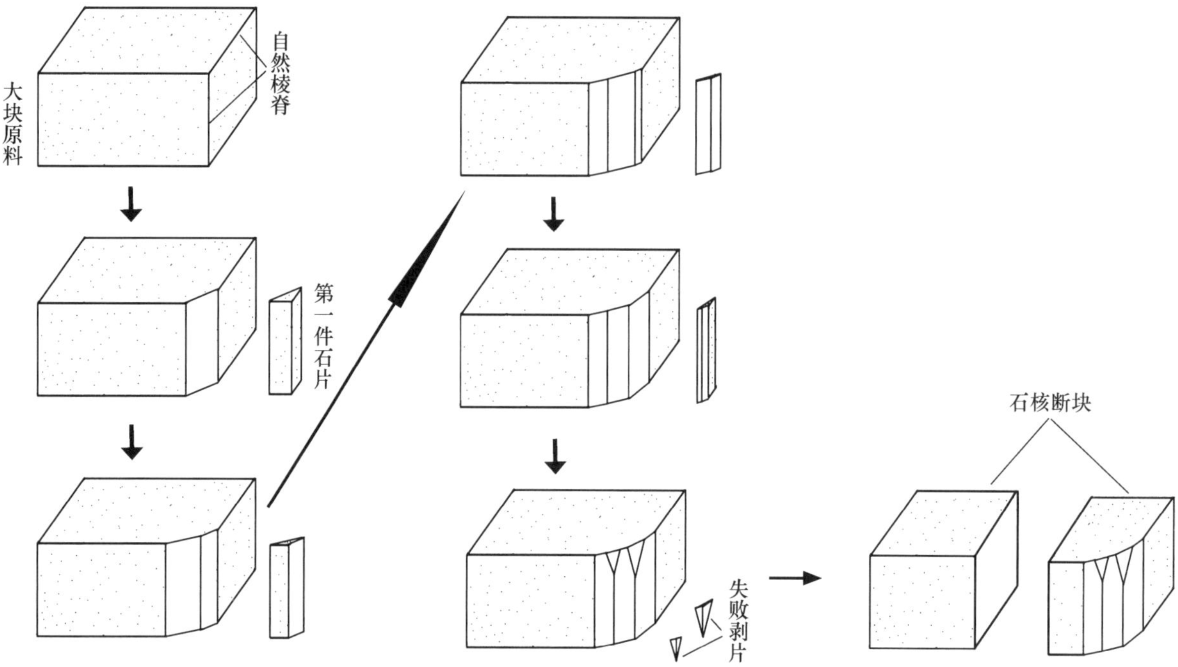

图3-54　老奶奶庙遗址红色砂岩石料利用操作链

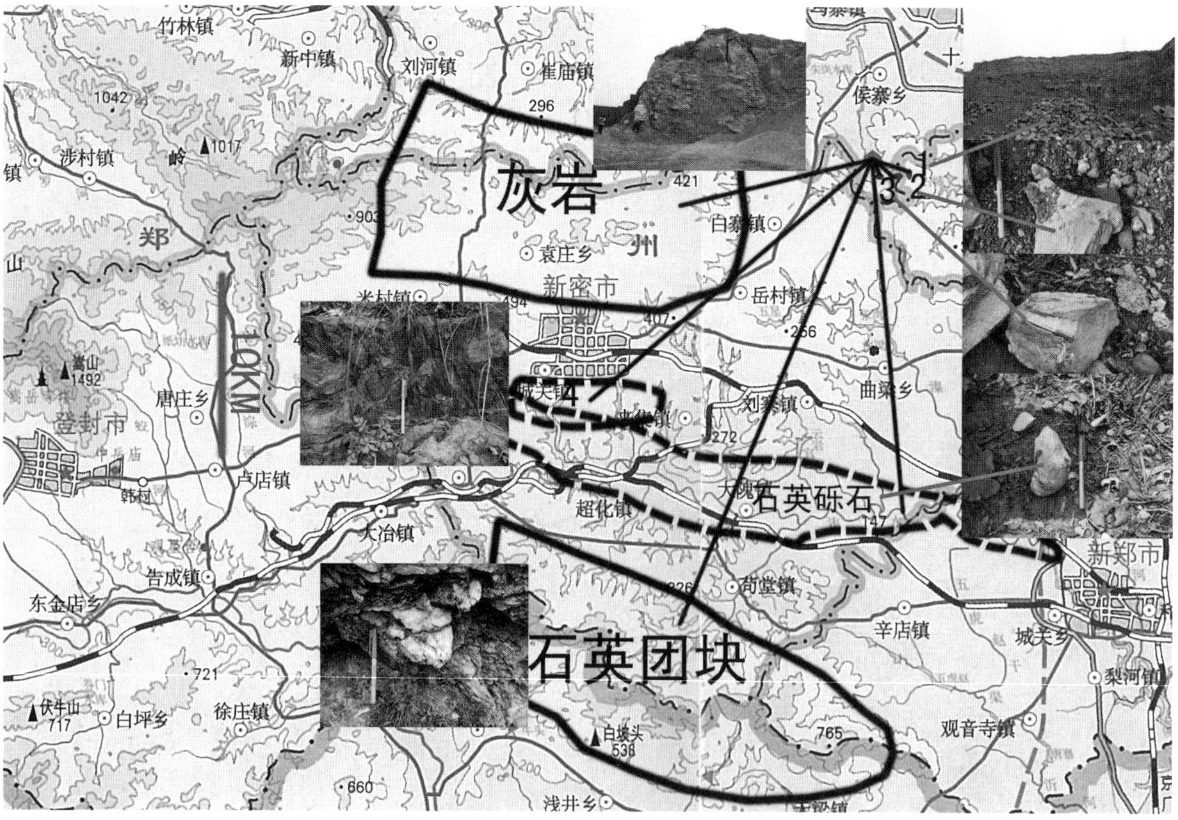

图3-55　老奶奶庙遗址周边石料资源分布利用

这种几何组织结构类型是在有计划地操作程式下剥片的结果，其中以A类石核最有特色，共计19件；同时，石器打制者有利用背脊连续生产石片的能力，并且对石片的形态有稳定的控制能力，多开发平坦开阔的主台面连续生产单向的两边近平行的石片，石片的长度控制在30mm左右，石片的宽度控制在25mm左右，石片的厚度控制在12mm左右，并且在剥片过程中有更新维护剥片工作面的行为（图3-56、图3-57）。

第三，石制品整体尺寸较小，除一些红色砂岩断块尺寸较大外，大部分石核、石片、工具以及残片等尺寸大都在50mm之内。

第四，工具组合包括边刮器、锯齿刃器、尖状器、端刮器、盘状器、凹缺刮器、雕刻器、砍砸器等。工具毛坯多选择形态较大、规整的石片，工具平均尺寸大于石片平均尺寸。修理强度大多不高，修疤较短而深。但一些石片未经修理直接使用，刃缘处保留使用后留下的微疤。工具组合中大量的除平刃和微锯齿刃的边刮器外，带有锯齿刃缘的锯齿刃器占工具比例的28%，一方面表明锯齿刃器在老奶奶庙工具组合中的重要地位，另一方面表明当时人群在遗址从事活动的复杂性，需要处理一定量的坚韧的材料。

第五，遗址中发现3件可能存在预制迹象的石核。其中12EL：4583可能修理底缘，13EL：0269和13EL：0280可能修理侧缘。但是，为什么说这3件石核可能是修缘的呢？原因主要是其与石英工具的技术指标有所差别。第一，这3件标本的毛坯均为比较厚重的石英断块，

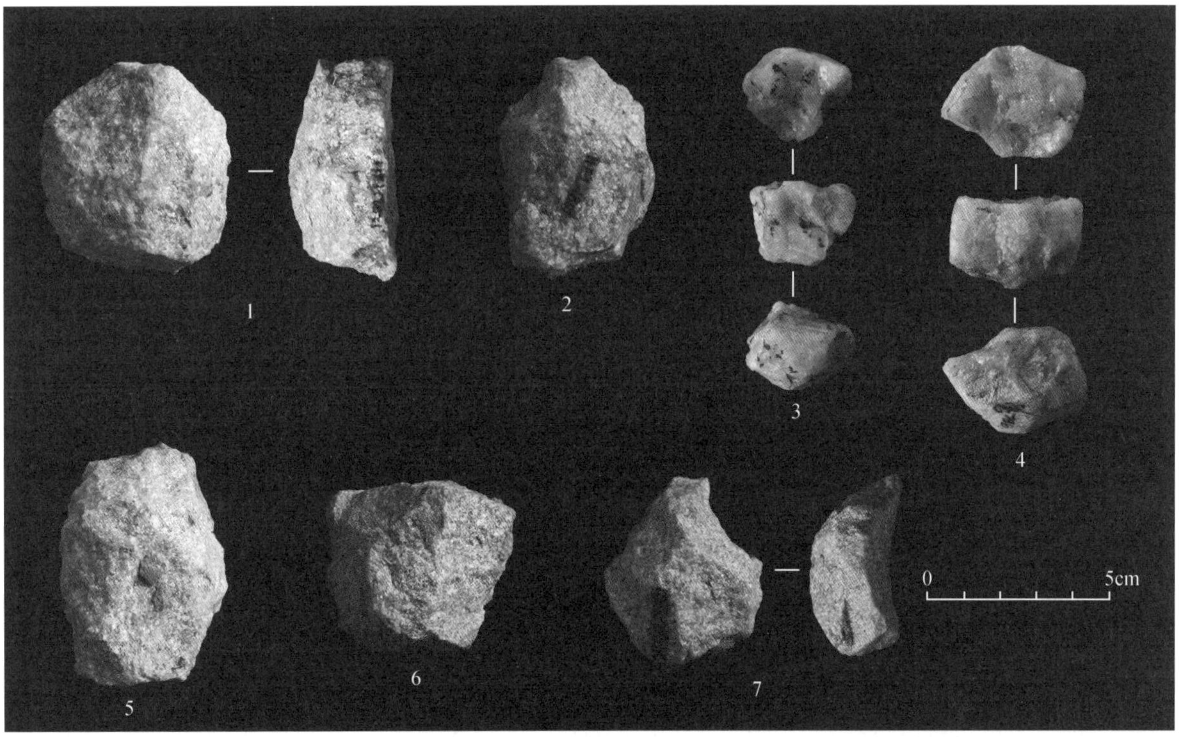

图3-56　老奶奶庙遗址A类石核

1. 12EL：1811，石英砂岩，③B层　2. 11EL：1801，石英砂岩，③B层　3. 13EL：0224，石英，③F层　4. 13EL：0272，石英，④C层　5. 12EL：1294，石英砂岩，③B层　6. 12EL：2346，石英砂岩，③B层　7. 11EL：0669，石英砂岩，③B层

图3-57　老奶奶庙遗址B类、C类石核

1. 11EL：0933，石英砂岩，B类石核，③B层　2. 13EL：0358，石英砂岩，C类石核，④D层

分别重34.7g、15.4g和31.7g，而其他以断块为毛坯的石英工具的平均重量为5.3g（共16件）。第二，这3件标本上的片疤根据大小、形态和分布状态可以分为两组，一组为纵向的较大的剥片留下的片疤，这也是将其定为石核的原因；另一组是分布于石核底缘或前、后缘的较小的、浅平的，密集连续分布的片疤，这些修疤均小于5mm，高度连续，并且修理后的缘部很平直，无论是浅平程度，连续程度，还是修理后缘部的平直程度均与本遗址的工具的修理技术风格有很大不同，本遗址石英工具的修理特点是修疤密集程度低，形态短而深，刃缘多呈锯齿刃或微锯齿刃，平刃很少。根据以上特点，不排除这3件标本的缘部为压制修理的可能性。所以，这3件石英石核无论的形态大小，还是修理风格均与石英工具有所不同。但是其数量有限，其修缘的意图还不是很清楚，本书暂定其为可能修缘的石核。

3.5　遗存的空间分布

室内整理过程中，我们运用SPSS软件对遗物进行空间分析，并将其与野外发掘的记录进行了细致比对。由于在野外发掘过程中的地层划分在考虑遗物空间分布的同时，还依据了堆积物的土质、土色、粒度等指标，地层划分更为细致，而SPSS软件统计成图显示某些地层中的遗物很难在实际操作过程中将其分开。所以，在室内整理阶段有必要将某些地层合并处理，以便于后期统计和分析。最终分析结果划分如下：③A层为一单位，③B层为一单位，③C、③D层为一单位，③E层为一单位，③F层为一单位，④A、④B层为一单位，④C层为一单位，④D层为一单位，④E～④I层为一单位（图3-58）。不同的单位之间有年代先后差别，并且代表了不同的活动面，具有分开统计的意义。

老奶奶庙遗址空间结构和功能分析的重要线索是火塘的发现。火塘往往是遗址结构和功能分析核心之一，同样也是研究狩猎采集人群行为的核心之一。本文在空间分析时，对火塘按尺寸大小进行分型：其中A型火塘的长径＞60cm，往往在100cm左右；B型火塘的长径＞40cm，≤60cm；C型火塘的长径＞20cm，≤40cm；D型火塘的直径≤20cm。其中A型火塘结构清晰，最为典型，其次为B型火塘，而C型和D型火塘为非典型火塘，在空间分析时应慎重对待。本研究在作图时根据A型、B型、C型和D型火塘的实际尺寸大小在图中用黑色圆圈做出相对大小的标记，分别代表不同型号的火塘，特此说明。

3.5.1　④I～④E层

④I～④E层平面分布虽然是多个层位的叠加，但绝大多数遗物属于④E、④F层，集中在25cm厚度范围之内，所以存在平面空间分析的合理性。

④E、④F层遗物的分布是以火塘为中心的（图3-59，1），虽然发掘区域有限，但是遗物的平面分布还是呈现出一些规律。具体地说，如图，A区是石片和残断品的相对集中分布区，石核可能是打完石器后被丢弃他处，该区应该发生了打制石器的行为，并且打制石器的位置距离火塘还有一定距离。而B区域火塘附近发现了3件工具，其中2件是很有特色的石英砂岩端刮器，刃口为锯齿状，应该是处理某种材料后留下的，并且该区域少见石片或残断石制品，与A区明显不同，应该存在与A区不同的行为，结合B区存在一定数量的破碎动物骨骼，尤其是鸵鸟蛋壳碎片和鹿角等，该区域很有可能是消费和处理动物资源的场所。

3.5.2　④D层

④D层遗物分布的密度依然不高，并且没有发现火塘，可能火塘在发掘区的附近。从发掘和研究所获的信息来看（图3-59，2），本层位依然见有石制品集中分布的现象，A区是石英工具集中分布区，B区是石核、石片和残断品的集中分布区，并且B区附近没有火塘，可见石器打制区对火塘的依赖程度不高，可以脱离火塘独立进行。B区应该是打制石器的区域，而A区工具集中分布，少见废片，其具体功能有待今后微痕或残留物分析研究，但应该和B区的功能不同。另外破碎的骨片分布较为零散，没有被清理或成堆丢弃的现象，应该是被消费后随意丢弃所致。

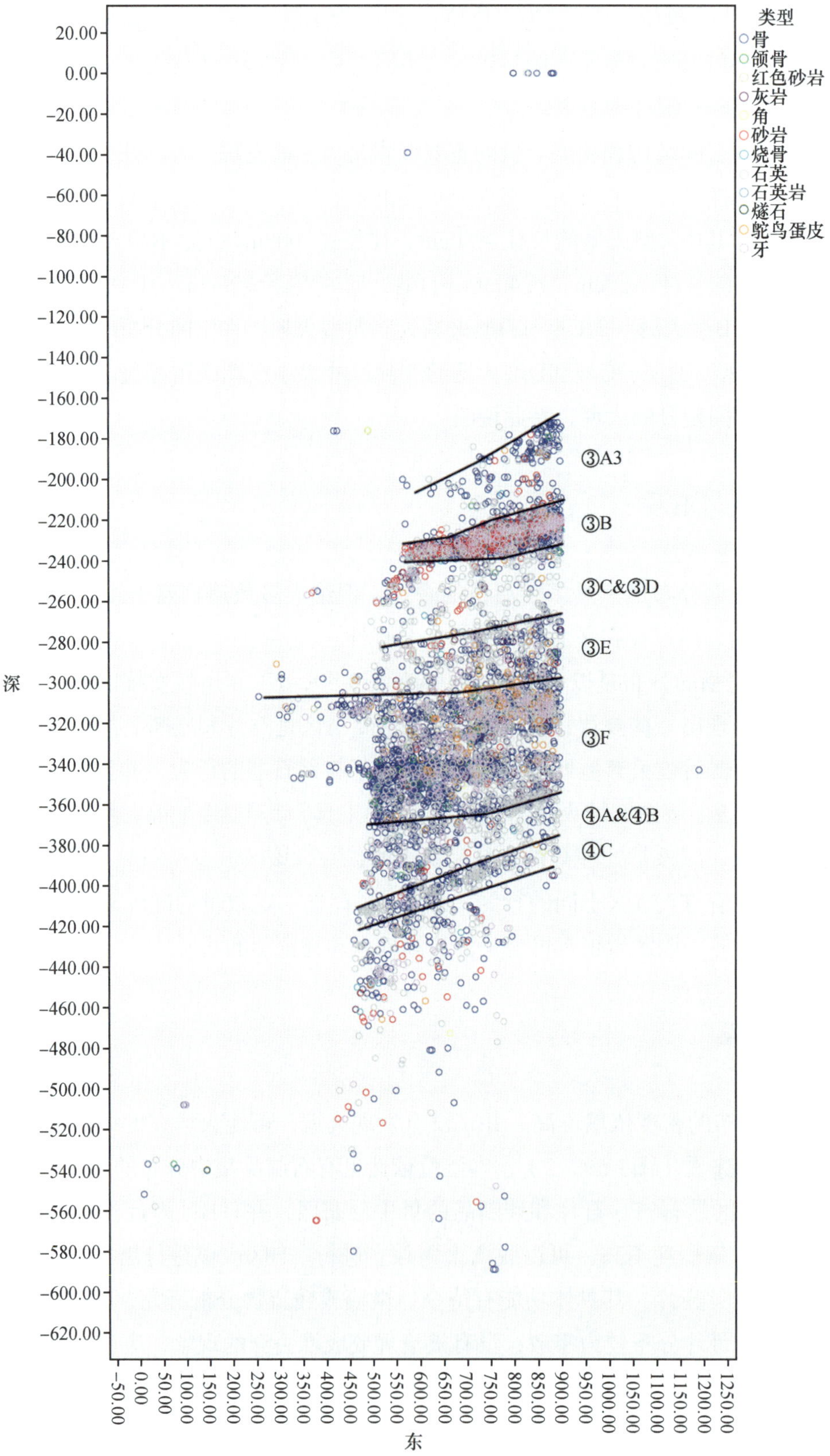

图3-58　老奶奶庙遗址遗物纵向分布

3.5.3　④C层

④C层遗物的分布是以火塘为中心的（图3-59，3），B区是石器打制区，并且该区依然不是仅靠火塘，而是距离火塘有近2米的距离，表现出当时人群对遗址的规划利用。距离火塘较近的A区发现有几件石英砂岩石片，表明当时人群在距离火塘较近的位置利用石英砂岩处理某种资源，且完成这种活动对火塘的依赖程度较高。而石英工具却距离火塘相对较远。

④C层堆积厚近30cm，并且遗物分布的密度较④D层有所增大，表明当时人群对遗址的利用强度增大。同时，④C层应该是一个相对小的时间段内单次或少次占据使用的结果。当时人群对营地的规划井然有序，围绕火塘进行食物消费，或进行对火塘依赖程度高的活动，而在距离火塘相对较远的空间打制生产石器。并且这种相对单一、清晰的空间布局为我们探讨复杂叠压堆积的空间布局提供了重要信息。

3.5.4　④A、④B层

④A、④B层遗物的分布是以火塘为中心的（图3-59，4），打制石器的区域主要在B区，并且石制品的分布没有紧围绕火塘，而是相对松散地分布在火塘南侧2～3m范围之内。同时，工具也主要分布在B区，应该和B区分布的动物骨骼有所关联。相比之下，A区的工具和石片等比例较低，活动强度低于B区。并且，火塘周边邻近区域的动物骨骼碎片、工具数量等均不高，应该不是生产石器、敲骨吸髓的场所，可能从事了某些对火塘依赖程度比较高的活动。④A、④B层厚约40cm，并且遗物分布的密度较高，表明当时人群对遗址的利用强度增大，如占据时间增长，具备一定中心营地的性质。同时，遗址的格局依然很清晰，应该是一个相对小的时间段内单次或少次占据使用的结果。

3.5.5　③F层

③F层相对于早期层位而言，保留的火塘的数量和完整性更高。本层堆积厚约60cm，遗物分布密度很高，根据其他层位的发掘和研究所获信息，以遗址形成过程中的堆积速率而言，相对单一的居住事件留下的活动面的厚度一般为20～30cm，所以③F层应该是相对较长时间内多个居住事件活动留下的堆积叠加在一起的结果。支持这一论断的另外一个证据是该层位的遗物分布密度很高，尤其是在发掘区的南部，多个火塘的周围都存在密集的遗物分布（图3-60，1），不同火塘周边的不同功能区相互叠加在一起，平面分析很难抽离出相对独立的功能单位。这无疑增加了平面空间分析的难度。

但是具体分析，我们还是可以发现不同火塘的功能有所不同。火塘A、B、C之间发现鹿角

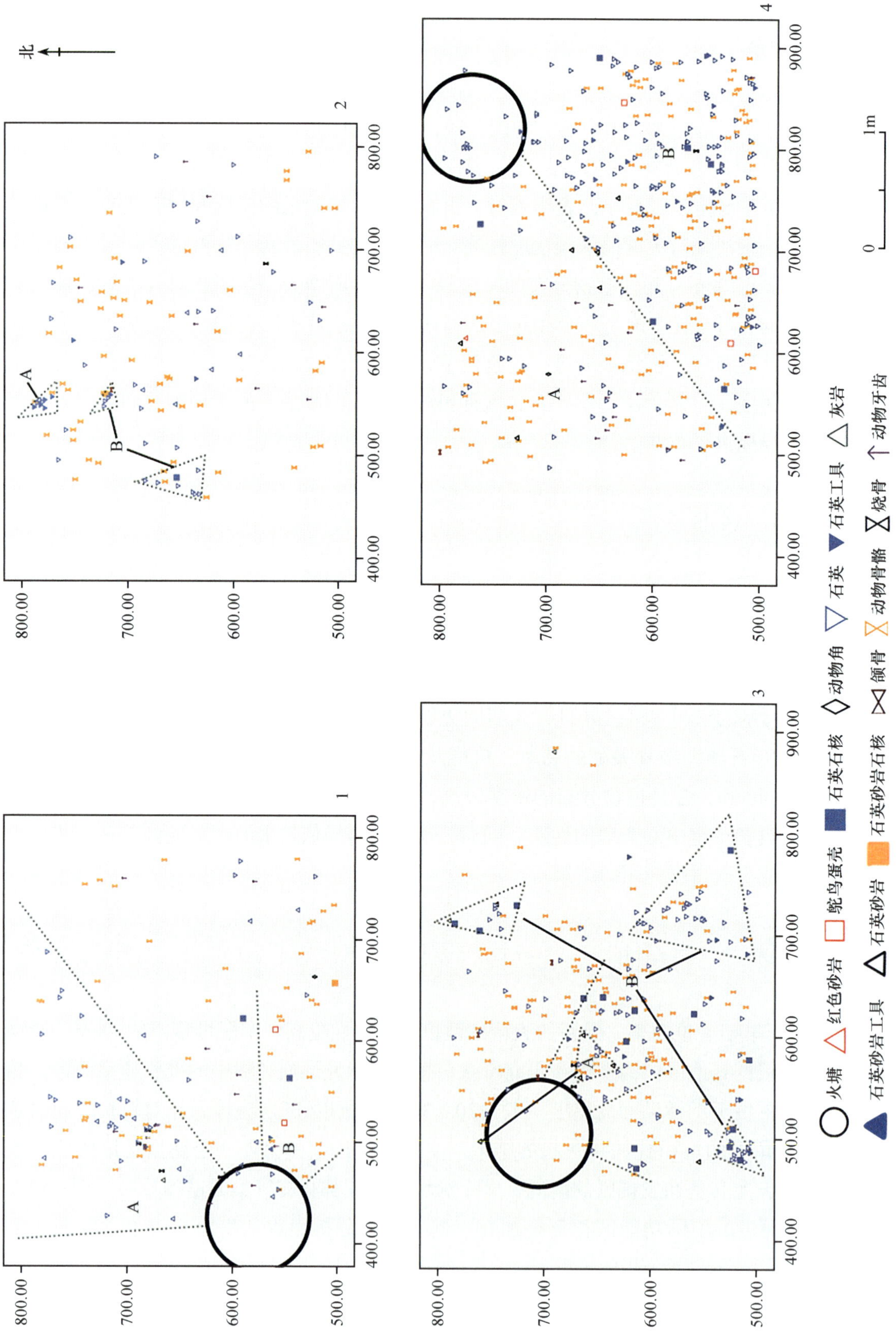

图3-59　老奶奶庙遗址④层遗物平面分布

的集中分布区（图3-60，2），这是其他火塘周边不见的。表明当时人群在火塘A或B或C的附近有过集中处理鹿角的行为，这是火塘D、E、F和G都不存在的功能。火塘D、E、F和G周边存在密度相对较高的鸵鸟蛋壳碎片，而火塘A、B、C周边很少，表明火塘D或E或F或G的利用者存在消费鸵鸟蛋的活动，而火塘A、B、C的利用者很少消费鸵鸟蛋。③F层红色砂岩共发现12个拼合组，用黑色直线表示，结合拼合研究提供的信息，火塘C、D、E之间存在数量较多的红色砂岩石制品（图3-60，3），而其他火塘附近则较少见到，表明火塘C或D或E的利用者在火塘附近存在大量利用红色砂岩的活动，而其他火塘的利用者则很少利用红色砂岩。

处理鹿角、消费鸵鸟蛋和利用红色砂岩这三种不同的行为分布在不同的火塘附近，表明这三种行为没有相关性，同时表明不同火塘的功能有所不同。多种不同功能的火塘存在，表明遗址在本层位发生活动的多样性，进而有力证明了③F层中心营地的性质。

对于红色砂岩石料而言，由于其质地较软，结构较为疏松，其利用程度要小于石英和石英砂岩，并且几乎没有被利用作为制作工具的原料，这表明当时狩猎采集人群对红色砂岩的性质特点有充足的认识。虽然红色砂岩在不同层位的比例都不大，均在10%以下，但是在不同层位均有一定程度的利用，这表明红色砂岩在当时人群的石器原料选择中有一定的不可替代性的功能。值得注意的是，这些红色砂岩石制品常分布在火塘周边，并且一些断块尺寸较大，大于10厘米，并且拥有平整的平面，可能具备一些和利用火塘相关的功能。对比大体同时期旧大陆西方黎凡特地区的狩猎采集群体拥有在火塘边使用岩块作为平台烘烤食物的行为，我们推测老奶奶庙遗址的这些带有平面的尺寸较大的断块可能拥有和利用火塘密切相关的如烘烤食物的功能，但这需要今后进一步的科学分析才能证实。另外，发掘区南部的遗物密度明显高于北部，说明当时人群营地的核心区域在发掘区南部，北部是营地的边缘。并且火塘E和F的东侧存在大量的石英石制品，应该和高强度的打制石器有密切关联。

需要强调的是，③F层可以认定是多个居住事件叠压在一起的遗存。但是，所谓的多个居住事件是“有关联的多个居住事件”，甚至可以理解为“相对集中的一个长期的居住事件”，并且很有可能是同一居住事件下有多个不同功能的火塘共存。我们之所以得到这样的认识，正是由于我们通过之前分析区分出不同的火塘存在不同的功能。如果这些不同功能的火塘分别代表不同的居住事件，不同的居住事件下重新建立新的火塘需要花费更高的时间成本和空间成本，并且不同时间背景和功能背景的火塘在没有关联的情况下聚集在同一区域的概率是很低的。相反，如果这些不同功能的火塘是有关联的，可以更容易地理解为什么它们的功能不同但又相对集中在一起。同时，不同火塘的利用者承担了不同任务分工，即不同火塘的功能有所区别，并且同一火塘的不同侧位的功能也有所区别，这是居址结构复杂化的反映。

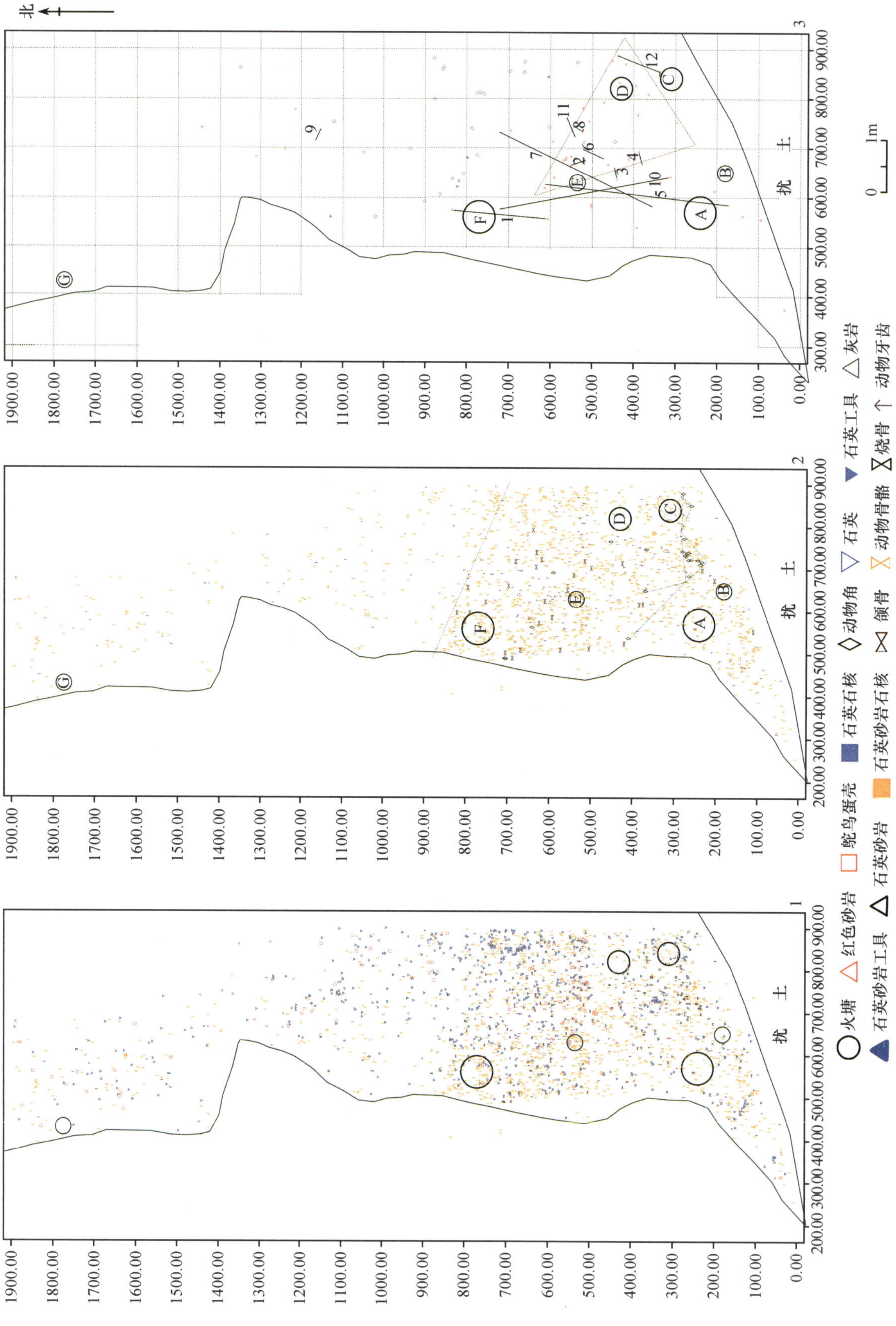

图3-60　老奶奶庙遗址③F层遗物平面分布

3.5.6 ③E层

③E层遗物分布也是以火塘为中心的（图3-61，1），本层位共发现大、小不等共四个火塘，其中有两个火塘规模较大，为火塘A和火塘C。根据宾福德的研究，以火塘中心为圆心，半径1.76米处大致为人们围绕火塘进行各种活动的区域。人体的身体结构需要坐下够得到东西，同时依赖火塘的光和热的种种行为要求人和火塘的距离必须限定在一定范围之内。本层位火塘A和C中心相距约4米，超过1.76米的2倍，所以这两个火塘可能是同一居住事件中关联共存的两个火塘，也可能是两次居住事件中独立的两个火塘。同时，本层位还存在2个形态较小的火塘，它们与火塘A、C之间都相距一定距离，同理，它们之间是否存在关联仅从火塘的分布不能得到明确的结论。

从石英石制品的分布来看，③E层主要存在2处分布相对集中的区域，为A1区和B1区（图3-61，1）。从鸵鸟蛋壳碎片的分布来看，③E层也主要存在2处分布相对集中的区域，为A2区和B2区（图3-61，1）。从动物骨骼碎片的分布来看，③E层同样存在2处分布相对集中的区域，为A3区和B3区。并且，A1、A2、A3这三个集中区域几乎重叠，和火塘A距离最近，分布在火塘A北面略偏西处，应该是和火塘A有密切关联的，但也不排除部分遗存和火塘E有关联。同样，B1、B2、B3这三个集中区域也较为重叠，分布在发掘区靠北的位置，距离火塘A距离很远，其附近暂未发现火塘，不过其南边有冲沟发育，并将遗址破坏，很有可能火塘被冲沟破坏。故发掘区北部可能存在火塘B。并且，火塘A附近的遗物密度是整个发掘区最高的，并且从野外观察来看其堆积最厚，很可能是③E层利用强度最高的火塘。利用强度仅次于火塘A的是火塘B，然后是火塘C，火塘D和火塘E的规模较小，堆积较薄，可能是小规模的用火遗迹，但也不排除埋藏过程火塘A和C的炭屑受水流漂动搬运而成的可能性。

另外，火塘C的南部为近现代扰土，其南部的遗物被破坏掉，故火塘C的信息也不是很完整。整体来看，③E层包括信息最为丰富的是火塘A，火塘A的北侧略偏西处有密集的遗物分布区，集中分布了石英石制品、鸵鸟蛋壳碎片和动物骨骼碎片等，指示该区域既是打制石器的区域，同时也是处理和消费鸵鸟蛋、动物资源的区域。这种不同功能区域重叠分布于火塘一侧的现象是在本遗址的早期层位所不见的。

③E层遗物集中分布在30cm厚度范围之内，遗物密度相对较高，多个功能不尽相同的火塘之间相距一定距离，可能属于一次相对较长的居住事件，也可能属于多次居住事件。不同的火塘之间没有相互叠压，并相距一定距离，分散有序地分布于发掘区的不同位置，这些现象更支持当时人群对居址空间的有序规划利用。

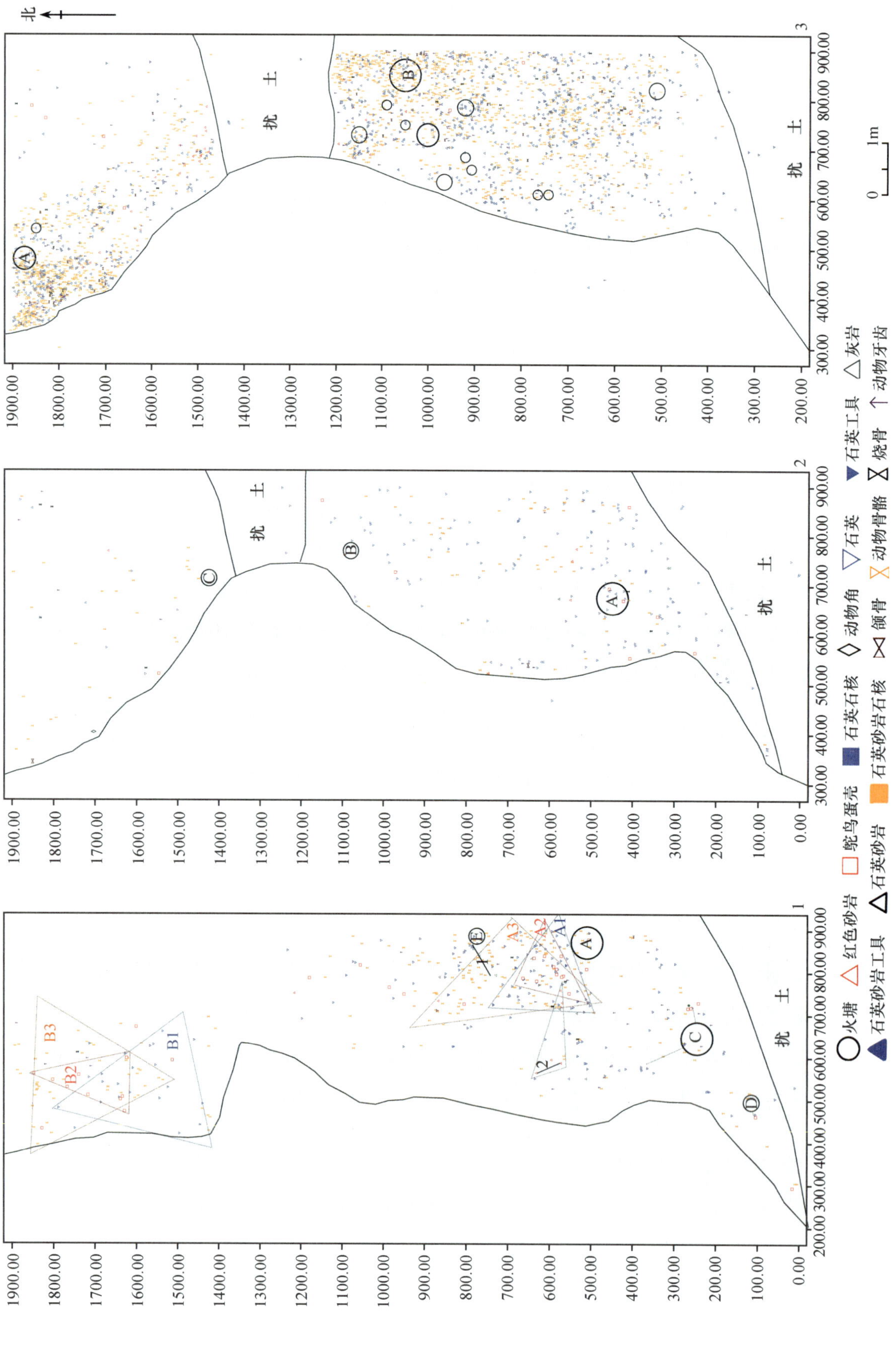

图3-61　老奶奶庙遗址③层遗物平面分布

3.5.7 ③C、③D层

③C、③D层共发现3处用火遗迹（图3-61，2），其中火塘A规模较大，周围共存的遗物较为丰富，应当是或者更靠近当时人类活动的核心区域。火塘B和C的规模较小，周围遗物相对稀疏，并且三个火塘相距距离较远，它们可能代表了一次相对集中的居住事件，也可能属于几次不同的居住事件。

本层位火塘A周边的空间利用较为清晰。石制品集中分布在火塘A的周围和火塘B的南侧（图3-61，2），火塘C周边仅有零星的石制品分布。尤其是石核主要分布在火塘A的西北侧，并且距离火塘A有2～3m的距离，说明当时火塘A的利用者主要在火塘西北2～3m打制石器。并且，火塘A的西南侧有几件工具相对集中，距离火塘有1～2m的距离，应该是完成了某项工作。另外，火塘A的利用者还在距离火塘更近的位置利用了红色砂岩石制品，消费了鸵鸟蛋等。

③C、③D层厚度约30cm，遗物密度相对较低，表明当时遗址被利用的强度相对较低，占据时间相对不长。当时遗址利用的核心区域应该在偏南侧，并以火塘为中心。当时人群对火塘周边的有限空间进行了高效合理的利用，在距离火塘2～3m的外围区域打制石器，敲碎肢骨，而在距离火塘更近的空间消费鸵鸟蛋等，或从事对火塘依赖程度更高的活动。

3.5.8 ③B层

③B层堆积厚约30cm，遗物密度很高，平面上共发现大小不等的用火遗迹共14个（图3-61，3），一些形态较小的灰烬可能是受到水流改造后炭屑位移的结果，而形态较大且结构完整的火塘A和B应当代表了本层位的主要空间架构。

其中，相对清晰的是发掘区北部的火塘A，其边上有一处较小的用火遗迹之外，没有大型火塘，火塘A周边的空间格局似乎没有受到其他火塘的干扰。值得关注的是，③B层火塘A的空间利用方式和③E层火塘A较为相似，③B层火塘A的西侧是遗存密集区，集中了大量的动物骨骼碎片、石英砂岩石制品、石英石制品等，火塘A的南侧遗物密度略小于西侧，也集中了相当数量的动物骨骼碎片、石英砂岩石制品、石英石制品以及红色砂岩石制品。可以肯定，火塘A的西侧以及南侧是当时利用该火塘人群的打制石器区域，敲骨吸髓并制作骨器区域等。但是，火塘A的东侧1.5m范围之外，有一处遗物密度很低的“空白区”，形成了火塘不同侧位的明显差异。

相对而言，发掘区中部和南部的火塘B及其周边区域较为复杂，遗存分布的规律性不甚明显。整体来看，③B层是一处占据时间较长，打制石器、处理消费动物资源等的中心营地。

3.5.9 遗址的空间利用模式

老奶奶庙遗址不同层位的空间结构与功能分析表明，当时利用该遗址的狩猎采集者对遗址空间的组织和利用是以火塘为中心的。当时人群对营地的规划井然有序，围绕火塘进行食物加工与消费活动，或进行对火塘依赖程度高的活动，而在距离火塘相对较远的空间打制生产石器。同时遗址存在着多样的空间利用策略，大概可以分为“分离型”和“重叠型”两种类型。老奶奶庙遗址无论“分离型”还是“重叠型”空间利用模式都属于典型的户外火塘，所有遗存以火塘为中心向四周铺开，没有发现“维护居址行为”，没有发现相关建筑设施将遗物阻隔的迹象。

所谓“分离型”是遗址指火塘周围不同的功能区域分散有序地环绕火塘分布。该型利用模式更具活动区域数量的多少可以分为a型和b型两个亚型（图3-62）。a亚型以④I～④E层为代表，b亚型以④C层为代表。所谓“重叠型”是指遗址拥有多个不同的重叠的功能区域，即不同的功能区域是重叠的，以③E层和③B层为代表。所谓“重叠型”则是指火塘周围不同的功能区域重叠分布于火塘的某一侧。火塘周围是一个环形的区域，早期层位的人群可以合理利用火塘周围的空间，根据对火塘的依赖程度在火塘周围的不同区域完成不同的活动。而以③E层火塘A为代表的利用者并没有很好地利用火塘的南侧，对于解释这个现象可以先提出以下两种假设模型。第一个假设模型，当时人群利用遗址时正值西北风盛行的冬季或邻近时节，火塘A燃烧燃料产生的烟尘随西北风向东南方吹，固火塘的东南方不适合从事任何活动（图3-62，1）。支持该模型的证据是可能存在的火塘B附近的遗物分布区可能也在其北侧，火塘E附近的遗物分布区也在其西北侧。而火塘C、D的南侧堆积被破坏，暂不清楚其南侧遗物分布情况。该假设模型有待动物遗存的季节性分析成果的支持。第二个假设模型，当时火塘A的利用者对火塘周围的空间使用有更为详细的规划使用，利用者将火塘A的北侧规划为打制石器和处理消费动物资源的区域，而将火塘A的南侧预留为睡眠休息的场所（图3-62，2）。无论这两者中哪个模型成立，③E层不同功能区域重叠分布于火塘一侧的遗址空间结构都具有其独特性。

“分离型”空间利用模式一方面清楚展现了居址结构的复杂性，拥有多个不同的分离的活动区域；另一方面显示以火塘为中心不同半径的环形区域拥有不同的功能规划，距离火塘较近的环形区域从事如食物加工对火塘依赖程度比较高活动，距离火塘稍远的环形区域开展打制石器等对火塘依赖程度比较小的活动。同时，以③F层为代表的有关联的居住事件内功能不同的火塘共存的空间利用模式，显示出居址结构复杂化的趋势。而“重叠型”空间利用模式，更多地显示出当时人群规划空间的灵活性，比如应该可能出现的大风，或者安排睡眠休息区域时，会对部分火塘的不同侧位的功能规划进行调整（图3-63）。当然，无论是“分离型”，还是“重叠型”，其都是理想化的理论模型，而老奶奶庙遗址的空间组织方式应该不是这么简单，而是存在多样性的，比如空间结构比较复杂的③F层和③B层的一些火塘，可能存在不同类型混

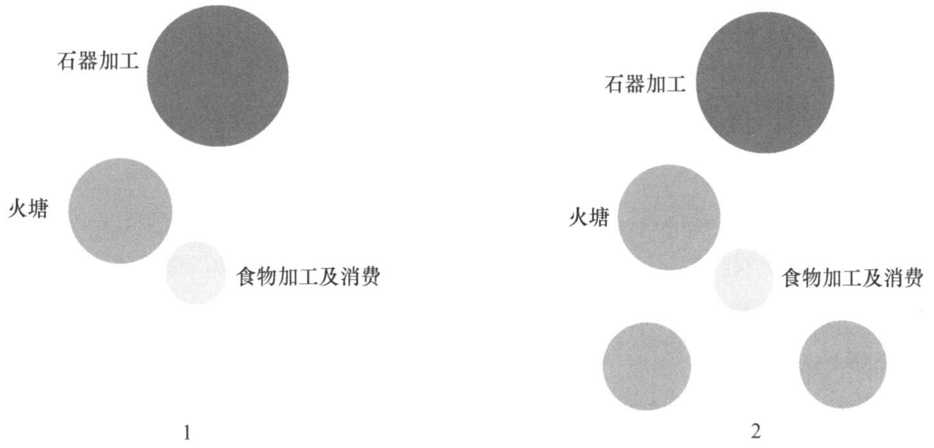

图3-62　老奶奶庙遗址“分离型”空间利用模式

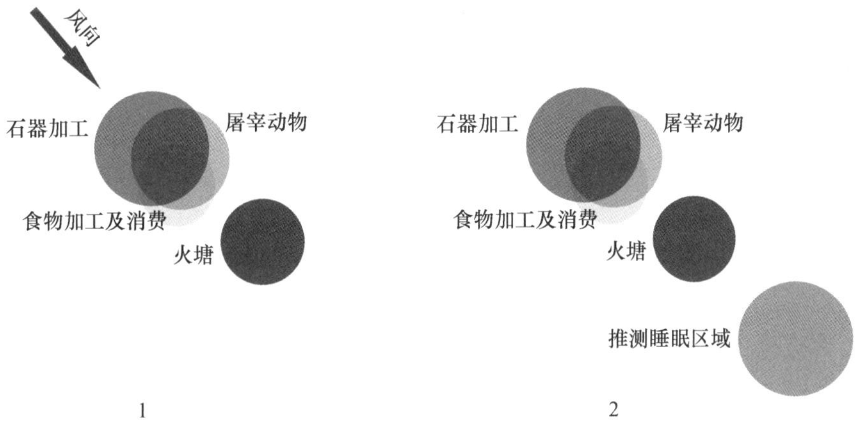

图3-63　老奶奶庙遗址“重叠型”空间利用模式

合的模式，比如“半分离半重叠型”等。但是，搞清楚基本的空间利用模式，应该是对老奶奶庙遗址今后的空间分析和综合研究奠定了基础。

3.6　小　　结

郑州老奶奶庙遗址是位于东亚大陆腹地嵩山东麓的一个多层连续堆积的晚更新世露天遗址，经过2011～2013年三个年度的发掘揭露出了丰富的石制品、动物化石和用火遗迹，^{14}C年代数据集中分布在距今4.1万～4万年之间，校正后为距今4.5万年左右。

老奶奶庙遗址石制品的系统分析显示出其狩猎采集群体的石器剥片技术向系统性方向发展的特点。这表现在：第一，石核具有多种较为稳定的几何组织结构类型，这种几何组织形式是在有计划地操作程式下剥片的结果，而非偶然产生；第二，石器打制者有利用背脊连续生产石片的能力，并且对石片的尺寸、形态有稳定的控制能力。

老奶奶庙遗址的空间结构分析和石器分析均显示其曾长期作为中心营地使用，并且当时人群对其生活空间的利用也是比较系统的。第一，老奶奶庙遗址狩猎采集人群以遗址为中心的活动半径很大，石料产地调查结果初步显示，当时人群围绕遗址向东、向南、向西的空间均有不同程度的开拓，可能在距离营地向南至少20余千米的基岩附近开采石英原料。第二，当时狩猎采集群体开发利用的原料至少有7种，并且这7种原料产地分布方位和距离均不相同。第三，③B层人群的原料利用结构和聚落结构的转变显示当时人群的流动模式可能发生变化，当时人群拥有多种土地利用方式。

老奶奶庙遗址内部同样拥有较清晰的空间秩序。无论是“分离型”的空间利用模式，还是“重叠型”的空间利用模式，可以清楚看出当时人群以火塘为中心规划生存空间的行为习惯。“分离型”空间利用模式一方面清楚展现了居址结构的复杂性，拥有多个不同的分离的活动区域；另一方面显示以火塘为中心不同半径的环形区域拥有不同的功能规划。并且以③F层为代表的有关联的居住事件内功能不同的火塘共存的空间利用模式，显示出人群内部的分工和人类群体内部结构复杂化的趋势。

第4章　赵庄遗址

4.1　概　　述

赵庄遗址位于河南省新郑市黎河镇赵庄村，地理坐标N34°18.026′，东经E113°41.548′，海拔104米（图1-1）。

2006年，在郑州旧石器专项调查当中，沂水河流域发现了十余处遗址或地点，赵庄为其中发现最为丰富的遗址，在剖面上出露象门齿横截面和大量石制品。经多次复查后，2009年10～12月，对该遗址进行了正式发掘。

共布置1m×1m探方60个，分为南北两个发掘区域自上而下揭露，最深处距离地表625m（图4-1）。在发掘过程中对10mm以上标本编号，并对每件标本的出土位置和产状进行了详细的记录；其余细小的碎屑未编号，按照探方和水平层进行了仔细的收集。经统计共获得石制品、动物化石等文化遗物7129件，以及古菱齿象位于石堆基座之上的遗迹现象。

4.2　地貌、地层与年代

4.2.1　遗址位置

嵩山东麓位于我国二、三级阶梯的过渡地带，地貌和气候复杂多变。地形上西北高、东南低。具茨山和陉山均位于嵩山东麓。具茨山，当地人称为始祖山，是嵩山的余脉，位于河南禹州、新郑、新密、长葛一带。陉山则属于伏牛山系嵩山余脉。沂水河（溟水）发源于具茨山东麓，自西北向东南注入淮河。这条河东部为广袤的黄淮平原，西部则是低山、丘陵相间的地形。

赵庄遗址位于沂水河东岸三级阶地。遗址北部大面积分布有含大型钙质结核的红色土，其时代可能老至上新世，南部则是呈水平层理的新石器时代地层。

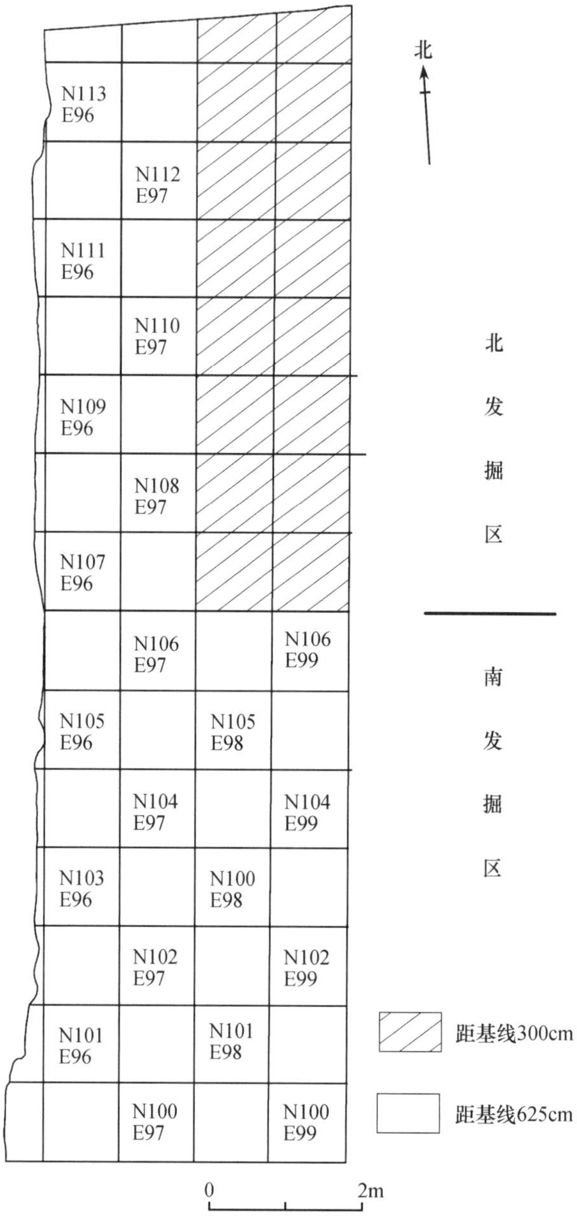

图4-1　赵庄遗址探方分布图

4.2.2　地层

从剖面上看，上部为马兰黄土，下部为河湖相地层。发掘深度距离基线625cm，共清理22个水平层，以发掘区南壁剖面为例，自上而下可分为七个文化层（图4-2）。

①层：耕土扰土层，黄褐色砂质黏土，土质较疏松，包含植物根系、石块、瓷片、砖块、陶片等，厚0～60cm。

②层：黄色砂质黏土，质地较硬，较纯净，文化层，包含有红色、素面的泥质红陶片，厚

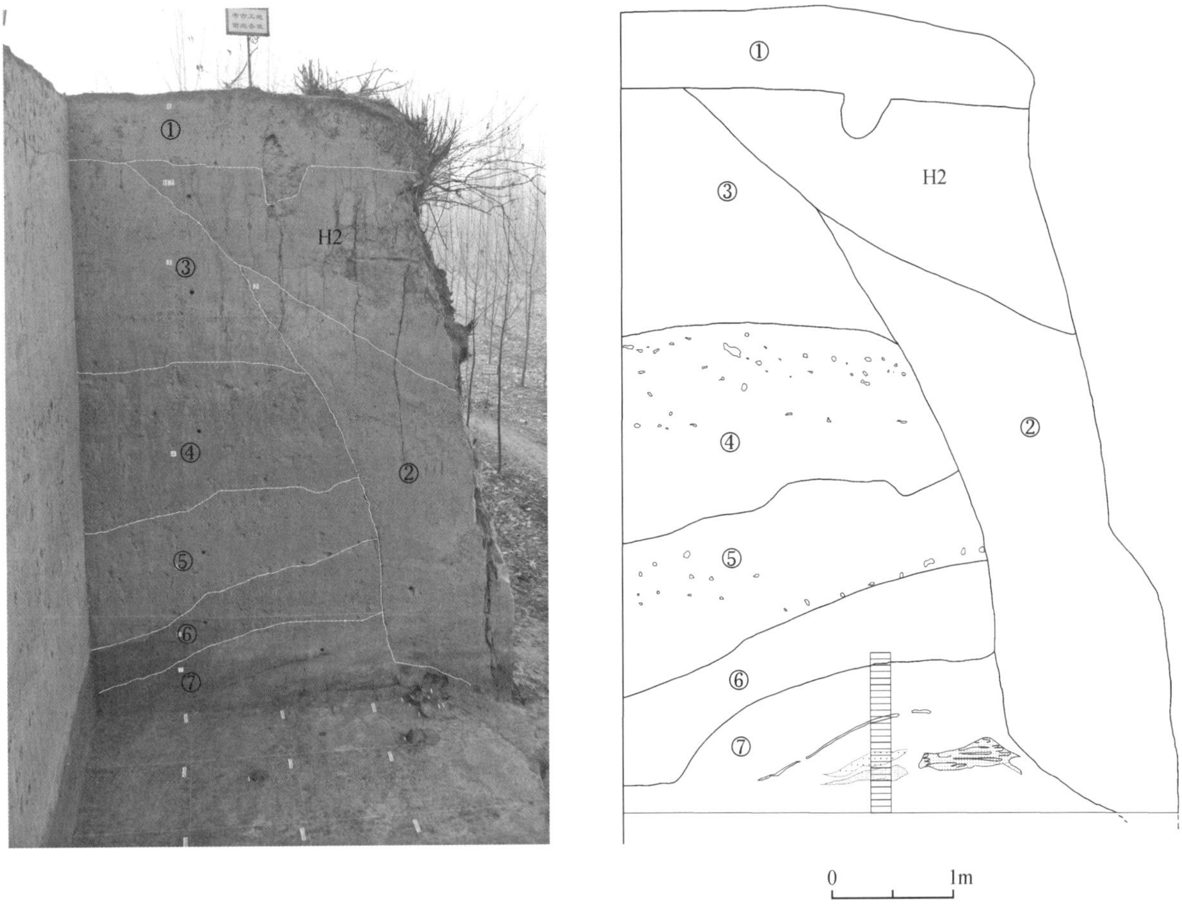

图4-2　赵庄遗址南壁剖面图

0～360cm。

③层：马兰黄土，灰黄色砂质黏土，质地偏硬，夹杂褐色斑点及小料姜石颗粒，粒径≤1cm；散布白色点状物，应为更小的料姜石，未见文化遗物，厚0～190cm。

④层：马兰黄土，黄色砂质黏土，质地偏硬。包含大量料姜石，粒径2～15cm，以5cm左右者为多。未见文化遗存，厚0～350cm。

⑤层：马兰黄土，黄褐色黏土质粉砂，包含少量料姜石，未见文化遗存，厚60～120cm。

⑥层：灰褐色黏质砂土，土质较硬，带灰黄色斑点，含少量料姜石和蜗牛壳。包含极少量文化遗物，厚50～80cm。

⑦层：灰白色黏质砂土，土质略硬，含砂量比⑥层大，局部见锈黄色斑点以及黄灰相间的水平层理，层理间距1mm，包含极少量的螺壳和料姜石。包含大量石制品和化石，未见底。

⑥⑦层是赵庄遗址主要文化层，其中尤以⑦层出土集中，由于⑥层标本出土太少，统计意义不足，本文对石制品的统计数据均来自于⑦层。

4.2.3　埋藏性质

在发掘过程中我们记录了遗物的产状，可以据此对赵庄遗址的埋藏性质予以分析。

产状包括长轴、倾向、倾角三个指标。长轴指遗物出土时，其长轴在水平面上的方向。我们将0～180°的方向划分为4个方向，即1～4，表示从正北或正南开始每45°角为一个方向。倾向是遗物出土时倾斜的方向，我们用0～9来概括0～360°的方向，其中0表示水平，9表示垂直，1～8表示从正北方向开始每45°角划分为一个单位。倾角是指遗物出土的角度，概括为水平、倾斜、垂直三个级别。

由于⑥层出土标本数量少，统计意义不大。我们仅统计了⑦层出土标本的产状信息如图4-3所示。从倾向来看，除了水平的标本偏多以外，1～9方向上的标本数量相差不多，占6%～10%。长轴的数值也比较平均。倾角以倾斜为主，水平其次，垂直最少。总之，从产状来看，赵庄遗址在埋藏之后受到的水流作用非常微小，基本可以视为原生堆积。

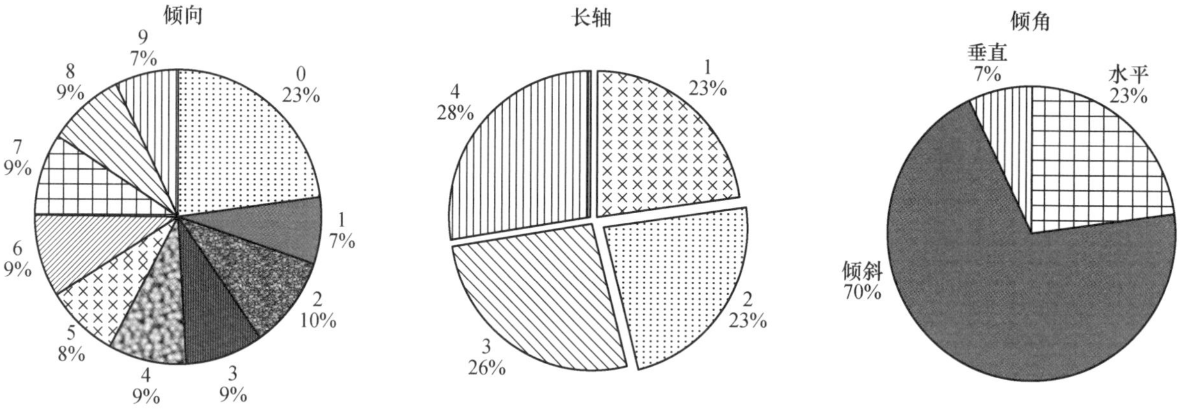

图4-3　赵庄遗址出土遗物产状图

4.2.4　年代

在发掘过程中提取了^{14}C测年标本，包括炭屑7件和骨骼6件，共计13件。但骨骼标本均未提取出骨胶原，炭屑标本中仅4件获得测年数据，具体如表4-1所示。结果在28735±100～33040±170BP之间，均来自于⑦层，树轮校正后年代约在33～38ka B.P.，属于深海氧同位素3阶段（MIS3）。

表4-1　赵庄遗址炭屑标本的^{14}C年代测试结果

实验室编号	样品	地层	深度	年代（B.P.）	树轮校正后年代	
					1σ（68.2%）	2σ（95.4%）
BA10006	炭	⑦	−558	30690±155	34804B.P.（68.2%）34472B.P.	34950B.P.（95.4%）34266B.P.
BA10007	炭	⑦	−565	29515±110	33840B.P.（68.2%）33609B.P.	33956B.P.（95.4%）33491B.P.
BA10008	炭	⑦	−600	28735±100	33091B.P.（68.2%）32691B.P.	33306B.P.（95.4%）32476B.P.
BA110701	炭	⑦	−563	33040±170	37489B.P.（68.2%）36735B.P.	37896B.P.（95.4%）36495B.P.

4.2.5　地貌部位

结合遗物空间分布和沉积物粒度分析，判断赵庄遗存的地貌部位为河流滨河床沙坝。滨河床沙坝为河边的最高点，河水不容易冲刷上来，同时取水方便，人类在此可以短暂栖息（图4-4）。

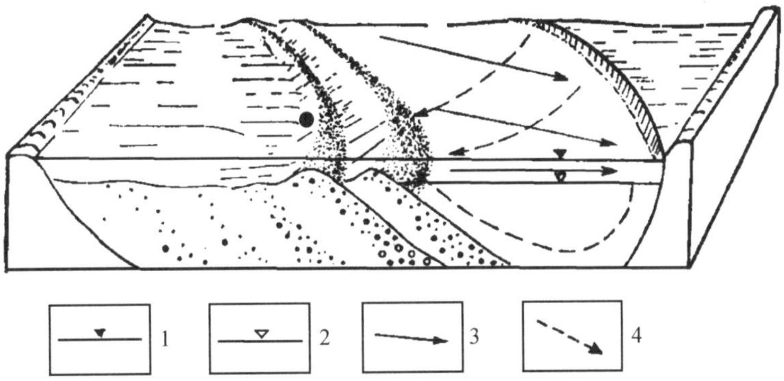

图4-4　赵庄遗址地貌部位（滨河床沙坝）示意图
1. 洪水位　2. 枯水位　3. 表流　4. 底流

4.3　文化遗物

赵庄遗址文化遗物包括大量的石制品、少量动物化石及1件陶片，共计7129件。石制品仅包括石英和石英砂岩2种原料，动物化石则以一个巨大的象头为最重要的发现，其余都很零星。

4.3.1　石制品

石制品共6635件，其中⑥层仅出土18件，⑦层6617件，类型包括未加工者、石核、石片、工具、断块残片、废品等六种（表4-2）。需要说明的是，未加工者为本文针对赵庄遗址自身的石制品构成而创立的类型名称。很多文献中称未加工的石块或者砾石为备料，但在本文的分类系统当中，备料并不能准确地说明没有加工的砾石或者石块在操作链上的位置。遗址中脉石英的砾石可能是备料，但多数未加工过的石英砂岩的功能并不是用来作为进一步加工石制品的原料，而是被搬运而来做特殊的象征性用途，因此在本文将这类石制品统称为“未加工者”。

表4-2　赵庄遗址出土石制品统计表（按地层）

类型＼地层	⑥层				⑦层			
	N	%	N	%	N	%	N	%
未加工者	0	0			20	0.3		
砾石			0	0			1	5
石块			0	0			19	95
石核	1	5.56			144	2.18		
砸击石核			0	0			10	6.94
锤击石核或不确定			1	100			134	93.06
石片	2	11.11			239	3.61		
砸击石片			0	0			16	6.69
锤击石片或不确定			2	100			223	93.31
工具	0	0			143	2.16		
刮削器			0	0			126	88.11
尖状器			0	0			11	7.69
砍砸器			0	0			6	4.2
废品	15	83.33			6071	91.75		
断块			7	46.67			3471	57.17
残片			4	26.67			179	2.95
碎屑			4	26.67			2421	39.88
合计	18	100			6617	100		

4.3.1.1　石制品原料

（1）原料构成。

赵庄遗址石制品岩性构成十分单一，仅包括石英砂岩和脉石英2种，其中脉石英在数量上占有绝对优势（N=6341），占⑦层石制品总数的95.8%，石英砂岩仅有276件。脉石英石制品呈白色或者烟灰色，性脆、易碎，不易形成贝壳状断口；石英砂岩石制品呈砖红色、紫红色，性质均一，容易形成贝壳状断口（表4-3）。

表4-3　赵庄遗址不同原料石制品分类统计

原料	统计	未加工者	石核	石片	工具	断块残片	碎屑	合计
脉石英	N	1	108	185	138	3489	2420	6341
	%	0.02	1.70	2.92	2.18	55.02	38.16	100
石英砂岩	N	19	36	54	5	161	1	276
	%	6.88	13.04	19.57	1.81	58.33	0.36	100

（2）尺寸和重量。

两种原料的尺寸和重量差别也非常大。根据石制品的尺寸分为巨型（≥200mm）、大型（100～200mm）、中型（50～100mm）、小型（20～50mm）、微型（10～20mm），由于赵庄的脉石英碎屑数量大，增加了碎屑（＜10mm）共六个尺寸级别。如图4-5、图4-6所示，脉石英石制品多尺寸在50mm以下，重量多在50g以下。而石英砂岩的尺寸则多在100mm以上，重量多在50g以上，尤其以大于1000g为多。

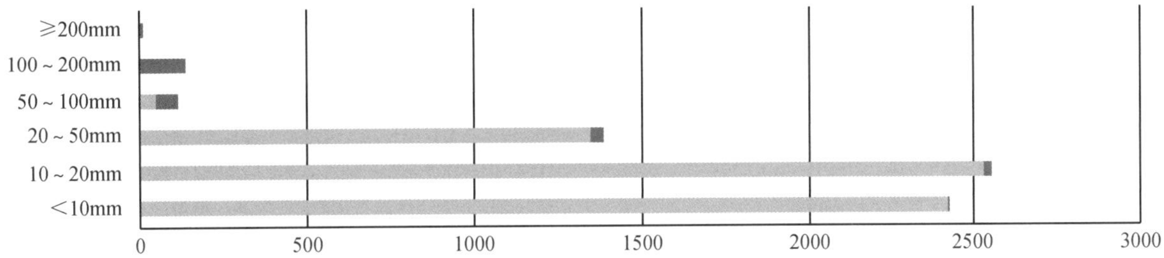

	＜10mm	10～20mm	20～50mm	50～100mm	100～200mm	≥200mm
脉石英	2420	2529	1346	46	0	0
石英砂岩	1	23	39	67	138	8

图4-5 赵庄遗址石制品尺寸统计图

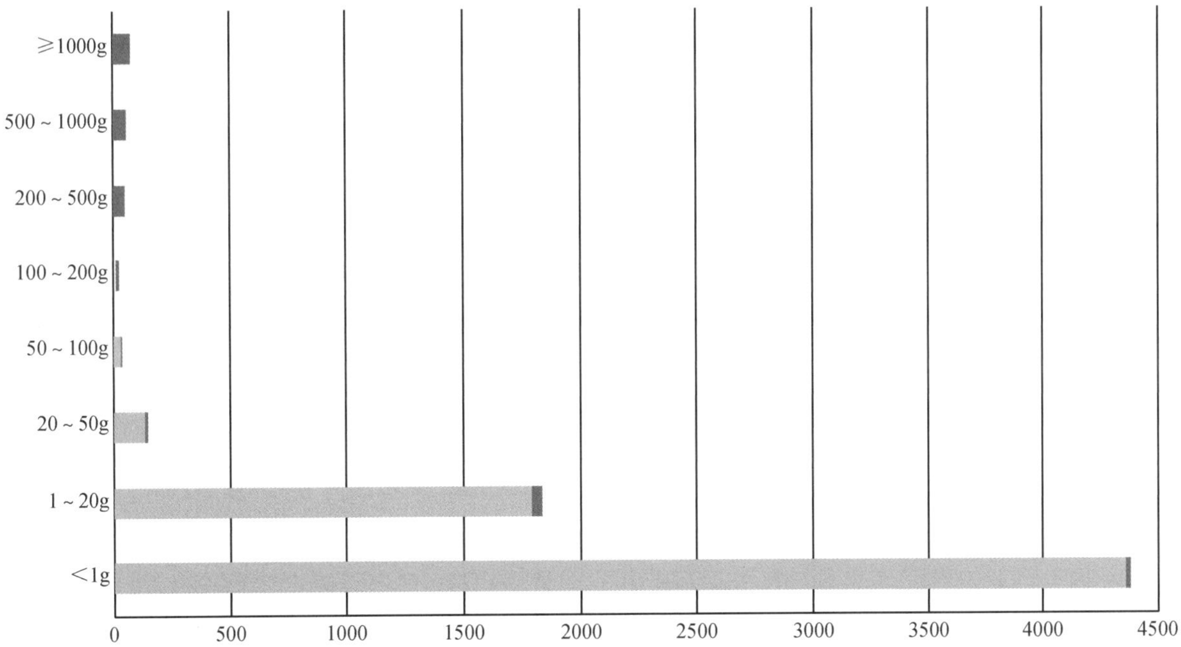

	＜1g	1～20g	20～50g	50～100g	100～200g	200～500g	500～1000g	≥1000g
脉石英	4366	1797	133	32	10	3	0	0
石英砂岩	19	42	12	9	13	51	55	75

图4-6 赵庄遗址石制品重量统计图

（3）原料来源。

两种截然不同的原料来源也不同。脉石英石制品仅见一件未加工，为砾石，从其他类型石制品的石皮上看原料多以岩块为主。因此，遗址的脉石英原料产地可能并不是遗址附近的河流砾石，而更可能来自于石英岩石产地。通过原料调查，西距遗址20km的具茨山山体分布有大量绢云母石英片岩。从肉眼鉴定来看，与遗址出土的脉石英一致。因此认为脉石英原料很有可能来自于具茨山脉。石英砂岩的未加工者是棱角状或次棱角状的岩块，表明石英砂岩的原料也并非河流砾石，而来自于岩块所在地。距离遗址5km的陉山山脉整个山体即为红色的石英砂岩，肉眼鉴定与遗址所出土石英砂岩高度一致。综上表明，赵庄遗址出土的脉石英和石英砂岩原料均不是就地取材于河流砾石，而是到更远的岩石产地去获取。

鉴于以上两种材料截然不同的面貌和原料产地，如果将其合在一起统计无法说明各自的类型和功能，因此将其分开描述。

4.3.1.2　石英砂岩石制品

共276件，仅占7层石制品总数的4.17%，重量却达到215kg。剥片方法以锤击法为主，可能存在碰砧法。剥片程序非常简单，二次修理（工具）的标本非常少。类型中以断块残片为主，但数量超不过60%，石核、石片其次，未加工者数量也不少，几乎没有碎屑。这种类型构成显示了石英砂岩非本地生产，而更可能是从遗址之外搬运而来。

整体来看，无论是未加工者、石核，还是石片、断块残片，包括工具在内的各个类型都与通常意义上旧石器时代人工制品有所区别。它们更像是若干大石块，而不是剥片或加工的石制品。为了进一步分析其人工属性，我们仍按照旧石器考古通常的做法将其分类描述。

未加工者

19件，全部为岩块（图4-7）。长度范围102～272mm，宽度范围65.3～194mm，厚度范围22.9～85mm。可见，砂岩石块整体形态接近扁平的长方体。重量则在355～3390g，平均值为1369.37g。

石核

36件，均为简单剥片，未见预制石核。类型均为锤击石核，按照台面数量可以分为单台面、双台面以及多台面石核，根据台面和剥片面的关系，又可进一步分为Ⅰ1型（1个台面1个片疤）、Ⅰ2型（1个台面2个片疤）、Ⅰ3型（1个台面3个及以上片疤）、Ⅱ1型（2个台面2个片疤）、Ⅱ2型（2个台面3个及以上片疤）、Ⅲ型石核（3个及以上台面及片疤）[1]。其中单台面石核数量最多（N=8，50%），其次为双台面（N=11，36.11%），多台面数量较少（N=5，13.89%）。单台面石核中又以仅一个剥片的Ⅰ1型石核为主。说明赵庄人对于原料并没有很深入地利用，剥去1～2个片疤即止。

石核的平均长、宽、厚分别为108.4mm、135.2mm、117.5mm，平均重量2007.9g。属于大型—巨型标本。石核的原型以断块和岩块为主，也有利用大型厚石片进一步剥片的标本。石核

图4-7 赵庄遗址石英砂岩未加工者

最后的形状以块状为主，一定数量的石核具有相对平行的两个面，接近于不太规则的六面体，这与其选取的原料的原始形状相关，但也说明剥片并不深入，对原料的利用并不高，仅仅限于浅层次的剥片模式。不论是以哪种原型来剥片，将石核制作成这类六面体的块状物体可能为打制者的最终目的（图4-8）。

石片

54件，包括完整石片47件和不完整石片7件。平均长、宽、厚分别为110.3mm，117.8mm，53.6mm，平均重量828.2g。完整石片以自然台面为多（N=28），人工台面略少（N=19）。根据N.Toth的分类，可以将石片按照台面和背面的关系分为Ⅰ～Ⅵ六种类型[2]。经统计，石英砂岩石片以Ⅱ型、Ⅴ型为主，Ⅲ型较少，Ⅰ型、Ⅳ型和Ⅵ型非常零星（表4-4），人工台面及人工背面不占优势的类型结构，显示了古人类对原料的利用程度不是很高，这与我们对石核的统计分析结果一致。

表4-4 赵庄遗址石英砂岩石片分类统计表

统计	Ⅰ	Ⅱ	Ⅲ	Ⅳ	Ⅴ	Ⅵ	总计
N	3	17	8	1	16	2	47
%	6.38	36.17	17.02	2.13	34.04	4.26	100

图4-8　赵庄遗址石英砂岩石核

由于岩性均一，韧性较好，砂岩石片的腹面特征比较典型，多具有明显的打击泡、放射线，打击点清晰可见，有半锥体者也占有一定比例，个别标本还有锥疤（图4-9）。石片远端以尖灭为主，折断状也有一定的数量。石片背面自然面比例以1%～25%为最多，其次为26%～50%，无自然面全人工片疤者也有一定数量，自然面大于50%数量较少。石片角在75°～135°之间，平均值104.28°。

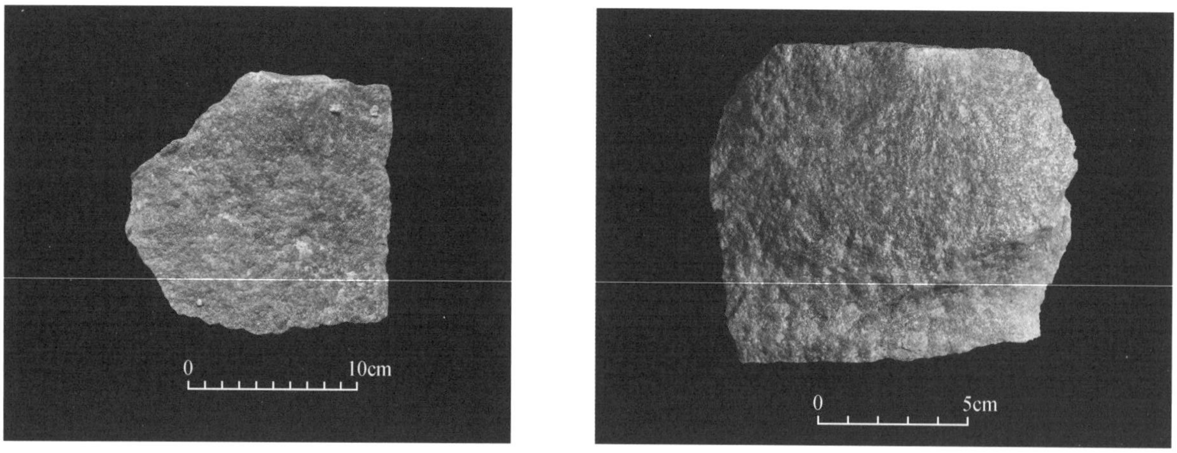

图4-9　赵庄遗址石英砂岩石片

工具

仅5件，加工十分简单，均为权宜型（图4-10）。修理疤痕不明显，使用痕迹也不明显。重量范围在710～2425g，平均1239g。长度范围72～165mm，宽89.3～148.4mm，厚30.4～130mm。加工意图不明确，因此无法确认其具体类型。

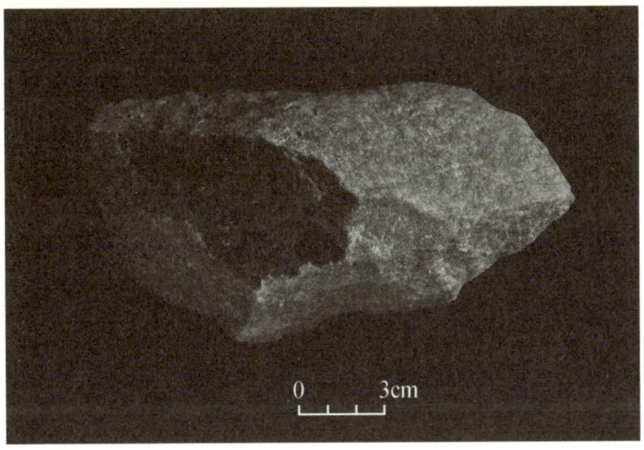

图4-10　赵庄遗址石英砂岩“工具”

废品

161件，占⑦层石英砂岩总数的58.39%。除了1件碎屑外，其余均为断块残片。缺乏碎屑显示发掘区域不是第一剥片现场，多数石制品应为搬运至此。

综合以上分析总结石英砂岩石制品的特点如下：

（1）尺寸多为大型—巨型，重量大。

（2）剥片方法多用锤击法，可能存在碰砧法。

（3）未加工者、即石块的数量较多。

（4）石核剥片简单，剥片率不高，原料利用率较低；较多石核形态呈较为规则的六面体。

（5）存在数量众多的厚石片。

（6）工具数量极少，且缺乏真正意义上修理的工具，都是权宜型。

（7）废品数量不多，缺乏碎屑类产品。

赵庄遗址的石英砂岩石制品多重型，为简单的剥片技术。相对于脉石英而言，石英砂岩运用的技术更为简单、粗糙，其产品也更多权宜型。基本没有采用我们通常意义上的剥片、修理等过程，尤其是几乎没有工具。无论是外形还是技术方面，都与目前我国旧石器时代中晚期遗址出土的大型石制品有所区别。本文是为了与脉石英石制品做对比而按照通常的做法进行了分类，事实上，石英砂岩更多是技术含量很低的石块，缺乏成型工具，其大量存在于赵庄遗址更可能是人类为了某种特殊目的搬运而来。

4.3.1.3　脉石英石制品

共6341件，占⑦层总数的95.83%，重18kg。分类参见表4-3。剥片和修理多用锤击法，也会用到砸击法。但由于所用的原料脆性太大，节理较多，无法明确判断砸击法的使用，只好将较为确定的砸击产品列出，其余均为锤击或其他产品。

未加工者

仅1件，也是赵庄唯一一件可以确认的砾石，其余石制品均为岩块加工产物。

石核

108件，占⑦层脉石英总数的1.7%。根据打制技术可以分为锤击石核和砸击石核，部分石核上采用了锤击和砸击并用的方法。均为简单剥片产品，缺乏预制和系统剥片证据。依照台面的数量可将锤击石核分为单台面（N=33，30.56%）、双台面（N=40，37.04%）以及多台面石核（N=25，23.15%）。Ⅱ型、Ⅲ型石核数量较多，说明对剥片率比较高，对原料的利用比较深入（表4-5）。

表4-5　赵庄遗址脉石英石核分类表

分类 / 统计	单台面			双台面		多台面	砸击		合计
	Ⅰ1	Ⅰ2	Ⅰ3	Ⅱ1	Ⅱ2	Ⅲ	单级	两级	
数量	22	7	4	22	18	25	2	8	108
百分比	20.37	6.48	3.70	20.37	16.67	23.15	1.85	7.41	100

石核的长度14～83.5mm，宽度12.6～81.9mm，厚度10.7～74.9mm，平均值分别为34.15、38.65、31.82mm，重量3.4～266g，平均重量52.1g，为小型—微型标本。台面角范围50°～138°，平均值87.51°。石核的原型以断块（N=75，69.44%）和石块（N=29，26.85%）为主，尤其以前者数量更多。台面以打击台面为主，其次为自然台面。台面形状以不规则占绝对多数。

09XZ·0646，Ⅲ型石核（图4-11，1）。长83.5mm，宽52.1mm，厚43mm，重231.6g。原料为脉石英。这是一个砸击技术和锤击技术并用的石核。毛坯为带皮断块，节理发育。可观察到6个序列，6个片疤，第1序列可能为砸击，第2序列可能为砸击或锤击，第3序列可能为锤击或砸击，第4序列为砸击或者锤击，第5序列为锤击或砸击，第6序列为锤击。主台面为节理面，台面形状不规则，台面长17.5mm，宽15.5mm，台面角88°。主片疤很深，延展程度中，片疤长41.5mm，宽45.4mm，风化自然面10%。

09XZ·1040，Ⅲ型石核（图4-11，4）。长44mm，宽43.9mm，厚36.1mm，重78g。原料为脉石英，毛坯为断块，节理一般，较脆。可观察到3个剥片序列，可能为锤砸并用。主台面为打击，形状不规则，长30.7mm，宽33.4mm。主片疤较深，延展程度中，片疤长16.4mm，宽24.8mm。无自然面。

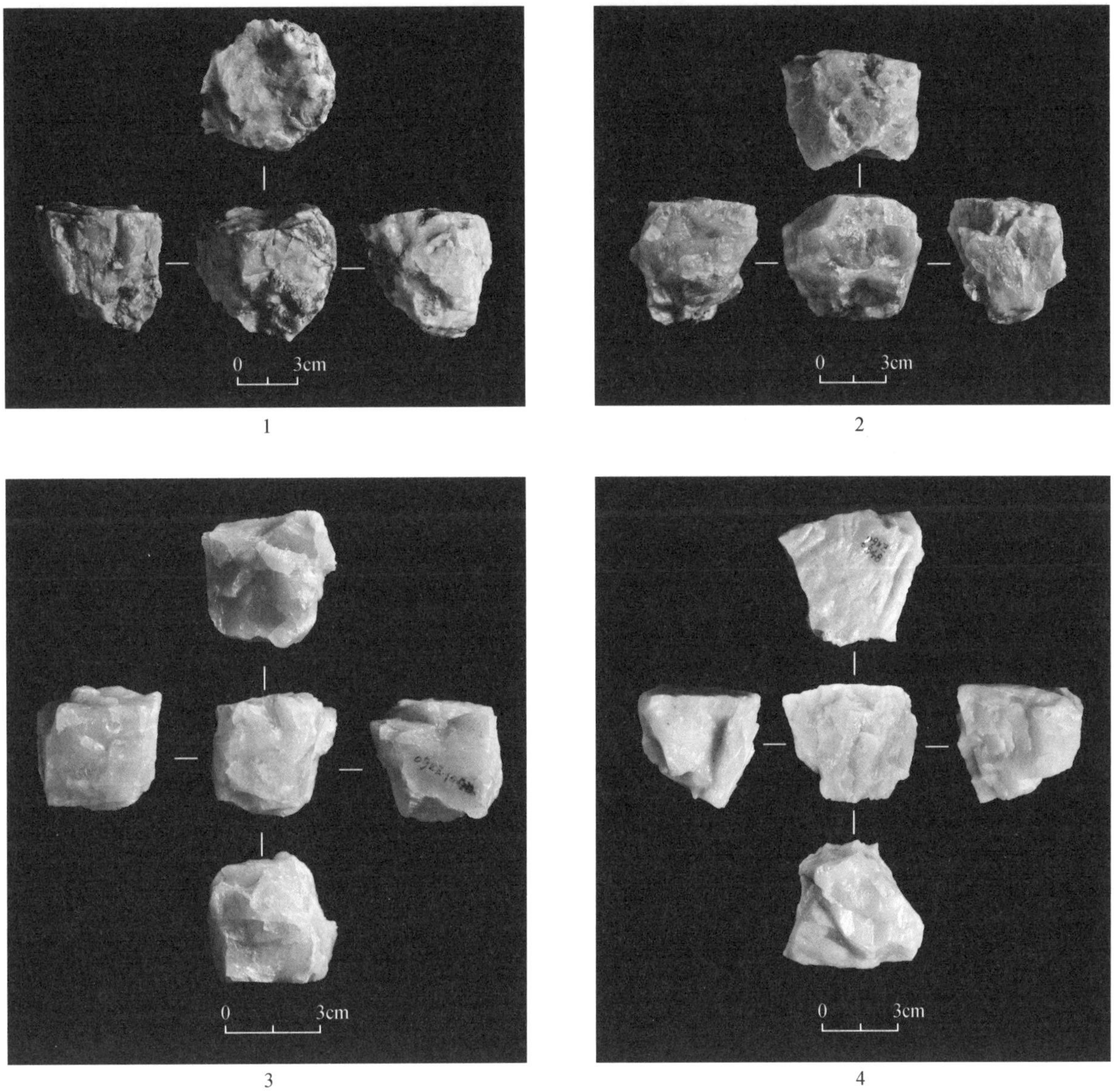

图4-11 赵庄遗址脉石英石核

1. Ⅲ型石核（09XZ·0646） 2. Ⅱ2型石核（09XZ·0956） 3. Ⅱ2型石核（09XZ·0548） 4. Ⅲ型石核（09XZ·1040）

09XZ·0956，Ⅱ2型石核（图4-11，2）。长62.2mm，宽74.4mm，厚58.1mm，重266g。原料为含红色物质、黑色云母的脉石英，毛坯为砾石，节理发育。可观察到2个剥片序列，第1序列为砸击，第2序列可能为锤击，为一锤砸并用石核，双向剥片。整体呈近球状。主台面为打击，形状不规则，台面长49mm，宽69.1mm，台面角91°。主片疤很深，延展程度中，长28.7mm，宽28.3mm。后部中央可见白色砸点，可能兼做石锤。自然面比例80%。

09XZ·0548，Ⅱ2型石核（图4-11，3；图4-16，2）。长45.8mm，宽53mm，厚48.7mm，重129g。原料为质地细腻的脉石英。毛坯为带皮断块，石皮平坦，之前应为节理面。可观察到2个不分先后的剥片序列，2个序列的台面相邻，共计2个剥片面，6个片疤，双向剥片。序列1

的台面为打击，形状为四边形；此台面有3个片疤，推测剥片方法均为锤击法。序列2的台面为自然节理面，至少进行了4次剥片，2个剥片可见打击点，剥片面近端可见多次打击形成的层叠状分布以及阶梯状尾端显示打片法可能为连续砸击。自然面比例为25%。

石片

185件，占⑦层脉石英总数的2.92%，包括完整石片165件，不完整石片20件。完整石片中锤击石片149件，砸击石片16件。经统计，以Ⅴ、Ⅵ型数量为多（N=94，56.97%）（表4-6），即人工台面占半数以上，人工背面占有多数，表明原料利用程度比较高。

表4-6　赵庄遗址脉石英石片分类表

类型	Ⅰ	Ⅱ	Ⅲ	Ⅳ	Ⅴ	Ⅵ	砸击	总计
数量	3	31	18	3	40	54	16	165
百分比	1.82	18.79	10.91	1.82	24.24	32.73	9.7	100

长度11.7～58.1mm，宽度2.9～49.1mm，厚度2.3～20.7mm，重量0.1～31.5g。绝大多数都小于50mm，以小型标本为主。

石片台面类型以打击为主，自然面次之。台面性质以素台面和自然面台面占多数。台面形状以不规则为主，其次为三角形、点状、刃状。背脊形态变化较多，以无背脊数量最多，占三分之一，其次是单斜和单纵。石片远端以尖灭为主，其次为折断状和阶梯状。

工具

138件，占⑦层脉石英总数的2.18%，包括刮削器、尖状器、砍砸器等类型（图4-12；图4-13；图4-14，3～8；表4-7）。以刮削器占绝对多数（N=127，91.97%），少量尖状器（N=10，7.3%），仅1件砍砸器（表4-7）。除砍砸器尺寸为巨型以外，其余标本长14.1～69.5mm，宽12～47.4mm，厚4.5～33.9mm，重1.4～68g，均在中、小型范围内。

表4-7　赵庄遗址脉石英工具分类统计表

类型			数量（件）		百分比（%）
刮削器	单刃	单直刃	76	127	91.97
		单凸刃	27		
		单凹刃	9		
		凸凹刃	1		
	双刃	双直刃	8		
		直凸刃	1		
		双凹刃	1		
	复刃		4		
尖状器			10		7.3
砍砸器			1		0.73
合计			138		100

图4-12　赵庄遗址脉石英工具

1. 单直刃刮削器（09XZ・0750）　2. 单凹刃刮削器（09XZ・1112）　3. 正尖尖状器（09XZ・0676）
4. 复刃刮削器（09XZ・0701）

图4-13　赵庄遗址脉石英工具：砍砸器（09XZ・0765）

刮削器类型多样，根据刃缘数量可分为单刃、双刃和复刃三种，其中单刃113件，数量最多。刃缘形状变化较多，有直凸刃、凹刃以及凹凸刃组合。需要注意的是一类刃部加工成锯齿状的直刃刮削器，数量较多（34件）。

工具毛坯以断块为主，其次为完整石片，然后是残片、石核、裂片，没有砾石。轮廓形状以四边形为多，其次为不规则，少量的三角形和五边形。

09XZ・0124，单直刃刮削器，刃部呈锯齿状。长33.4mm，宽23.3mm，厚9.8mm，重5.7g，刃角54°。原料为石英，有节理，较纯净。毛坯为断块，剖面呈等腰三角形，正反两面均为较平的节理面，占整个工具的70%。刃缘长度为33mm，仅有部分进行加工，长度为15.3mm，较直。修理为从较平的一面向较凸的一面加工，连续三个小型疤痕，与原先的断块边缘共同组成一个可用的刃口。加工距离中等，普通疤痕（图4-14，6）。

09XZ・0490，单凸刃刮削器，边缘呈锯齿状。长69.5mm，宽44.3mm，厚25.6mm，重63.8g，刃角60°，是该遗址本次发掘中最大的一件刮削器。原料为石英，节理较发育。毛坯为断块，带少量石锈。左侧为修理刃缘，长度为70mm。转向修理，由9个修理疤组成：近端1个正向修疤，紧接着连续7个均为反向修理，最后1个为正向。近端加工距离较近，远端加工距离较远，均超过三分之一。

09XZ・1514，复刃刮削器，长19.1mm，宽16.3mm，厚8.1mm，重2.5g。原料为石英，均匀细致，无节理，很纯净。剖面形状为四边形。原型为石片，略见放射线，不见打击泡锥疤等特征，石片角小于90°，应为砸击而成。除了近端都有修理，修疤相连。左侧刃缘刃角为62°，反向加工，刃缘长度为19mm，全部边缘均加工，形状略凹。疤痕形态为普通。加工距离中等，加工疤痕为微型，一个修疤较大，其余为小型。远端和右侧相连，形成一个较长的凸刃，刃角为55°～61°，正向加工，刃缘长度32.5mm，加工距离近，修疤微小，疤痕形态为普通。

09XZ・0765，砍砸器（图4-13），节理非常发育，较脆。毛坯为风化岩块，保留有30%的自然面。长85.5mm，宽74.5mm，厚54.2mm，重385.8g，刃角75°～95°。从左至右可见4个修理片疤，疤痕宽度均大于15mm，最大者长39.2mm，宽37.8mm。加工刃缘呈曲折状，长度为115mm。加工方向不一，第1个疤从左至右加工，第2、3个疤从较平的一面向较凸的一面加工，第4个疤从右至左加工。片疤形态不一。器身中部有一个较大的疤痕，可能为加工手握部位所致。与标本09XZ・772可拼合，为修理手握部位打下的石片。较平的一面底部可见白色破碎痕迹，可能是使用留下的痕迹。

废品

5909件，包括断块残片3489件，碎屑2420件，占⑦层脉石英总数的93.18%，数量绝对多数。大量碎屑存在表明了遗址所在的区域为脉石英石制品的加工场所。废品在技术链条上属于不重要的位置，因而在以往的研究当中常常被忽视。赵庄遗址的废品也是制作石器过程中的被废弃的产品，但是在使用过程中却发挥着重要的作用。这在后文微痕分析部分有进一步论述。

综合以上分析，赵庄遗址脉石英石制品的特点如下：

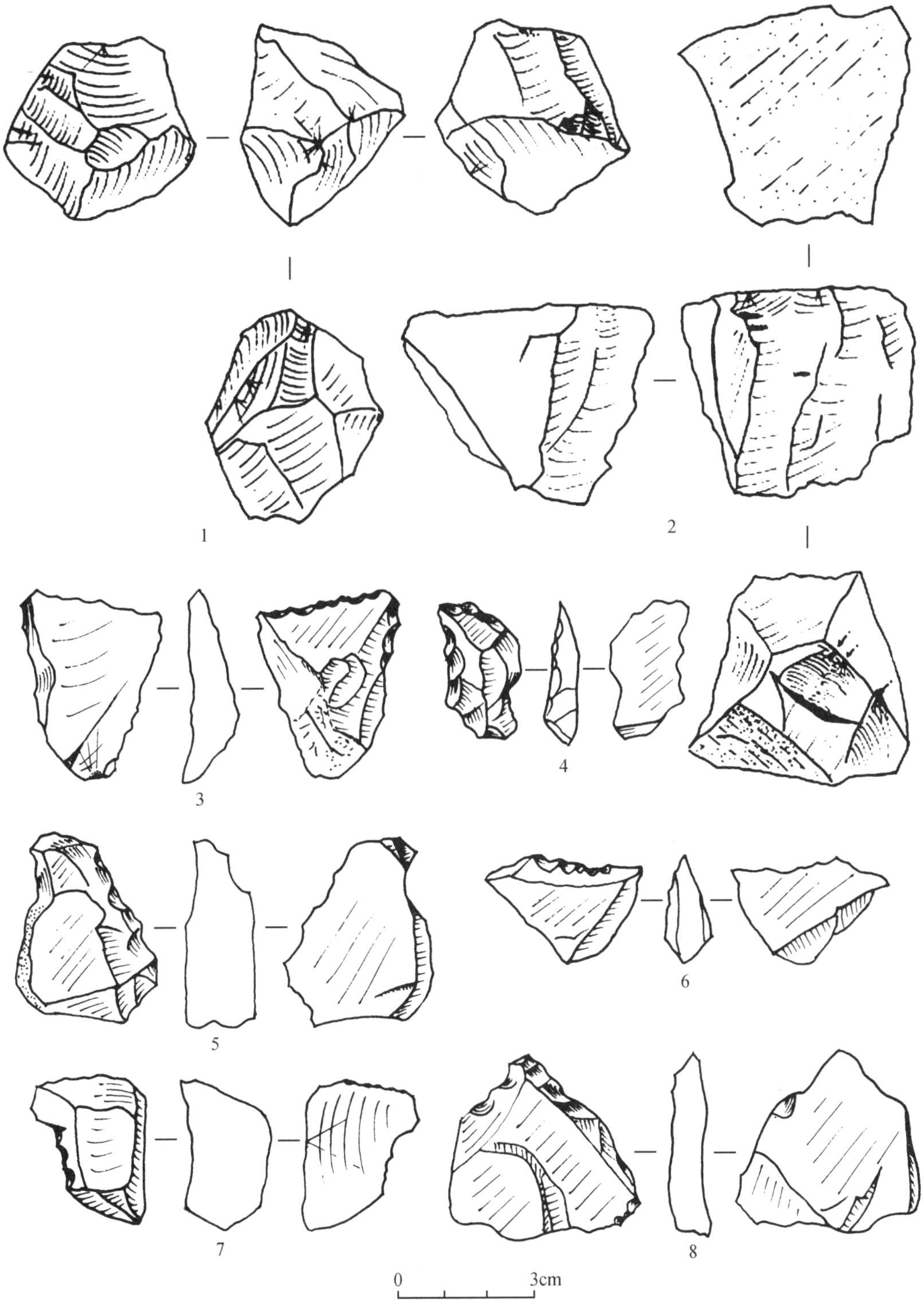

图4-14　赵庄遗址脉石英石制品

1. Ⅲ型石核（09XZ・0878）　2. Ⅱ2型石核（09XZ・0548）　3. 双直刃刮削器（09XZ・1084）　4. 尖状器（09XZ・1145）　5. 单凸刃刮削器（09XZ・0898）　6. 锯齿刃刮削器（09XZ・0124）　7. 单凸刃刮削器（09XZ・0825）　8. 复刃刮削器（09XZ・0701）

（1）尺寸多为小型—微型，重量小。

（2）未加工者数量很少，且为砾石，与遗址当中石核和工具的原型不一致，仅是孤例。

（3）采用简单的剥片策略，无预制；剥片方法有锤击法和砸击法，有时在同一石核上采取两种剥片方法，两类方法区分不明显。根据情况剥片，原料利用率中等。

（4）工具组合为刮削器、尖状器、砍砸器，以刮削器数量最多，刮削器中又以直刃刮削器为多，其中相当数量加工成锯齿刃状。

（5）废品数量占有绝对多数，多数为断块和碎屑，部分废品上有疑似使用痕迹。

赵庄遗址脉石英石工业的总体面貌小而轻，采用简单的剥片加工技术，为典型的华北小石器传统。缺乏未加工的石料应是由于带到遗址的原料几乎全部被用完，在制作石器工作中以权宜加工为主，存在很大的随意性，浪费严重，产生了大量的废品。

4.3.2　动物化石

4.3.2.1　种属鉴定

赵庄遗址出土动物骨骼标本493件，其中可鉴定标本数221件（NISP），不可鉴定的骨骼碎片272件。共代表3种哺乳动物：古菱齿象（*Palaeoloxodon* sp.）、鹿（*Cervus* sp.）和羊（*Ovis*/*Capra* sp.），每一种动物的最小个体数（MNI）均为1（表4-8）。

表4-8　赵庄遗址动物骨骼遗存总表

动物种属	可鉴定标本数（NISP）	最小个体数（MNI）
古菱齿象（*Palaeoloxodon* sp.）	216	1
鹿（*Cervus* sp.）	2	1
羊（*Ovis*/*Capra* sp.）	3	1
合计	221	3

赵庄发现的动物化石标本数量最多的种类为古菱齿象，216件可鉴定标本（NISP），包括1件头骨、1件门齿及若干零星碎骨片，最小个体数（MNI）为1。头骨带左右臼齿，臼齿保存较为完整（图4-15）。臼齿嚼面平坦，颊侧比较弯，整体轮廓略近菱形。嚼面上可见约15个齿脊，中间的齿脊呈菱形，齿脊频率LF为6.1或6.5，根据上述特征初步定为古菱齿象（*Palaeoloxodon* sp.）。

鹿的标本仅保存有2支鹿角残块。羊的标本包括左右上颌骨各1件，以及1件下臼齿。

4.3.2.2　骨骼表面的痕迹

动物骨骼的表面痕迹从成因上可分为人为因素和非人为因素两大类。非人为因素包括自然因素和其他动物因素，自然因素包括风化、磨蚀对骨骼的改造，而动物因素包括食肉类的啃咬

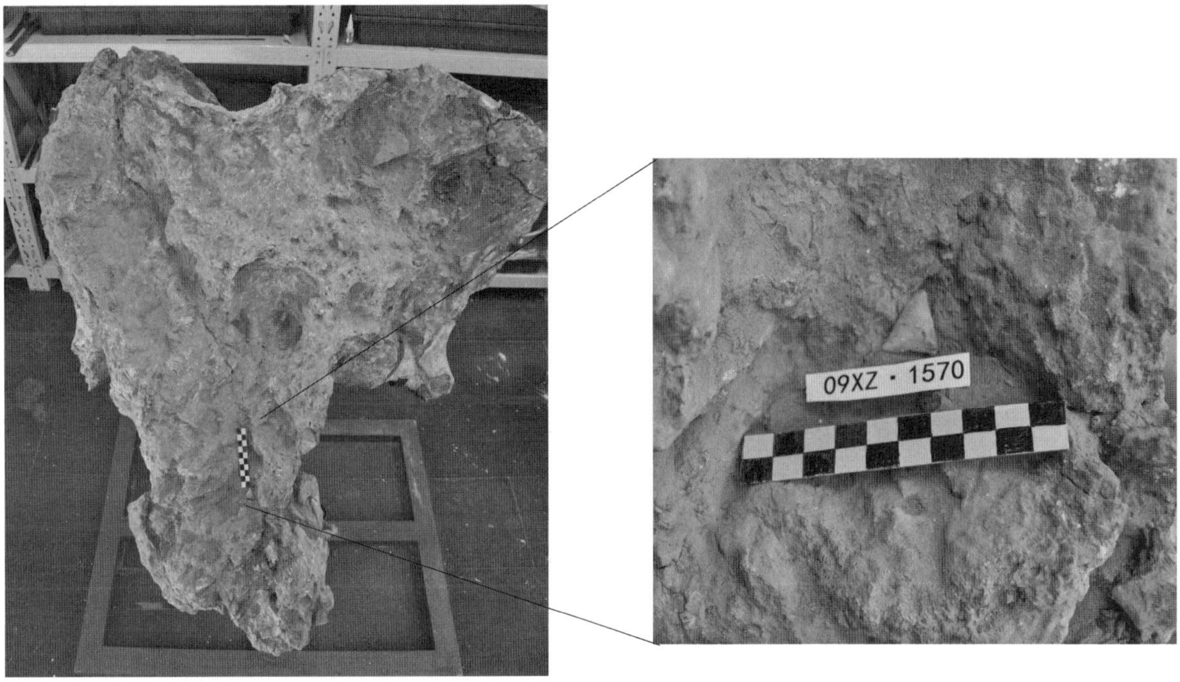

图4-15　赵庄遗址出土的象头
左. 室内清理出来的象头骨　右. 与头骨共出的脉石英石制品

痕，啮齿类啃咬痕等。人为因素则包括人类在肢解动物、敲骨吸髓等行为留下的砍痕、切割痕和敲砸疤痕等人工痕迹。

（1）非人为因素。

赵庄遗址化石非人为因素造成的改变主要体现在碳酸钙覆盖物胶着在骨骼表面。经观察，赵庄骨骼上几乎均覆盖有碳酸钙胶结物。覆盖比例25%的以下的标本很少，覆盖比例26%～75%的标本数量占所有可鉴定标本的一半左右，75%以上的标本最多。碳酸钙胶结物的普遍存在可能是因为在MIS3阶段暖湿的气候当中，动物骨表组织分解较慢所导致，另外也与后期埋藏因素有关。

（2）人为因素。

由于大多数骨骼表面胶结碳酸钙，在剔除它们的时候，同时也可能将人工痕迹破坏，这导致了我们观察到人工痕迹的标本数量与实际数量可能有所偏差。

共5件标本可观察到人工痕迹。其中2件标本上可见非常细小的切割痕。切割痕的存在可能与人类食用肉类行为相关。痕迹非常微弱分辨困难可能是因为象肉比较厚，切割肉类并不易在骨体留下痕迹。

1件标本可见疑似刮削骨骼痕迹。标本09XZ · 1273为一件肋骨残段，骨骼表面可见与骨骼纵向分布的几处性状相似的痕迹，有方向性，可能为石制品接触骨骼后再沿着肋骨滑动留下的痕迹，推测为刮削动作导致的痕迹（图4-16，左）。

2件标本疑似砍痕。一件为标本09XZ・288，为象的肢骨下端残块。另一件在象头骨（09XZ・058）的枕骨大孔附近上可见疑似砍痕（图4-16，右），可能与将头部与身体分离相关。

总之，动物骨骼上的非人工痕迹表明：埋藏前可能受到过动物啃咬；骨骼在埋藏过程中曾受到一定程度的风化、磨蚀作用以及铁锰污染；碳酸钙的覆盖程度高可能说明埋藏过程中气候较为湿润。

人类行为在骨骼上留下了微弱的痕迹，无特别明显的痕迹。可识别的人工痕迹的存在至少表明：人类曾在动物骨骼埋藏前进行了处理，可能包括切割肉类、刮削骨骼、砍砸骨骼等行为；这些动物骨骼在食用过程中可能并没有经过火烧。

图4-16　赵庄遗址动物骨骼表面的疑似人工痕迹

左. 疑似刮削骨骼痕迹　右. 象头枕骨大孔附近的疑似砍痕

4.4　遗存空间分析

根据野外编号标本的三维坐标，将所有标本全部绘制在Arcmap上，得到图4-17，中部为平面图，左侧为自西向东的剖面，下面为从南向北的剖面。

图示各类遗物呈现出集中分布的趋势。根据前文对埋藏状况的研究和脉石英的类型结构可以证明赵庄遗址的埋藏性质为原地埋藏，因此标本的集中分布不是由水流影响而形成，而是基本保留了原始人类生活的场景。这就为我们进一步分析赵庄人对空间的利用提供了前提条件。

从平面图上看，所有遗物集中分布于发掘区西南部分，呈南北条带状。石英砂岩标本集中分布于西南区域，而脉石英标本则多分布在象头以北的区域。动物骨骼标本散布在石质标本中间，以象头最为明显（图4-17，2）。

从西侧剖面看，标本也呈集中分布的趋势。北低南高逐渐倾斜，北部坡度缓而南部坡度

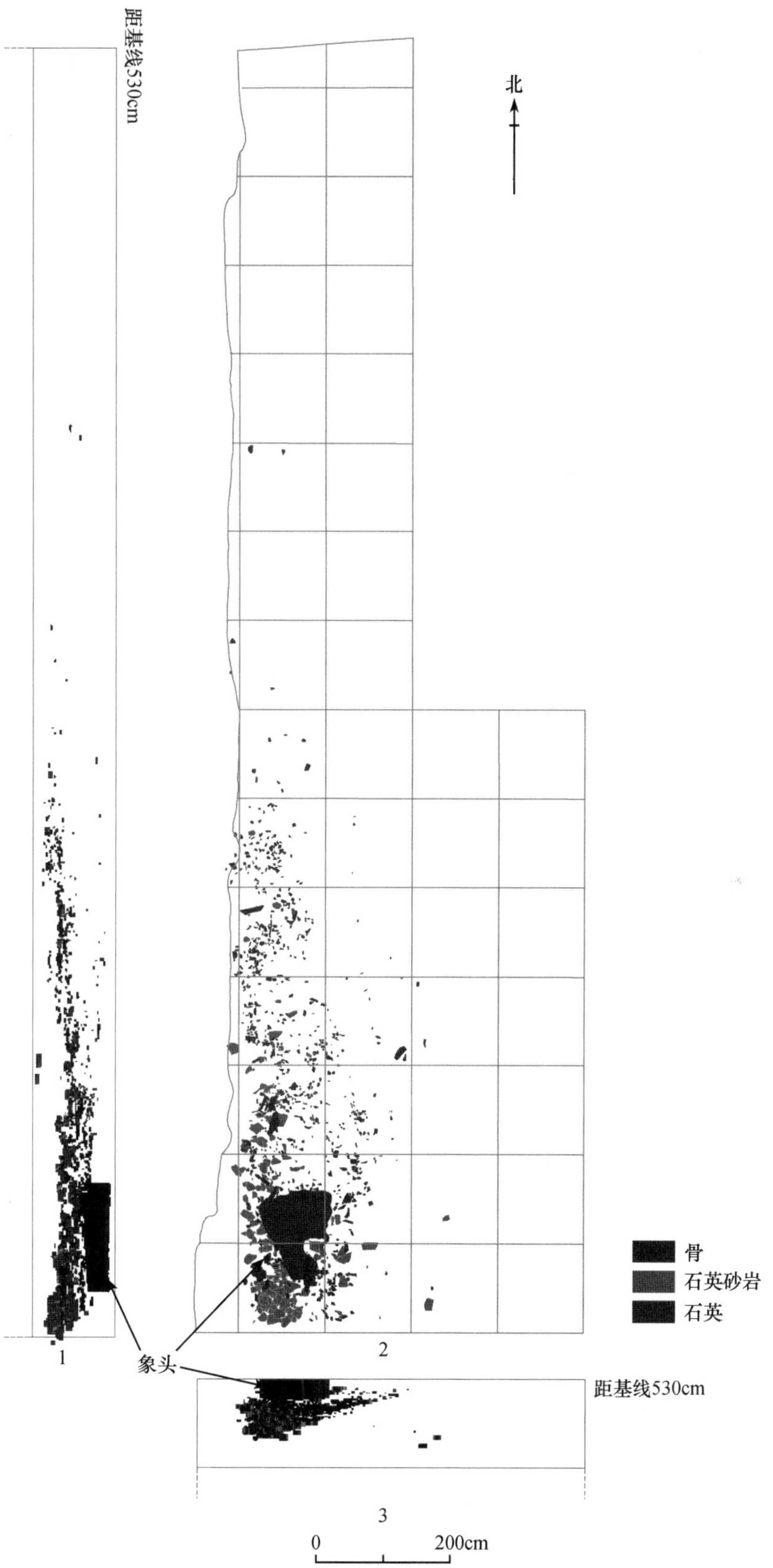

图4-17 赵庄遗址遗物平、剖分布图

1. 西侧剖面图 2. 平面图 3. 南侧剖面图

较陡。石英砂岩标本则比较集中分布在靠南的位置，并且在南部区域密集分布，呈堆垒状（图4-17，1）。

从南侧剖面看，砂岩标本集中分布更加明显，堆垒状分布于象头之下，脉石英标本基本上位于象头和砂岩两者的中间。地势则呈东高西低（图4-17，3）。

综上推测，赵庄人的活动范围位于一个略向上凸起的区域，北部东部坡缓，南部西部坡陡。标本纵向集中分布在40cm的范围内。在集中分布的剖面上可以看出，象头和脉石英夹杂分布，位置靠上，说明其堆积的时间比较接近，堆积较晚；而石英砂岩位置更靠下，表明堆积的时间最早。说明人类行为的时间顺序，可能是先把石英砂岩搬来堆砌，然后搁置象头和打制、使用脉石英产品。

需要说明的是从分布图上来看，遗物集中分布的西部六个探方都位于遗址的最边缘，其西面可能缺失了部分遗存，南部也有可能略微缺失。发掘区西部陡坎曾经遭受过人为或者自然力的破坏。赵庄的研究工作基于此次发掘的情况。

4.5　石制品拼合与微痕分析

除了对遗址出土石制品进行基本的分类研究之外，我们还对出土标本进行了多角度研究，如微痕分析、拼合研究、石料产源分析，这些方法为我们深入理解石制品的文化属性提供了可能。以下两种岩性分别举例说明。

4.5.1　石英砂岩的拼合研究

石制品拼合研究有助于对遗址内石制品技术的复原研究，也有助于对遗址内遗物的空间分析。拼合可以按照性质分为拼对和拼接两种：拼接关系多为断块对断块，包含空间关系的信息；而拼对标本为石片对石核的拼合，不仅包含空间关系，还可以体现剥片技术、剥片程序。

石英砂岩所有标本按照颜色及包含物将全部标本进行了细化分组为最小单元（表4-9），共有10组，5组为拼对，5组为拼接（表4-10）。

表4-9　赵庄遗址石英砂岩最小单元

最小单元	标本数	含拼合组
粉黄色	5	0
暗黄色带黑色斑点	6	1
砖红色，带较重风化面	16	0
肉红色（深色）	15	1
浅砖红色	119	2

续表

最小单元	标本数	含拼合组
浅砖红色粗粒径	4	1
外浅红内紫红色	8	1
紫红色（可能火烧）	57	4
无法分类	3	0
合计	233	10

表4-10　赵庄遗址石英砂岩石制品拼合结果

拼合组别	标本号	类型1	类型2	探方	水平层	水平距离（cm）	垂直距离（cm）	拼合形式	
								拼对→	拼接+
1	1002	断块	普通断块	N101E96	L12	53—76—106	7—6—13	断块+断块+断块	
	1113	断块	普通断块	N101E96	L14				
	985	断块	普通断块	N101E97	L13				
2	1233	断块	普通断块	N105E96	L19	260	24	断块+断块	
	486	残片		N103E96	L14				
3	230	断块	普通断块	N103E96	L12	66	9	断块+断块	
	581	断块	普通断块	N102E96	L14				
4	1055	工具	砍砸器	N101E96	L13	27	9	V型石片→石核	
	1157	石片	V型石片	N101E96	L15				
5	950	断块	普通断块	N100E96	L13	121	5	断块+断块	
	989	断块	普通断块	N101E96	L13				
6	803	断块	石核断块	N100E96	L12	41—62—101	4—25—29	（残片＋断块）→石核	
	1245	残片		N100E96	L19				
	1022	断块	普通断块	N101E96	L13				
7	938	石核	Ⅲ型	N100E96	L13	6	3	左裂片→石核	
	941	石片	左裂片	N100E96	L13				
8	1139	断块	普通断块	N100E96	L14	20	11	断块+断块	
	1224	断块	普通断块	N100E96	L16				
9	1046	断块	石核断块	N101E96	L13	71	21	Ⅱ型石片→石核断块	
	1183	石片	Ⅱ型	N100E96	L15				
10	1147	石核	Ⅰ1型	N100E96	L14	33	3	Ⅲ石片→Ⅲ型石核	
	1175	石片	Ⅲ型	N100E96	L15				

第6、9、10组（图4-18）基本可归为石片石核拼对组，均为从上下面较为平行的石块上打下厚石片。第8组中1224六面体断块，1139可能是厚石片，由于特征不明显归入断块。从这几组拼合可以明显地看出赵庄石英砂岩的剥片模式往往是在一个上下都较平的自然面上剥片，但

第6组　第4组

第10组　第9组

图4-18　赵庄遗址石英砂岩拼合组

打击点并没有选在原料的边缘以剥取有较薄锐刃缘的石片，而是落在原型的中间部分，剥下与石核体积近似的厚石片。这些大石片的台面角一般较大，推测可能采用了碰砧法。

第4组（图4-18右上）为石片石核拼对组。1055原型为石核，此拼合组为石片对石核的拼对，拼对之后仍为一件石核。据此可推测，在1157剥离之前已经进行过剥片，然后再剥取厚石片1157，为旋转台面的两次剥片，之后又在原石核1055的刃部进行了修理，成为一件权宜型工具。

这10组拼合组水平距离范围6～260cm，平均值74.5cm；垂直距离3～29cm，平均12.1cm。除第2、3、4组外，其余7组均位于石英砂岩石堆中。这7组石英砂岩以第6、8、9、10组为典型的赵庄石英砂岩打片方式，包括了立方体的石核以及厚石片。这些块状的石制品堆砌在一起，与其他石块共同构成一个基座。

拼合标本揭示了赵庄石英砂岩的剥片模式：①选取的石料多具备上下两个平面；②剥片时打击点不是落在原型的边缘，而是内部，这样可以剥下与石核体积相仿的厚石片；③厚石片的台面一般较大，可能是采用碰砧法。

赵庄原始人的剥片行为比较特殊，剥片打击点位于台面的中间部分而不是边缘，因而剥下来的产品为厚石片，厚石片也没有继续作为毛坯加工工具，而是同其他类型一起搬运至遗址。这可能说明：赵庄人剥片的意图并不是为了加工工具，而更可能是为了将巨型的原料分割开来，以便于搬运。

4.5.2　脉石英微痕分析

微痕分析是一种将静态的考古记录和动态的文化现象连接起来的研究手段[3]，其理论基础是“中程理论”。对于中程理论的实践方法目前有两种：民族考古学和实验考古学。微痕分析是实验考古学的典型代表。石器本身在使用过程中发生了动态改造，无论古今，应该是一致的，这是微痕分析的实验基础。在实验的基础上，才能对考古标本进行对比分析。将实验的结果作为认识考古标本的桥梁，达到将今论古、由已知推知未知的研究目标。

在对实验标本观察的基础上，作者结合自身的经验对赵庄的146件脉石英石制品进行了微痕观察。选取标本的依据有二，一方面是肉眼可以见到微疤、磨圆等特征；另一方面是刃缘合适，有可能被使用的标本。包括工具26件，石核16件、石片17件、断块残片87件。

4.5.2.1　各类型考古标本的微痕观察结果

（1）工具类。

26件工具类标本被观察，其中微痕明确的标本18件，占观察标本的69.2%；不确定的标本7件，占26.9%；未观察到微痕的标本1件，占3.8%。说明工具类标本的使用率比较高。

由于某些标本上有多个使用刃缘，25件可观察到微痕的标本共有32个功能区域，包括使用功能区以及可能的手握功能区。微痕明确的功能区有26个，包括刮削14个、切割或锯5个、刮削或切锯2个、钻3个、切割或刻划或手握痕迹2个。可见刮削和切锯功能占多数。

加工对象软性2个，中软15个，中性6个，中硬1个，硬性1个，不确定1个。可见中软和中性标本占多数。典型标本描述如下：

09XZ・0124，断块制作的单直刃刮削器，刃部为锯齿状，刃角54°。刃部位于PC8-1，刃缘仍较锋利，无明显使用痕迹。而与刃缘相邻的右侧边缘未经修理，却有明确的使用痕迹，位于PC2～3。分布连续，先是正向的羽翼状中型微疤，然后是反向的羽翼状大型微疤，共同形成一个使用刃缘，与修理刃缘可构成一个有效的尖部。可能与使用尖部有关，也可能与切割较硬的对象有关（图4-19，1）。

09XZ・0018，断块制作单直刃边刮器，刃角41°。权益修理。断块本身就有一个很直的边缘（PC6-8），两面不均匀分布了几个疤痕，羽翼状、阶梯状，可能为修理也可能为使用所致。若是使用疤痕，应为双面纵向运动，加工对象较硬。PC2，可见凸面连续分布的小型羽翼状微疤，运动方式不确定，可能为刮削、切割或手握痕迹（图4-19，2）。

（2）断块残片类。

87件断块残片类被观察，其中微痕明确的标本26件，占观察总数的29.9%；不确定18件，占20.6%；未观察到微痕者43件，占49.4%。

44件可观察到微痕的标本47个功能区域。使用方式较明确的功能单位27个，包括刮削14

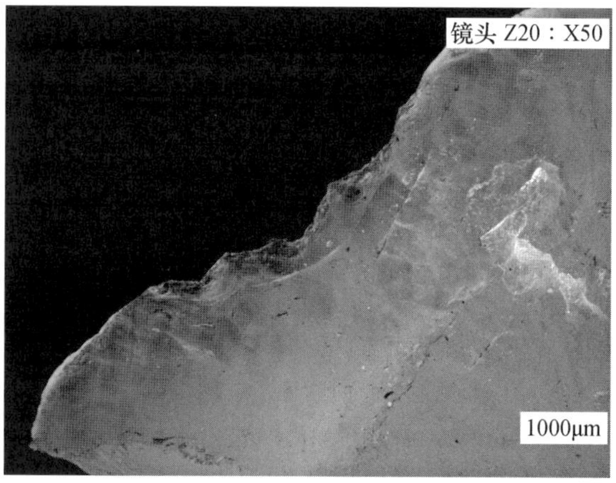

1

2

图4-19　赵庄遗址脉石英工具类微痕

1. 09XZ・0124 PC2～3单直刃边刮器，非修理刃缘单面分布的羽翼状中型微疤　2. 09XZ・0018 PC6～8单直刃边刮器，单面分布的羽翼状、阶梯状微疤

个、切割或锯5个，切割或刻划3个、刮削或切割2个、锥钻2个、砍砸1个。加工对象软性10个、中软8个、中性3个、中硬3个、硬性3个。

43件未观察到微痕的标本中有12件标本表面可见到白色砸点或砸痕，可能属于剥片中产生的痕迹，不属于使用痕迹。但部分标本也可能是因为偶然作为石锤使用而留下的砸点。

（3）石片类。

17件石片标本被观察，其中10件标本可见明确微痕，占观察标本的58.8%；5件标本不确定，占29.4%；2件未观察到微痕，占11.8%。

15件可观察到微痕的标本有17个功能区。微痕明确的功能区12个，包括切割或锯功能区8个，刮削4个。加工对象软性8个、中软4个。可见石片的功能更趋向于切割或锯，刮削其次，说明人类对片状毛坯利用的倾向性。对象软性和中软可能都与皮、肉类物质有关。总之，赵庄人类对石片的利用倾向于切割肉类、剥片等功能，较为单一。

（4）石核类。

16件石核被观察，无明确使用方式的标本，不确定使用方式的有4件标本，12件标本未观察到使用微痕。

另外有7件标本在自然面或石核体上可见密布的白色砸点或砸痕，应是作为石锤使用所致。标本号为09XZ・99、09XZ・225、09XZ・718、09XZ・824、09XZ・868、09XZ・910、09XZ・956、09XZ・965。这类标本未计入功能单位的统计当中。

可见石核这类标本基本不进行日常生活的使用，而由于其体积较大多作为剥片工具来使用。

4.5.2.2　赵庄脉石英石制品微痕小结

脉石英标本的微痕总的来说比较微弱，可能与使用时间以及使用对象有关。个别标本的疤痕还不确定是使用还是修理所致。尽管如此，在赵庄微痕的观察标本中我们仍然能够识别出88件标本使用过，占赵庄观察标本总量1349的6.5%。功能单位100个（表4-11）。

表4-11　赵庄遗址脉石英石制品使用方式统计表（按功能单位）

	刮削	切割或锯	切割、刻划或手握	刮削或切锯	砍砸	锥钻	不确定	合计
工具类	14	5	2	2	0	3	6	32
断块类	14	5	3	2	1	2	20	47
石片类	4	8					5	17
石核类							4	4
合计	32	18	5	4	1	5	35	100
占确定%	49.2	27.7	7.7	6.2	1.5	7.7		

在100个功能区内可确定或基本确定加工方式的有65个功能单位，不确定者35个。在所有确定的加工方式中近一半为刮削动作，其次为切割或锯，切割刻划和锥钻类、不确定刮削或切割的方式均较少，砍砸方式最少。

在65个确定的功能区中，加工中软物质最多，27个，占41.5%，其次为加工软性物质20个，占30.8%，中型物质9个，占13.8%。中硬性物质和硬性都不多，可能代表了骨骼、木头等物质。由于低倍法的局限性无法确定具体的物质。但我们推测三种偏软性程度的物质推测可能与加工不同区域的象肉类有关，而硬性物质可能与加工骨头或者木头有关，根据赵庄出土象骨骼较多的情况推测以加工骨头为多。

综上，赵庄脉石英石制品的微痕特点如下：

（1）工具类和断块类均以刮削为主，切割为辅，并辅以其他多样性功能。刮削器除了刮削之外，还有锥钻等功能；尖状器除了锥钻也具有刮削、功能；断块当中只要有合适的刃缘和尖部就有可能被使用。表明在加工意义上区分的工具和断块类对于使用而言并没有本质的区别。赵庄人类对于使用工具的遴选更偏向于对合适刃缘的选择。这也从另一方面说明了赵庄的工具多为权宜型的原因。

（2）石片类以切割为主，表明赵庄人对片状毛坯的选择性利用。

（3）石核类基本未被使用过；但有不少石核兼作为石锤。考虑到遗址内基本未出现砾石产品，也没有出现专用的石锤，说明赵庄人对剥片工具的选择多也是随机的，只要拿在手里有一定重量并有合适的面可以用来击打即可。

（4）存在一器多用的现象，表明了赵庄对有效刃缘的选择性利用。

（5）某些特殊功能工具的存在表明人类的特殊行为。如凹刃刮器和似雕刻器等工具的存在也许可以说明人类对食物资源尽量利用。厚刃刮器的存在可能指示人类对动物皮的利用。

（6）加工方式以刮削和切割为主，尤其以刮的动作为多，并兼顾多种方式；加工对象以偏软性物质为主，少量的硬性物质。

结合加工方式和加工对象的信息，说明赵庄人类使用脉石英主要用来处理肉类或骨骼等动物性资源，是一种轻型的多功能工具。再结合赵庄遗址发现的象头以及破碎的象类骨骼，认为赵庄人曾有食用象肉、骨髓甚至大脑的行为。

4.6 小　结

4.6.1 文化特点

赵庄遗址发现遗物7000余件，由石英砂岩、脉石英和动物化石三个要素组成，综合上文信息总结其文化特点如下。

（1）石英砂岩石制品整体面貌非常独特。数量少，尺寸大，非常重，总重量达200kg以上。多数为大中型石制品，剥片采用锤击法或碰砧法，在异地剥片后搬入遗址。石核常见块状六面体，石片多厚石片。拼合研究显示其剥片的目的并不是为了制作工具而更可能是为了分割巨大的原料。几乎不见修理，极少量工具均为权宜型产品，技术含量低。也几乎不见日常的使用功能。大部分石制品集中分布于遗址南部，并呈堆垒状集中分布。

（2）脉石英石制品数量多，尺寸小，重量轻。以废品占绝对多数。石核石片显示剥片多用锤击法，可见砸击法，均为简单剥片产品，未见预制证据。工具组合为刮削器、尖状器和砍砸器，尤以刮削器数量最多，形式多样，显示典型的中国北方小石器文化传统。微痕分析显示脉石英石制品是处理动物性资源的轻型工具。

（3）动物化石数量不多，种类仅有古菱齿象、鹿、羊3种，以象类骨骼最多，尤其是保存有1件巨大的古菱齿象头骨。鹿类仅保存鹿角残块，羊类仅保存下颌和牙齿，缺乏身体的其他含肉量多的部位。

（4）石制品类型以废品为主，结合产状分析表明遗址的性质为原地埋藏类型。

（5）根据遗物的三维坐标复原了三个要素的空间分布状况：古菱齿象头位于石英砂岩石堆之上，周围分布有脉石英石制品。根据环境考古分析，整个遗存所在的地貌部位为古河道的滨河床沙坝，即河岸边的制高点。

4.6.2 遗址性质

动物化石与石制品共存显示了人类行为与动物之间的关系。通过对脉石英的微痕分析研究显示，脉石英石制品曾经处理过动物性资源，结合遗址里存在象骨骼的实际情况，推测人类通过制作和使用脉石英来食用象肉、脂肪或骨髓。据此，赵庄遗址应该是一个古人类的临时性营地。

但是石英砂岩石制品的存在非常特殊。缺乏碎屑显示了石英砂岩石制品为搬运而来。其个体大，总重量达215kg。没有发现明确意义上的工具，未加工者、石核、石片、断块等各类型更像是大石块，而不是我们通常意义上为了剥片、加工而产生的产品。拼合研究也显示：对石英砂岩的剥片更像是为了分割巨大的石料而不是为了生产工具来使用。同时，几乎没有观察到日常生活处理肉类、骨骼等行为留下的微痕。更为重要的是，砂岩呈堆垒状分布于象头之下。据此可以推测，石英砂岩搬运到遗址的目的并不是为了日常使用，而更可能是为了堆垒起来形成一个基座。

最后，大象这类巨型动物属于不可多得的肉食资源。无论是狩猎还是食腐，获得一头大象对于自然界的弱势群体——史前人类而言，可能不仅仅是意味着蛋白质、脂肪、卡路里等营养成分的获得，更重要的意义在于精神、社会组织等层面[4]。也就是说，大象不同于鹿、牛、羊、獾等普通意义上的食物，而更可能具有某种象征意义。

综上，赵庄遗址的性质不仅仅是临时性营地，还有可能是史前人类一次短暂的象征性行为或者早期“祭祀”仪式留下的遗存。

4.6.3　考古学意义

赵庄遗址的年代为距今3.8万～3.3万年，属于深海氧同位素3阶段（即MIS3）。这个阶段是全球现代人出现和扩散的关键时期，是重要的变革时期。变革不仅体现在石工业的进步、骨角器的使用等技术方面，也体现在装饰品、洞穴壁画、人体雕像、颜料的使用等象征性行为和艺术的萌芽。赵庄遗址脉石英石制品的石器技术继承了中国北方小型石片石器传统，但其发现的象征性行为遗存显示这样的变革也发生在旧大陆东侧。这类遗存在我国甚至东亚地区尚属首次发现，为研究MIS3阶段中国史前人类的象征行为、“祭祀”活动与社会组织等考古学信息提供了重要的参考资料。

注　释

［1］　卫奇.《西侯度》石制品之浅见［J］. 人类学学报，2000，19（2）：5-16.

［2］　Toth N. The Stone Technologies of Early Hominids at Koobi Fora， Kenya: An Experiment Approach［D］. Ph.D Dissertation. Berkeley: University California, 1982, 73-75.

［3］　高星、沈辰主编. 石器微痕分析的考古学实验研究［M］. 北京：科学出版社，2008.

［4］　John D Speth. The Paleoanthropology and Archaeology of Big-Game Hunting Protein Fat or Politics［M］. Springer, 2010.

第5章　方家沟遗址

5.1　概　　述

方家沟遗址位于河南省郑州市西南约57km处，西北距嵩山主峰约15km，由遗址所在的方家沟自然村而得名，行政区划属于登封市卢店镇。地理坐标113°8′21.90″E，34°26′7.19″N，遗址顶部海拔约310m（图1-1）。

遗址地处豫西山地向豫东平原过渡地区，区域内地形西高东低，箕山山脉和嵩山山脉位于南北两侧，呈东西向展布，山前形成沉降盆地，盆地周围分布着低山丘陵，主要河流为颍河及其支流，自西北向东南流入淮河水系。遗址南倚一座小丘，北临冲沟为五渡河支流；五渡河是颍河北岸支流，自北向南于告成西汇入颍河。遗址附近地貌以低矮丘陵和沟谷为主，丘陵顶部亦较平缓（图5-1）。1985年村民修路取土时，在现代冲沟切割出的晚更新世沉积剖面上曾发现象牙化石。21世纪初，郑州市文物考古研究院组织对郑州地区进行旧石器考古专项调查，多

图5-1　方家沟遗址附近地貌

次复查该遗址，并在距地表约8m处的地层剖面内发现石制品[1]。

为了进一步了解方家沟遗址的年代、文化面貌与性质等问题，对该遗址进行了正式发掘，2014年9月3日至11月24日第一次发掘面积约55m²（其中文化层揭露约25m²），出土了丰富的石制品和动物化石遗存，并发现了人类利用自然沟活动的遗迹现象。2015年9月23日至11月26日进行了第二次发掘，在前次发掘区的西侧扩方，新发掘约35m²（其中文化层揭露约20m²），找到了该遗迹的明确边界。

根据遗址剖面特点，发掘时在冲沟南侧边缘紧靠崖壁处开辟发掘区（图5-2），两年度合计东西长17m，南北最宽约7m，地表面积约45.5m²。布设1m×1m的探方102个，方向为磁北方向，编号系统是以2014年发掘区西南角所在探方为N101E101，向北和向东探方号递增、向西和向南探方号递减。2014年布方区域为N101～N108，E101～E109；2015年布方区域为N101～N106，E93～E100。以N101E101西南角（海拔310.93m）作为总基点即高程零点，将所有探方、层位及出土遗物统一在一个三维坐标系统中。布方之后逐层向下发掘，发掘区北缘随着崖壁倾斜逐渐向北扩展，而南侧和东侧一些探方出于安全考虑和留台阶需要分别发掘至不同深度即停止，最深处距基点深9.05m，两年度合计发掘至底的面积约32.4m²。

2014年发掘中根据遗址实际情况，①～③层按自然层发掘，遗物较少的④～⑦层采取较厚（>20cm）的水平层发掘，从开始出现G1到最底部的⑩层（深7.6～9.05m）遗物较多且迹象复杂，在自然层划分的基础上以10cm左右为一个水平层发掘，具体厚度根据遗物密度有所调整，共发掘30个水平层（L1～L30）。2015年发掘时因遗物数量少且地层情况已比较清楚，同样深度仅发掘了13个水平层（15DFL1～L13）。每一水平层发掘完毕，即结合平剖面划分不同堆积

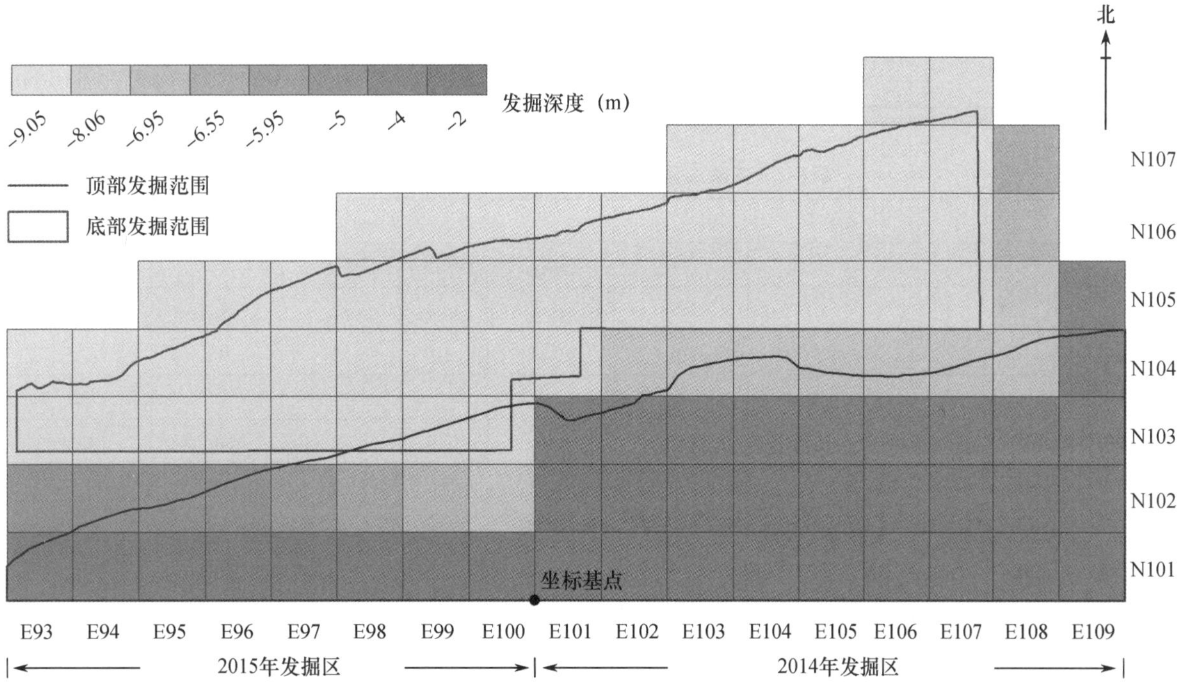

图5-2　方家沟遗址探方分布图

的范围、判断遗迹现象，对出露遗物逐一编号、记录，用传统方式对平剖面堆积和标本进行测绘，用相机和摄像机拍摄影像资料，最后收取遗物。

出土遗物自④层以下全部收集。由于地层中出土大量石制品碎屑以及未经人类加工的自然岩块和砾石，一般只是对最大长度大于20mm的石质或骨质标本进行编号，单独装袋；对于野外未编号的遗物，也全部按自然层—水平层—探方的层级进行收集，以便在室内整理中进一步分辨石质标本是否为人工制品。重点层位中为了更精细地控制遗物位置，把每个探方进一步按照象限顺序划分为Ⅰ、Ⅱ、Ⅲ、Ⅳ四个小区，按小区收集遗物。

经过统计，方家沟遗址总共出土各类遗物6947件，其中包括石制品（仅指旧石器时代遗物，下同）6269件，动物化石650件，鸵鸟蛋皮碎片28件（表5-1）。另外有地面采集的脱层石制品2件。发掘中没有对全部堆积物进行筛选。不过，在用于浮选和多余的残留物对比土样中，也筛选得到一些微小遗物（表5-2、表5-3）。

出于绝对年代测定和古环境、植物遗存研究等多学科研究的需要，发掘过程中采集了^{14}C测年、浮选、石制品表面残留物、土壤微形态等样品。2014年发掘结束后，在东壁剖面上系统采集了环境样品，从④层底部开始到⑩层，每5cm一个样品，共采集环境样品88个。2015年3月，在2014年发掘区西壁剖面上采集了9个光释光年代样品，采样层位包括⑥层、G1和⑨层。

表5-1　方家沟遗址出土标本分层统计表

类别＼层位	③A	③B	③C	④	⑤	⑥	G1	地裂缝	⑧	⑨	⑩	次生堆积	总计
石制品	0	0	19	0	13	49	5625	16	40	96	2	409	6269
动物化石	3	5	4	5	77	46	433	1	0	0	0	76	650
鸵鸟蛋皮	3	1	2	1	0	10	4	1	1	5	0	0	28
总计	6	6	25	6	90	105	6062	18	41	101	2	485	6947

表5-2　方家沟遗址2014年发掘筛选遗物统计表

层位	数量				重量（g）				土样量（L）
	石制品	碎骨*	鸵鸟蛋皮	合计	石制品	碎骨	鸵鸟蛋皮	合计	
G1	2345	1207	2	3554	44.3	14.4	0.1	58.8	78.5
地裂缝	20			20	0.1			0.1	3.5
⑩									1.5
合计	2365	1207	2	3574	44.4	14.4	0.1	58.9	83.5

*动物化石因非常破碎，绝大多数为骨松质碎渣，统计件数仅具有相对意义

表5-3　方家沟遗址2015年发掘筛选遗物统计表

层位	数量				重量（g）				土样量（L）
	石制品	碎骨	鸵鸟蛋皮	合计	石制品	碎骨	鸵鸟蛋皮	合计	
⑤	3	8	1	12	0.1	0.2	0.1	0.4	23.5
⑥	3	10		13	0.1	0.2		0.3	51.5
G1	78	19	4	101	1.6	0.7	0.4	2.7	186.5
地裂缝	7			7	0.2			0.2	37
⑧	3			3	0.1			0.1	11
⑨	13	1		14	0.2	0.1		0.3	66
⑩		2		2		0.1		0.1	15
合计	107	40	5	152	2.3	1.3	0.5	4.1	390.5

本文将G1以及与其同时的遗物（地裂缝和次生堆积中出土的遗物）合并称之为“主文化层”。主文化层中，动物化石数量相对较少，且非常破碎，经初步鉴定的主要是象的尺桡骨、肋骨等；与之共存的石制品相对丰富，以石英为主要原料，整体面貌属于华北常见的石片石器工业。G1以外其他层位发掘所获材料非常稀少，遗物类别与组合难以反映各时期人类活动的全貌。

5.2　地层堆积与年代

5.2.1　地层堆积

遗址堆积已发掘部分厚9.05m，自上而下可分为10层（图5-3、图5-4）。另外⑥层下一个地层单位有明确的边界，与大范围近水平状连续分布的其他地层明显不同，当作遗迹处理，因其形状特点与新石器时代以后常见的沟状遗迹类似，故编号为G1（图5-5）。依次描述如下。

①层：表土层。厚20～40cm。

②层：扰土层。厚120～170cm。

③层：全新世堆积，可分三层：③A层为黄褐色黏土质粉砂，出土宋元以后的陶瓷片、砖块，以及零星的动物骨骼、鸵鸟蛋皮碎片，厚110～270cm。③B层为相对疏松的棕黄色黏土质粉砂，出土零星的动物骨骼和炭屑，深294～410cm，最厚280cm。③C层为红褐色黏质粉砂，含砂砾石层透镜体，出土商周时期陶片，少量旧石器时代石制品、动物化石和鸵鸟蛋皮碎片，深560～627cm，最厚208cm。③B层和③C层均仅分布于发掘区西部，明显向西北倾斜，底部打破④～⑨层。

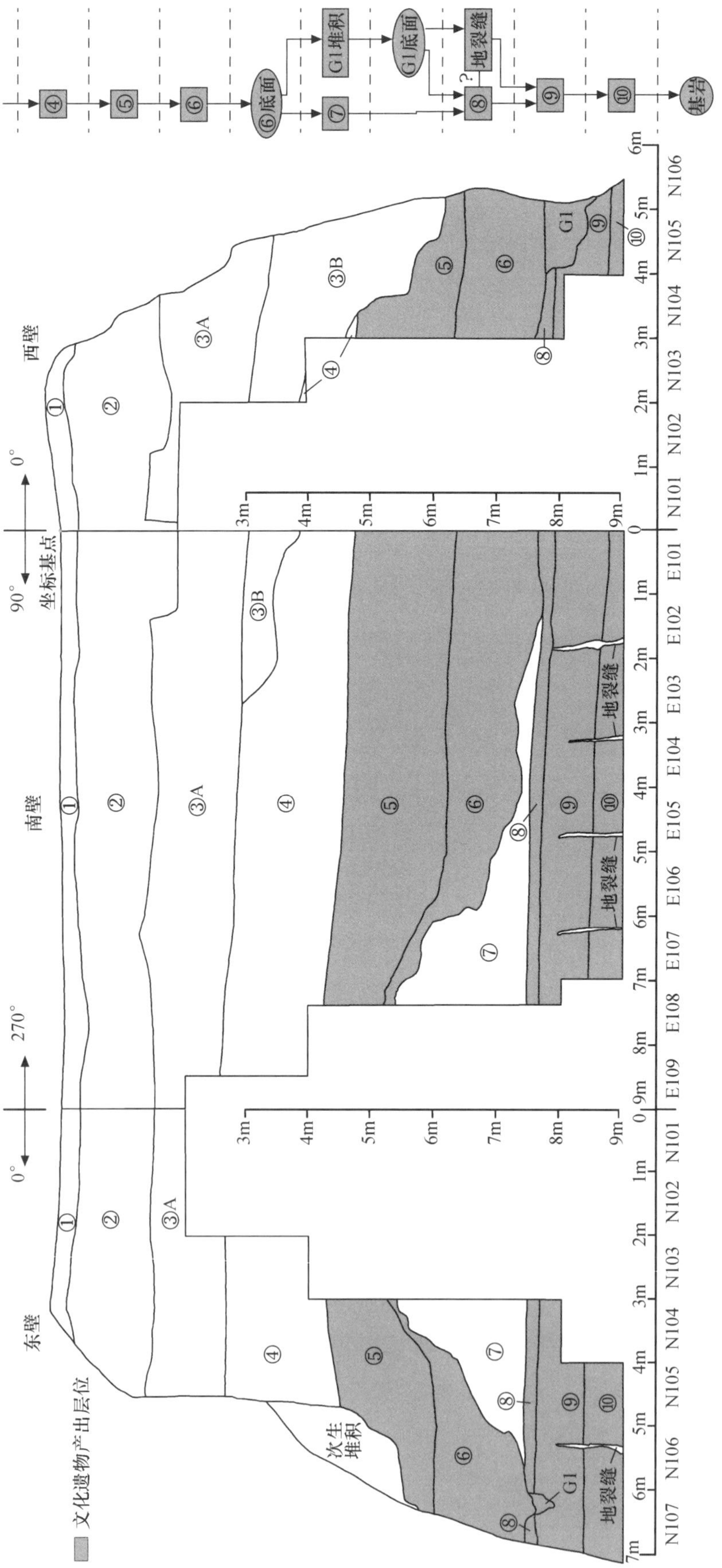

图5-3　方家沟遗址2014年度发掘区剖面图

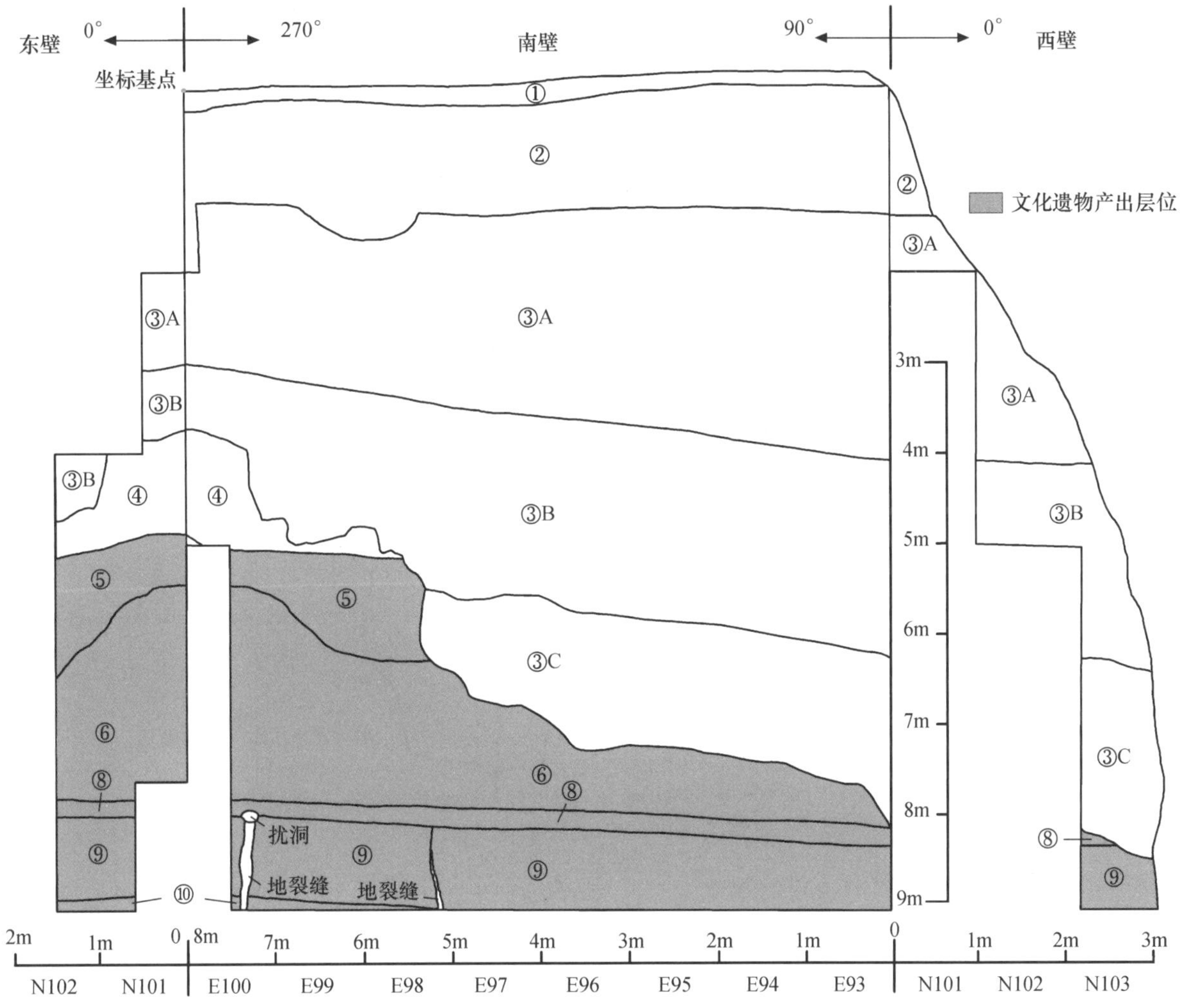

图5-4　方家沟遗址2015年度发掘区剖面图

④层：黄色粉砂，较纯净致密，含较多钙质白色菌丝体和钙结核，出土较多螺壳（或蜗牛壳，下同）和零星的动物化石。厚140～180cm。

⑤层：浅棕黄色—浅红色粉砂互层，局部偶见较明显的水平层理，含少量砾石和磨圆的钙结核，出土较多螺壳，零星的石制品、动物化石、炭屑和红烧土颗粒。地层略向西北倾斜，厚120～180cm。

⑥层：黄褐色粉砂，有清晰的水平层理，包含直径不等、颜色不一的纯净黏质粉砂土颗粒，含较多砾石、岩块、钙结核，出土少量动物化石、螺壳，偶见石制品和零星红烧土颗粒。地层略向西北倾斜，厚20～140cm。

G1：开口于⑥层下，打破⑧～⑩层，与⑦层无接触关系。黄褐色粉砂，包含直径不等的黏质粉砂土颗粒，含一定数量的砾石、岩块、钙结核，出土大量石制品和较多动物化石，这也是调查中发现石制品的层位。最厚110cm。

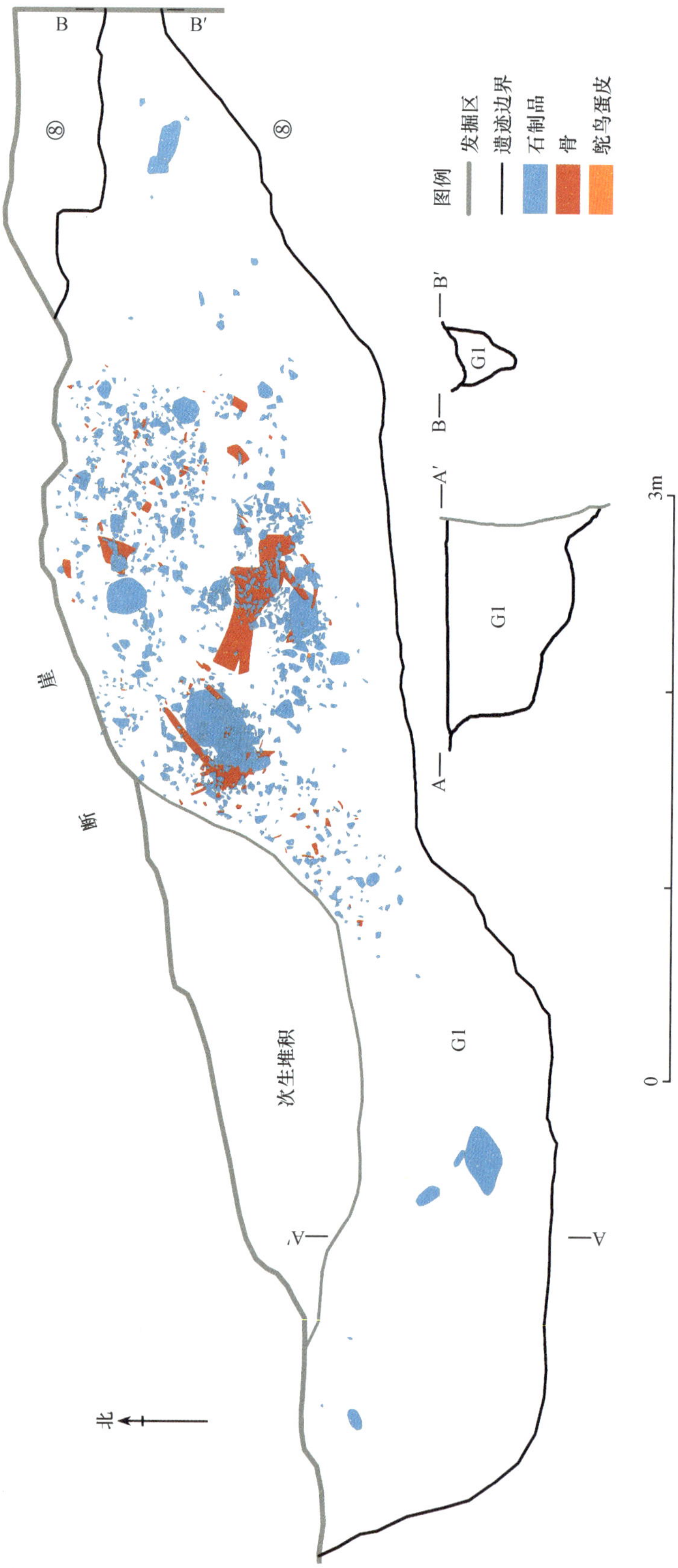

图5-5　G1平、剖面图及其遗物分布平面图

⑦层：灰黄色粉砂，较纯净，表层有较多磨圆的钙结核，包含极少量细砾，无文化遗物。该层主要分布于发掘区东南部，东南角最厚，向西北倾斜直至尖灭，深520～775cm，最厚230cm。

⑧层：棕红色粉砂质黏土，顶部和底部存在两层厚0.01～0.02m的砾石层，砾石以细砾为主，出土零星的石制品和鸵鸟蛋皮碎片。地层东部略高，向西倾斜，厚20～40cm。

⑨层：灰黄色粉砂，夹3～4条厚0.01～0.03m的浅红色粉砂质黏土薄层，其中含少量砾石和岩块，出土零星的石制品和鸵鸟蛋皮碎片。地层东部略高，向西倾斜，厚约60cm。

⑩层：红褐色粉砂质黏土，较纯净，含极少量砾石，出土零星的石制品。地层东部略高，向西倾斜，已发掘部分最厚约55cm。在断崖剖面上出露最大厚度约3m，未见底。通过对周围地层的调查，可知⑩层下为基岩。

此外，在现代冲沟壁坡度较缓的部位，还有部分包含现代遗物的次生堆积。一处位于2014年发掘区东北部，深310～595cm，未见遗物；另一处位于G1中部偏西，深801～890cm处，平面面积1.6m^2，出土旧石器时代石制品和动物化石而没有混入其他时期遗物，应为现代取土破坏G1堆积所致，部分出土石制品可与G1标本拼合也证明了这一点。

根据遗址堆积特征结合区域地层对比，方家沟遗址④层应与马兰黄土上部堆积相当，⑤～⑨层为河流相堆积，其中主要是河漫滩相，⑩层可能为古土壤。

⑩层虽未发掘至底，不过根据调查该层直接叠压在山体基岩上，经与地质调查资料对比可知基岩属于上古生界石千峰组的石英细砂岩。此外，在山顶部还发现有厚1～3m的砾石层，直接叠压在基岩上，被表土覆盖，高于遗址主文化层约30m，因此年代应早于遗址上的人类活动。砾石岩性包括石英砂岩、石英岩、石英、粉砂岩、灰岩等，砾径多为5～20cm，圆度以次棱角状和次圆状为主，排列无规律，下部略有胶结。遗址文化层中基本不含砂或含砂量较低，但仍包含一些大小不等的细砂岩碎块和磨圆较差的砾石，从成分上看，大部分应是山体较高位置古老地层遭破坏再次搬运至此的结果。

5.2.2 年代

方家沟遗址发掘过程中仅在⑤层发现有炭屑。因此，我们挑选了发掘中采集的⑤层的2件木炭样品和G1的3件动物骨骼化石样品进行^{14}C测年。结果显示⑤层校正后年代在距今4.1万年左右，G1中的动物化石可能是由于保存状况不理想，碳含量不足，以至无法满足测量需要或导致测量结果偏年轻。在2014年发掘区西壁剖面上采集了9个光释光年代样品，结果显示，⑨层为距今7.7万～5.6万年，G1为距今4.7万～3.3万年。

5.3 文化遗存

5.3.1 遗迹

G1北部即发掘区北部边缘，沟口原有形状不明，残存部分略呈中间宽、向两端渐缩窄的条形。发掘揭示部分东西长7.6m，南北宽0.45 ~ 1.6m，最大面积8.65m^2。沟口深7.55 ~ 7.8m，沟底最深8.66m，沟口东高西低，口大底小，壁、底均不规则，沟南壁呈倾斜状内收，壁、底均无人工痕迹。从底部形状看，沟大致可分为两部分：中部和东部近似中间低、两端较高的沟状，西部是一个近似锅底状的坑，两者之间上部相连通，下部则被隔开，遗物分布也有一定差异。中部可以划分出四个遗物集中区，而西部遗物数量很少。两者连接处对应的北部边缘明显内凹，分布着含旧石器遗物的次生堆积。

在沟外可能与G1同时的地面上，遗物分布都非常稀疏，与G1内出土大量遗物形成鲜明对比。发掘过程中可以观察到，G1南壁附近遗物密集的地方与沟的边界有一定对应关系，在每一个水平层内，平面分布上都没有超出G1范围，有的在垂直分布上还呈现出与沟壁倾斜方向相吻合的走向。可见遗物空间分布与沟关系密切。

G1内部，遗物的分布也很不均匀。东西两端遗物很少，大多数遗物集中分布在沟中部，东西长约3m、南北宽约2m、垂直距离约1m的范围之内，其中大量石制品和少量动物化石、若干人工搬运的大型砾石共存，最密集处互相叠压成堆状。这样的遗物“堆”大致可以辨识出4处，分别编号为遗物集中区A ~ D。彼此间界限较为清楚，每一处面积不足1m^2、厚度0.3 ~ 0.5m，深度不一，剖面近似透镜体状，遗物包括各种石制品类型和动物化石，尤其是有大量20mm以下的碎屑。具体描述如下。

遗物集中区A（图5-6）：位于G1中部偏西，深7.57 ~ 8.03m。西北部已遭明显破坏，东界和南界较清楚，平面形状近长方形，长1.04m，宽0.48m。剖面上倾向东北，南部边缘随着深度降低逐渐向北退缩，与沟壁的内收趋势相一致。从位置上看，次生堆积中遗物可能主要源自遗物集中区A。

遗物集中区B（图5-6）：位于G1中部偏东，深7.62 ~ 8.1m。剖面近透镜体状，略向西南倾，中部较厚、遗物也较密集，下部遗物相对稀疏，与遗物集中区C分界较模糊。平面近椭圆形，东西长1.9m，南北宽约1.01m。遗物中包括1件重达6.2kg的石英砂岩备料（标本0341）。

遗物集中区C（图5-7）：位于G1中部，深8.1 ~ 8.42m。边界清楚，剖面近透镜体状，底部较平，位于沟底缓坡上，比沟底最深处高出约0.2m，南部边缘基本贴在沟南壁上。平面呈椭圆形，东西长约1.33m，南北长约0.75m。遗物环绕一件象尺桡骨（标本0474）分布，该标本长约0.68m，重约10.4kg，出土时朝东南倾，远端残断处朝上，尺骨近端半月状关节面朝下。0474

图5-6　方家沟遗址2014年发掘区内G1开口处平面形状及遗物集中区A、B

图5-7　方家沟遗址遗物集中区C

L23，深约8.32m

北、东、南三面石制品分布密集，其中包括1件重达5.452kg的石英砂岩石核（标本0738），0474西北面石制品很少，似与遗物集中区D之间有一定间隔。

遗物集中区D（图5-8）：位于G1中部偏西、遗物集中区C的西北部，深8.15～8.61m。西部边缘可能有一定破坏，剖面近透镜体状，底部直接压在沟底最深处。平面近椭圆形，东西长0.69m，南北长0.79m。遗物中包括1件重达22.5kg的石英砂岩备料（标本1122）和数件尺寸较大的骨骼。整体上遗物集中区C、D相距较近，而且密集程度较A、B更高。

上述四个遗物集中区虽然深度有差异，但其中的石制品可以互相拼合，说明分区并无年代学意义。

与G1相关的遗迹现象还有地裂缝（图5-9），其中一条主裂缝与G1走向相近且与沟底相接，另外发育有多条分支裂缝，由于裂缝间的互相穿插，整体平面形状为不规则网状，在已揭露的发掘区范围内普遍存在。地裂缝垂直发育，整体倾角均在80°以上。已发掘部分中，裂缝深7.97～9.07m，未到底，从剖面上看至少还向下延伸约1.5m。单个裂缝宽0.01～0.25m。层位关系上，所有地裂缝均打破⑩层，其中相当一部分打破⑨层，仅个别与⑧层有接触，因面积

图5-8　方家沟遗址遗物集中区D

L25，深约8.52m；右上角显示其剖面位置位于沟底

图5-9　方家沟遗址地裂缝平面图

较小难以判断彼此关系。地裂缝内填充的堆积为带层理的黄褐色粉砂，有时夹杂与⑩层颜色接近的黏土，结构明显较周围地层疏松。堆积中包含少量石制品、动物化石、鸵鸟蛋皮碎片等遗物。

5.3.2 石制品

方家沟遗址发现的石制品出自不同层位，但不同层位间石制品面貌并无显著区别，因此对所有石制品采取同一套分类与观测体系。

方家沟遗址共发现石制品6271件。由于时间所限，除非野外经过编号，占石制品总量约68%的碎屑没有逐件观测。此外，出自G1但缺失具体出土位置的标本（N=147）、次生堆积出土标本（N=409）也只是挑选了部分石制品，包括石核、工具和可拼合或划入最小原料单元者。因此实际观测的石制品共1451件（表5-4）。

表5-4 方家沟遗址观测石制品数量分层统计

层位＼石制品类型	备料	打击类	石核	石片	不完整石片	断块	碎屑	修理类	合计
③C	0	0	0	6	2	3	0	2	13
⑤	2	0	1	5	4	0	0	0	12
⑥	7	0	5	2	9	3	0	0	26
G1	7	5	105	303	663	114	71	69	1337
地裂缝	0	0	1	2	6	0	1	0	10
⑧	3	4	1	0	11	6	1	1	27
⑨	0	3	1	0	1	1	0	0	6
⑩	1	0	1	0	0	0	0	0	2
次生堆积	0	0	5	4	3	3	0	1	16
脱层	0	0	1	0	1	0	0	0	2
合计	20	12	121	322	700	130	73	73	1451

5.3.2.1 石制品概况

主文化层石制品共6050件，可以分为备料、打击类、石核、废片类和修理类五大类，废片类占绝大多数，石核和修理类也有一定数量，工具组合包括刮削器、凹缺器、锯齿刃器、尖状器、砍砸器等。各类石制品基本能够反映石器生产的各个环节和石器工业的总体面貌。其中，碎屑约占石制品总量的68%，而非碎屑石制品中基本不见小于20mm者。经观测的石制品共1363件，其中非碎屑石制品1291件。石制品尺寸差异巨大，数量上以小于20mm的碎屑为主，也有一些备料和石核属于巨型产品。石制品原料以石英岩块为主，同时也存在少量包括石英、石英砂岩和石英岩在内的砾石。

主文化层以外的其他层位，石制品数量稀少，组合不完整，在石制品尺寸和技术上表现出与G1类似的特点。但在遗物密集程度和空间分布上与G1存在显著差异，除了③C层的石制品应来源于早期地层外，其余层位石制品密度很小，分布也没有明显的、连续性的规律，应代表了与G1不同的人类活动事件。

（1）尺寸和重量。

对非碎屑石制品最大长的统计显示（表5-5），标本以小型为主，占非碎屑石制品的76%，其次为中型，占22%，大型和巨型标本很少，仅占2%。石制品各类型中，备料为大型和巨型，平均245.5mm；打击类为中型和大型，平均102.4mm；石核以中型（68%）为主，平均68.8mm；废片类排除碎屑后以小型（83%）为主，平均52.8mm；修理类以小型（57%）和中型（34%）为主，平均52.8mm。不同类型尺寸都有一定的个体间变异，变异系数则表明其离散程度基本相同。

表5-5　方家沟遗址非碎屑石制品最大长度（mm）的分级频数统计

石制品类型	<20	20~50	50~100	100~200	≥200	合计
备料	0	0	0	2	5	7
打击类	0	0	2	3	0	5
石核	0	24	76	10	1	111
废片类（不含碎屑）	0	916	178	4	0	1098
修理类	1	40	24	5	0	70
合计	1	980	280	24	6	1291
比例	0	76%	22%	2%	0	100%

对非碎屑石制品重量的统计显示如（表5-6），标本以10g以下者居多（52%），其次为10~20g之间（17%）和20~50g之间（16%）者，大于50g的标本较少（15%）。石制品各类型中，备料均大于500g，平均11228.3g；打击类均大于100g，平均613.7g；石核多数在20~200g之间（77%），平均218.7g；废片类排除碎屑后以小于10g为主（60%），平均17g；修理类以小于50g为主（74%），平均63.3g。

表5-6　方家沟遗址非碎屑石制品重量（g）的分级频数统计

类型	<10	10~20	20~50	50~100	100~200	200~500	500~1000	≥1000	合计
备料	0	0	0	0	0	0	2	5	7
打击类	0	0	0	0	1	1	2	1	5
石核	0	2	30	29	27	15	6	2	111
废片类	657	196	156	57	28	4	0	0	1098
修理类	15	21	16	7	7	2	2	0	70
合计	672	219	202	93	63	22	12	8	1291
比例	52%	17%	16%	7%	5%	2%	1%	1%	100%

（2）原料。

主文化层石制品的原料中，脉石英占绝大多数（98.79%），其次为石英砂岩（0.94%）、石英岩（0.23%），还有个别的砾岩、石英闪长岩等（表5-7）。

表5-7　方家沟遗址主文化层石制品的岩性统计

石制品类型＼岩性		石英		石英砂岩		石英岩		石英闪长岩	砾岩
		N	%	N	%	N	%	N	N
备料				6	0.10	1	0.02		
打击类		1	0.02	3	0.05			1	
石核		106	1.75	5	0.08				
废片类	碎屑	4071	67.29	5	0.08	2	0.03		
	非碎屑	1731	28.61	37	0.61	10	0.17		1
修理类		68	1.12	1	0.02	1	0.02		
合计		5977	98.79	57	0.94	14	0.23	1	1

脉石英（以下简称“石英”）：以白色、乳白色或无色为主，有的略显蓝色，透明度差异较大，略具油脂或玻璃光泽，均质性较差，节理较发育，脆性大，断口常不太规则。自然面包括岩块风化面和砾石皮两种。

石英砂岩：多为褐色、红褐色、灰白色等，质量变异范围较大，优质者颗粒较细，结构致密，均质性较好，容易形成贝壳状断口，相对劣质者颗粒较粗，结构相对疏松，无光泽，硬度较低，边缘易磨蚀。

石英岩：多为紫色、褐色、灰白色等，质量变异范围较大，优质者结构致密，均质性好，很少见节理或杂质。

从原料形态看，石英砂岩、石英岩、砾岩、石英闪长岩的产品均见砾石皮，可知其原型为砾石；石英则包括砾石和岩块，以后者居多，单件标本无自然面时难以区分。此外，各种原料还可以进行最小单元划分，详见5.5.1节。

5.3.2.2　备料

备料即没有明确人工痕迹、进入遗址中可能系人为搬运的石材。共7件，均出自G1。类型均为完整砾石，圆度以次棱角状为主。岩性主要是石英砂岩。平均长245.5mm，宽176.1mm，厚127.4mm，平均重量约11.2kg。

其中0086和0153的尺寸较小，在形状、重量与遗址内的打击类工具接近。其余5件重量都在3kg以上，可能在生产石器之外还有其他用途。

出土位置：0152位于G1西端相对独立的坑内，0797位于G1最东端，两者距离遗物集中区较远，且紧贴倾斜的沟壁。1122位于G1中部偏西、遗物集中区D，出土时最大平面朝下、疑似使用面朝上，标本底部距沟底仅约0.1m，很可能尚在原位。0187和0341位于G1中部，前者在遗物集中区A、B之间，后者在遗物集中区B内部，由于靠近断崖一侧，不清楚其相对于G1北壁的距离，距沟中部底面的垂直距离分别为0.65m、0.55m，出土时前者最大平面朝上并略向西北倾斜、疑似使用面朝下，后者出土时其较尖一端朝下，最大平面朝上并略向东北倾斜，两者都很可能经过后期改造被带离原始位置。

5.3.2.3 打击类

打击类产品是生产石制品过程中所用的石锤和石砧等，或被称为第一类石工具。共5件，均出自G1。包括石锤3件，石砧2件。岩性以石英砂岩居多。平均长101.8mm，宽71mm，厚56.8mm，平均重613.7g。原型均为砾石。

0436：石锤，原料为石英，长68.4mm，宽44.0mm，厚34.9mm，重109.8g。原型为砾石，平面椭圆形，背面为近平的断面，正面保留砾石皮的平面或弧凸面上均可见密集的打击痕迹，其余片疤或节理面间棱脊夹角普遍在90°以上，有的十分圆钝，故判断并非石核剥片疤，而是石锤使用过程中产生的崩疤。

0689：石锤，原料为石英闪长岩，长82.3mm，宽64.6mm，厚56.7mm，重285.7g。原型为砾石，平面近椭圆形，使用痕迹集中在较钝厚一侧的弧凸面上，使用面长82mm，宽53.1mm，密布小坑疤，最大坑疤长13.7mm，宽5.9mm，深1.4mm。

1328：石锤，原料为石英砂岩，长106.9mm，宽65.5mm，厚48.1mm，重538.2g。原型为砾石，平面近椭圆形，使用痕迹集中在较钝厚一端的弧凸面上。

0154：石砧，原料为石英砂岩，长116.3mm，宽86.3mm，厚62.9mm，重781.3g。原型为砾石，平面椭圆形，一面较平，相对的弧凸面上遍布使用痕迹，使用面长108.5mm，宽73mm，使用面占比约40%，最大坑疤长17.5mm，宽15.5mm，深3.2mm。

15DF025：石砧，原料为石英砂岩，长135.2mm，宽94.6mm，厚81.4mm，重1353.5g。原型为砾石，平面椭圆形，一面较平，保留部分砾石皮，其余弧凸面上遍布使用痕迹，使用面占比约80%，最大坑疤长31.1mm，宽22.9mm，深3.2mm。

5.3.2.4 石核

石核共111件。按剥片技术分类，锤击石核96件，砸击石核15件。按原料分类，石英106件，石英砂岩5件。长度范围10.1~156.6mm，平均值49.9mm，标准差21.9mm；宽度范围20~268.1mm，平均值57.9mm，标准差29.4mm；厚度范围12.6~157.5mm，平均值42.9mm，标准差22.6mm；重量范围16.5~5452g，平均值218.7g，标准差592.8g（图5-10）。

锤击石核依据台面数量和石片疤数量分类如下：Ⅰ1型：1个台面、1个片疤，Ⅰ2型：1个台面、2个片疤，Ⅰ3型：1个台面、3个片疤；Ⅱ1型：2个台面、2个片疤，Ⅱ2型，2个台面、3个或更多片疤；Ⅲ型：3个或3个以上台面，3个或更多片疤[2]。经统计，Ⅰ型石核包括Ⅰ1型8件、Ⅰ2型11件、Ⅰ3型6件；Ⅱ型石核包括Ⅱ1型11件、Ⅱ2型25件；Ⅲ型石核共35件。

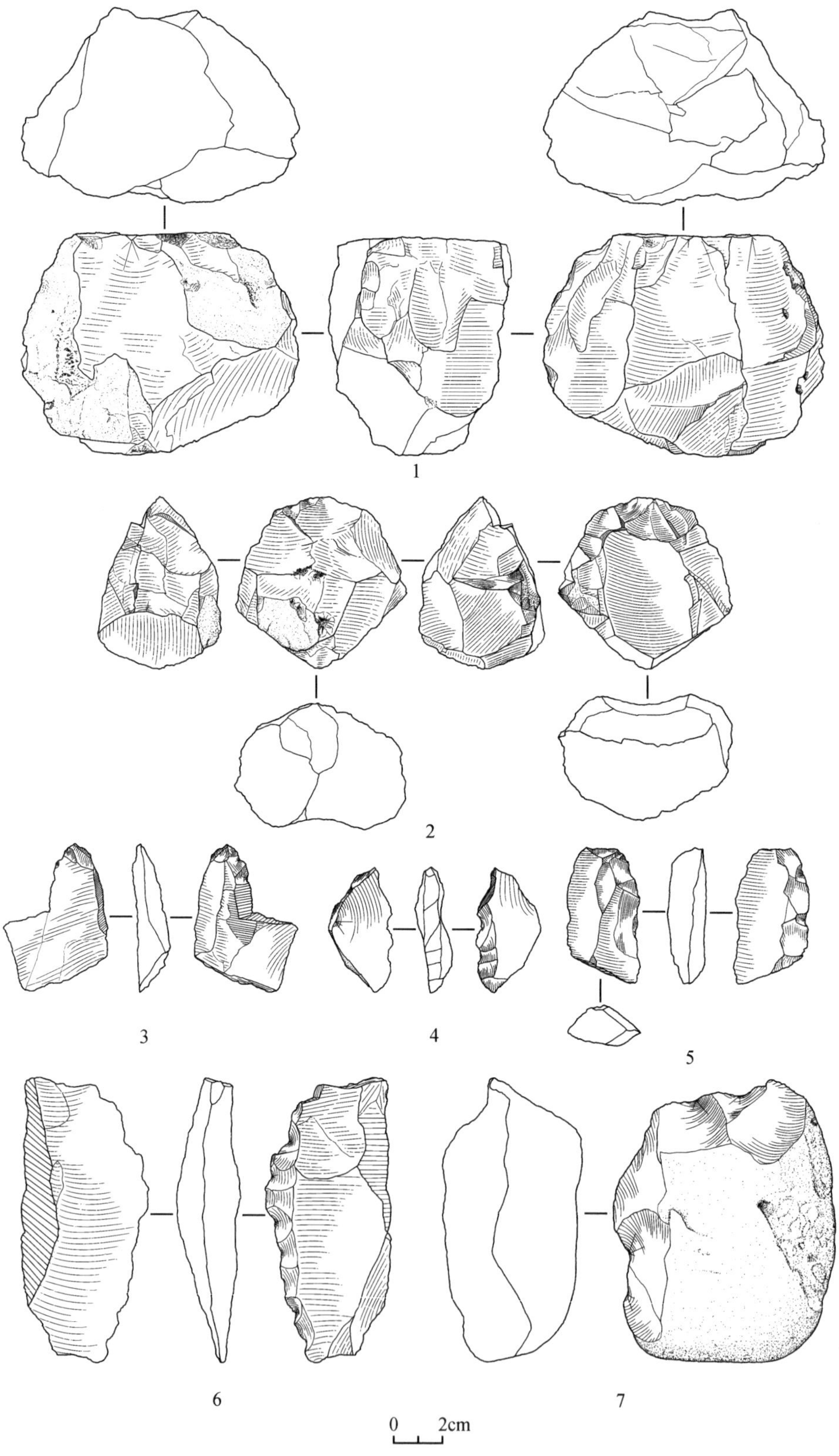

图5-10　方家沟遗址G1出土石制品

1. 0575　2. 0036　3. 1015　4. 1297　5. 1029　6. 1010　7. 0798

0846：Ⅱ2型，原料为石英O[①]，长47.2mm，宽81.1mm，厚52.6mm，重161.4g。原型为断块，未保留自然面，节理面占比约30%，核体近四棱锥体，主台面为打击+节理凹面，台面角77°～84°，除了主台面上的片疤外，主要打击方向为向心，三个剥片面汇聚至台面相对一端，片疤界限不太明显，约有8个，产生石片为Ⅵ型，最大片疤长41.7mm，宽31.2mm。

0036：Ⅲ型，原料为石英G，长69.2mm，宽84.7mm，厚64.3mm，重248.6g。原型可能为岩块，自然面占比小于10%。两个主要剥片面一面凸起、另一面深凹，为交互打击形成，局部相交形成S形刃缘，台面角约80°，片疤约12个，最大片疤长50.7mm，宽37.8mm；与相对的钝厚一端剥片方向为多向，有两个打击台面，台面角83°～114°，片疤约8个，最大完整片疤长32.3mm，宽20.8mm。产生石片为主要Ⅴ、Ⅵ型。剥片面较凸面的棱脊上有5个显著的砸点（图5-10，2）。

0618：Ⅲ型，原料为石英S，长36.9mm，宽62.4mm，厚47.5mm，重136.2g。原型为岩块或断块，自然面占比约10%。形状近长方体，有4个台面和5个剥片面，台面均为打击台面，台面角81°～100°，方向为多向，片疤约14个，产生石片为主要Ⅴ、Ⅵ型，最大片疤长25mm，宽27.6mm。主剥片面相对一端的圆钝棱脊上密布显著砸点，范围长29.2mm，宽15.3mm。

0786：Ⅲ型，原料为石英砾石A，长65.5mm，宽78.1mm、厚81.2mm，重611.8g。原型为砾石，近椭圆形，自然面占比约70%，台面均为砾石面，双剥片面相对，位于砾石长轴两端，主剥片面近平，保留6个片疤，打击点都较清楚，剥片方向为向心，台面角90°～118°，产生石片主要为Ⅰ、Ⅱ型，可能有Ⅲ型，最大片疤长44.7mm，宽37.9mm；次剥片面仅有两个同向剥片，台面角108°～120°，产生Ⅰ、Ⅱ型石片，最大片疤长29.7mm，宽18.3mm。此外，自然面棱脊上有三个显著砸点（图5-33）。

1237：原料为石英O，长72.7mm，宽65.7mm，厚43.5mm，重229.6g。原型可能为断块，自然面占比小于10%。核体一侧为交互打击形成的刃状缘，两面一面较平一面较凸，互为台面和剥片面，台面角75°～84°，片疤约6个，产生Ⅵ型石片，最大片疤长39.6mm，宽34.1mm；相对另一端较钝厚，以节理面为台面单向剥片，台面角83°～90°，片疤6个，产生Ⅴ、Ⅵ型石片，最大片疤长32.1mm，宽35.8mm；还有一个片疤是以右侧自然面为台面向左剥片，台面角97°，产生Ⅲ型石片，片疤长24.7mm，宽17.6mm。较钝厚一端有数个砸点密集分布。

砸击石核共15件。典型标本1103：砸击石核，原料为石英H，长67.2mm，宽45.2mm，厚20.5mm，重60.7g。原型不明，未保留自然面，平面近四边形。受力两端一端为刃状，有明显的呈阶梯状的裂片疤，另一端为点状，有明显的破损痕迹。剥片面一面略凹，另一面较凸，凹面片疤界限不明显，并有4个较弱的砸点，凸面上至少有6个片疤，较完整的一个长25.6mm，宽21.7mm，远端折断。

---

① 对石英的分类详见5.5.1节。

5.3.2.5　废片类

废片类指的是除备料、石核、工具外的其他石制品。已观测1170件，包括石片、断块和碎屑。

（1）石片。

石片共981件。锤击石片分为完整石片、不完整石片（断裂石片+残片），砸击石片单独归为一类。按原料分类，石英943件，石英砂岩28件，石英岩9件，砾岩1件。最大长度范围20～109.8mm，平均值35.1mm，标准差13.7mm；重量范围0.5～356.8g，平均值12.7g，标准差21.8g。

砸击石片：43件。包括一端石片31件，两端石片12件。均出自G1。

0083：原料为石英，长29.2mm，宽30.8mm，厚8.4mm，重5.9g。受力端为一端，呈刃状，背缘有短宽的层叠状小疤，另一端呈刃状，腹面近平，背面未保留自然面，背疤方向不明，背脊为人字形。

0287：原料为石英，长38.7mm，宽22.9mm，厚12.7mm，重10.5g。受力端为一端，呈点状，另一端呈刃状，腹面平坦，背疤至少有5个，方向不明，背脊为纵+斜脊，棱脊和凸面上有7处砸点，分布较密集。

0554：原料为石英D，长68.7mm，宽32.5mm，厚12.3mm，重16.2g。受力端为一端，呈点状，另一端为较钝的小面，腹面内凹，背面自然面占比约80%，背脊不明显，背疤为对向、两端未连通。

0588：原料为石英，长31.1mm，宽19.7mm，厚8.4mm，重4.3g。受力端为两端，均呈刃状，腹面不规则，背面未保留自然面，背脊为单纵脊，有3～4个同向的浅平背疤。

完整石片（不含砸击石片）266件，根据台面及背面特征分为六种类型[3]：Ⅰ型石片：自然台面，自然背面；Ⅱ型石片：自然台面，部分人工背面；Ⅲ型石片：自然台面，人工背面；Ⅳ型石片：人工台面，自然背面；Ⅴ型石片：人工台面，部分人工背面；Ⅵ型石片：人工台面，人工背面。其中Ⅰ型3件，Ⅱ型16件，Ⅲ型31件，Ⅳ型4件，Ⅴ型39件，Ⅵ型173件。典型标本如下：

1）完整石片Ⅴ型。

0085（图5-11，1）：原料为石英岩C，长86.4mm，宽84.7mm，厚64.3mm，重356.5g。石片角130°，台面角80°，台面为节理面，腹面内凹，远端反卷状，背面砾石皮占比约40%，在同一台面连续同向剥片形成了4层台阶状背疤。

0427（图5-11，2）：原料为石英U，长45.4mm，宽45.5mm，厚18.1mm，重36.1g。石片角107°，台面角79°，台面为两个片疤构成的脊状台面，两片疤分别向腹面、向左侧，打击点和半锥体较明显，背面自然面占比约10%，背疤多向，包括向下、右上向左下、从后向前，反映出剥片前石核的多次翻转。

图5-11　方家沟遗址G1出土石片

1. 0085　2. 0427　3. 0409　4. 1551　5. 0922　6. 0421　7. 0422

0922（图5-11，5）：原料为石英W，长41.7mm，宽52.3mm，厚25.8mm，重53.5g。石片角108°，台面角86°，台面为节理面，腹面近平，背面自然面占比约10%，背脊为单纵脊，背疤主要为同向，在同一台面连续同向剥片形成了至少3层台阶状背疤，其中最晚的4个片疤在台面背缘保留了清楚的打击点。

1551（图5-11，4）：原料为石英O，长45.7mm，宽50.9mm，厚17.6mm，重34.9g。石片角107°，台面角79°，台面为节理面，腹面略内凹，背面自然面占比约50%，背脊为单纵脊，背疤主要为同向，背面左侧保留了清楚的连续剥片形成的3个窄长的平行状片疤。

2）完整石片Ⅵ型。

0409（图5-11，3）：原料为石英，长34.2mm，宽26.1mm，厚9.5mm，重9.3g。石片角96°，台面角88°，台面为素台面，腹面较平坦，背脊为双纵脊，背疤5个，方向为多向，其中左侧面的一个背疤是打击方向从后向前的先前石片疤的近端，打击点清楚，台面角约92°。有可能是更新石核台面产生的石片。

0422（图5-11，7）：原料为石英G，长25.6mm，宽28.9mm，厚16.9mm，重15.1g。石片角108°，台面角68°，台面由节理面和一个向腹面的片疤构成，该片疤打击点清楚，长9.3mm，宽13.1mm。打击点位于台面片疤上，放射线和半锥体明显，腹面略凸，背面单斜脊，背疤4个，方向均为反向，远端折断。背脊上有一个显著的砸点。

0852：原料为石英J，长58.7mm，宽54.5mm，厚23.9mm，重69.5g。石片角79°，台面角115°，台面为素台面，打击点明显，腹面凸，背面由至少7个片疤构成，背疤多向，背脊复杂。

不完整石片672件，其中近端断片60件，远端断片234件，中段断片5件，左裂片48件，右裂片38件，残片287件。

（2）断块。

断块共117件。其中石英107件，石英砂岩9件，石英岩1件。形状不规则，尺寸变异较大。长度范围25～104.9mm，平均值51.7mm，标准差16.7mm；宽度范围10.2～76.2mm，平均值36.6mm，标准差12.5mm；厚度范围9～45.9mm，平均值26.4mm，标准差8.2mm；重量范围2.3～314.1g，平均值52.5g，标准差48.6g。有49件未保留自然面，其余68件自然面占比平均约30%。

（3）碎屑。

碎屑是最大长度小于20mm的废片，共4070件。由于尺寸较小，常规收集方式并不能保证收全，实际数量应当更多。有72件经过观测。岩性均为石英。长度范围10.9～19.8mm，平均值17.5mm；宽度范围5.8～18.7mm，平均值13mm；厚度范围2.8～16.9mm，平均值6.8mm；重量范围0.1～3.1g，平均值1.2g。均未保留自然面。

5.3.2.6　修理类

修理类产品即经过加工的第二类工具，共70件。类型包括砍砸器、刮削器、凹缺器、锯齿刃器、尖状器、石锥、加工不规范工具等。其中石英68件，石英砂岩和石英岩各1件。长度范围18.9～114.2mm，平均值48.1mm，标准差21.8mm；宽度范围13.6～101.8mm，平均值39.2mm，标准差18.4mm；厚度范围7～59.3mm，平均值20.4，标准差10.7mm；重量范围1.8～764.2g，平均值63.3g，标准差128.9g。

（1）砍砸器。

仅1件。0798（图5-12；图5-10，7）：原料为淡紫色石英岩，砾石皮黄褐色，局部含砾岩成分，长113.6mm，宽91.9mm，厚59.3mm，重764.2g。原型为椭圆形扁平砾石，沿一端和一侧连续正向加工，形成大致垂直的两条直刃，侧视呈S形，加工长度137.5mm，刃角67°～79°，修疤5个，尺寸为巨型，修疤面比约20%。

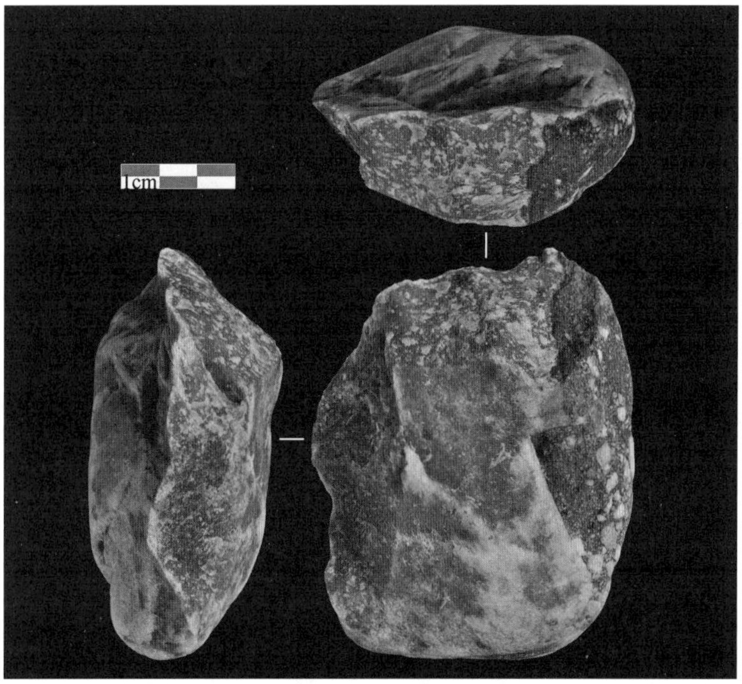

图5-12　方家沟遗址G1出土砍砸器（0798）

（2）刮削器。

37件。以刃缘数量划分，单刃刮削器30件，双刃刮削器5件，多刃刮削器2件。除1516出自次生堆积其余均出自G1。

1）单刃刮削器。

0059（图5-13，1）：单边刃刮削器，原料为石英，长52mm，宽37.6mm，厚20.4mm，重26.4g。原型为完整石片Ⅵ型，石片角105°，台面角85°，台面为节理面，打击点较明显，腹面

图5-13　方家沟遗址G1出土刮削器
1. 0059　2. 0365　3. 0107　4. 0579　5. 0808　6. 0225　7. 0321　8. 0793　9. 0804　10. 0853

向内弯曲，背面为单斜脊，方向为双向不对向。在石片一侧边反向加工成凸刃，侧视呈弧线，加工长度16.2mm，刃角69°～78°，修疤2个，尺寸为中型。

0107（图5-13，3）：单边刃刮削器，G1，原料为石英P，长30.4mm，宽24.9mm，厚11.7mm，重6.4g。原型为完整石片Ⅵ型，石片角111°，台面角56°。在石片右侧边正向加工成直刃，侧视呈直线，加工长度16.3mm，刃角63°～70°，修疤2个，尺寸为中型。

0225（图5-13，6）：单边刃刮削器，原料为石英，长38.4mm，宽29mm，厚14.2mm，重10.1g。原型可能为残片，未保留自然面。在石片最长边反向加工成直刃，侧视呈直线，加工长度16.1mm，修疤2层，第一层1个为大型，刃角约50°；第二层2个为中、小型，刃角约65°。

0321（图5-13，7）：单边刃刮削器，原料为石英O，长59.9mm，宽32.9mm，厚21.5mm，重31.8g。原型可能为远端断片，背面平坦，全为自然面，腹面有纵脊。在石片一侧转向加工成不规则刃，刃缘侧视近S形，加工长度35.8mm，刃角65°～70°，修疤4个，尺寸为中型，其中远端正向、近端反向，各2个修疤。

0365（图5-13，2）：单边刃刮削器，原料为石英。长45.9mm，宽24.8mm，厚13.7mm，重9g。原型可能为残片，未保留自然面。在残片左侧正向加工成凹刃，侧视呈弧线，加工长度13.1mm，刃角52°～62°，修疤3个，尺寸为中型。

0579（图5-13，4）：单边刃刮削器，原料为石英，长28.8mm，宽31.1mm，厚9.7mm，重8.4g。原型为完整石片Ⅵ型，石片角105°，台面角92°，台面为素台面，腹面平坦，背疤多向，其中台面背缘保留了清楚的同向打击点，背脊为纵+横脊。在石片右侧边反向加工成凸刃，侧视呈直线，加工长度20mm，刃角75°～87°，修疤5个，尺寸为中型。

0793（图5-13，8）：单边刃刮削器，原料为石英砾石E，长79.9mm，宽65.9mm，厚31mm，重192.4g。原型为较扁平的砾石断块，自然面占比约50%。在断块一侧以砾石皮为台面反向加工成凸刃，侧视呈弧线，刃口较平齐，加工长度64.3mm，刃角67°～72°，修疤4个，尺寸为巨型，修疤面比约20%。

0804（图5-13，9）：单边刃刮削器，原料为石英，长28mm，宽20.5mm，厚11.6mm，重6g。原型可能为残片或远端断片，未保留自然面。在残片最长一侧反向加工成直刃，侧视呈直线，加工长度28.0mm，刃角75°～78°，修疤2层共5个，其中第一层2个，尺寸为中型，第二层3个，尺寸为小型，修疤面比约20%。

0808（图5-13，5）：单端刃刮削器，原料为石英O，长36mm，宽19.8mm，厚20.2mm，重11.8g。原型可能为断块，自然面占比约30%。在断块一端以自然面为台面正向加工成凸刃，侧视呈直线，加工长度16.6mm，刃角64°～78°，修疤4个，尺寸为中、小型。

0853（图5-13，10）：单边刃刮削器，原料为石英R，长37.8mm，宽28.7mm，厚16.6mm，重16.6g。原型为完整石片Ⅵ型，石片角100°，台面角86°，台面为素台面，背脊为倒Y形。在石片右侧边正向加工出不规则刃，侧视呈直线，加工长度28mm，刃角66°～76°，修疤3个，尺寸为中型。

1010（图5-10，6）：单边刃刮削器，原料为石英H，长114.2mm，宽52.1mm，厚26.6mm，重134.4g。原型可能为右裂片，未保留自然面，腹面弧凸，背面较平。在石片右侧正向加工成凸刃，侧视呈弧线，加工长度99.2mm，刃角65°～76°，修疤12个，是修理类工具中修疤数最多的刃缘，局部有2层修疤，尺寸多为中型，个别为大型，修疤面比约20%。

1516：单横刃刮削器，原料为石英砂岩B，长104.3mm，宽101.8mm，厚48.7mm，重

636g。原型为完整石片Ⅱ型，石片角114°，台面角79°，台面为砾石皮，打击点和半锥体明显，腹面较平坦，背面砾石皮占比约60%，背疤中有2个较大的同向片疤，并在台面背缘保留了明显的打击点，背脊复杂。在石片远端以砾石皮为台面反向加工，从右向左依次打出4个修疤形成凸刃，侧视呈S形，加工长度90.4mm，刃角68°～90°，修疤较匀称，尺寸为巨型。该标本的重量和修疤尺寸已经接近砍砸器，与一般刮削器差别较大。

2）双刃刮削器。

1029（图5-10，5；图5-14，1）：原料为石英，长54.8mm，宽30.5mm，厚15.8mm，重28g。原型可能为完整石片Ⅵ型，石片角87°，台面角100°，腹面平坦，背面单纵脊，远端折断。在石片两侧错向加工成两个近平行的直刃：右侧反向加工，侧视略呈S形，加工长度44.8mm，刃角60°～72°，修疤2层6个，第一层为大型，第二层为中型；左侧正向加工，侧视呈直线，加工长度45mm，刃角62°～80°，修疤2层6个，第一层为巨型，第二层为中型，修疤面比约30%。

1081：原料为石英K，长38.2mm，宽20mm，厚11.7mm，重6.1g。原型可能为完整石片Ⅵ型，石片角109°，台面角83°，腹面弧凸，背面单纵脊。在石片两侧错向加工成两个近平行的直刃：右侧反向加工，侧视呈弧线，加工长度8.1mm，刃角79°～81°，修疤2个，形状为长型，尺寸为中型；左侧正向加工，侧视呈弧线，加工长度10.2mm，刃角81°～84°，修疤2个，形状为宽型，尺寸为中、小型。

1390（图5-14，2）：原料为石英，长27.4mm，宽13.6mm，厚7.6mm，重1.8g。原型可能为右裂片或残片，未保留自然面。在石片两侧正向加工成两个近平行的直刃：右侧侧视近直线，刃缘状态为微齿状，加工长度22.7mm，刃角60°～76°，修疤5个，尺寸为中型；左侧侧视呈直线，刃缘平齐，加工长度17.1mm，刃角78°～82°，修疤3个，尺寸为小型，修疤面比约20%。

3）多刃刮削器。

0879（图5-14，3）：原料为石英O，长52.6mm，宽58.1mm，厚17.4mm，重65g。原型为完整石片Ⅵ型，石片角98°，台面角87°，台面为脊状，由左侧片疤和右侧节理面构成，腹、背面都较平，背面有2个同向片疤，台面棱脊和凸面上有4个较显著的砸点，背脊上有1个显著砸点。除了台面一端外周缘做错向加工，形成3个直刃，其中右、右两侧为正向，两边近平行，远端为反向，与左右两边刃相连且垂直，三刃的加工顺序难以分辨。左侧、远端和右侧刃缘侧视分别呈直线、直线、S形，加工长度分别为39.1mm、46mm、34.8mm，刃角分别为70°～74°、59°～67°、67°～80°，修疤分别为3、7、4个，尺寸大多为中型，个别小型，修疤面比约20%。

（3）凹缺器。

凹缺器是从刮削器中派生出的一类小型石片工具，边缘带有深、窄凹缺。共10件。按刃缘数量划分，1308为双凹缺器，其余均为单凹缺器。根据凹缺口的加工方式，可以分为克拉克当

图5-14　方家沟遗址G1出土刮削器

1. 1029　2. 1390　3. 0879

型和常规型两类，前者的凹缺为一次性单次打击形成，后者是通过连续细小打击形成。

0333（图5-15，4）：克拉克当型单凹缺器，G1，原料为石英R，长35.2mm，宽41.2mm，厚19mm，重32.3g。原型为完整石片Ⅵ型，石片角118°，台面角74°，台面为节理面，腹面略向内弯曲，背疤5个，方向为多向，背脊复杂。在石片右侧边正向加工出凹缺刃，侧视呈直线，刃角57°，修疤尺寸为大型，长16.8mm，宽20mm。凹缺宽15.4mm，高3.9mm，弧度0.51。此外，在同一侧远端还有从前向后打击形成的台阶状小疤，意义不明。

0469（图5-15，1）：克拉克当型单凹缺器，G1，原料为石英，长26.7mm，宽24.3mm，厚15.2mm，重6.2g。原型为残片，未保留自然面。在一侧边正向加工出凹缺刃，侧视呈直线，刃角80°，修疤尺寸为中型，长4.9mm，宽11.6mm。凹缺宽11.6mm，高2.8mm，弧度0.48。

0541（图5-15，2）：常规型单凹缺器，G1，原料为石英G，长25mm，宽15.6mm，厚

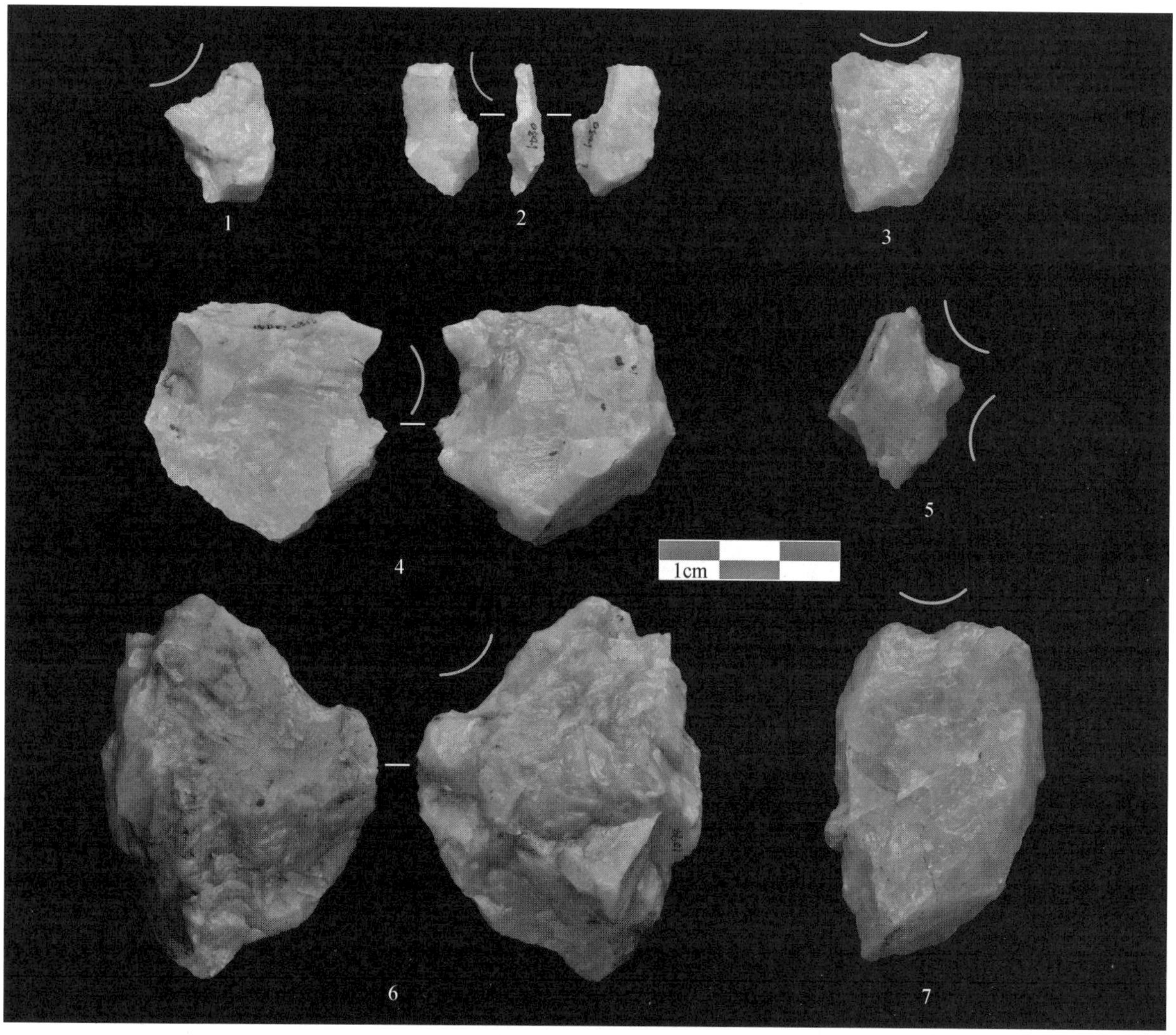

图5-15　方家沟遗址G1出土凹缺器

1. 0469　2. 0541　3. 0598　4. 0333　5. 1308　6. 1094　7. 0858

弧线代表刃缘位置

7mm，重1.8g。原型为残片，未保留自然面。在一侧边正向加工出凹缺刃，侧视呈直线，加工长度10.1mm，刃角86°，修疤至少有2个，尺寸为小型。凹缺宽11.4mm，高3.3mm，弧度0.58。

0598（图5-15，3）：克拉克当型单凹缺器，G1，原料为石英，长33.8mm，宽28.1mm，厚11.8mm，重10.4g。原型为残片，未保留自然面。在一侧边反向加工出凹缺刃，侧视呈弧线，刃角78°，修疤尺寸为中型，长6.2mm，宽11.1mm。凹缺宽7.2mm，高2mm，弧度0.56。

1094（图5-15，6）：常规型单凹缺器，G1，原料为石英R，长68.6mm，宽50.3mm，厚41.9mm，重112.4g。原型为断块，自然面占比约20%，两面都较凸。在较薄一侧正向加工出凹缺刃，加工长度17.1mm，侧视呈直线，刃角80°，修疤2层，第一层为大型，长11.5mm，宽19.5mm，较浅平，第二层为中型，阶梯状。缺口宽10.2mm，高2.9mm，弧度0.57。

1308（图5-15，5）：克拉克当型双凹缺器，G1，原料为石英U，长33.7mm，宽24.4mm，厚18.5mm，重10.0g。原型为残片，未保留自然面。在一侧正向加工出两个不连续凹缺，加工长度20.1mm，侧视呈直线，刃角66°～68°，修疤2个，尺寸为中型。凹缺1宽10.7mm，高2.7mm，弧度0.51；凹缺2宽6.9mm，高1.6mm，弧度0.46。

（4）锯齿刃器。

锯齿刃器是一种在边缘上由两个或多个连续小凹缺组成锯齿状刃口的石片工具，共5件，均只有一个刃缘。均出自G1。

0256（图5-16，2）：原料为石英，长38.4mm，宽35.3mm，厚15.4mm，重14.8g。原型为完整石片Ⅵ型，石片角105°，台面角约80°，台面为节理面，腹面略向内弯曲，背疤5个，方向为对向，背脊为单斜脊，近端背脊和片疤较凸处有3个较显著的砸点。在石片左侧即较薄一侧正向加工出3个连续的小凹缺，形成锯齿刃，加工长度18.6mm，刃角68°～73°，修疤为中型，锯齿高度1.2～2.6mm，齿间距2.8～8.2mm。

1200（图5-16，1）：原料为石英，长37.2mm、宽41.8mm、厚14.3mm，重15.7g。原型为完整石片Ⅵ型，石片角107°，台面角54°，台面为素台面，腹面平坦。在石片右侧远端正向加工出4个连续的小凹缺，形成锯齿刃，加工长度20.3mm，刃角52°～64°，修疤5个，主要为小型，锯齿高度1～1.2mm，齿间距3.2～4.5mm。

1205（图5-16，3）：原料为石英R，长38.5mm，宽22.2mm，厚20.5mm，重12.1g。原型可能为残片，腹面略凹，背面棱脊突出，自然面占比约30%。在最长一侧正向加工出4个连续的

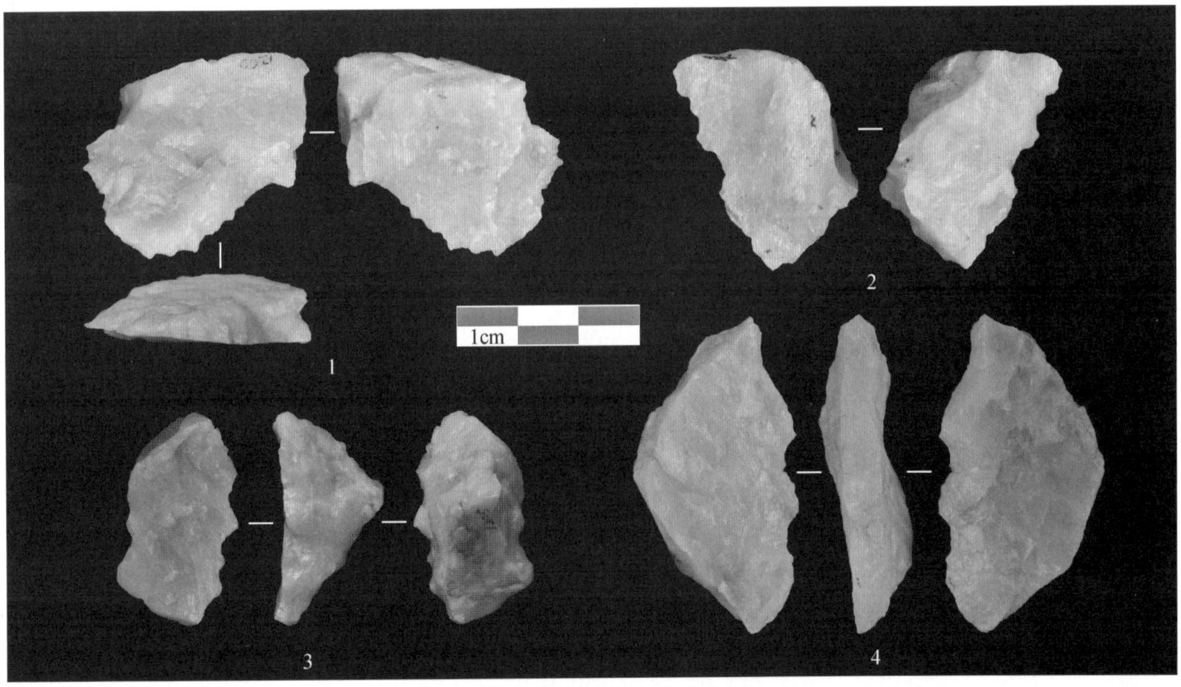

图5-16　方家沟遗址G1出土锯齿刃器

1. 1200　2. 0256　3. 1205　4. 1297

小凹缺，形成锯齿刃，加工长度31.8mm，刃角74°～80°，修疤5个，1个大型、其余中型，锯齿高度1～1.8mm，齿间距4.7～9.4mm。

1297（图5-10，4；图5-16，4）：原料为石英U，长28.9mm，宽48.7mm，厚13.4mm，重15.3g。原型为完整石片Ⅴ型，台面为素台面，背面自然面占比约20%。在远端正向加工出两个连续的小凹缺，形成锯齿刃，加工长度27.3mm，刃角55°～70°，修疤5个，尺寸为重型，锯齿高度1.5～2.5mm，齿间距8.4～11.8mm。

（5）尖状器。

共8件。均出自G1。

0102（图5-18，1）：原料为石英，长56.6mm，宽30.5mm，厚22.2mm，重42.7g。原型为Ⅲ型石核，未保留自然面，三棱柱状，断面近三角形，3个台面，3个剥片面，台面均为打击台面，剥片方向为多向，台面角75°～85°，较明确的片疤有5个，延伸长度为中等，远端为台阶状或羽状，尺寸明显大于修疤，最大片疤长17.5mm，宽23.7mm。在石核一端加工出三棱尖刃，尖部断面呈三角形，尖角83°，三棱侧视分别为不规则、直线、直线，刃角分别为74°、85°、80°，加工长度分别为35mm、20.1mm、13.3mm，修疤7个，尺寸均为中型。

1011（图5-17，1）：原料为石英L，长94.6mm，85.7mm，厚49.2mm，重403.9g。原型为Ⅱ2石核，自然面占比约30%，平面近三角形，反面、底面为两个相邻的台面，分别为自然面、节理面，台面角70°～110°，正面和右侧面为两个相邻的剥片面，剥片方向为多向，正面长102.7mm、宽77.7mm，至少有5个片疤，最大片疤长38.4mm，宽41.9mm；右侧面长100.5mm、宽48.8mm，至少有4个片疤，最大片疤长63.6mm、宽40.2mm；此外，正面片疤凸面有4个较集中的显著砸点，核体左下角和右下角两个尖端还有显著的砸痕。在石核顶端复向加工出三棱尖刃，尖部断面呈三角形，尖角83°，三棱分别为正面、背面和右侧面相交的边缘：左侧正向加工出不规则刃，侧视呈弧线，加工长度64.1mm，刃角64°～83°，修疤7个，尺寸多为中型、个别大型；右侧面与正面边缘加工长度32.9mm，刃角约85°，修疤3个，尺寸巨型、小型；右侧面与背面边缘加工长度24.6mm，刃角约90°，修疤2个，尺寸中型。

1015（图5-10，3；图5-17，3）：原料为石英，长59.7mm，宽43.7mm，厚17.4mm，重23.8g。原型可能为完整石片Ⅵ型，未保留自然面。在石片远端复向加工出尖刃，两面都留下修疤但缺乏规律，尖部断面近菱形，尖角54°，左右两侧侧视均呈直线，加工长度分别为13.0mm、17.8mm，刃角分别为42°、49°～58°，修疤各5个，尺寸为中、小型。

1267（图5-18，2）：G1，原料为石英A，长55.6mm，宽49.3mm、厚18.4mm，重41.3g。原型可能为完整石片Ⅴ型，但腹面均为节理面，打击特征不明显，背面自然面占比约90%。在石片一侧正向加工出尖刃，尖部断面呈扁三角形，尖角70°，近端、远端侧视分别呈直线、S形，加工长度分别为19mm、42.6mm，刃角分别为69°～80°、55°～73°，修疤分别为2个、5个，尺寸为中型。

图5-17　方家沟遗址G1出土尖状器

1. 1011　2. 0179　3. 1015

（6）石锥。

石锥是从尖状器中派生出的小型工具，也是两侧经加工并相交于一端生成一个尖刃，但末端由相邻的同向打击小凹缺构成，其尖刃两侧相对于器身明显凹入，呈双肩状，器型较尖状器小，共2件。均出自G1。

0733（图5-18，4）：原料为石英，长18.9mm，宽17.8mm，厚9.8mm，重2.4g。原型为碎屑，未保留自然面。在两侧边正向加工汇聚成尖刃，尖部断面近三角形，尖角48°，两侧修疤深凹形成肩部，左侧刃角85°，加工长度6.9mm，修疤1个，尺寸为中型；右侧刃角69°～78°，加工长度11.6mm，修疤3个，尺寸为中、小型。

1397（图5-18，3）：原料为石英，长36.2mm，宽38.5mm，厚27.3mm，重30.4g。原型可能为石核断块，自然面占比约10%，一面较平，另一面呈棱脊状突出，棱脊上及自然面较凸处有3个较显著的砸点。在两侧正向加工汇聚成尖刃，尖部断面三角形，尖角65°，两侧修疤各1个，刃角分别为86°、90°，尺寸均为大型，分别为长13.4mm、宽14.3mm，长8.9mm、宽13.6mm。

图5-18　方家沟遗址G1出土尖状器和石锥

1. 0102　2. 1267　3. 1397　4. 0733

（7）加工不规范工具。

边缘可见明确的第二步加工，但因修疤不连续或刃缘不规范，难以归入上述几种类型中，共7件。

5.4　石制品拼合研究

针对方家沟遗址的材料，石器拼合可以在以下三个方面提供关键的帮助。

（1）石英原料消减过程中存在大量不受打制者控制的破裂，从而加大了对考古标本进行技术阅读的难度，通过拼合研究，可以更好地掌握石英破裂特征，识别片疤的边界、方向、顺序，为研究剥片技术乃至石料利用方式提供可靠的信息。

（2）方家沟遗址的形成过程较为独特，可拼合石制品所提供的空间分布信息，对于复原当时的微地貌形态、探讨遗址废弃后受改造的程度，都是至关重要的。

（3）可拼合标本的平面分布，反映了人类生产、使用和加工石器时的移动，对研究石制品在遗址内的流动过程和遗址空间利用方式具有重要价值。

拼合研究存在的耗时且可拼合样本量小的缺点，可以借助原料最小单元分析加以补充。

“单元”（nodules）是指将石制品按原料的种类、质地、颜色纹理、内含物以及石皮等特征的一致性划分出尽可能小的组群[4]。对其平剖面的分析与拼合分析一样，可以反映考古材料在遗址内的移动过程，进而探讨这些移动背后的自然或人为推动力。

进行石器拼合和原料最小单元分析包括以下步骤：

（1）原料分类：先根据原料的岩性分为若干大类，而后再根据各大类的质地、颜色、结构、构造和包含物尽可能细致地划分。其中，岩性一般按照岩石学的分类和命名方案；进一步细分的依据，既包括岩石学意义上的附加名称要素，如颜色、结构、构造、特征矿物组分等，也包括影响石料质量的各个变量，包括颗粒大小、均质性、韧性和硬度等。

（2）拼粘：分类完成后，就可以根据每组石制品的断裂性质、色泽、花纹、裂隙、包含物和石皮等进行拼合接对。也有个别拼合组不是以原料的物理性质为线索，而是根据石制品本身的技术特征进行尝试拼对得出的。

（3）拼合结果的表述和技术分析：完成拼合之后，分辨拼合组内标本的类型、形成或废弃的先后顺序等，也就是对其进行技术分析。这里仍以国内所习用的拼接和拼对为基础来描述拼合产品[5, 6]。并规定“拼对”限于石片腹面与石核/工具剥片面之间的表面接合，其他各种拼合形式均为“拼接”，包括不完整石片断面和石核表面的厚度接合、断块和石核之间的表面接合等。表述标本间关系时，“-”表示前者从后者身上剥离即拼对关系，“+”表示两者的剥离时间无法分辨即拼接关系，同组内不同标本之间如果不能确定剥离时间先后，则用括号和顿号“（）、（）”表示括号内为并列关系、不分先后。

（4）作图和空间分析：结合方家沟的实际情况，本文在ArcGIS软件中做出三维空间分布图以便更直观地利用拼合信息。分类得到的原料最小单元也可以用不同的符号表示标在图上。最后综合拼合标本和原料最小单元的水平距离、垂直距离、三维直线距离和倾向倾角等空间信息，结合拼合形式进行研究。

5.4.1 原料最小单元划分

本文主要以颜色、质地、节理、石皮状态、杂质等为基础，对观测的主文化层石制品的原料进行划分。最终确定原料最小单元共34个，涉及标本503件，占观测石制品总数的36.9%。这些标本涵盖除备料和打击类外的石制品各个类型，也包括遗址中三种主要的原料，其中石英31组489件，石英砂岩2组10件，石英岩1组4件。

在原料最小单元与拼合的关系上，有11个单元完全不含可拼合标本，其余23单元每组均包含一部分可拼合标本；如果某一可归类原料最终全部可拼合，则不计入原料最小单元中。

表5-8　石英最小单元内石制品类型与数量统计

组别	质量	辨识度*	单元类型*	标本数	可拼合标本数	拼合率	石核（Core）	修理类（Modified piece）	废片类（Debris）									总重量（g）
									完整石片	砸击石片	左裂	右裂	近端	远端	残片	断块	碎屑	
石英A	劣	高	CDM	35	15	42.9%	9	2	8			1		3	2	9	1	4759.7
石英B	中	低	CD	9	6	66.7%	2		2		2	1	1			1		180.4
石英C	中	低	CDM	31	16	51.6%	2	2	4		1	2	2	3	7	8		1527.1
石英D	中	低	D	16	0	0			3	1	1			3	4	3	1	270.4
石英E	中	中	D	8	2	25.0%			4					1	2	1		240.2
石英F	中	中	CDM	39	19	48.7%	4	4	5	2		1		5	10	8		1835.2
石英G	中	低	CDM	49	13	26.5%	10	1	15				5	7	5	4	2	1798.3
石英H	中	低	CDM	17	0	0	3	1	3	2	1	1		1	2	3		542.6
石英I	中	低	CDM	13	3	23.1%	1	3	2		1		1	1	3	1		187.1
石英J	中	低	DM	8	2	25.0%		1	2				2		3			133.0
石英K	中	低	CDM	12	3	25.0%	5	1				1	1	3		1		488.7
石英L	中	低	CDM	13	4	30.8%	2	1	2			1		3		4		1842.7
石英M	中	低	CD	8	4	50.0%	2		2			1	1	1				412.0
石英N	中	低	CDM	11	3	27.3%	1	1	3	1	1	1	1	2	1	1		1175.2
石英O	中	低	CDM	33	3	9.1%	5	3	6	2	2	1	4	4	5			1811.8
石英P	中	高	CDM	35	14	40.0%	4	2	4		1	1	2	4	8	8	1	1567.0
石英Q	劣	高	CD	14	7	50.0%	3		2		1				2	6		853.3
石英R	中	高	CDM	41	2	4.9%	6	4	9	1			1	6	10	3	1	1648.2
石英S	中	低	CDM	18	2	11.1%	5	2	5		3		1	1		1		677.1
石英T	中	低	DM	10	4	40.0%		1	1		1				7			94.4
石英U	中	低	CDM	14	4	28.6%	2	2	3		2	1		2		1	1	622.5
石英V	中	中	CD	19	6	31.6%	2		2	1	1		2	1	8	2		777.9
石英W	中	中	CD	6	0	0	1		1						3	1		262.8
石英X	中	高	D	5	0	0			2				1	1	1			100.4
石英岩块合计				464	132	28.4%	69	31	90	10	18	12	22	52	82	71	7	23808.0

续表

组别	质量	辨识度*	单元类型*	标本数	可拼合标本数	拼合率	石核（Core）	修理类（Modified piece）	废片类（Debris）									总重量（g）
									完整石片	砸击石片	左裂	右裂	近端	远端	残片	断块	碎屑	
砾石A	劣	高	CD	2	0	0	1		1									643.3
砾石B	中	中	D	3	2	66.7%			1							2		101.0
砾石C	中	中	CD	10	4	40.0%	1						1		7		1	95.5
砾石D	中	中	D	2	0	0									2			12.2
砾石E	中	高	DM	2	0	0		1	1									195.6
砾石F	中	中	D	3	0	0			3									27.1
砾石G	中	中	D	3	0	0			1						2			24.3
石英砾石合计				25	6	24.0%	2	1	7	0	0	0	1	0	11	2	1	1099.0

5.4.1.1　石英

石英石制品大多数在质地和颜色上无法加以细致区分，本文仅选择表观特征特殊的石英进行划分。以原料石皮状态分类，石英可分为石英岩块和石英砾石两大类。石英岩块共24组，编号为石英A～X；石英砾石共7组，编号为石英砾石A～G（表5-8）。各组描述如下。

（1）石英岩块（以下均简称石英）。

石英A：白色，透明度低，断口粗糙，节理发育，节理面含棕绿色云母，非常粗糙，石皮为节理面风化所致、颜色略深。

石英B：白色或微蓝，透明度低，断口较粗糙，垂直石皮方向的节理较发育，石皮含米黄色点状杂质较粗糙，节理面为白色或黄色较光滑。

石英C：白色或微蓝，透明度低，断口较粗糙，附着层状或块状灰白—米色杂质（其中夹少量茶色片状云母），也有的含层状具油脂光泽的暗绿色云母，节理面为黄色较光滑。

石英D：白色或微蓝，透明度低，断口较粗糙，含网状米黄色杂质，含橙黄色平滑节理面，石皮黄褐色较光滑，个别含层状暗绿色云母。

石英E：白色微青，透明度较低，断口较光滑，略具光泽，内部有明暗相间的纹理，含颗粒状或层状米黄色杂质，节理面平滑。

石英F：白色，透明度较低，断口较光滑，内部偶见明暗相间的纹理，个别含少量颗粒状米黄色杂质，节理发育，节理面暗红—紫红或橙黄色较光滑，石皮复杂多样，为石英或含杂质的节理面风化所致，颜色略深，磨蚀较重。

石英G：白色，透明度低，断口较光滑，含黄色节理面。

石英H：白色，透明度较高，内有明暗相间的纹理，断口较光滑，局部淡黄色节理。

石英I：白色，透明度较低，断口光滑，含淡红黄色或白色节理面平滑，多组互相平行。

石英J：白色，透明度较低，断口较光滑，含红褐色节理，附着围岩为肉红色石英岩。

石英K：白色微蓝，透明度低，断口较光滑，含红褐—橙黄混合色较光滑节理。

石英L：白色微蓝，透明度较低，断口较粗糙，含红褐色较光滑节理和粗糙孔洞，也有少量黄色节理，含一定量不规则的米色杂质。

石英M：白色或微蓝，透明度低，断口较粗糙，含淡黄—红褐色较粗糙节理，红褐色粗糙孔洞。

石英N：白色或微蓝，透明度较低，断口粗糙，石皮白色或带斑纹状橙红色较光滑，孔洞浅红褐色粗糙，此外还有一些孔隙填充深色杂质。

石英O：白色微蓝，个别局部微红，透明度较低，断口较光滑，含少量裂隙状或颗粒状米色杂质，斑纹状橙红色节理较光滑，白色微褐节理面较光滑，深红褐色孔洞，石皮白色微黄较光滑，个别含膜状较光滑深绿色杂质。

石英P：乳白色，局部紫色，不透明，节理发育，含少量块状或片状黑云母，少量暗绿色云母和红褐色孔洞，褐色和橙红色节理面较光滑，石皮为石英或杂质/节理的风化面，一般较光滑，围岩为层状褐色石英岩。

石英Q：乳白色或微蓝，不透明，节理发育，含大量层状或颗粒状黑云母，节理面粗糙或较粗糙，少量橙红色节理面较光滑。

石英R：乳白色微透明，断口较光滑，含层状黑云母，大量斑纹状橙红色节理较光滑，石皮为橙红色较粗糙。

石英S：白色，透明度较高，内有明暗相间的纹理，断口较光滑，个别略具光泽，斑纹状橙黄—深红色石皮较粗糙。

石英T：白色，透明度较低，断口较光滑，含红黄色节理面。

石英U：白色，透明度较低，断口较光滑，局部橙色，含小片状黑色杂质，少量斑纹状橙黄色节理。

石英V：白色，透明度较高，内有明暗相间的纹理，断口光滑，白色节理面较光滑。

石英W：白色，局部肉红—橙色，透明度较低，断口较光滑，节理较发育，暗红—橙色节理。

石英X：乳白色微透明，断口较光滑，灰白色节理，类似胶水粘补痕迹，局部紫色杂质。

（2）石英砾石。

石英砾石A：白色，透明度较低，断口粗糙，砾石皮和节理红褐色，较光滑。

石英砾石B：白色，透明度低，断口光滑，砾石皮浅黄褐色，风化节理面微黄，较光滑。

石英砾石C：白色微透蓝，局部淡紫色，透明度较低，断口光滑，石皮黄褐色光滑，节理面深红褐色较光滑，含颗粒状米黄—黄褐色杂质。

石英砾石D：乳白色，透明度较低，内有明暗相间的纹理，断口光滑并有光泽，砾石皮白—淡黄色较光滑，节理面黄褐色平滑。

石英砾石E：白色，透明度较低，断口较光滑，节理较发育，砾石皮光滑，斑纹状黄—黄褐色。

石英砾石F：白色，透明度低，断口较粗糙，砾石皮黄—黄褐色，较光滑。

石英砾石G：白色，透明度较低，断口较光滑，砾石皮白—浅黄褐色，光滑。

5.4.1.2　石英砂岩

共2组（表5-9）：

石英砂岩A：颗粒细，内部外均褐色，砾石皮光滑，内部有纹理。

石英砂岩B：颗粒中等，砾石皮和节理面褐色，光滑，内部浅灰褐色。

表5-9　方家沟遗址非石英最小单元内石制品类型与数量统计

组别	质量	可辨识度	单元类型	标本数量	可拼合数量	拼合率	修理类	废片类			总重量
								完整石片	远端	残片	
砂岩A	优	高	D	8	4	50%				8	214.3
砂岩B	优	高	DM	2	0	0	1			1	662
石英岩A	优	高	D	4	0	0		2	1	1	249.2

5.4.1.3　石英岩

共1组，石英岩A：砾石皮深褐色，光滑，内部深褐色，无节理。

5.4.1.4　讨论

原料最小单元划分的可信度是首先需要评估和验证的，主要包括两方面的问题：一是同一单元内的石制品是否隶属同一件石块或砾石，二是归入同一单元内的石制品是否充分而没有遗漏。

第一个问题，由于对原料分组的同时也开展了拼合工作，各单元的拼合率能在一定程度上验证单元划分的预设是否可靠。有23个单元内发现了可拼合标本，占单元总数的67.6%。这些单元的拼合率在4.9%～66.7%之间，平均值为35.4%。未能完全拼合的原因，除了原料本身的可归类性之外，也与投入拼合的时间和精力有很大关系，现有的工作强度尚无法穷尽各单元内所有拼合组。此外还有一些最初被归入同一单元的石制品，最后被证明可以完全拼合，即单元内拼合率100%，这样的拼合共涉及11组、31件标本，其中最大的一组含8件标本（拼合组3），也从侧面表明原料划分是可行的、能够反映单元归属。

第二个问题受主客观两方面因素的限制。客观方面，虽然古人类遗留下的遗物本就不是完整的，但由于G1边界清楚，并不存在因发掘面积限制而未能揭露主文化层的情况，根据对遗物构成和遗址形成过程的认识，发掘所获得的石制品能够充分反映遗址的整体面貌。在主观方面，即人为分组过程中，我们意识到不同单元的可辨识度存在差异。有的单元相对来说更容易从一般的石英中区分出来，原因是其质地、颜色特征鲜明，或者节理和杂质分布比较均匀，即使在非常破碎的情况下也能够辨识出来，这种情况下该单元能够充分反映同一块原料的整体面貌。相反，另一些单元赖以分组的石皮、节理、杂质等特征的能见度，受单件石制品大小的影响，存在相当程度的随机性，因此将其定性为可辨识度低，只能视为来自同一石块产品的不完整的集合，在进一步分析某些问题时效度受到限制。

5.4.2　拼合结果与技术分析

方家沟遗址共获得62个拼合组，涉及181件标本。其中主文化层有60组173件，包括G1内部、G1和地裂缝之间、G1和次生堆积之间；⑧层有3组8件，包括⑧层内部、⑧层和脱层标本之间。

关于拼合组内标本数量，最常见的是由2件标本构成的拼合组，共37组，占全部拼合组数量的60%；标本数最多一组包含13件标本。平均组内标本数为2.92件。

5.4.2.1　拼合类型

从拼合类型上看，绝大多数拼合组属于生产过程产品拼合或破裂产品拼合。工具加工或再修理拼合仅占全部拼合标本总数的1.2%，但其比例较低并不代表工具加工产品实际存在的数量少。大量碎屑的存在表明工具加工主要是在遗址内进行的，这类拼合发现很少的原因，一是由于绝大多数碎屑未进行观测和拼合尝试；二是对于石英来说，工具加工处于石材消减流程的末端，导致废片尺寸普遍较小，保留的原料本身易区分特征也很稀少，不易被归入原料最小单元中，拼合难度相对较高。

研究发现，拼接关系在描述拼合组内不同标本之间的时间顺序上存在一定局限。对某一拼合组来说，拼接所涉及的破裂面往往只是标本表面痕迹的局部，当且仅当该破裂面的形成晚于其他痕迹时，该拼接关系才具有共时性。如果不考虑标本使用和埋藏情况，废片类产品中可拼接的断面通常都是其最终痕迹。但对于石核和工具（可合称“剥片类”产品）来说，可拼接的断面形成不一定最晚，标本上的其他剥片痕迹既可能产生在断裂之前，又可能产生在断裂之后，显然后一种情况下的拼合所代表的技术和埋藏含义都与一般意义上的拼接不同。

为便于表述标本之间的拼合形式及后续分析，本文根据方家沟遗址实际的拼合情况，将拼对关系进一步区分为石片—石核拼对型、石片—石片拼对型，从拼接关系中分辨出废片类拼接型、剥片类拼接型和再剥片类拼接型，在此基础上定义了复合类型。不同类型拼合的标本类型构成及其所代表的时间意义存在一些差别（表5-10）。

表5-10　方家沟遗址拼合类型简表

拼合类型名称	拼合关系	标本类型构成		时间意义
石片—石核拼对型	拼对	石片类	石核	前者从后者中剥离
石片—石片拼对型	拼对	石片类	石片类	前者从后者中剥离
废片类拼接型	拼接	废片类	废片类	同时断裂
剥片类拼接型	拼接	废片类	石核/工具	断裂与剥片先后不确定
再剥片类拼接型	拼接	废片类	石核/工具	断裂后再剥片

（1）石片—石核拼对型。

石片—石核拼对型是拼对关系的一种。指一件或更多石片类标本的腹面拼对一件剥片类标本的剥片面，拼合结果为石核。这里的“石片类”也包括以石片为原型的工具。共发现11组，涉及26件标本。

图5-19　方家沟遗址石片—石核拼对型举例（拼合组31）
1. 0867　2. 0575

1）拼合组31（图5-19、图5-20）。G1，4件标本：（0849右裂片—1373石片—0575石核）、（0867远端断片—0575），原料为石英L。三件石片各自与石核之间的水平距离分别为1.15m、1.03m、0.94m，垂直距离分别为0.33m、0.59m、0.35m；石片彼此间的水平距离分别为0.54m、0.46m、0.22m，垂直距离分别为0.26m、0.24m、0.02m。

0849：右裂片，长44.1mm，宽34.5mm，厚19.4mm，重21.8g。石片角84°，台面角80°，台面为节理面，背面有Y字形背脊，由两个同向背疤和节理面构成。

0867：远端断片，长46.7mm，宽43.2mm，厚18.9mm，重39.7g。背面有单斜脊，由同向背疤和节理面构成，羽状远端，两侧边反汇聚。

1373：完整石片Ⅵ型，长46.4mm，宽47.2mm，厚20.5mm，重53.6g。石片角87°，台面角97°，台面为节理面，打击点明显，腹面较平，背面单纵脊，背疤为同向，台阶状远端，两侧边近平行，右侧缘保留了原石核上的显著砸点。

0575（图5-10，2）：Ⅱ2型石核，长89.3mm，宽115.5mm，厚78.7mm，重941.8g。原型为岩块，六面体，横截面近梯形，自然面占比约20%。台面1为自然面，台面角84°～104°，剥片方向向下，产生Ⅰ、Ⅱ、Ⅲ型石片；台面2为节理面，台面角82°～104°，剥片方向均向右，产生Ⅳ、Ⅴ、Ⅵ型石片；剥片面1、2相邻，片疤有10个以上，最大片疤长65.6mm、宽63.2mm，

图5-20　方家沟遗址石片—石核拼对型举例（拼合组31和拼合组32）
1. 拼合组31　2. 拼合组32　3. 0849　4. 1373

在2个主要剥片面之外，背面和左侧面上各有一孤立的石片疤，可能为崩疤或者仅为尝试性剥片。核体自然面和剥片面棱脊上有多处砸点。

拼合结果为石核，其中0867与剥片面1拼对，是该面最后一次剥片；0849和1373与剥片面2拼对，根据复原位置上石片及石核片疤间的叠压关系，可确定1373晚于0849，但二者和0867无法确定相对早晚。该拼合组可以大致复原石核的初始状态及剥片过程。石核原型是一个断面近三角形的三棱柱体，包含2个双向不对向的剥片序列，序列1包含约7个同向剥片，产生Ⅰ、

Ⅱ、Ⅲ型石片，然后翻转石核开发新的剥片面形成序列2，包含6～7个同向剥片，产生Ⅳ、Ⅴ、Ⅵ型石片，其中倒数第二个石片1373利用了序列1产生的技术特征，也就是两个剥片面相交形成的棱脊。值得注意的是，石核表面的砸点中，只有一处位于底面即台面1的相对方向，可能意味着在剥片时石核曾置于石砧上；在序列1完成之后、1373剥离之前，核体还可能用作石锤，在剥片面1中部形成了显著的砸点。

2）拼合组32（图5-20）。G1，3件标本：（0718石片Ⅵ—0278石核）、（0803远端断片—0278），原料为石英N。两件石片各自与石核之间的水平距离分别为0.91m、1.07m，垂直距离分别为0.31m、0.39m；石片之间的水平距离为0.17m，垂直距离为0.08m。

0718：完整石片Ⅵ型，长75.7mm，宽55.7mm，厚26.6mm，重92.5g。石片角62°，台面角108°，台面为脊状台面，由两个向腹面的片疤构成，打击点明显，位于两疤相交的棱脊上，腹面较凸，背疤方向为多向，包括向左、向右和向下，两侧边近平行，边缘侧视曲折。该石片台面和背面显示出向心石核剥片的特征，其中背面同向片疤与台面构成的棱脊，代表了之前石核两凸面的交线，较大的台面角说明其已处于剥片晚期。

0803：远端断片，长24.2mm，宽24mm，厚6.7mm，重3.1g。腹面略内凹，背面均为自然面。

0278：Ⅲ型石核，长108.1mm，宽96mm，厚81.1mm，重920.7g。原型为岩块，自然面占比约20%，核体正视和侧视都近椭圆形，由两个不对称的凸面构成：其中相对不那么突起的凸面为台面，中心部位保存大量石皮，只在边缘一周有8～9个较为浅而短的片疤，方向为向心，其中一个与0803拼对，最大片疤尺寸为长26.2mm，宽38mm，此外台面中部的较钝的自然棱脊上有4处显著的砸点；较为突起的凸面为剥片面，未保留石皮，台面角90°～105°，方向为向心，片疤不止一层，有9～10个，片疤末端在石核中部汇聚形成一隆起的凸面，与两侧面的夹角在120°左右，显示其片疤向石核体深入程度较深，最大片疤尺寸为长75.7mm，宽55.7mm，与0718石片拼对。

拼合结果反映了石核末期的剥片过程。该标本不同于一般盘状石核的特点在于，两凸面相交并未形成一个平面，而是明显朝一面凸，两凸面的片疤及各自产生的石片特征也明显不同：相对较平面上的片疤少且尺寸小，可能主要是为了调整合适的台面角度而对石核进行预制或修理的结果，相对较凸面片疤多、重叠且尺寸大，可能主要用于剥取预设石片。在剥片靠后阶段，剥片面大部分仍保持了合适的凸度，但至少有5次剥片远端呈折断状、未延伸到核体中心，影响了剥片的持续进行，0718很可能是最后一次有效剥片，之后剥片面上已经缺乏合适的剥片位置。

3）拼合组42（图5-21）。G1，1470中段断片—0738石核，原料为石英砂岩，颗粒细，砾石皮紫红色，内部红褐—灰褐色，含平行条带状纹理和石英脉，遗址内未发现相同原料最小单元的其他标本。因1470缺失三维坐标，仅可知两者的水平距离范围为在0.85～1.62m之间、垂直距离范围在0.48～0.56m之间。

图5-21　方家沟遗址石片—石核拼对型举例（拼合组42）

1. 0738　2. 1470　3. 拼合组42局部

1470：中段断片，长15mm，宽28.7mm，厚6.4mm，重3.4g。背面砾石皮占比约80%，有一个同向背疤，背脊由片疤和相邻石皮构成，断面呈较扁的三角形。

0738：Ⅲ型石核，长156.6mm，宽268.1mm，厚139mm，重5.452kg，是遗址内最大的一件石核。原型为砾石，自然面占比约50%，整体形状近三棱锥形，4个台面和2个相邻的剥片面，台面有2个自然台面和2个打击台面，台面角70°～85°，产生石片应包括Ⅰ～Ⅵ型。剥片面1方向为双向不对向，片疤7个。左侧完整片疤长71.9mm，宽129.7mm；右侧有一个长石片疤长

86.9mm，宽35.3mm，两侧边近平行，该疤的一部分可与1470拼对；剥片面2原为一平坦断面，片疤约9个，方向为多向，较完整的一个片疤长42.6mm，宽68.3mm。

该拼合组较为清楚打制者选取大砾石剥片的过程，在石核剥片面1的局部表现了较为娴熟的剥片技巧。在没有对台面做特殊修理的情况下，按从左至右的顺序连续剥下三个较长而薄的石片，其中第一个剥片选择两砾石面相交构成的突出的棱脊处，第二、三剥片的纵脊则由之前片疤和相邻石皮构成，形成了延伸长度越来越长的Ⅳ、Ⅴ型石片，第四剥片则位于第二、三剥片中间，试图利用两者构成的纵脊，该石片厚度仍很薄，但仅剥下较短的Ⅵ型石片并形成阶梯状远端，该序列随之结束。

4）拼合组7（图5-22）。G1，3件标本：1368石片Ⅲ—0117石片Ⅲ—0105石核，原料为石英P。两件石片各自与石核之间的水平距离分别为1.41m、0.23m，垂直距离分别为0.85m、0.01m；石片间的水平距离为1.44m，垂直距离为0.84m。

1368：完整石片Ⅲ型，长53.6mm，宽79.3mm，厚27.2mm，重101.6g。石片角114°，台面角88°，台面为自然凸面，打击点不明显，腹面有不规则棱脊，背面有3个同向片疤，其中2个在台面背缘保留了清楚的打击点，背脊为单斜脊，棱脊上有1处较显著砸点。

0117：完整石片Ⅲ型，长32.8mm，宽42.5mm，厚20.7mm，重25g。石片角111°，台面角60°，台面为自然凸面，打击点不明显，腹面不规则，背面有1个较完整的同向片疤，远端的一部分背疤可与1368拼对。

0105：Ⅱ2型石核，长44.8mm、宽75.3mm、厚28.5mm，重342.9g。原型为岩块，自然面占比约40%。平面近椭圆形，台面1为自然面，单向剥片形成主剥片面，台面角80°~86°，只有近台面端的两个片疤较清楚，尺寸分别为长30.8mm、宽32.3mm，长29.8mm、宽42.7mm，后者与0117腹面拼对，0117剥离后在该位置又有两次同向剥片均未成功，留下2个宽短且呈阶梯状的小疤，剥片面其余部分因节理和杂质较多难以分辨片疤界限，但中部可与1368腹面远端拼对。台面2与台面1相对，打击台面，台面角约85°，在右侧面和背面上各有一次剥片，方向与主剥片面相对，片疤尺寸分别为：长22.2mm、宽24mm，长11mm、宽13.4mm。

三者拼合后仍为石核，长49.4mm，宽84.9mm，厚51.3mm，重469.5g。拼合后1368的台面与0117、0105并未相连，但推测可能仍是同一个台面。该拼合组反映了打制者利用台面的一边连续同向剥片的过程，包括在剥片中随时调整打击点位置和力度，为下一次剥片创造条件，比如在连续三次更靠近边缘的剥片使台面角变钝后，打击位置更靠近核体内部，剥下1368这一较大而厚的石片，从而去掉了横贯核体的节理棱脊，并重新获得较锐的台面角。最终这一序列至少剥下7个石片，且均为Ⅲ型，石核厚度至少消减了约44%。该拼合组也说明，最终遗留在石核上的片疤仅反映剥片过程的局部，在片疤较难辨识的情况下很难从中得出对于剥片过程乃至石核利用率的全面认识。

（2）石片—石片拼对型。

石片—石片拼对型是拼对关系的一种，指一件石片类标本的腹面全部或部分地拼对另一件

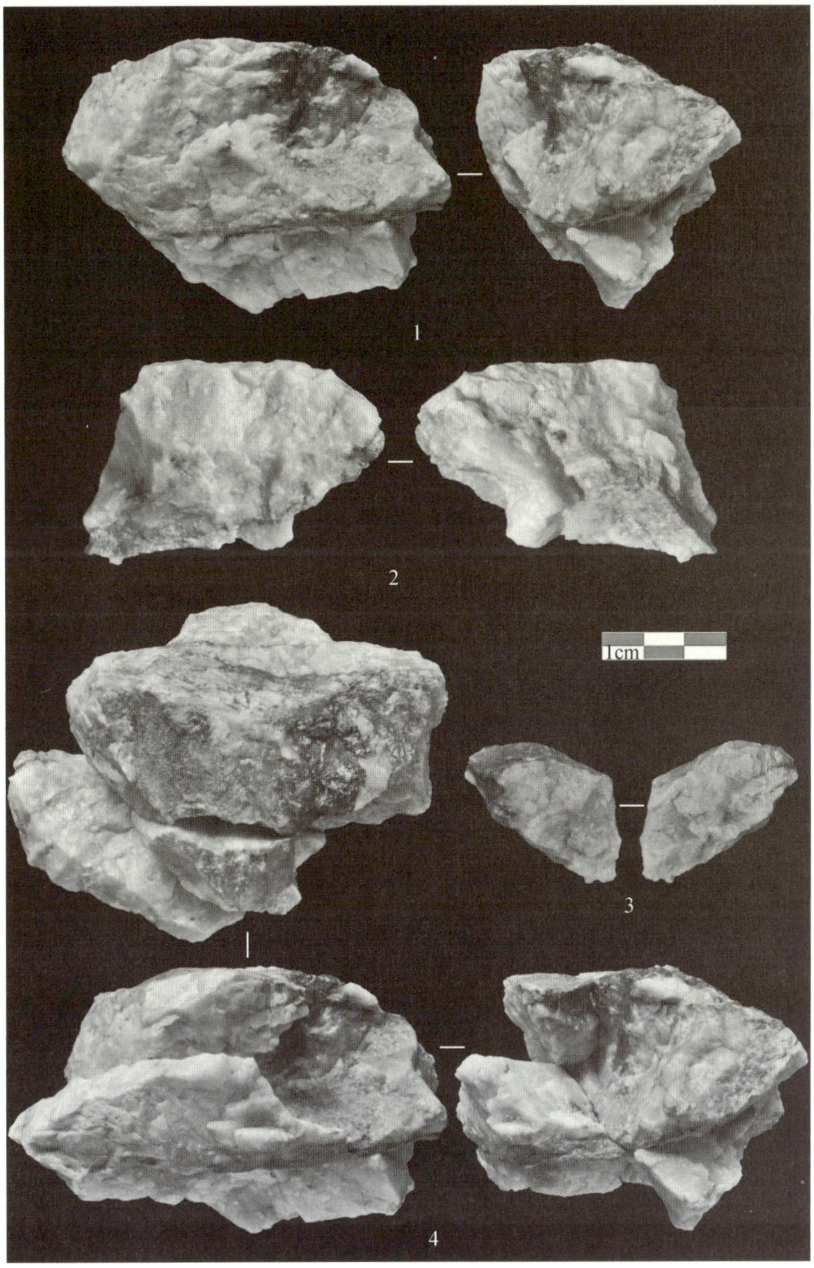

图5-22　方家沟遗址石片—石核拼对型举例（拼合组7）
1. 0105　2. 1368　3. 0117　4. 拼合组7

石片类标本的背面，拼合结果为两件石片，可以分辨从石核上剥离的先后顺序。共发现4组，每组均含2件标本。

拼合组54：G1，1429石片Ⅵ—0387石片Ⅵ，原料为石英U。标本之间的水平距离0.59m、垂直距离0.45m。

0387：完整石片Ⅵ型，长47.7mm，宽34.1mm，厚9.7mm，重12.7g。石片角102°，台面角

78°，台面为素台面，打击点明显，腹面略凸，背面纵+斜脊，至少有2个同向背疤，其中一个短且形成台阶状远端，另一个背疤较长，可与1429腹面左侧拼对。

1429：完整石片Ⅵ型，长38.1mm，宽41.1mm，厚9.5mm，重15.3g。石片角101°，台面角80°，台面为素台面，打击点较明显，腹面略凸，背面单纵脊，有2个同向背疤，其中一个在台面背缘保留了打击点。

拼合结果为2件石片，台面并不相连但大致在同一平面上，显示出利用同一台面连续同向剥片的过程，先后剥下1429左侧背疤、1429右侧背疤、1429即0387右侧较大背疤、0387右侧较小背疤（未成功）和0387，有效剥片4个，其中1429和0387都是利用先前两个剥片相交形成的纵脊剥裂而成。

（3）废片类拼接型。

废片类拼接型是拼接关系的一种，指拼合组内只具有拼接关系，并且构成拼合组的所有标本类型均为废片类，组内标本在断裂后没有用于第二步加工或剥片。共发现25组，涉及61件标本。

1）拼合组1。G1，1318近端断片+1319远端断片，原料为石英M。标本之间的水平距离0.04m、垂直距离0m。

1318：长47.4mm，宽66.7mm，厚14.7mm，重41.9g。石片角91°，台面角71°，台面为不规则节理面，腹面略凸，背面自然面占比约90%，有1个同向背疤，在台面背缘保留了清楚的打击点。

1319：长48.2mm，宽39.1mm，厚10.7mm，重15.9g。背面为自然面。

拼合结果为完整石片Ⅴ型，长49.5mm，宽92.6mm，厚14.7mm，重57.8g。拼合组1和拼合组48发掘时断面几乎处于原始连接状态，可能表明完整石片落地之后才由于某种外力断成两块。

2）拼合组43。由出自G1的0739残片、出自地裂缝的1474残片构成，原料为石英岩，质量中等，砾石皮深褐色，内部紫褐色，有紫色节理面。

0739：长31.1mm，宽18.8mm，厚7.4mm，重3.3g。

1474：长20.2mm，宽19.1mm，厚8.4mm，重3.1g。

拼合结果为残片，长41mm，宽21.1mm，厚8.4mm，重6.4g，腹面为节理面，背面为砾石皮。1474出土时未记录坐标，但根据其层位、探方和水平层记录可以确定其位置范围，据此推算，标本之间的水平距离在0.32～0.54m，垂直距离在0.61～0.71m之间。其垂直距离是废片类拼合组中最大的，也显著偏离该类拼合的均值，结合地裂缝的形状及其与G1的相对关系，其成因可能是，地裂缝在人类活动时尚未填满且其底部显著低于人类活动所依托的地面，打制石器产生的废片分别落入G1底部和地裂缝内。该拼合组证实地裂缝中的遗物与主文化层是同时的。

（4）剥片类拼接型。

剥片类拼接型是拼接关系的一种，指拼合组中只具有拼接关系，并含有至少一件石核或修理类工具，包括石核+石核、石核+断块、石核+石片、工具+工具、工具+断块等，但因为彼此相拼接的断面与石核、工具上的片疤没有接触，从技术上无法判定剥片行为发生在断裂前还是断裂后。共发现4组，每组均含2件标本，且均为1件石核+1件断块的形式，拼合结果均为石核。

拼合组10。G1，1398断块+0401石核，原料为石英Q。标本之间的水平距离1.51m，垂直距离0.74m。

1398：石核断块，长60.7mm，宽38.2mm，厚25mm，重36.9g。三角形片状，自然面占比约40%，自然面较平，相对一面较凸，有不完整片疤。

0401：Ⅱ1型石核，长39.5mm，宽48.9mm，厚27.3mm，重59.9g。原型为断块，自然面占比约20%，有两个相邻的台面和两个相对的剥片面，台面均为打击台面，剥片方向为双向不对向，台面角84°，片疤2个，尺寸分别为长36.6mm、宽29.1mm，长22.4mm、宽27mm，分别产生Ⅴ、Ⅵ型石片，剥片面占比约30%，其中Ⅴ型石片在剥片方向相对一端的小面上有1个较轻微的砸点，并在剥片面边缘有小裂片疤，可能曾接触石砧。

拼合结果为Ⅱ1石核，两者断面接触面积很小，相连部位均为自然面和断面，片疤未相连，根据复原位置间的空隙，同时断裂的还应有其他断块，1398的片疤因没有相应的打击点或台面应发生在断裂前，但0401的片疤无法确定与断裂的先后顺序。

（5）再剥片类拼接型。

再剥片类拼接型也是拼接关系的一种，指拼合组中仅含拼接关系，但在同时断裂中产生的某件标本后来又经过剥片，成为新的石核或工具。这样从时间概念上来说，该标本原型和可拼接的其他标本是同时产生的（同拼接关系），但并不是同时废弃的（同拼合关系），而是多了一个再剥片的步骤，这个过程中就可能包含了人为的位移，故应把这类拼合组从单纯的拼接类型中分出。共发现5组，涉及14件标本。

1）拼合组14（图5-23）。G1，0837石核+1278断块+0272断块+0894断块+0397砸击石核，原料为石英P。0837与1278之间为再剥片类拼接关系，水平距离0.50m，垂直距离0.19m；0397与0272、0894两件断块之间为再剥片类拼接关系，水平距离分别为0.64m、0.29m，垂直距离分别为0.19m、0.36m；拼合标本之间距离最远的是0272和1278之间，水平距离1.63m、垂直距离0.75m。

1278：断块，长74.8mm，宽69.7mm，厚42.5mm，重132.4g。形状不规则，自然面占比约30%。

0837：Ⅰ2型石核，长26.2mm，宽43.5mm，厚49.3mm，重63g。原型为断块，自然面占比约10%。台面为自然面，台面角73°～83°，单向剥片形成一个剥片面，片疤2个，产生Ⅲ型石片，最大片疤长25.8mm、宽28.9mm，剥片面棱脊上有线状的显著砸点。

图5-23　方家沟遗址再剥片类拼接型举例（拼合组14和拼合组18）

1. 0397　2. 0894　3. 0272　4. 拼合组63　5. 0411　6. 1289　7. 拼合组18

0397：砸击石核，长71.6mm，50.9mm，厚32.6mm，重116.4g。原型为断块，未保留自然面，平面近长方形，受力两端均为刃状，有棱脊一面主要为断面，有少量较小的片疤；另一面相对较平，有至少4个片疤，最大片疤长39.1mm，宽16.6mm。

0894：断块，长81mm，宽60mm，厚30.2mm，重101g。四边形片状，两面都较凸并很不规则，自然面占比约20%，从拼合组看似有背腹面之分，但没有台面、打击点，长轴两端也没有砸痕，因此归入断块。背面棱脊上有两个显著砸点。

0272：断块，长46mm，宽38.6mm，厚23.8mm，重32.6g。四边形块状，断面呈三角形，自然面占比约20%。

拼合结果为断块，长133.9mm，宽78.2mm，厚56.3mm，重445.4g。推测该组标本的形成过程是，原断块以0272为界断裂成为两个亚组（两亚组彼此不相连，各自与0272拼接）：a亚组断块为0837原型+1278，长75.8mm，宽72.4mm，厚44.9mm，重195.4g，表面有至少4个片疤，但不见相应的台面和打击点，可能为缺失台面端的石核断块，两者断裂后1278未再剥片，而0837则选取两者间的断面作为工作面继续剥片，其中最大的一个片疤由拼合后两者间的空隙可知剥片带走的台面厚度约12.3mm，占初始台面厚度的约33%。b亚组断块为0397原型+0894，长83.2mm，宽61.1mm，厚53.8mm，重217.4g，整体形状近梭形，中部厚，两端尖锐，纵向断裂后0397继续剥片，之所以用砸击技术处理可能与原型较扁平的形状、石料多节理和裂隙的性质有关，原断面作为工作面之一利用率并不高，仍保留了约70%的断面没有被新片疤覆盖。

2）拼合组18（图5-23）。G1，0411工具+1289近端断片，原料为石英J。标本之间的水平距离1.41m，垂直距离0.55m。

0411：加工不规范工具，长33.7mm，宽23mm，厚7.3mm，重3.8g。原型为远端断片，未保留自然面。在石片左侧错向加工成不规则刃，侧视近S形，加工长度21.1mm，刃角56°～63°，修疤2个，远端正向近端反向，不连续、均匀，尺寸为中型。类似单边刃刮削器。

1289：近端断片，长23mm，宽33.6mm，厚8.3mm，重6.1g。石片角95°，台面角78°，台面为节理面。

1289与0411原型的拼合结果为完整石片Ⅵ型，长34.2mm，宽55.8mm，厚8.6mm，重9.9g，腹面向内弯曲，背面由2个片疤和节理面构成，背疤方向为双向不对向。从拼合组看石片左侧原较钝厚，修疤打破断面，说明石片断裂后仅对远端断片进行加工，并使边缘修锐。

（6）复合型。

复合型在含多件标本的拼合组内比较常见，表现为前述5种类型以任意顺序的排列组合，拼合组内同时包含拼对关系与拼接关系。共发现13组，涉及64件标本。

1）拼合组6（图5-24～图5-27）。G1，13件标本，（1217工具+0503断块）+（0171石片—1082石核+0769石核+0897断块）+0339断块+1528断块+（1432工具+1411断块）+（1298断块+0480断块+1529工具），原料为石英F。该拼合组是含标本数最多的一组，又因为彼此间大多是拼接关系，并且拼接并不完整、其中还缺失很多标本，较难辨识断裂先后顺序。标本间最大

图5-24　方家沟遗址复合型举例（拼合组6）

1. 1217　2. 1528　3. 0339　4. 1217-0503　5. 1082　6. 0171-1082　7. 0769+0897　8. 1432　9. 1411

水平距离1.56m，最大垂直距离0.7m，分别发生在0171和0897、0171和1298之间。

1217：单边刃刮削器，长39.2mm，宽26.7mm，厚20.2mm，重18.3g。原型为断块，未保留自然面，一面棱脊突出，另一面为平坦断面，可与0503断块拼接。在断块一侧正向加工成直刃，侧视呈直线，加工长度16.9mm，刃口近平齐，刃角74°～80°，修疤2层，第一层3个为中型，第二层2个为小型。

0503：断块，长55.3mm，宽40.2mm，厚28.8mm，重38.2g。未保留自然面。1217和0503之

图5-25　方家沟遗址复合型举例［拼合组6（1529+1298+0480）］

1. 1529　2. 1298　3. 0480　4. 1529+1298+0480

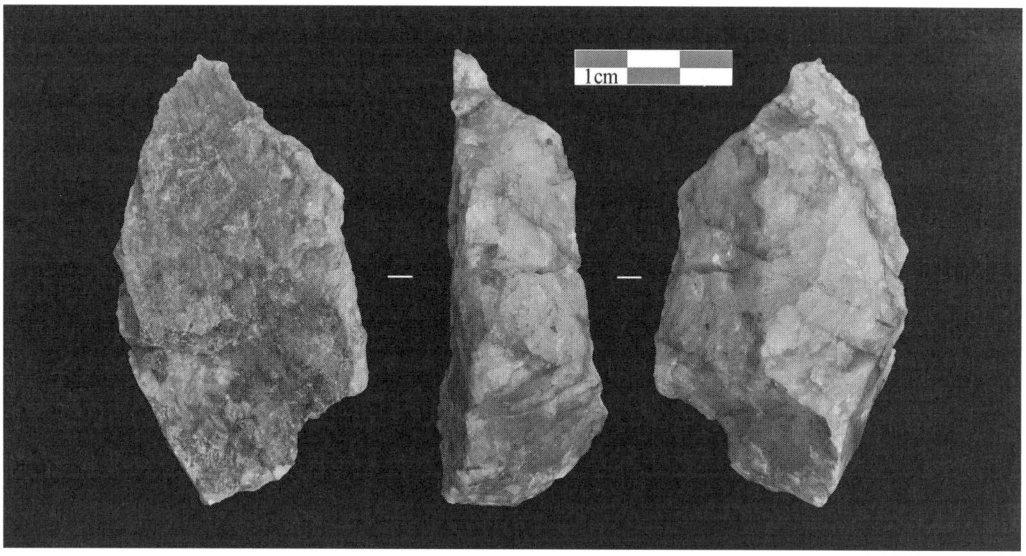

图5-26　方家沟遗址复合型举例［拼合组6（1432+1411）］

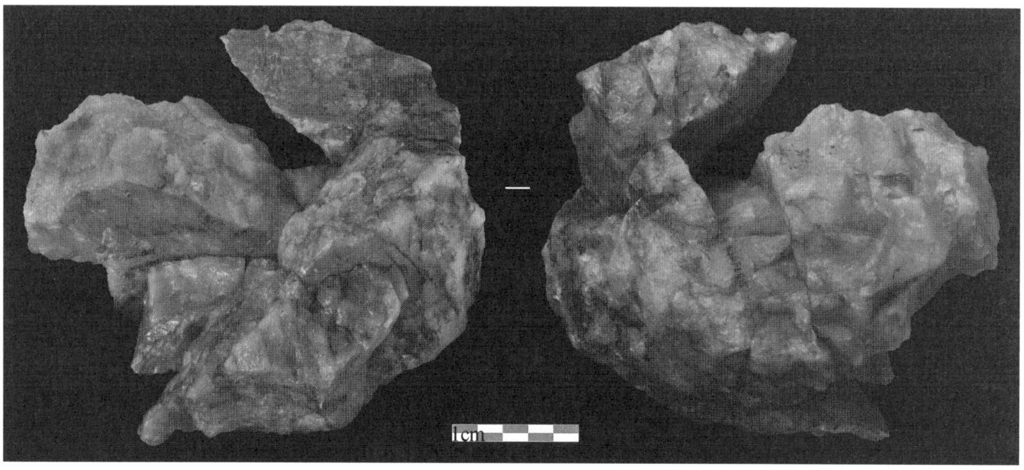

图5-27　方家沟遗址复合型举例（拼合组6）

间为再剥片类拼接关系，水平距离0.71m，垂直距离0.46m。因1217的工作面与0503相连，可以看出是第二步加工发生在断裂之后。0503+1217两者共有的节理面1与1528+0339共有的节理面拼接，节理面2与0897+0769+1082三者共有的凹状节理面拼接，由于后者是0769的台面之一，故推测0503+1217应先于其他断块剥离。

0171：完整石片Ⅵ型，长23.4mm，宽16.2mm，厚17.1mm，重4.7g。台面和背面均为节理面，背脊为单纵脊，腹面与1082的片疤拼接，为石片—石核型拼接关系，水平距离1.01m，垂直距离0.53m。

1082：Ⅰ2型石核，长25.8mm，宽42.1mm，厚43.7mm，重49.8g。原型为断块，未保留自然面，台面为节理面，台面角89°～110°，剥片方向为单向，有2个互相独立的完整片疤，最大片疤尺寸为长23.4mm，宽16.2mm，可与0171拼对，石核底面与0769+0897两两相接，台面与1528断面拼接。从拼合可知两个完整片疤晚于与1528分离，但不清楚是否晚于与0769分离，此外石核上还有少量不完整片疤是在与0769断裂前剥片形成的。

0897：石核断块，长65.5mm，宽55.2mm，厚45.9mm，重127.8g。自然面占比约10%，最大断面可与0769石核的纵断面拼接，从复原位置看0897上的所有片疤均发生在断裂之前，且两者间还缺失其他断块。

0339：断块，长57.5mm，宽48.8mm，厚31.6mm，重55.4g。自然面占比约30%。

0769：Ⅲ型石核，长60.5mm，宽85.3mm，厚55mm，重262.4g。原型为断块，自然面占比约10%。形状近四面体，其中一面为断面，与0897/1082拼接，一面为略凹的节理面，有少量以该面为台面向凸面剥片的单向片疤，台面角80°～92°，从拼合可知剥片发生在断裂前，最大片疤长23.9mm，宽43.6mm；两个主剥片面为交互打击形成，台面为打击+自然面，台面角84°～93°，片疤有多层，至少11个，其中有的是在与0897断裂前，最大片疤长27.4mm，宽26.2mm。0769与0897/1082之间为剥片类拼接关系，水平距离分别为0.2mm、0.6m，垂直距离分别为0.1m、0.13m。三者拼合后长87.1mm，宽106.4mm，厚55mm，重440g。

1528：断块，长86mm，宽53.1mm，厚34.6mm，重116.6g。四面结构，自然面占比约40%，另外三面相互垂直，一面与0339/1082两两拼接，一面与1432拼接，一面与1298拼接。

1529（+1298+0480）：尖状器，远端为断面，可与1298断块、0480断块拼接，组成1件完整的大尖状器。1529和2件断块属于剥片类拼接关系，但1529缺失三维坐标，1298与0480间的水平距离0.4m、垂直距离0.47m。1298长104.9mm，宽76.2mm，厚40.1mm，重314.1g，自然面占比约30%，构成与尖刃相对的工具柄部。0480长29.3mm，宽27.5mm，厚14.4mm，重10.7g，自然面占比约30%，该标本尺寸较小，拼合位置在器身中部外侧，基本不影响工具的使用。修疤都在1529上，不清楚第二步加工是发生在断裂前还是断裂后，暂将其视作一件标本记述。1529拼合前长87.9mm，宽60.8mm，厚33.5mm，重170.1g，拼合后长144.2mm，宽74mm，厚52.3mm，重494.9g。原型为断块，器身呈窄长三角形，对较窄薄一端两边做陡直加工，获得一个断面呈四边形的尖端，厚12.3mm，尖角52°。左右两侧加工长度分别为95.5mm、74.7mm，刃角约75°～85°，因平行于纵剖面的节理发育，修疤痕迹并不特别清晰，两个边缘侧视均不规整，加工方向既有正向也有反向。

1432（+1411）：尖状器，远端为断面，可与1411断块拼接，两者属于剥片类拼接关系，水平距离0.07m、垂直距离0.02m。1411长58.7mm，宽44.1mm，厚42.4mm，重81.2g。由于修疤都在1432上，不清楚第二步加工是发生在断裂前还是断裂后，暂将其视作一件标本记述。1432拼合前长60.5mm，宽51.2mm，厚27.7mm，重69.5g，拼合后长93.2mm，宽52.4mm，厚34.2mm，重137.7g。原型为断块，自然面占比约40%，平面多边形，一面为自然面，略凹，另一面几乎全为节理面，有突出的棱脊。在两侧正向加工出尖刃，尖部断面呈扁三角形，尖角70°，左右两侧侧视均呈直线，加工长度分别为39.7mm、38.5mm，刃角分别为72°～80°、

51°～60°，修疤分别为3个、2个，尺寸主要为大型，因节理发育，修疤和刃缘状态很不规则。

此外，1411和1298之间为废片类拼接关系，两者间水平距离0.87m、垂直距离0.12m。由于二者接触的节理面面积较小，且在拼合复原位置上（1432+1411）与（1529+1298+0480）之间加工部位相距较远、方向各异，故两者间的分离应在各自断块加工为工具之前。

拼合结果为断块，长159.3mm，宽140.3mm，厚117.2mm，重1318.8g，自然面占比约60%。推测该组标本的形成过程是，原料首先沿1298表面的节理分离成几个亚组：a亚组包括1217～1528，然后1528/0339/（1217+0503）从石核中剥离，其中只有1217加工成刮削器，其余均为断块，1082+0897+0769继续用作剥坯，1082只有少量尝试性剥片如0171，0769利用相对更充分，剥坯过程中又沿节理断裂两次，最后形成石核和石核断块，0769也是该石料中节理最少、相对利于剥坯的部分；b亚组包括1322+1411，c亚组包括1529+1298+0480，两组断块分别加工出大小两件尖状器，最后可能是在使用过程中因器身中部横向断裂而废弃，各自形成工具和工具断块。

2）拼合组33（图5-28）。G1，3件标本，（0845石核+0863石核）、（0962远端断片—0863石核），原料为石英K。0962和0863之间为石片—石核型拼对关系，水平距离为0.47m、

图5-28　方家沟遗址复合型举例（拼合组33）

1. 0863　2. 0845　3. 0962　4. 0962-0863　5. 0863+0845

垂直距离为0.01m；0863和0845之间为再剥片类拼接关系，水平距离为0.22m、垂直距离为0.03m。

0962：远端断片，长32.5mm，宽26.1mm，厚20.7mm，重18.3g。腹面近平，背面自然面占比约30%，背脊为单纵脊，背疤2个，均应为同向，背脊上靠近断面处有1个显著的砸点。

0863（图5-36）：Ⅲ型石核，长55.8mm，宽55.1mm，厚53.1mm，重145.2g。原型为断块，自然面占比小于10%，核体平面为多边形，可视作两个不对称的凸面结构，两面互为台面和剥片面，一面相对较平，一面较凸，片疤尾端汇聚至一尖近似漏斗状，台面角80°～87°，两面剥片方向均为向心，片疤12个，产生石片主要为Ⅴ、Ⅵ型，完整片疤尺寸为长43.7mm、宽24.8mm，长26.3mm、宽26.8mm，有一侧剥片面的棱脊上遍布多处显著砸点，且位于较平面上完整片疤打击方向的相对端，可能在剥片末期曾接触石砧。较凸面上，左侧远端有一个不完整片疤可与0962拼对，右侧近端一块节理面可与0863拼接。

0845：Ⅲ型石核，长29.5mm，宽46.7mm，厚40.6mm，重46.3g。原型为断块，未保留自然面，节理面占比约20%，该面可与0863拼接。台面1为节理面、台面2为打击台面，二者对向剥片形成剥片面1，台面角69°～80°，片疤2个，最大片疤长29.5mm、宽26.4mm；然后以剥片面1为台面，在节理面上打下1个片疤：长11.4mm、宽12.1mm，形成剥片面2，台面角93°。产生石片均为Ⅵ型。此外节理面上较平处还有2个显著的砸点。

三者拼合后仍为Ⅲ型石核，在复原位置上0962与0845没有接触无法判断先后，而0845和0863沿节理面断开后，可以很清楚地看出2个“石核断块”各自继续剥片的过程，0863至少有2个片疤纵向打破该节理面，0845则先以该节理面横向剥片，最后由以该面为工作面尝试剥片。

3）拼合组26（图5-29）。G1，3件标本，0905石片—0907工具+1192工具，原料为石英I。0905和0907之间为石片—石核型拼对关系，水平距离为0.07m，垂直距离为0.02m；0907和1192之间为剥片类拼接关系，水平距离为1.31m，垂直距离为0.05m。

0905：完整石片Ⅵ型，长21.8mm，宽23.2mm，厚8.2mm，重3.1g。石片角139°，台面角51°，台面为节理面，腹面近平，背面由3～4个同向片疤和节理面构成，背脊为单斜脊。台面背缘左侧有一个小凹缺，宽9.8mm，高2.9mm，弧度0.59。结合石片角、台面角和背疤特征，其台面背缘应为工具刃缘的一段，石片角则为工具刃角，该标本是工具再修锐时产生的废片。

0907：单边刃刮削器，长39.8mm，宽32.6mm，厚13.8mm，重13.7g。原型为残片，腹、背面两面都由节理面+片疤构成，剖面近菱形，未保留自然面。在一侧正向加工出凸刃，侧视呈直线，加工长度31.7mm，修疤2层：第一层2个，尺寸为大型并延伸到器身中线，刃角约38°；第二层5个，尺寸为中、小型，其中最靠近一端者被另一侧断面打破，刃角62°～70°。修疤面比约20%。第一层修疤中的一个与0905拼对，但两者间还有空隙，对应着第二层修疤，这说明后者形成于0905剥离之后。

1192：双边刃刮削器，长44.8mm，32.4mm，11.5mm，重13.8g。原型为残片或远端断片，腹、背面两面都由节理面+片疤构成，未保留自然面。在两侧转向加工出两个刃缘，两者汇聚

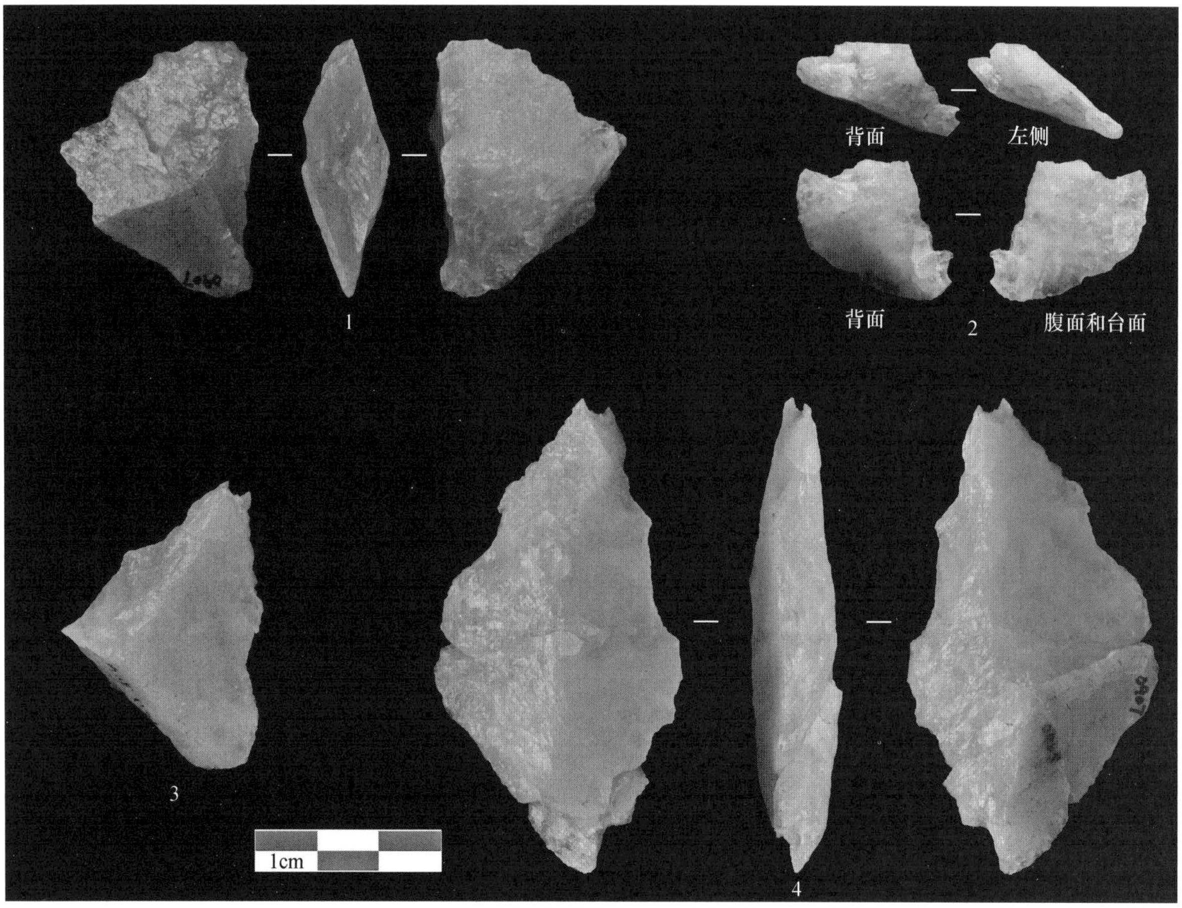

图5-29　方家沟遗址复合型举例（拼合组26）

1. 0907　2. 0905　3. 1192　4. 拼合组26

于远端但尖部呈破损状，故未归入尖状器，左侧正向加工，侧视呈直线，加工长度35.5mm，除远端似破损外其余刃口平齐，修疤2层，第一层为大型，刃角约67°；第二层2个为小型，刃角约81°。右侧反向加工，侧视呈直线，加工长度15.2mm，刃口微锯齿状，修疤4个，刃角68°~80°。与尖端相对的一端为断面，与0907的断面相拼接。

三者拼合结果为一件完整的双边刃刮削器，拼合后长74.1mm，宽39.3mm，厚13.8mm，重30.6g。两个刃缘中，较短刃缘只见于1192、并未延伸到0907上，且和拼合面无接触关系；较长刃缘的修疤被断面打破，可见加工该刃缘应在0907和1192断裂之前。0905和1192无接触关系，不清楚该石片的剥离是在工具断裂前还是断裂后，但足以反映该段刃缘加工和再修理的过程：0905石片背疤代表对刃缘最早的加工，修疤有两层，其中第二层明显较第一层钝，由两个连续的小凹缺构成了近齿状刃口；可能在使用一段时间之后，0905的剥离代表对刃缘的第二次加工，在0907上留下了其平远的第一层修疤，重新把刃角修锐；0907留下的较短而深的第二层修疤代表对刃缘的第三次加工，再次把刃角修钝，此时刃口状态又回归第一次加工之后的齿状。该拼合组表明工具的使用和再修理过程也是在遗址内完成的。

5.4.2.2　拼合所显示的剥片技术和原料利用特点

方家沟遗址拼合组中包含石核者共30组，涉及36件石核，约占全部石核数量的30%。结合石片—石片拼对型的拼合组，可以把拼合所显示的剥片技术和原料利用特点归纳如下。

（1）单件原料的多面开发和同一剥片面的多层开发的关系。在23组石片—石核拼对型中，多数石核除了与石片拼对面之外还有其他剥片面，只有一个剥片面的石核仅3组。而5组石片—石片拼对型，则全部是石核上同一台面、同一剥片面产生的石片之间的拼合，反映了对剥片面的单向多层开发。综合起来看，这两种形式并非彼此孤立存在，由于石核某一阶段转换剥片面是普遍现象，因此可以认为对原料的多面开发是单向多层开发的继续，即转向剥片的结果。

（2）从单件石核的角度看，不同石核之间的利用率差异很大。石核利用率通常可以用石核本身的观测指标来衡量，不过石片—石核拼合组可以提供“废片—石核比”，即拼合组内剥片过程中产生的相关废片与剩余石核重量的比值，以此来评估石核利用率。在25个有效统计样本中，废片—石核比范围为0.001 ~ 0.89，平均值0.26、标准差0.23，中位数0.16、四分位差0.27，显示出该组数据离散程度较大，暗示石核产生的剥片数量和重量存在较大的变异范围。这与单从石核得出的结论可以互相印证。

（3）一些石核+石核的拼合关系所反映的石材消减过程较复杂，常见一个母石核分割为多个子石核或剥片过程中产生的断块继续被利用做石核的情形。

前者如拼合组3，在剥片过程中断裂为2个体积相近的断块0608和1078，尽管两者继续剥片的数量都很少，但终止剥片时的尺寸与其母石核尺寸相比已经大大缩减。在拼合组24中，母石核甚至连续断裂两次，每次产生的断块都被继续用作新的石核。

后一种情况的典型实例见于拼合组27和拼合组33，剥片过程中母石核断裂为一大一小两件断块，小的断块继续剥片，最后重量仅为已知母石核的22.1%、25%，如果考虑到母石核与初始原料的尺寸差距，这一比例可能会更小。如拼合组6中，最后剩余的2件石核重量仅相当于拼合组6总重的19.9%和3.8%，无论是尺寸、形态还是自然面占比都无法反映原料的初始状态。

除此之外，再剥片类拼接型还有一个大断块产生若干小断块，其中某个断块被用于剥片的例子，如拼合组14。说明普通断块和石核断块一样，是石核原型的重要来源。

考虑到占遗址原料主体的石英岩块很可能初始尺寸很大，一块原料就可以产生很多子石核，而多数情况下同质性的白色石英很难拼合。因此，虽然此类拼合组较少，但很可能代表了遗址内石核剥片的普遍情况。

5.5 石器生产操作链的复原

5.5.1 原料采办

对石料的分析是旧石器研究中不可或缺的基本步骤。首先要确定遗址中原料的形态构成（砾石还是岩块），在此基础上对其来源产地尽可能精确地定位，分析原料可获性和古人类获取石料的范围。

已观测石制品的原料表面状态可以分为岩块风化面和砾石皮两种。非石英制品中只见砾石皮。而石英制品中既包括岩块风化面，又包括砾石皮，前者没有被磨圆，与砾石皮的区分比较明显，因此可以根据对带石皮标本的统计来粗略估计原料原型中岩块和砾石的比例。统计可知，在有自然面的标本中，来源于石英岩块者的数量大约是石英砾石的7.6倍。多数石英制品没有自然面，但仍可依据原料最小单元和尺寸等因素评估其大致构成。

按照最小单元划分，有244件不含自然面的石英制品，可以根据质地、颜色、节理等特征或者直接拼合，和含自然面的标本一起归入石英岩块A～X，占其总数（N=463）的42.6%。而不含自然面但可归入石英砾石的石制品仅有2件，占所有石英砾石（N=37）的5.4%。而且由于石英岩块的可辨识度一般较低，相当多含自然面的标本还不能归入最小单元中，推测实际来源于岩块者比例会更大。

石英砾石的产品尺寸一般较小，标本最大长度范围在18.9～91mm之间，中位数31mm。而且带入遗址时的初始尺寸，也是砾石小于岩块。以石核为例，原型为石英岩块的最大标本0094重2.952kg，最大长164.9mm，此外大于100mm的大型石核还有5件；原型为砾石的最大标本0786重611.8g，最大长91mm，从一些相对较完整的拼合组和打击类产品看，原型砾石多为椭圆形，长径多应在60～70mm之间，罕见更大的砾石。因此，在其他条件相同的情况下岩块会产生比砾石更多的无自然面标本。

综合这些因素考虑，可以确定绝大多数石英制品的原料应当是岩块，来源于砾石的产品虽然会比可确定的数量更多，但总体数量占比很有限。

根据上述分析，方家沟遗址主文化层的原料可以分为两类：一类为砾石，成分包括石英砂岩、石英岩和石英等；另一类为石英岩块。

砾石调查表明，遗址附近丘陵顶部普遍出露有厚1～3m的古砾石层，海拔一般为340m左右，层表被0.2～1m厚的表土覆盖，从砾石层相对于遗址的地貌位置判断应早于人类活动形成。为了验证以遗址内的砾石原料是否来源于来源该层，选择了两处出露较好的剖面，随机划定3m^{2}左右的范围，取出其中所有砾石，对其大小和岩性进行抽样统计，同时对原料质量进行初步评估。楝树沟剖面在遗址所在丘陵顶部，北距遗址约450m；郑登快速路停车区剖面位于遗址东北侧一小丘顶部，西南距遗址约600m。根据遗址的实际情况，长径50mm以下的砾石被人类利用的可能性很低，故未计入有效样本量，另外有些砾石结构疏松或节理太多、明显不适合打制者，单独列出归入劣质类。

经统计可知，在两个剖面大于50mm的砾石的岩性构成基本一致，砂岩占78%～80%，石英岩占10%～16%，石英占3%～4%，其他岩性都只是偶尔出现。这三种主要成分中，劣质砂岩和劣质石英岩从剥片性能看，毫无被人类利用的价值；其他的石英砂岩、石英岩和石英砾石也有一些质量差异，但至少都可以剥下适用的石片。总的来说，大于50mm的砾石中有56%～60%存在剥片利用价值。

经与出土标本对比可知，遗址中的砾石原料基本都可以在砾石层找到对应者。形态上砾石层内砾石也与出土标本一致，圆度基本为次棱角或次圆状。

因此，遗址内包括备料在内的石制品中的砾石原料都是来源于这一古砾石层，砾石原料的三种主要成分石英、石英砂岩和石英岩是古人类主动挑选的结果。石料在砾石层中的分布比较均匀，根据砾石皮、岩性及形态等无法确知非常具体的原料获取地点，但应不会距遗址太远，是就地取材的结果。

借助1∶20万的地质图和区域地质调查报告[7]，可以初步了解方家沟遗址周边区域的地质环境和岩层特征等信息（图5-30）。遗址方圆约5km范围内主要地层以更新统和全新统为主。遗址所处山体的基岩属二叠系上统石千峰组（P2sh），其风化表层剥落的细砂岩岩块虽在遗址中常见但并不被古人类所利用，推测是自然因素带入遗址的。其他出露岩层距离遗址较近的区域有两处，一是西北方向嵩山主峰东南麓，包括下元古界五指岭组（Pt1w1）和庙坡组（Pt1m）、寒武系毛庄组（Є2m）、震旦系马鞍山组（Z3m）；二是东南方向告成镇东南和大冶镇西部的低山丘陵地区，包括二叠系下统石盒子组（P2s1）、寒武系上统长山组（Є3c）。在方家沟遗址第二次发掘期间，我们对这两处区域进行了调查，初步了解了其中可用石料所在岩层的特征及原料的形态、大小、质量等情况。概述如下。

石英砂岩：见于Z3m，西南距遗址9～10km。在北竹园北地点观察到巨厚的紫红色石英砂岩剖面，地表可捡拾5～20cm的岩块，硬度高，均质性较好。

石英岩：原生岩层可能属于Pt1m，南距遗址9～10km。在寨上村北地点见巨厚的紫红色—灰色石英岩剖面，附近冲沟中可捡拾到5～30cm的岩块；在北竹园北地点地表捡到10cm以上的灰白色石英岩块。这些石英岩硬度高，均质性很好。

灰岩：见于Є3c、Є2m中，距遗址7～10km，因现代采掘或修路活动可见非常厚的剖面，部分硅质灰岩的均质性很好。

石英：原生岩脉见于Pt1w1中。在10个地点中发现石英，南距遗址6～10km。其中新南庄西地点无岩石露头，在干枯河道中发现大量砾石，直径在5～30cm之间。在土观南地等5个地点，可从剖面上观察到岩脉，厚度不均匀，一般在0.1～0.6m之间，围岩有紫红色石英岩、灰黑色绢云母片岩、黄褐色石英片岩和绢云母片岩等，最近的北高庄北地点东南距遗址7km。在

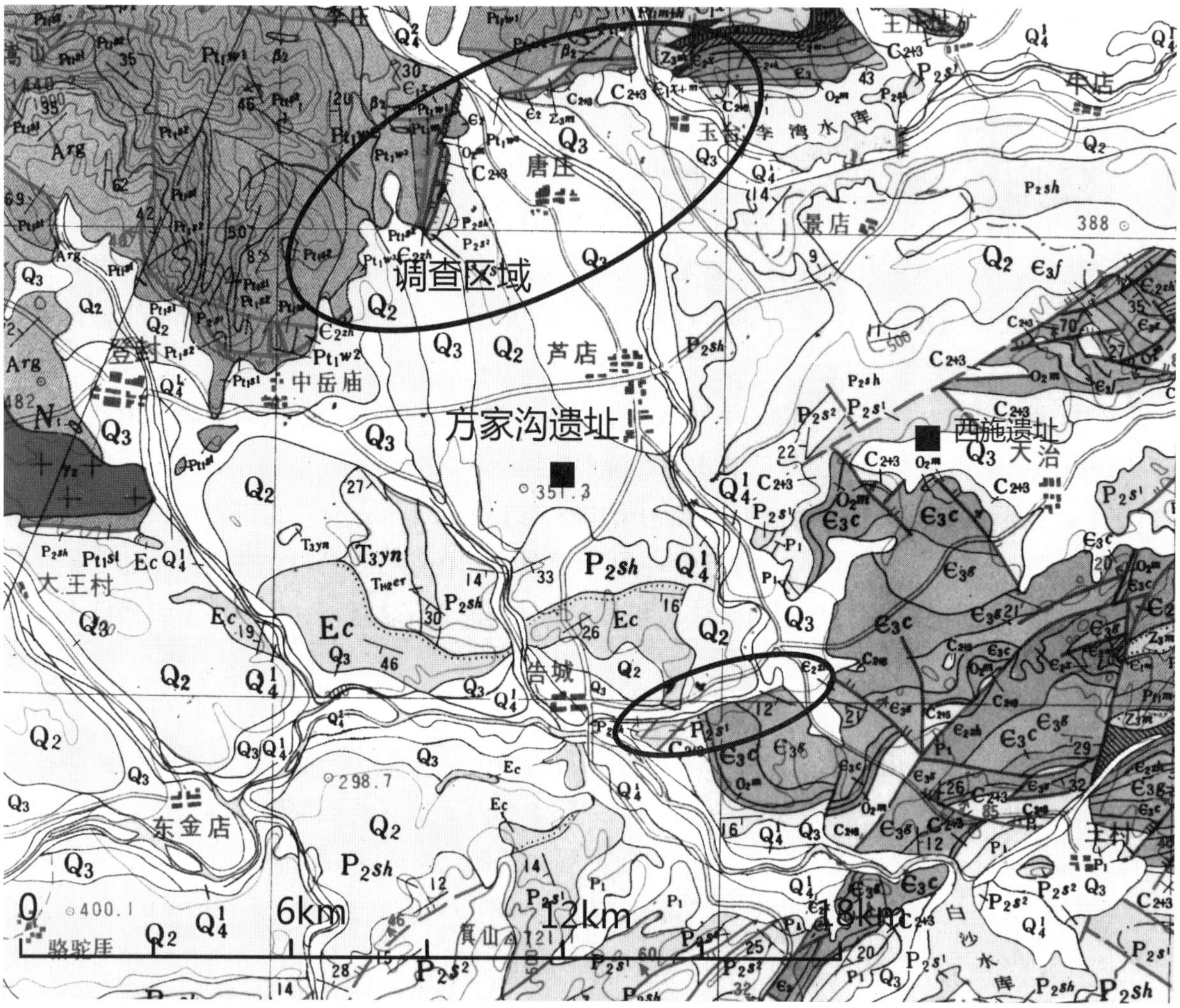

图5-30　方家沟遗址周边区域地质图

上竹园北等4个地点，发现表土中含有大量石英碎块，或者堆放在地表的石英碎块，其中土观南地东地点石英堆放处距原位岩脉不远，推测其他地点是由于片岩硬度低、易受侵蚀风化，围岩已经消失，后受到晚近的自然或人为作用而暴露。这些石英岩块尺寸很大，长径10～30cm者很常见。不同地点所见石英的均质性变异范围较大，一般要差于石英岩、石英砂岩和部分硅质灰岩，但仍较适合打制石器。

将采集的石英原料与出土标本比对可知，采集石料的石皮状态和均质性与出土标本基本一致，多数石料的颜色、质地与石英P、Q、R等最小单元比较接近，少量白色微透明或白色微蓝的石料在遗址中也非常普遍。

据此推测，遗址中的石英岩块原料应主要来自遗址西北部嵩山东南的山前地带，东南到遗址直线距离6km左右，而且中间没有明显的地形障碍。由于原生岩脉较难开采，主要的采集方式应是捡拾围岩风化后剥落至地表的岩块，由于石英节理发育且易碎，一些岩块很可能在被采集前或进入遗址前就已经破碎。可以满足剥片尺寸和均质性需要的岩块数量极多，且在调查区域内分布非常普遍，凡是Pt1w1露头较好的地点均可见石英岩脉，因此石英岩块的可获性很高。

综上，可以把方家沟遗址的石器原料分为两组；一组是在石英岩脉所在地附近被采集和开发的石英岩块，来源于遗址西北方向6km的嵩山东南麓；另一组是在与基岩露头有一定距离的古砾石层中采集的砾石，成分包括石英、石英砂岩和石英岩等，来源于遗址附近1km的范围内。不过两者的运输量差异很大，相对更远的石英岩块占遗址石料比例很大，反映的获取方式应是有计划地去原材料产地进行采集；而更近的砾石不仅数量少，而且成分不固定，有一些不太常见的岩性也被偶尔使用，反映的可能只是一种机会性的采集方式。

在原料选择倾向方面，主文化层的原料总体上较为单一，以石英占绝对优势，不同岩性在石核、废片类和修理类等石制品类型中的利用比例基本一致。原料选择倾向主要体现在个别石制品类型、非锤击技术的应用以及少量修型产品等方面：

（1）备料倾向于使用砾石，尤其是石英砂岩砾石，没有石英备料。换句话说，凡是被带入遗址的石英岩块均经过剥片，而砾石则不然。

（2）打击类产品大多数也以砾石为原型，只有一件标本是以断块为原型。

（3）剥片技术存在一定的原料间差异，如砸击技术只被用于石英原料中，可能存在的石砧-锤击技术绝大多数也只用于处理石英原料。

（4）G1中仅有的1件砍砸器0798是修型概念的产品，从原料选择开始就运用了与剥坯不同的方法，可能与该原料均质性较好、打击后容易形成规则的贝壳状断口有关。在石英原料中没有类似的修理类工具。

综上，方家沟遗址石器生产中对原料存在一定的选择性。由于原料种类较为局限，非石英石制品数量也较少，这种选择倾向更多表现在原料形态上，即岩块和砾石之间，而针对不同质量原料采取不同利用方式的现象并不明显。砾石原料可能仅起到补充石英岩块原料的作用，因此并未针对更优质的石英砂岩或石英岩采取某种特别的处理方法。

5.5.2　剥片技术

这里所称的“技术”（technique）是狭义的，是指具体的动作即挥手打击的活动[8]。方家沟遗址大多数石制品都表现出硬锤锤击的典型特征，如台面呈一个面状，打击点一般较集中，台面角略大于直角，质量较好的石料上半锥体、打击泡也较突出，台面腹缘不见唇部。此外，石制品组合中出现了石砧，这说明在常见的锤击制品之外还应存在其他技术的产品。

砸击技术方家沟遗址共发现砸击石核16件，砸击石片44件，其原料均为石英。石片的主要特征是台面缺失，受力端为点状或薄锐的刃缘状，受力方向一般是石片长轴方向，长大于宽，腹面没有半锥体，背面或腹面近受力端处常有层叠状小疤、裂纹或其他破损特征，因原料特点限制，一般不见打击泡和波纹，腹面常常略向内弯曲或较平坦。石核的特征与石片接近，但砸痕较石片显著，有两个相对固定的受力端或小平面，剥片面上沿应力方向有完整的片疤，较厚的石片有时与石核颇难区分。这些特征基本符合文献中对砸击法或两极法的描述。

砸击制品的原型普遍不明。只有4件砸击石核保留了自然面，自然面比均不超过30%，而且砸击石核和砸击石片的自然面上都不见砾石皮。推测石核毛坯可能是石英岩块剥片过程中产生的断块。

通过对比砸击产品和锤击产品各自的尺寸、重量，可以发现，砸击石片或石核要比对应的锤击产品小，且数据离散程度小，尤其在石核上表现得更明显。因此，砸击技术可能主要应用于相对较小的原料，而且从石核的尺寸平均值看，更多是处理长宽接近、厚度较小的薄片状原料。

从剥片结果看，锤击石片常是宽大于长，砸击石片相比之下形态则更趋于窄、薄。多数砸击石核形态并不规则，罕见长方形或枣核形并有薄长平行片疤者，遗留的可辨识片疤数均少于10个。统计砸击石核上的最大片疤长度与石核最大长度的比值，范围为36%～100%，平均74%，而锤击石核的相应值只有3%～83%，平均51%。也就是说，在石片与对应石核之间尺寸差距上，砸击制品要更小一些。

石砧—锤击技术有一些石核表面的砸点位于台面或打击方向的相对一端，可能是由于打击时也将石核置于石砧之上、受石砧的反作用力形成的。但是砸点处除了呈粉碎状、剥落碎渣、产生裂纹与砸击痕迹类似外，并无剥片痕迹。而且与一般砸击石核砸痕位于核体较薄锐处不同，有砸点的地方多为钝面或较钝棱脊上，它可以分布在多个面上，但没有集中于石核两端的现象。就石核台面和剥片面特征来说，这种石核和一般锤击石核没有差别，结合拼合证据看，石片主要也并不是依靠楔裂作用剥离的，石砧可能只是起到固定和支撑石核的作用。总之，它和一般锤击的区别仅仅是在某种程度上用石砧代替直接持握石核的手，产生的石片应当相同。

观察到砸点的石核有74件，原料均为石英，其中18件有可能采用了石砧—锤击技术，占全部石核总数的15%。经总体观察，并未发现这类石核在形状、尺寸、原料利用率等方面与其他石核有显著差异，而且考虑到背面或台面有砸点的石英石片也有47件，说明石核上与石砧相接触的面也可以被用于剥片。因此，在后文的分析中将这种石核和锤击石核合并处理。

5.5.3 剥坯方法与概念

本文借用了旧石器技术研究中的剥坯和修型概念[9]：剥坯是运用多种方法将石料剥裂成不同形态和大小的毛坯的过程，所获毛坯既可直接使用，也可根据需要加工成工具，剥坯的目的是从石核上获得毛坯，结果将产生两类产品：剥坯后的石核和石片，而且石核与石片在操作链中具有不同的地位和作用。修型是按照预设产品的形态和技术特征，对一块合适的石坯从一开始就进行循序渐进的打制，直到将其制作成所需要的形制和大小。

方家沟遗址的石制品绝大部分都是剥坯概念的产品。根据对石核、石片的总体观察，结合拼合组证据，可以确认石制品组合中并不存在复杂的系统剥片概念，如石叶和细石叶生产。但即使在相对简约的剥坯概念中，仍然可能具有方法上的多样性。通过研究剥片过程中对石核技术特征的选择、石核台面和剥片面的转换、剥片过程中石核的形态变化等，可以揭示打制者所运用的剥坯方法和概念。

石核剥片过程可以从历时性角度划分为两个阶段，即石核预备阶段及石核生产阶段。石核预备阶段的工作是从毛坯上选择或者有意识地预制出石核剥坯所需要的技术特征，石核生产阶段的工作在于对石核剥坯的过程进行组织与管理，如对剥片先后顺序的选择和对剥坯序列数量的控制等[9]。

由于方家沟遗址的石核选材范围很广，最终形态、尺寸差异显著，不同石核所能反映的剥坯方法和概念方面的信息也存在很大区别。因此，本文以石核上保留单个剥片序列产生石片的数量为标准，把全部石核分为尝试石核和典型石核两类，各自定义如下。

权宜石核：剥片强度较低的石核，同一剥片序列产生石片不超过两件，剥片面占比不超过原型的30%。权宜石核原型可以是砾石、岩块或断块，既可能出现在剥坯早期，也可能出现在剥坯末期，按台面数量划分则包括了单台面、双台面和多台面石核，其共同特征是可辨识的剥片数量太少、缺乏规律，因此在分析石核生产阶段方法时将其排除在外。

典型石核：剥片强度较高的石核，至少有一个剥片序列产生3件或更多石片，剥片面占比一般超过原型的30%。

5.5.3.1　石核预备阶段方法

石核预备阶段方法主要依靠石核原型、石核台面和剥片面选择等方面来识别。

对石核原型的统计显示，以断块为原型者比例最高，占全部石核的51.2%。这些断块从自然面状态、原料最小单元和尺寸分析，绝大多数应是石英岩块剥片中的产品。此外，石核原型为岩块和砾石者也有一定比例，但以石片为原型者极少，其中锤击石核和砸击石核各一例。原型不明者多数是砸击石核，或者尺寸较小、不含自然面。

石片台面形态一般为简单的平、凸、凹三种，脊状或更复杂的形态极少。对石片台面（N=472）性质的统计显示，台面以人工台面为主，自然面仅占全部台面数量的17.6%。因台面面积普遍较小，多数人工台面无法区分是节理面还是打击面。在确凿的打击面中，大多数是素台面，有13例为两个或更多片疤构成的脊状台面，仅标本0422可能为修理台面。对石核台面（N=260）性质的统计显示出类似的结果，自然台面占总数的17%，人工台面中大部分都是打击台面。总之，打制者更倾向于选择先前人工打制或沿节理断裂的面作为台面，基本不存在对台面的刻意修理。

在石核和石片中，均未发现有针对剥片面的修理。由于石英的破裂面比较复杂，石核通常很难判断最初剥片时是否利用了石核上的纵脊，而完整石片Ⅰ型和Ⅳ型由于数量太少（N=9），也很难说明剥片面初始的技术条件。综合石核的原型以及拼合情况，打制者对剥片面的技术特征很可能没有特殊要求。

不过，在锤击石核中，如果一个剥片面上的片疤是单向或存在一个主要方向，通常剥片方向垂直于该面的长轴方向，即剥片面宽大于长，这在可以模式化为六面体的石核形态中表现得非常清楚。当剥片面长宽差异较大时，选择在不同剥片方向产生石片的理论最大长度也存在明显差别。因而，对剥片方向的选择反映了打制者在石核预备阶段对石料形状的开发理念。

5.5.3.2　石核生产阶段方法

石核生产阶段方法可以分为两个层次[9]：一是单一同向剥坯序列内部不同剥片之间的组合方式，二是不同剥坯序列之间的组合方式。前者主要根据石片背疤、石片—石片或石片—石核拼合型标本，结合典型石核剥片序列中片疤间的叠压打破关系判断，后者主要依据对典型石核序列、石片背疤方向等的分析。

同一剥片序列内部同一剥片序列中片疤（或石片）间的关系，可分为相互独立、相互交叉、相互重叠三种情形，根据观察，同一剥片序列中石片的关系与石核类型之间没有特定的对应关系。即同一种方法可以被运用到不同石核中，同一石核上也可能会运用不同的方法。

在可辨识剥片先后顺序的剥片序列中，相互交叉和相互重叠都较为常见，相互独立较少见。这与完整石片中较多利用背脊且背脊构成大多包括片疤的统计结果是一致的。但是，由于石英复杂的破裂特征，不论是石片背疤，还是石核剥片疤，都有相当多的标本难以准确辨识相邻剥片的先后顺序，因而无法定量统计哪种序列内剥片方法更能反映打制者的习惯。

不同剥片序列之间与同一剥片序列内部的生产方法相比，不同剥片序列之间如何生产是理解剥坯模式的关键，与打制者可能的意图或规划关系更密切。根据方家沟遗址48件典型石核剥片序列之间的关系，可以区分出四种石核生产阶段方法（Method of production，以下简称Mp）（图5-31）：

Mp1：保持相同台面和剥片面，进行同向剥片，剥片序列仅有一个。

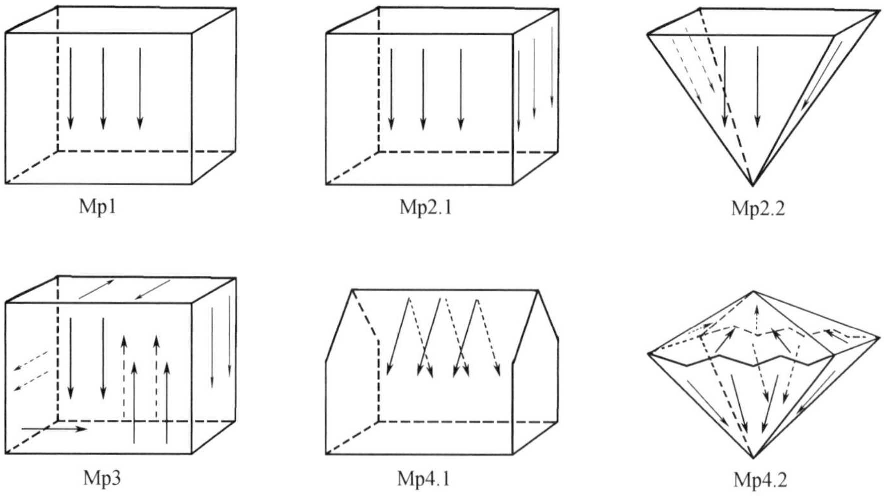

图5-31　方家沟遗址石核生产阶段方法模式图

Mp2：转动石核，保持台面不变，更换剥片面进行剥片，形成两个或更多剥片序列，包括：Mp2.1同向剥片；Mp2.2单凸面向心剥片。

Mp3：翻动石核，更换台面，形成两个或更多剥片序列。包括：Mp3.1剥片面不变；Mp3.2更换剥片面。

Mp4：至少有一个剥片序列中台面和剥片面可互换，石片疤分布在两个相对且相邻的剥片面上，彼此互为台面和剥片面。包括：Mp4.1局部两面打击石核；Mp4.2盘状石核。

（1）Mp1

单独采用Mp1方法的标本有3件，占典型石核的6%。0105、0903、1460三件石核分别以岩块、断块和砾石为原型，可以代表该类石核的一般状况。如果排除0105典型序列之外的两个尝试剥片，三件标本都可归入单台面、单剥片面石核，而且三件石核保留片疤数都不超过4个，剥片面占比不超过50%，也没有较固定的形态，可能会被认为利用率不高（图5-32）。

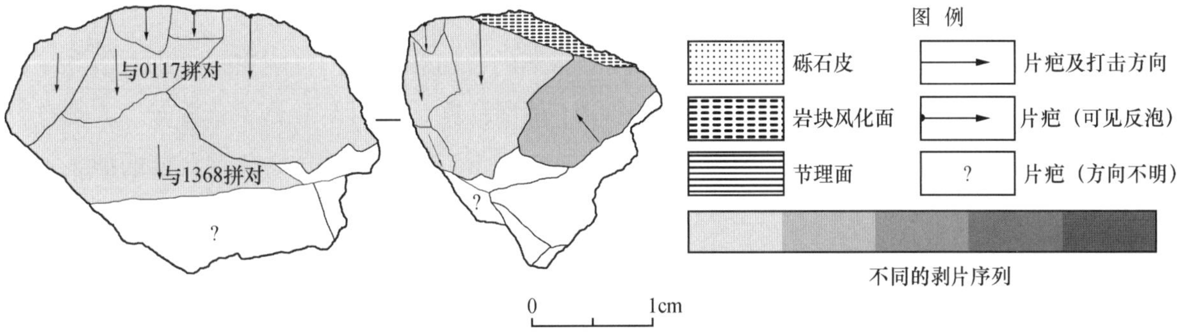

图5-32　方家沟遗址单向剥片石核举例（0105）

但结合拼合证据，三件石核的废片—石核比分别达到36.9%、44.6%、88.6%，显著高于其他典型石核。而且互相重叠的剥片的存在也影响了对剥片数量的统计，实际存在的剥片数量应大于剩余石核上保留的片疤数量。这在拼合组7中表现得非常明显，组内最早的剥片1368背面全为片疤，其中有两个是完整的，1368的剥离使先前片疤痕迹在剥片面上消失，起到更新剥片面的效果。另外，三个拼合组也都表明Mp1方法着力于开发单一剥片面，石材消减主要体现在核体厚度（前后距离）随着石片剥离而缩小，对石核整体形态的改变比较有限，或者说剥片过程自始至终保持了相似的结构。因此，可以把这三件标本归入一类，称为单向剥片石核。

（2）Mp2

观察发现并没有单独使用Mp2的典型石核，比如单台面、两个或更多剥片面的石核。这本身就说明，把不转换台面的剥片方法区分为Mp1和Mp2是有意义的，在单向剥片时，打制者可能更倾向于开发单一而非多个剥片面。

Mp2.1：即不转换台面同时转换剥片面的同向剥片。它总是和Mp3或Mp4混合使用，这意味着同一石核转换剥片面和转换台面是密不可分的。反过来说，混合使用Mp2.1+Mp3与单独使用Mp3可以形成等效的石核。因此除非有确凿的剥片序列间先后顺序的证据，否则无法统计

Mp2.1的单独使用次数，在此仅把它列出作为一种可能性存在。

Mp2.2：单凸面向心剥片，以一个平面为主台面，另一面为中心汇聚的片疤，因向心剥片而形成中心显著凸起。采用Mp2.2方法的石核有6件，占典型石核的13%，其中3件有拼合证据。该类石核同样也采用了Mp3.2，只是在一件石核上两种方法的先后顺序相对更为清楚。其共同特征是，以石英断块为原型，主台面为打击台面，台面上至少保留1个片疤，方向和其他向心片疤明显不同，说明台面至少有一次转换，只是在1～2个剥片序列后才不再随意转换台面，形成了较固定的剥片方向，形状也近似漏斗形或锥形。这类石核利用效率较高，片疤均在7个以上，剥片面占比在70%以上，除了0155外其余均不含自然面。尺寸和重量变异范围也较小：长度40.5～57.8mm、平均值47.7mm，宽度42.9～81.8mm、平均值61.8mm，厚度37.9～52.6mm、平均值45mm，重量61.5～204.5g、平均值124.6g，总体上相对于其他转换台面石核偏小。从这个角度看可以把Mp2.2石核单独列为一类，和转向不规则的石核分开。

按台面数量分类，Mp2.2石核会被归入双台面或多台面石核，但只有靠后阶段的向心剥片痕迹比较清楚，形成主台面的剥片序列在石核上留下的台面和片疤少且不完整。拼合组58（图5-33）为该类石核在剥片过程中的形态变化提供了确凿证据，说明在最后一个看似较为规整的向心剥片序列之前，还存在至少两个对向的序列，在剥下1389原型石片之前，石核的形态与其他Mp3石核并没有什么区别，剥片方向和后来的向心剥片也没有多少联系。总之，并没有可靠的证据表明石核剥片过程中会一直保持向心剥片方法和近漏斗形态，相反，最终的核体形状可能与毛坯形状有关，也可能只是不同序列交错的偶然产物，很难认为是某种概念指导下预先设计好的构型。

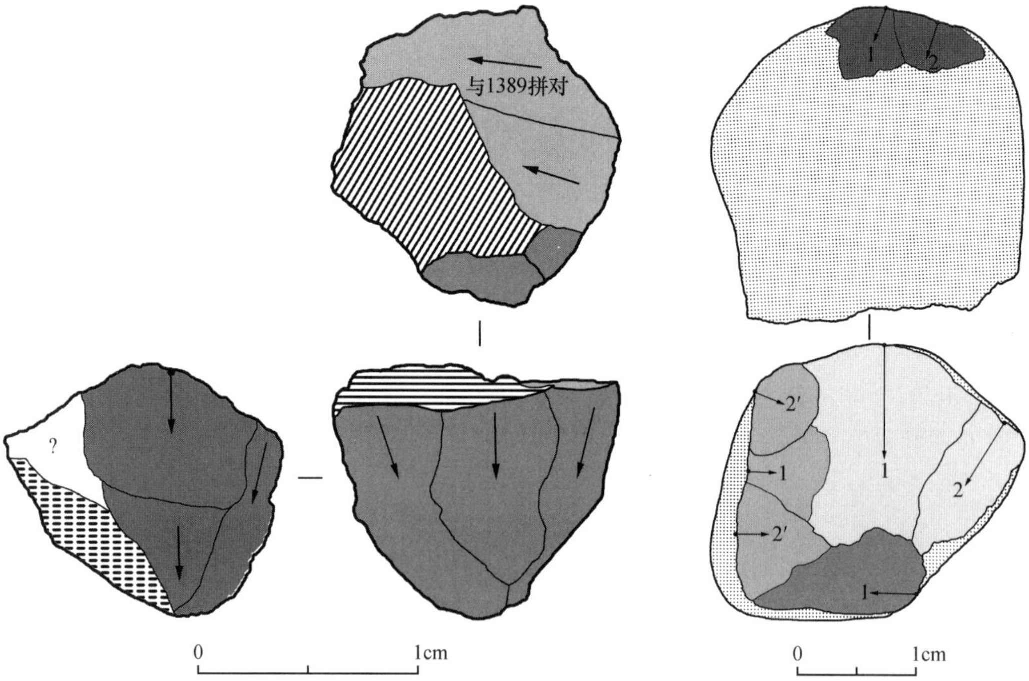

图5-33　方家沟遗址单凸面向心剥片石核（0155，左）和单平面向心剥片石核（0786，右）举例

（3）Mp3

排除上述6件Mp2.2石核后，其他采用Mp3方法的标本有27件，占典型石核的56%。其中，有10件可能采用了Mp2.1方法，但是因与Mp3混用而难以分清，所以在此一并述及。Mp3石核中，较晚序列大多与较早序列交错（序列间完全不交错者仅2件），并利用了后者所产生的技术特征（图5-34）。

Mp3.1：更换台面的同时保持剥片面不变。这种方法也从不单独使用，而是和Mp3.2混用。其中较为特殊的一种是，通过旋转台面沿石核一周向心剥片，但片疤并未在剥片面形成一个凸起的中心，而是组成一个平坦的剥片面，和周围台面基本垂直。这种方法与Mp2.2相比，在是否转换台面和剥片面技术特征上有显著差异，为与之区别可以称为“单平面向心剥片”。该类石核有2件，0786（图5-33，右）和1459，原型均为砾石，主剥片面上完全不见石皮，有多层片疤，这在一般以砾石为原型的石核上相当少见，看起来可能是一种更高效的特殊方法。不过，0786在主剥片面之外还有一个相对的次剥片面，两者先后不能确定，1459利用主剥片面做台面形成两个与之垂直的次剥片面，结合两者主剥片面剩余台面角均较大的情况，这种剥片面形态也很难维持持续剥片，既非对后来序列的预制，又不是打制者所计划的最终形态，当石核转换台面时，该剥片面与其他自然或打击平面所起到的作用无异。如将同一组向心剥片视为一个特殊剥片序列，则该序列在一个石核中和其他序列间的地位也是平等的。

Mp3.2：更换台面的同时也更换剥片面。这种方法可以单独使用（N=4），但多数是结合Mp2.1或Mp3.1使用（N=23）。从各个方面看，这种剥片序列间的转换都缺乏组织性和计划性。

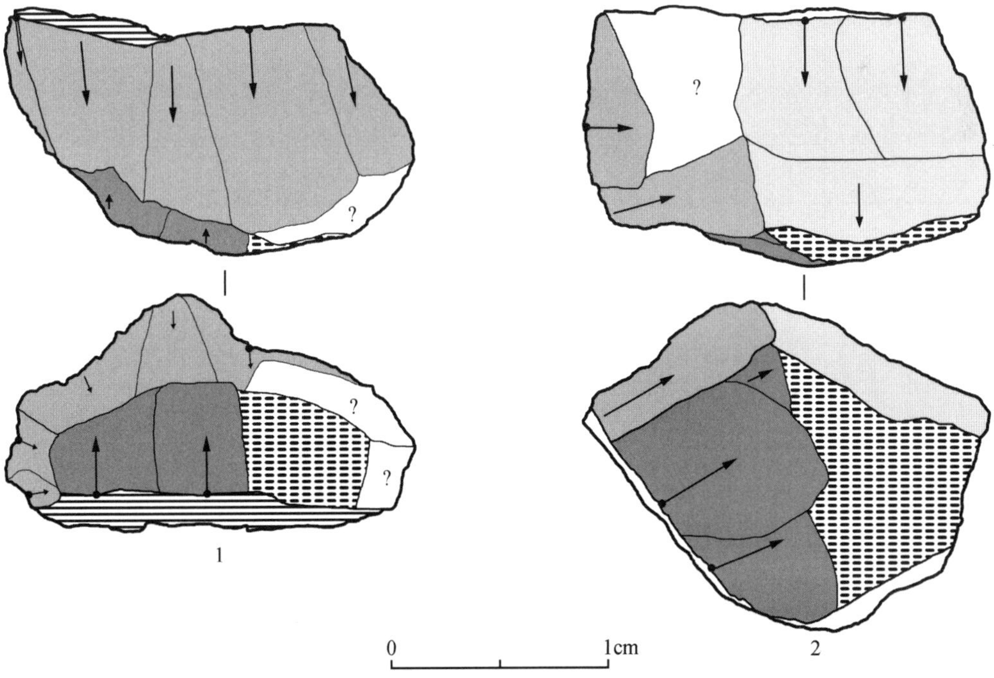

图5-34　方家沟遗址不规则转向剥片石核举例

1. 0199　2. 0618

在更换台面的性质方面，有18件石核明确利用了先前序列打制出的剥片面作为新的台面剥片，有9件石核则是利用另一个自然面或节理面为新台面。前者多为多台面石核，后者基本上都是双台面石核，前者的片疤数量、剥片序列数量、剥片面占比等指标的平均值高于后者，但是尺寸和重量变异范围仍然极大。有理由认为台面数量的增加以及使用先前剥片面作为台面，都是追求更多剥片数量或者更好的剥片角度的自然结果。

再从剥片面的剥片方向看，除了前述0786和1459的主剥片面是向心外，其余均为双向或多向。如果将石核视为一个整体，双向和多向分别有8件、19件，双向中对向和不对向各有4件，而且即使是对向也都是不同的（相邻或相对）单向剥片面构成的，没有显示出特别的规律。

其次是剥片面、台面的相互关系。这类石核中剥片面或台面的转换顺序较难分辨，而相互关系（相对或相邻）较为明确。因此用树状图[10]来表示面和面之间的相互关系具有可操作性（表5-11）。

表5-11　方家沟遗址Mp3石核中剥片面与台面的相互关系

2个剥片面，2～4个台面	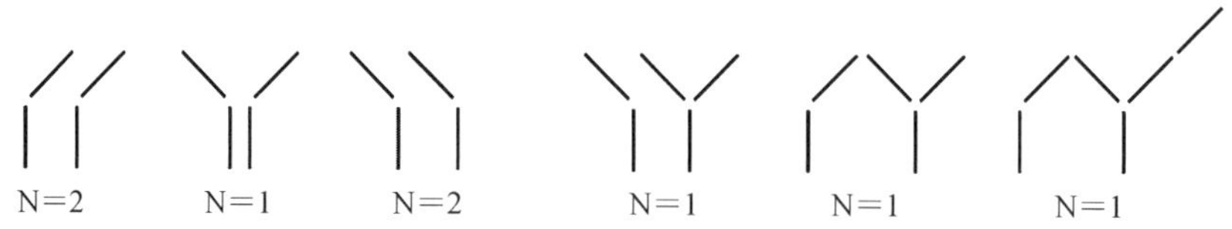
3个剥片面，2～5个台面	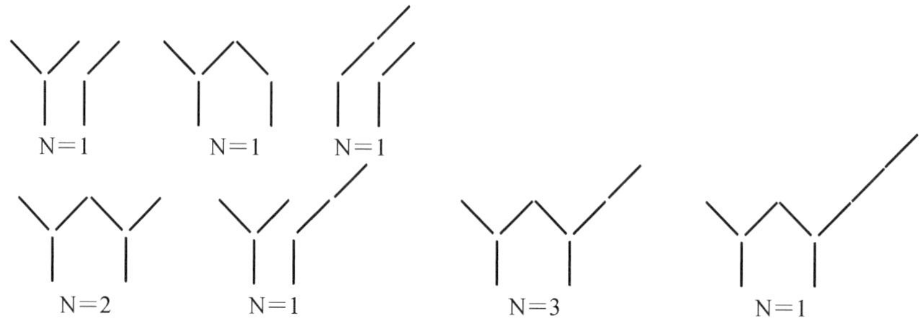
4个剥片面，2～4个台面	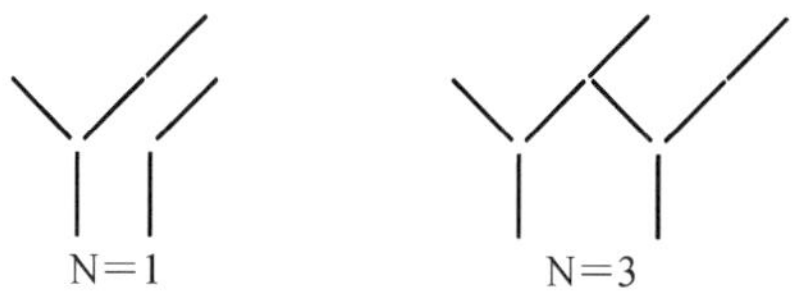
5个剥片面，3～5个台面	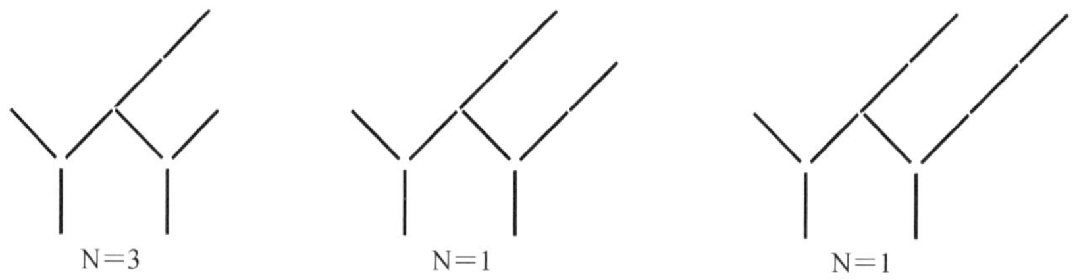

注：每个树状图左侧表示剥片面间关系、右侧表示台面间关系。以任意剥片面为起点观察，第一个剥片面记作“|”，向上分权的“\”表示后续剥片面与第一个剥片面相对，“/”表示后续剥片面与第一个剥片面相邻，如“Y”表示有三个剥片面，第二、三个剥片面分别与第一剥片面相对和相邻；台面亦然。树状图下“N=”代表对应石核数量

可以看出，剥片面与台面的数量及相互关系呈散乱状态，每种类型对应的石核数量都不超过3件，并没有一种主导的剥片面、台面转换模式。这也可说明剥片过程中转换台面和剥片面是相对随意的。

该类石核中一些尺寸较大者原型状态比较清楚，结合拼合证据可以看出，不论是0094、0738那样开发了包括先前剥片面在内的多个台面，还是像0575那样完全不用剥片面做台面，剥片过程中对石核形状的改变都不太明显。尺寸相对较小的石核很难看出原型，拼合所获证据也难以反映从原型到终止剥片过程中的形态变化。不过，权宜石核中较普遍地利用剥片产生的断块继续剥片，在典型石核中应当也存在，这些进一步被利用的断块尺寸变异大，相当一部分本身就未保留自然面。Mp3.2石核中一些尺寸小、自然面比低的石核，更可能是与原型的状态相关，不能作为该方法代表更高剥片效率的证据。

总之，在Mp3方法中，剥片序列间的关系呈不确定或随机状态，打制者在转向过程中并未对台面性质、剥片方向、台面与剥片面相互关系等方面有特殊规划，而是显示出高度的灵活性。石核上未被利用的部分仍然形态各异，剥片方向总体上较杂乱。因此形成的石核可以称为不规则转向剥片石核。

（4）Mp4

标本12件，占典型石核的25%。岩性均为石英，也不见以砾石为原型者。它和Mp3.2中以先前剥片面为台面打击的不同之处，在于相邻两面间的剥片没有固定的先后顺序，可以视作沿同一边缘复向打击的特殊剥片序列，而不是两个前后相继的不同剥片序列（图5-35）。

Mp4.1：共9件。只在石核某一边缘台面和剥片面可互换，其余部分台面和剥片面不转换或转换随意（同Mp2.1～Mp2.3），形成一端类似刃缘、另一端较钝厚的两面打击石核，理论上与两面加工的修理类工具难以区分。从总体上观察，这些标本边缘上的石片疤尺寸和刃缘特征都与遗址内刮削器刃缘有显著区别，更加类似砍砸器修疤，但体型一般较小、不适合手握，除了刃状边缘之外其他部位的剥片痕迹比较明显，初步观察未发现使用痕迹，因此把这类标本定性为石核。

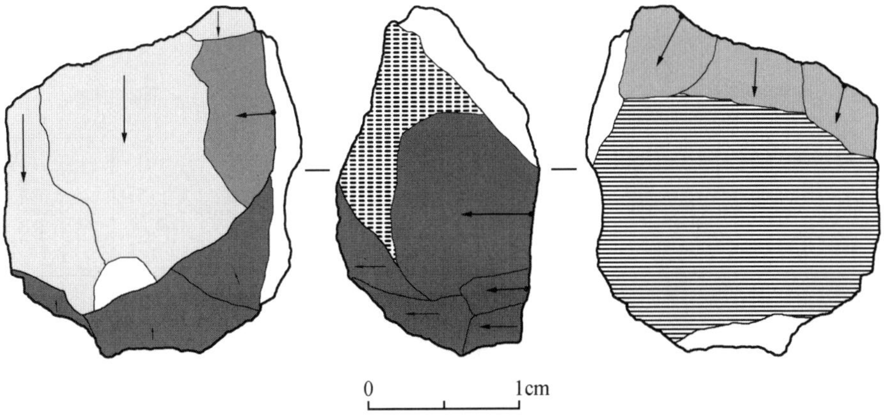

图5-35　局部两面剥片石核举例（1237）

该类石核存在四组拼合证据，在拼合组6和拼合组24中，可以明确看出石核原型是一个较大的断块，本身不含自然面或自然面比极低。其中0448+0834两面打击的边缘源于坯材两个节理面相交形成的较薄边缘，片疤延伸长度短，对原型的改变程度有限。拼合组49提供了两面剥片的证据，而且石核0388片疤不止一层，反映出较晚剥片比较早剥片更小，相应的是刃状边缘存在由锐变钝的过程。拼合组16则是在刃状缘相对的钝厚一端剥片，使石核0224显著变薄。这些石核最后终止剥片时的状态差异较大：一般来说，相对较薄一端的剥片更为充分，0036、0224、1370等较厚一端仍保留一定石皮，但刃状缘的角度比较小，仍可进一步剥片；0769、0388、0407等已没有石皮，且刃状缘变得很钝。综合上述证据，可以推测该类石核起始于一端或一侧较薄的坯材，沿薄边缘两面剥片使该边缘逐渐变钝，剥片时也会伴随转向，在核体较厚一端开发别的剥片面，该剥片序列可能和两面剥片有交错，不过这两部分序列之间看起来并不存在有机联系，最终核体没有固定的形状，片疤方向一般为多向。这类石核和盘状石核的区别是，两面打击仅限于一段边缘，在剥片过程中也没有刻意维护整个石核的形状，但是和不规则转向石核相比，局部可能有更高的利用率，代表了一种处理特殊坯材的方法，可以称为局部两面剥片石核。

Mp4.2：共3件。沿核体一周台面和剥片面均可互换，即两面向心剥片，片疤远端汇聚到核体中部，形成边缘薄而中心厚的盘状石核。该类石核可以归纳为双面结构，两个面的作用和具体形态还有细微的差别：一类是1259，在剥片序列中两面作用相同，都用来剥取预设石片，两个凸面基本对称，核身较扁薄；一类是0718和0863（图5-36），核身较厚，两个面形态明显不对称，在剥片序列中作用不同并较为固定，相对更凸的一面主要用来剥取大而长的石片，相对更平的一面主要用作台面，剥片数量较少，并且可能起到修理台面的作用。

该类石核恰好都有拼合证据。拼合组32表明0718的两个面剥下来的石片明显不同，进一步说明了两个面可能存在不同作用。拼合组33中0962—0863的拼对表明，在0962剥离之前核体较凸面也是向心的结构。拼合组27和拼合组33都保存了剥片过程中如何处理断块的证据。当剥片遇到节理面并沿该面断成两半后，较小的一半也被用于剥片，最后形成权宜石核（即0851和0845）；较大的一半也有片疤打破可拼合断面，说明在断裂后继续剥片，并最终表现出盘状结

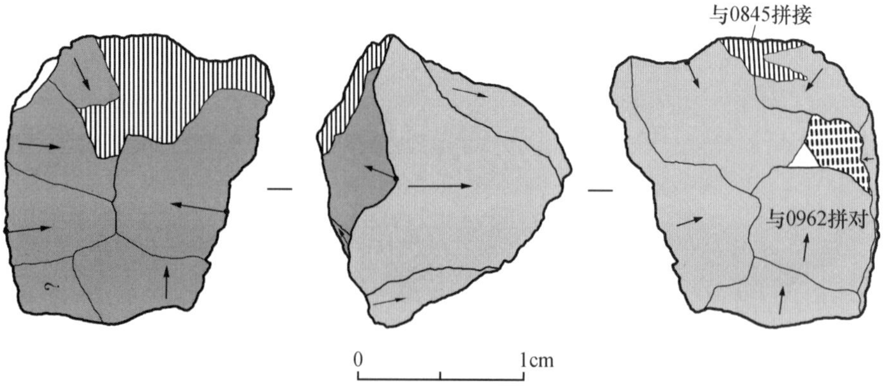

图5-36　两面向心剥片石核举例（0863）

构。更重要的是，将权宜石核复原到母石核的位置上观察，可以发现母石核无论从形态还是片疤方向上，与剥片终止状态即0863和1121是一致的，有可能在剥片过程中有意维持相同的构型，也就是说打制者预先存在这种剥片概念并以之指导剥片过程。当然，拼合证据也存在局限性，三组石核虽然都保存了部分自然面，但不清楚原始坯材的特点，也不能肯定从石材消减过程一开始就应用了Mp4.2方法，但至少在剥片的最后阶段，3件标本显示出一定共性，即石核在剥片过程中的形变得到控制，而且核体的大部分或全部都整合进了同样的剥片序列中。从这个角度看，可以将其单独列为两面向心剥片石核，与其他方法相区别。

5.5.3.3　剥坯概念小结

综上，以生产阶段方法为标准，典型石核可以分为单向石核（Mp1）、单凸面向心石核（Mp2.2）、不规则转向石核（Mp3）、局部两面剥片石核（Mp4.1）和两面向心剥片石核（Mp4.2）五类。

不规则转向石核占主导地位（57%），其他种类都很少，是遗址的一个显著特点，反映了打制者较为简单的剥坯概念。在已被辨认出的六种剥坯体系中，方家沟遗址主要的剥坯概念接近体系C。据研究，该体系的主要特点是，剥坯所需要的只是石块上的有用部分，即狭义石核，打制者注意寻找的石块表面具有一定凸度、适合剥坯的自然面，而不对它做预制处理，利用合适的台面，打制者可以生产一个或几个连续的石片并对它们的形态、刃口特征和尺寸进行一定的控制，剥坯过程中不存在“预设产品”和“中间产品”的区别，因而产生的石片都可以用作工具毛坯[9]。

这种剥坯概念不仅体现在横向的石核分类当中，也贯穿于整个剥片过程。首先，即使是单凸面向心石核和局部两面剥片石核，在其各自形成过程中，也存在Mp3（或Mp2.1）方法，和不规则转向石核是一致的。其次，拼合研究发现，由于原料初始尺寸可能很大，剥片中产生的断块常被用于再剥片是遗址的一个突出特点，即使是局部两面剥片和两面向心剥片中剥离的断块，也被用来以简约的方式处理，表现出因材置宜的灵活性。最后，如果计入权宜石核中的转向石核（N=30），不规则转向石核占全部锤击石核的比例同样过半（55%）。权宜石核中不转向者（N=26）虽然有一定比例，但如果打制者想在一个剥坯序列中剥下较多石片，转向显然是比持续单向剥片更优先的选择，因此才造成典型石核中单向石核比例很低的状况。

石片与石核具有互补关系，因而石片台面和背面同样保留了石核生产阶段的信息，但是方家沟遗址不同方法产生的石片难以区分。首先是因为石英制品中，石片台面和背面的片疤方向和先后顺序不易精确判定，相对于石核上较完整的台面和剥片片疤来说提供信息的可靠性大打折扣。其次，除了Mp4方法外，其他方法产生的石片从理论上来说不具有排他性。例如不规则转向石核完全可以产生大量背疤同向的石片，只有当不同剥片序列产生交错时背疤方向才会增加；反过来说，由于石核原型的复杂性，即使是用相对简单的Mp1进行同向剥片，也可以产生背疤双向乃至多向的石片，如拼合组24所示。

在非砸击的完整石片（N=278）中，有94.2%的石片（N=262）背面有片疤，背疤数量在1～8个之间，其中多数有2～3个背疤。剥片时的方向转换在石片背疤上方向上有一定反映，尽管背疤方向统计存在很大的不确定因素，不过至少可以看出，各种背疤方向中，单向、双向、多向（含向心）分别占石片总数的20.5%、21.2%、12.2%，并没有哪一种占据绝对优势地位。单向背疤又以同向为主，大多都是同一台面连续剥片的产物，这一方面反映了打制者在同一剥片序列中对剥片面技术特征的循环利用，另一方面，也与背面的同向片疤相对于其他片疤方向更容易识别有关。总体上，石片背疤统计结果与石核以不规则转向为主是相符的。

Mp4方法形成的石片，理论上台面应由一个或更多向腹面的片疤构成，Mp4.1产生的石片背疤应该主要是同向的，而Mp4.2产生的石片背疤应主要为多向或向心。但由于石片素台面或脊状台面上片疤的方向难以区分，实际可确认的Mp4.2石片仅有0718和0336两件，因此很难从石片的角度评估该方法所占地位。主文化层是否存在独立于普通剥坯体系的盘状剥坯体系，还需要更多材料来证实。

5.5.4 工具加工

修理类工具中，修疤形态以宽型、深凹为主，部分修疤的反泡比较清楚。与之对应的是，碎屑中也存在少量微型石片具有鼓凸的打击泡和较小的台面角，可能是工具加工废片。因此，工具加工技术应以硬锤锤击为主。至于工具加工中涉及的概念和方法，以下从工具毛坯、加工部位和方向、刃口形态等方面展开分析。

5.5.4.1 毛坯选择

通过考察修理类工具毛坯的类型、尺寸及形态特征，可以揭示第二步加工前如何挑选毛坯以及是否存在专坯专用现象。

工具毛坯可以分为块状毛坯（砾石、石核、断块）和片状毛坯两大类。片状毛坯者55件，占全部工具的75.3%，其中又以完整石片为主。块状毛坯者18件，占24.7%，其中以断块为主。毛坯和工具类型之间的关系上，砍砸器和部分尖状器可能倾向于使用块状毛坯，刮削器、凹缺器、锯齿刃器倾向于使用片状毛坯。

观察发现工具整体的加工程度不高，因此工具最大长度基本可以代表其毛坯的尺寸。分级统计显示，工具总体以小型（20～50mm）居多，中型（50～100mm）也占一定比例。工具各类型中，砍砸器、尖状器、锯齿刃器可能分别倾向于用大型、中型、小型毛坯加工，而刮削器和凹缺器的变异范围较大，可能对毛坯大小没有特殊要求，或者同时需要较大的和较小的毛坯以应对不同的任务。

毛坯尺寸和形态的选择倾向，还可以把数量较多的、以完整石片为坯者，同那些未经第二步加工的完整石片尺寸进行对比考察。统计表明，完整石片工具较完整石片更长，但二者的宽、厚、长宽指数、宽厚指数没有显著差异。

从石片到工具经历了挑选和第二步加工两个过程，后者一般只能减少毛坯长度和宽度，所以该检验结果表明古人类倾向于从完整石片中挑选更长者做毛坯，但是挑选和加工过程并未使其形态相对于一般完整石片（未加工者）发生显著改变。此外，在完整石片工具和完整石片之间，各测量值的变异系数之间差别非常小，散点图亦表明两者形态均以宽薄型占绝对优势。这些都说明，选择石片毛坯时可能对其形态没有特殊要求，加工后的工具也没有显示出更集中的变异范围。

通过对石制品尺寸数据的统计可以反映器物整体形态的“标准化”程度。本文通过对比毛坯和工具各自的长、宽相关系数，来考察挑选和加工后标准化程度是否有所增加，由于样本数量限制，未对工具类别进一步划分。结果表明，完整石片和石片工具长宽之间的相关性在统计上是显著的，相关程度较高但未达到强烈相关，表现出的标准化程度一般。从散点图看，工具长宽的相关系数反而较完整石片更低，意味着完整石片加工后标准化程度没有增加。

综上，不同类型工具可能与块状毛坯和片状毛坯之间的选择有一定关系。但是片状毛坯尤其是完整石片的选择倾向不很明确。从尺寸角度考虑，有一部分石片可能因为过小而不被进一步加工，这导致石片工具的长度大于未加工的完整石片，但是挑选和加工过程并未使毛坯形态发生显著改变，标准化程度也没有增加。

5.5.4.2 加工部位和方向

加工部位和方向反映了打制者的加工习惯。以单个刃缘为统计单位，对工具加工部位的统计显示，片状毛坯的加工部位集中于侧缘，加工部位不确定者通常是残片中的最长一边，很少加工远端。块状毛坯加工一端还是一侧没有明显倾向，可能更多与局部形态有关。

以单个刃缘为统计单位，对工具加工方向的统计显示，加工方向以单向为主（88.9%），其中又以正向居多（64.4%），在各工具类型中均有分布。复向加工者很少，占11.1%，主要见于尖状器和刮削器。复向的具体形式包括转向（同一段边缘一部分正向另一部分反向）和加工方向不稳定者，不见有规律地交互或两面加工。

由于毛坯形态较为复杂，加工方向有时不一定能反映加工者对毛坯局部形态的选择，因此可以在工具加工中引入工作面和基础面的概念[9]，工具毛坯可以视作由工作面和基础面组成的两面结构，基础面是打击落点所在的面（相当于石核台面），工作面是修疤剥离的面（相当于石核剥片面）。在仅考虑加工部位而非毛坯整体的情况下，对于每段加工刃缘，两面均可以描述为平、凸、凹三种形态。统计表明，对毛坯的基础面—工作面选择方式是以平—凸型为主，占77.8%；各工具类型中，锯齿刃器和凹缺器比较一致，而刮削器和尖状器兼有其他方向。

总之，古人类对工具加工部位和方向的选择有明显的倾向性，片状毛坯加工集中于侧缘，基础面选择以较平面为主，加工方向主要是从平面向凸面。

5.5.4.3　刃口形态

工具刃口形态整体上可分为三类：一类是延伸型刃缘，包括砍砸器、刮削器、锯齿刃器，共45件标本、55个刃缘，当一件标本含一个以上刃缘时，刃缘间基本为彼此平行或垂直的关系，除了标本1060两侧刃呈圆头状汇聚，其他刃缘间区分都很清楚，这与片状毛坯远端很少被加工有关。第二类是较短范围内的凹缺状刃缘，即凹缺器，共10件标本。第三类是双边或三边汇聚呈尖状的刃缘，包括尖状器和石锥，共10件标本。这种区分可能反映了打制者对工具的总体设计。

遗址中的2件砍砸器即G1的0798、⑧层的0033，是典型的修型概念的产品，在打制之前选择局部纵截面为平—凸型的砾石为毛坯，经过单面打制，形成有一段或两段延伸型刃口的重型工具，反映出较为明确的设计。但是，从重量及修疤特征上看，存在一些介于砍砸器和多数轻型刮削器之间的、具有过渡性质的标本，如0793和1516，表明砍砸器与刮削器之间的区分并不绝对。

多数尖状器和石锥的尖刃两侧加工程度有差异，通常是一条边缘修疤较多、加工长度较长，而其他构成尖刃的边缘，修疤仅1～2个且刃口不规整。除了标本1529、1015外，其余加工刃缘都不太对称。总的来看这些汇聚型工具不太典型，不排除尖刃是在加工延伸型刃缘时无意中形成的可能。

在延伸型刃缘中，平视形态包括直刃、凹刃、凸刃、不规则四种，侧视形态包括直线、弧线、S形、不规则四种。统计表明，延伸型刃缘平视以直刃为主，其次是凸刃；侧视形态以直线为主，弧线次之。

刃缘状态主要指刃口的规整程度，粗略分为平齐、近平齐、近齿状、齿状、不规整五类。对延伸型刃缘和汇聚型刃缘（N=78）的统计显示，刃口状态以近齿状为主，其次为不规整，刃口平齐者很少。刮削器中的齿状或近齿状刃缘与锯齿刃器刃缘只有定量的差别，性质上不一定有差异。这种刃缘状态与可能与石英原料在硬锤加工中不容易控制有关，连续的浅平修疤在标本中比较罕见，几乎没有刃缘完全由长型且较浅的修疤构成，多数单个修疤状态（较短而深）和修疤排列方式（连续或相邻）决定了刃口状态很难达到平齐的程度。

由于多数工具的刃缘状态不平齐，除了凹缺器之外，其余工具的刃角普遍存在一定的变异范围。我们对每段刃缘测量不同修疤部位的3个角度值，并取其中位数作为统计量。以刃缘为单位统计发现，工具刃角有46.7%集中在70°～80°之间，尤其是刮削器刃角近似正态分布。其他类型的刃角变异范围较大，没有明显的集中趋势。

对工具厚度和刃角的回归分析表明，二者相关程度很低（$r=0.075$），判断相关与否的置信度也很低（$1-\alpha=51.8\%$），说明工具刃角基本不受坯材厚度制约。

对比每段刃缘基础面—工作面初始夹角和加工后刃角可知，除了一部分不能确定之外，多数毛坯（63.3%）边缘在加工后角度变钝，占工具主体的刮削器尤其如此；变锐者只占全部刃缘的17.8%，且在砍砸器和尖状器中比较突出。由于多数石片无须加工，就会产生可供使用的、锐利的侧缘或远端，因而选择部分毛坯做修钝加工的普遍存在，应反映了打制者对工具刃角的稳定需求。

5.5.5　原料利用和消耗程度

石器生产是一个使原料体积和重量不断缩减的过程，主要包括剥片、工具加工、使用和再修理等几个环节。对原料消耗和利用程度的分析，可以揭示人类对原料的认知和开发利用能力，也能够在一定程度上反映遗址的文化废弃过程。

无论拼合还是打制实验都表明，石英剥片过程中会产生不规则的断块，如果初始原料较大，经过一定程度剥片特别是产生若干断裂之后，剩余石核已经“面目全非”。因此从废弃的石核中提取反映原料消耗程度的指标非常困难。以剥片序列内石片数量为准可以把锤击石核分为权宜和典型两类，后者利用程度总体上较前者更低，但权宜石核仅能代表从其原型到停止剥片这一阶段的生命史，而当石核原型并非完整砾石或岩块时，很难弄清楚从石料到原型的过程中发生了什么。

从拼合结果看，至少有一些权宜石核和砸击石核的原型，肯定是先前在遗址内剥片产生的石核断块或一般断块。在这种情况下，即使单个石核剥片强度或者利用程度较低，相对于对初始原料来说，其体积或重量也已经很小。相反，一些典型石核如0094、0575、0738，从个体的角度来说有相对更多的剥片数量，但与其原型相比，消耗得很有限。所以，把利用程度（或效率）和消耗程度区分开来很有必要。

如果原料进入遗址时的状态是以带石皮面为主，经过多次剥片后石皮会随着石片而剥离，那么石核自然面占比的大小能在某种程度上反映消耗程度。对石核数量的统计显示，82%的石核（N=91）自然面比在0～20%之间，反映大多数石核其可能经历了多重剥片，是石料高度消耗的产物，其中绝大多数原料是石英岩块。以砾石为原料者，自然面占比没有明显集中趋势，进一步细分的话，可以发现其中石英石核（N=5）自然面比在10%～90%之间，变异范围较大；而多数石英砂岩石核（N=4）自然面比为50%，反映其消耗程度中等。

但多重剥片后剩余石核数量会增多，因此需要加入石核重量的统计才能更恰当地估计高消耗和低消耗石料的比例。结果显示，以石英岩块为原料的石核总重为13501.6g，其中自然面超出50%者占石核总重量的27.8%，说明还有相当多的石英岩块资源消耗程度较低。

前文基于台面和背面石皮的有无，将完整石片分为6种类型，不同类型的比例同样具有石料利用方式的意义。主文化层完整石片共266件，对各类型的统计表明，完整石片中以Ⅵ型为主，占63%，其他各类型都较少，尤其是Ⅰ型和Ⅳ型数量极少，仅占1.1%和1.5%。

根据前述对剥片方法和石核消耗的认识，含石皮石片比例较低的现象应由多重因素导致，包括：①石料在进入遗址前可能已经过初步剥片，自然面比有所减少；②在剥片方法上，频繁转换台面和剥片面，其中包括广泛地以先前产生的片疤和断面作为台面剥片；③石料消耗程度较高，打制者可能有意识地把石料分割为小块，或者把无意中产生的断块继续利用为石核，这样子石核的自然面比会大大降低。

在不考虑相对于初始石料的消耗程度时，单件石核也可以利用各种观测指标利考察其利用程度。一般认为石核台面角小于90°会有利于剥片，而大于90°之后便难以剥离石片，因此石核台面角常作为评估其利用程度的指标之一。不过，对遗址中石英原料中416件可测量石片角的石片统计显示，有18.5%的石片（N=77）台面角大于90°，其中有9件是可与石核拼对的标本。事实上在遗址中，台面角大于90°的石片也只见于石英这一种原料，其特殊的断裂性质使得石核台面角较大时仍有继续剥片的可能。

根据对非砸击石核（N=96）进一步剥片难易程度的评估，易于进一步剥片的有56件，即占总数约51%的石核仍然有锤击剥片潜力，而且它们在不同石核类型中的分布比较均匀，显示出并没有哪种方法是将石核潜力用到极致的。如果考虑到遗址内存在砸击技术、石砧—锤击技术和可能的摔击技术的应用，实际上凡是尺寸较大的石英石核，都还可以继续剥片，真正穷尽剥片的石核罕见。

加工过的石片石器与未被加工的石片的比例是对比和衡量一个石器工业对原料利用程度的重要标志之一[11]。方家沟遗址主文化层出土的完整石片和不完整石片共981件，片状毛坯加工成的工具53件，二者的比例为18.51∶1。计算石片加工频率，即工具数与石片+工具之和的比值，则为53/（53+981）=5.1%，如果只统计完整石片，也仅为30/（30+309）=8.8%，可见石片被加工成器的比率很低。这在其他以脉石英为主要原料的遗址中也是常见现象。可能与部分石片可以直接使用，以及不需要加工更多工具有关。

工具加工中的刃缘数量、修疤面比、修疤数量和修疤层数可以被用来衡量毛坯被加工的程度。统计表明，主文化层的工具主要以单刃为主，双刃和多刃数量很少，其中相当一部分还是汇聚型刃缘的组成部分。单个标本的刃口数量少，说明打制者较少对毛坯边缘全部利用，或者说在工具使用过程中，如果某段刃缘已被耗竭，打制者更倾向于加工新的毛坯，而非在原有工具上开发新的刃缘。

在这70件工具中，仅有1件修疤面比达到30%，7件修疤面比20%，其余62件修疤面比仅10%左右。在修疤数量上，如按标本统计，有74.3%的标本修疤数量不超过5个，其余25.7%的标本修疤数量在6～16个之间；如按刃缘统计，单个刃缘修疤数最多的为12个，其余刃缘均不超过7个修疤。刃缘数量、修疤面比、修疤数量均说明工具加工程度很低，对毛坯整体利用很有限，一般仅选择较长的边缘进行开发。

大多数工具（N=60）只有1层修疤。有10件工具修疤层数为2层，其中除标本1094为凹缺器外，其余都见于刮削器刃缘。一般都是第一层修疤延伸较长，被更短的第二层修疤打破，两者之间只有大小之别，但修疤形态、排列方式和位置上都没有差异，第二层修疤刃角多较第一层更钝，说明其加工目的与一般单层加工者没有差别。

加工长度指数和加工深度指数分别反映毛坯边缘横向和纵向上的加工程度。表5-12以刃缘为单位，统计了全部工具的加工长度指数，说明多数工具类型的加工长度指数平均值在0.65～0.82之间，同时有一定的变异范围，不同类型之间差别不大。加工长度指数为1代表该边缘已全部被加工，这样的加工刃缘有26个，占刃缘总数的30.6%，反映出部分毛坯边缘横向上有较高的利用率。表5-13以刃缘为单位，统计了片状毛坯工具的加工深度指数，不同类型的平均值在0.37～0.51之间，只是变异程度有所不同。加工长度指数为1代表修疤已达到毛坯中脊，这样的加工刃缘仅1件（标本0907），占统计刃缘数量的1.7%，反映毛坯纵向上的利用率相对较低。

表5-12　方家沟遗址主文化层工具刃缘加工长度指数

统计量＼工具类型	砍砸器	刮削器	凹缺器	锯齿刃器	尖状器	石锥	不规范	汇总
刃缘数量	2	45	10	5	13	3	7	85
最小值	0.84	0.23	0.38	0.46	0.27	0.35	0.43	0.23
最大值	0.99	1.00	1.00	0.87	1.00	0.45	1.00	1.00
平均值	0.92	0.76	0.65	0.66	0.66	0.60	0.82	0.73
标准差	0.11	0.25	0.22	0.16	0.24	0.35	0.25	0.24
变异系数	0.12	0.32	0.33	0.24	0.36	0.58	0.30	0.33

表5-13　方家沟遗址主文化层片状毛坯工具刃缘加工深度指数

统计量＼工具类型	刮削器	凹缺器	锯齿刃器	尖状器	不规范	汇总
刃缘数量	37	8	5	5	5	60
最小值	0.13	0.26	0.26	0.35	0.33	0.13
最大值	1.00	0.67	0.61	0.53	0.64	1.00
平均值	0.51	0.37	0.44	0.44	0.48	0.48
标准差	0.21	0.13	0.14	0.07	0.13	0.19
变异系数	0.42	0.35	0.33	0.16	0.28	0.39

延伸型刃缘的加工程度取决于多种因素，其中毛坯尺寸的影响是可以定量化的。工具最大长度可在一定程度上代表毛坯大小，对延伸型刃缘工具（N=43）最大长度和加工长度的回归分析表明，二者具有较强的相关性（r=0.795），且判断相关与否的置信度很高（1－α=100.000%），这表明加工长度有可能受毛坯尺寸的制约，从散点图看，尺寸小于60mm的工具尤为明显，尺寸更大的工具加工长度偏离回归直线的程度更大。

可拼合标本能在一定程度上反映工具的加工和再修理程度。在拼合组26中的0905石片—0907刮削器，较大修疤的剥离则是为了获得更锐的边缘，并将前次修疤完全覆盖，起到更新刃缘的作用。不过，标本0907也是遗址中唯一一件修疤穿过器身中线的修理类工具。其余工具加工仅限于坯材边缘部位，而且修疤大小普遍以小型为主。说明更常见的替换刃缘模式应当是寻找其他合适的毛坯，或者在毛坯的不同边缘上再加工，而拼合组26这种在刃缘同一位置进行再修理、打掉原先的部分加工刃缘的方式，可能只是一个特例，即与毛坯本身技术特征非常理想有关。其他涉及工具的拼合证据，如拼合组58中的1389刮削器—0155石核，拼合组6中的1217刮削器+0503断块，因为可以将工具毛坯的工作面与被剥离产品的表面相连，能够观察到因加工而缺失的部分非常小，显示出工具加工并没有显著改变毛坯的形状。希望将来能有更多直接证据，即工具加工或再修理产品拼合发现，以确定单件工具的形态是否会被持续的加工所改变。

综上所述，本节依次从原料、剥片、工具加工等方面研究方家沟遗址的石器生产操作链，结果可概括如下。

方家沟遗址的石料来源较近，而且原料容易采集，因此输入遗址内的石料量很大。当时人类可能有计划地去6km以外的石英岩块产地进行采集并搬运至遗址，同时机会性地采集来源更近的砾石，作为对石英岩块的一种补充，不过并未针对更优质的石英砂岩或石英岩采取特别的利用方法。遗址的石器生产代表了以简单剥坯概念指导下的高消耗、低利用效率的产业，涵盖了操作链的各个阶段。石制品绝大部分都是剥坯概念的产品，剥片方法以不规则转向剥片为主，可能有少量的盘状剥片。操作链的目的主要是通过加工片状坯材和块状坯材获得合适的刃口，包括延伸型、凹缺型和汇聚型的刃缘，加工后刃角多变钝。修理类工具组合以小型刮削器类为主体，同时伴有少量重型工具。可能由于石料供应充足，打制者对原料质量、剥片效率和工具精致程度都不很敏感，主要以重复生产或以量补质的手段来达到目的。遗址的一个突出特点是，石核消耗和利用程度差异较大，富集于遗址内的石料资源并未被耗竭，而是仍有进一步开发的潜力。

5.6　遗址形成过程中的自然因素

构成方家沟遗址的主文化层的主要是细粒沉积物，结合对古地貌的判断，应属于河漫滩相沉积，代表水动力较小的沉积环境。本节主要从遗物自身的保存状况、产状、分选、空间分布等角度，结合基质的特征，从埋藏学角度对主文化层的形成过程进行分析，讨论在遗址埋藏过程中可能受到的各种改造作用。

5.6.1　重力作用

文化层是否整体存在下陷变形。

一般来说，旷野遗址中人类活动所依托的地面是比较平整的，而方家沟遗址的大部分遗物却埋藏于沟状堆积之中。由此带来的问题显而易见——G1是否由原本水平的文化层下陷变形导致?

在G1的面积和深度都比较有限情况下，如果地层受单纯的重力作用塌落，应当在一定程度上保留原有的堆积结构，例如相对于原生地层会出现不同程度的块状、层状错位和倾斜。G1周围地层都存在一些呈水平分布的标志性结构，包括⑧层顶部和底部的砾石层，⑨层所夹的数条浅红色黏土薄层，如果G1堆积物是来源于这些层位，坍塌后至少应在局部可以观察到与⑧、⑨层相对应的迹象。但在发掘中，我们并未发现沟内堆积有任何局部可以在岩性、包含物、层理等方面与邻近地层相接；从剖面上观察，G1边界又非常清晰，并未表现出模糊或过渡状态等不易分辨的特征。

除了重力作用之外，塌陷过程有可能伴随着其他更复杂的自然动力作用。因此除了从沉积物本身的角度观察，遗物情况也能够提供一些信息。

G1和⑧、⑨层的遗物分布差异很大，沟内堆积包含遗物数量多且密集，其中很多遗物很小，而且遗物集中区A、C的南界和沟南壁非常吻合。如果说沟内堆积原来是一个相对水平的文化层，何处塌陷以及塌陷后如何扰动应是相对随机的过程，在塌陷形成的界线两侧，一边遗物密集，另一边却遗物稀疏甚至连碎屑都很少，形成这种差异的概率恐怕非常低；相反，如果遗物原本就废弃在凹面上，沟内外遗物数量及密度的差异以及遗物平面分布的局限性就容易理解。何况，遗物分选和产状并没有显示出废弃后受到水流很强的扰动或长距离的搬运过程。

综上，G1不太可能是由上部文化层整体塌陷而形成下凹形态，而是凹地形成于文化遗物废弃之前，这是进一步探讨遗址埋藏过程的基础。

5.6.2　局部的重力作用

不过，局部的重力作用确实是影响遗址埋藏过程的重要因素。G1残存的南壁并不规则，有些地方较为陡直，如G1西部相对独立的坑内，壁面倾角超过80°。而人类活动或水流等因素的作用可能会影响边坡稳定程度，达到临界点后可能会导致沟壁局部垮塌，它可能发生在人类在沟内活动过程中，或者遗址废弃后。

由于范围较小，这种垮塌的堆积物较前述地层整体坍塌更难分辨，发掘中并不能够保证完全识别出来。虽然垮塌不影响堆积物整体形状，但是会使废弃后的遗物脱离原位。由于G1遗物是同一活动事件形成，在沟未被沉积物填充时，遗物应该被废弃在当时的地面上，而不应处于“悬空”状态。然而，G1内有个别尺寸、重量均较大的遗物，如备料0187，并不是位于沟底附近，而且距离遗物集中区有一定距离，有可能原本废弃在更高的位置，在沟接受沉积的过程中，因沟壁的垮塌而产生纵向位移。因为沟周围的⑧层和⑨层遗物很少，推测即使沟壁发生垮塌，对遗物共存关系的影响也很有限。

对一些砂土状堆积类型遗址的发掘以及砂土状堆积的模拟埋藏学实验揭示，当石制品废弃后，较重的石制品有穿透沉积物、埋藏较深的趋势[12, 13]。因此，也需要考察G1内遗物重量与深度之间的相关关系，如果重量和深度之间存在线性相关，即随着重量增大深度也越深，那么遗物废弃后很可能受到重力作用的显著影响。

利Excel中的“回归分析”工具，对G1内有精确三维坐标的野外编号标本（N=1417）进行统计，结果显示，如以G1整体作为样本，相关系数r=0.008，F值为0.099，对应的显著性水平为α=0.753。在这些统计量中，皮尔逊相关系数r的取值范围在-1到1之间，r的绝对值越接近1代表相关程度越高，越接近0代表相关程度越低，r的符号代表方向（正相关还是负相关），r2反映了回归分析所能解释总离差平方和的比例，F值则是一个用于检验显著性的统计量，服从自由度为（n−2）的t分布[14]。可见从整体上看，G1标本重量和深度的相关程度很低，而且判断相关与否的置信度（1−α）也很低。

如果单独统计四个遗物集中区，则可发现统计结果不影响整体结论。很弱的相关性本身可能没有什么实际意义，不过，遗物集中区A、B与遗物集中区C、D之间的差异仍然提供了一些信息。在重量和深度的相关程度上，A、B要相对更强一些，而且相关与否的显著性水平更高，等同于有约90%的把握认为相关系数达到0.068～0.149，而C、D不但相关程度更弱，而且不具备统计学意义上的显著性。也就是说，回归分析表明遗物集中区C、D中遗物的深度完全不能用其重量来解释，而A、B区中遗物的深度，尚有2.2%、0.5%的变化量可以用遗物重量来解释（置信度分别为90%、89%）。这表明A区和B区遗物深度可能相对受重力作用的影响更大一些，这显然符合对四个遗物集中区在沟内所处位置的直观观察。因为C、D区的遗物直接压在沟底相对较平的面上，而A区很明显是在沟南壁一个倾斜的地面上，B区与沟北壁的相对位置不太清楚，但整体倾向是与A区相对的，二者都有一定的倾角，因而更可能在废弃后有受重力作用而埋藏较深的趋势。

综上，G1遗物的埋藏受重力作用影响较小，具体的表现形式可能包括沟壁局部垮塌以及遗物集中区AB中较重遗物的纵向位移，但大多数遗物不能用重力作用来解释其相对位置，仍应基本位于当时地面之上。

5.6.3 河流流水作用

由于G1处于河漫滩上、沟内堆积是以河流沉积物为主，因此遗物废弃后不可避免地受到流水作用改造。因此本节从保存状况、产状、分选、遗物构成等指标对改造程度的强弱进行考察。

5.6.3.1 遗物保存状况

遗物保存状况包括磨蚀、风化和其他表面自然痕迹。磨蚀是指石制品人工打击产生的新鲜断口边缘、动物化石边缘的磨圆程度。风化是指石制品破裂面和动物化石表面的新鲜程度。石制品中，除了备料与打击类产品之外，其余都没有观察到磨蚀。不同岩性间比较，石英一般要比石英砂岩和石英岩棱角更锐利一些，应与其硬度较高有关。石英风化均为0，而石英砂岩和石英岩个别有一定风化。在动物骨骼和鸵鸟蛋皮标本中，50.4%磨蚀为0，40.5%磨蚀为1（轻微），9.1%磨蚀为2（中等）；18.2%风化为0，60.3%风化为1（轻微），21.5%风化为2（中等或较重）。动物化石磨蚀相对较重者，一般风化程度也较高。而且动物遗存的风化程度存在较大差异，可分辨程度高于石制品保存状况。

总体而言，大多数遗物保存状况比较一致，遗物无磨蚀或磨蚀轻微者占绝大多数，表面和边缘多较为新鲜，这反映出流水对遗物的冲磨以及遗物之间的碰撞可能都比较轻微，整体上并未经过长距离的流水搬运。

5.6.3.2　遗物产状

遗物产状包括长轴方向、倾向和倾角，可以反映水流的强度和方向。发掘过程中我们对编号标本的产状作了分级记录。长轴方向（走向）指遗物的轮廓在水平面上正投影的最大径方向，分作4个方向记录。倾向是指遗物最大面的倾斜方向，分作8个方向记录，除8个方向外，0表示水平、9表示垂直。倾角是指倾斜的角度，记录为水平、倾斜、垂直三个级别。经过记录的有效样本数为1063件。统计显示长轴方向中，2（即45°～90°）似为优势方向，但集中趋势并不显著（图5-37左）。倾向分布较为均匀，除了水平和垂直之外的8个方向中，呈现相对随机的分布情形（图5-37右）。倾角统计中，水平、倾斜和垂直所占比例分别为17%、71%、17%，即大部分遗物是倾斜的。

遗物的长轴方向有可能与其自身尺寸有关。实验研究显示，尺寸小于40mm的带长轴的石制品的走向常与水流方向平行，而尺寸大于40mm的带长轴的石制品的走向常与水流方向垂直[15]。然而，以40mm为界分别统计长轴方向（图5-38）可以发现，大小两类石制品的长轴方向分布模式基本一致，这可能暗示了对遗物产状起决定性因素的并不是固定方向的流水作用。

由于沟内地面并不平坦，在遗物最集中的部位，沟是上大下小、逐渐收缩的，尤其是南壁

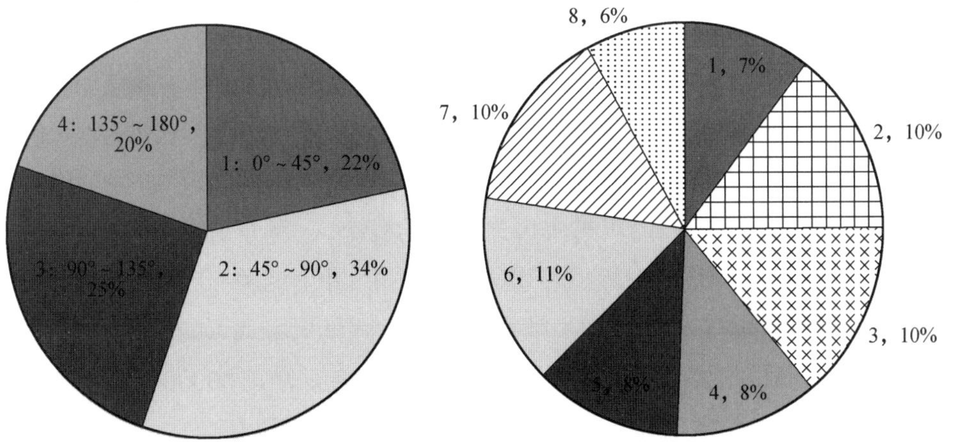

图5-37　方家沟遗址G1出土遗物的产状分布
左：长轴方向　右：倾向

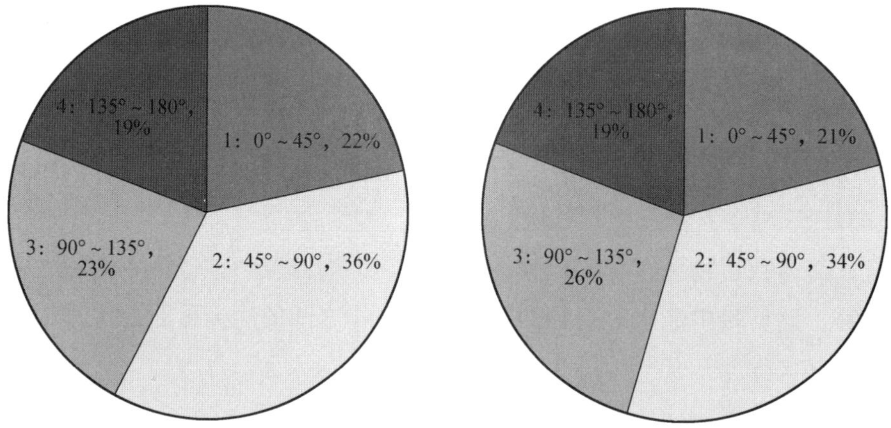

图5-38　按大小分别统计方家沟遗址石制品的长轴方向分布

左：大于40mm的石制品（N=486）　右：小于40mm的石制品（N=865）

表现出明显北倾，因此遗物的倾向倾角有可能受局部地面倾斜控制，或者和某一遗物集中区纵向上的展布趋势一致。但是，根据分区统计和按遗物产状制图（图5-39），并没有观察到某种倾向或倾角和特定空间位置相关的现象。

5.6.3.3　遗物分选

河流流水搬运物质的颗粒大小随流速的变化而变化，因此所搬运物质的颗粒一般是上游颗粒较粗，越向下游颗粒越细。如果一个遗址受到较强的水流扰动，较大尺寸的石核类标本会在上游地区占有较高的比例，而较小尺寸的废片类标本则主要集中于下游区域[16]。

在G1内，无论是沿着水平方向还是沟南壁的坡向，都可以看出尺寸、重量差异很大的遗物相间地分布，在遗物密集区域内交错情况尤为明显，没有表现出河流分选作用的迹象。但是，要定量说明遗物的空间分布是否存在规律、在多大程度上受到河流分选作用的影响，还需要进一步的空间统计，统计样本来自有精确三维坐标的G1野外编号标本（N=1417）。

在空间统计中，首先要验证数据分布是否有规律（如聚集或离散）。如果这份数据有很大的概率是随机模式，那么可分析性就很差了。显著性检验过程如下：首先建立零假设，即遗物位置在G1平面范围内呈现完全随机分布。利用GIS的“平均最近邻”工具所返回的z得分和P值可以帮助判断能在多大程度上拒绝零假设。这两个统计量都与标准正态分布相关联，P值表示所观测到的空间模式是由某一随机过程创建而成的概率，z得分是标准差的倍数，反映空间聚类的程度，非常高或非常低（负值）的z得分与非常小的P值相关联，位于正态分布曲线的两端，意味着当P很小和z的绝对值很大时，所观测到的空间模式不太可能产生于随机过程。设置参数（面积=8.65m^2）后，返回结果z得分为-27.838080，P值为0.000000。z得分的绝对值大于2.58，可以说明遗物空间位置呈现了明显的聚类特征；P值小于0.01，说明G1内遗物随机分布的概率小于1%，或者能够以99%以上的置信度拒绝零假设。这也与经验观察相符。

空间统计中，除了单纯的遗物的位置之外，显然还需要考虑每个遗物所包含的属性信息，

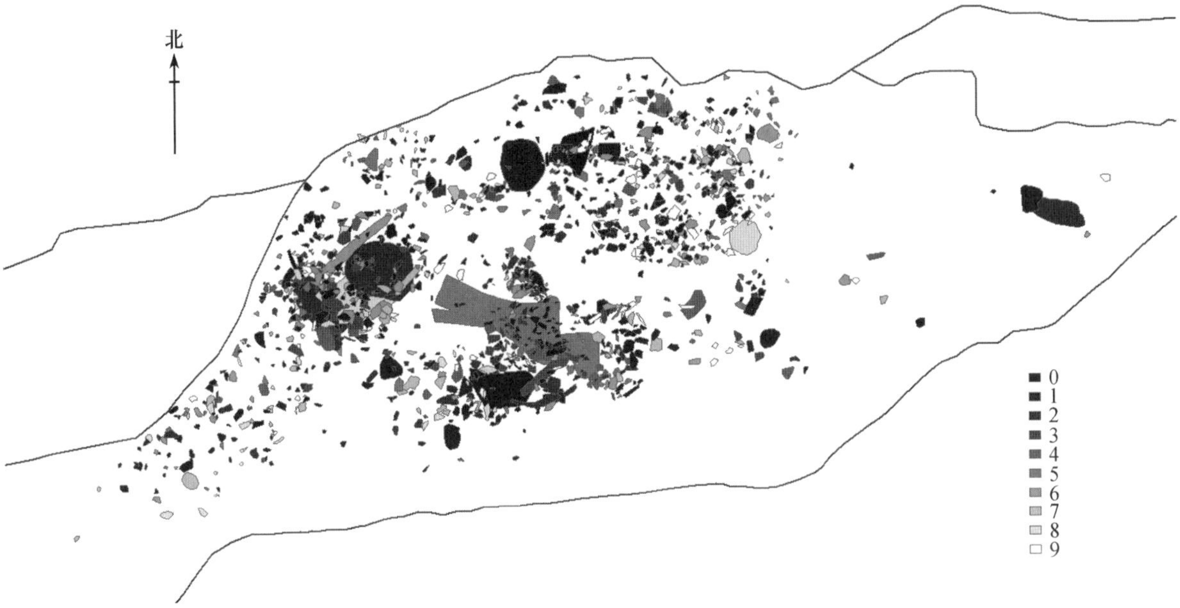

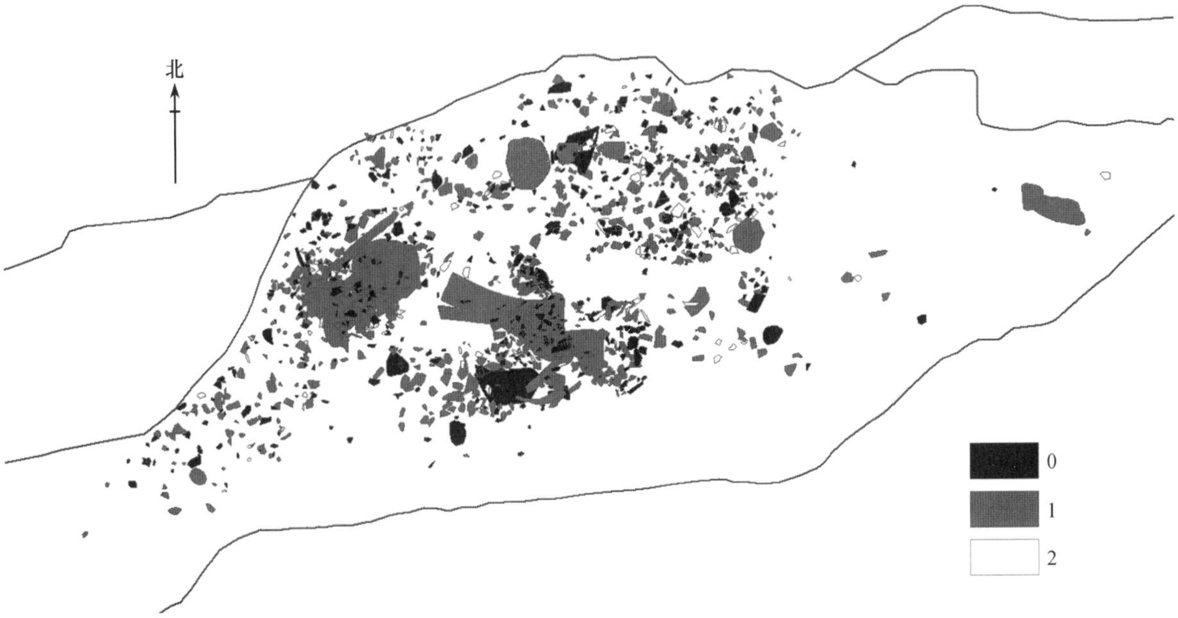

图5-39　方家沟遗址G1中部遗物产状的平面分布

上图：倾向；下图：倾角

也就是说需要探索遗物的某种属性（如重量、尺寸、类别等）是否与该遗物的位置相关、相关程度有多大。空间相关包括两种：空间正相关是指随着空间分布位置（距离）的聚集，相关性就也就越发显著，空间负相关则相反，即随着空间分布位置的离散，相关性变得显著。如果大而重的遗物集中在特定区域，即遗物的重量（或尺寸）取值分布和空间位置存在显著的正相关，那么应当认为河流分选作用对遗物的空间分布产生了显著影响；反之，如果大遗物都随意地出现在了沟内任何一个空间位置上，而且每个空间位置都有可能出现任何一个或大或小的属性值，这种随机分布很难用包括河流分选在内的自然力来解释。

Moran’s I（莫兰指数）是衡量空间自相关中的关联性程度的一个指标，利用GIS的“空间自相关（Global Moran’s I）”工具可以对其进行计算[17]。进行行标准化后，Moran’s I介于-1到1之间，Moran’s I>0表示空间正相关性，值越大，空间相关性越明显，Moran’s I<0表示空间负相关性，值越小，空间差异越大，当Moran’s I=0，空间呈随机性。利用G1野外编号标本的重量和最大长度计算Moran’s I，结果显示P值小于0.01，说明可以99.9%置信度拒绝随机化零假设。但是，无论标本重量（Moran’s I=0.000916）还是标本最大长度（Moran’s I=0.039703），都与空间位置的关联程度极低。也就是说，标本虽然在空间上有明显聚集特征，但分布临近的标本在重量或最大长度上并没有相似的趋势和取值。因此，可以从统计学意义上排除河流分选作用对G1遗物的空间分布的影响。

5.6.3.4 物集中区的形成

Schick等[18]在实验的基础上总结的分辨自然扰动程度的标准中曾提到，石头和骨头呈分散状分布但同时有特定的集中区（如石器加工或使用的区域）表明较小的扰动，而遗物围绕障碍物呈交通拥堵状堆积则指示了较大的扰动。沟内堆积中的遗物并未聚集到一处，在有四个遗物集中区的同时其他区域则遗物稀疏，这种疏密有致的分布状态说明遗物整体扰动较小。

从细部观察，遗物集中区内并未表现出倾向指向固定方向的叠瓦状排列。但遗物集中区C形成密度很大的堆状，互相叠压的遗物不仅数量多，而且叠压层数多，有些区域多达4～5层，以至于发掘时需要在同一水平层内反复地取出和清理标本。这种异常的堆积形式除了应考虑人为成因之外，也有可能与漩涡流有关，由于沟内不规则的形态和沟底较大而重的遗物存在，水流不太可能完全表现为平行的带状运动，而是会在绕过障碍物时产生漩涡流。标本0474（象尺桡骨）较长且沉重，能构成对水流的明显阻滞，其倾角约20°，较重一端朝下并距离沟南壁很近，正好也是集中区C内垂直方向上遗物最密集处。可以推测局部的漩涡流对遗物的聚集起到一定作用，使尺寸相对较小的一些石制品和碎骨围绕障碍物分布，并且漩涡流对沟底松散沉积物的掏蚀有可能使得0474较轻一端向上翘起。

5.6.3.5 石制品构成

打制实验表明，不同尺寸的标本数量占整个石器组合的比例基本恒定，存在一个预期的模式，流水作用则倾向于从遗址中带走小而轻的遗物，因而根据遗址中石制品的构成可以判断流水作用的改造程度[19]。另外，如果一个遗址发生了石器生产活动，那么其产品在技术上应该呈现出一致性，尤其是石核与废片的比例[20]。当石制品组合中尺寸较小的废片比例低于预期模式时，就有可能经过流水搬运或分选。

选取G1数量较多、具有统计意义的石英制品分析其技术一致性和碎屑比例，结果显示，2cm以下的碎屑占石英制品总数（N=5977）的68.1%，废片类数量占97.1%，石核占1.8%。由于未计入筛选遗物，碎屑实际比例只会更大。

在初步的模拟实验中可以发现，与石英砂岩和石英岩相比，石英产生碎屑要容易得多，而且绝大多数尺寸在10mm以下，以至于难以计数。此类遗物如果存在于遗址中，以常规方式收集很容易遗漏。于是我们使用孔径2mm的筛子对土样进行筛选，得到一批微小遗物。G1和地裂缝中共发现2450件石制品，其中2439件为石英碎屑，重量为43.6g，占筛选石制品总数的99.6%、总重量的94.4%。这些筛选标本尺寸一般在2～10mm之间，与剥片实验中产生的碎屑比较，可知当时古人类生产石器所遗留的碎屑应有相当比例遗留在遗址内。

筛选遗物的空间分布特征与宏观遗物具有明显的一致性。根据采样位置的不同，可以分为G1西端相对独立的坑和中东部沟的主体两部分进行对比。表5-14显示沟内两部分碎屑密度对比鲜明，G1中东部的碎屑密度显著大于G1西部。而且，即使在G1中东部，碎屑的分布也很不均衡，不同样品的密度变异范围很大。根据初步观察，碎屑密度小的样品均来自发掘中出土遗物较少的部位，碎屑密度大的样品均来自四个遗物集中区。

表5-14　方家沟遗址G1不同位置堆积内碎屑密度的比较

位置	土样量（L）	石英碎屑的样品总量				采样份数	单份样品中的碎屑密度（件/L）			
		数量	密度（件/L）	重量	密度（g/L）		最小值	最大值	平均值	标准差
G1西部	232.5	74	0.32	1.5	0.01	14	0	0.67	0.32	0.2
G1中东部	73	2338	32.03	42.1	0.58	26	0	146	33.75	37.97

总之，废片类和碎屑所占的高比例，以及石核与废片的比例，均表明遗址上发生了石器生产活动，其产品在技术上是匹配的。碎屑在空间分布上与其他遗物混杂在一起，特别是筛选遗物与宏观遗物的集中分布区比较一致，均说明主文化层石制品组合未受到较大的流水改造。

综合上述不同的角度看，河流流水作用对遗址的改造总体上强度不高，或者作用时间较短，因而遗物保存状况、产状、分选等方面并未指向某种受到剧烈扰动的典型特征。

5.6.4　坡地作用

方家沟遗址位于丘陵北坡，地层也常略朝北倾斜。根据对遗址附近地形的测绘数据，G1所在位置相对现存丘陵顶部水平距离约为250m、垂直距离约为54m，如果是直线坡的话，推算坡长约256m，坡度约12.2°。

发掘范围内，除了分布于崖壁平缓处的次生堆积外，原生地层中未见到典型的崩塌体、滑坡体和坡积物，但是堆积物中的一部分应是坡面侵蚀作用的产物。遗址①～⑩层堆积中都包含基岩岩块和砾石。其中有些层位堆积物中含砂（⑨层），砾石具有定向排列或成层分布（⑧层），其中大多数应是河流流水搬运而来。有的特别大的砾石从形状、岩性和共存物来看应是人为搬运进入遗址。除了这两个来源之外，其他出现在细粒沉积物中的砾石和岩块在分选、产状上没有明显的规律，并且和其他文化遗物混杂分布，推测其中大多数都是坡面流水搬运所致，这一过程在现今地面上仍可观察到。

岩块只见红色细砂岩一种成分，和山体基岩一致，应是山体风化、剥蚀产生的碎块。根据对坡面顶部附近剖面的观察，基岩最外部普遍有一层风化层，距现地表较浅。经过风化的岩块硬度低，质地疏松，水平节理明显，因此不适于制作打制石器。在遗址中，这类岩块没有任何人为加工痕迹，也没有其他用途的使用迹象，因此可以确定其出现在遗址中纯粹是自然因素所致。根据对其保存状况的观察，绝大多数棱角都有一定的磨蚀，风化程度也较重，与石制品存在明显差异。

砾石的情况更复杂一些。调查发现砾石层位于坡顶，距现地表也较浅。遗址中不乏以砾石为原料的石制品，通过对其尺寸、岩性的考察，可以确认一些尺寸特别小（如<50mm）或岩性不适合打制石器的砾石，应该不是由人为作用而进入遗址的。但其余未经人工改造的砾石，岩性上与石制品相同，从尺寸上看有被人类利用的潜力，而且来源很可能都是山顶的古老砾石层，这样就很难判断它们出现在文化层中是人为成因还是自然成因。

由于人类活动时具体的坡面径流侵蚀强度难以定量复原，本文以遗址中出土细砂岩岩块的最大重量作为区别④～⑩层出土砾石是人为还是自然力搬运的简易标准。⑥层出土的一件岩块是遗址发现的同类遗物中最大且重者，重624.5g，长127.3mm，宽75.8mm，厚50.3mm。理论上能够搬运坡面上风化岩块的径流也有可能搬运砾石至坡麓，因此重于624.5g的砾石更有可能是人为搬运的结果，反之则很难排除自然成因。

G1内的文化堆积在多大程度上受到坡面径流的改造，比如遗物是否有可能是从坡面更高位置搬运到低洼处重新堆积起来的？这个问题可以从遗物的空间分布着手分析。首先，岩块和一般砾石（重量小于624.5g者）在发掘中全部按水平层—探方收集，数量可达数千件以上，总重量约13kg，这些地质遗物（geofact）的规模应足以代表堆积形成过程中自然营力的作用。以收集单位的尺度衡量，它们的分布比较均匀，在平面和剖面上都没有聚集区，特别是沟底的岩块和砾石明显较少。地质遗物和文化遗物的分布模式没有显著的相关性，可能暗示两者来自不同的事件或形成动力不同。其次，在可拼合的石制品中，拼接型标本之间的距离的平均值要比拼对型小。因此，可以确定坡面径流对遗物分布模式的改造非常有限。此外，遗物构成的完整性也同样证明遗物没有经历过长距离搬运。

综合这些因素，可以认为G1文化堆积总体上受坡地作用的影响很小。

综上所述，遗址主文化层形成过程中有各种自然营力的参与，可将其模式化为三个阶段：

（1）在主文化层所代表的人类活动之前，遗址范围内的地面上发育地裂缝，并在f1基础上形成宽浅的沟（或洼地）。

（2）人类在沟内外有打制石器等活动，多数遗物遗留在沟的凹面内，也有少量落在沟外地面和尚未填满的地裂缝中，拼合显示这些遗物应是短期内单一活动事件的遗存。

（3）人类废弃遗址后，遗迹和遗物开始被掩埋，河流流水作用、坡地作用和局部的重力作用在后期埋藏过程中都对遗址有一定的改造。

沉积背景和其他信息都显示遗址整体改造强度较低，遗物组合保存完整，整体分布模式也未经剧烈扰动。进一步的研究仍然可以揭示主文化层所反映的石器技术和人类行为。

5.7　遗址形成过程中的人类行为因素

前文已经对影响和改造遗址的各种自然因素展开讨论，从考古材料中识别出几种自然营力的影响方式及其改造程度，可以将遗存在埋藏过程中受到的扭曲进行某种程度的还原。因而有条件进一步探究文化的形成过程。

5.7.1　拼合石制品所反映的遗址形成过程

在涉及G1的可拼合石制品中，共有51组155件具备精确的三维坐标，是本节用来分析的主要材料。拼合石制品在平面上的分布面积较小，仅有4m^2左右，位于G1中部，与遗物密集区域的平面范围基本重合（图5-40）。且总体上与该区域其他未拼合遗物呈现一种混杂状态，没有很明显的聚集趋势，也就是说遗物是否能够拼合与其空间位置应是随机的关系。因此，拼合组作为一个样本，其空间分布信息具有足够的代表性，可以说明G1遗物密集区域内人类行为或自然因素作用的总体情况。

拼合组共有为石片—石核拼对型、石片—石片拼对型、废片类拼接型、剥片类拼接型、再剥片类拼接型和复合型六种类型。在计算拼合标本的组内距离时，复合型需要拆分为其他五种基本类型，因此实际分组数量为76组，计算时以组内平均数为准。五种类型标本间连线后的平面分布状况见图5-41。

对各类拼合关系的标本间水平距离（指在水平面上的投影距离）的统计显示，拼合标本间的水平距离在0.03～1.57m之间，平均为0.71m。本文区分的五种类型中，只有废片类拼接型的标本间平均距离明显较低，为0.48m，其他几类平均距离接近，在0.74～0.83m之间。

对各类拼合关系的标本间垂直距离的统计显示，拼合标本间的垂直距离在0～0.85m之间，平均为0.25m。五种类型中，废片类拼接型的标本间平均距离明显较低，为0.14m，其他几类平均距离接近，石片—石片拼对型、剥片类拼接型、再剥片类拼接型在0.27～0.28m之间，石片—石核拼对型略高，为0.33m。

由于标本间水平距离和垂直距离均有类似的分布模式，而三维直线距离2=水平距离2+垂直距离2，因此对各类拼合关系的标本间三维直线距离的统计结果（表5-15），也是废片拼接型具有相对低值，平均0.51m，而其他几类拼合具有相对高值，平均0.8～1.02m。

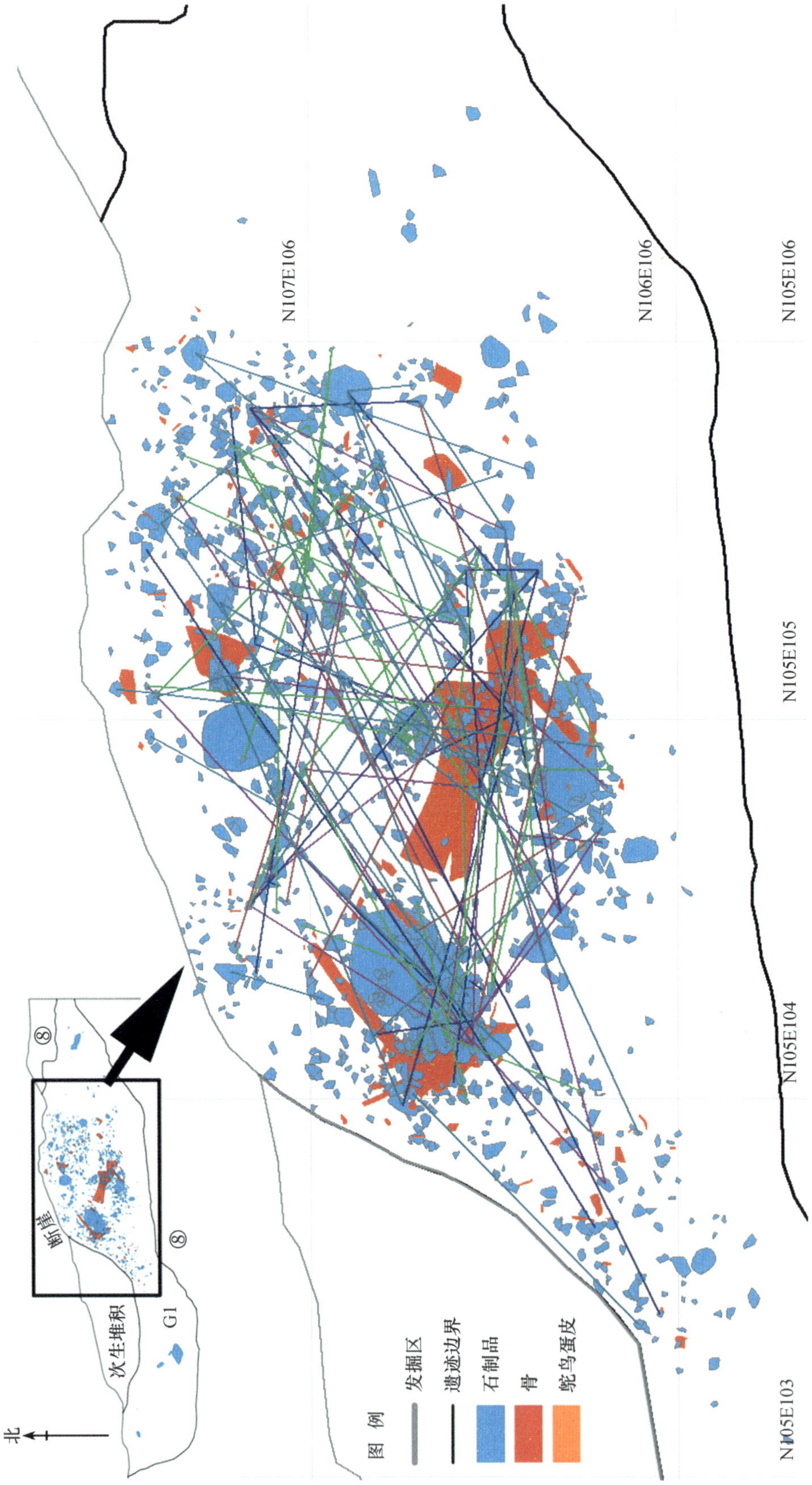

图5-40　拼合石制品在方家沟遗址G1中的平面位置

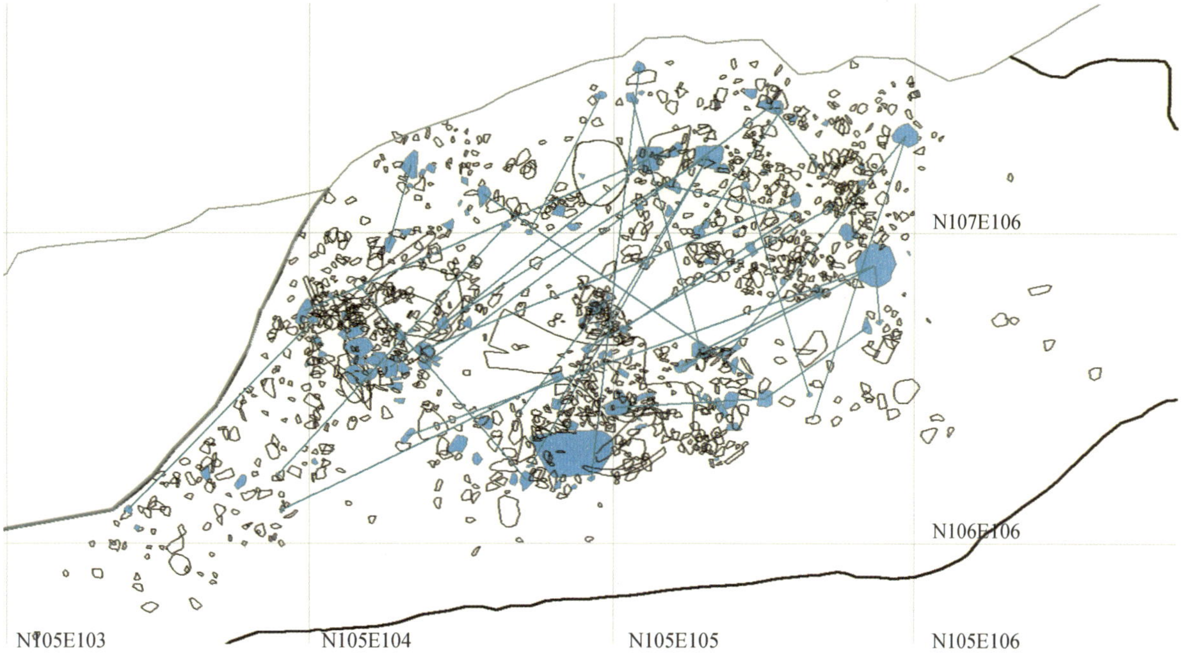

a. 石片—石核拼对型

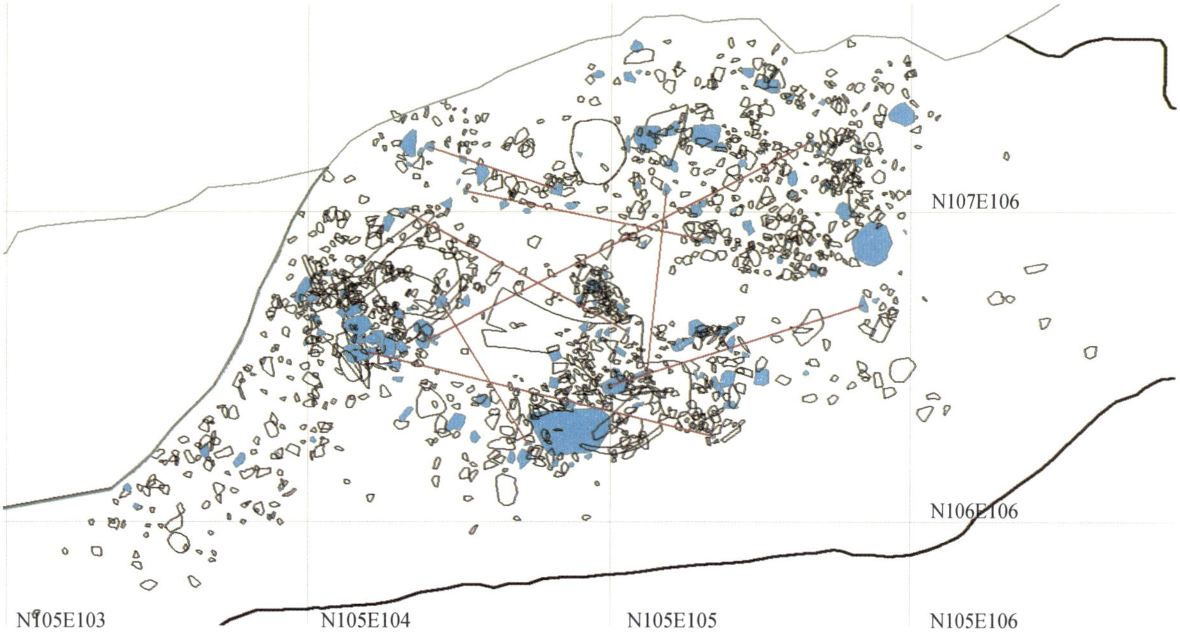

b. 石片—石核拼对型

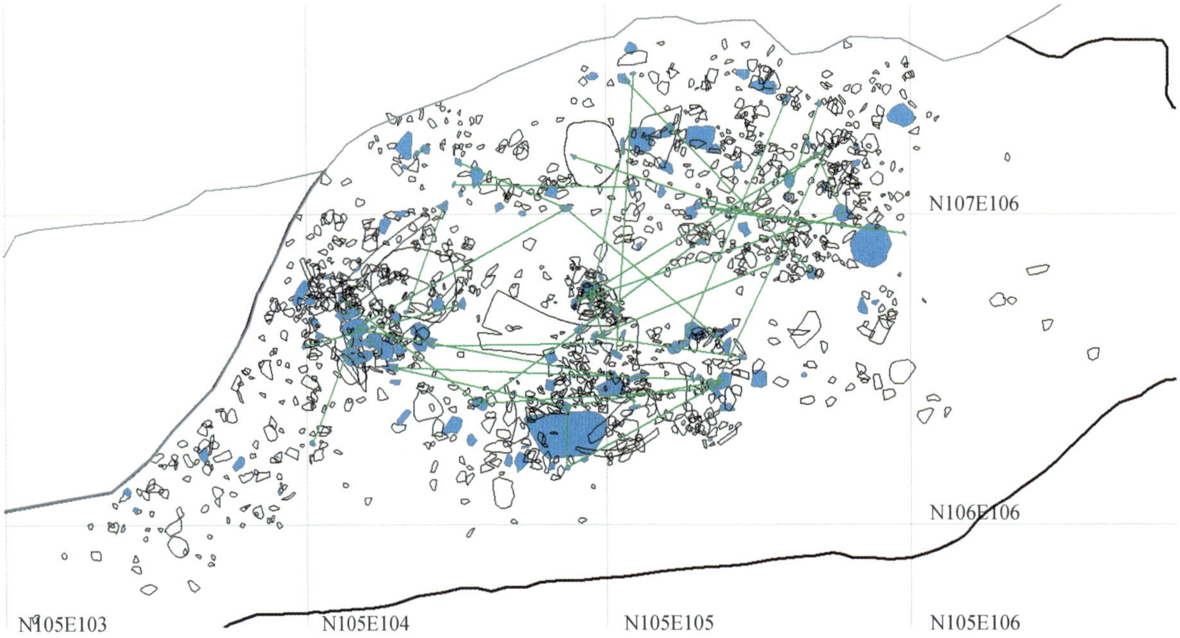

c. 废片类拼接型

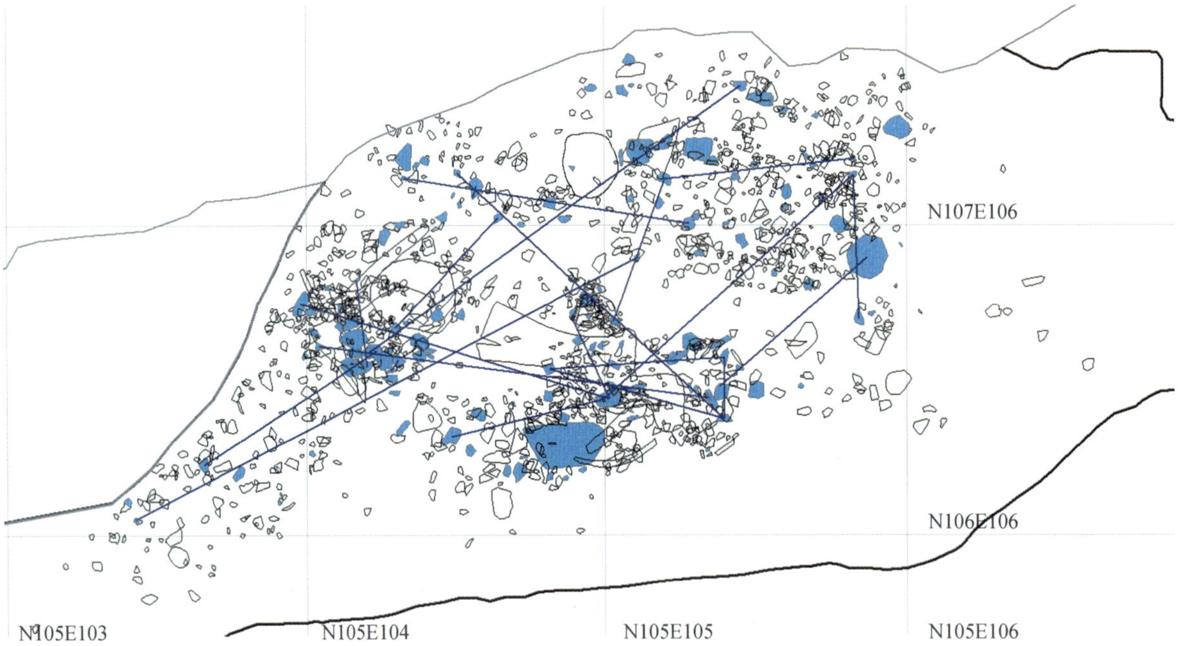

d. 剥片类拼接型

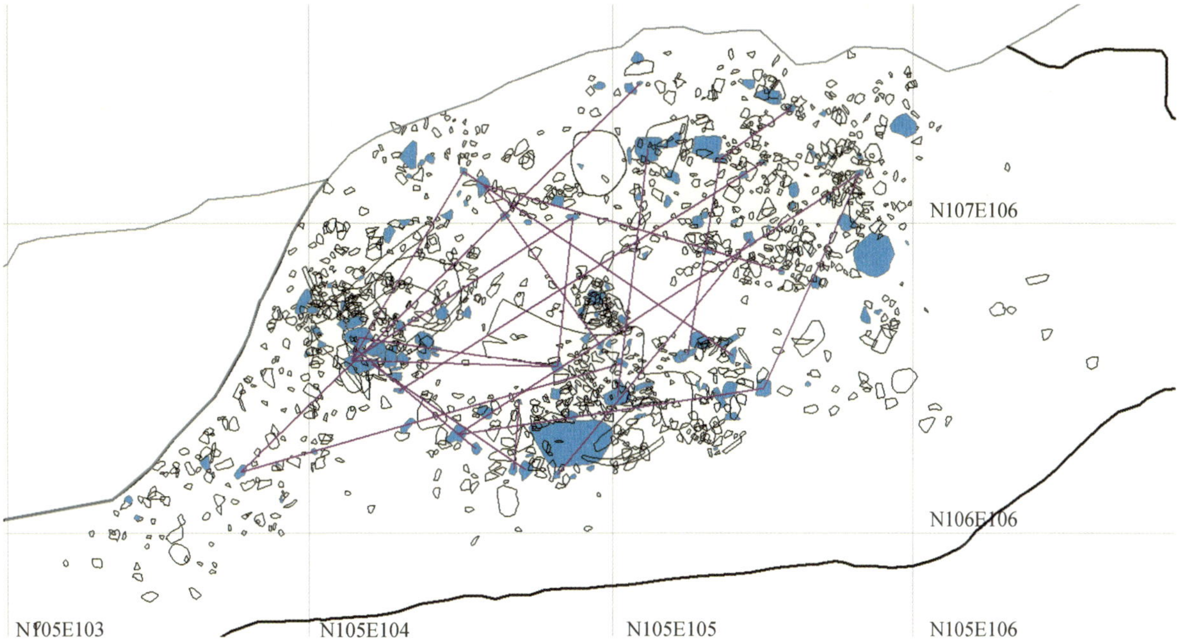

e. 再剥片类拼接型

图5-41　方家沟遗址各类拼合石制品的平面分布

图中蓝色标本代表可拼合石制品

表5-15　方家沟遗址各类拼合石制品的三维直线距离　（单位：m）

拼合关系类型	拼合关系数量	百分比	最大距离	最小距离	平均距离	标准差	中位数
石片—石核拼对	21	27.6%	1.50	0.47	0.91	0.32	0.94
石片—石片拼对	11	14.5%	1.67	0.19	0.80	0.43	0.81
废片类拼接	20	26.3%	1.76	0.04	0.51	0.28	0.58
剥片类拼接	13	17.1%	1.89	0.04	0.86	0.54	0.74
再剥片类拼接	11	14.5%	2.15	0.22	1.02	0.54	0.88
合计	76	100.0%	2.15	0.03	0.80	0.44	0.44

5.7.1.1　拼合石制品的平面分布

已有研究显示有多种因素可以影响石制品在遗址的分布状况，比如穴居动物、植物根系、石制品数量、制作方法、剥片者的个人习惯（如剥片时手距地面的高度、站立位或坐位、加工过程中是否移动等）、践踏以及工具使用的策略（如重复使用以前的废片和工具再加工修理）等[21]。上一节说明方家沟遗址的形成过程中有各种自然营力的参与，其中一些会改变遗物废弃时的位置，因此，G1中的可拼合石制品的分布状况也是多种因素综合作用的结果。

不同拼合类型内部标本间距离的异同能够反映遗物废弃后受到自然因素改造的程度。在未经自然扰动的情况下，废片拼接型产品具有共时性特征，而且一般来说产生后被人类有意识移动的可能性相对较小，所以其空间距离更能反映从母体剥离后未经人类干预的分布状态。石片—石核拼对、石片—石片拼对关系则具有时间先后顺序，标本间距离有可能反映石制品产生时的分布，也可能是产生后人类使用和加工石器时移动的结果。再剥片类拼接关系，或个别石片—石核拼对关系（石片从石核上剥离后又加工成修理类工具）的时空含义更为清楚，代表两件石制品分离后其中一件又经过剥片或加工，这一再剥片过程中更可能伴随着人为的空间移动。剥片类拼接关系则具有不确定性，有的类似于废片拼接关系，有的类似于再剥片类拼接关系，单从技术上无法辨别。这也就意味着，如果单纯考虑人为因素，废片拼接型产品的空间范围很可能比其他类型更小；反之，如果遗物废弃后受到某种自然营力的长距离搬运或剧烈扰动，即使仍有一定数量的可拼合标本，但不同拼合类型的空间范围就会呈现更加随机化的模式，比如废片拼接型产品与其他产品相比并没有距离上的显著差异。

因此，可以选取再剥片拼接型和废片拼接型的标本间三维直线距离作为两个独立样本，通过对总体平均值的假设检验（F检验）来了解两者总体平均值是否有统计学意义上的差别。检验结果是在$\alpha=0.01$的显著性水平下，两个类型的距离是有差别的（即存在显著差异）。而且，再剥片拼接型与废片拼接型的差值可以给出99%置信度的估计区间：［0.11，0.91］m。

总之，拼接关系的产品之间距离相对较小，反映了遗物废弃后可能未经历剧烈的后期扰动。

具体检视废片拼接型（图5-41c）的分布，可以发现其中有2组还处在原始的连接状态，分别是拼合组1中的近端+远端断片，拼合组48的左+右裂片，两者都位于遗物集中区D，即在沟底面上。出土时可拼接面几乎紧挨，应是石片在落地时因碰撞而断裂，或废弃后遭受其他作用力而断裂，比如踩踏或其他堆积物的磕碰、挤压所致。

其他多数废片拼接型的标本间都有一定的距离，可能反映其中至少有一部分是在打制过程中就已破裂，故落地后散布在打制者附近而不是集中在一处。废片类拼接型连线的走向没有明显的优势方向，结合拼合石制品中不存在分选现象，都可说明流水作用对废弃后的废片类石制品的影响不大，石制品平面分布状况主要是古人类行为的直接反映。

与废片拼接型存在显著差异的其他类型标本间距离，更有可能是人类技术行为的反映。比如石片—石核拼对型、石片—石片拼对型的距离都与再剥片类拼接型接近，反映出剥片过程中打制者可能会转移剥片位置，或者在选择和使用石片过程中将其带离原来的位置。

至于剥片类拼接型，依据上述分析应当是部分废片拼接关系和部分再剥片类拼合关系的集合，混合统计并无实际意义。该类拼合中，有三组的三维直线距离在0.50m以下，而且标本间距离极近、接近原始连接状态，即拼合组35中的0710石核+0724断块、拼合组6中的1432尖状器+1411断块、拼合组62中的1294石核+1293断块，分别属于遗物集中区B、C、D，代表石核/工具在落地时因碰撞而断裂或受埋藏因素而断裂，从埋藏意义上与废片拼接型无异。其余组别（N=10）标本间距离在0.49～1.51m之间，平均0.9m，从这个意义上来说，其中多数可能等同于再剥片类拼接型，即在两件石制品断裂后其中一件又经过了再剥片过程，因而其分布也是人类行为的结果。

综上，由于废片拼接型的标本间距离显著小于其他拼合类型，以及存在处于原始连接状态的可拼接石片或石核，所以G1石制品的平面分布状况主要是人类行为作用的结果，埋藏过程中的自然因素没有显著改变这一分布模式。

5.7.1.2 拼合石制品的三维分布

G1的深度范围是7.55～8.66m，其中可拼合石制品深度范围是7.7～8.66m，考虑到沟开口有一定倾斜，且部分失去精确坐标的拼合标本深度在7.7m以上，实际上，G1从口至底都有拼合标本，从而证明了G1遗物具有共时性。通过遗物剖面分布及拼合分析，有理由认为遗址的文化层（含文化遗物的层位）和自然层（和人为划分的水平层相对）是完全吻合的。如果这批遗物是同一次人类活动事件的产物，从其保存状况和沉积背景推测，沟内的填充应是比较迅速的过程。

理论上，打制石器行为依托于一定的地面，产生的石制品落于当时的地面上，剥片后在未经过人为干预或自然扰动的情况下，可拼合石制品间的水平距离可以反映遗物在地面上的散布状况，可拼合石制品间的垂直距离及拼合连线的产状则可反映了当时地面形态的起伏。

一般地，古人类活动的地面不会出现小范围内的大起大落现象，拼合石制品垂直方向上位移的大小，能更多地反映遗址在埋藏前后的改造程度[22]。但是方家沟主文化层的情况比较特殊，当时人类活动面并不是平的，遗物堆积在负地形之内，以至文化层的最大厚度达到1m左右。因此拼合标本之间的垂直距离较大不能完全解释为废弃后强烈的改造导致，而是可能与古地面的倾斜有关。

观察发现，拼合标本间连线（即三维直线）多数是倾斜的，因此根据三角函数关系计算了这些三维直线的倾角，结果见表5-16。拼合连线的倾角平均为18.77°，根据秩和检验[23]，可以在$\alpha=0.01$的显著性水平下认为各类型之间没有统计学意义上的显著差异。

表5-16 方家沟遗址各类拼合石制品连线的倾角

拼合关系类型	拼合关系数量	百分比	最大值	最小值	平均值	标准差	中位数
石片—石核拼对	21	27.6%	61.56	1.22	21.64	14.83	19.42
石片—石片拼对	11	14.5%	37.33	0.71	17.91	10.91	19.44
废片类拼接	20	26.3%	45.00	0.00	15.34	13.35	14.79
剥片类拼接	13	17.1%	54.62	0.00	20.50	15.42	20.56
再剥片类拼接	11	14.5%	31.29	7.77	18.35	6.55	19.69
合计	76	100.0%	61.56	0.00	18.77	13.02	13.02

不同拼合类型的三维直线，在倾角上无显著差异，而在水平距离和垂直距离上有明显差异，因此可以假设后两者存在相关关系，即在一定倾斜度的地面上，拼合标本间水平距离越远、垂直距离就越大。回归分析表明，两个变量之间相关系数$r=0.512$，显著性水平$\alpha=0.000$，

两者相关的置信度很高，但相关程度低；因为r2=0.262，垂直距离的变化中有约26%的变化量可以用水平距离的不同来解释。

垂直距离变化中不能用水平距离差异来解释的部分，可能与地面本身的不规则起伏有关。由于G1底部并不是一个二维平面，而是有一定弯曲，有可能出现拼合标本间随着水平距离增大、垂直距离反而缩小的情况。因此需要考察包括未拼合石制品在内的遗物整体空间分布趋势及其与沟的相对关系。

野外发掘中仅能对其空间位置有粗略把握。整理过程中利用ArcGIS的三维数据管理功能，在二维数据的基础上，添加遗迹、遗物和拼合连线的高程值，生成3D要素数据，从多角度复原并观察遗存的空间分布格局。图5-42和图5-43显示了不同角度的G1中部遗物分布复原场景，其中标本用面要素表示，标本间拼合连线用线要素表示，连接遗物轮廓的几何中心点。图5-44是利用不同水平层的G1平面图制作的TIN表面模型，可粗略表现G1立体形状特别是沟壁的倾斜情况，并在其上叠加了遗物空间分布图以便观察两者间的关系。

观察发现，遗物以及拼合连线的空间分布模式有明显的可识别特征。

首先，遗物整体展布趋势较有规律，遗物集中区A、B分居两侧，且倾向相对，遗物集中区C、D则处于接近中心更低的位置，虽然发掘中可以将四个区分开，但从立体视角看，少量不易划入任何一区的标本恰好能将四个集中区彼此连接起来（图5-43），遗物集中区A～D实际上共同组成了一个连续的向下弯曲的“面”，无论东西向剖面（图5-42，a）还是南北向剖面（图 5-42，c）均呈凹弧形，而该“面”的实际厚度（垂直于倾向的厚度）大约不超过0.3m。

其次，垂直距离较大的拼合标本之间，水平距离也多较远，少见近于垂直的拼合连线或连线间不规则交错。多数较长的拼合连线倾角在20°～30°之间，它们与遗物集中区的倾斜方向一致，其中倾向西南即连接B区和C、D区的居多，也有一些是连接A区和C、D区的（图5-42、图5-43）。

最后也是最重要的是，上述遗物空间分布形态，与野外辨识出的沟内地面的倾斜方向非常吻合（图5-44）。这在沟南壁尤为明显，发掘中就可观察到遗物集中区A的位置随着沟壁的倾斜而内收；沟的北部边界大部分由于被破坏，仅能肯定其北壁倾向与南壁相对，从遗物和拼合连线的空间分布推测，沟壁倾角可能比南壁更小。

因此，遗物是废弃在沟内或者说下凹的古地面上，拼合标本间的垂直距离在很大程度上受制于沟内不同位置地面原始状况。

综上所述，拼合标本整体的空间信息可以复原出古地面的形态，其中遗物集中区C、D的位置是沟底最深处，相对比较平坦，而遗物集中区A的位置则是一处向东北倾斜的缓坡，遗物集中区B所对应的沟壁不清楚，但从遗物分布看很可能也是在一处与A区相对的缓坡上。相反，在比较明确的贴近沟壁较陡的位置，如C区的正南边，基本没有遗物或拼合连线表现出与陡坡一致的倾向。

包括拼合标本在内的遗物的空间分布，充分反映了古人类依托特殊的地形展开活动及其后

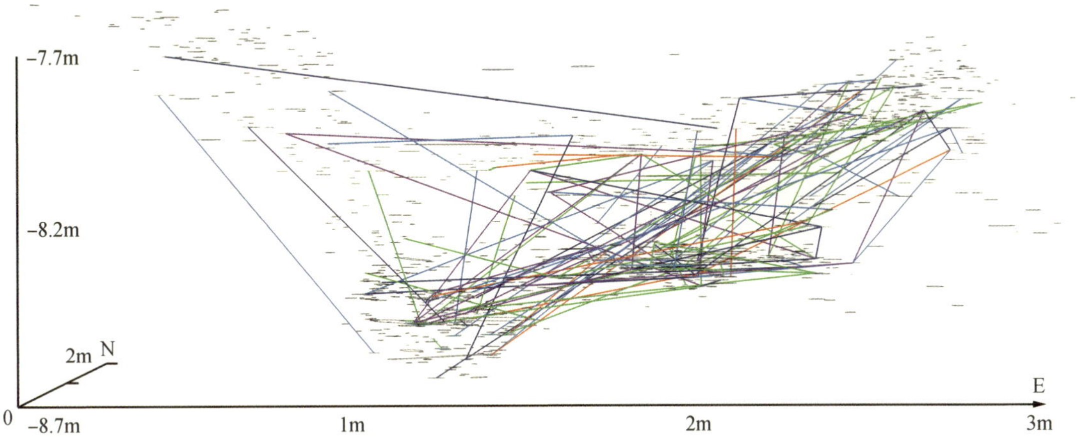

a. 南→北，垂直视角约0°

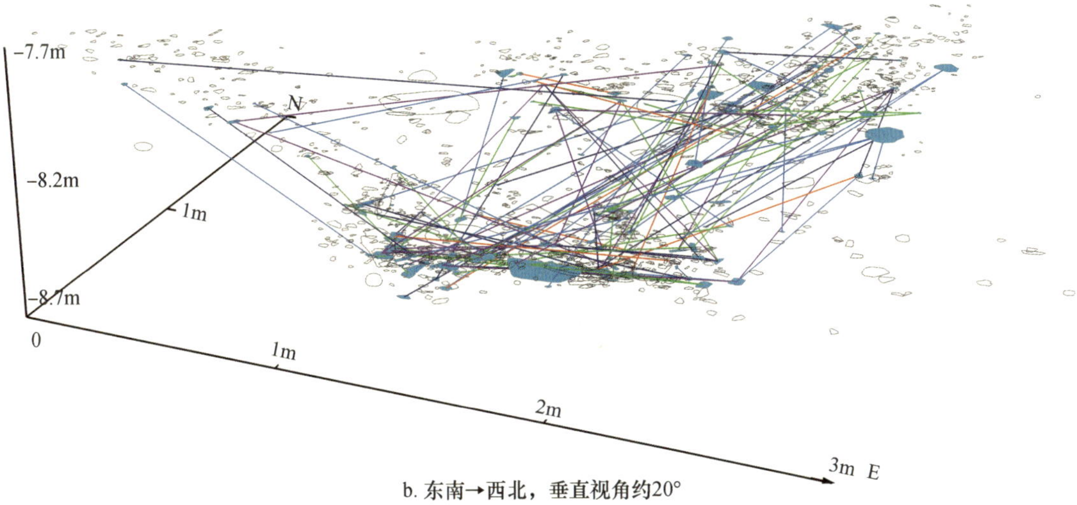

b. 东南→西北，垂直视角约20°

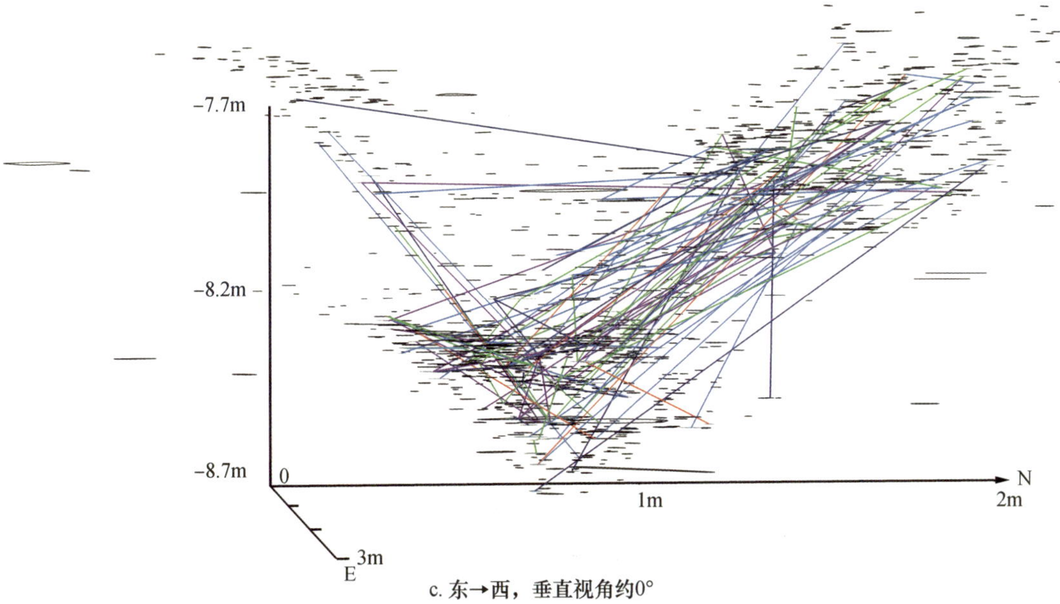

c. 东→西，垂直视角约0°

图5-42　方家沟遗址拼合石制品的空间分布

图中蓝色标本代表可拼合石制品

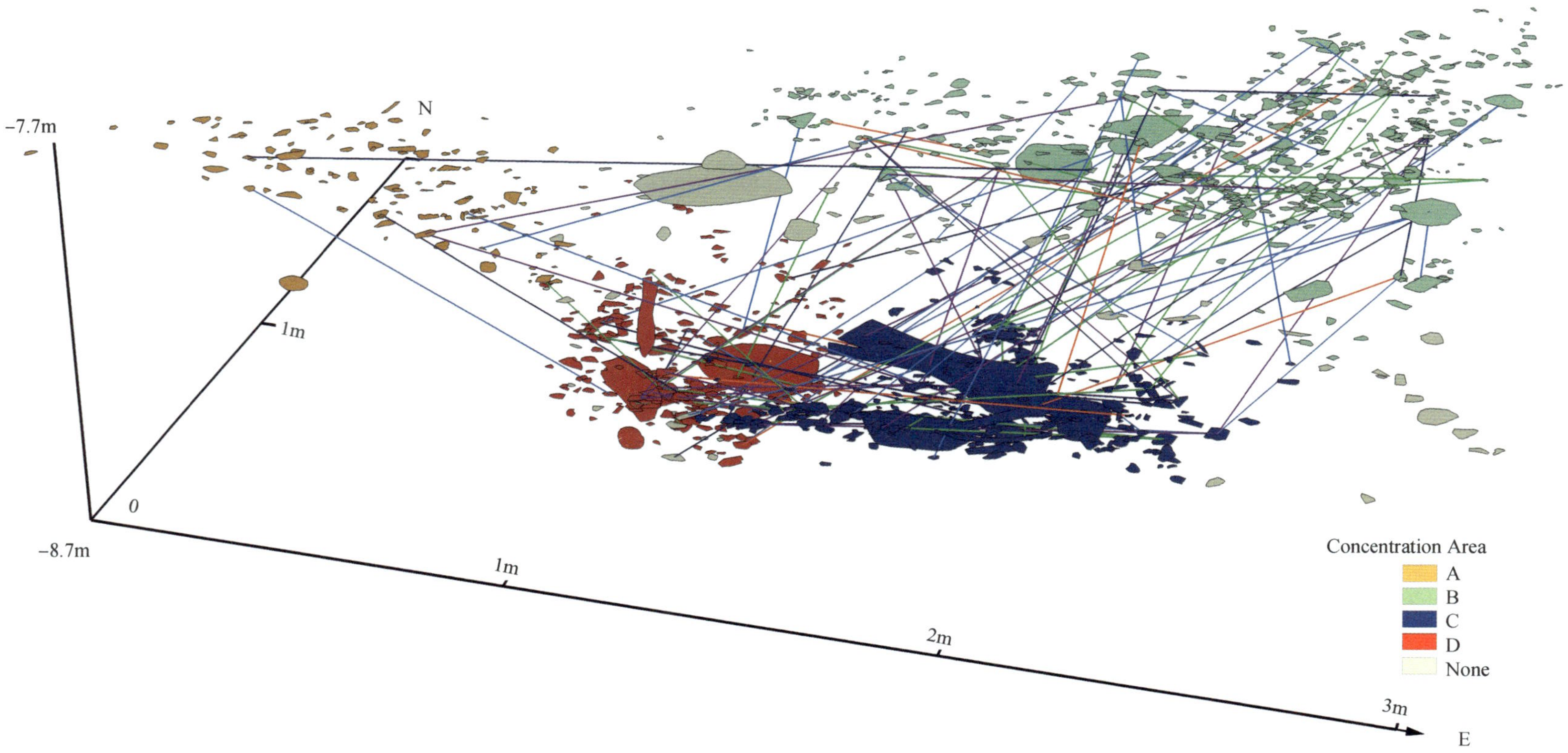

图5-43　拼合连线与四个遗物集中区的相对位置

东南→西北，垂直视角约30°；图中黄、绿、蓝、红四种颜色分别代表遗物集中区A、B、C、D的标本，灰褐色代表不能被归入上述集中区的标本

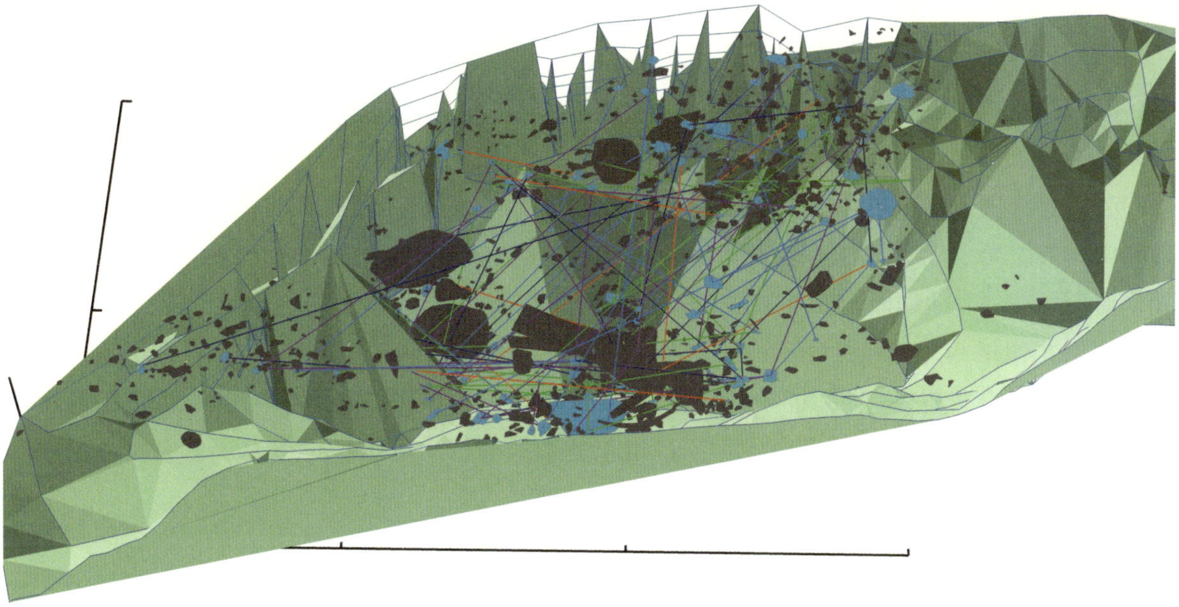

a. 南→北，垂直视角约50°，图中蓝色标本代表可拼合石制品

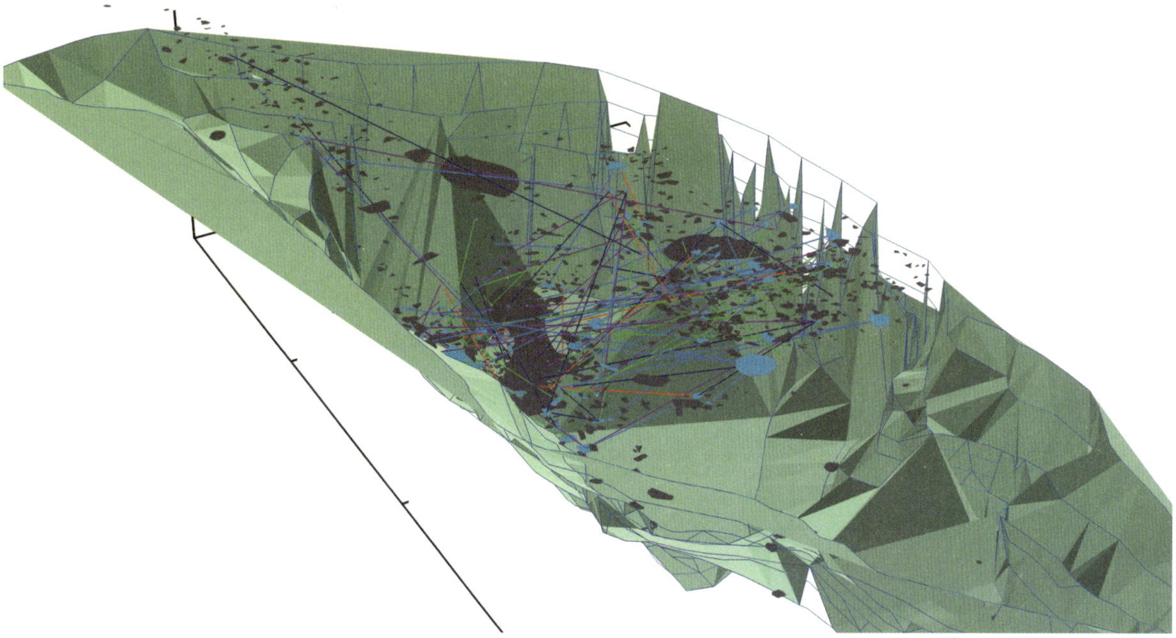

b. 东南→西北，垂直视角约30°，图中蓝色标本代表可拼合石制品

图5-44　方家沟遗址G1中东部的三维模型及其与遗物分布的关系

自然因素对遗存的改造过程。当时人类在沟内生产石片和加工石器，部分石制品剥落后又经过人为的利用和移动，而多数废片拼接型是在打制过程中产生并废弃于原地，因而标本间水平距离和垂直距离相对较小。石制品废弃于下凹的地面上，尽管后期的扰动使得部分石制品有相对于地面的垂直位移，但因改造程度有限，遗物整体分布和拼合连线的分布仍呈现出与沟底相契合的空间模式。

5.7.2 遗址空间利用方式

G1与其他层位在堆积内容上的差异说明不同地层之间存在时间间隔，沟内堆积是不可细分的，而且沟内遗物密集区域也不能再分出更小的层位，可拼合石制品的纵向分布贯穿了从沟口到沟底的距离，显示其时间跨度很小，因此主文化层的形成应归因于一次短期的人类占用事件，而不是在一个活动面上连续利用或反复累积的结果。

而且，遗址废弃后自然因素的改造程度较小，遗物组合和遗物分布模式可以认为处于接近原生状态，在排除一些可识别的干扰因素后，基本能够反映古人类在遗址中活动的原貌。因此对遗存空间分布状态、组合特征及其相互关系的分析，可以进一步揭示古人类利用空间的方式。

5.7.2.1 石制品的流动与废弃过程

古人类对遗址的利用和废弃是一个动态的过程，可以从遗址内部和遗址内外关系两个角度进行研究。石器拼合分析有可能揭示石制品在遗址内部的流动过程，例如有无特定流动方向及活动区的分化。遗址本身又构成狩猎采集者栖居系统的一个组成部分，通过结合石器拼合和最小单元分析，可以探讨石制品在遗址内的输入与输出，遗址内外活动有何联系与区别。

可归入原料最小单元的石制品在方家沟遗址内的分布情况与拼合标本类似。如图5-45所示，所有单元均分布于G1中部，各单元的分布范围互相交错，并且在很大程度上是重叠的，不同类型单元之间没有显著差异。从拼对关系的方向上看，没有出现某类石制品或某单元石制品向一个固定方向或区域集中的趋势。

结合四个遗物集中区的分布，可以发现A～D之间无论在拼合标本、最小单元还是石制品类型的分布上，彼此都不具备明显差异。因此，G1中部这些遗物集中区形成过程中的人为因素，不是表现为有计划地在不同区域安排不同活动，而是在打制和使用石器活动中无意识地形成的。四个遗物集中区之间的少量空隙，可能指示了古人类在沟内活动时自身或其他物品所占用的位置。

在遗址得以完整揭露的理想情况下，原料最小单元分析可以为考古材料在遗址间的流动提供一些线索。表5-8和表5-9显示，主文化层的原料最小单元的石制品类型构成，无外乎四种形式：废片类、石核+废片类、废片类+修理类、石核+废片类+修理类（以下分别简称D、C+D、D+M、C+D+M）。遗址每个单元都无一例外地包含废片类，表明各单元内普遍存在石核剥片或工具加工行为。在最小单元充分性假设成立的前提下，各种类型的含义不同：D类型代表了遗址内存在过剥片行为，但石核被完全消耗或带出遗址；C+D类型说明石核也在遗址内废弃，并未被带出遗址，可根据该单元内的FRR判断石片是否有可能被输入或输出遗址；C+D+M类型则代表了遗址内存在剥片和工具加工这一完整的石器生产过程。类似地，未被归入34个原料

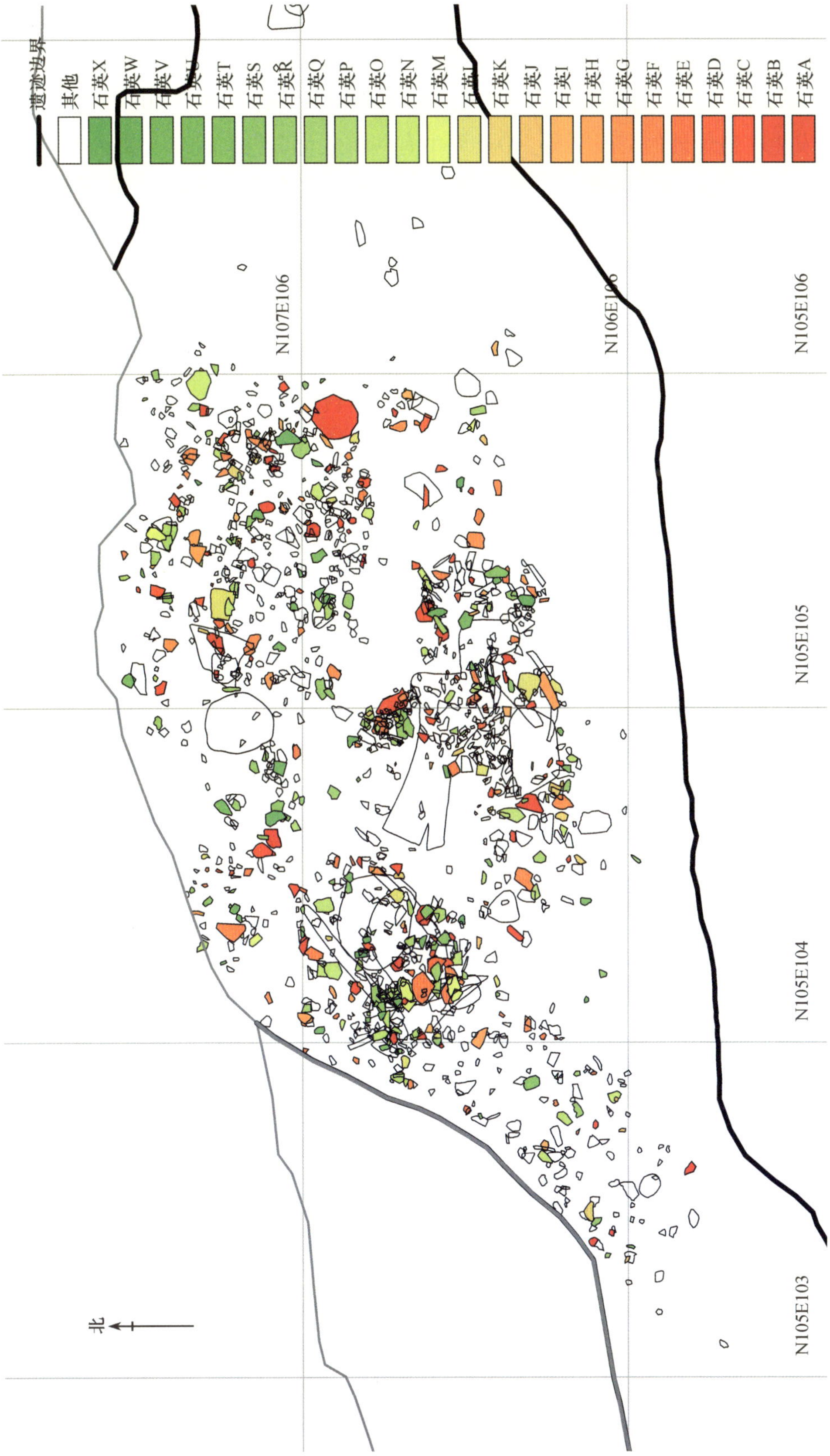

图5-45　石英原料最小单元平面分布

最小单元的拼合组可以做同样的分析。

具体到类型来说，单类型单元仅9个，占全部单元的26.5%，而且全部是D类型。如果存在C类型和M类型，则预示着石核或工具是由遗址外携带而来，这两种类型的缺失反映剥片或工具加工完全发生在遗址外的情况罕见。D类型中有些单元可辨识度较高，如石英X、石英砂岩A、石英岩A、拼合组43（石英岩），意味着缺失石核和工具并非无法辨认，而是本来就没有保留在遗址内。石英砂岩A尤其典型，该单元完全由8件残片构成，其中4件残片可拼接（拼合组2），而且拼接后仍然不能构成完整石片，无论拼合组内部还是拼合组与未拼合标本之间，都存在缺失环节，说明古人类很可能将其中部分产品有意识地带离遗址。另外，主文化层筛选遗物中还有4件燧石碎屑，也可以视为一个D类型单元，说明燧石制品曾在这里加工后被带离遗址。

多类型单元有25个，占全部单元的73.5%。其中标本数较多的单元中C+D+M类型比较普遍，显示出多数石英石制品在遗址内经历了从毛坯生产、工具加工和废弃的过程。其中有些拼合率和可拼合数都较高的单元，如石英A和石英F，比较清楚地显示出原料进入遗址的初始状态应为巨大的岩块（重1kg以上），经过复杂的消减过程，遗留下各种产品。从拼合组6可知，石英F无法完全拼合的原因之一是某些部位缺失相应的石制品，可能有部分产品被带出遗址使用。

D+M类型中，2个单元可辨识度较高，石英砾石E前者由0793刮削器和1件石片构成，石英砂岩B由1516刮削器和1件残片构成。两件修理类工具的共同特征是使用砾石原料，器身厚重，修疤明显大于一般的刮削器，由于遗址内没有发现对应的石核或工具加工废片，有可能是在遗址外加工并带入遗址的。

C+D类型中，有2个单元和1个拼合组可辨识度较高，分别是石英Q、石英砾石A和拼合组3，其中石英Q、拼合组3的拼合率达50%、100%。从原料质量上看，三者都较差，缺失工具可能仅仅是因为产生的石片或其他废片缺乏贝壳状断口，不适宜于第二步加工。

在标本数＞10且含石核的最小单元中，石片发现率在21.7%～266.7%之间，变异范围很大。其中，辨识度较高的是石英A、P、Q、R，FRR分别为24.1%、166.7%、55.6%、122.7%，这反映出不同单元的流动情况存在差异，FRR偏低的石英A可能有部分石片被带出遗址。

部分相对优质原料最小单元生命史中的某一环节应发生在遗址外，既包括在工具加工后带入遗址使用，也包括在遗址内加工后带出遗址。这一类单元的原型以石英砂岩和石英岩砾石为主，来源地距离遗址极近，其获取方式只是一种机会性的采集，由于古砾石层中的砾石成分复杂，并不都适合打制石器，古人类会在遗址外捡拾后开料以检视石料质量，导致遗址内最小单元或拼合中某些废片类产品的缺失。虽然部分优质原料剥片更容易控制，但并未针对优质原料采取特殊的剥片或工具加工方法。这类开发利用砾石原料的活动可能没有明显规划和组织，是相对随机的，由于古砾石层可能在空间上呈线状或面状展布，因此采集砾石、进而剥片和工具加工在遗址点内外均可发生。

5.7.2.2　遗物和遗迹的分布与遗址功能

当时人类活动所依托的地面，根据形态不同可以分为沟内和沟外两个部分。沟外基本是一个开放的二维平面，从沟外地裂缝出土遗物的位置看，这一活动区域至少有5m^{2}左右，遗物数量和密度显示该区域人类活动强度非常低，应该处于遗址的边缘地带。沟内是一个不太规则的凹面，没有发现人为改变或修整地表形态的迹象，结合沟与地裂缝的相对关系，可以认为其成因和人类行为无关，是自然形成的沟，或自然洼地的一部分。

G1内遗物分布并不均匀，绝大多数遗物集中在沟中部面积约4m^{2}的范围内。对野外编号标本的分类制图显示（图5-46），动物化石分布于沟中部，东西两端几乎是空白，个体较大的碎骨主要见于C区和D区。

石制品各类型中，备料和打击类的分布很分散，除了遗物密集区域内部，沟最西端和最东端也都有分布（图5-46，a）；废片类可以代表石制品分布的一般趋势，即在沟中部的四个遗物集中区较密集，而其他区域较分散（图5-46，b）；石核主要集中在B、C、D区，其他区域也有分布（图5-46，c）；修理类主要集中在C、D区，在A、B区和沟东端也少量存在（图5-46，d）。总之不同石制品类型间呈混杂分布状态，每一类型各自的集中区是基本重合的，也与动物化石的集中区重叠。

除此之外，小于20mm的碎屑的分布基本与上述遗物情况类似，主要集中在G1中部，其他区域也少量存在。碎屑被人类再利用的可能性很低，它在沟内的分布与其他较大遗物存在很明显的相关性，一方面指示了遗物埋藏中受自然扰动程度较小，另一方面也暗示沟内地面可能未经过人类有意识的打扫和清理过程。

综上可知，人类在遗址内的活动内容包括从原料采办、石核预制、石核剥片、工具加工和再修理等各个环节，而且工具+断块类拼合组的存在说明G1很可能也是使用工具之处。

根据对2014年发掘出土的7件石制品的残留物分析，有3件石制品上发现淀粉粒，其中有鉴定特征者包括粟类、小麦族和块根块茎类，根据与石制品附着土样残留物在数量和密度上的对比，可以确定石制品残留物来源并非周边土壤，而是来自石制品埋藏前的加工植物的行为[24]。发现残留物的石制品包括0341备料、1122备料和0738石核，均位于G1中部遗物集中区内（图5-46，a；图5-46，c），和其他石制品、动物化石密集地堆在一起。虽然残留物样本数少，但由此可知遗址不完全是石器制造场，而是存在使用石器的行为。而且三件遗物重量都在5kg以上，搬出遗址外使用的可能性很小，因此处理植物类材料的区域应在G1中部。

在此基础上，可以进一步探讨各种活动在空间上的联系。显然，G1中部是剥片活动的主要区域，沟东西两端虽然遗物很少，但是少量废片类和打击类的存在说明它们也是剥片活动的次要区域。碎屑的普遍存在以及工具加工或再修理拼合的发现，都说明G1中部也存在工具加工行为，即工具加工与剥片并不存在空间上的分离。值得注意的是G1西端发现有燧石碎屑，而其他区域不见相同原料石制品，说明对应的产品在这里生产或加工后带离了此处；G1东西两端几

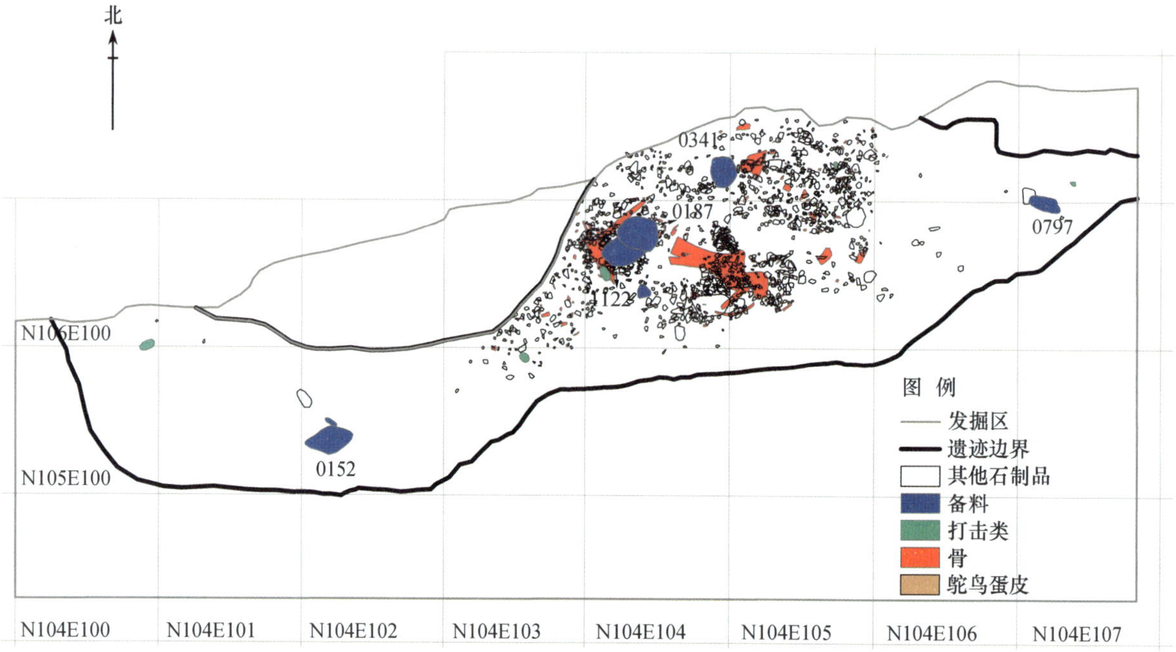

a. 备料和打击类

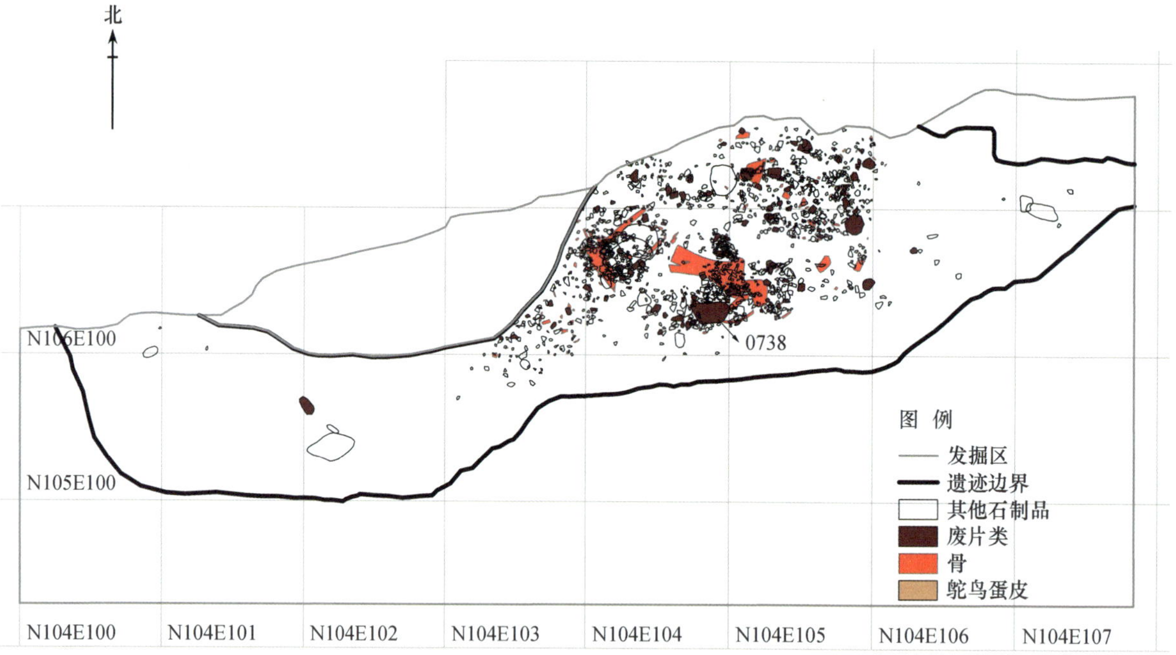

b. 废片类

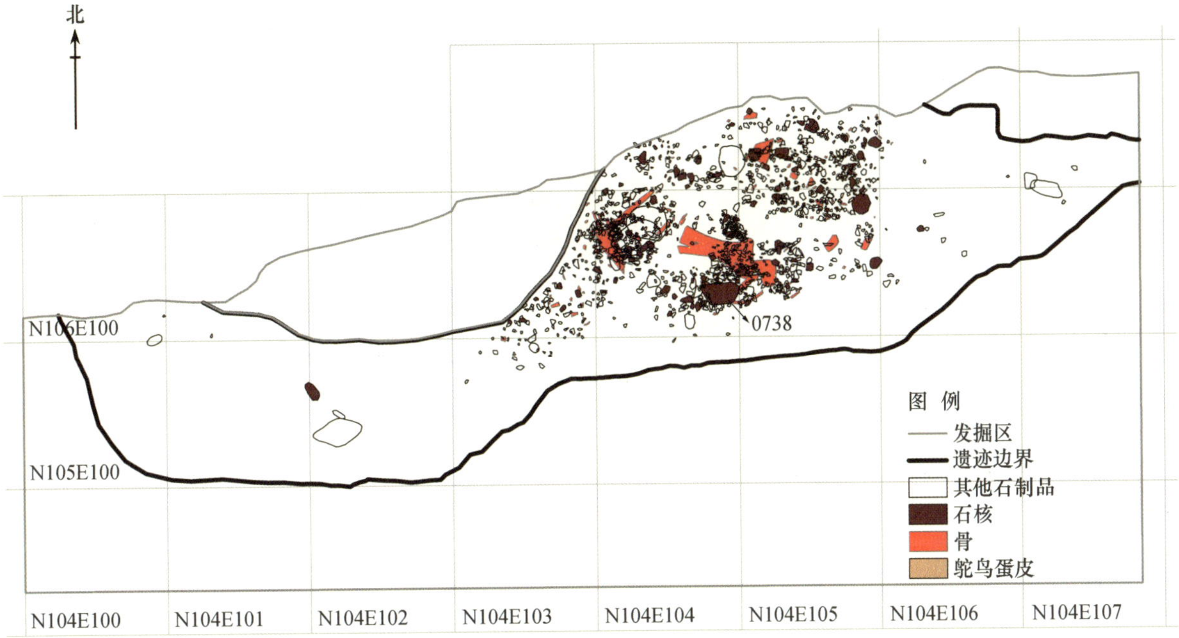
北
N106E100
N105E100
0738
图 例
发掘区
遗迹边界
其他石制品
石核
骨
鸵鸟蛋皮
N104E100
N104E101
N104E102
N104E103
N104E104
N104E105
N104E106
N104E107

c. 石核

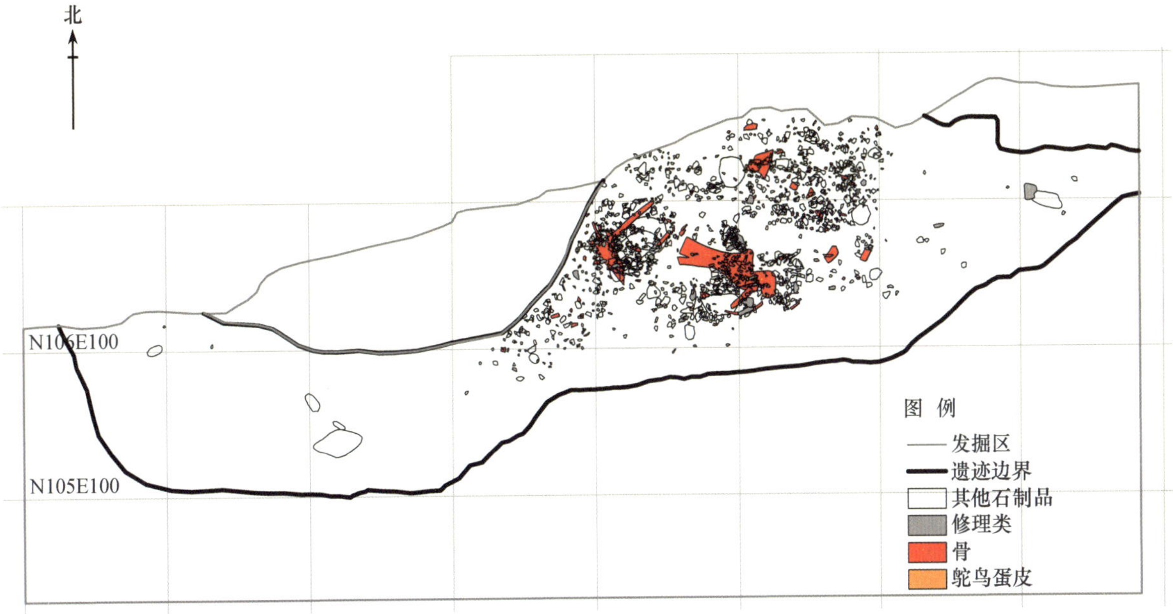
北
N106E100
N105E100
图 例
发掘区
遗迹边界
其他石制品
修理类
骨
鸵鸟蛋皮

d. 修理类

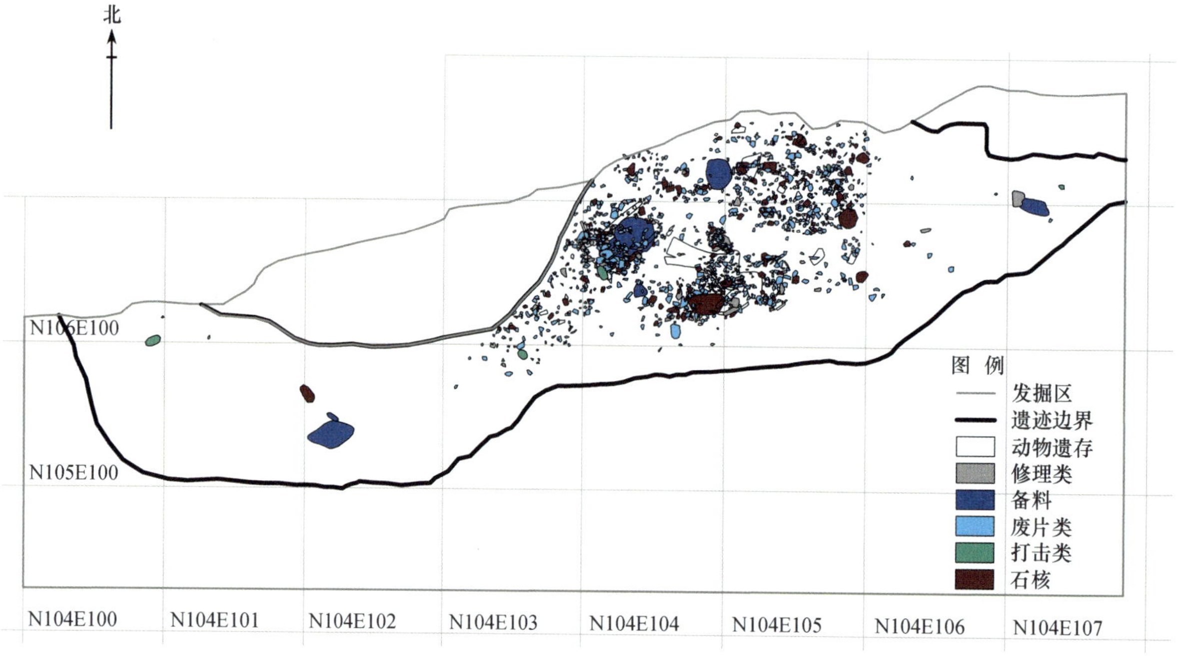

e. 石制品各类型综合

图5-46　方家沟遗址G1中各类遗物分布图

乎没有修理类遗留，但唯一的一件砍砸器0798却出自G1东端，远离沟中部的遗物密集区域。这些现象也许暗示沟内不同区域可能有不同的活动。

G1出土的动物化石破碎程度较高，没有观察到骨骼表面有动物啃咬等非人工痕迹，同时碎骨与人工制品的共存关系比较清楚，出土时还有一些石英碎屑附着在骨骼表面，这些现象表明人类行为是造成骨骼破碎的直接原因。碎骨的分布可能暗示古人类在沟中部利用石器进行动物性食物的加工和消费。结合工具废弃后的分布状况，可以认为从剥片、工具加工到使用和废弃，都是集中在沟中部的一小片区域内完成的，功能上的区划并不明显（图5-47）。

之所以集中利用沟内地面而不是在沟外，说明该处负地形可能为人类的某种活动提供了便利条件。结合民族志材料和与其他考古材料的对比，推测可能的原因有以下几种：

（1）人类利用沟作为狩猎掩蔽所。根据Binford对努那缪提人的调查[25]，掩蔽所沿着猎物迁徙路径和驱赶线分布，面对开阔地带，其结构由岩屑堆中挖进去的空洞或是在地面上筑起的矮墙构成，用于猎人埋伏，由于等待猎物的时间可能很长，会保留取暖用的火塘以及吃零食、修理工具产生的废弃物。不过，G1遗物构成中存在很大比例的初级剥片产品，与掩蔽所不符，因为在狩猎地点猎人所需要的工具一般是早就准备好的，工具生产最初阶段的废片很少会出现在这里。

（2）人类利用沟作为一种深入地下的辅助设施，比如狩猎用的陷阱、储藏食物的窖穴等。在民族志材料中，布须曼人捕捉长颈鹿和霍屯都人猎象都用到较大的陷阱，一般是在动物常走小径中间掘一个深坑，口部以树枝、树叶、苔藓及其他类似物伪装，猎物踏上覆盖物之后

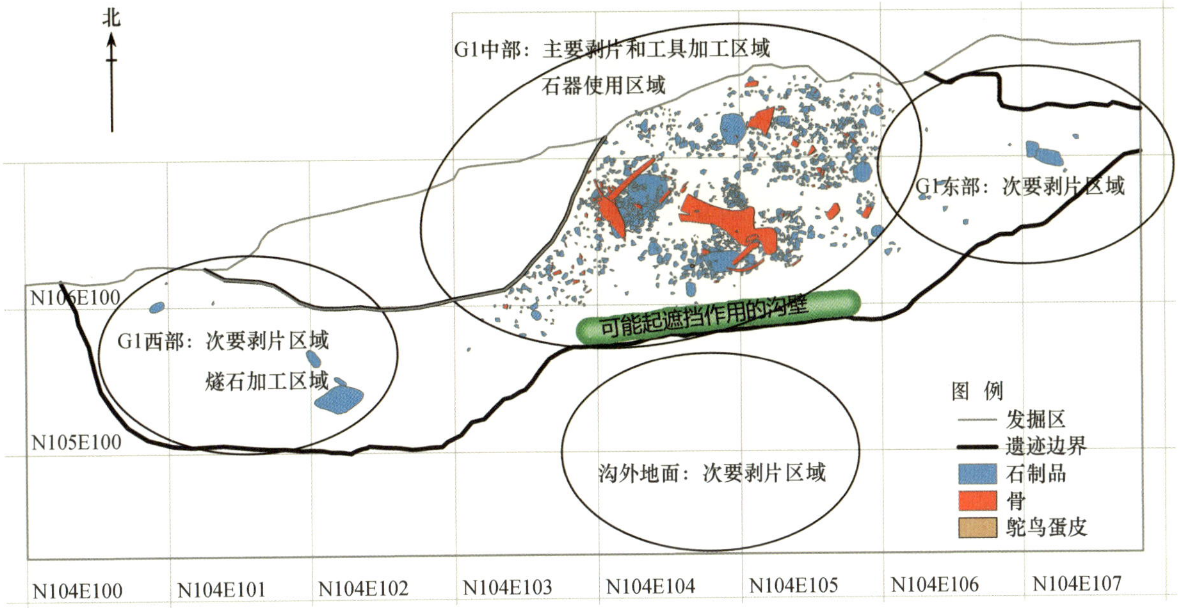

图5-47 方家沟遗址空间利用方式示意图

就会陷入和自己大小一样的坑中，为动物掉进去即被其自身重量所卡紧[26]。以日本发现的旧石器时代晚期陷阱为例[27]，其平面一般为规整的长方形或圆形，坑口直径多不超过2m，深度常超过宽度且坑壁陡直，通常陷坑是成组出现，有线性和集中成群两种排列模式。从形态、结构和规模上来说，这些遗迹都和方家沟的G1差别较大，而且遗物构成显示G1应该不止具有单一的用途。

（3）人类利用沟作为类似半地穴式房址的遮蔽场所。在民族志和考古材料中，狩猎采集人群在旷野构建某种形式的遮蔽空间是很常见的[28]。直接以平坦地面为基础直接搭建简易的棚屋、风障等，多数以树干、树枝、茅草、动物皮革等有机质材料为建筑材料，很难留下直接的考古学证据；而西伯利亚Buret等遗址的房屋则以人工挖掘的半地穴式浅坑为基础。从面积来说，G1中部有约4m^{2}的活动空间，至少能容纳一人，自然洼地的存在也可以起到节省建材和劳力投入的效果，因而有作为遮蔽场所的可能。

方家沟遗址并未发现火塘、柱洞、有意识处理的地面等决定性的证据，与流行于旧石器时代晚期东欧和西伯利亚典型的象骨居址[29]存在明显差别。此外，G1沟口到沟底的距离较大，且形状不太规则，这也使它有别于莫斯特时期罗马尼亚Ripiceni遗址的坑屋[30]。

除了明确的构筑遗迹，废弃物的分布同样能够提供房屋是否存在的线索[31]。从这个角度看，G1中部沟底较深且平坦处有可能代表当时人类的活动中心，南壁以外遗物数量和密度急剧减少，而没有表现出一种从中心到边缘遗物密度逐渐减小的散布状态，可能表明较陡的沟壁在人类抛弃垃圾时起到了遮挡作用（图5-47）；遗物集中区A、B所在位置，则可能是坡度较缓、可供人类上下或出入的地方。

同时，G1中部并未表现出可供长期居住的特征：①没有用火遗存，暗示当时人类可能并不在这里过夜。②没有维护屋内生活空间的迹象，大宗的石器生产废料还基本遗留在原来的位置上，几乎没有可以睡觉或躺下休息的地方，考虑到个体本身还要占有一定的活动范围，遗物集中区之间的少量空隙可能指示了剥片和工具加工活动时打制者蹲坐的位置。③从建筑材料来源的角度看，遗址附近可获的砾石和基岩岩块非常充足，当时人类应当没有为建筑投入过多劳力，否则应当遗留有可辨识的结构，比如用于压帐篷的石圈甚至石铺地面等。

综上，方家沟遗址的主文化层代表了一次短期的人类占用事件，当时人类将石料搬运至G1中部，在此打制并使用石器，伴随着处理动物性食物和植物性材料的行为。不同区域在功能上没有明显分化，但利用强度不同，在沟内其他区域和沟外地面上仅有零星的打制石器行为。造成这种空间利用方式的原因，可能是天然沟壁起到一定防护和遮挡作用，并利于搭建简易窝棚。

5.8 讨　论

5.8.1 遗址形成过程中的相关因素

方家沟遗址主文化层的地貌和沉积背景表明，遗址埋藏过程中主要受到来自河流水作用和坡面流水作用的改造，重力作用可能也起到一定作用。借助野外直接观察和对遗物的分析，可以评估这些自然因素对遗址的改造程度。

重力作用：①根据发掘中对堆积物的观察和遗物分布的考察，可以排除文化层整体下陷变形的可能，G1与周围地层之间的下凹界面形成于文化遗物废弃之前。②通过对遗物深度和重量的回归分析，可以判断两者的相关程度很低，因此遗物的埋藏深度没有受到其自身重量的显著影响。

流水作用：①遗物保存状况比较一致，遗物无磨蚀或磨蚀轻微者占绝大多数，表面和边缘多较为新鲜。②遗物长轴方向和倾向的分布较为均匀，没有明显的固定方向的水流作用影响；遗物大多倾斜，但某种倾向或倾角并不与沟内特定空间位置相关。③遗物在G1平面范围内并不是完全随机分布，而是具有明显的聚集特征，通过空间自相关统计发现，标本尺寸、重量与其平面位置之间没有关联，从而说明河流分选作用对遗物分布没有显著影响。④遗物集中区C中不同寻常的遗物聚集状态可能与局部的漩涡流有关，使尺寸相对较小的一些石制品和碎骨围绕大型障碍物如象肢骨标本0474分布。⑤石制品构成中石英废片类尤其是碎屑所占的比例很高，且碎屑在空间分布上与其他遗物混杂在一起，说明石制品组合未受到较大的流水改造。

坡面流水作用：主文化层中出现的一些岩块和砾石是坡面径流搬运所致，其中岩块是由山体基岩风化剥蚀产生，砾石来源于山顶古砾石层。

此外，石制品的整体三维分布和石器拼合也提供了重要的埋藏信息。拼接关系的废片类产品之间距离相对较小，反映遗物未经历剧烈的后期扰动。部分废片类拼接型或剥片类拼接型产品尚处在原始连接状态，有可能是埋藏过程中踩踏或其他堆积物的磕碰、挤压所致。拼合标本连线的倾角以及遗物整体的空间展布所复原的古地面大致也呈下凹状态，与沟的剖面形状大体一致，说明遗物废弃在沟底。而遗物相对于沟底的纵向位移的存在，说明上述三种自然因素也对遗物位置产生影响，但改造程度有限。

综上所述，各种自然因素都参与了对遗址的改造作用。其中，重力作用可能只是改变局部的遗物位置，包括沟壁垮塌，以及遗物从地面落入更深的、尚未填满的地裂缝中。河流流水和坡面流水作用的影响范围更大，在沟内填充细粒沉积物和岩块、砾石等自然遗存，使遗物发生相对于废弃地面的纵向位移，在局部可能促进遗物的聚集。上述自然营力对遗址的改造总体上强度不高，作用时间也可能较短，因而在废弃至埋藏过程中，石制品组合基本保存完整，遗物分布在平面上的非均匀模式没有改变、在剖面上的下凹形态尚可识别，此外遗物在保存状况、产状等方面也未指向某种受到剧烈扰动的特征。

5.8.2　石器工业

方家沟遗址主文化层的石器工业特征可以概括如下：

石制品原料包括两组，一组是在石英岩脉所在地附近采集的石英岩块，来源于遗址西北方向6km的嵩山东南麓；另一组是来源于遗址附近1km的范围内的古砾石层，成分包括石英、石英砂岩和石英岩等。在数量上前者占绝对优势，反映了古人类以计划性地采集和搬运为主、辅以机会性地采集砾石的获取石料方式。

石核剥片和工具加工技术以硬锤直接打击为主。剥片过程中，针对石英原料也采用了砸击技术，此外还可能使用了石砧—锤击技术和摔击技术。

石制品绝大部分都是剥坯概念的产品。石核预备阶段中没有对台面和剥片面进行特殊的修理。根据对锤击典型石核中不同剥片序列之间关系的研究，石核生产阶段方法包括Mp1、Mp2.2、Mp3、Mp4.1、Mp4.2，分别对应于单向石核、单凸面向心石核、不规则转向石核、局部两面剥片石核和两面向心剥片石核，其中不规则转向石核数量最多，反映了打制者较为简单的剥坯概念。

修理类工具组合以刮削器为主体，还包括砍砸器、凹缺器、锯齿刃器、尖状器和石锥。工具总体以小型居多，中型也占一定比例。工具毛坯以片状毛坯为主，块状毛坯较少，其中以砾石为毛坯的砍砸器属于修型概念的产品。毛坯形态可能未经特殊选择，一般只对边缘进行加工，对于片状毛坯，加工部位多集中于侧缘，罕见加工远端。加工方向以单向尤其是正向为主，多选择较平面为基础面。加工目的以获得延伸型刃缘为主，且多为修钝加工，刃角集中于70°~80°。由于修疤常较短而深，刃缘状态多不平齐。工具大多数只有一个刃缘，总体加工程度较低。以上特点更多地表现出对华北石片石器工业或中国北方主工业的继承性。

方家沟的拼合证据则进一步表明，非定型石核消耗的主要方式，不是通过维护台面和剥片面使得连续性的剥片能够循环下去，深度开发整个核体，而是通过不规则断裂把母石核分割为若干子石核，后者继续剥片只是对前者的简单重复，这就与本地区更晚阶段出现的石叶和细石叶生产构成本质差别。

5.8.3　遗址空间利用方式与功能

从主文化层堆积特征和拼合产品的空间分布看，G1内文化遗存的形成应归因于一次短期的人类占用事件，而不是在一个活动面上连续利用或反复累积的结果，而且，碎屑的分布反映地面上应没有打扫或清理行为。无论自然废弃过程还是文化废弃过程，都对遗物组合、遗物空间分布影响有限，因而构成一个研究遗址结构和功能的良好素材。

根据拼合标本三维连线以遗物整体的空间分布信息，可以复原出G1是一处洼，其内部是人类主要活动场所。而沟外的平地同样是当时人类活动所依托的地面，只不过活动强度很低，已经处于遗址的边缘地带。

可归入原料最小单元和可拼合的石制品，都集中于G1中部面积较小的范围内。G1中部可根据遗物疏密程度的不同分为四个遗物集中区，最小单元之间、拼合连线之间的纵横交错，将不同集中区联系起来，充分说明其同时性。如果排除自然因素作用，推测遗物集中区只是当时人类在打制和使用石器时无意中形成的，其间遗物相对稀疏处可能代表打制者本人占用的位置，在这一局部空间范围内并不存在不同区域安排不同活动的现象。

在更大的空间尺度上，剥片主要区域和次要区域在遗物密度上的显著差别，反映古人类对沟内地面的利用还是有一定的分区，体现了人类对空间的认知和利用能力。具体的利用原因可能是天然沟壁起到一定遮挡作用，并利于搭建简易窝棚。因此当时人类将石料搬运至G1中部，在此打制并使用石器，也有一部分石制品被有意识地带出遗址使用。G1中部可能有处理动物性食物的行为，同时还采集块根块茎类和粟类、小麦族植物，在这里进行加工。

G1是我国旧石器遗址中已知较早的利用自然洼地的实例，虽然不涉及地表人工改造，但却实现了和人工挖掘坑、沟类似的效果，而且其规模要大于浅坑式的火塘或炉灶，适合营建半地穴式的窝棚。规模类似的沟状遗迹，也见于徐水南庄头遗址G3[32]。说明人类在完全定居和有能力大规模改造地表之前，利用自然沟作为临时活动场所并非偶然现象，而是一种因地制宜并相对节省劳力投入的行为，是这一时期人类行为创新的表现之一。

与嵩山东麓地区同时代的其他遗址相比，方家沟遗址的特点为：①石器生产相关遗存异常丰富，不仅显著超出黄帝口等一般遗址，甚至比一些中心营地遗留的石制品更多。②在石料采办上并不是简单地随用随取，而是有计划地舍近求远把大量石英岩块搬入遗址内，在而且部分石制品在遗址内加工后还向外输出。③相比于居住营地，动物遗存的数量较少，种类相对单一，其所代表的食物消费规模很可能会更小，同时不存在高投入的火塘或者其他维护遗址的行为，这也暗示了较短的停留时间。④G1的面积较小，暗示在此活动的人群规模非常有限。⑤除了主文化层外，遗址还包括一些遗物极其稀少的层位，显示出在一次主要的占用事件后功能发生了重大改变。后三个特征显著区别于老奶奶庙等中心营地。

综合各方面的特征，可以推断方家沟主文化层可能是狩猎采集者短时间停留的一处临时营地，且石器制造场的作用较一般地点更加突出，在单位时间内石器产量很大。遗址石料资源未耗竭可能不宜视为一种浪费现象，而是特殊的文化废弃过程的反映。当时人类很可能采用装备地点策略，在栖居网络中的若干节点预先输入石料，以便在以该点为中心的活动中利用。在以主文化层为代表的占用事件中，出于需要，并没有消耗完石料资源，可能预期还会回来，但由于某种原因并未再次造访，先前活动的遗存就已经被埋藏起来。

5.8.4　小结

登封方家沟遗址是嵩山东麓地区旧石器考古的一个重要发现，主文化层埋藏于河漫滩相堆积中，年代在距今4万年左右，出土了大量石制品和动物遗存，并揭示出一处少见的沟状遗迹G1。这为研究MIS3阶段早期的石器工业和人类行为提供了宝贵的材料。

对石器工业的研究显示，方家沟遗址的占用者较多使用距遗址6km以外的脉石英岩块为原料，辅以少量就近采集的砾石；剥坯概念较为简单，剥片方法以不规则转向为主，形成不定型的石核，剥片过程中产生的断块又被继续用作石核剥片，是石料消减的主要方式；工具多以石片为毛坯，组合以小型刮削器为主体，同时伴有大型工具，加工程度不高；石核消耗和利用程度差异较大，富集于遗址内的石料资源并未被耗竭，而是仍有进一步开发的潜力。

对遗址形成过程的研究显示，自然因素和人为因素共同塑造了方家沟遗址的面貌。根据遗物特别是可拼合石制品的三维空间分布，可以复原出人类活动产生的遗物主要废弃在当时河漫滩的一处洼地上，即G1的底面，其中G1中部面积约4m^2、最深约1m的范围内是较集中的活动区，古人类在此制造石器，并用来加工一些植物和动物资源。这种对洼地的利用可能与该地形提供了天然遮挡物、便于搭建简易窝棚有关。自然营力对遗物位置产生一定影响，但多种证据显示其改造程度有限。综合遗迹类型、遗物构成和遗址规模等方面的证据，方家沟遗址可能代表了狩猎采集者短暂停留的一处临时营地。

注　　释

［1］　周昆叔，张松林，莫多闻，等. 嵩山中更新世末至晚更新世早期的环境与文化［J］. 第四纪研究，2006，26（4）：543-547.

［2］　卫奇. 石制品观察格式探讨［C］// 邓涛，王原主编. 第八届中国古脊椎动物学学术年会论文集. 北京：海洋

出版社，2001：209-218.

[3] Toth N. The Oldowan reassessed：A close look at early stone artifacts [J]. Journal of Archaeological Science, 1985, 12: 101-120.

[4] 赵宇超，李锋，陈福友，等. 甘肃徐家城遗址石制品原料最小单元分析 [J]. 人类学学报，2015，34（3）：318-329.

[5] 谢飞，石克，屠尼克，等. 岑家湾遗址1986年出土石制品的拼合研究 [J]. 文物季刊，1994，3：86-102.

[6] 王社江. 洛南花石浪龙牙洞1995年出土石制品的拼合研究 [J]. 人类学学报，2005，24（1）：1-17.

[7] 河南省地质局区域地质测量队. 中华人民共和国区域调查报告・许昌幅 平顶山幅 [M]. 卢店，1977：1-167.

[8] 王幼平. 石器研究——旧石器时代考古方法初探 [M]. 北京：北京大学出版社，2006：1-222.

[9] 李英华. 贵州黔西观音洞遗址石器工业技术研究 [D]. 北京：中国科学院研究生院博士学位论文，2009：1-423.

[10] 李锋. 陇中盆地徐家城旧石器遗址初步研究 [D]. 北京：中国科学院大学硕士学位论文，2010：1-181.

[11] 高星. 周口店第15地点石器原料开发方略与经济形态研究 [J]. 人类学学报，2001，20（3）：186-200.

[12] Villa P. Conjoinable Pieces and Site Formation Process. American Antiquity [J], 1982, 47:276-290.

[13] Hofman J. Vertical Movements of Artifacts in Alluvial and Stratified Deposits [J]. Current Anthropology, 1986, 27: 163-171.

[14] 陈铁梅，陈建立. 简明考古统计学 [M]. 北京：科学出版社，2013：1-238.

[15] 牛东伟. 水洞沟遗址第7地点遗址成因与石器技术研究 [D]. 北京：中国科学院大学博士学位论文，2014：49-61.

[16] 牛东伟. 水洞沟遗址第7地点遗址成因与石器技术研究 [D]. 北京：中国科学院大学博士学位论文，2014：49-61.

[17] 王劲峰，廖一兰，刘鑫. 空间数据分析教程 [M]. 北京：科学出版社，2010：1-301.

[18] Schick K, Toth N. Making Silent Stones Speak: Human Evolution and the Dawn of Technology [M]. New York: Simon&Schuster, 1993: 1-351.

[19] Schick K, Toth N. Making Silent Stones Speak: Human Evolution and the Dawn of Technology [M]. New York: Simon&Schuster, 1993: 1-351.

[20] 牛东伟. 水洞沟遗址第7地点遗址成因与石器技术研究 [D]. 北京：中国科学院大学博士学位论文，2014：49-61.

[21] Villa P, Courtin J. The interpretation of stratified sites: A view from underground [J]. Journal of Archaeological Sciences, 1983, 10: 267-281.

[22] 李锋，陈福友，李罡，等. 甘肃徐家城旧石器遗址石制品拼合研究 [J]. 人类学学报，2015，34（2）：1-12.

[23] 陈铁梅，陈建立. 简明考古统计学 [M]. 北京：科学出版社，2013：1-238.

[24]　马志坤，张弛. 方家沟遗址器物及周边土壤淀粉粒和植硅体分析报告[J]. 待刊，1-11.

[25]　Binford L. Nunamiut Ethnoarchaeology[M]. New York: Academic Press, 1978: 1-509.

[26]　利普斯. 事物的起源[M]. 汪宁生，译. 成都：四川民族出版社，1982：64-72.

[27]　Sato H. Late Pleistocene trap-pit hunting in the Japanese Archipelago[J]. Quaternary International, 2012, 248: 43-55.

[28]　Otte M. The management of space during the Paleolithic[J]. Quaternary International, 2012, 247: 212-229.

[29]　Iakovleva L. The architecture of mammoth bone circular dwellings of the Upper Palaeolithic settlements in Central and Eastern Europe and their socio-symbolic meanings[J]. Quaternary International, 2015, 359: 324-334.

[30]　Otte M. The management of space during the Paleolithic[J]. Quaternary International, 2012, 247: 212-229.

[31]　Binford L. Nunamiut Ethnoarchaeology[M]. New York: Academic Press, 1978: 1-509.

[32]　河北省文物研究所，保定市文物管理所，徐水县文物管理所，等. 1997年河北徐水南庄头遗址发掘报告[J]. 考古学报，2010，3：361-392.

第6章 西施遗址

6.1 概 述

西施旧石器遗址下文化层是一处以石叶技术为主导的典型的石器制造场。根据目前已有的材料看，中国境内已报道的经正式发掘的典型石叶工业遗址仅有宁夏灵武的水洞沟遗址一处。另外，在西北、东北边疆地区，以及华北地区有少量石叶技术因素的发现。西施旧石器遗址是首次在中国和东亚地区中部发现并系统发掘的一处以石叶工业为核心的旧石器时代晚期遗址[1]。本章主体部分是对西施旧石器遗址石制品材料的初步整理、统计和报告，并在此基础上进一步展开相关讨论，力图为深入探讨中国旧石器时代晚期人类行为特征以及东亚地区旧石器时代晚期文化的发展与交流等问题做出贡献。

西施旧石器遗址位于河南省郑州市登封市大冶镇西施村村南，基点的地理坐标为34°26′38.82″N，113°13′20.16″E（图1-1）。西施旧石器遗址是郑州市文物考古研究院开展旧石器时代考古专项调查时发现的，原调查报告中命名为“西施吴家旧石器地点”。当时的调查在距地表深约3m的地层中发现了石制品20余件，岩性均为燧石，石制品类型包括石核、石片、石叶、刮削器和断块等[2]。

2009年4月复查了该地点，在砖窑挖土后遗留下的南北向剖面地层中发现了燧石石片等石制品，并在石制品暴露较多的层位采集了光释光测年的三个样品。通过对两次调查采集的石制品的观察和光释光测年的初步结果，基本上确定了西施旧石器遗址是一处旧石器时代晚期的具备石叶技术因素的遗址。

6.1.1 遗址的发掘

发掘布方时兼顾地形地貌和剖面上遗物分布情况等因素，采用正方向布方。发掘区涵盖了剖面上遗物最丰富的区域。以N100E100确定发掘区西南角的探方，向北、向东的探方号N、E值递增。发掘区的北部和东部原与发掘区处于同一高度，20世纪90年代砖窑取土将发掘区外部挖低了约5m（图6-1）。

野外发掘按照国际上通用的旧石器考古发掘方法布方、清理和记录。在表层耕土清理结束后，采用水平层发掘方法，即以5～10cm为一个水平层逐层全面揭露整个发掘区。每个水平层清理完毕后，观察分析该层的平剖面变化并相应划出地层线，然后对这个水平层出土的遗物进行编号、定位测量，并记录编号标本的产状及风化磨蚀程度，接下来完成测绘工作，最后收取遗物。因为西施旧石器遗址的特殊性质，遗址内出土了大量的断块和残片，发掘者采取以小区为单位的方式来收集这些难以逐一编号的石制品。小区是将一个1m×1m的探方以其中心为原点，按照数学上的象限关系划分出四个50cm×50cm小正方形，并以顺时针方向分别命名为Ⅰ、Ⅱ、Ⅲ、Ⅳ区。

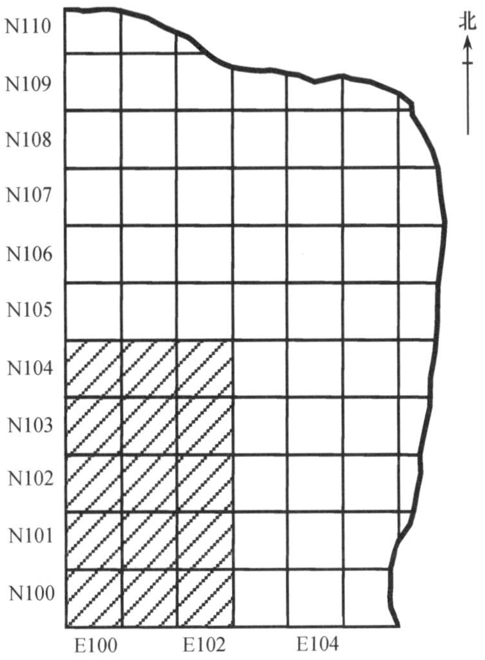

图6-1　西施遗址布方平面图

发掘过程中，综合考虑工作效率和遗址保护等因素，首先清理了整个发掘区地表的耕土层以及耕土层下的部分晚期文化层，发掘至50cm的深度后，暂停整个区域的揭露而首先对发掘区东部E103至E106的区域进行发掘。这部分发掘结束之后，继续完成了布方区域西北部分的发掘工作。图6-1中的阴影部分向下发掘50cm后未再向下发掘。

野外发掘工作完成后，在遗址的西壁剖面上系统地采集了环境样品和光释光测年样品，为遗址的综合研究提供必要的材料基础。

6.1.2　整理工作

结束野外的各项工作后，2010年7～9月，笔者对西施旧石器遗址出土的遗物进行室内整理。西施旧石器遗址出土的遗物全部为石制品，共计8558件。其中编号标本2168件，收集品6390件。这批石制品的原料单纯，除了几件为石英、石英砂岩和玛瑙外，其余均为燧石。石制品种类包括原料、石核、石锤、石片、石叶、细石叶、工具、断块和残片等，其中断块和残片的数量最大。室内整理的重点是编号标本，笔者针对不同种类的石制品设计了相应的观察测量项目。关于石制品的观测和统计分析等内容，将在本文的第三节中加以详细的介绍。

6.1.3　野外综合调查工作

2010年11～12月间，围绕2009年和2010年发掘的旧石器遗址开展了专项调查，其中以西施旧石器遗址为中心的区域地质地貌调查是重要的组成部分，主要任务是认识区域地貌发育史，寻找西施旧石器遗址的原料产地并调查区域内更多的旧石器遗址或地点。调查的相关成果将在6.2节和6.5节中进行详细介绍和讨论。

6.1.4　研究方法

作为一处以石叶工业为核心的旧石器时代晚期的石器制造场，西施旧石器遗址的技术特征是典型而明确的，分析研究其技术的特征是展开其他各种讨论的基础和前提。操作链（chaîne opératoire）的分析模式可以构建起石制品加工制造的完整序列，不同的技术特征往往形成各异的操作序列[3]。6.4节将重点关注西施旧石器遗址的技术特征，包括石叶技术和细石叶技术等。

对一组石工业进行分析时，应对石料的来源和质地有比较清楚的认识[4]。对与原料相关的问题进行探讨，既有助于完善石制品加工的操作体系，又能进一步理解人类行为的特征与规律。2010年11～12月开展的西施旧石器遗址专项调查的意义之一就在于调查原料的产地和产状。原料产地与遗址地理位置的关系，人类对原料的开发能力以及原料特征与石制品加工技术的关系等方面，都要求研究者深入考察原料产地和遗址出土的原料。6.5节将重点分析原料的产地、开发与利用等相关问题。

在了解西施旧石器遗址的环境背景、石制品类型与数量、技术特征和原料开发利用等问题后，笔者将研究和分析的重心转移到文化性质的对比和人类的适应策略方面。石叶技术的内涵是什么？旧石器时代晚期中国境内其他石叶技术的证据还有哪些？不同地区石叶技术的特征是否一致？它们之间存在怎样的联系？运用石叶技术的人群，他们如何适应环境，体现了怎样的优越性，而存在哪些困难与问题等。6.6节将对中国境内旧石器时代晚期阶段的石叶工业和石叶技术略加梳理，并以西施旧石器遗址的石叶技术为中心对相关问题进行分析与探讨。

6.2　地质、地层与古环境背景

这一节重点介绍西施旧石器遗址的相关背景材料。主要包括遗址所在区域的地质地貌环境、遗址的地层堆积情况、遗址的埋藏学环境、文化层的年代以及古环境特征等内容。全面了解西施旧石器遗址的环境与年代背景，是分析遗址性质与功能、理解石器技术特点以及归纳人类行为特征的重要前提。

6.2.1 区域地质地貌综述

6.2.1.1 区域地质环境背景

从宏观的角度分析，西施旧石器遗址所处的地理位置毗邻嵩山地区，地质构造活动具有广泛的相似性。嵩山位于华北古陆块南缘，嵩箕地块的北中部。地层出露齐全，构造形迹清晰。嵩山地区基底岩层为太古代和早元古代地层，属海底基性火山喷发及浅海碎屑岩、黏土岩相，岩层遭受区域变质和混合岩化。此后，转为盖层沉积，自中元古代至早古生代早期，主要为海相碎屑岩—碳酸盐岩建造，缺失晚奥陶纪至早石炭纪沉积。晚古生代中期为海陆交替黏土质岩—夹含煤建造沉积，晚古生代后期为陆相含煤建造和陆相碎屑岩建造。中生代—新生代早期为内陆断陷盆地碎屑岩沉积。嵩山地区区内地层层序清楚，微体古生物遗迹和古生物化石丰富，接触关系清楚，岩相、厚度变化稳定，具有稳定地块的沉积特征。基底岩层经嵩阳运动和中岳运动改造，表现为紧密的、复杂的褶皱形态，呈近南北向构造。盖层主要表现为升降运动，经历了少林、晋宁、燕山、印支、喜山运动，以强烈的断裂活动为主，褶皱运动次之，多形成近东西向的开阔背向斜。

如图6-2所示，西施旧石器遗址周边地区的地质环境比较复杂。大体上呈北部二叠系上统砂岩—页岩为主，南部寒武系上统灰岩—白云岩为主的趋势，在两者之间发育有石炭系的含燧石结核的灰岩。该区域内曾发生过比较强烈的断层活动，距西施旧石器遗址较近的有三处寒武系地层与石炭系地层的断层，其中两处为实测的正断层，另一处是实测的性质不明断层。断层破碎带上会产生大量的体积各异的岩石碎块，这些碎块的岩性以灰岩为主，另外还具有一定数量的燧石与砂岩。区域的北部砂岩上覆盖有中更新世的堆积，而南部灰岩上则覆盖了晚更新世的堆积。

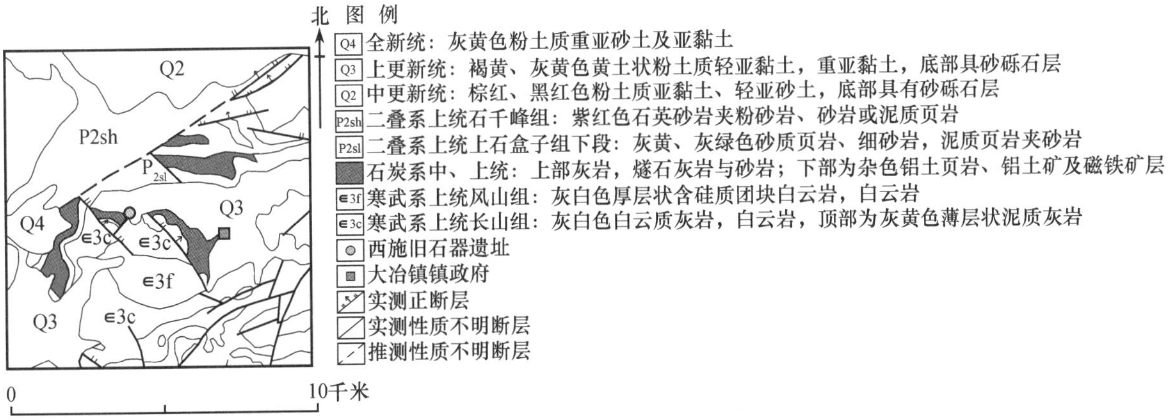

图6-2 西施遗址所在区域地质构造图

根据河南省地质局水文工程地质队制《河南省1/20万综合性地质—水文地质报告（I-49-12许昌幅）》改制

6.2.1.2　区域地貌条件复原

对区域地貌形态的复原可以帮助我们更直观地认识早期人类生活的环境，是理解人类行为特点的基础。通过对区域内一些地点的典型剖面的观测和相关分析，可以大体上了解西施旧石器遗址所处时代人类生活的地貌环境背景（图6-3）。

更新世以来的流水作用对区域地表形态产生了相当大的影响。隶属于淮河水系的洧水河发源于西施旧石器遗址西北方的石板道，由西北向东南流经遗址的南侧。目前上游的部分已经干涸，但古河道仍清晰可辨。近现代人类对地表的改造活动同样会对目前的地貌形态造成不可忽略的影响，在实际工作中应该特别注意排除近晚期人类活动的干扰。

在实地的调查过程中，我们在每条线路上选取典型的剖面进行测绘、照相及文字记录，并利用GPS收集该剖面地点的坐标和相对高程。而后，将野外调查所获得的各种数据带回室内做进一步的处理。如图6-3所示，利用GoogleEarth软件把所有剖面地点的相对位置关系展现出

图6-3　西施遗址区域调查剖面地点分布图

使用GoogleEarth软件制作，经纬坐标为野外调查时实测

来。以下将进一步对每一个地点的剖面情况加以介绍，这样整合起来就可以对西施旧石器遗址所在区域的古地貌背景有一个整体上的比较全面的了解。

（1）竹园剖面。

位于卢店镇东北部的竹园剖面地点的地理坐标为34°29.138N，113°13.897E。巨厚的石英砂岩基岩上部覆盖有中更新世堆积的浅红黄色的粉砂质黏土和现代的地表耕土，粉砂质黏土层底部局部可见砂砾石层（图6-4）。该剖面所处地点是区域内相对海拔最高的位置，石英砂岩基岩表面因河流侧蚀作用及风化作用而破碎，在较低处堆积了数量较多、大小各异的石英砂岩碎块。

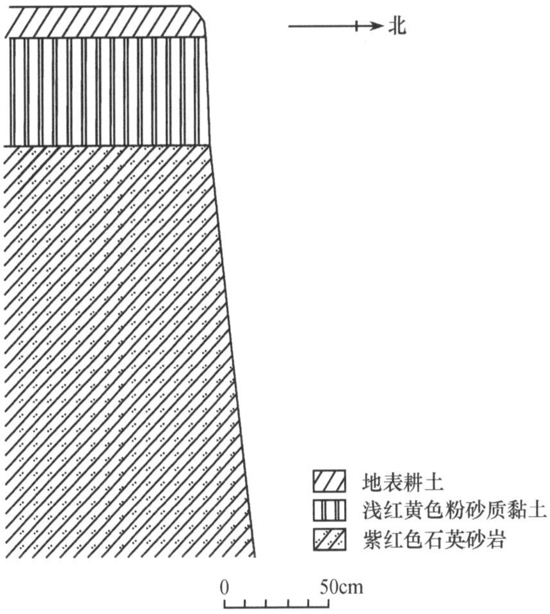

图6-4　竹园剖面示意图

（2）王家沟水库剖面。

位于大冶镇最北端的王家沟水库剖面地点的地理坐标为34°29.115N，113°14.119E。该地点处于竹园剖面地点的东侧偏南，近期修建的水库即位于实测地点的东南。王家沟水库剖面的情况与竹园剖面相似，但石英砂岩直接暴露在外，其上部不见晚期堆积。水库的修建虽然将原来由南向北流淌的河流切断，但河道仍清晰可辨。

（3）沁水剖面。

位于大冶镇东北部的沁水河谷剖面地点的地理的坐标为34°28.828N，113°15.461E。实测地点原为一条东西走向的河流，目前已经干涸，但河道清晰可辨。沁水剖面位于一条实测的大型正断层的边缘地带，在踏查过程中可以在基岩的侵蚀面上看到褶皱现象。河道两侧均堆积有浅红黄色粉砂质黏土，但北部略厚一些（图6-5）。

（4）崔岗剖面。

位于卢店镇东部的崔岗剖面地点的地理坐标为34°27.273N，113°10.441E。崔岗剖面堆积的整体情况与沁水剖面相似，底部基岩为紫红色中粒石英砂岩，其上部覆盖有形成于全新世早期的浅黄色粉砂质亚黏土。实测地点位于一条东西向河流的河道之上，踏查时（2010年11月18日）河流处于枯水期，河流北岸缺失全新世早期的堆积。因流水侵蚀作用和风化作用，河岸两侧的石英砂岩基岩松散，在河道上形成岩石碎块的坡积物（图6-6）。

（5）沙沟剖面。

位于大冶镇西部的沙沟剖面地点的地理坐标为34°25.818N，113°11.458E。与崔岗剖面相似，在砂岩基岩上堆积有全新世早期形成的浅黄色粉砂质亚黏土，但沙沟剖面附近的亚黏土层更厚，局部可达4米以上。沙沟剖面地点所处的位置属于砂岩基岩与石灰岩基岩的交界地带，内作用力地质活动相对比较强烈。

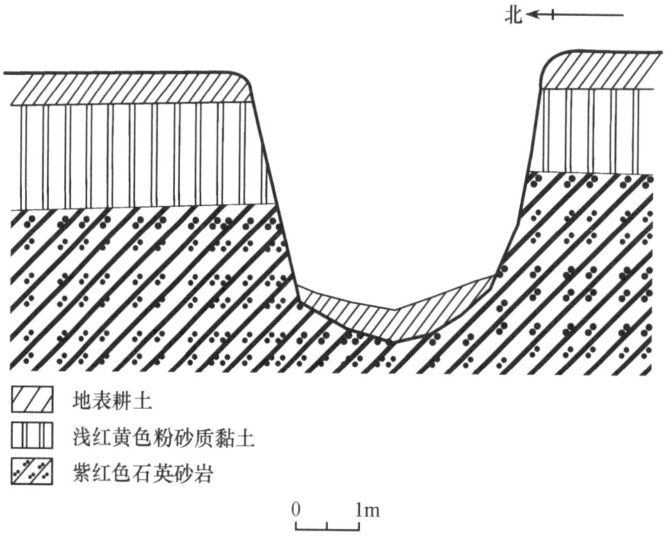

图6-5　沁水剖面示意图

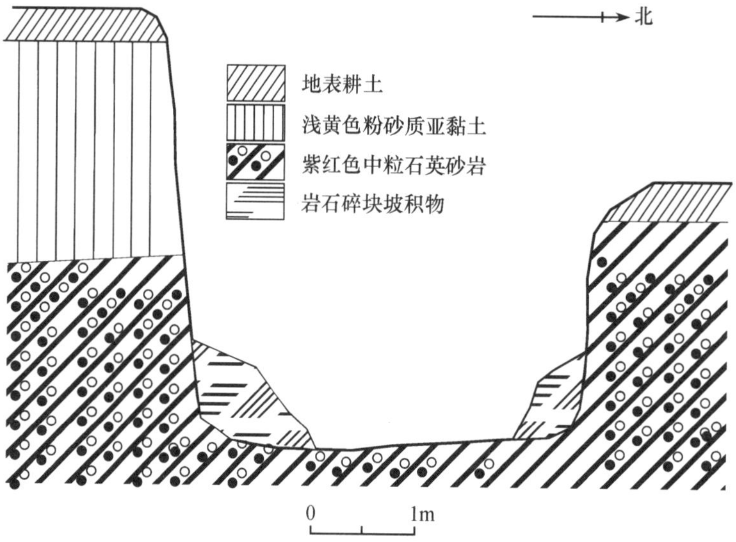

图6-6　崔岗剖面示意图

（6）李家阴剖面。

位于大冶镇中部的李家阴剖面地点的地理坐标为34°27.218N，113°13.885E。实测地点以石英砂岩基岩为基底，根据两侧堆积中的砂砾石层以及地势高低判断这里曾发育有一条自北向南流向的河流，在砂砾石层上部由下至上分别堆积有灰黄色粉砂亚黏土层和现代的地表耕土层。而灰黄色粉砂亚黏土层发育的年代应为更新世中期，该层中局部夹杂有砂砾石透镜体，岩性以石英砂岩为主。由于表面风化较为严重，尚不明确该层是否能划分出亚层（图6-7）。

（7）东施村剖面。

位于大冶镇中部偏西的东施村剖面地点的地理坐标为34°26.645N，113°14.001E，具体位置在西施旧石器遗址的东侧约1km处。在所有的野外调查地点中，东施村剖面与西施旧石器遗址堆积情况最具相似性。与上述各个地点不同，这里的基岩岩性为石灰岩。在实测地点基岩并未暴露，这是根据对整个区域的地质调查分析做出的结论。在石灰岩基岩的上部堆积有较厚的灰黄色黄土状轻亚黏土和现代地表耕土。实测地点为洧水河侵蚀形成的阶地地貌，其中的二级阶地可与西施旧石器遗址所在位置相对应。由于堆积体表面的风化作用比较强烈，灰黄色轻亚黏土层难于进一步划分层次（图6-8）。这次调查中并未在地层中发现人工制品或动物化石，但是在其西部几百米的东施地点（图6-3）的地层中调查发现了数量较多的石制品，岩性全部为燧石，初步观察东施地点的石制品技术特征与西施旧石器遗址相似。

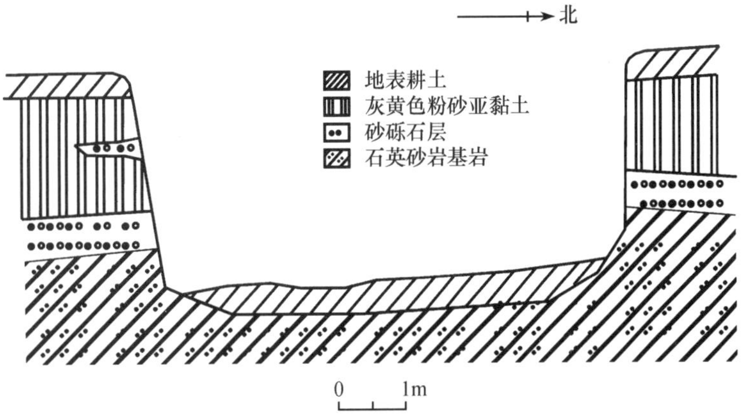

图6-7　李家阏剖面示意图

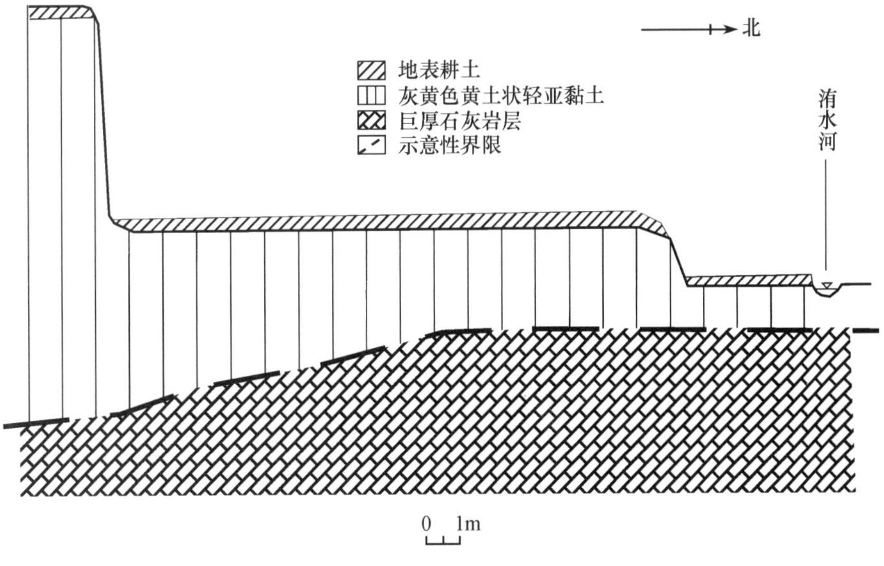

图6-8　东施村剖面示意图

（8）火石岭第一剖面。

位于大冶镇南部的火石岭第一剖面地点的地理坐标为34°25.966N，113°13.996E。大规模的石灰岩基岩中夹杂有铝土页岩，实测地点所处位置即一处采矿区。上部的灰岩中存在部分含硅质团块的灰岩。灰岩岩体上部覆盖有形成于全新世阶段的地表土（图6-9）。

（9）火石岭第二剖面。

位于大冶镇南部的火石岭第二剖面地点的地理坐标为34°25.429N，113°13.590E。整体情况与火石岭第一剖面相似，巨厚的灰岩基岩。实测地点为现代开采石灰岩的矿区。

（10）火石岭第三剖面。

位于大冶镇南部的火石岭第三剖面地点的地理坐标为34°25.818N，113°13.486E。实测地点为石灰岩基岩的山谷，灰岩上部覆盖有少量地表土（图6-10）。

综合考察上述十处剖面之后，可以为西施旧石器遗址所在的10 × 10km^{2}的范围在晚更新世阶段的地貌环境做出一个大体的复原。

西施旧石器遗址所处范围内的北部及西北部是以石英砂岩为基岩的区域，北部竹园、王家沟等地点地势最高，向南向西逐渐走低，中更新统（Q2）的黏土、亚黏土堆积不均匀地叠压在基岩之上，通过考察中部的李家地点，判断区域内在晚更新世阶段曾有一条自北向南的河流流经此处；南部及东南部是以石灰岩为基岩的区域，内动力作用复杂，调查中发现较多的断层，加之外动力作用的影响，使得这里地貌形式相对北部更为复杂。石炭系地层上部的灰岩、燧石灰岩和砂岩夹杂在两者之间，在区域内分散若干处，但部分石炭系堆积可能被上更新统黄土状亚黏土所掩埋得较深，此次调查中并未发现非常典型的剖面地点。

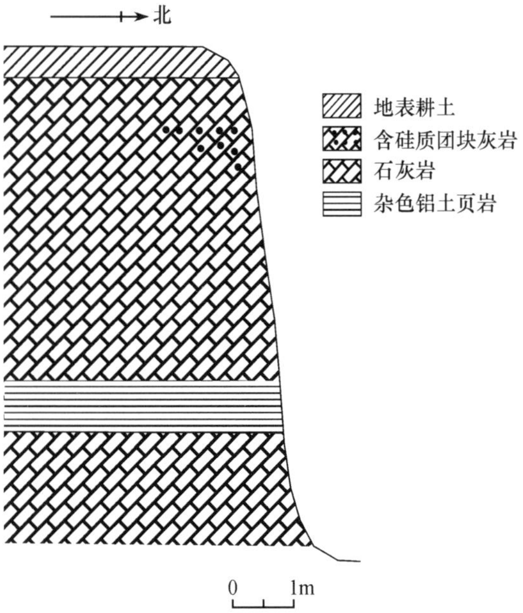

图6-9　火石岭第一剖面示意图

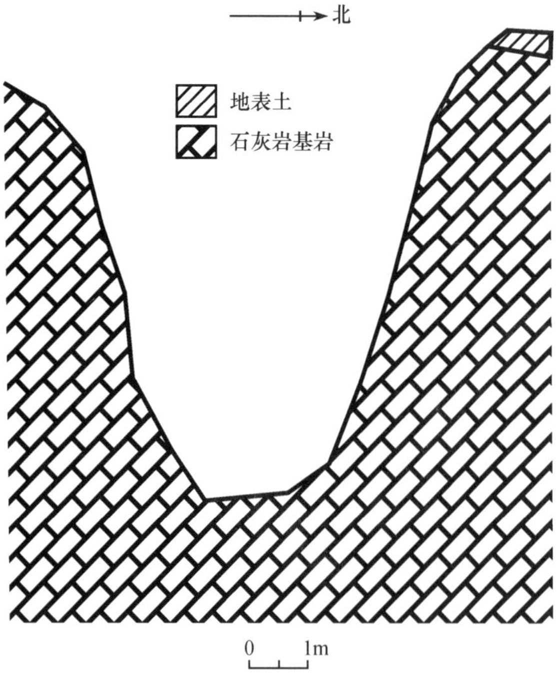

图6-10　火石岭第三剖面示意图

在晚更新世阶段，区域内呈现是北部较平坦、南部较复杂的地貌特征。植被在全区域发育得较好，尤其是西施旧石器遗址所处的居中的地带。洧水河与流经李家地点的河流，两者之间的关系与交汇点尚不明确，但无疑它们成为这个区域当时非常重要的水资源。

具体到遗址所在地的情况是，发源于西施村西北部石板道的自西向东流淌的洧水河所形成的二级阶地在西施旧石器遗址—东施村剖面一线得到了一定程度的保留，在晚更新世大规模黄土状亚黏土堆积之前，石炭系上统的燧石灰岩和寒武系上统的白云质灰岩的基岩在附近都有露头，成为制造加工石制品的潜在原料产地。遗址北部、东北部的地势坡度不大，水资源充分，植被发育较好，动植物资源相对丰富。综合考虑各方面因素，这一地区在当时比较适宜古人类活动。

6.2.2　遗址的地层堆积

西施旧石器遗址的地层可以划分为两个大的层次（图6-11）。

①层：表土层，呈灰黑色的耕土，土质比较疏松，包含有陶片、瓷片和现代制品等，厚度30～50cm。

②层：根据土质土色和包含物的差异，可以进一步划分出四个层次，由上至下依次为：②a层，棕红色粉砂质亚黏土，土质较致密，在发掘区内②a层无遗物出土，但是在发掘区南部同层位的剖面中零星发现有陶片，该层厚20～60cm；②b层，黄色粉砂质黏土，土质致密，距地表110cm处出土了一件燧石质石片，无其他出土物，该层厚度为120～180cm；②c层，灰黄色粉砂质黏土，土质致密，偏下部含有少量的螺壳，该层出土了大量的石制品，中部偏下处尤为密集，是西施旧石器遗址的主文化层，该层厚度为80～120cm；②d层，灰黄色黏质粉砂，土质较致密，含有较多的螺壳，无遗物出土，实际发掘至距地表320cm处，未见底。

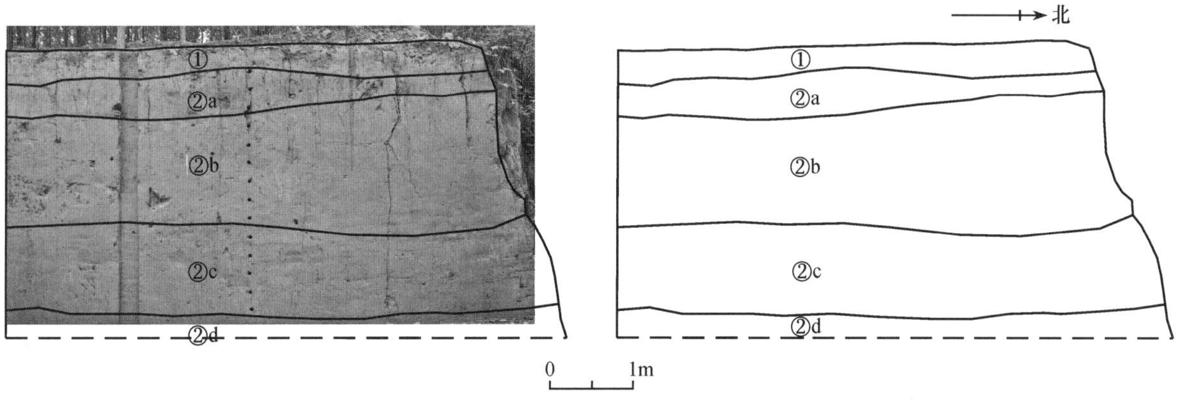

图6-11　西施遗址西壁（局部）剖面图

6.2.3　遗址埋藏学分析

以上两个部分，从宏观上阐释了地质地貌的环境背景，也介绍了西施旧石器遗址地层堆积情况，这一部分将重点关注遗址埋藏学方面的内容。

埋藏学的概念与研究方法最初形成于古生物学[5]，后来被引入考古学研究之中，进一步融合地质学等学科的相关内容，逐渐被改造和创新成为适应考古学综合分析的一种研究手段。埋藏的过程是复杂的，对于某一处遗址而言，其形成阶段，即人类正在此处活动的阶段和废弃之后，即人类离开此处去往他处，这两个阶段都涉及埋藏学的问题。

在遗址形成的阶段，人类停留在这一范围内活动，其埋藏的过程受到自然因素和人为因素的双重影响；遗址废弃之后，人类离开这个互动区，其埋藏过程只受到自然因素的作用。对于西施旧石器遗址而言，形成过程的时间相对废弃后至今的时间要短很多，废弃之后的埋藏过程相对比较清楚，而复杂的，也是特别值得分析的，则是这一段相对较短的时间内有人类参与的埋藏过程。西施旧石器遗址的埋藏学分析将有助于更深刻地理解遗址性质，这也是分析人类行为特征等相关问题的重要条件。

以下从石制品出土产状、石制品的风化与磨蚀、遗址内石制品堆积情况和石制品拼合研究四个方面来探讨遗址埋藏学相关的问题。

6.2.3.1　石制品出土产状分析

石制品出土的产状包括长轴、倾向和倾角等指标。出土产状的统计学上的意义在于帮助判定石制品堆积过程中自然因素与人为因素关系，以及帮助分析遗址（或地点）的性质。影响出土产状的自然因素主要有：区域地质运动、流水作用、动植物影响等等，其中又以流水作用的影响最为突出。不考虑人类刻意摆放等特殊行为，通常情况下，如果石制品出土产状的数据呈现出一个明显的趋向性，那么就必须考虑到遗址（或地点）的埋藏过程中是不是受到了流水作用的影响或者原始的人类活动面受到了内动力地质活动的影响。动态地去思考和分析出土产状的数据，会帮助研究者得到一个妥当而有说服力的结论。

6.2.3.2　长轴

参照部分已有的标准定义[6]，笔者将“长轴”描述为：界定遗物在出土时其最大径方向的一项指标。野外工作时具体的观测办法是，假想遗物上方有一个水平面，那么，遗物的轮廓在这个水平面上正投影的最大径方向就是这件遗物的长轴（图6-12）。当最大径方向处于［0°，45°］、［45°，90°］、［90°，135°］和［135°，180°］区间时，长轴分别记作“1”“2”“3”“4”。当遗物轮廓的正投影呈近似中心对称图形而难于判定最大径时，则遗物不存在长轴，记为“0”。

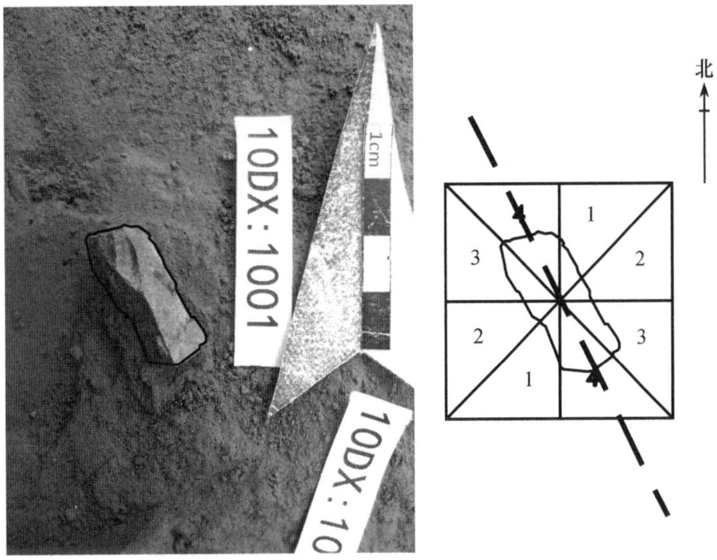

图6-12　石制品长轴示例图

统计长轴数据要求遗物出土时必须保持原地未动状态，然而在实际发掘的过程中，有的时候难免会出现石制品移动的情况。为保证统计学的相对准确性，这样的情况在野外记录时标明“移动”，具体统计过程中则不必计入样品总量中来。

统计结果表明，记为“0”的标本数量极少（约0.1%），可忽略不计。另外4个区间内的标本数量相当，比例也都接近25%（图6-13），可见西施旧石器遗址长轴分布是非常平均而分散的，没有特别的规律性。

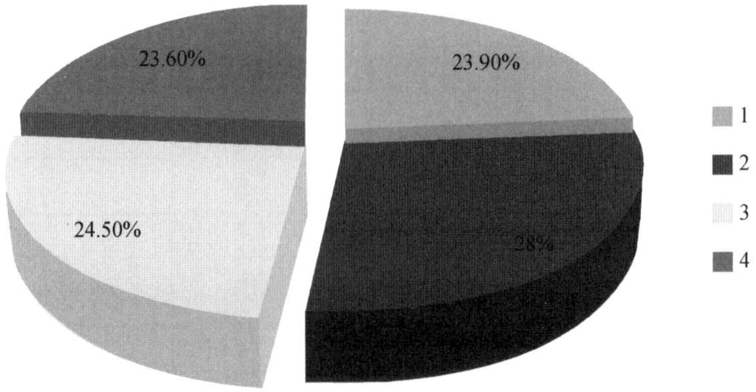

图6-13　西施遗址石制品长轴比例分布饼状图

6.2.3.3　倾向与倾角

倾向，简单地说，就是石制品的倾斜的方向，而倾角是衡量石制品出土时倾斜程度的指标。倾向和倾角都是引自构造地质学中的概念，然后被微观到石制品的埋藏学研究中。不同于长轴的观测方法，观测倾向和倾角时，要用空间观念将石制品视为一个独立的整体。

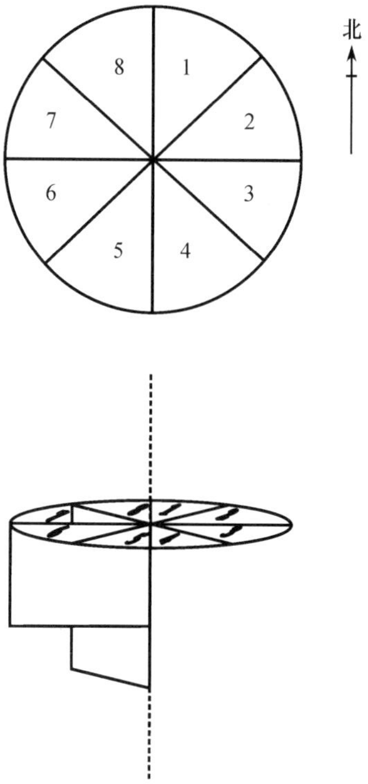

图6-14　倾向示意图

借鉴已有的测定方案[7]，笔者将倾向划分为10个区间，以正北方向为起点，顺时针旋转，每45°划为一个维度，这样分出1～8共8个区间（图6-14）。当石制品以水平或近水平的状态埋藏时，则记为“0”；当石制品以竖直或近竖直的状态埋藏时，则记为“9”。

严格的倾角指标需要测量石制品倾斜的具体角度，这在实际操作中难于实现，参考以往的工作方式，将倾角简化为3个区间：当石制品水平时，倾角记为“0”；当石制品倾斜时，倾角记为“1”；当石制品竖直时，倾角记为“2”。简化后，田野发掘过程中观测倾角的可操作性更强，并且仍具有一定的统计学意义。

倾向的统计结果显示：石制品出土时呈竖直状态的相对较少，水平状态的相对略多，而其他几个区间内的计数比较分散，并没有一个显著的趋势（图6-15）。倾角的统计也表明，石制品在出土时呈倾斜状的最多，呈水平状的相对较少，而竖直状的最少。

通过对石制品出土时的长轴、倾向和倾角的记录和统计，不难发现西施旧石器遗址的埋藏环境是比较稳定的。各项指标均呈现为人类行为作用下随机分布的趋势，这意味着西施旧石器遗址在废弃之后，经历的是以风成堆积作用为主的埋藏过程，没有经历过大规模的流水作用。因此，判断西施旧石器遗址为一处原地埋藏的遗址。

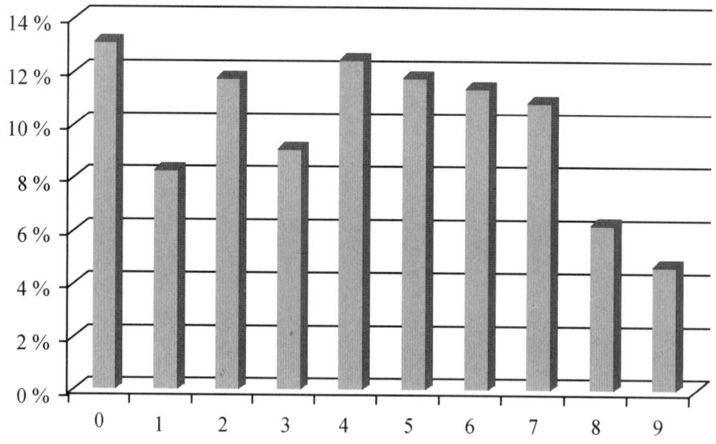

图6-15　西施遗址石制品倾向比例分布图

6.2.3.4　石制品的风化与磨蚀

对于西施旧石器遗址而言，出土石制品风化和磨蚀的程度也是帮助分析埋藏环境与埋藏过程的重要依据。

（1）风化。

风化指石制品在埋藏过程中经历的物理和化学作用。温度的变化、外力的作用等因素都可能造成石制品在形态上发生变化，而土壤环境、大气环境等因素也可能造成石制品发生某些化学反应。实际操作过程中，发掘现场做出的判断与记录非常重要，深入的风化研究则需要在实验室完成大量的观察、对比与统计工作。

分析表明，西施旧石器遗址出土的石制品中，仅有零星的三十余件标本有风化的迹象，在石制品表明略微附着了钙质结核，属于较弱的风化作用，其余绝大部分的石制品断口新鲜，结构致密，没有任何风化的痕迹。

（2）磨蚀。

磨蚀指石制品在埋藏过程中受到风、流水和生物等作用而在石制品表面造成一定损耗的结果。其中，风蚀和流水侵蚀是磨蚀的最主要的动力。

通过对西施旧石器遗址出土的石制品整体的观察发现，遗址内并没有标本受到过严重的磨蚀作用，绝大部分的石制品属于“无磨蚀”组，仅有少数石制品表面有轻微的磨蚀痕迹，属于“轻微磨蚀”组。

对西施旧石器遗址出土石制品风化和磨蚀程度的统计与分析表明，石制品的埋藏是一个以风成堆积作用为主，附带较弱的水作用的过程。石制品整体的风化和磨蚀程度都极弱，绝大部分石制品得以完好地保存，这为后续的研究工作带来了极大的便利。

（3）石制品的堆积情况。

这一小节通过观察石制品在发掘区平剖面的分布，来进一步探讨石制品堆积与埋藏的规律。石制品在遗址内的分布情况受到诸多方面因素的影响，概括起来可以划分为两大方面：一方面是人类行为特征的因素，另一方面是自然作用的因素。石制品在平面区域和深度范围内分布的差异，既可能与遗址形成过程中人类活动的情况有关，又可能是遗址废弃后外界自然因素造成的。

西施旧石器遗址石制品出土的产状和风化磨蚀的情况反映了遗址废弃后外界自然因素对遗址的影响比较小，所以，遗址内石制品堆积情况基本上可以直接反映人类行为活动的特点。尽管当时在此活动的人类的行为可能比较复杂，但是，遗址内石制品在平面和剖面上分布密度也可以大体指示出人类活动在时间和强度上的差异。根据野外发掘实测结果，图6-16和图6-17用点状示意图分别指示了西施旧石器遗址出土石制品在平面上和剖面上的分布情况。

从石制品的平面分布上看，发掘区的东北部属于石制品的密集分布区，向南、向西呈递减的趋势；从石制品的剖面分布上看，除了一件石制品的分布比较靠上部外，其余的石制品

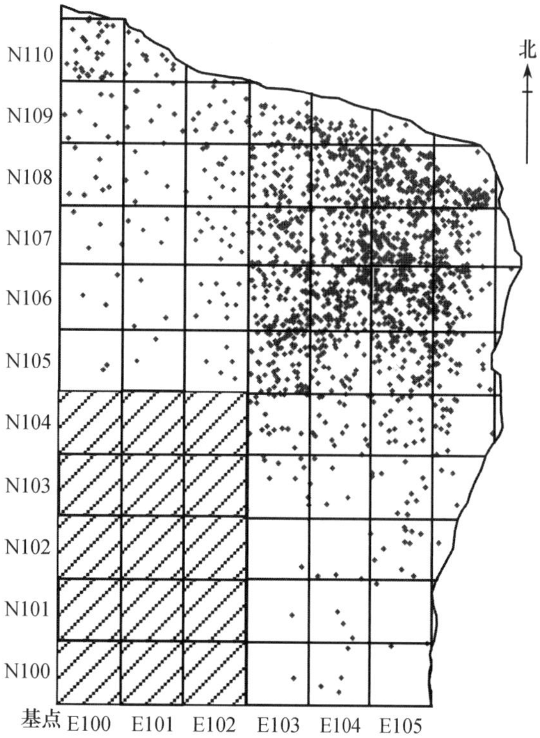

图6-16　西施遗址石制品平面分布图

阴影部分为未向下发掘的区域

分布相对偏下，特别是在距地表250～280cm的深度范围内，密集地埋藏了遗址出土的绝大部分石制品。

鉴于西施旧石器遗址埋藏过程中及废弃之后所经受的外部作用以堆积作用为主，其他作用力为辅，那么，遗址内石制品的分布情况就近似地映射了当时人类活动的强度。

虽然整个遗址范围因现代人工取土而被一定程度地破坏，但是从发掘区平面和剖面石制品分布情况分析，仍能对遗址的性质和形成做出比较明确的判断。从平面上看，东北部区域人类活动的强度相对较大，向南、向西趋弱；从剖面上看，参照遗址文化层的划分，推断上文化层的一件石制品应是人类在此处经过时偶然丢弃的行为结果；而下文化层所埋藏的大量石制品，应该是人类在较短时间内打制加工石器，而后被废弃埋藏的结果，属于典型的原地埋藏类型。

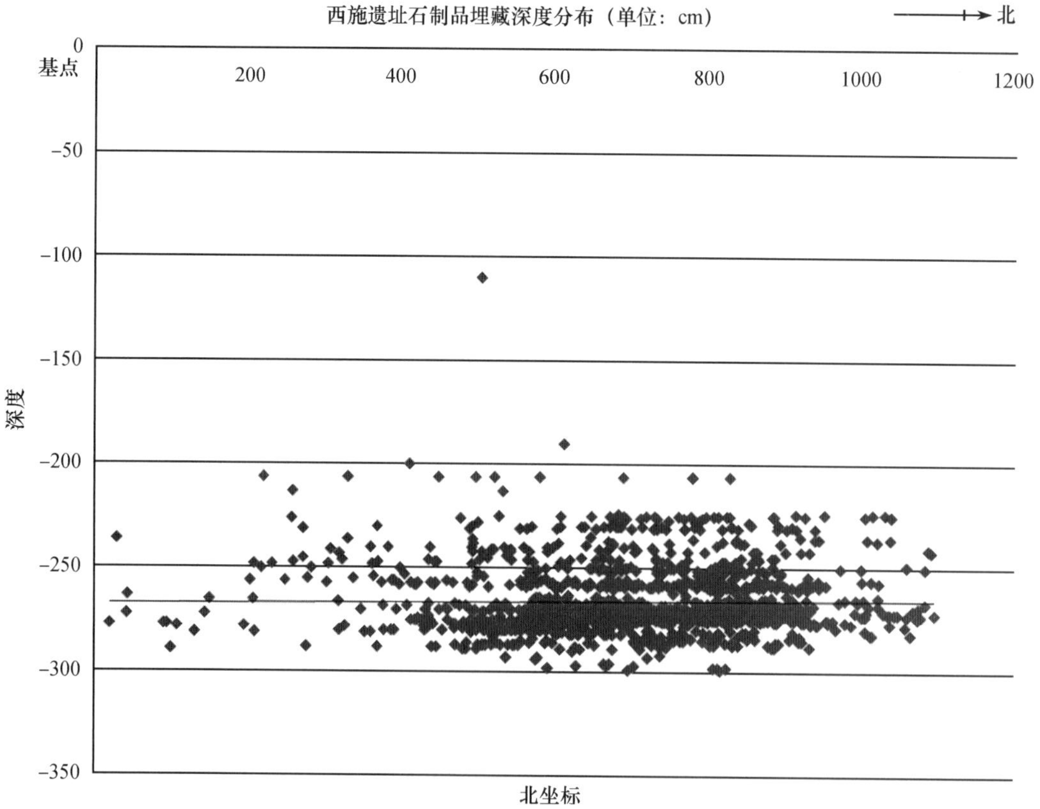

图6-17　西施遗址石制品西壁投影分布图

6.2.3.5　石制品的拼合分析

石制品拼合研究的意义重大，可以帮助研究者复原石器生产的操作序列，确定遗址的功能性质，辨别石器在使用过程中发生的形变，认识当时人类在遗址不同区域的活动类型差别等[8]。另外，石制品的拼合工作对验证地层和了解埋藏学特点也起到重要的作用。这个小节将介绍西施旧石器遗址4个拼合组的情况，并重点分析埋藏学过程与特点。

西施旧石器遗址四个拼合组的基本情况见表6-1：利用石制品拼合的结果来分析遗址埋藏学过程时，必须要同时考虑到石制品本身加工制造的过程，即操作链分析。从操作链角度分析，拼合组内的石制品可能是生产过程中相接的若干步骤的结果，也可能相去甚远。总之，必须仔细观察拼合组中的石制品，分析相互之间的关系，这样才能做出准确的判断并进行合理的推论。

表6-1　西施遗址石制品拼合组

拼合组编号	标本号	类型	探方号	水平深度
1	10DX：1449	左裂片	N105E104	286cm
	10DX：1453	右裂片	N105E105	286cm
2	10DX：1600	修理台面石核	N107E103	280cm
	10DX：0437	再生台面石片	N105E104	270cm
3	10DX：1906	石锤	N110E100	282cm
	10DX：1362	石核	N108E103	285cm
4	10DX：1694	石叶	N106E102	279cm
	10DX：1295	石叶	N105E106	280cm

第一拼合组是四个拼合组中最简单的一组，从类型上看，拼合的两件石制品分别为左裂片和右裂片，进而拼合成一件完整的石片（图6-18，1）。两件石制品在平面上相距很近，而从剖面上看，两者处于完全相同的深度（图6-20）。

第二拼合组分别为一件再生台面石片和一件修理台面的细石叶石核。尽管无法获得两者之间加工过程所需的确切的时间，但是从操作序列上看，两者之间存在着较为复杂的生产环节（图6-18，2）。两者在平面上有一定的距离，而埋藏深度的差异达到10cm。这个较大的深度差异主要原因是两者的废弃时间不同，而并非其他外界作用影响的结果。

第三拼合组分别为一件石锤和一件石核。这一组的情况比较特殊，因为两者的破裂面是节理面而难于直接判定是人类行为的结果（图6-19）。另外，两者是在破裂之前还是之后行使它们的功能也是一个值得思考的问题。如果遗址的埋藏堆积过程稳定，那么是否可以通过两者不同的废弃深度反过来推论石制品的生命史？这些问题将在石制品研究的相关章节做进一步的探讨。

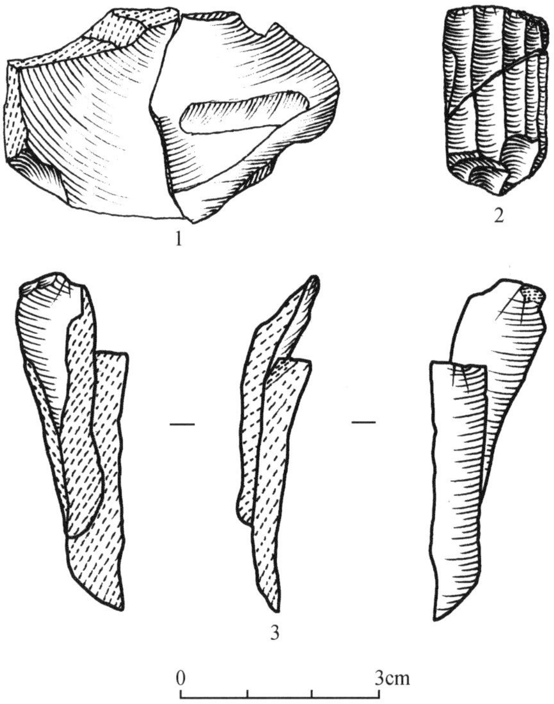

图6-18　西施遗址石制品拼合图
1. 第一拼合组　2. 第二拼合组　3. 第四拼合组

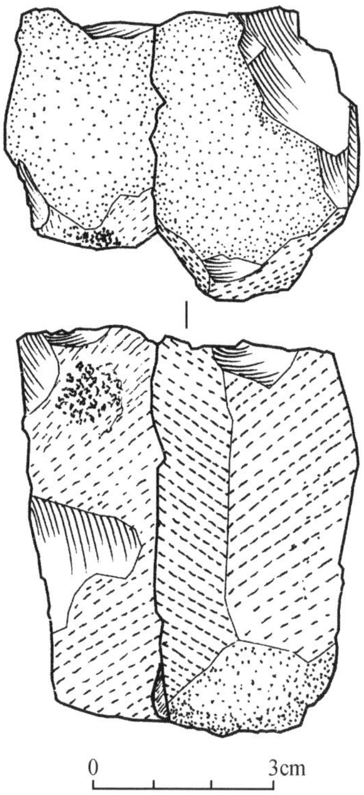

图6-19　第三拼合组

第四拼合组是两件典型石叶的拼合（图6-19，3）。它们处于操作链上相邻的两个加工环节上，两者在剖面上的差异很小，反映两者的废弃时间是相当的；然而平面上的差异却很大（图6-20），造成这种情况的原因可能比较复杂，最有可能的是人为原因，既有可能是当时人类在剥离石叶时发生了位置上的移动，也有可能是石叶在被筛选过程中发生了一定的移动。

6.2.4　遗址的年代测定

采自西施旧石器遗址下文化层的3个^{14}C年代数据均分布在距今22 000年左右。经过校正后认为，该遗址②c层，即下文化层的实际年龄应为距今26 000年前后。同层的光释光测年数据与^{14}C测年结果基本一致[9]。

②a层与②b层没有发现典型的测年样品，因而没有获得直接的测年数据，但是根据在发掘区南部与②a层同层位的剖面中发现的陶片可知，②a层的年代相对较晚，属于全新世初期阶段；②b层，即上文化层的年代应介于②a层与②c层的年代之间。

野外发掘结束后，在西壁剖面上系统采集了光释光测年序列样品（图6-11），这一序列样品的年代测定工作还在进行之中。

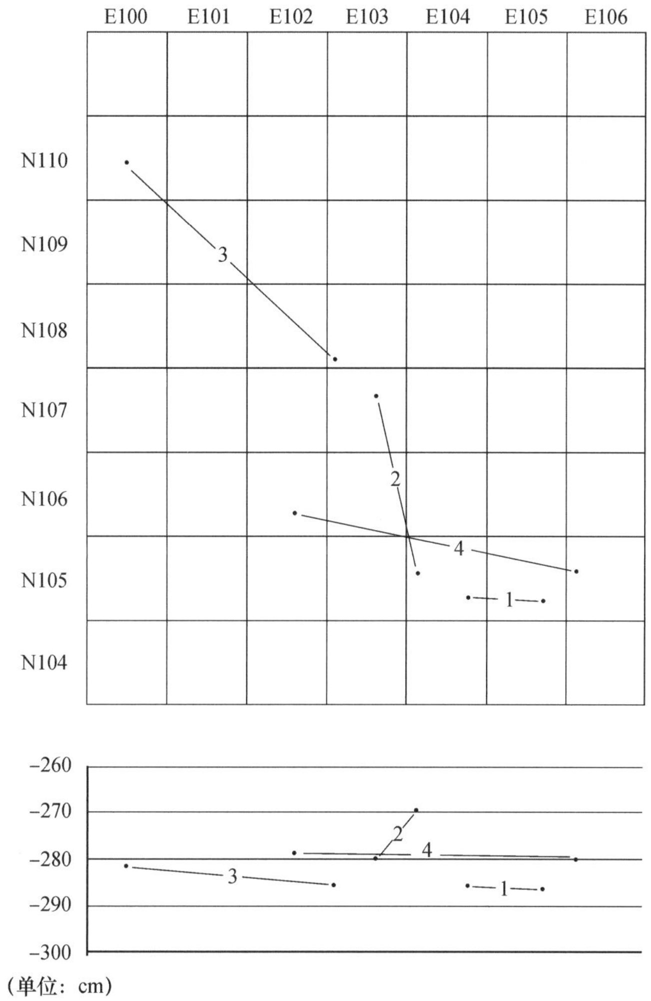

图6-20 西施遗址石制品拼合组平剖面关系示意图

6.2.5 遗址的古环境特征

人类与环境的关系是互动的。纵观人类起源与演化的历程，从最初的完全依赖于环境，到逐步适应各种环境，再到改造环境甚至创造新环境——人类在不断发展进步的同时，也与其生存繁衍的外部环境构建起日益复杂的关联。

对于旧石器时代晚期阶段的人类而言，环境条件在很大程度上影响着人类的生存模式与活动规律，了解遗址形成阶段的古环境背景是探讨人类行为特点的重要基础。古环境特征包括地质、地貌、温度、降水、动植物资源等多个方面的内容。本章之前的部分主要介绍了西施旧石器遗址的区域地质、地貌环境背景，这一小节将结合遗址的地学环境特点，重点阐述遗址主文化层形成阶段，这一区域古气候方面的相关情况。

目前已有的大量研究成果显示，古气候特征发展演化的总体趋势在全球范围内具有一定的同步相似性。西施旧石器遗址主文化层的形成年代大体上处于氧同位素阶段3/2的过渡阶段（图6-21）。值得注意的是，由于不同区域间的具体地理环境差异很大，因此不同区域对气候改变所表现出的环境变迁在时间和程度上都有所不同。西施旧石器遗址发掘结束后，从西壁剖面上系统地提取了环境分析样品（参见图6-11），分析结果见第1章1.7节。

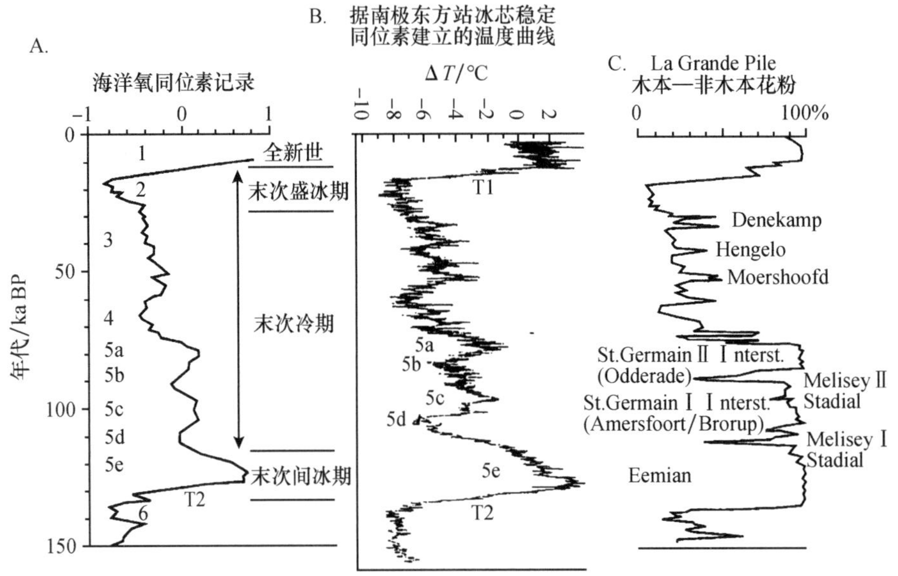

图6-21　15万年以来的古环境变化曲线图

A. 过去130ka压来氧同位素标准化曲线　B. 南极东方站冰芯同期温度曲线　C. 法国Vosges的La Grande Pile木本/非木本花粉记录。引自J. J. Lowe & M. J. C. Walker编著，沈吉等译. 第四纪环境演变［M］. 北京：科学出版社，2010. 图7.1

但是，我们可以从一个相对较大的时空尺度上对古气候的演变特征有一个初步的了解。根据中国北方晚更新世以来古气候演变特征的研究成果，西施旧石器遗址主文化层形成阶段，古气候环境是从相对比较温暖湿润演变成寒冷干燥，相应地，这一区域的古植被特征也从森林草原环境转变为草原环境（表6-2；图6-22）。这些连同第一章的相关分析是以下讨论的古环境背景。

表6-2　晚更新世阶段气候分期特征表

	距今年代（ka）	气候分期	气候特征
盛冰期	39 ~ 23	渤海发生第二次海侵	较温暖
	23 ~ 15	末次冰期盛冰期	寒冷
	15 ~ 13	最老仙女木期	气温回升
晚冰期	13 ~ 12.5	博林暖期	变暖
	12.5 ~ 12.1	老仙女木期	变冷
	12.1 ~ 10.8	阿勒罗德期	转暖
	10.8 ~ 10.3	新仙女木期	变冷

注：夏正楷. 第四纪环境学［M］. 北京：北京大学出版社，1997

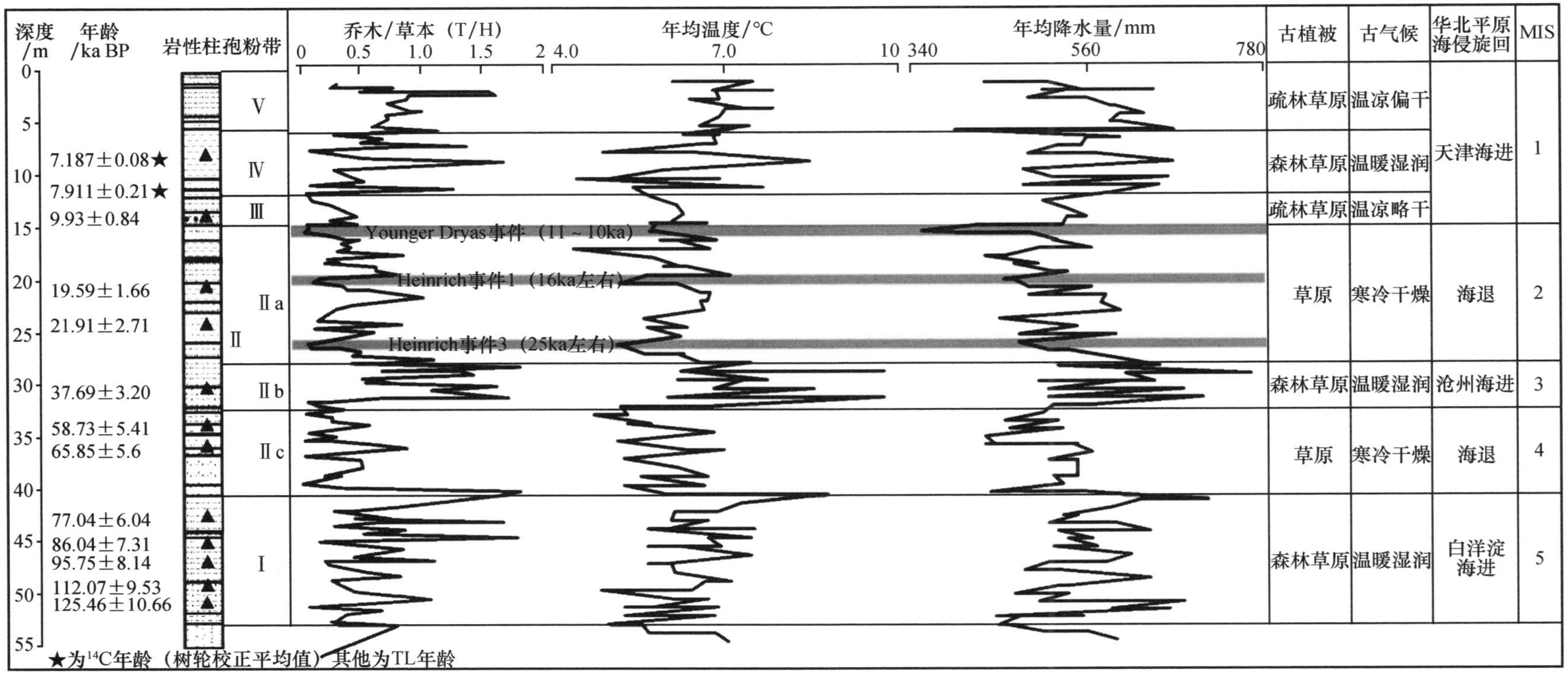

图6-22 邯郸地区晚更新世以来古气候环境演变及其对比图

引自：肖景义等. 邯郸地区晚更新世以来植被波动特征及其对气候变化的响应［J］. 沉积学报，2010（6）.

6.3 文化遗存

6.3.1 出土概况

西施遗址的文化遗存仅石制品一类。经过全面统计，西施旧石器遗址出土各类石制品共计8558件。其中②b层（上文化层）出土石制品1件，其余均为②c层（下文化层）出土。石制品种类丰富，包括原料、石核、石锤、石片、断裂片、石叶、细石叶、工具、断块和残片等，其中以断块和残片的数量最大。下文化层是西施旧石器遗址的主文化层，出土各类石制品共计8557件，这些石制品构成了西施旧石器遗址的技术主体。对于西施旧石器遗址出土石制品的分类、测量、统计与研究，是全面认识西施旧石器遗址技术体系、深入探讨人类行为特点的重要基础。这一节将系统地介绍西施旧石器遗址的石制品情况。

6.3.2 石制品的分类、测量标准与方法

6.3.2.1 石制品的分类方式

对一批考古学材料进行全面而系统地分类是一个必要且重要的过程。对于西施旧石器遗址的下文化层的石制品的分类，笔者是本着“操作链”研究方法的基本原则进行的。从宏观的层次上将出土石制品划分为原料、石核、石锤、石片、石叶、细石叶、工具、断块和残片等共计九个大类。进而在每一个大类之下又划分出若干个小的类型，以下是具体的分类方式。

（1）原料。

原料指尚未被加工的石器生产体系中的初始本体。对于西施旧石器遗址而言，原料通常是以“结核”（Nodule）形式存在的。考虑到石料来源以石灰岩岩层中夹杂的燧石结核为主，故将遗址内出土的个体相对较大且无人工剥片痕迹的燧石结核定义为“原料”。

（2）石核。

石核指外部被剥片的岩块母体。根据剥片性质的差异，西施旧石器遗址出土的石核可进一步划分为普通石核、石叶石核和细石叶石核三类。而根据石核台面和剥片面数量的差异，又可划分为6个型，分别为：

Ⅰ1型——单台面，1个剥片面；

Ⅰ2型——单台面，2个剥片面；

Ⅰ3型——单台面，3个或3个以上剥片面；

Ⅱ1型——双台面，每个台面上只有1个剥片面；

Ⅱ2型——双台面，至少有一个台面上有2个或2个以上剥片面；

Ⅲ型——3个或3个以上的台面，共3个或3个以上剥片面[10]。

（3）石锤。

本文采用“石锤”这一概念泛指打制石器过程中所使用的施力体。理论上包括石锤、骨角木锤等打制工具以及用以压制或打磨的用具等[11]。实际上，西施旧石器遗址出土的典型石锤仅有两件，一件属于一般定义的石锤，另一件是打磨用的工具。所谓“打磨用的工具”是指打制过程中利用粗糙质地的岩石来敲磨掉石核或其他石制品边缘上比较薄的部分，以便更好地进行后续的加工工作。

（4）石片。

石片泛指从石核上剥离下来的具有相应特征的片状石制品。本章将“石叶”和“细石叶”从“石片”类石制品中分离出去。根据石片的完整程度分为完整石片和不完整石片，其中完整石片根据台面与背面的关系进一步划分出六种类型[12]，而不完整石片则根据断裂特征分为断片和裂片两种类型，所以，可以将石片类石制品一共划分出8种类型：

Ⅰ型——台面为自然面，背面全部为自然面；

Ⅱ型——台面为自然面，背面部分为自然面，部分为人工面；

Ⅲ型——台面为自然面，背面全部为人工面；

Ⅳ型——台面为全人工面或半人工面，背面全部为自然面；

Ⅴ型——台面为全人工面或半人工面，背面部分自然面，部分为人工面；

Ⅵ型——台面为全人工面或半人工面，背面全部为人工面；

断片——石片沿横向断开的产物，根据位置的不同进一步划分为近端断片、中段断片和远端断片；

裂片——石片沿纵向裂开的产物，根据位置的不同进一步划分为左裂片和右裂片。

值得说明的是，所谓“自然面”是指天然的石皮或节理面；“人工面”指确切有人工剥片痕迹的面。另外，对于西施旧石器遗址出土的石片，包含有一类具有特征性的特殊石片，称作“再生台面石片”。这类石片是修整石核，尤其是石叶石核和细石叶石核，而使石核产生一个新的台面这一过程中的典型产物[13]。相关内容将会在本节的第四部分和本章第四节中加以详细介绍。

（5）石叶。

石叶是广义石片中的一种。基本的定义是：长而窄的石片，长度至少是宽度的2倍且石片的两条侧边大致平行[14]。对“石叶”这一概念更严格的定义则要求必须是从典型的石叶石核上剥离的产物。

对这一类石制品进一步划分为完整石叶、石叶断片和冠状石叶等3种类型。完整石叶就是比较完整且典型的石叶，有1～2条平行的背脊；残断的石叶是指在生产加工中形成的不完整的石叶，通常情况下这个类型中只包括石叶的断片，即远端断片、中段断片和近端断片三种形式，鲜见石叶的裂片；冠状石叶是石叶技术中典型的代表性产物，这类石叶首先通过打片在石核的一个侧边上修出一条比较直的脊，然后在与这条脊垂直相交的平面打制修整出台面，进而沿修脊的方向，向下剥离出第一片石叶。这类石叶的背面留有修脊的片疤，断面往往呈三角形，弧度通常较大，从侧面上看形似鸡冠或羽状[15]。

（6）细石叶。

细石叶的基本特征与石叶相似，但是其个体较石叶更窄。石叶与细石叶除了个体大小差异外，另一个显著的不同点体现在两者的生产方式上。剥离石叶的方式有多种，包括硬锤打击、软锤打击、间接打击、压制法等等，而细石叶通常都是通过压制法获得的。西施旧石器遗址出土了石叶和细石叶两类石制品，所以必须要在这两者之间划定一个明确的界限。

笔者认为，不宜将欧洲地区同类产品的界定标准强加于西施旧石器遗址出土的石制品材料之上。综合考虑燧石原料的特点，石叶石核、细石叶石核的形态特征以及石叶和细石叶整体的情况，笔者将西施旧石器遗址石叶与细石叶的划分标准设定为7mm，即宽度大于等于7mm的产品归入石叶组，而小于7mm的归入细石叶组。以7mm为界限的原因在具体描述统计的部分将做更详细的说明。

当然，我们无法确定石叶与细石叶在生产过程中完全没有重叠关系。这样人为地划定出一个界限，更大程度上只是为了便于分类和统计。关于两者之间的关系的问题，将在本章后面相关部分做进一步分析与讨论。

（7）工具。

西施旧石器遗址对工具的定义为：经过一系列的加工和修整，为人类用于生产生活之中的具有特定形态的石制品。理论上，一处遗址出土的工具可能处于这件工具生命史中的任何一个阶段，而处于不同阶段的工具的数量与比例关系可以帮助分析判断遗址的性质和类型。西施旧石器遗址出土的工具类型包括边刮器、端刮器、凹缺器、雕刻器和尖状器五个种类。

1）边刮器。

边刮器，即边刃刮削器，是一类以石片或石叶等作为毛坯，并在其侧缘加工修理出刃部的工具。根据边刮器上可明确辨认的刃缘数量差异，划分出单刃边刮器、双刃边刮器和复刃边刮器三种类型。再根据每个刃缘的形态特征，即直刃、凸刃和凹刃三类[16]，做进一步的型式划分。

2）端刮器。

端刮器，即端刃刮削器，是一类以石片或石叶等作为毛坯，并在其远端加工修理出刃部的工具。西施旧石器遗址出土的这类工具的端刃部分往往被加工得很整齐，而且在形态上普遍呈较规则的外凸半弧形，也有少数出土标本修理得比较平直。刃角通常分布在60°~90°之间[17]。

3）凹缺器。

西施旧石器遗址出土的凹缺器数量较少，具有相当的一致性——对石片等片状毛坯的边缘从腹面向背面进行猛击，进而形成一个比较深的凹缺口，这类工具通常也被称为“克拉克当凹缺器”[18]。这个凹缺口的边缘会有小疤，但是判定这些小疤的成因比较困难。

4）雕刻器。

以石片或石叶为毛坯，在其端部打片，留下两个交叉的片疤，这两个片疤构成一个二面角，即雕刻刃缘；或者由一个片疤和毛坯本身存在的破裂面构成二面角。具有这种雕刻面和刃缘的工具被称为雕刻器[19]。西施旧石器遗址仅出土2件雕刻器，而且并不是特别典型的标本。

5）尖状器。

尖状器的界定主要有两种途径：第一，指有意识地通过一定的技术方式剥离下带尖的工具，比如勒瓦娄哇带尖石片，就是通过勒瓦娄哇技术获得的尖状器，这类器物无论边缘修理与否，都属于尖状器。第二，就是通过修理石片或石叶毛坯的两个侧缘，且使之交汇而形成一个尖角，即通常所说的“两个修边夹一个尖角”，这类工具也属于尖状器。我国的尖状器通常都属于第二种情况[20]。西施旧石器遗址出土的唯一一件尖状器也属于第二种情况，但是并不十分典型。

（8）断块。

在石制品加工生产的过程中，很多的环节都会产生废料。这些副产品往往呈现出一定的人工特征，使之与天然岩块相异，但是，它们又无法被归入到上述的分类系统中的任何一个类别中去。当今我国旧石器时代考古学的发展趋势，要求研究者全面系统地统计分析遗址内出土的所有石制品，废料的研究越来越受到重视。对废料的统计与研究，可以帮助研究者更充分地理解技术特征，进而更深入地讨论人类的行为特征[21]。

所以，笔者将西施旧石器遗址的“断块”定义为：产生于任一生产环节的块状的废料。通过对遗址出土的断块标本的观察和笔者进行的打制试验表明，对于外部节理比较发育的燧石结核原料，在加工的前期阶段相对更容易产生数量较多的断块。

（9）残片。

与上述“断块”的基本含义一致，残片指产生于任一生产环节的片状的废料。理论上，从修整石核、剥片，到加工工具、修理刃缘，甚至到使用阶段，都会产生各式各样大小不尽相同的残片。

6.3.2.2　石制品的观测标准与方法

在对不同类别的石制品进行观察和测量时，其观测项目和标准不尽相同，根据研究的方式和目的来设定相应的测量项目与标准是非常必要的。考虑到不同学者在利用材料时的着眼点不同，石制品观测的过程中，应尽量多地选取测量项目，以便更好地开展进一步的研究与讨论工作。

有一些基本的常规观测项目，对于任何种类的石制品都必须加以观测和记录。这些常规的观测项目包括：岩性、重量、石制品通体的长度、宽度、厚度，以及石制品使用的相关情况，风化和磨蚀情况等。以下，对各类石制品特殊的测量项目设定（表6-3）和具体操作方法进行简要地说明[22]。

表6-3　西施遗址石制品观测项目

<table>
<tr><th></th><th>原料、石锤、断块和残片</th><th colspan="2">石核</th><th colspan="2">石片、石叶和细石叶</th><th colspan="2">工具</th></tr>
<tr><td rowspan="10">基本特征</td><td>类型</td><td colspan="2">类型</td><td colspan="2">类型</td><td colspan="2">类型</td></tr>
<tr><td>岩性</td><td colspan="2">岩性</td><td colspan="2">岩性</td><td colspan="2">岩性</td></tr>
<tr><td>重量</td><td colspan="2">重量</td><td colspan="2">重量</td><td colspan="2">重量</td></tr>
<tr><td>长</td><td colspan="2">长</td><td colspan="2">长</td><td colspan="2">长</td></tr>
<tr><td>宽</td><td colspan="2">宽</td><td colspan="2">宽</td><td colspan="2">宽</td></tr>
<tr><td>厚</td><td colspan="2">厚</td><td colspan="2">厚</td><td colspan="2">厚</td></tr>
<tr><td>自然面比例</td><td colspan="2">自然面比例</td><td colspan="2">自然面比例</td><td colspan="2">自然面比例</td></tr>
<tr><td>节理面比例</td><td colspan="2">节理面比例</td><td colspan="2">节理面比例</td><td colspan="2">节理面比例</td></tr>
<tr><td>风化程度</td><td colspan="2">风化程度</td><td colspan="2">风化程度</td><td colspan="2">风化程度</td></tr>
<tr><td>磨蚀程度</td><td colspan="2">磨蚀程度</td><td colspan="2">磨蚀程度</td><td colspan="2">磨蚀程度</td></tr>
<tr><td rowspan="3">使用痕迹</td><td>有无</td><td colspan="2">有无</td><td colspan="2">有无</td><td colspan="2">有无</td></tr>
<tr><td>位置</td><td colspan="2">位置</td><td colspan="2">位置</td><td colspan="2">位置</td></tr>
<tr><td>特征</td><td colspan="2">特征</td><td colspan="2">特征</td><td colspan="2">特征</td></tr>
<tr><td rowspan="17">其他观察项目</td><td rowspan="17">无</td><td rowspan="6">台面</td><td>类型</td><td rowspan="6">台面</td><td>类型</td><td rowspan="3">刃角</td><td>近端</td></tr>
<tr><td>片疤数量</td><td>小疤数量</td><td>中段</td></tr>
<tr><td>形状</td><td>形状</td><td>远端</td></tr>
<tr><td>长</td><td>台面长</td><td rowspan="6">刃缘</td><td>修理部位</td></tr>
<tr><td>宽</td><td>台面宽</td><td>修理方向</td></tr>
<tr><td>台面角</td><td>石片角</td><td>数量</td></tr>
<tr><td rowspan="11">片疤</td><td></td><td rowspan="6">腹面</td><td>打击点</td><td>长度</td></tr>
<tr><td>数量</td><td>半锥体</td><td>修理长度</td></tr>
<tr><td>主疤形态</td><td>打击泡</td><td>形状</td></tr>
<tr><td>主疤深度</td><td>同心波</td><td>尖角</td><td>度数</td></tr>
<tr><td>主疤延展度</td><td>放射线</td><td rowspan="4">修疤特征</td><td>疤痕大小</td></tr>
<tr><td>主疤长</td><td>锥疤</td><td>加工距离</td></tr>
<tr><td>主疤宽</td><td rowspan="4">背面</td><td>自然面比例</td><td>疤痕形态</td></tr>
<tr><td>片疤间关系</td><td>节理面比例</td><td>分布状态</td></tr>
<tr><td>剥片关系</td><td>片疤数量</td><td rowspan="3">毛坯</td><td rowspan="3">类型</td></tr>
<tr><td></td><td>背脊形态</td></tr>
<tr><td></td><td>远端</td><td>形态</td></tr>
</table>

（1）原料、石锤、断块和残片的观察与测量。

原料是完全未经过加工的天然石制品，观测其通体的自然面和节理面的比例情况，对分析原料的来源与性质有比较重要的意义。

石锤具有比较典型的人工痕迹，或密集分布的小凹坑，或碰击摩擦的条痕，这类石制品数量少且个体差异较大，因此具体测量的项目相对比较简单。

断块和残片因缺失显著的特征而难于划分到某一类型中，观测断块和残片的自然面和节理面比例情况，则可以帮助了解遗址内出土的石制品的形成机制和过程。特别值得注意的是，在断块制品中有一类属于“石核断块”，这类石制品是在剥片过程中因石核自身条件较差，节理发育度高或打制偏差而产生的废品。当然，在实际的研究过程中，个体较大的断块和个体较小的原料有时不易明确界定，这需要对遗址出土全部石制品进行宏观观察后再进行分析和判断。

（2）石核的观察与测量。

石核蕴含大量的技术信息，对石核的观察、测量与描述是研究遗址石制品技术体系的重要环节。分析石核的关键在于分辨台面与工作面剥片关系以及台面与台面之间的关系。具体操作过程中，需要观测并记录石核上所有台面的情况，以及每个台面所对应的剥片片疤的情况。最后再进一步对石核整体的剥片过程加以分析，了解石核的操作序列。

（3）石片、石叶和细石叶的测量。

西施旧石器遗址出土的石片、石叶和细石叶，从宏观角度出发都属于宽泛的“石片类”石制品，它们的观测项目和方法是基本一致的。主要从台面、腹面和背面三个方面以及三者之间的关系入手来进行观察和测量。另外，也要注意石片的边缘是否具有明显的肉眼可辨的使用痕迹。

（4）工具的测量。

石制品工具最核心的特征是刃部的修理和使用，这也是技术特点的直观体现。辨认并测量刃缘以及刃缘间的关系，对修疤特征进行直观明确的描述，是分析工具特征的关键。遗址内出土工具的整体情况，对理解遗址的性质与功能也非常重要。同样值得注意的还包括工具的使用与废弃情况。

6.3.3 石制品的分类统计、描述与分析

在对西施旧石器遗址主文化层出土石制品的分类、观测方法和目的加以说明之后，这一节将对遗址出土的8858件石制品进行分类统计和描述，并加以适当的概括和分析。

在野外发掘过程中，并未将所有的出土标本都进行编号。部分断块和残片采用了按小区收集的处理方式。石制品实际编号标本的数量为2168件，共计2300件断块和4090件残片未进行编号和具体测量，而只进行了定性划分和数量统计（表6-4）。

下面具体讨论各类石制品的情况。

表6-4　西施旧石器遗址②c层（主文化层）出土各类石制品的数量统计

	原料	石核	石锤	石片	石叶	细石叶	工具	断块	残片	总计
数量	26	75	2	905	227	82	38	2910	4293	8558
百分比	0.3	0.86	0.02	10.56	2.65	0.96	0.44	34.03	50.18	100
编号数量	26	75	2	905	227	82	38	610	203	2168

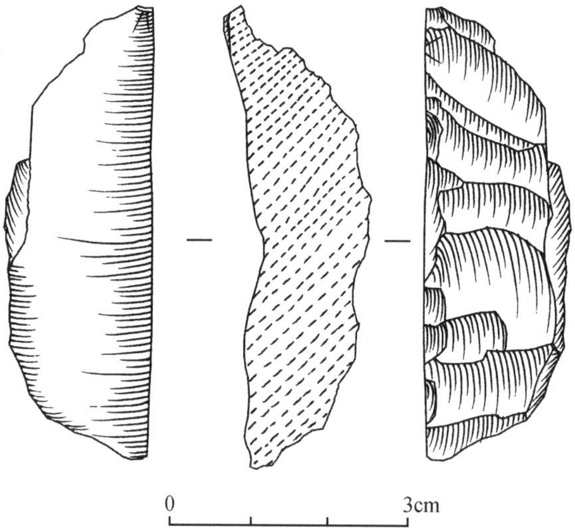

图6-23　②b层（上文化层）出土的石制品（10DX：0001）

6.3.3.1　上文化层

上文化层仅出土一件石制品。

这件石制品为深色燧石质石片，编号10DX：0001（图6-23）。石片长54.5mm，宽17.5mm，厚16mm，重16.6g；台面为节理面，呈较规则的四边形，台面长2.8mm，台面宽5.3mm；石片角111°，石片腹面中部略向内凹，远端形态属于尖灭，腹面上的半锥体、打击泡、锥疤、同心波和放射线等特征均比较明显；石片的横截面呈三角形，石片背面有一条几近竖直的脊，这条脊的节理面一侧作为台面向另一侧剥落了若干小石片；通体无自然风化、磨蚀的痕迹，也不见人工使用的痕迹。

6.3.3.2　下文化层

（1）原料。

西施旧石器遗址出土原料共26件，岩性全部为燧石。这类石制品的个体体积相对比较大，平均重量达96.5g。长度分布为37.3～111.2mm，宽度分布为28.7～79.9mm，厚度分布为15.9～46.3mm。原料表面的天然石皮和节理面保留比例甚高，部分原料也分布有少量片疤，这些片疤一般是因自然风化作用破碎而形成的，但是不能完全排除人类开采燧石结核时人为作用的因素。大部分的原料呈块状，形状不甚规则。

关于西施旧石器遗址原料开发与利用的问题在本文的第五节中有更详细的分析与讨论。

（2）石核。

西施旧石器遗址出土各类典型的石核共75件，根据从石核上剥片所应用的技术的差异，分为普通石核10件、石叶石核62件和细石叶石核3件。

1）普通石核。

根据西施旧石器遗址的实际情况，笔者将无法判定为石叶石核或细石叶石核的均归为普通石核。西施旧石器遗址出土普通石核10件，占全部石核的13.3%。从类型上分析，普通石核中有9件属于Ⅰ1型石核，即只具备单个台面，且仅有1个剥片疤。另外的1件为Ⅰ2型石核。普通石核的原型通常为天然的块状燧石结核，仅有1件为磨圆度很高的燧石砾石（图6-26，7），这也反映了西施旧石器遗址原料来源的多样性。

2）石叶石核。

西施旧石器遗址出土石叶石核62件，占全部石核的82.7%。石叶石核上通常保留有比较完整的剥离石叶的片疤，但是也有少量处于加工初期或加工末期的石叶石核上并不具备非常典型的石叶片疤，而这种石叶石核仍可以从技术特征上判定其属性。这就意味着，判定石叶石核与否的根本途径是通过石核上是否保留有石叶技术特征。

大部分石核取材于燧石的结核或断块，仅有2件是利用较大个体石片的裂片作为毛坯。岩性以燧石为主，仅有1件是质地比较好的石英。石叶石核形体通常呈不规则的块状，最重者157.9g，最轻者7.7g，平均重量为42.3g。从形式上看，以单台面多片疤的Ⅰ3型和双台面多片疤的Ⅱ2型石核为主，分别占石叶石核总体的40.3%和21%。修理台面的现象比较普遍，在全部62件石叶石核中，主台面是修理台面的有42件，另外，有11件以天然石皮和9件以节理面为主台面的石叶石核。主台面的台面角分布于51°～92°间，平均为76.3°。其中分布在51°～75°的为24件，占38.7%；76°～85°的26件，占41.9%；86°～92°的为12件，占19.4%。对于Ⅰ3型的石叶石核而言，片疤之间的关系通常是平行相叠压的，这反映了以一个台面为基础连续剥离石叶的过程。下面对西施旧石器遗址出土的典型石叶石核加以介绍。

10DX：1818灰褐色燧石，整体呈漏斗状，Ⅰ3型石叶石核。通体长26.9mm，宽35.6mm，厚43.9mm，重32.4g。台面为修理台面，局部保留有结核的节理面，台面角74°。侧部保留有部分天然砾石面，工作面上有一系列的剥离石叶后保留的片疤，这些片疤呈相互叠压状。主片疤长26.2mm，宽16.3mm，深度比较浅平，延展度很高（图6-24，1）。

10DX：1103灰褐色燧石，整体呈不规则柱状，Ⅰ3型石叶石核。通体长39.1mm，宽32.5mm，厚20.5mm，重29.9g。台面为修理台面，保留有很少的节理面，主台面角88°。侧部保留有燧石结核的节理面，工作面上保留有剥离石叶的片疤，这些片疤呈平行叠压状。主片疤长29.9mm，宽9mm，深度浅平，延展度高。石核的底端剥离了两个石片，形成一个相对较窄的底缘（图6-24，2）。

10DX：1593灰褐色燧石，整体呈不规则柱状，Ⅱ2型对向剥片石叶石核。通体长40.7mm，宽27.3mm，厚20mm，重20.2g。主台面为修理台面，台面长10.1mm，宽20mm，台面角85°。侧部保留有大量的节理面，工作面上有剥离石叶的片疤，主片疤的长18.6mm，宽9.6mm，深度较浅平，延展度中等。另一台面位于石核的底端，只保留有一个剥离石叶的片疤。以侧部节理面作为台面，打下了一组石片，修出一条边脊以继续剥离石叶，尚未剥片即废弃（图6-24，3）。

10DX：1150灰黄—灰褐色燧石，整体呈比较规则的块状，Ⅰ3型石叶石核。通体长52.2mm，宽34.5mm，厚17.4mm，重49.5g。台面为比较平整的节理面，台面长13.7mm，宽

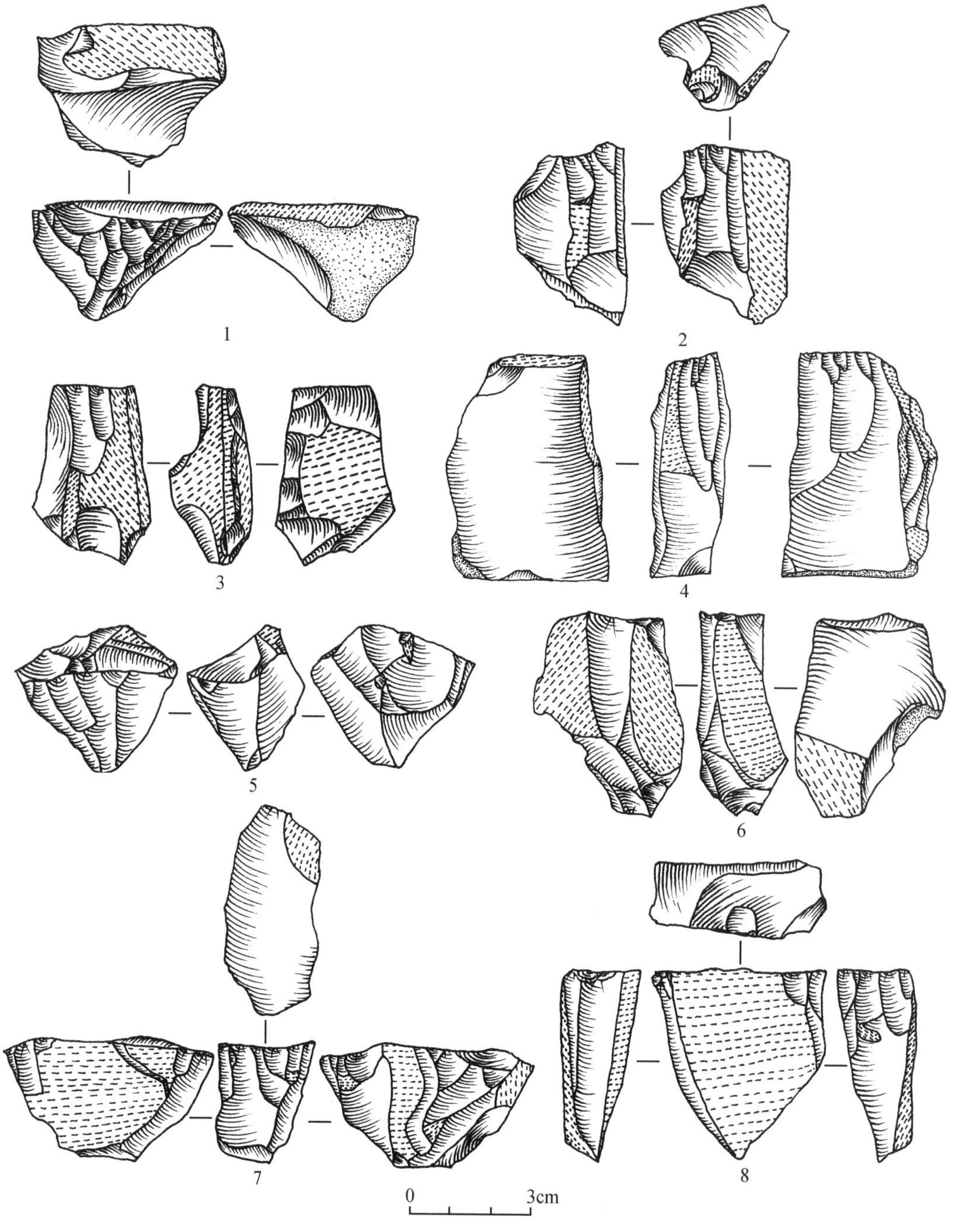

图6-24　西施遗址出土的石核（1）

1. 10DX：1818　2. 10DX：1103　3. 10DX：1593　4. 10DX：1150　5. 10DX：0555　6. 10DX：0233
7. 10DX：1417　8. 10DX：1394

22.3mm，台面角76°。工作面上保留有4片明显的剥离石叶的片疤，其中主片疤的深度中等，延展度一般，接近石核长度的1/2，片疤长32.5mm，宽12.5mm。工作面上还保留有部分的节理面（图6-24，4）。

10DX：0555灰黑色燧石，整体呈较扁的漏斗形，Ⅱ2型石叶石核，通体极少保留节理面。长28.6mm，宽26.7mm，厚33.8mm，重15.5g。两个台面与工作面互相剥片，属于利用程度较高的类型。主台面为修理台面，表面有数量较多的片疤，台面长32.3mm，宽18.2mm，台面角80°。主片疤深度较浅平，延展度一般，长21.4mm，宽18.7mm。台面2是相当于主台面的工作面上一个片疤的平面，台面长26.1mm，宽32mm，台面角为69°。台面2的工作面保留的片疤并非典型的石叶片疤，主片疤深度较深，延展度较低，片疤长17.9mm，宽19mm（图6-24，5）。

10DX：0233灰褐色燧石，整体呈不规则的块状，Ⅰ1型石叶石核，工作面上保留较多的节理面。通体长37.4mm，宽30.8mm，厚46.4mm，重31.2g。台面为节理面，长21.8mm，宽18.6mm，形状不规则，台面角65°。工作面上保留一片比较典型的石叶片疤，深度中等，延展度一般，片疤长。32.6mm，宽16.4mm。石核的底端有若干剥片疤，形成一个相对较窄的底缘（图6-24，6）。

10DX：1417灰褐色燧石，整体呈船底形，Ⅰ3型石叶石核，台面和工作面上都保留有部分的节理面。通体长27.5mm，宽22.7mm，厚48.6mm，重31.1g。台面为打击台面，即从侧部剥离石片后而形成的一个凹面，略呈椭圆形，台面长48.4mm，宽22.7mm，台面较71°。石核的工作面上保留有数量较多的片疤，其中主片疤长29mm，宽12.8mm，深度中等，延展度较高，应为剥离石叶所保留的片疤（图6-24，7）。

10DX：1394灰黄色燧石，整体呈顶部大底部小的块状，Ⅰ3型石叶石核，工作面上保留大量的节理面。通体长47.2mm，宽18.9mm，厚40.1mm，重41.9g。台面为修理台面，呈不规则长方形，台面长40.1mm，宽18.9mm。该石核存在两个相对独立的工作面，其中台面未经修理的一端的工作面为主工作面，主台面角79°。主片疤长49.2mm，宽11.1mm，深度较浅平，延展度高，为典型的剥离石叶所保留的片疤。另一侧工作面保留有若干的小片疤，深度浅平，延展度较低。这也是一件比较典型的石叶石核（图6-24，8）。

10DX：0557灰褐色燧石，整体呈不规则漏斗状，Ⅰ3型石叶石核。通体长38.2mm，宽28.6mm，厚18.3mm，重13.8g。台面为自然面，形状不规则，台面长16.9mm，宽23.3mm。工作面上部分保留节理面，有一片比较完整的剥离石叶的片疤，长26.7mm，宽13.4mm，主片疤的台面角83°，深度中等，延展度较高。石核底端有打片形成的相对较窄的底缘（图6-25，2）。

10DX：1081灰褐色燧石，整体呈漏斗状，Ⅱ2型石叶石核。通体长34.3mm，宽33.6mm，厚15.8mm，重15.5g。主台面为修理台面，形状呈梯形，台面长15.8mm，宽33.6mm，台面角75°。工作面上局部保留有节理面，有3片剥片片疤，其中一片为完整的剥离石叶的片疤，主片疤长32.4mm，宽16.3mm，深度较浅平，延展度高。另一个台面与主台面相对，位于石核底端，为打制台面，台面长6.1mm，宽8.2mm，台面角58°。相应片疤的长25.1mm，宽18.7mm，深度中等，延展度亦中等（图6-25，3）。

10DX：1173灰褐色燧石，整体呈顶大底小的柱状，Ⅰ3型石叶石核，底端保留少量的自然面。通体长48.3mm，宽18.1mm，厚26.8mm，重23.8g。台面为打制台面，略呈椭圆形，台面长21.5mm，宽17.2mm，台面角86°。工作面上保留有大量的节理面，有若干片疤，其中主片疤为完整的剥离石叶的片疤，长31.7mm，宽8.3mm，深度中等，延展度高。底部局部有修理的痕迹（图6-25，4）。

10DX：1561灰褐色燧石，整体呈漏斗状，Ⅰ3型石叶石核。通体长32.6mm，宽27.7mm，厚19.2mm，重20.3g。台面为典型的修理台面，略呈半圆形，台面长19.2mm，宽27.7mm，台面角88°。工作面上保留有少量的节理面，有6片比较明显的片疤，其中主片疤为剥离石叶形成的，长19.6mm，宽8.4mm，深度中等，延展度较低。底部有打片痕迹，形成了一个相对较窄的底缘（图6-25，5）。

10DX：1355白色石英，整体呈不规则块状，Ⅰ3型石叶石核。通体长25.9mm，宽30.9mm，厚14.9mm，重15.5g。台面是在节理面的边缘上进行了略微的打制修理，属于修理台面，形状不规则，台面长14.9mm，宽30.9mm，台面角88°。工作面上局部保留原始的自然面和节理面，有4片比较明显的片疤，其中主片疤长17.6mm，宽8.5mm，深度浅平，延展度较高，按照本文的界定标准，属于剥离石叶形成的片疤。石核的底部经过了比较复杂的修理，形成了一个相对较窄的底缘（图6-26，1）。这件标本表明石叶技术在不同原料上的施展。

10DX：1888灰色燧石，整体呈漏斗状，Ⅰ3型石叶石核。通体长31.4mm，宽42.4mm，厚31.3mm，重41g。台面是非常典型的修理台面，形状不规则，台面长31.4mm，宽17.3mm，台面角89°。工作面上保留有部分节理面和少量的自然面，以及若干剥片片疤，其中主片疤长31.4mm，宽17.3mm，深度中等，延展度高。从打制技术和片疤的整体情况来看，认为这件标本属于石叶石核（图6-26，6）。

3）细石叶石核。

西施旧石器遗址还出土了3件细石叶石核，占全部石核的4%。这三件细石叶石核都非常典型，其中包括了1件可以与再生台面石片相拼合修理台面的细石核。下面对西施旧石器遗址出土的细石叶石核加以介绍。

10DX：1325灰褐色燧石，整体形状不规则。通体长22.4mm，宽19.1mm，厚28.1mm，重13.3g。台面为修理台面，形状略呈椭圆形，台面长28.1mm，宽19.1mm，台面角80°。工作面与台面交汇处有若干小疤。工作面上保留有少量的节理面，有6片比较平行分布的细石叶剥片片疤，其中主片疤长22.9mm，宽5mm，深度较浅平，延展度高。这件标本的底部有打片的痕迹，形成了一个较窄的底缘（图6-27，1）。

10DX：1600灰黑色燧石，整体呈柱状。通体长23.5mm，宽19.1mm，厚18.2mm，重11.7g。台面上分布修理剥片的片疤，属于典型的修理台面，形状近似扇形，台面长25mm，宽20.1mm，台面角86°。工作面局部保留少量的节理面，以台面为加工基础的工作面上保留4片完

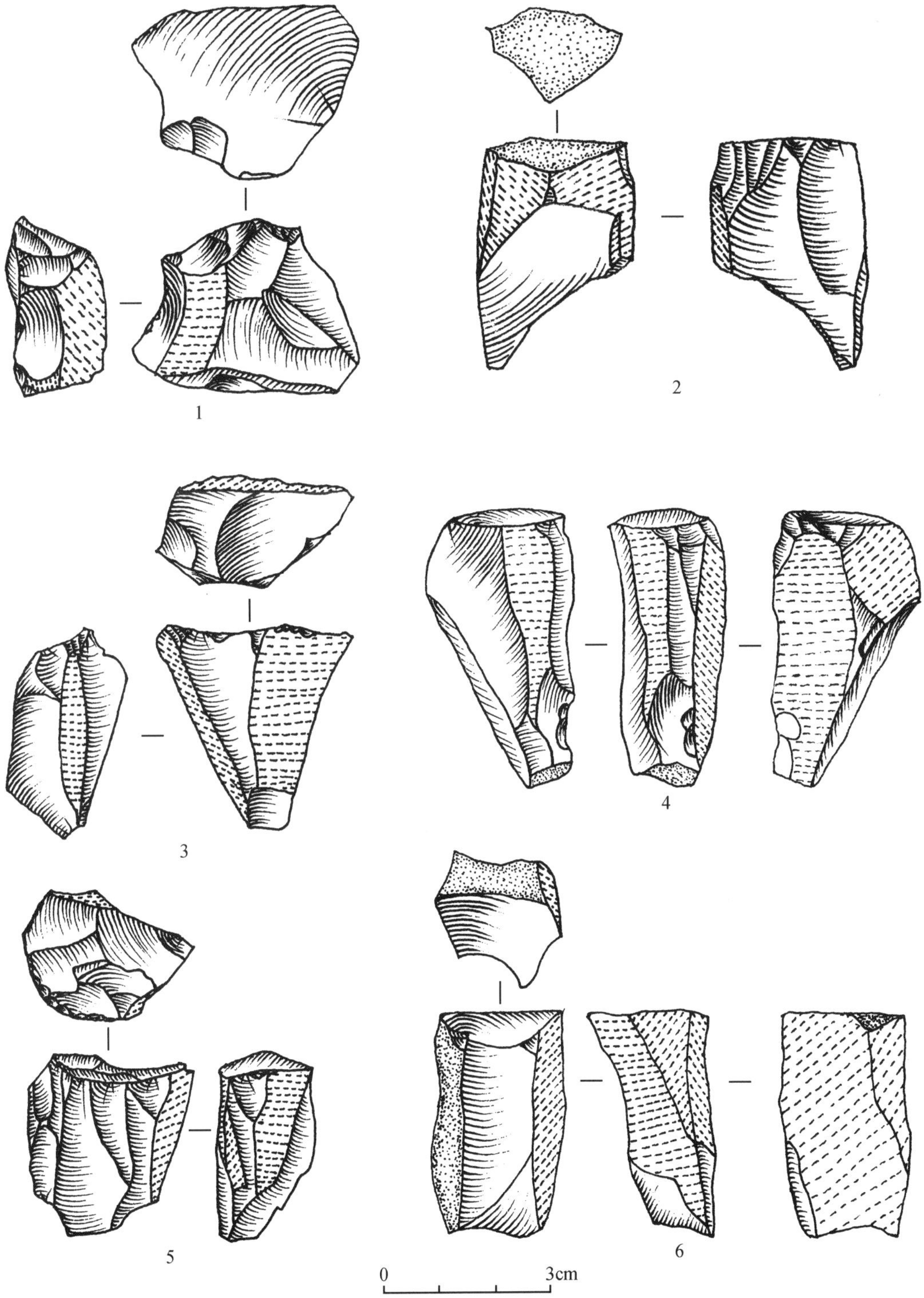

图6-25 西施遗址出土的石核（2）

1. 10DX：1497 2. 10DX：0557 3. 10DX：1081 4. 10DX：1173 5. 10DX：1561 6. 10DX：1599

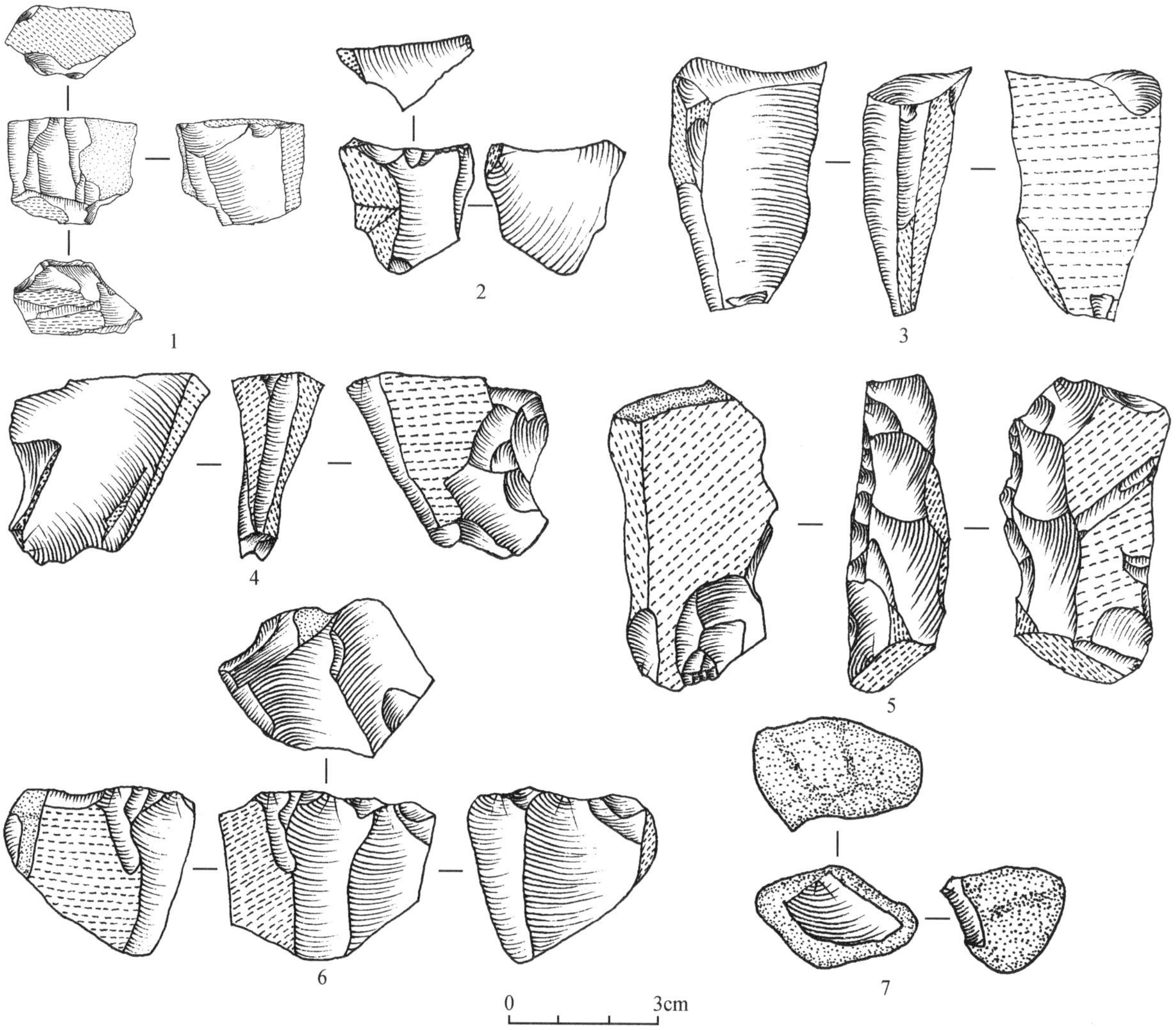

图6-26　西施遗址出土的石核（3）

1. 10DX：1355　2. 10DX：0133　3. 10DX：1666　4. 10DX：1474　5. 10DX：1830　6. 10DX：1888　7. 10DX：1141

整的平行分布的细石叶剥片片疤，其中主片疤长18.6mm，宽4.7mm，深度浅平，延展度较高。在石核侧部分布有另一组平行的但不完整的细石叶片疤，系先前的剥片痕迹。石核底部有若干片疤，形成一个较窄的底端（图6-27，2）。这件标本可与遗址出土的10DX：0437标本拼合，拼合后可以复原完整的加工序列，相关情况将在下一节中详细介绍。

10DX：0997深灰褐色燧石，整体呈不甚规则的锥状。通体长26.7mm，宽22.3mm，厚15.2mm，重9.4g。台面上分布若干修疤，属于典型的修理台面，台面形状近似圆形，台面长25mm，宽20.1mm，台面角75°。工作面上保留5片比较完整的细石叶剥片片疤，主片疤长26mm，宽4.4mm，深度较浅平，延展度高。石核底部有三片剥片疤，形成了相对较窄的底端（图6-27，3）。

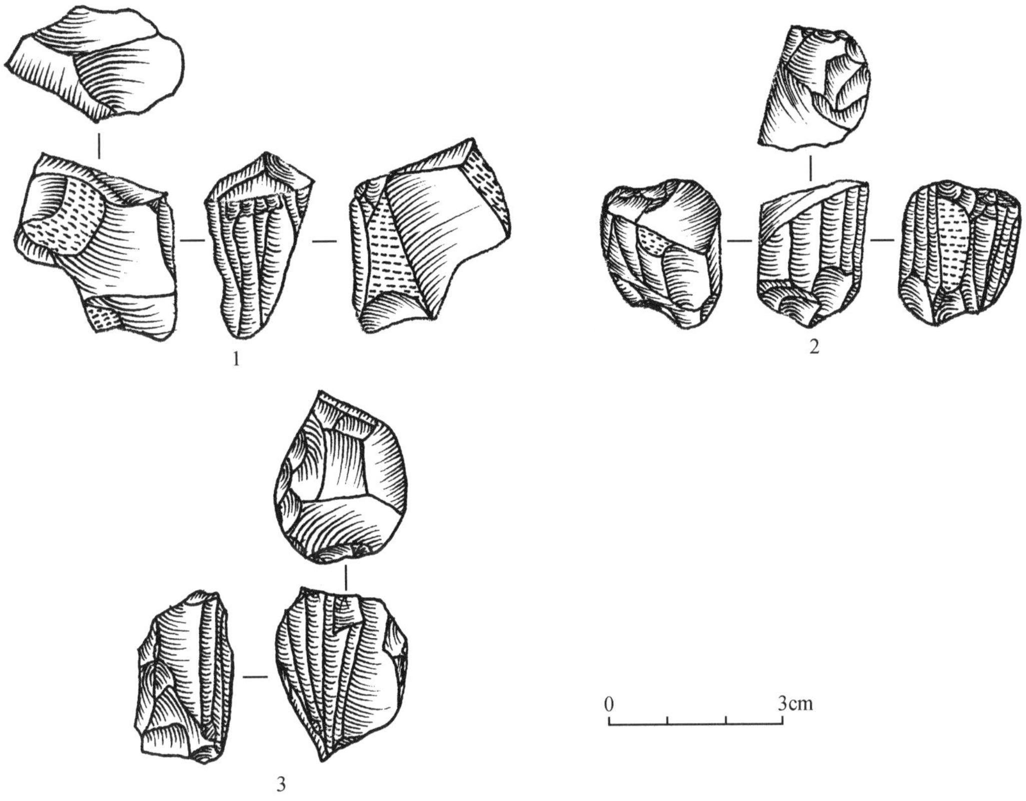

图6-27　西施遗址出土的石核（4）

1. 10DX：1325　2. 10DX：1600　3. 10DX：0997

（3）石锤。

西施旧石器出土了2件属于广义范畴的“石锤”（Knapping Equipment）制品。虽然都属于“石锤”，但是两者在形式和功能上都存在比较明显的差异。下面对这2件石锤分别加以描述和分析。

10DX：1159黄色石英砂岩，毛坯为扁平的石英砂岩砾石，砾石面保留比例约45%。通体长71.1mm，宽47.2mm，厚22.1mm，重101.8g。石锤的正反两面和两端都有片疤，加工比较粗糙。石锤正面的自然砾石面被打下大部，以砂岩内部粗糙部分暴露为主。石锤背面保留了大部分的砾石面。石锤的两面和侧部都有敲磨的痕迹（图6-28，1）。

这类石制品在英语中被称为Abrader，具体的定义是：由砂岩等比较粗糙的材料制成，为更有效率地剥离石片而用来敲击掉边缘较薄的部分以强化石核台面的石制品[23]。根据笔者个人打制石器的经验，这类石锤在使用过程中兼顾敲击和摩擦的功能。比如对于那些脆性好且非常薄的石核台面边缘，用石锤摩擦台面与工作面的交界处可以很快地获得一个合适的击打台面，其效果也明显好于单纯地击打。台面的预制对于剥离石叶、细石叶尤为重要。

10DX：1906深灰褐色燧石，毛坯为燧石的块状结核，呈比较规整的立方体，表面大部分保留有自然面和节理面。这件标本可以与10DX：1362石核相拼合，二者是沿天然的节理面断

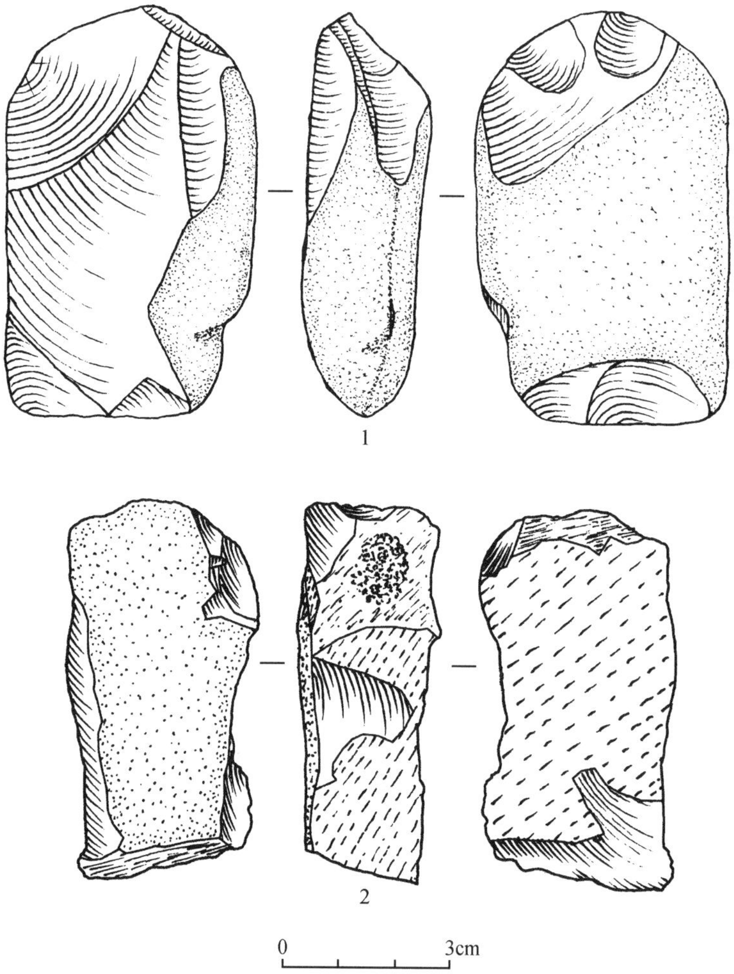

图6-28　西施遗址出土的石锤

1. 10DX：1159　2. 10DX：1906

裂的。通过对两件标本拼合前后的观察，笔者认为，这件石制品是在两者发生断裂后才被作为石锤使用的（图6-19）。通体长59.1mm，宽33.2mm，厚18.8mm，重66.6g。在石锤的顶部突出的部分，集中分布着密集的因击打其他石制品而形成的小凹坑（图6-28，2）。

（4）石片。

西施旧石器遗址下文化层共出土石片904件，其中完整石片795件，不完整石片109件。按照前文所述的分类方式，石片的分类统计如下（表6-5）。

表6-5　西施旧石器遗址下文化层出土各类石片的数量统计

类型	完整石片						不完整石片		总计
	Ⅰ型	Ⅱ型	Ⅲ型	Ⅳ型	Ⅴ型	Ⅵ型	断片	裂片	
数量（件）	13	253	49	7	371	102	56	53	904
百分比（%）	1.4	28	5.4	0.8	41	11.3	6.2	5.9	100

1）完整石片。

在795件完整石片中，仅有1件的岩性为玛瑙，其余均为燧石。石片的平均长度28.8mm，平均宽度27.4mm，平均厚度9.4mm，平均重量为8.7g。石片的个体大小差异性比较大，石片10DX：1631的尺寸仅有9.6×8.1×2（mm），而石片10DX：1163的尺寸则达到78.5×48.8×25.2（mm），这暗示了西施旧石器遗址的石片形成于石制品生产系统中的不同阶段和不同环节。笔者对遗址出土的完整石片进行了长宽指数和厚宽指数的统计。具体的计算方法如下：

长宽指数=（石片长度/石片宽度）×100

厚宽指数=（石片厚度/石片宽度）×100

完整石片的长宽指数分布图（图6-29）显示，西施旧石器遗址下文化层出土的完整石片中，长度与宽度相近的占大多数，也有少部分长度达到宽度二倍以上的石制品，这些长石片一般都是因为侧缘不够平行而未能划分到石叶类型中去；而完整石片的厚宽指数分布图（图6-30）则表明，比较轻薄的石片在整个石片集合中占绝对的主导地位。

人工台面的比例高于自然台面（包括天然面和节理面）的比例（表6-5）。人工台面的石片中，以Ⅴ型石片数量最大；而自然台面的石片中，也是以背面为半人工半自然状态的Ⅱ型石片为主。这样的石片数量的分布规律从一定程度上反映了西施旧石器遗址原料的节理比较发育。在人工台面完整石片制品中，从台面性质上看，以简单的素台面为主，还有部分的修理台面和有脊台面，以及少量的有疤台面。可测标本的台面平均长度为6mm，平均宽度14.3mm，台

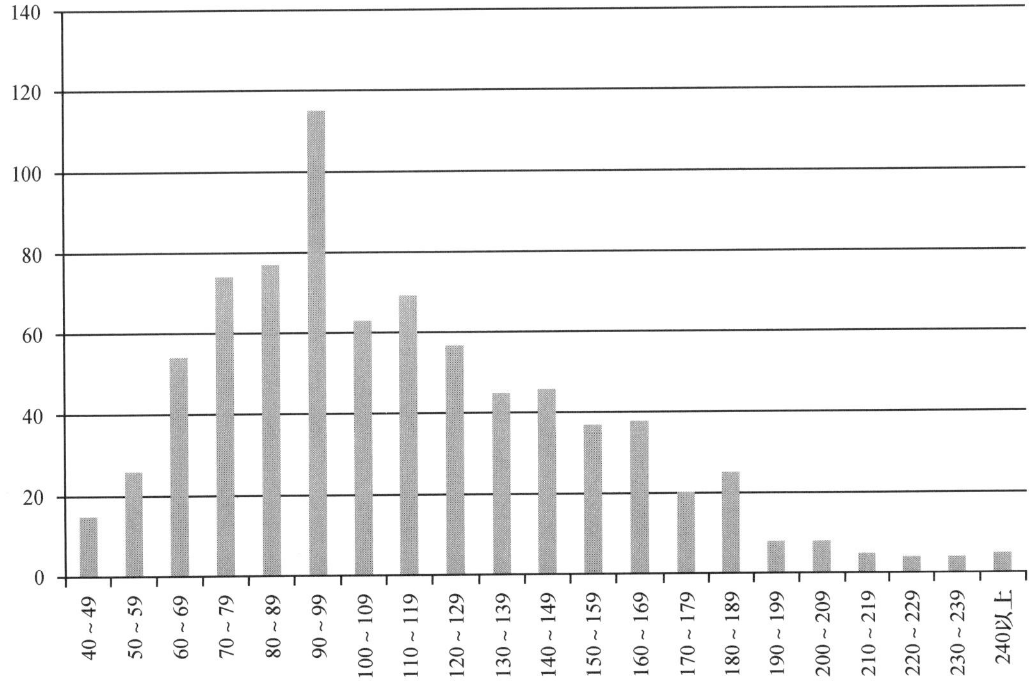

图6-29　西施遗址下文化层完整石片长宽指数分布图

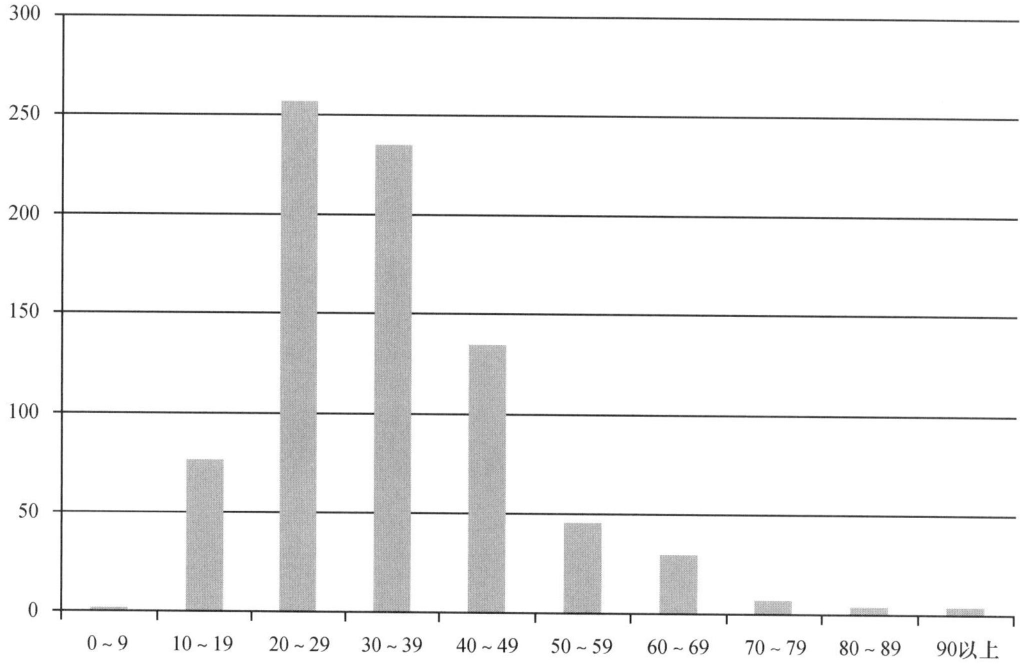

图6-30　西施遗址下文化层完整石片厚宽指数分布图

面尺寸的个体差异也比较大，这里笔者利用台面指数来衡量台面的相对大小，具体的算法是：

台面指数=（台面长度×台面宽度）×100/（石片长度×石片宽度）

所得到的结果<10为小台面，处于10~20之间为中台面，>20为大台面[24]。当然，有部分线状或点状的台面因缺少相关数值而无法计算。可计算的747件标本计算结果分布如下：

表6-6　西施旧石器遗址下文化层完整石片台面指数统计表

台面指数	<10	10~20	>20	合计
石片数量（件）	394	203	150	747
百分比（%）	53	27	20	100

表6-6显示，西施旧石器遗址下文化层的完整石片中，小台面和中等台面占大部分，合计达80%，而大台面相对较少。

完整石片的石片角分布在51°~135°间，小于90°者仅有10件，属于非常偶然的剥片结果，平均石片角为109°。少部分标本的台面上可以观察到显著的打击点，但是大多数标本的这一特征确实或不显著。

观察石片的腹面主要包括打击点、半锥体、打击泡、同心波和放射线等项目（表6-3）。考虑到腹面特征的实际情况，笔者对半锥体和打击泡等三个项目设置了三个梯度，即不显著、普通和非常显著，分别用“0”“1”和“2”表示；而对同心波、放射线和锥疤而言，设置了两个梯度，即有和无，分别用“0”和“1”表示。

西施旧石器遗址出土的完整石片的腹面上通常都会保留下某种或某些特征，而且一般都比较明显，这与燧石本身的属性有关[25]。然而，节理的发育和一些燧石的均质性相对较差，也使部分石片缺失了很多腹面的典型特征。有1件石片（10DX：1661）标本，其腹面不具备任何典型的腹面特征，判定这件石制品为石片完全依靠其台面上显著的打击点特征。所以，笔者认为在具体观察石制品过程中，重视规律固然非常重要，但是也不能忽视偶然的结果，应该全面综合地观察石制品的整体特征，再如实地做出判断。

154件石片非常具备显著的半锥体或打击泡特征，占全部完整石片的19.4%；595件石片具有普通的半锥体或打击泡特征，占全部完整石片的74.8%。这表明，当时在西施旧石器遗址活动的人群剥离石片的方式以硬锤直接打击为主。

笔者对石片背面的观测项目包括自然面比例、节理面比例、背面片疤数量和背脊形态等四个方面。石片背面的情况，特别是对背面片疤分布和背脊形态的观察，有助于理解和还原遗址的技术体系。少量石片的背面全部为自然面或节理面（图6-31，5；图6-32，3；图6-32，6），另有部分石片的背面完全缺失自然面和节理面（图6-32，1、2、4、5、7），但是绝大部分的石片背面都保留有部分的自然面或节理面。甚至个别石片的腹面也在断裂过程中暴露出节理面（图6-31，1）。这些迹象都表明了西施旧石器遗址燧石原料节理发育比较严重。

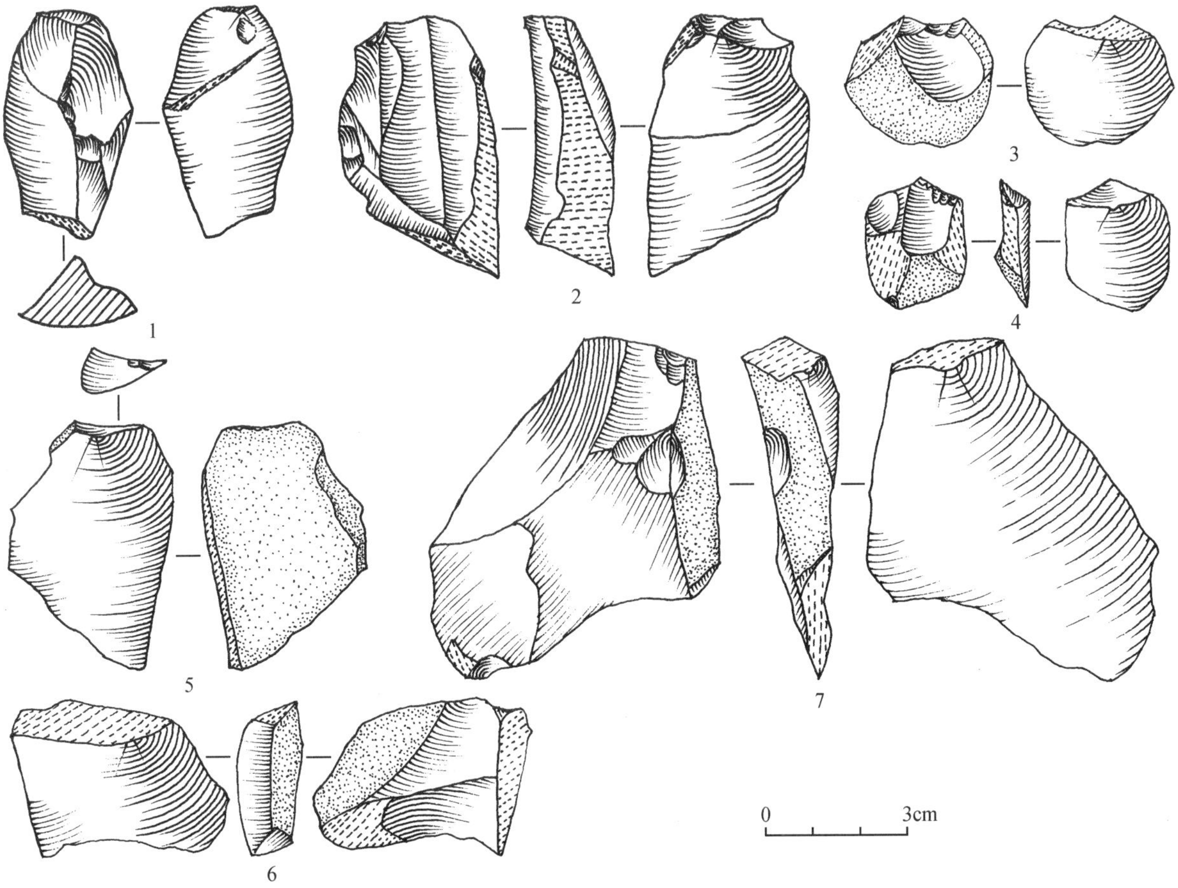

图6-31 西施遗址出土的石片（1）

1. 10DX：1234 2. 10DX：0456 3. 10DX：0049 4. 10DX：0392 5. 10DX：1459 6. 10DX：1239 7. 10DX：1144

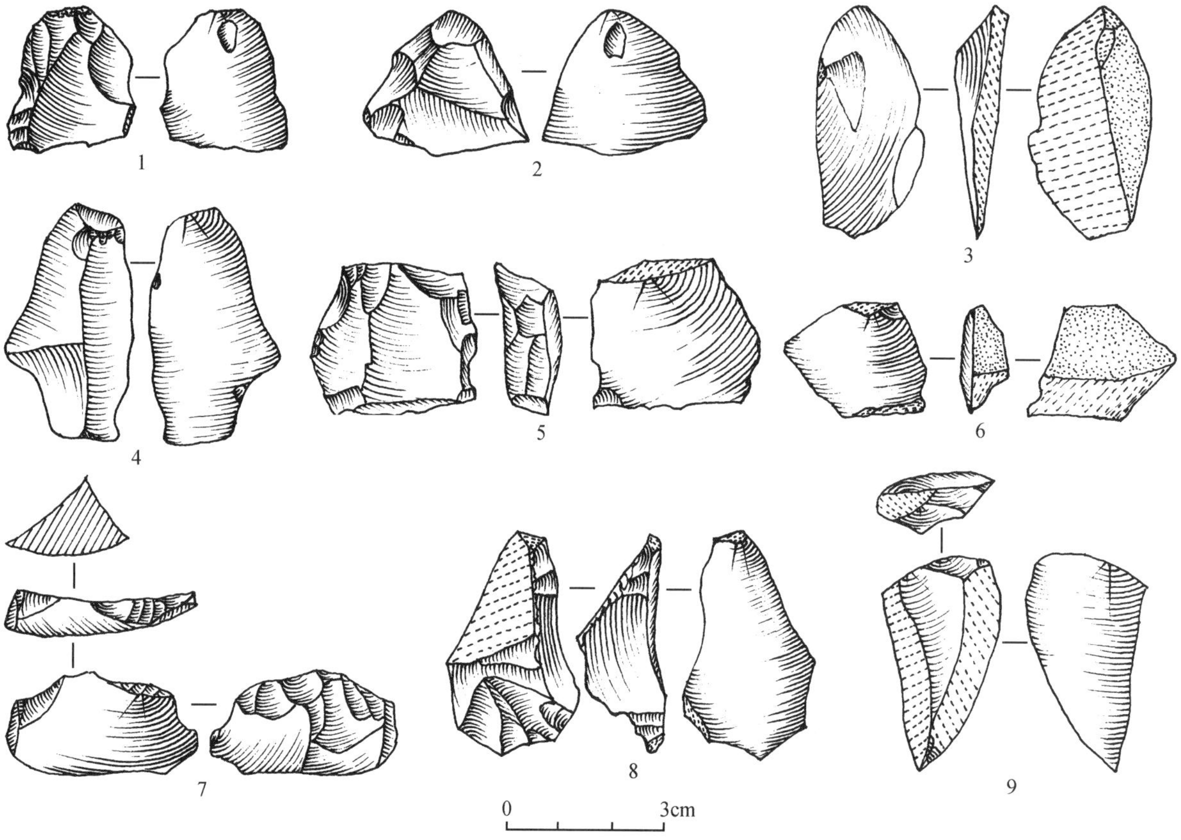

图6-32　西施遗址出土的石片（2）

1. 10DX：0951　2. 10DX：0155　3. 10DX：0925　4. 10DX：1802　5. 10DX：0266　6. 10DX：0239　7. 10DX：1258　8. 10DX：0748　9. 10DX：0738）

石片背面的背脊形态大部分比较复杂，部分标本的背脊形态呈斜向平行“//”状（图6-31，2），或“Y”形（图6-31，9），这些可能是之前剥离石叶所保留的片疤。还有一部分石片的背面保留了一组先前规则剥片的片疤和原石核的台面部分，这类石制品属于“再生台面石片”（图6-33），明确地反映了一定的技术特征，将在本小节后面的部分专门对这类石片进行介绍。

在进行石制品整理时，还对石片的边缘进行了宏观的观察。其中169件石片的侧边或底缘部分有微疤，占全部完整石片的21.2%。暂时无法确定微疤痕迹的成因，考虑到遗址的功能与性质，笔者认为这些微小的疤痕很可能不是使用痕迹，而是因为加工修理石核形成的。关于微疤的性质问题，需要进一步的实验考古学工作和微痕分析的研究。

绝大部分石片没有风化或模式的迹象，少部分石片受到水作用而在表面局部包裹有钙质成分。

2）再生台面石片。

西施旧石器遗址下文化层共出土的完整石片中，有31件属于再生台面石片，占全部完整石片的4%。英语中称为Core Trimming Flake，直译就是“从石核上的修剪下来的石片”。其目的是通过修整使剥片不理想的石核形成一个新的适宜继续剥片的台面，因此，称这类石片为再生台面石片。

如图6-33所示，当一个石核剥片到一定程度后，石核的台面角会变得比较大，此时继续以原台面剥片就很困难。这时，从石核的侧部（注意不一定是工作面上）打击石核，剥离一个具有一定厚度的石片，就会在石核原台面的下方形成一个新的台面，实际操作过程中往往还对这个新的台面进行一定的修整，进而得到了一个相对较小的台面角，然后可以开始新一轮的剥片行为。我们称这个经过修整的石核为“修理台面石核”。前面石核部分已经做过相应的介绍。

从最初的原料改造，直到石核最终废弃之前，这种“再生”的操作会反复地被进行，贯穿于一个石核的整个生命史[26]。石核因为不断地被消耗，通常难于保留下相应的证据，再生台面石片则不同，剥离之后通常就直接废弃在遗址中，使得我们可以更具体地了解这一技术环节。

另外值得注意的是，如图6-33所示的是非常典型而显著的情况，实际上剥离再生台面石片的结果可能非常复杂，也并不是所有的都那样明显。但是有一个基本的判断原则，即再生台面石片的打击方向一定与石片背面那一组剥片的剥离方向形成交叉，且背面的一组剥片的剥离方向一定是向着石片腹面的（图6-33）。下面具体介绍西施旧石器遗址出土的比较典型再生台面石片。

10DX：0437灰黑色燧石，通体长21.6mm，宽26.2mm，厚16.6mm，重7.1g。台面为修理台面，长4.8mm，宽12.6mm，石片角116°。腹面的打击泡突出，半锥体、同心波、放射线和锥疤等特征明显。背面局部保留有节理面，有一组剥离细石叶的片疤近端，原石核的修理台面比较清楚（图6-34，1）。这件再生台面石片可以与修理台面石核10DX：1600（图6-27，2）拼合。非常明确地体现了“再生”的操作过程。

10DX：1817灰黑色燧石，通体长35.2mm，宽38.9mm，厚11.3mm，重14.5g。台面为修理台面，长10.7mm，宽35mm，石片角113°，台面打击点明显。腹面的打击泡突出，半锥体显

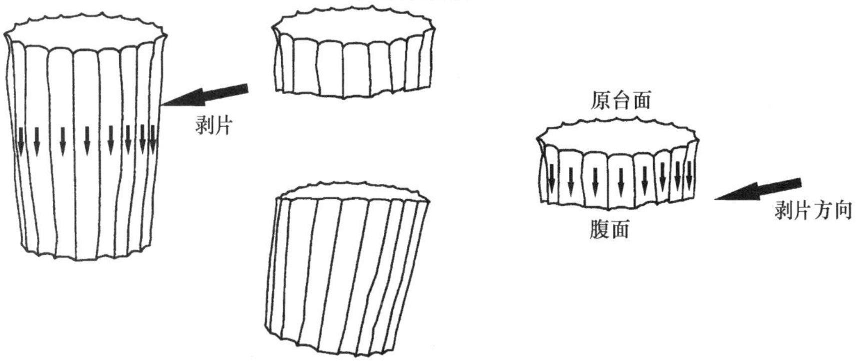

图6-33　典型再生台面石片的示意图

据Banning E. B. The Archaeologist’s Laboratory, Kluwer Academic/Plenum Publishers, 2000 Figure8.4 改绘

著，同心波、放射线和锥疤等特征明显。背面局部保留有节理面，有一组明显的向腹面方向的石叶片疤近端，原石核的台面为素台面（图6-34，2）。

10DX：1773灰褐色燧石，通体长28.1mm，宽23.8mm，厚8.9mm，重5.5g。台面为有脊台面，长4.7mm，宽11.8mm，石片角120°，台面上的打击点明显。腹面的各种特征均比较显著。这一件标本是非常典型的以原石核的工作面作为台面进行剥片而形成的再生台面石片（图6-34，3）。

10DX：1846灰黑色燧石，外部颜色略浅，通体长44.8mm，宽30.2mm，厚13.3mm，重16.1g。台面为有脊台面，也是利用了原石核的工作面作为台面进行剥片。台面长7.8mm，宽18.8mm，石片角103°，台面上的打击点比较明显。腹面的各项特征均比较显著（图6-34，4）。

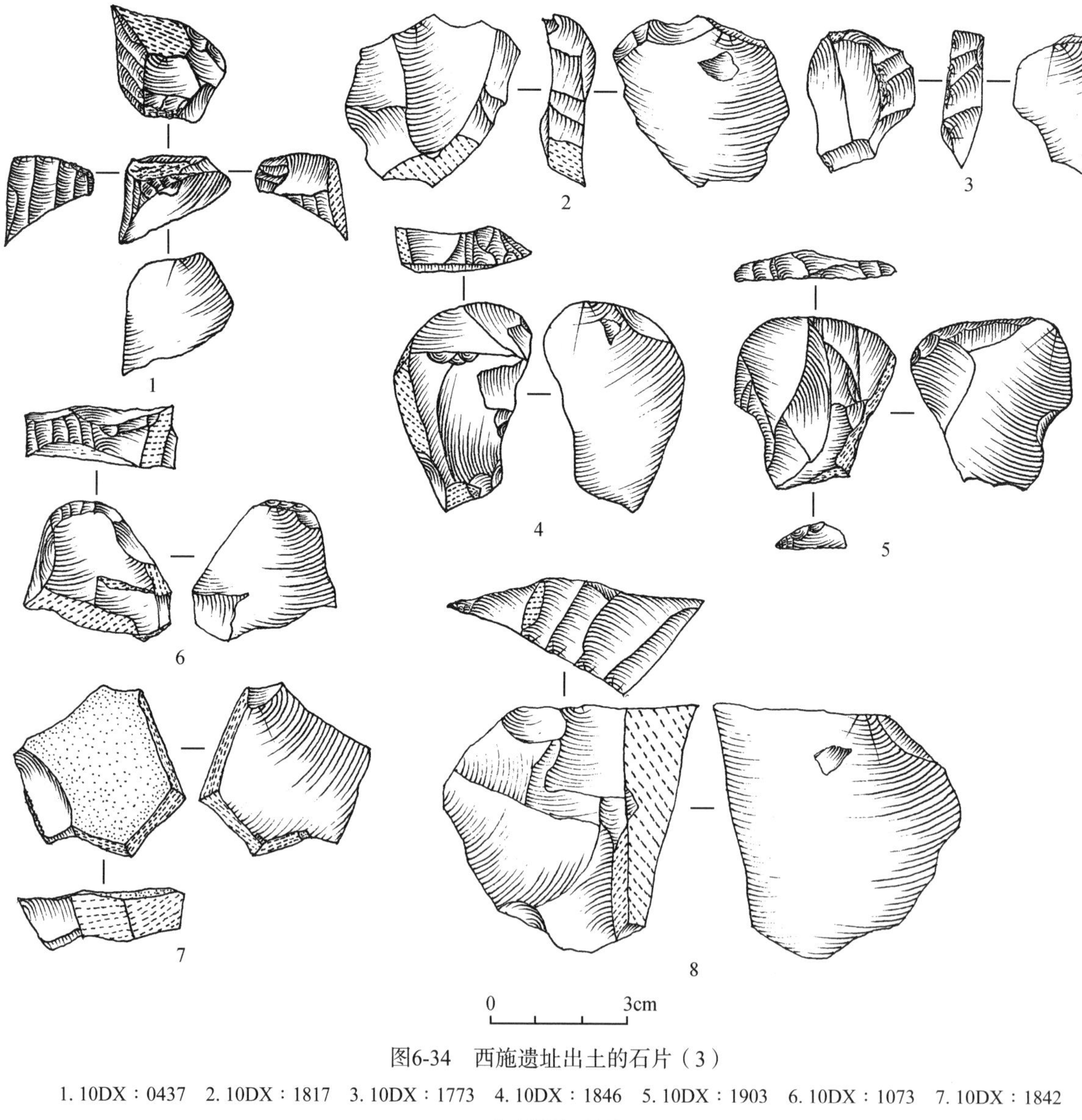

图6-34　西施遗址出土的石片（3）

1. 10DX：0437　2. 10DX：1817　3. 10DX：1773　4. 10DX：1846　5. 10DX：1903　6. 10DX：1073　7. 10DX：1842　8. 10DX：1382

10DX：1073灰褐色燧石，边缘局部颜色呈浅黄色，通体长30mm，宽30.5mm，厚12.3mm，重13.4g。台面为有脊台面，利用原来细石叶石核的工作面作为台面，台面上打击点痕迹明显，台面长9.1、宽15.7毫米，石片角为107°。腹面的特征都比较明显（图6-34，6）。

10DX：1842灰褐色燧石，通体长39.1mm，宽38.1mm，厚14.1mm，重19.1g。台面为素台面，打击点显著，台面长6.8mm，宽12.6mm，石片角129°。背面大部保留有自然面，有从一侧剥离石叶的片疤。与上述的典型再生台面石片有所不同，这件标本是直接从一个块状原料上剥片而形成一个适宜剥片的台面，而后再以这个新的剥片面作为台面继续剥离石片或石叶，从性质上也属于再生台面石片（图6-34，7）。

3）不完整石片。

西施旧石器遗址下文化层出土各类不完整石片共计109件，具体类型和数量如下（表6-7）。

表6-7　西施旧石器遗址下文化层出土不完整石片的数量统计

类型	断片			裂片	
形式	近端断片	中段断片	远端断片	左裂片	右裂片
数量	22	6	28	21	32

断裂片的成因可能比较复杂，除了因石料自身因素而在剥片过程中发生意外的断裂外，也不能排除人类有意识地使其断裂的可能。比如，标本10DX：1449和标本10DX：1453两件可拼合的裂片，初步观察应为人工打击所致。笔者认为，对于相对较厚的石片，将其打裂之后，在某一侧裂片的裂面上会形成一个较大的凹面，略加修理后即可作为台面继续剥离石片或石叶。石核10DX：0133的毛坯就是一件左裂片（图6-26，2）。左裂片10DX：0372可能也是石核的毛坯（图6-35，5）。

4）石叶。

西施旧石器遗址出土了石叶和细石叶两种石制品，这就必然涉及两者的界定问题。最直观的界定方法就是通过宽度来划分石叶和细石叶。以旧大陆西侧的标准来看，通常情况下石叶的宽度很大，可达15mm以上[27]，这要远大于平均宽度为5mm的细石叶的宽度，因此两者之间的界限十分明确。然而，对于西施旧石器遗址而言，从宽度上似乎不太容易直接找到一个非常恰当的可以将两者截然分开的尺度标准（图6-36）。

中国学者对石叶宽度的界定标准略有不同。笔者认为，在不能直接明确界限时，不妨从已知来推导未知。细石叶相对石叶而言为已知，对于两者同时存在的情况，从数据入手，尝试设定不同的宽度界限来比较细石叶的差异，进而得到一个比较合理的标准（表6-8）。

图6-36和表6-8的宽度指数的测定样本总量为石叶和细石叶中所有可测定宽度的标本集合，包括断片和冠状石叶。标本集合中有几件宽度达30mm以上的石叶，这是石叶平均宽度普遍较高的原因。

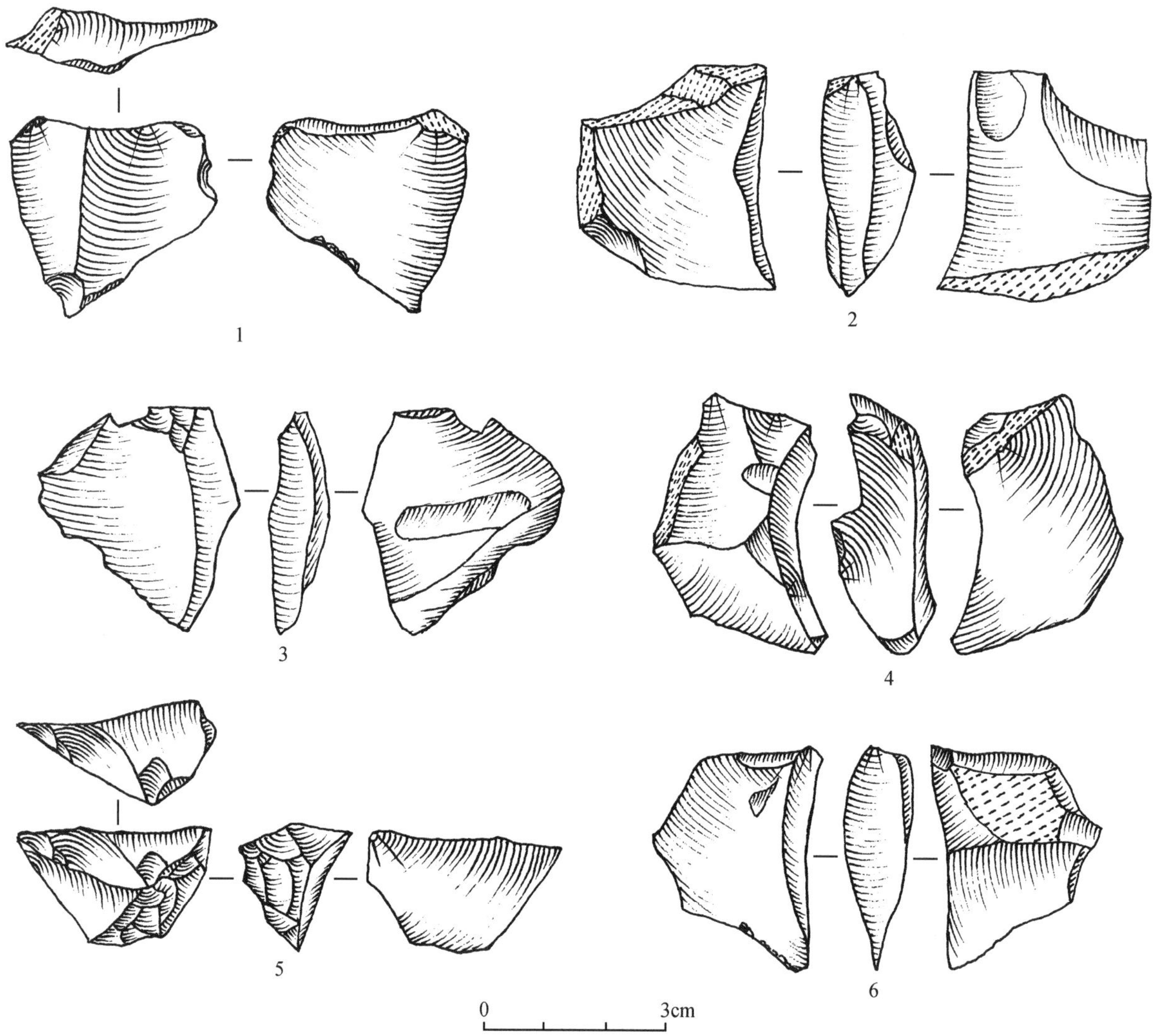

图6-35　西施遗址出土的石片（4）

1. 10DX：0973　2. 10DX：1449　3. 10DX：1453　4. 10DX：1317　5. 10DX：0372　6. 10DX：0655

表6-8　西施旧石器遗址下文化层石叶、细石叶宽度界限统计表

宽度界限（mm）	5	6	7	8	9	10	11	12
细石叶平均宽度（mm）	4.2	4.8	5.2	5.5	6.1	6.6	7.1	7.6
石叶平均宽度（mm）	12.4	13.3	13.9	14.3	15.0	15.6	16.3	17.1

笔者对细石核标本以及含有细石叶片疤的其他石制品上的细石叶片疤宽度进行测量和统计，得到的结果为细石叶片疤的平均宽度为5.1mm，因此，笔者将西施旧石器遗址石叶和细石叶的宽度界限定为7mm。

在确定了石叶的范围后，我们可以对石叶制品的情况进行进一步的统计和描述。西施旧石器遗址下文化层出土的石叶包括完整石叶、冠状石叶和石叶断片三个类型，具体的数量见表6-9。

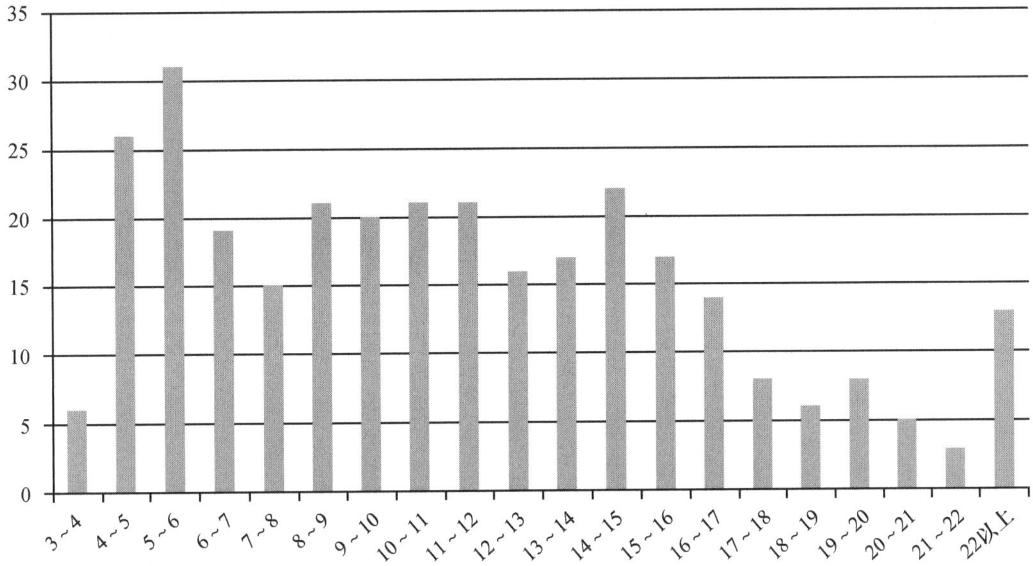

图6-36　西施遗址下文化层出土的石叶和细石叶宽度分布图

纵坐标为数量；横坐标为宽度；单位：mm

表6-9　西施旧石器遗址下主文化层出土石叶的数量统计表

	完整石叶	冠状石叶	石叶断片			总计
			近端断片	中段断片	远端断片	
数量（件）	127	25	27	13	35	227
百分比（%）	56	11		33		100

完整石叶指台面及远端完整且背面有与侧缘平行的背脊的石叶。西施旧石器遗址下文化层出土完整石叶127件，占全部石叶的56%。岩性全部为燧石，远端形态大多数为尖灭状，也有一部分标本呈内卷或外翻形态，远端局部残损但能辨认整体形态的石叶也划分到这一类型之中。完整石叶的长度一般接近于或大于宽度的2倍，部分达到3倍以上（图6-38）。完整石叶的厚度相对厚度略高，这是由于一定比例的呈卷曲状标本存在，使得厚度数据增大引起的（图6-39）。

台面类型以素台面为主，占完整石叶总量的64%，另有部分的天然台面和修理台面。因点状台面和线状台面的存在，完整石叶的石片角可测定标本有111件，分布在88°～130°之间，其中以90°～110°居多，占72.1%。大部分的台面上缺少明显的打击点痕迹。

只有10件具有显著的打击泡或半锥体，仅占8%；而具有普通的打击泡和半锥体的完整石叶有56件，占44%。与石片腹面的相关数据进行对比，不难发现剥离石叶时虽然也采用了锤击法，但是其程度不及普通打片过程中使用程度高。这也表明剥离石叶的方式并不单一，一定数量的完整石叶是通过压制法或间接打击法产生的。

完整石叶的背面保留有部分的自然面的标本达100件，占78.7%，这暗示着西施旧石器遗址

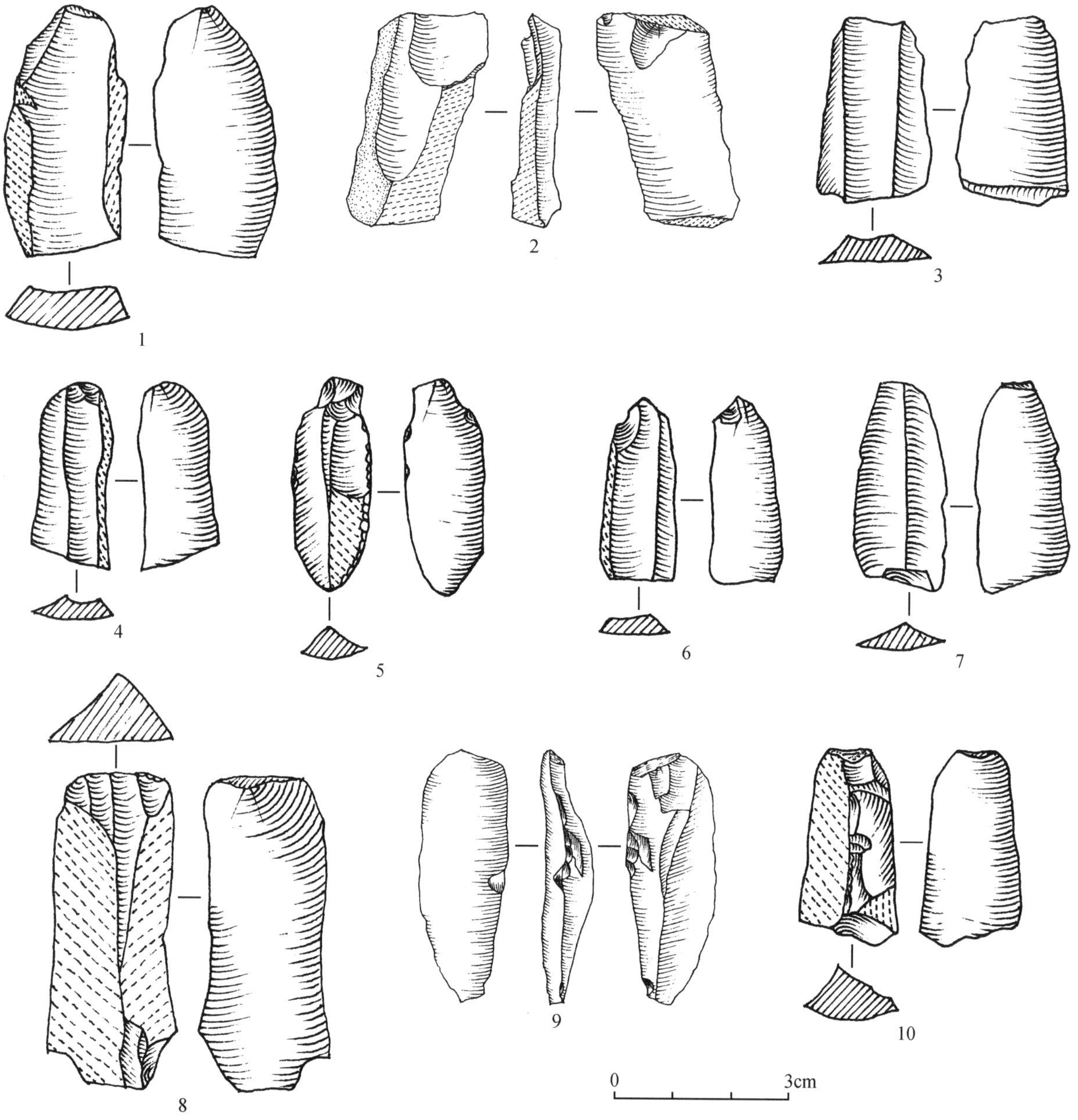

图6-37　西施遗址出土的完整石叶

1. 10DX：1340　2. 10DX：1672　3. 10DX：1105　4. 10DX：1712　5. 10DX：1350　6. 10DX：1189　7. 10DX：1145　8. 10DX：1487　9. 10DX：0124　10. 10DX：0622

下文化层出土的完整石叶大部分是石叶加工体系中较早阶段的产品，因为在不断剥离石叶的过程中，自然面会逐渐减少直至消失，中晚阶段的石叶制品通常背面不会再保留自然面。背脊形态多样，其中呈“|”状的只有一条背脊的有33件，占26%；呈“Y”形的有43件，占33.9%；呈“‖”状平行两条背脊的有19件，占15%。其余标本的背脊形态则比较复杂。

完整石叶边缘有微疤者28件，占22%，微疤的成因难于判定，不排除是人工使用痕迹的可

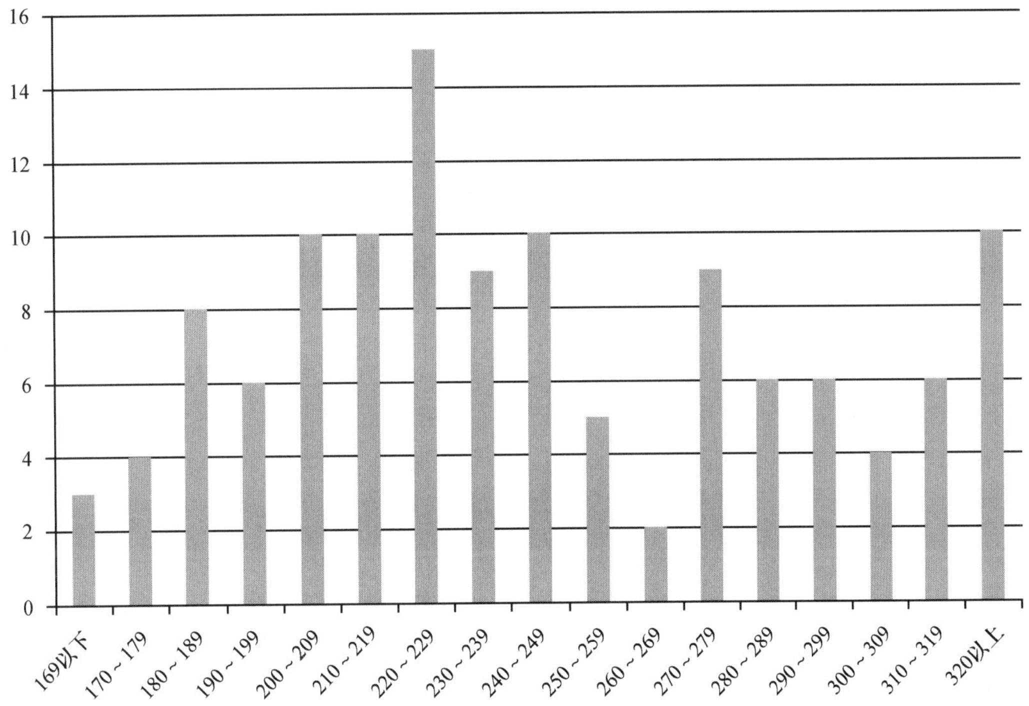

图6-38　西施遗址下文化层完整石叶长宽指数分布图

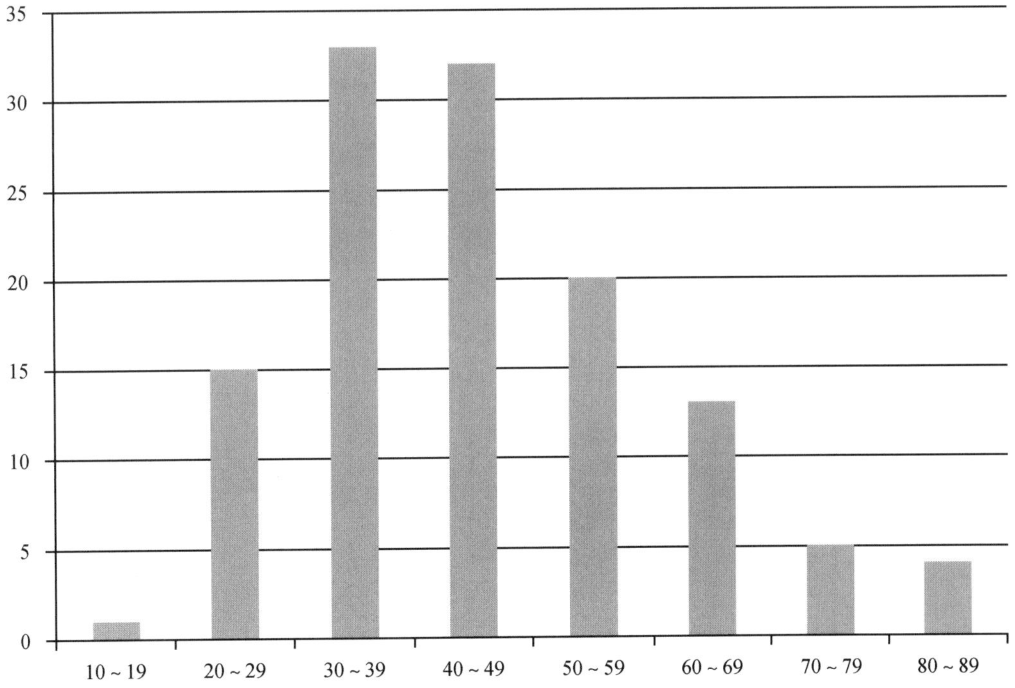

图6-39　西施遗址下文化层完整石叶厚宽指数分布图

能。根据肉眼的观察，大部分的标本都没有使用过的迹象。这还需要微痕分析的进一步观察和研究。

冠状石叶是一类非常典型的代表石叶技术的标志性石制品，这类石叶首先通过打片在石核的一个侧边上修出一条相对比较直的脊，然后在与这条脊相垂直的石核平面上修整出一个台面，进而沿修脊的方向，向下剥离出一个操作序列中的第一片石叶。这类石叶的背面留有修脊的片疤，断面往往呈三角形，弧度通常也比较大，从侧面上看形似鸡冠或羽状，因而称之为“冠状石叶”[28]（图6-40）。

西施旧石器遗址下文化层出土冠状石叶25件，占全部石叶制品的11%。岩性均为燧石。横截面呈三角形或不甚规则的三角形，长度通常都超过宽度的2倍，有的甚至超过3倍（图6-41）。冠状石叶弧度通常很大，相对比较厚（图6-42）。

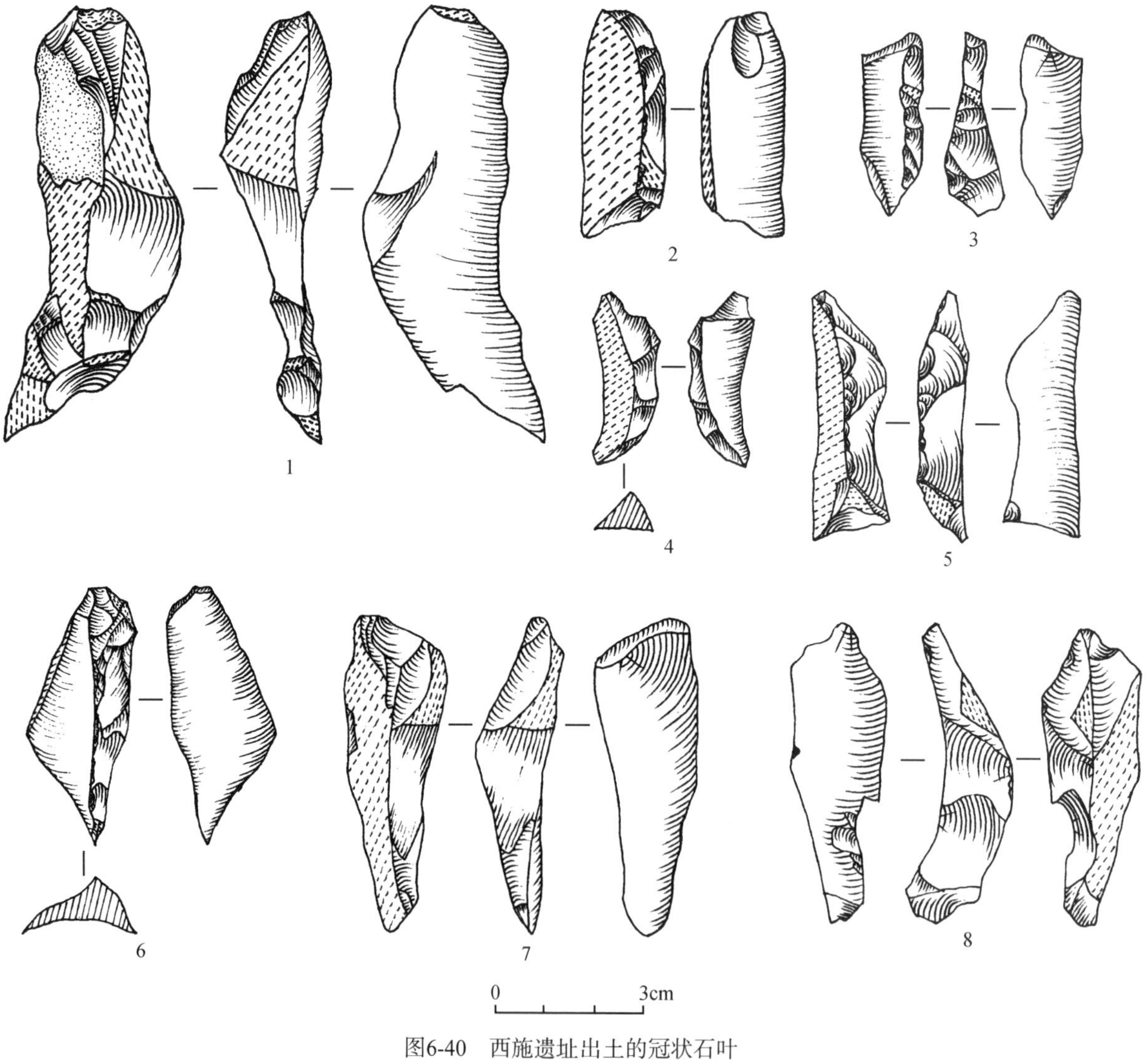

图6-40　西施遗址出土的冠状石叶

1. 10DX：1064　2. 10DX：1367　3. 10DX：0407　4. 10DX：1259　5. 10DX：1564　6. 10DX：1364　7. 10DX：1517　8. 10DX：1524

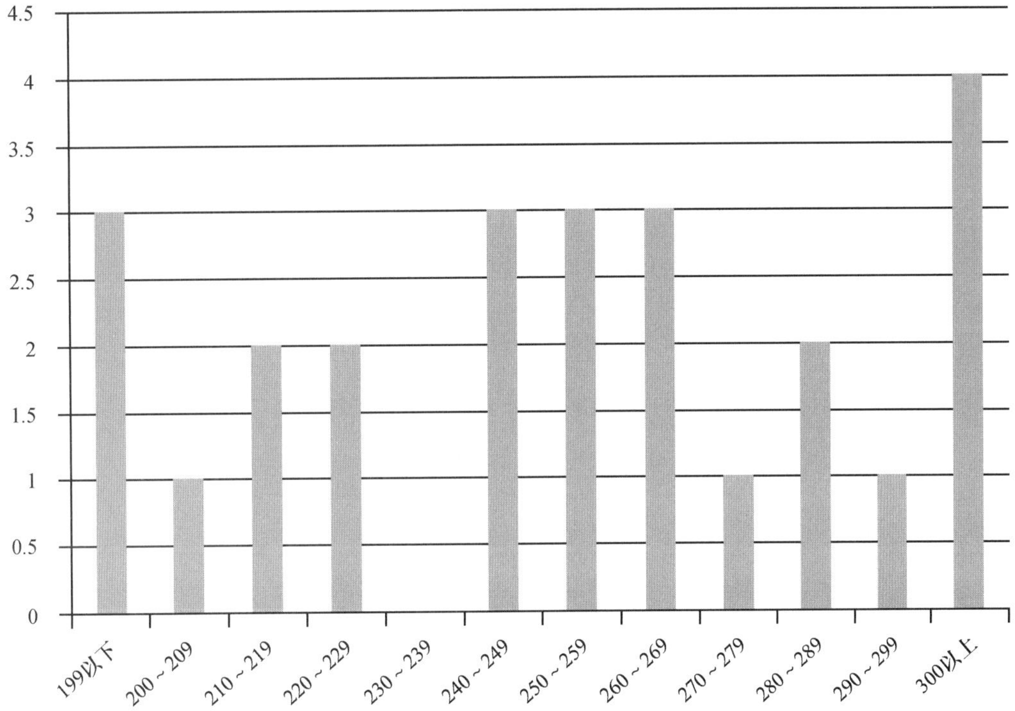

图6-41 西施遗址下文化层冠状石叶长宽指数分布图

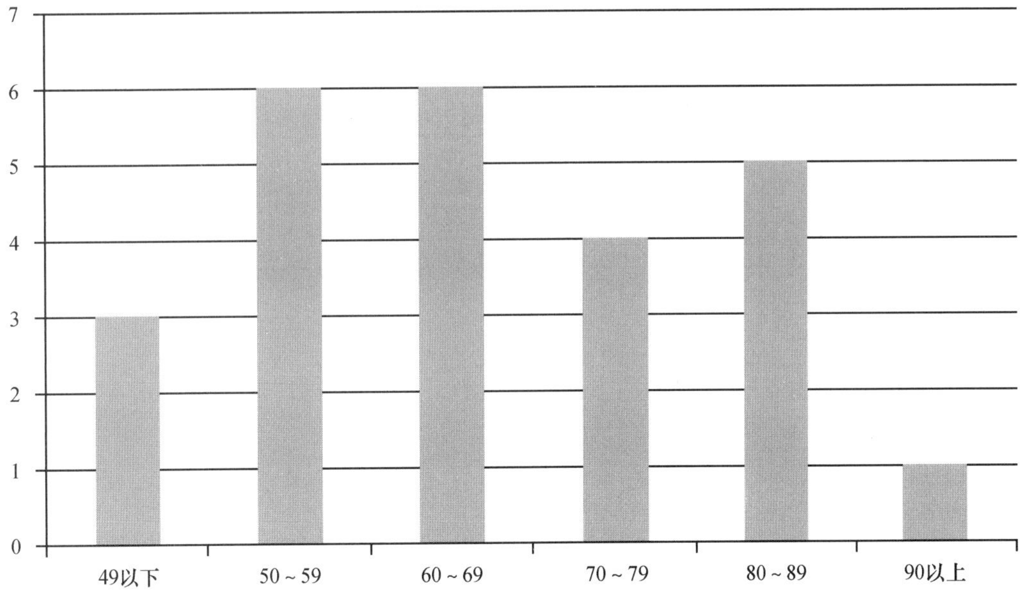

图6-42 西施遗址下文化层冠状石叶厚宽指数分布图

台面类型以打击台面居多，也有个别为自然台面。石片角分布在90°～125°之间，以100°～115°为主。远端形态主要是内卷型的，也有部分属于折断型，石片末端沿节理面发生断裂。绝大部分的冠状石叶的腹面上都具有比较明显打击泡和半锥体，同心波、放射线和锥疤等特征也普遍存在。这表明一般采用锤击法来剥离冠状石叶。

剥离冠状石叶前有修脊的过程，所以冠状石叶的背面一般都会保留下一条显著的背脊，但修脊所保留下的片疤通常比较复杂。值得注意的是，遗址出土的冠状石叶在修脊时通常以一个天然的或是剥片形成的平面作为基础向一面打片来修出一条较直的脊，而较少从两面同时打片，这与经典的修脊方式有所差异。

根据肉眼观察，绝大部分的冠状石叶都不存在人工使用的痕迹。

另外，遗址的下文化层还出土了一部分石叶的断片，很难判定这些断片是否属于人类有意识打制的结果。

（5）细石叶。

西施旧石器遗址下文化层出土细石叶总计82件，具体类别与数量统计如下（表6-10）。

岩性以燧石为主，共80件，另外2件为玛瑙。整体上看，细石叶的内卷趋势比较明显，远端形态呈内卷和尖灭的比例最高。台面以素台面为主，形状多呈点状或较窄的椭圆形。大部分标本腹面的打击泡、半锥体特征不明显，台面和腹面的特征表明剥离细石叶采用的是压制法。只有很少一部分标本的背面保留自然面，背脊形态通常比较明确，呈“|”状、“Y”形或“‖”状的较多，也有少量的背面片疤分布复杂的标本（图6-43）。

表6-10　西施旧石器遗址下文化层出土细石叶的数量统计

	完整细石叶	近端断片	中段断片	远端断片	总计
数量	39	7	11	25	82
百分比	47.6		52.4		100

（6）工具。

西施旧石器遗址下文化层出土各类工具总计38件，数量相对较少，仅占全部石制品总量的0.44%。具体的类型与数量如下。

1）边刮器。

边刮器是出土数量相对较多的一类工具，其显著特征就是在片状毛坯的一侧或两侧修理处一定形态的刃缘。下文化层出土的边刮器可根据刃缘数量和形态划分为3种类型，即单直刃刮削器、单凸刃刮削器和双凸刃刮削器。除了1件石英的单凸刃刮削器外，其余的岩性均为燧石。

边刮器的毛坯以石片和断片为主，也有少量是在断块和残片的边缘修理刃缘的，没有典型的以石叶为毛坯的情况。刃角全部分布在48°～85°间，修理方向基本上都是正向，即由腹面向背面或由较平坦面向较凸的面加工。平均刃缘长度为31.2mm，平均修理刃缘长度为25.3mm。

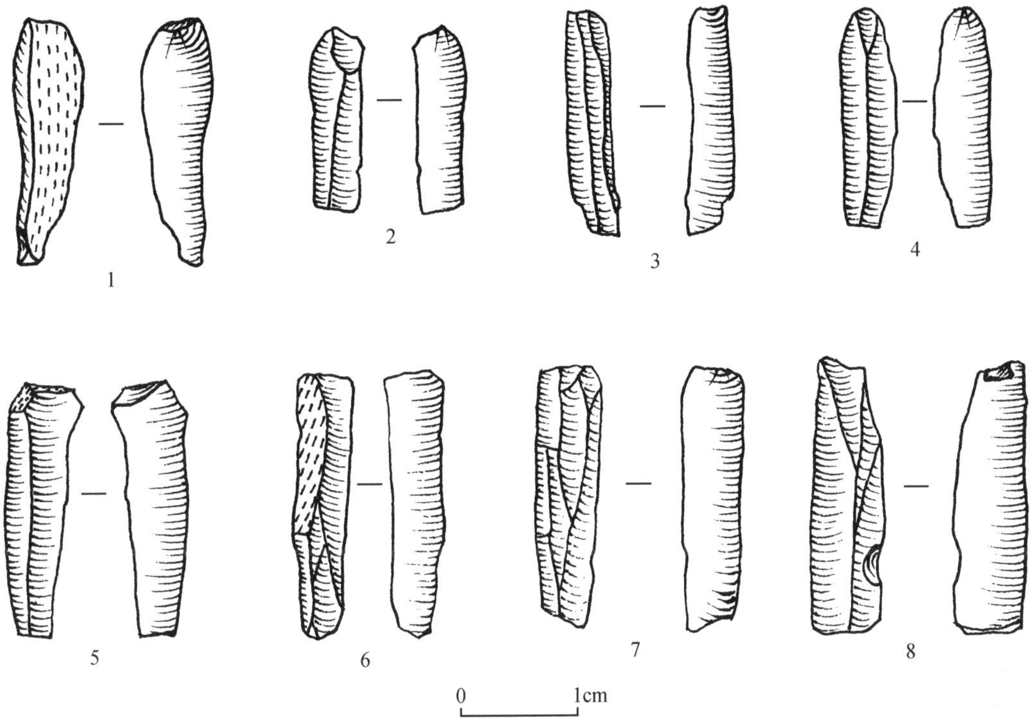

图6-43　西施遗址出土的细石叶

1. 10DX：1681　2.10DX：1763　3. 10DX：1717　4. 10DX：1597　5. 10DX：1689　6. 10DX：1781　7. 10DX：1598　8. 10DX：1254

修疤以小疤为主，加工距离普遍不足标本宽度的1/2，大部分呈连续分布状，也有少量呈部分分布或断续分布状，疤痕形态以单层为主，也有几件标本的修疤呈层叠状。刃缘上通常都保留有肉眼可辨的微小破碎疤痕，这些微疤不像是加工修理刃缘时形成的，很可能因人类使用而造成的结果。下面介绍几件比较典型的标本。

10DX：1508单凸刃边刮器，原料为灰褐色燧石，毛坯为石片的远端断片。通体长43.4mm，宽26.7mm，厚10.3mm，重10.1g。修理部位位于毛坯的左侧，由腹面向背面加工。刃缘略向外凸，修理刃缘长度57mm，刃角52°~66°。修疤单层，连续分布，大小2~10mm，加工距离较近。刃缘局部有微疤，可能为人工使用痕迹（图6-44，1）。

10DX：1314单凸刃边刮器，原料为白色石英，毛坯为石片的远端断片。通体长34.4mm，宽19.6mm，厚8.1mm，重6.2g。修理部位位于毛坯的左侧，由腹面向背面加工。刃缘略向外凸，刃缘长39mm，其中修理刃缘长27mm，刃角62°~72°。修疤呈层叠状连续分布，大小2~5mm，加工距离较近。边缘局部有微疤，可能为人工使用痕迹（图6-44，2）。

10DX：0728单凸刃边刮器，原料为灰褐色燧石，毛坯为一件表面局部保留节理面的板状断块。通体长46.5mm，宽25.4mm，厚9.5mm，重14.6g。修理部位位于侧部，从一个较平的面向另一侧加工，属于正向加工。刃缘外凸，修理刃缘长度24mm。刃角60°~70°。修疤呈层叠状连续分布，大小2~12mm，加工距离中等。边缘没有明显的微疤（图6-44，3）。

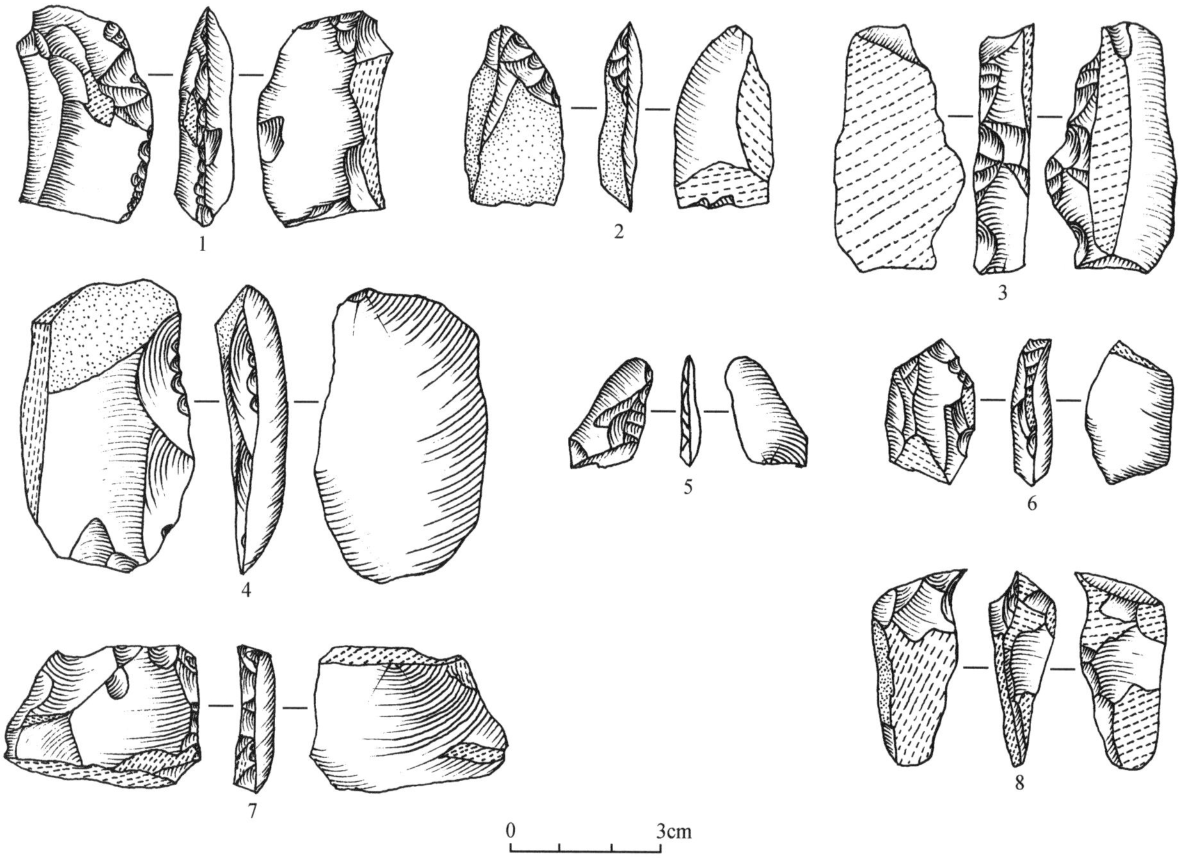

图6-44　西施遗址出土的边刮器和尖状器

1. 10DX：1508　2. 10DX：1314　3. 10DX：0728　4. 10DX：1577　5. 10DX：0512　6. 10DX：1705　7. 10DX：1886　8. 10DX：1261

10DX：1577单直刃刮削器，原料为黄褐色燧石，毛坯为一件局部保留节理面和天然石皮的石片。通体长55.7mm，宽38.1mm，厚13.2mm，重26.4g。修理部位位于毛坯的左侧，由腹面向背面加工。刃缘较平直，长度27.9mm，修理刃缘长25mm，刃角51°～60°。修疤为单层连续分布，大小2～5mm，加工距离近。刃缘局部有微疤，可能是人工使用痕迹（图6-44，4）。

10DX：1886单直刃刮削器，原料为黄褐色燧石，毛坯为一件台面为节理面的石片。通体长28.1mm，宽37.9mm，厚10mm，重10.7g。修理部位位于毛坯的左侧，有腹面向背面加工。刃缘平直，长度为19.6mm，刃角50°～72°。修疤为单层连续分布，大小2～5mm，加工距离近。刃缘局部有微疤，可能是人工使用痕迹（图6-44，7）。

2）端刮器。

端刮器是西施旧石器遗址下文化层出土的一类比较典型的工具，这类制品的显著特征就是在毛坯的端部连续而整齐地剥离一组近平行的小疤，而形成一个外凸的弧形刃缘。下文化层共出土14件，其中典型的成品12件，另有2件毛坯。有的研究者也称这种形制的工具为“圆头刮削器”或“拇指盖形刮削器”。

下文化层的端刮器岩性全部为燧石，个体大小比较平均。从保留形态上观察，毛坯大部分为石片，还有断片、断块和石叶。修理部位大多数在石片的远端，也有个别标本的修理部位在近端和侧部。加工方式可能兼顾打击法和压制法，加工方向除1件属于反向加工外，其余均为正向加工，即从石片的腹面向背面加工。刃缘均呈外凸弧形，刃角主要分布在60°~90°之间。修疤大小2~10mm，修疤间通常平行，也有几件呈层叠状，均连续分布。大部分的标本肉眼都不能观察到微疤，需要进一步的微痕分析的工作来推断是否具有人工使用痕迹。下面介绍几件比较典型的标本。

10DX：0271灰褐色燧石，通体长22.3mm，宽18.5mm，厚9mm，重3.4g。毛坯为残片，端刃位于毛坯较薄的一端，由较平的一面向另一侧加工，属于正向加工。刃缘为凸刃，长18mm，修疤平行排列，连续分布，大小2~5mm，刃角72°（图6-45，1）。

10DX：1683灰褐色燧石，通体长24.8mm，宽20.1mm，厚10mm，重2.7g。毛坯为石片，端刃位于石片的远端，由腹面向背面加工。刃缘为凸刃，长24mm，修疤近平行状，连续分布，大小5~12mm，刃角65°~74°（图6-45，2）。

10DX：1003具有红褐色条纹带的灰褐色燧石，通体长27.4mm，宽19.4mm，厚5.8mm，重3.7g。毛坯为石片，端刃位于石片的远端，由腹面向背面加工。刃缘为凸刃，长28mm，修疤近平行状，连续分布，大小2~10mm，刃角72°（图6-45，3）。

10DX：0575黄褐色燧石，保留有大量的节理面，通体长30.8mm，宽19.1mm，厚5.3mm，重3.7g。毛坯为石叶的远端断片，端刃位于石叶的远端，由腹面向背面加工，刃缘为凸刃，长23mm，修疤呈层叠状，连续分布，大小2~10mm，刃角58°~76°（图6-45，4）。

10DX：0761呈油脂光泽的黑色燧石，通体长24.1mm，宽23.5mm，厚5.7mm，重3.2g。毛坯为近端略残的石片，端刃位于石片的远端，由腹面向背面加工，刃缘为凸刃，长36mm，其中修理刃缘长25mm，修疤近平行状，连续分布，大小2~5mm，刃角58°~73°。刃缘上有微疤，可能是人工使用的结果（图6-45，5）。

10DX：1596黄褐色燧石，通体长23mm，宽21.7mm，厚8.5mm，重3.8g。毛坯为石片，端刃位于石片的远端，由腹面向背面加工，刃缘为凸刃，长32mm，修疤近平行状，连续分布，大小2~10mm，刃角64°~74°。刃缘及左侧有微疤，可能是人工使用的结果（图6-45，6）。

10DX：1281灰褐色燧石，属于一件正在加工过程中的端刮器半成品。通体长31.7mm，宽20.8mm，厚6.7mm，重4.4g。原型为一件石片或石叶的远端断片，在其远端修理端刃，尚未完全成型，已经形成了3片修疤，但端部还保留有部分的自然面。由腹面向背面加工，刃缘略凸，已修理的刃缘长度为8.7mm，修疤平行状连续分布，大小5~10mm，刃角为80°（图6-45，7）。

10DX：1536灰褐色燧石，根据形制判断这件石制品可能是端刮器的毛坯。通体长33.1mm，宽21.9mm，厚4.9mm，重4.4g。原型为一件石片，从外形上看可能在其侧部由腹面向背面修理成器（图6-45，8）。

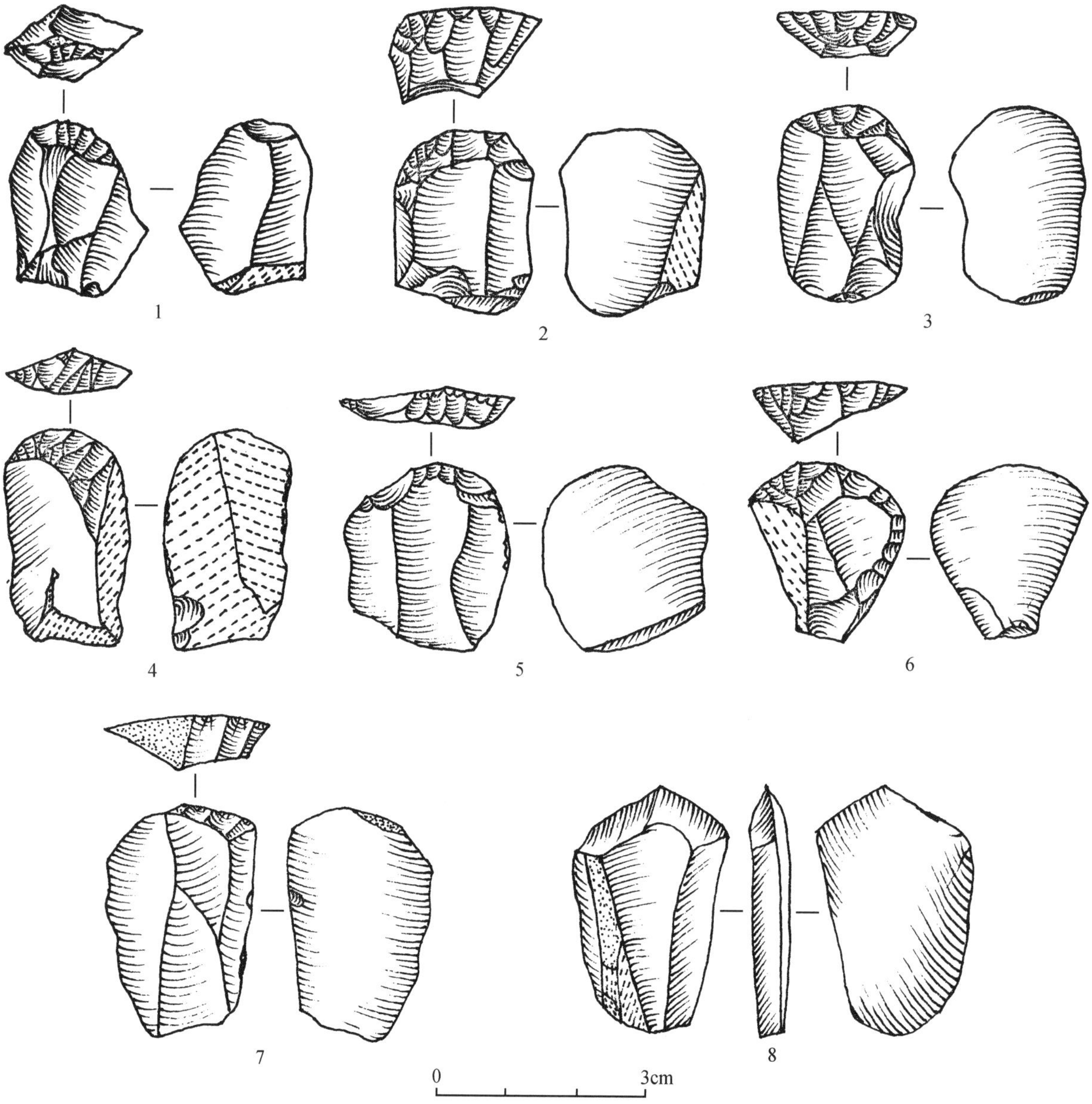

图6-45　西施遗址出土的端刮器及毛坯

1. 10DX：0271　2. 10DX：1683　3. 10DX：1003　4. 10DX：0575　5. 10DX：0761　6. 10DX：1596　7. 10DX：1281　8. 10DX：1536

3）凹缺器。

对石片边缘的一次猛击或者多次连续剥片，形成较深的凹缺口，前者通常也被称为“克拉克当凹缺器”；后者被称为普通或复杂凹缺器[29]。凹缺器和凹刃边刮器的区别在于：凹刃边刮器的刃部是比较平黄的弧线，而凹缺器是转折比较急促的缺口[30]。西施旧石器遗址下文化层出土了3件具有凹缺器特征的工具，这三者从毛坯选择，到形制和加工方式都呈现很明显的一致性（图6-46，3～5）。下面对这三件凹缺器分别加以介绍。

10DX：0358灰褐色燧石，通体长30.3mm，宽20.7mm，厚8.7mm，重4.9g。毛坯为石片，其背面局部保留节理面。在石片的右侧由腹面向背面猛击而形成了一个凹陷的缺口。刃长11mm，刃角58°。凹口处有微疤，可能是因人工使用而形成的（图6-46，3）。

10DX：1160灰褐色燧石，通体长37.9mm，宽19.1mm，厚11.1mm，重6.5g。毛坯为石片断片，背面局部保留自然面。在石片的近端部分由腹面向背面猛击而形成一个凹陷的缺口，并略作修理。刃长13mm，刃角60°。凹口处有微疤，可能是因人工使用而形成的（图6-46，4）。

10DX：1346灰褐色燧石，通体长43.7mm，宽28.1mm，厚12mm，重15.9g。毛坯为一件背面大部分保留节理面的裂片。在裂片的一侧由腹面向背面击打而形成了一个缺口。刃长12mm，刃角78°。凹口处有微疤，可能是因人工使用而形成的（图6-46，5）。

4）雕刻器。

下文化层出土了2件具有雕刻器属性的工具，即在其刃缘上具备剥片形成的二面角。以下对这两件雕刻器分别加以介绍。

10DX：1274灰褐色燧石，毛坯为石片，通体长27.7mm，宽27.7mm，厚11.7mm，重10.5g。在石片的右侧和远端交互打下两个小石片后形成一个凿状刃口，刃口宽度7mm，刃角85°（图6-46，1）。

10DX：0926灰褐色燧石，毛坯为断块，表面保留大量的自然面和节理面，通体长37.7mm，宽15.5mm，厚7.4mm，重5.4g。利用其端部自然面夹角较小的特点，分别向两侧打

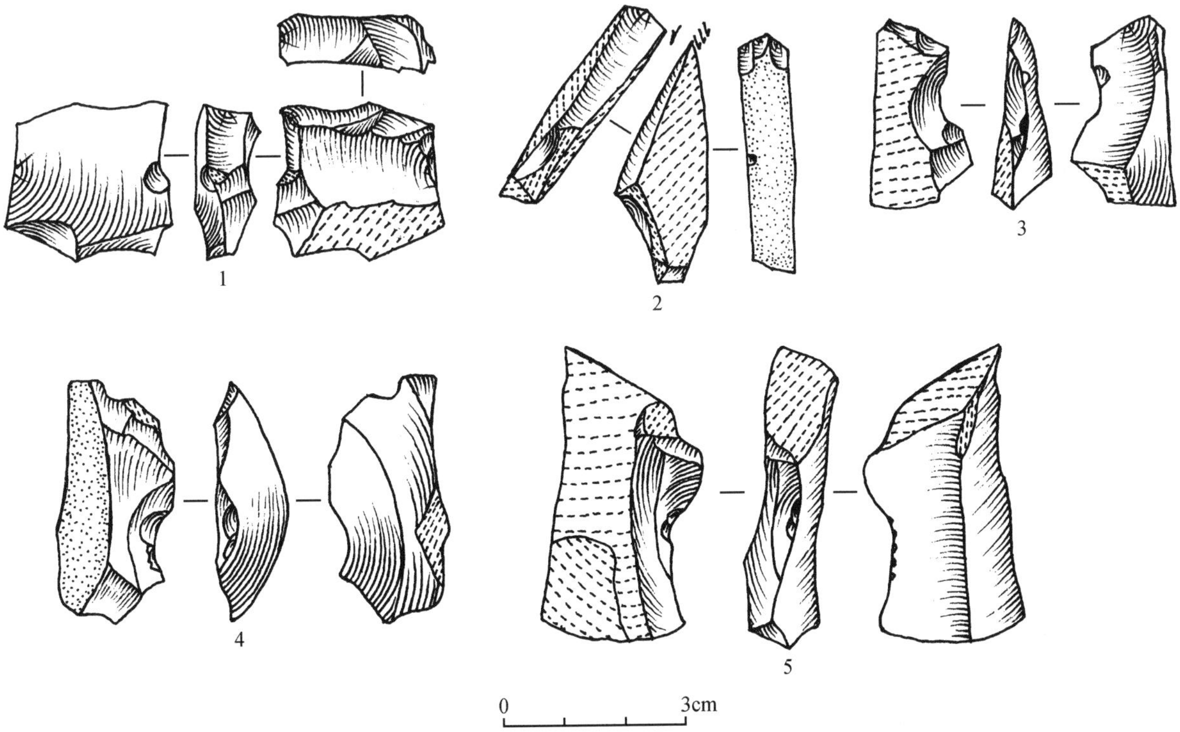

图6-46　西施遗址出土的雕刻器和凹缺刮器

1. 10DX：1274　2. 10DX：0926　3. 10DX：0358　4. 10DX：1160　5. 10DX：1346

片，一侧剥离了一个相对窄长的石片，另一侧则形成3片小疤。刃口宽度8mm，刃角65°（图6-46，2）。

5）尖状器。

下文化层还出土了一件尖状器。

10DX：1261深褐色燧石，毛坯为断块，表面大部保留节理面，通体长39.6mm，宽16.5mm，厚12.7mm，重7g。在毛坯较薄的一端由较大的平面向较小的平面修理出一个尖角。左侧刃缘长9.2mm，修疤单层，连续分布，修疤大小2～5mm，加工距离较近。右侧则是直接打出一个凹口。两侧刃缘所夹尖角度数为70°（图6-44，8）。

（7）断块。

断块是具备一定人工特征，但又不甚典型的块状废料。某些断块可以反映出一定的技术特征。经统计，西施旧石器遗址下文化层出土断块2910件。在野外的发掘中，大部分的个体较小的断块是按照1/4探方的小区范围进行收集的。编号断块数量为611件，约占全部断块的21%。

下文化层断块类石制品中属于石核断块的有55件，石核断块即在剥片，特别是剥离石叶的过程中，因燧石结核中节理发育，而剥片失败而形成的断块。举几例加以说明。

10DX：0186岩性为燧石，原型为一件石叶石核。在断块较厚的一侧保留有一片典型的石叶片疤，近端略有残缺。这暗示着这件断块形成之前在其原型母体上曾经剥离过石叶，而后继续剥离时因存在节理面而发生了断裂，产生了这件石核断块（图6-47，1）。

10DX：1152岩性为燧石，原型为一件石叶石核。在表面保留有之前剥离石叶的片疤，当沿着顶部继续剥离石叶时，因石核横截面中发育节理面而发生断裂，使原来石核上的一部分也脱落下来（图6-47，2）。

10DX：0904岩性为燧石，原型为一件石叶石核，表面节理面覆盖率极高。其特征和产生过程基本上与10DX：1152一致，即在剥离石叶过程中石核的局部随石叶脱落下来形成了石核断块（图6-47，3）。

除石核断块外，遗址下文化层还出土了不易辨认断裂过程的断块。从断块石制品的整体上看，个体大小和性质的差异是比较大的，较小的断块重量仅1g左右，而较大的断块重量可达100多g。这反映了断块来源于石制品生产序列中的不同阶段。燧石结核中节理面发育比较严重，在编号的611件断块中，仅有21件表面未保留节理面，这也会增加断块的产生概率，提高了整理、分析和研究的难度。笔者认为，开展相关的实验考古学的相关研究会对深入理解断块和残片的形成机制产生积极的作用。

（8）残片。

残片是具备一定人工特征，但又不甚典型的片状废料，理论上可以形成于石制品生产操作体系中的任何一个环节。西施旧石器遗址的块状燧石结核节理比较发育，这更加剧了加工修理过程中残片的产生。与断块不同，残片在形态上更薄，呈片状。残片间的大小差异更加显著。

西施旧石器遗址出土残片4293件，在野外的发掘中，绝大部分的残片是按照1/4探方的小

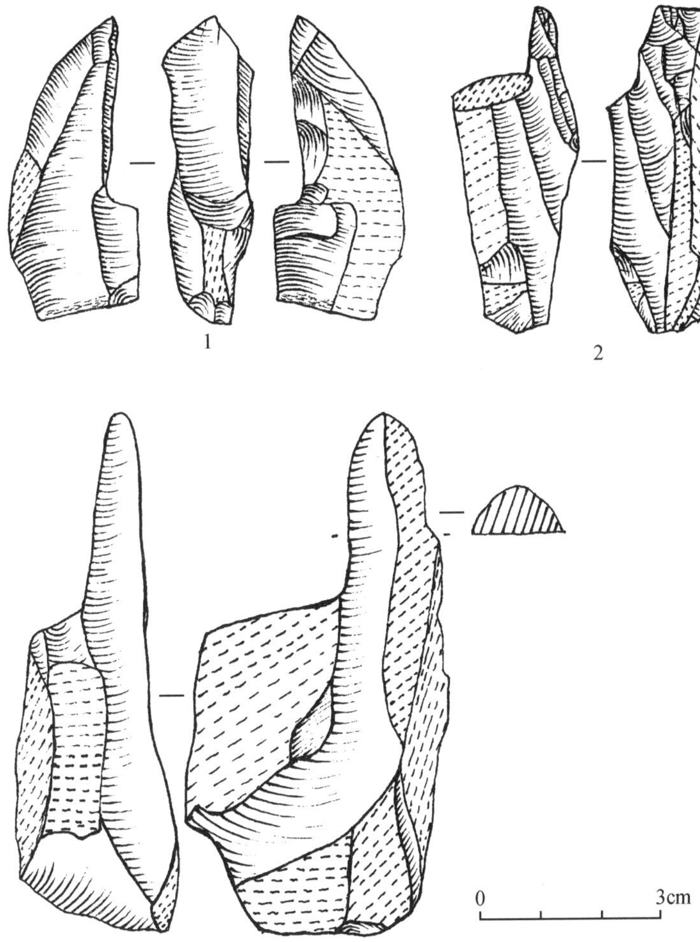

图6-47　西施遗址出土的石核断块
1. 10DX：0186　2. 10DX：1152　3. 10DX：0904

区范围进行收集的。编号的残片数量为203件，约占全部残片的5%。因为石制品的个体大小是界定野外编号与否的一个考虑因素，所以在野外编号的这部分残片相对于全部的残片个体会稍大些。室内整理对编号的残片进行了观察与测量，虽然并不能完全反映残片的整体特征，但是仍有一定的参考意义。

残片的均长28.5mm，均宽19.6mm，均厚6.6mm，均重3.6g。个体差异略大，但分异度不如断块大。73件局部保留自然面，175件局部保留节理面，也反映出燧石结核内含有大量的节理面。部分残片边缘有微疤，无法确定其性质。

以上是对西施旧石器遗址上、下文化层出土石制品情况的初步的整理结果，阐述了这批石制品材料的分类与观测体系，对相应的数据进行了统计和分析并描述了部分典型标本。在下一章中，笔者将重点分析与讨论西施旧石器遗址下文化层的技术问题。

6.4　石器技术分析

上一节对西施旧石器遗址出土的石制品进行了系统的分类、描述与统计，在这些定性和定量工作的基础之上，这一节将重点分析西施旧石器遗址的技术特征。首先，笔者将对“操作链”的研究方法加以说明和讨论；然后介绍典型石叶技术的生产过程与结果；之后再来讨论西施旧石器遗址的情况，分析论证西施旧石器遗址石叶技术的特征；最后对西施旧石器遗址存在的其他技术特征加以说明。

6.4.1　概述

操作链，法语称作chaîne opératoire，最初由法国人类学家所引进，后被广泛应用于学科研究之中，美国学者通常更倾向于称之为石制品的生命史（artifact life histories）。简单地说，操作链指在石制品的生产、加工和修理的全过程中所涵盖的一系列或一个序列的环节和步骤。对于史前的石器制造者而言，操作链所反映的是他们生产石器的整个行为模式与体系；对于今天研究者而言，操作链则是一种复原史前人类所发生过的行为的有效手段，特别是在社会系统和技术体系的相关研究领域内[31]。操作链是将物质世界的进程和人类社会的演化有机地联系在一起的一种观念上的框架，并且帮助我们在重构社会演化过程中，理解石制品所扮演的角色，以获得更多地了解石制品生命史的信息[32]。

遗址性质和功能的差异会影响运用操作链模式具体研究的体系与过程。虽然遭受到后期的自然因素和人为因素作用的一定程度的破坏，特别是近现代人工改造自然环境的影响，但是，西施旧石器遗址下文化层出土的这些石制品确定是当时的人类在很短的时间范围内的行为结果的真实而比较完整的遗存。从石制品的组成和埋藏情况上看，下文化层属于一处典型的生产和加工石制品的场所，即石制品的“加工场”。对于这样一处以生产、加工石制品为核心，而且以石叶技术为主导的加工场，构建西施旧石器遗址下文化层的生产体系是非常重要而关键的工作。

那么，从操作序列上宏观地理解石制品的生命历程可以包括以下几个阶段：

阶段一：发现原料并获取原料。

阶段二：剥片程序（石核预制—初级剥片—毛坯制作—工具生产）。

阶段三：石制品的使用阶段（直接使用石片等；使用工具）。

阶段四：石制品的改造、维护与维修。

阶段五：石制品的废弃[33]。

对于不同的原料和技术特征，以上五个阶段的具体反映会有相应的差异；而对于不同性质和功能的遗址，五个阶段的产物所占比重也各不相同。我们必须根据遗址出土石制品的实际情况来分析和判断技术特征和遗址的功能。

6.4.2 石叶技术的操作链研究

传统上，学者们普遍将石叶技术与旧石器时代晚期阶段相对应。然而，随着更广阔的范围中越来越多的遗址不断地被发现并报道，许多例外就不可避免地出现了。过去的六十年间，旧石器时代考古的资料迅速地扩展，这些新的材料必然会对以往的分类系统造成一定的冲击。比如，一直以来史前学家将石叶技术、旧石器时代晚期和现代人三者画上等号，这种判断随着更早阶段石叶技术制品的发现而变得不那么明确了[34]。

尽管在旧石器时代中期甚至早期的较晚阶段，欧洲、近东和非洲就有了生产石叶和轻薄长的石片（Laminar flake）的相关证据。而且，在不同阶段石叶可以通过不同的方式来获取。但是，在旧大陆西侧地区，典型而具有相当稳定性的石叶技术依然旧石器时代晚期的标志之一。旧石器时代晚期虽然并不能单纯以石叶的出现作为界定，但晚期阶段确实到达了一个空前的以石叶技术为主导的程度[35]。

笔者将采用操作链的研究方式对旧石器时代晚期阶段经典的石叶技术进行梳理。通过典型的棱柱状石叶石核剥离石叶是旧石器时代晚期的石叶技术的主要方式，其操作流程大体包括以下几个基本的环节。

（1）原料的发现与开采。

石叶技术通常选择硅质化较高的岩石，比如优质燧石（flint），质地稍差的燧石（chert）[36]，白云岩等，但又不局限于这类岩石。一般来说，原料的来源途径并不单一，可能是岩层中夹杂的结核，也可能是河流相中的经磨圆的石块。这些原料有可能在原料的发现位置经过简单地修整之后直接在原地进行后续的加工修理环节，或者被携带到另一处。

（2）初步的整形。

因原料自身条件的差异，初步整形的复杂程度会有不同。当原料的条件并不那么理想的时候，很可能在原料产地的位置上，史前人类就进行一系列的修整，这也是对原料条件的一种检验过程。初步修整的另一个优势在于如果原料产地与石器的加工场之间有一段距离的话，初步的修整显然可以降低史前人类的生理消耗。如果原料质量较好，那么初步整形的工作也可能在加工场进行。

（3）石核的修整。

最初的石核是原料初步整形后的结果，必须同时具备一个合适的台面和一个适宜剥片的角度。在一个完整的剥片序列中，石核的修整可能是一个反复进行的过程。期间就会形成具有特征性的石制品。

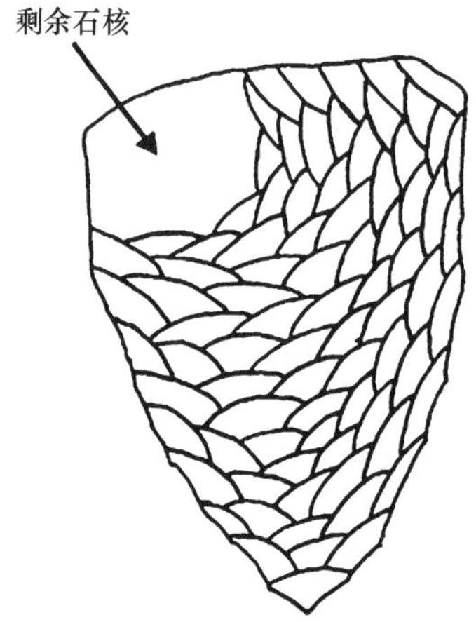

图6-48　连续剥离石叶的剖面示意图
据Boëda, E. *Le Concept Levallois: variabilité des méthodes*. Paris: Éditions du Centre National de la Researche Scientifique, 1994

（4）修脊并剥离“第一片”石叶。

在典型的棱柱状石叶技术体系中，石核的表面往往通过两面打击来修出一条或者几条纵脊，然后剥离石叶，形成了特征性的冠状石叶（lame à crête，crest blade）。而在实际的剥片过程中，这种棱柱状的台面可能是未经修整过的天然平面（自然面或节理面），也可能是经过预制过程的台面。

（5）连续剥离石叶。

当冠状石叶被剥离之后，在石叶石核的工作面上就形成了新的两条相互平行的纵脊，这就成为继续剥离石叶的基础，在这种条件存在的基础上，只需要具备适宜的台面角和较平的台面就可以连续地剥离石叶（图6-48）。另外，随着不断地剥片，石叶背面上的自然面会逐渐减少。

（6）石核的废弃。

当被充分利用或者因某些限制条件而无法继续利用时，石核会被废弃。遗址内发现的石核不一定都属于废弃阶段的石核。当然，另一种可能存在的情况就是石叶石核发生了转型，成为细石叶石核，并继续被利用。

以上介绍了石叶技术操作体系中的几个主要的阶段。实际上，这几个阶段中可能发生转换和过程上的重复。比如，在剥离一组石叶之后，可能这组台面和工作面不适宜继续剥片，但石核整体上仍具备可继续被利用的部分，就可能转换到修整石核或修脊剥离冠状石叶的环节（图6-49）。这些调整是非常灵活多变的，因石核具体条件的差异而不同，总体上的原则就是使优质原料得到最充分的利用，但个体之间往往不具备一个特别明确的规则。

图6-50展示了典型的棱柱状石核的石叶技术操作过程：①属于初步整形阶段，剥离石皮石片以获得一个适宜的台面，当原料存在一个天然平面时，这一步骤可能会被省略；②交替打击，两面剥片以得到一条冠状脊，这是典型的打法，实际上修理出冠状脊的方法有多种；③沿着冠状脊剥离下冠状石叶，这件冠状石叶通常具有近三角形的横截面；④~⑥利用先前剥片得

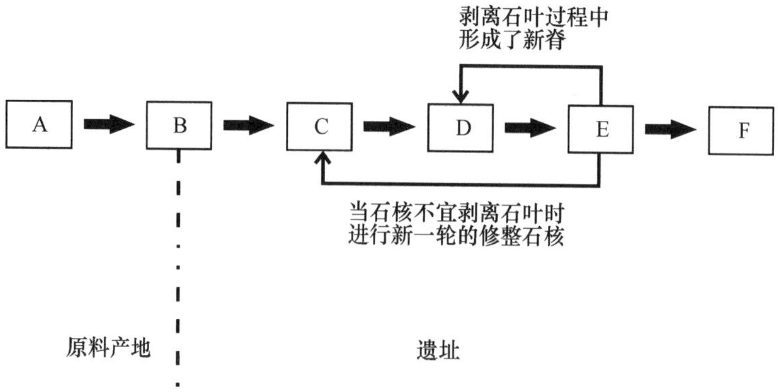

图6-49　典型石叶技术生产的操作链

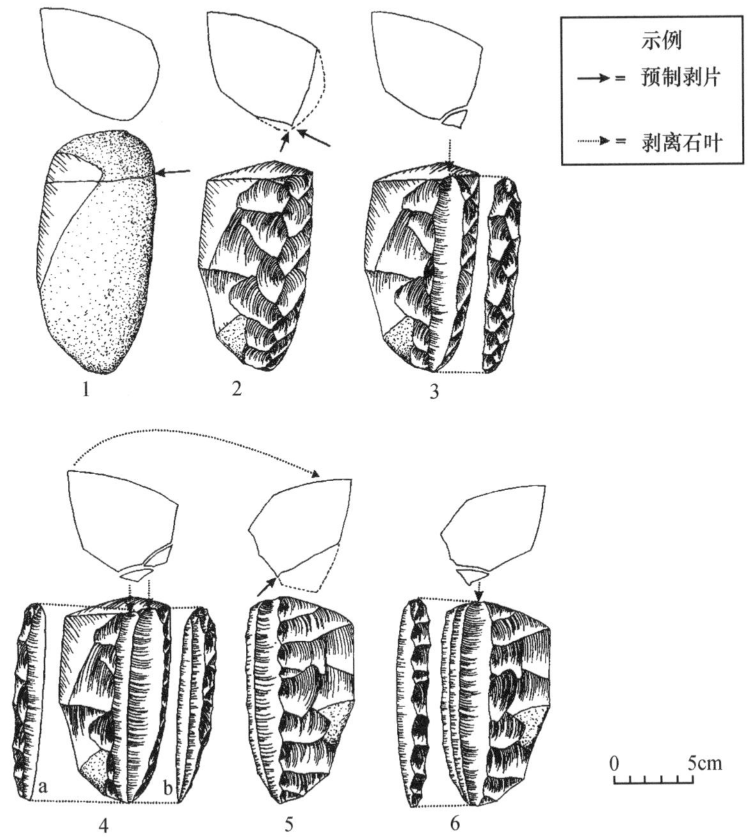

图6-50 典型石叶技术的操作链示意图

据Cunliffe, B., Gosden, C., and Joyce, R. A. *The Oxford Handbook of Archaeology*, Oxford University Press, 2009, Fig.12.2

到的脊，连续地剥离石叶[37]。

通过上述的介绍和图示，我们对典型棱柱状石核的石叶技术有了一个体系上的认识，这种石叶技术的体系固然明确，然而了解其相应的局限性也非常必要。归纳起来，石叶技术的局限性主要包括以下几个方面[38]：

（1）制造石叶是有很大风险的，容易出现“致命性的”错误，这可能会导致石核完全失效，无法通过改造继续被利用。

（2）长而薄的毛坯通常是比较容易破损的原料制成的。尽管相对易碎，但是又必须使用相当大的力量来剥离它们。这要求原料必须具备一定的脆性使剥离的石叶足够长，同时均质性要高并具有一定的韧性，这些条件对原料的限制条件是很多的。石叶技术对原料的要求较高，史前人类需要在多种地质环境中付出相当多的时间和精力才能获得这样的原料。

（3）为了获得一个合适的台面，必须要先完成一定的预制工作。对石核的尺寸也有一定的要求。

（4）生产较大的石叶时，其中会有一部分石叶呈比较弯曲的形态，这类产品不适宜使用和携带，因此被废弃了。

关于典型的采用压制法剥离石叶的生产过程，一位经验丰富的石器加工制造者约翰·克拉克（John Clark）做出过如下的描述[39]：

“制造石叶是一个单调的过程，每一片石叶与之前一片都是相似的。与其他的打制技术相比，剥离石叶需要节奏……剥离一片石叶只要一下就可以，但是其准备工作耗费大部分的时间。排除打制失误的因素，大约需要10至15分钟来预制石核并剥离第一片石叶（鸡冠状石叶），而剥离10多片石叶只需要4分钟。”

通过上述可知，基于棱柱状石核的典型石叶技术的局限性主要包括：①技术的风险性较大；②原料品质要求较高；③相对复杂的预制工作；④废品率相对较高。虽然这些问题是典型石叶技术的限制因素，但是，一旦史前的石叶生产者具备了成熟而稳定的技术能力，再让他们获取到比较优质的原料，生产石叶将使他们更有效率地适应恶劣环境。

6.4.3　西施旧石器遗址的石叶技术

依据典型石叶技术的操作链体系，我们不难发现西施旧石器遗址下文化层出土的石制品可以广泛地对应完整的操作序列的产物（表6-11）。而且，石叶技术的产物在石制品总体数量上占绝对的主体地位。所以，笔者认为西施旧石器遗址的下文化层是一处以石叶技术为主导的加工生产石制品的“加工场”。

表6-11　典型石叶技术生产的操作环节与产品

操作过程		主产品	副产品
A	原料开采	燧石结核（原料）	断块等
B	初步整形	普通石核	普通石片、断块等
C	修整石核	再生台面石片、修理台面石核	普通石片、断块等
D	修脊并剥离“第一片”石叶	冠状石叶	普通石片、残片等
E	连续剥片	典型石叶	石核断块等
F	废弃石核	深度利用的石核	石核断块、残片等

西施旧石器遗址下文化层具有一系列典型的棱柱状石核石叶技术的特征。然而，一些标志性的石制品又显示其相对的独特特点，归纳如下：

（1）原料属于泛指的燧石类（chert）而并非优质燧石（flint）团块，其表面往往具有天然的石皮平面或节理面平面。史前人类获得原料后可能不需要经过初步整形的阶段，而直接进入修整石核或修脊的阶段。

（2）根据出土石核的情况，虽然显示了遗址下文化层原料来源的多样性，但是，主体组成仍为燧石结核，技术的主导为典型的石叶技术。

（3）预制石核是明确而显著的，修理台面石核与再生台面石片等产品表明石料被最大程度地利用，而且这种技术模式被进一步延伸应用到细石叶的生产体系中去。

（4）下文化层出土的冠状石叶大部分属于单面加工的，这与旧大陆西侧棱柱状石核石叶技术中双面修脊有比较明显的差异。西施旧石器遗址下文化层的石叶技术体系中，“第一片石叶”少部分是直接利用了原料上自然存在的棱脊，大部分则是利用单向打制形成的背脊。

（5）由于原料中具有大量的节理面，这是导致石叶技术产品偏小的直接原因。在连续剥片的过程中，无论是宽度还是长度，都很难达到一个很大的数值。

（6）鉴于遗址的功能与性质，不难想象大量的优质成品会被史前人类携带出遗址，而保留下来的石制品大部分属于之前使用后的废品以及生产加工过程中形成的残次品。这就意味着对出土石制品集合的研究，很大程度上是一种定性的研究，即对技术和行为模式的确认，然而具体的量化分析，可能与原始情况具有一定的偏差和局限性。

（7）对于相对均质细腻的原料，史前人类尽可能最大限度地利用。在废弃的石叶石核中，有一部分属于加工到末期的石核，这些石核已经无法继续被利用了。尽管没有直接的证据，但是，我们不排除优质原料的石叶石核转化为细石叶石核的可能性。

（8）以7mm作为石叶与细石叶的宽度分界是统计的结果，实际上，在剥离石叶过程中，无法排除形成细石叶的可能性。

6.4.4 细石叶技术及其与石叶技术的关系

除了典型的以棱柱状石核为基础的石叶技术外，西施旧石器遗址的下文化层还含有少量的细石叶技术的产物，即典型的细石叶石核和细石叶。如前文所述，石叶和细石叶宽度的界定是统计计算的结果，尽管不能排除石叶技术操作过程中形成细石叶产品的可能性，但是从总体上看，二者仍然是相对独立的技术过程。

西施旧石器遗址下文化层出土的细石核表明其技术特征是典型地利用近柱状石核剥离细石叶（图6-27）。细石叶石核的共同特征包括：

（1）原料是细腻而均质度很高的燧石结核。

（2）近柱状或锥状的形态特征。

（3）典型的修理台面石核。

（4）底部都经过修理，形成一个利于固定的较窄底缘。

由此可见，下文化层所反映的细石叶技术与石叶技术在技术特征上具有一定的相似性，即修整出一个适宜的石核台面，并在此基础上完成连续剥片的过程。但是在具体剥片的方式和方法上存在一定的差异：石叶技术往往需要修脊的步骤，而且在连续剥片时可能采用了锤击法、间接打击法和压制法等多种方法；细石叶技术通常缺失修脊环节且都是通过压制法来剥离细石叶。虽然无法从遗址内部直接判断下文化层细石叶技术的来源，但是，无论从技术特征上还是从埋藏学角度分析，都很难完全割断石叶技术与细石叶技术两者间的关联。

有学者指出，典型的棱柱状石核石叶技术与柱状细石核的细石叶技术二者之间的关系：石叶加工的最关键因素是石料的原始形状，石料的质量（指不同粒度）则是相对次要的；在细石叶的打制中，原料的质量是最关键的因素，石料的形状则居第二位[40]。这一论断对于理解西施旧石器遗址下文化层共同存在的石叶技术与细石叶技术二者间的联系有一定的启发作用。

从下文化层出土石制品的情况看，细石叶的来源可能有三种途径：

途径1：在石叶打制的最后阶段，石核已经变得很小而无法得到7mm以上的石叶，这时就直接将之转化为可以继续剥离细石叶的小型石核，这实际上反映的是技术模式的延续。

途径2：细石叶石核可能直接源自小型的原料——既可能是天然的石块，也可能是较厚的石片断裂片，直接对小型原料进行加工修理，使之形成适宜的台面和工作面，进而压制细石叶。

途径3：有学者称之为“交替打制法”[41]，即在剥离石叶的同时，利用其脱落形成的棱角，剥离细石叶。

从实际情况看，西施旧石器遗址出土的细石叶可能包括上述三个方面的来源。我们有必要再次回顾石叶和细石叶宽度分布（图6-36），这将帮助我们更好地分析下文化层细石叶的来源情况。

如上文所述，有学者指出棱柱状石核的石叶技术的关键是石料的形状，而柱状石核的细石叶技术的关键是原料的均质性[42]。这对理解遗址下文化层石叶技术与细石叶技术共生的情况有很大的启示。通过对出土石制品整体的观察与研究，笔者发现，很多的燧石结核属于“棉花”岩状结构，即结核外部由较浅色的外层包围，其内部则是比较致密的黑色核心[43]。剥片过程是一个逐渐损耗石核，使之缩小减少的过程，这就意味着原料在加工修理过程中，个体体积虽然逐渐变小，但是其质地的均质性却越来越高，刚好从逻辑上支持了石叶技术依赖原料形状，细石叶技术依赖原料均质性的论断。所以，不排除西施旧石器遗址下文化层存在途径1的可能。

有部分细石叶的原料是玛瑙，属于玉髓（Chalcedony）的变种，是石英的隐晶质异种。这类原料的组成成分为二氧化硅，无解理，断口呈贝壳状，形成于多种岩石的裂隙中，由富含硅的溶液在较低温度下沉积而成[44]。块状的玛瑙是较理想的加工生产细石叶的原料。这类原料其毛坯的个体体积通常不大，下文化层出土了此类原料的细石叶制品，表明途径2应存在于西施旧石器遗址的细石叶技术体系之中。另外，也不能排除利用个别个体体积较小燧石结核加工生产细石叶的可能。

上一节具体统计计算出7mm是界定石叶与细石叶的宽度标准，这是今天的研究者所人为设定的一个宽度界限，对于在西施旧石器遗址活动的史前人类而言，他们在生产石叶和细石叶的过程中并不会刻意地存在这个标准。我们注意到，细石叶集合中虽然以4～6mm的石制品为主，但是仍有部分宽度为6～7mm的细石叶和部分7～8mm的石叶。这似乎暗示在生产石叶的过程中，可能产生部分细石叶，即所谓的“交替打制法”形成的细石叶。西施旧石器遗址下文化层可能存在生产细石叶的途径3。

综上所述，西施旧石器遗址下文化层中出土的细石叶技术产品，可能存在至少三种不同的生产途径。而无论哪一种途径，都与遗址内的棱柱状石核的石叶技术具有一定的相关性。

在对西施旧石器遗址下文化层的技术体系进行了初步的分析后，笔者认为在未来的工作中，非常有必要进行一系列有针对性的实验考古学研究，这样才能深入理解技术的发展与不同技术之间的关系，解决目前仍存在的难点与问题。

6.5　石器原料的开发与利用

作为完整操作链体系的重要组成部分，石制品原料的选择、开发与利用有助于进一步理解人类行为特征。原料的多寡与质量的好坏，会直接影响到石器的加工技术的发挥，并进而影响到石器工业的整体面貌。西施旧石器遗址石制品的原料岩性以燧石为主，在8500余件石制品中，除了2件石英、4件玛瑙和4件石英砂岩以外，其余均为燧石。而在岩性为燧石的制品中，仅有1件标本10DX：1141明显地是以磨圆砾石为原料（图6-26，7），其他的绝大部分都是以燧石结核作为原料。本节首先介绍燧石的属性，之后对燧石结核的来源和当时的人类是怎样开发并利用燧石等相关问题加以分析。

6.5.1　燧石的属性[45]

燧石和火石是最常见的化学的硅质沉积物。燧石是一种致密的岩石，由一种或几种形式的氧化硅——蛋白石、玉髓（微晶质纤维状石英）或微晶质石英——组成。它有一种坚韧的、裂片状到贝壳状的断口。它可能是白色或灰色、绿色、蓝色、粉红色、红色、黄色、褐色和黑色。火石（德文：feuerstein）是广泛地用作燧石的同义词或燧石变种的一个术语。塔尔曾经阐述过，认为它与燧石相同，所以火石这个术语应当抛弃或保留于人工制品中，在人工制品中常常应用这一术语。虽然火石这一术语比燧石用得早，但习惯上喜欢用燧石作为曾经应用过这两个术语的物质的正式名称。

结核状的或层状的典型燧石是一种坚硬、致密的岩石，有光滑的贝壳状断口。有些燧石相对地不纯，在显微镜下，显示在整个燧石体上分散着碳酸盐。这些含有碳酸盐包裹物的燧石从含有少量分散的方解石或白云岩菱面体一直过渡到含有大量碳酸盐菱面体互相接触的岩石，形成一种似海绵的网，它的孔隙充填了蛋白石或蛋白石和玉髓。碳酸盐可能均匀分布在整个燧石内；在另外的情况下，它可能聚集成纹层，变得易于受风化。这些物质的风化伴有氧化作用，且碳酸盐转化为一种致密、坚硬的褐铁矿，它在岩石的表面形成深色的壳，并掩盖了它的真实性质。

西施旧石器遗址的燧石原料以燧石结核为主，原料类型属于克拉通的燧石。因结核内部含有碳酸盐菱面体，所以节理面较多，这也就导致了大部分出土石制品的表面均具有一定比例的节理面。

6.5.2　原料产地调查

有学者指出，在对一组石工业进行分析时，应对石料的来源和质地有比较清楚的认识。通过上一节的介绍，我们对燧石——特别是燧石结核的基本属性有了一定的了解，这种克拉通的燧石与区域内的石灰岩基岩之间有着非常密切的关系。结合区域的相关地质资料，进行了一次针对地质地貌、原料和文化遗存的专项调查。

近年来，现代工业对岩石的开采活动相对比较频繁，因而实际调查工作的结果并不是十分理想。对石灰岩的开采尤甚，比如首次调查时在区域南部发现并记录的一处白云质石灰岩小丘，4个月后复查时就已经被挖掘成一个巨型的坑。另外有不少现代建筑项目也遮盖了岩体。调查工作的困难给具体的分析和讨论带来了很大的影响。

从宏观的角度看，西施旧石器遗址所在区域的主要岩石分布包括：石英砂岩、砂质页岩、白云质灰岩、白云岩、含燧石结核的石灰岩等（图6-51），从岩石的形态特征上看，既有原生

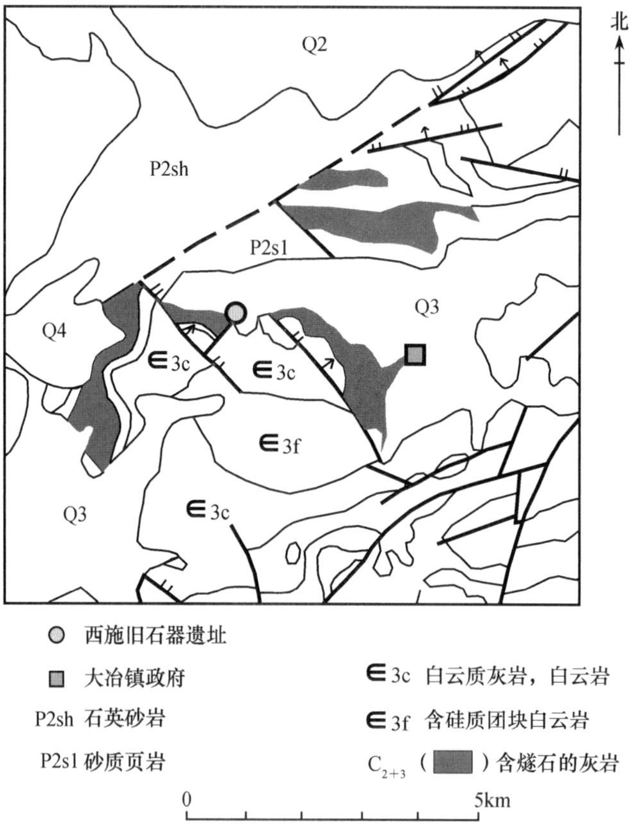

图6-51　西施遗址区域岩性分布图

据河南省地质局水文工程地质队制《河南省1/20万综合性地质—水文地质报告（I-49-12许昌幅）》

岩层，也有经过流水作用形成的砂砾石层。史前人类在这一区域活动的过程中，会遭遇到多种岩性与形态类型的原料。

以下对各种岩性和其产状略加小结：

（1）白云质灰岩—白云岩：分布于遗址的南部，多为巨型的岩块，因区域地质活动而南部形成了比较深的谷地，并不适宜人类频繁地活动。

（2）含硅质团块的白云岩：硅质团块比较分散地分布于白云岩体内，节理发育较严重，理论上可以作为加工制造石器的原料，但分布区域内地势比较起伏，并不是古人类理想的活动区域。

（3）含燧石结核的石灰岩：当地人多称燧石为“火石”，调查时据当地老乡称，在区域的中南部零星分布有火石。含燧石结核的石灰岩分布在区域中南部，地势相对平坦，且有河流交汇分布，是相对适合人类活动繁衍的区域。遗憾的是，由于晚更新世和全新世阶段的堆积作用和现代对石灰岩的大量开采，调查时未能在目前保留的石灰岩岩体中找到丰富的燧石结核。

（4）砂质页岩：页岩，特别是砂质页岩，硬度通常达不到使用要求，从理论上讲并不是适宜古人类利用的原料。

（5）石英砂岩：整个区域的北部大面积地分布有巨厚的石英砂岩，石英砂岩粒度一般为中砂—粉砂，是可以作为人类加工制造石器的原料的。西施旧石器遗址的东北方不远处就有一条自北向南的冲沟，从剖面上看存在中更新世及更早阶段形成的砂砾石层，史前人类若要利用砂岩，可能不必向北走很远去砂岩的基岩中专门开采，只需沿着冲沟捡拾磨圆砾石使用即可。

（6）石英、玛瑙：野外调查时在该区域未发现石英脉或玛瑙团块，砂砾石层中也几乎不见石英砾石或玛瑙。这暗示遗址中的石英和玛瑙等原料可能经过了一定距离的人工运输。

6.5.3　原料的选择与开发

原料的特征对打制加工石器具有很大的制约性：博尔德在1971年就曾指出，原料对打制技术的影响比成型工具的形制更甚[46]；帕特森和索尔伯格则认为，原料种类会严重影响成型工具的质量，甚至比石料尺寸的影响更大[47]；霍夫曼研究北美伍德兰中期（the Middle Woodland）的霍普韦尔组合（the Hopewell assemblage）石叶工艺时指出，不同石料制作的石叶显示了由原料制约而造成的而非刻意设计所致的技术差异[48]。

由于区域地质活动等因素的影响，各种类型岩石整体上都存在的一个特点：相对发育的节理。无论是北部的砂岩、页岩，还是中南部的石灰岩、白云岩，层状的节理均比较发育，而且，节理的发育从外部特征上就非常明确显著地呈现出来。也就是说，史前人类在操作体系的最初阶段即可了解各种原料的本质特征，而无须经过复杂的考察过程——只有一种可能的意外情况，呈“棉花”岩的燧石，其内核通常是深色、均质性较高且节理不甚发育的特征，这一特征只有操作到一定阶段后才能发现并确认。

尽管我们无法完全排除在使用某种原料加工石制品过程中的技术创新，然而，对原料的选择与使用一般都会与史前人类已经具备和掌握的技术模式以及要获得的产品类型密切相关。对于以石叶工业为主导的一处石器加工场，西施旧石器遗址下文化层的石叶技术是明确而成熟的。根据出土的相关石制品以及前面章节对细石叶技术的讨论，笔者认为对于细石叶技术而言，也已经非常成熟，并不像是偶然的产物或完全从石叶技术衍生而来。这也就意味着，史前人类在进行一系列复杂操作之前，已经具备一套原始的初衷，即他们是在准备制造石叶和细石叶制品的前提下进行原料开发的。

他们最好的选择当然是可以兼顾两类制品的原料。如前文所述，石叶和细石叶制品对原料的特征要求存在差异，概括地说就是石叶技术的施展重“形”胜于重“质”，而细石叶技术的施展则恰恰相反，是重“质”胜于重“形”。这里的“形”指原料的形态，“质”则指原料的均质性。从区域内可供选择的原料来看，“形”与“质”兼备的只有燧石结核，然而，这类原料的分布并不那么多，其开发成本也是几种原料中最大的一类。

因节理的大量发育，这一区域白云岩或白云质灰岩的均质性并不好，如果单纯从形状上看，似乎也可以生产加工石叶，但是成品率会非常低。因此，尽管这种类型岩石的产量相对较大，开发成本较小，仍没有广泛地被当时的人类所开发利用，或者他们试验的结果并不理想，因而放弃了这类岩石。

石英砂岩在区域的北部广泛地分布。区域的地势北部较高，中部较低，调查中发现有由北向南方向的较大的冲沟遗留，目前已经干涸。在两侧的剖面上可以看到砂砾石的透镜体，表明这里曾经发育过河流。流水作用搬运石英砂岩到遗址附近，当时的人群没有必要舍近求远去砂岩的基岩位置专门开采石英砂岩，完全可以直接采集分布在河流两岸的冲蚀程度各异的砂岩砾石来使用。

出土石制品中还有被冲蚀磨圆的燧石砾石，不过数量极少。实际野外调查中并未找到直接的证据，从河流分布与燧石结核分布的区域和密度上看，理论上这类原料的数量的确非常少。而玛瑙和石英在区域内未见集中的分布，这可能暗示了当时人群对特定原料的远距离开发与运输，这也与旧石器时代晚期阶段人类的高流动性相吻合。

6.5.4 原料的利用模式

通过前文对出土石制品、加工技术模式以及原料特和分布等相关内容的介绍，以下，笔者将初步讨论西施旧石器遗址下文化层原料利用模式的相关问题。

从石料角度分析石工业相关问题时，有学者指出应讨论的问题包括[49]：

（1）有哪些石料种类被利用？

（2）它们丰富还是罕见？

（3）它们的质地如何？

（4）它们的形状大小如何?

（5）它们对所采用的打片技术有何制约?

针对这些问题，笔者将遗址中涉及的燧石、石英砂岩、石英和玛瑙等四种岩石原料进行列表对比（表6-12）。

表6-12 西施旧石器遗址下文化层利用的原料性质比较

原料	区域内（丰富/罕见）	均质性（好/中/差）	形状（大/小）	石叶技术	细石叶技术
燧石	较丰富	中	结核状中等大小	是	是
石英砂岩	丰富	差	基岩或砾石差异较大	否	否
石英	罕见	差	可能较小	是	否
玛瑙	罕见	好	可能很小	否	是

通过表6-12，再次反映出燧石结核虽然不是这一区域最丰富的原料，但是因其技术适应的完整性而成为这一阶段在此区域活动的人类最好的选择。

古人类对原料的利用能力可以通过石器组合的情况加以分析。比如，石核的消耗程度，石片被加工成石器的比例，石器加工长度与深度的指数，以及单个标本刃口的数量等等，都可以作为统计一个石器工业对石料的利用程度的标准。透过这些指标，则可以分析出这个工业的主人石料经济的特点[50]。

西施旧石器遗址下文化层的性质为一处加工修整石制品的“加工场”，由于其特殊的性质，可能导致石器组合呈现出一定的特点。从数据上看，石制品集合中的工具所占比例相对极低，而且，这些工具绝大多数应该是使用后废弃在遗址内的，当时的人群会将加工好工具成品或毛坯随身携带出遗址以供使用；另外，无论是利用石叶毛坯加工工具还是以石叶或细石叶为刃缘制作复合工具，不难想象一定也会有大量的石叶和细石叶优质成品被携带出遗址备用，相应地也就导致了石叶和细石叶所占比例较营地等性质的遗址略低。

尽管特殊的遗址性质和功能使得我们具体分析石料经济变得相对困难，但是，通过对特定产品的观察与分析，笔者认为，西施旧石器遗址下文化层活动的人群，对于燧石结核采取的是集约性的生产加工模式，证据包括有：

（1）下文化层的石核，特别是石叶石核，大部分都是剥片到晚期阶段的难于继续修整利用的石核，这暗示当时的人类对优质材料的利用率还是相当高的，更加优质的燧石内核则被细石叶技术延续利用（图6-52）。

（2）石叶技术和细石叶技术都会被利用于厚而大的燧石石片之上，通过打断这类石片，以某一侧的裂片上所形成的一个相对较平的面作为台面，继续剥离石叶或者细石叶，这也是史前人群充分利用优质或体积较大原料的典型表现之一。

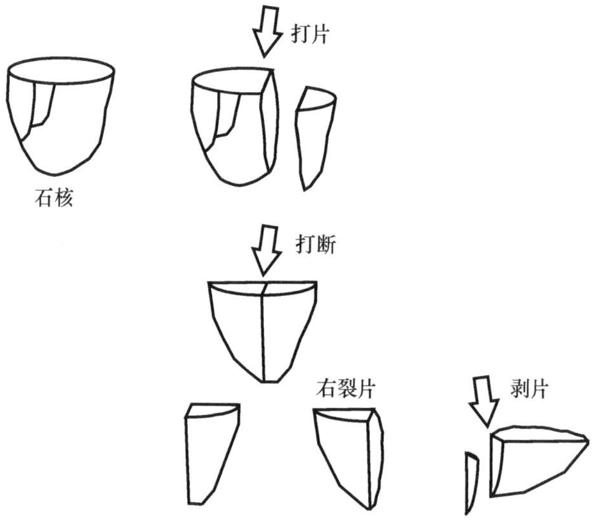

图6-52　特定原料的利用模式示意图

在讨论原料的利用模式等相关问题时，我们还必须关注原料性质与技术体系的内在关系[51]。在下文化层出土的两件以石英为原料的石制品中，包括一件体现石叶技术的石核（10DX：1355），这似乎再次印证了关于石叶技术的施展对于原料形状的要求更高。另外，以玛瑙为原料的石制品仅发现细石叶而没有石叶，也表明细石叶技术的施展更注重原料的质地，其原本的形状并不是关键，完全可以通过一系列的修整而达到要求。

当然，由于石英和玛瑙类的石制品数量极少，可能具有一定认识上的偏差。不过可以确定的是，这一阶段的史前人类，对于原料已经有了相当高水准的鉴别能力和效率意识。他们宁愿先付出一些努力获取优质的原料来相对高效地生产他们所需的产品，也不会利用无须费事即可获得的劣质原料来做一些“无用功”。

石料的特点虽然最直接影响到加工石器的原始技术，然而其最终的作用还是反映在应用这种技术所产生的石器工业的整体面貌上[52]。学术界有一种观点被概括为“原料决定论”，这种理论认为：中国乃至东亚的旧石器时代人类面临着原料先天不足的难题，优质的原料十分难觅，即使在遗址附近存在也多是小的结核和团块状。在这种状态下，古人类难以将石器制作的技术发挥到极致，难于制成理想的工具，所遗留的产品也就不可能类别规范、造型精美[53]。

西施旧石器遗址石叶技术的发现，无疑对于上述观点产生了一定的冲击。笔者认为，应该依据产品的生产过程与产品的特征而非产品的精美程度来分析和对比技术模式与特点。下一节，笔者将梳理中国境内已经报道的典型石叶工业和部分包含石叶技术因素的遗址与地点，深入认识这些考古材料中所蕴含的信息，特别是与旧石器时代晚期技术特征相关的信息。

6.6　西施石叶技术的源流

6.6.1　石叶技术的来源

关于如何追寻远古人类的迁徙路线的问题，有学者认为，可以在一定的地理范围内鉴别相同的文化与技术方面的特征，然后通过详细而确切的测年结果来排列不同遗址或地点的年代序列，进而推断人群的迁徙方向[54]。对于旧石器时代的早期人类而言，最基本也是最重要的文化因素就是出土的各类石制品。笔者认为，应该特别注意不同遗址或地点之间石制品组合的差异以及同为石叶技术的不同遗址件反映出的特征上的细微差别，只有这样，才能比较清晰地分析和解释不同区域石叶技术的源流与相互影响等问题。

加藤真二在综合考察了中国境内和蒙古、西伯利亚及阿尔泰地区的石叶工业和石叶技术因素后指出，很难认为水洞沟石器工业和其石叶技术是从中国传统文化中派生出来的。水洞沟独特的文化面貌，与豫北晋南一带发现的包括西施旧石器遗址在内的石叶类遗存形成了鲜明的差异，而与蒙古和西伯利亚地区的相关发现相似，而水洞沟的年代又略晚于这些发现，因此提倡水洞沟石器工业的“西来说”，即水洞沟的石叶工业和石叶技术是从西伯利亚、蒙古和阿尔泰等地区流入到中国西北部地区[55]。

华北地区的相关发现是比较复杂的，也是阐释本文的核心问题——西施旧石器遗址的石叶技术的来源的最关键的依据。在西施旧石器遗址发现前，华北地区并没有十分明确而典型的石叶工业遗址。华北地区的各个包含石叶技术因素的遗址与水洞沟遗址、西伯利亚及朝鲜半岛和日本列岛等地发现的典型而成熟的石叶技术遗址之间，在文化面貌和技术特征形成了鲜明的对比。

东北地区旧石器时代晚期的文化呈现的是多层次的特点。大约在距今2.5万年前，东北地区开始出现石叶技术与细石叶技术，而且两者通常是同期共存的。其技术特点与西伯利亚和远东地区的同类遗存相近，年代稍晚。有学者在归纳总结东北地区末次冰期以来旧石器遗存的地层、技术和文化特征等相关情况后指出，东北地区的旧石器文化虽然表现出一定的发展脉络，但同时也表现出很强的交流性质，外来作用当是造成东北地区旧石器时代末期石叶、细石叶技术一统天下局面的主要原因[56]。

因此，笔者认为，水洞沟遗址的石叶技术应该属于外来的，而且，从材料的对比中推断，这很有可能是人群迁徙的直接结果，而非技术在人群间交流的产物。东北地区出现石叶技术的因素的原因与水洞沟遗址的情况比较相似，也属于从外部传入的。值得注意的是，东北地区的情况更复杂些：从地理位置上看，其西南方向即华北平原，这两个区域之间同期生活的人群也很可能存在相当程度的技术交流；另外，东北地区并非封闭的内陆环境，对于复杂环境适应的不同策略，很可能形成不同的技术体系。

华北地区石叶技术因素的存在，以及位于中原腹地的西施旧石器遗址典型石叶技术的发现，似乎都暗示着在旧石器时代的晚期阶段，生活在我国华北地区的古人类的技术、文化与适应方式具有一定的独特性。这一地区的石叶技术究竟是发源于本地，还是受到了高纬度文化系统扩散迁徙的影响，是值得进一步思考与研究的问题。以下，笔者将从影响旧石器时代遗址或地点文化特征的因素入手，对西施旧石器遗址的石叶技术与相关发现进行比较，分析技术的来源，并针对区域内技术、文化和人类适应策略等与人类行为特点有关的问题展开讨论。

6.6.2　相关问题的讨论

河南地处我国中原腹地，其文化因素势必受到来自南北两个大的区域“文化体系”的影响[57]。对于人口流动性相对较高的旧石器时代晚期阶段，这种文化间的交流与碰撞也必然因为人群的不断迁徙而经常上演。这一节笔者从影响旧石器文化特征的因素入手，以技术、文化和人群的适应策略为核心，重点分析中国北方地区乃至整个东亚地区这一阶段人类发展的特征与规律，以及西施旧石器遗址的发现对深入理解相关问题的推动作用；并指出发掘、整理和研究中存在的不足，明确今后努力的方向。

6.6.2.1　与相关发现的比较

从华北已有的石叶技术发现来看，水洞沟遗址的石叶工业和东北地区的石叶技术因素应为外部传入的类型。我国西北和东北地区发现的石叶，与南西伯利亚、蒙古等地的石叶更具相似性，只是年代略晚，因此推断这种典型的石叶技术应该是通过传播扩散而发展的。这个传播的过程既有可能是人群直接的迁徙流动，也有可能是技术在不同人群间交流的结果。

华北地区的石叶技术的相关发现，则在很大程度上体现了区域的独特性，与水洞沟遗址和东北地区的石叶技术存在一定的区别。西施旧石器遗址作为中原地区乃至东亚腹心地带发现的首个典型石叶工业遗址，将其技术特点与其他的相关发现进行比较，是分析西施旧石器遗址技术来源的基础。

笔者认为，西施旧石器遗址的石叶技术与周边地区的塔水河遗址、小南海遗址等石制品组合中所包含的石叶技术因素存在一定的共性：

（1）史前人类以燧石原料作为石叶技术的主要应用对象，但是也少量应用于其他类型的原料。

（2）工具中虽然有部分是以石叶为毛坯，但主体上仍延续了这一地区的小石器工业传统，即以小型的石片作为加工制造工具的坯材。

（3）石叶技术操作链中的修脊环节通常采用的是单面修理，这在西施旧石器遗址出土的冠状石叶上得到充分的体现，这似乎也体现了我国华北地区缺少两面加工技术的特点。

（4）华北地区的石叶较西北、东北地区的石叶宽度普遍偏小，大部分属于中型和小型石叶，这很可能与该地区出产的原料特点有关。

根据上述的总结，不难发现华北地区的石叶技术特征确实与西伯利亚、蒙古以及我国西北、东北等地的石叶技术存在比较显著的差异。这种技术差异的形成原因又是什么？是相对独立的两个人群不同的发展体系，还是技术在随人群传播过程中发生了一定的变化……讨论技术差异性的成因是本文最核心的一个问题——西施旧石器遗址的石叶技术究竟是华北本地文化发展的产物，还是外部的石叶技术扩散到华北地区的结果。在回答这个问题之前，笔者认为有必要全面分析影响旧石器文化、技术特征的相关因素。

6.6.2.2 旧石器文化特征的影响因素

研究某一种技术在特定区域内的起源、发展与消亡的过程，必须以足够丰富的考古学资料作为前提。在此基础上，才能进一步分析在更广阔的区域之中人类活动与技术发展的关系。影响某个具体遗址（或地点）文化特征的因素有很多，如果不考虑埋藏学的影响，那么众多复杂的因素大体上可以归结到史前人类、古环境特征以及遗址（或地点）的性质和功能三个主要的方面之中（图6-53）。

某个人类群体携带者某种或某些技术到达了一个新的位置，这个位置的环境特征可能为他们所熟悉，也可能是一个完全陌生的环境。这个人群具备的是他们原有的文化传统，在这个新的位置上的活动，无论是哪一类活动，如果是他们比较熟悉的环境，他们极有可能延续传承他们的技术传统。但是，如果外部环境是他们不了解的，他们就有可能发生技术上的突变，形成

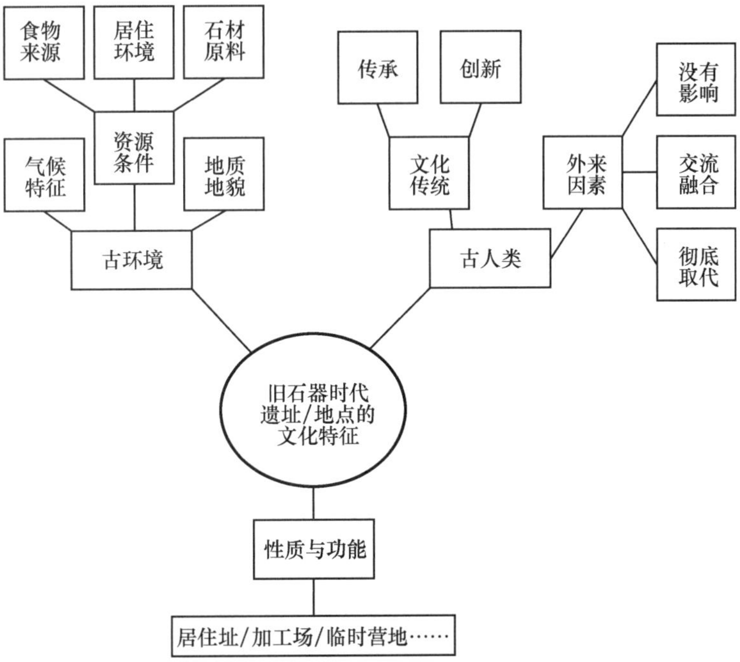

图6-53 影响旧石器遗址（或地点）文化特征的因素

了一种创新。在不考虑外部人群影响的条件下，相似的外部环境条件造成的最有可能的结果就是文化的延续与传递。进而在一个相对稳定的环境区域内，形成一套有别于其他环境区域的独特的文化技术系统。

但是，外部人群的影响是不能忽略的因素。某个携带外部技术系统的人群可能因为很多原因而进入到某个稳定区域内，那么，外部人群的到来对本地文化特征的影响结果大体上可以分为三种情况：无影响、交流融合和完全替换。这样的三种不同的结果会导致遗址或地点堆积面貌的巨大差异。

古环境方面，包括气候、地质地貌条件、资源条件等因素都深刻地影响着古人类的行为模式和适应特点。旧石器时代的环境条件对于人类的影响似乎又格外显著。从新石器时代开始，文化特征的差异性是分区的重要标准；然而对于旧石器时代而言，即使是到了晚期阶段，文化技术的差异性也无法立竿见影地构建出一个鲜明的分区体系。这一方面是因为旧石器时代的发现仍不够丰富，分区体系的框架虽然初步搭建起来，但是更详细的内容尚待充实；另一方面，仍与旧石器时代人类行为特征有关。旧石器时代的晚期阶段，古人类的适应性和认知能力固然急剧提高了，然而人类从根本上还是受限于环境条件。高流动性的附带效应就是高偶然性，也就是说，虽然旧石器时代晚期人类行为模式更加成熟与稳定，但是高流动性又必然造成人类会面临更复杂的外部环境，加之这一阶段环境自身变迁就比较频繁，这就相应地带来了更多的行为上的调整。所以，人类发展到旧石器时代晚期，其进步性不但反映在技术层面上，更体现在人类行为调整和适应能力的提升方面。进步的技术和灵活的适应策略的调整帮助这个阶段的人类应对来自环境和外部社会的更多更复杂的挑战。

遗址（或地点）的性质与功能也是影响旧石器文化特征的重要因素。不同的性质表明遗址（或地点）承载着不同的功能，体现了史前人类形式各异的行为结果。即使是同一发展阶段的相同技术体系的人群，在不同性质和功能的旧石器遗址或地点所遗留的石制品的组成和比例也会有很大的差异。在分析和对比不同文化特征时，必须要特别注意其代表的功能和性质的差别。

总之，综合分析旧石器遗址（或地点）的古环境特征、人类自身的特征及其性质与功能，是研究技术、文化及社会特征的重要基础。那么，讨论西施旧石器遗址石叶技术的来源问题，必须独立地区了解区域气候特征，文化发展脉络与规律，才能定下比较令人信服的结论。

6.6.2.3　技术、文化与适应策略

上一节，笔者对影响某一处旧石器遗址或地点文化面貌的主要因素进行了梳理。实际上，这一系列的因素是互相影响、互相制约的，每一处的情况都比较复杂。当把一定区域内的材料结合起来分析时，其关系往往更加错综复杂。最终，则是要把整个大陆的相关发现都连接在一起，进而复原人类在某个阶段内的发展演化历程。

以石叶工业为核心的技术体系也是人类发展演化史的重要组成部分。随着越来越多新的材

料被发现，石叶技术的产生年代不断被向前推移。从世界范围看，曾经一度被认为是旧石器时代晚期典型代表的石叶技术，在北非地区甚至可以早到距今约50万年[58]。另外，对于某些特定的区域，这种技术延续的时间也很长，石叶技术的相关石制品在全新世阶段仍有相当多的发现。

如前文所述，特定的技术一定对应着人群的某种特定的适应方式，而特定的适应方式又可以反映一定的环境背景。笔者认为，在旧石器时代晚期阶段，环境作为外动力因素，依然极大地制约着人类的生存与繁衍，人类从根本上还是要顺应环境的发展变化，改造的能力非常有限。以下，笔者以石叶技术的特征为基础，分析旧石器时代晚期距今约26 000年，华北及其周围地区的人类适应策略的特点，进而讨论西施旧石器遗址的石叶技术的源流问题。

笔者在前文重点分析了西施旧石器遗址石叶技术的总体特征，这部分重点讨论石叶技术的性质与特点。传统上学者们一直认为，石叶的可用刃缘更长，因此其使用的效率就高于石片。近年来相关的实验考古学证据却表明这种认识存在一定的局限性[59]，在可比照的打制过程中，等量的石核所产生的石叶刃缘总长只是石片刃缘总长的1.57倍。如果考虑到实验的打制者是熟练的操作者，那么，在史前阶段石叶的成品率可能会比今天实验的结果更低些，其刃缘总长的比值也就更低。

这也就意味着，石叶的形成与发展的动因更可能在于：①轻便，更有利于人群的流动；②标准化程度高，作为复合工具的配件而利于更换。而并非通常认为的石叶可以增高石核的利用率和石器的使用效率。

因此，西施旧石器遗址发现的石叶技术的出现，至少有两种可能性：一种可能的情况是该地区石叶技术的产生是本地人群流动性增高的结果，这种新技术从华北地区一直延续的石片工业传统中衍生出来，这种发展模式可称之为“本地起源说”；另一种情形则是外部掌握石叶技术的人群具有很高的流动性，他们在流动过程中将石叶技术带入华北地区，并与本地土著文化发生了一定的融合，即石叶技术的“外来说”。笔者认为，根据目前已经掌握的考古学材料还很难推断出一个确定的结论。

6.6.3 小结

石叶工业是西亚、北非至欧洲等旧大陆大部分地区旧石器时代晚期文化最具代表性的文化因素，以至于成为这些地区旧石器时代晚期文化的代名词。石叶技术的广泛应用也是现代人行为出现的重要标志。然而在目前已公布的中国旧石器时代考古遗存之中，典型的石叶工业仅见于地处西北地区的宁夏灵武水洞沟遗址一处。近些年来虽然陆续有石叶发现的报道，但均是与其他石器技术共存，且不占主导地位，在地理分布上也多处于西北、华北至东北等边疆地区。因而石叶技术往往被视为外来因素，与中国旧石器文化发展的主流无关。地处中国及东亚大陆腹心地带的西施遗址的典型石叶工业的新发现，无疑是中国以及东亚地区旧石器时代考古一项非常重要的突破。这一发现将改写已有的对中国及东亚地区旧石器时代晚期文化发展的传统认识，为这一地区现代人类行为的出现等史前考古的重大课题的研究提供全新的视角。

首先，西施新发现的石叶工业清楚显示，中国及东亚大陆的主体部分的旧石器时代晚期文化发展与现代人类行为特点，与同期的旧大陆大部分地区并无明显区别，也已熟练掌握了被西方史前学者称之为石器技术模式4的石叶技术。这一技术模式在中国腹地的存在和应用，亦不是孤立和偶然的事件。联系中原及邻近地区同一时期已有的旧石器考古发现来考虑，西施的新发现为该地区旧石器时代晚期存在着典型石叶工业提供了确切的证据，进一步修改与完善了中国北方旧石器时代晚期文化发展的编年序列。

西施新发现的另一项重要的学术意义是其与石叶工业共存的细石器因素，这些新发现的细石器的年代早，技术特征典型，为探讨我国及东北亚细石器技术的起源与发展等课题提供了非常重要的新证据。

总体而言，西施遗址新发现的石叶工业，以其丰富的文化内涵及清楚的年代学与古环境材料与证据，为了解古人类在最后冰期最盛期来临之际，如何适应中原地区，特别是开发遗址附近丰富的燧石资源，系统生产石叶的行为与活动特点提供了非常重要的新信息，进一步扩展了我们对于中国腹地及东亚地区旧石器时代晚期人类发展历史的认识。

注　释

［1］北京大学考古文博学院，郑州市文物考古研究院. 中原腹地首次发现石叶工业——河南登封西施遗址旧石器时代考古获重大突破［N］. 中国文物报，2011-2-25（4）.

［2］郑州市文物考古研究院. 郑州地区旧石器考古调查报告［M］. 内部资料未出版.

［3］王幼平. 石器研究——旧石器时代考古方法初探［M］. 北京：北京大学出版社，2006.

［4］陈淳. 旧石器研究：原料、技术及其他［J］. 人类学学报，1996（3）.

［5］Efremov I A. Taphonomy. A New Branch of Paleontology［J］. Pan-American Geologist, 1940 (74): 81-93.

［6］邵文斌. 织机洞遗址2001年的发现与初步研究［D］. 北京大学硕士学位论文，2003.

［7］曲彤丽. 织机洞遗址石器工业研究——晚更新世技术和人类行为的演变［D］. 北京大学博士学位论文，2009.

［8］陈淳. 旧石器时代考古学的昨天与今天［J］. 第四纪研究，1999（2）.

［9］北京大学考古文博学院光释光测年实验室测定3个②c层的年代分布在23 000a B. P. 和24 000a B. P. 之间。

［10］卫奇. 石制品观察格式探讨［A］. 见邓涛等. 第八届中国古脊椎动物学学术年会论文集［C］. 北京：海洋出版社，2001.

［11］Odell George H. Lithic Analysis［M］. Kluwer Academic/Plenum Publishers, 2004.

［12］Toth N. The Oldowan reassessed: A close look at early stone artifacts［J］. Journal of Archaeological Science, 1985 (12): 101-120.

[13] Banning E B. The Archaeologist's Laboratory [M]. Kluwer Academic/Plenum Publishers, 2000.

[14] Andrefsky W. Lithics: Macroscopic Approaches to Analysis (second edition). [M]. Cambridge University Press, 2005.

[15] 王幼平. 石器研究——旧石器时代考古方法初探 [M]. 北京：北京大学出版社，2006.

[16] Bordes F. Typologie du Paleolithique ancient et moyen [M]. Memoires de L'Institut, Prehistoriques de L'Universite de Bordeaux 1. Bordeaux: Delmas, 1961.

[17] Andrefsky W. Lithics: Macroscopic Approaches to Analysis (second edition), Cambridge University Press, 2005.

[18] 曲彤丽. 织机洞遗址石器工业研究——晚更新世技术和人类行为的演变 [D]. 北京大学博士学位论文，2009.

[19] 曲彤丽. 织机洞遗址石器工业研究——晚更新世技术和人类行为的演变 [D]. 北京大学博士学位论文，2009.

[20] 张森水. 中国旧石器文化 [M]. 天津：天津科学技术出版社，1987.

[21] 卫奇. 石制品观察格式探讨 [A]. 见邓涛等. 第八届中国古脊椎动物学学术年会论文集 [C]. 北京：海洋出版社，2001.

[22] 宁夏文物考古研究所. 水洞沟——1980年发掘报告 [M]. 科学出版社，2003. 石叶石核的观测与统计主要参考了该书的相关部分。

[23] 卫奇. 石制品观察格式探讨 [A]. 见邓涛等. 第八届中国古脊椎动物学学术年会论文集 [C]. 北京：海洋出版社，2001.

[24] 杜水生. 山西陵川塔水河遗址石制品研究 [J]. 考古与文物，2007 (4).

[25] Boggs S. Jr. Petrology of Sedimentary Rocks [M], Cambridge University Press, 2009.

[26] Inizan, M-L., Roche, H., and Tixier, J. Technology of Knapped Stone [M]. Meudon: CREP, 1992.

[27] Owen, L. Blade and Microblade Technology: Selected Assemblages from the North American Arctic and the Upper Paleolithic of Southwest Germany, BAR International Series 441 [M]. Oxford: British Archaeological Reports, 1988.

[28] 王幼平. 石器研究——旧石器时代考古方法初探 [M]. 北京：北京大学出版社，2006.

[29] 曲彤丽. 织机洞遗址石器工业研究——晚更新世技术和人类行为的演变 [D]. 北京大学博士学位论文，2009.

[30] 宁夏文物考古研究所. 水洞沟——1980年发掘报告 [M]. 科学出版社，2003. 石叶石核的观测与统计主要参考了该书的相关部分。

[31] 王幼平. 石器研究——旧石器时代考古方法初探 [M]. 北京：北京大学出版社，2006.

[32] Cunliffe B, Gosden C, Joyce R A. The Oxford Handbook of Archaeology [M]. Oxford University Press, 2009.

[33] Inizan, M-L., Roche, H., and Tixier, J. Technology of Knapped Stone [M]. Meudon: CREP, 1992.

[34] Bar-Yosef O and Kuhn S. The Big Deal about Blades: Laminar Technologies and Human Evolution [J]. American Anthropologist, New Series, Vol. 101, No. 2, 1999.

［35］ 王幼平. 中国远古人类文化的源流［M］. 北京：科学出版社，2005.

［36］ 传统上将Chert认为是较Flint品质稍差的燧石。实际上Chert是硅质沉积岩的统称，可以进一步划分为Flint（燧石，尤指以结核状的优质燧石）、Jasper（碧玉）、Novaculite（非常均密的燧石）及Porcellanite（陶瓷变形岩）等。

［37］ Cunliffe B, Gosden C and Joyce R A. The Oxford Handbook of Archaeology［M］. Oxford University Press, 2009.

［38］ Pettijohn F J. Sedimentary Rocks (Third Edition), Harper & Row Publishers, Inc, 1975.

［39］ Clark J E. Politics, Prismatic Blades, and Mesoamerican Civilization, In The Organization of Core Technology［M］. J. Johnson and C. Morrow, eds. Boulder, CO: Westview Press.

［40］ 克洛迪娜·卡蓝著，孙建民译，何竟校. 从燧石打制技术问题的分析导向对社会问题的探讨——潘色旺遗址营地中的燧石打制为例［M］. 华夏考古，2002（3）.

［41］ Ploux S. Approche archéologique de la variabilité des comportements techniques individulels: L'exemple de quelques tailleurs magdaléniens de Pincevent［D］. Thesis, Université: de Paris X, 1989.

［42］ 克洛迪娜·卡蓝著，孙建民译，何竟校. 从燧石打制技术问题的分析导向对社会问题的探讨——潘色旺遗址营地中的燧石打制为例［M］. 华夏考古，2002（3）.

［43］ Pettijohn F J. Sedimentary Rocks (Third Edition), Harper & Row Publishers, Inc, 1975.

［44］ 克里斯·佩兰特著，谷祖纲、李桂兰译. 岩石与矿物（第二版）［M］. 北京：中国友谊出版公司，2007.

［45］ Pettijohn F J. Sedimentary Rocks (Third Edition)［M］. Harper & Row Publishers, Inc, 1975.

［46］ Bordes F. Comments on Stone Age typology: another approach written by D Cahen and F Van Noten［J］. Current Anthropology, 1971, 12 (2).

［47］ Patterson L W and Sollberger J B. The Myth of bipolar flaking industries［J］. Lithic Technology, 1976,5 (3).

［48］ Hoffman J L. Hopewell blades from Twenhafel: distinguishing local and foreign core technology［A］. In: The Organization of Core Technology［C］. Johnson J K and Morrow C A eds. Boulder: Westview Press, 1987.

［49］ 陈淳. 旧石器研究：原料、技术及其他［J］. 人类学学报，1996（3）.

［50］ 高星. 周口店第15地点石器原料开发方略与经济形态研究［J］. 人类学学报，2001（3）.

［51］ 王幼平. 石器研究——旧石器时代考古方法初探［M］. 北京：北京大学出版社，2006.

［52］ 王幼平. 石器研究——旧石器时代考古方法初探［M］. 北京：北京大学出版社，2006.

［53］ 张森水. 中国北方旧石器工业的区域渐进与文化交流［J］. 人类学学报，1990（4）.

［54］ http://www. wkdialogue. ch/fileadmin/original_presentations/wkd_20060915 _ofer_bar-yosef_human_migrations.pdf

［55］ 加藤真二. 中国的石叶技术［J］. 人类学学报，2006（4）.

［56］ 李有骞. 东北地区末次冰期以来旧石器遗存的分期、类型及相关问题［J］. 中原文物，2009（3）.

［57］ 吕遵谔主编. 中国考古学研究的世纪回顾——旧石器时代考古卷［M］. 北京：科学出版社，2004.

［58］ Johnson C R and McBrearty S. 500, 000 year old blades from the Kapthurin Formation, Kenya［J］. Journal of

Human Evolution 58 (2010): 193-200.

[59] Eren M I, et al. Are Upper Paleolithic blade cores more productive than Middle Paleolithic discoidal cores? A replication experiment [J]. Journal of Human Evolution 55 (2008): 952-961.

第7章　李家沟遗址

7.1　概　　述

李家沟遗址于2004年在郑州市文物考古研究院开展的旧石器考古专项调查中发现。该遗址位于河南省新密市的岳村镇岗坡村，李家沟自然村在行政上属于岗坡村，故名。遗址位于李家沟村西200余米处，溱水河上游的椿板河（属淮河水系）东岸，地理坐标为北纬34°33′55″，东经113°31′25″，海拔约为200m[1]（参见图1-1）。

遗址地处低山丘陵地区，地势由东北向西南地势逐渐倾斜，黄土堆积发育。而从20世纪50年代开始，由于修建水库、人工挖引水沟、土地平整、林业活动、煤矿开采、农业耕作等活动，遗址受到非常严重的破坏。一条引水沟呈东西向横穿遗址，多年的人工破坏加上自然风化、雨水冲刷，沟的两侧壁以及遗址靠近椿板河一侧的剖面垮塌十分严重。为了解遗址的性质以及为遗址保护提供基础信息资料，2009～2010年，对该遗址进行了抢救性发掘（图7-1）。

发掘区以引水沟为中心，分为了沟北和沟南两个部分。南北两区域之间的距离为5～6m。2009年的发掘面积约30m^2。2010年在2009年发掘的基础上再次对这两个发掘区进行了发掘并扩大了发掘面积达85m^2[2]。每个探方为1m x 1m大小，以5cm的厚度为一个水平层进行发掘，并对部分堆积物进行了系统的浮选。两次发掘均发现了大量的石制品、动物遗存、磨制石器以及早期新石器时代的陶片等珍贵文化遗物。但浮选所获得的植物遗存很少。两次发掘使我们对李家沟遗址的地层、年代序列、遗址形成过程以及文化内涵都有了清楚的认识。该遗址入选了2009年度的中国十大考古新发现。2013年5月，李家沟遗址被国务院核定公布为第七批全国重点文物保护单位。以这两次发掘所提供的信息为基础，对遗址保护进行了规划，遗址上盖起了大棚，使遗址得到了有效的保护。

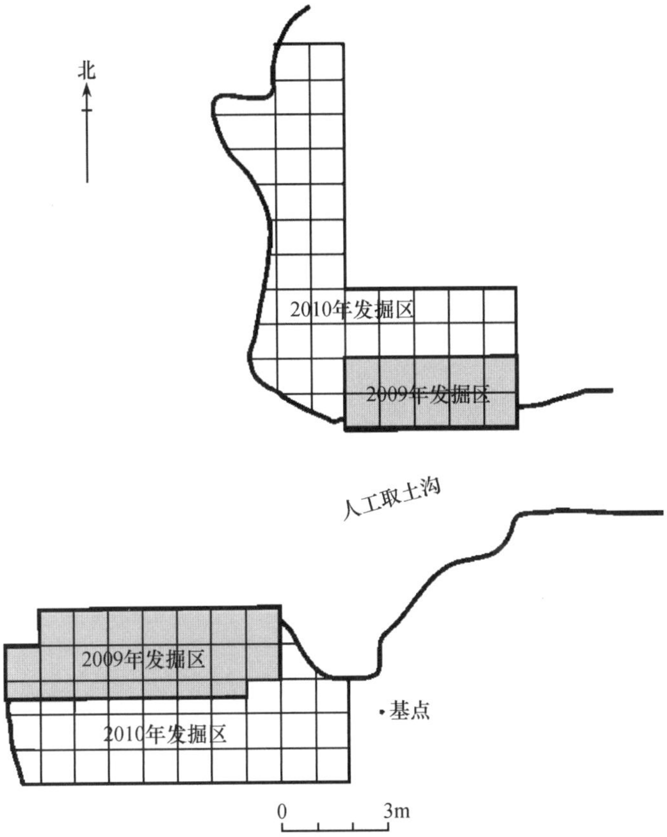

图7-1　李家沟遗址发掘区位置和探方分布图

7.2　地貌及地层堆积

李家沟地处低山丘陵区，黄土堆积普遍发育。从西北向东南方向，椿板河流经李家沟遗址的西侧。这一区域椿板河的河谷很窄，河流在遗址附近可见有二级阶地发育，阶地类型是以马兰黄土为基座的基座阶地。李家沟遗址就位于河流东岸二级阶地的前缘，高出河面约10m[3]（图7-2）。

南北两发掘区的地层剖面的序列大致类似，都表现为从旧石器时代晚期到新石器时代的序列。

李家沟南区的地层分为7层（图7-3）。除了①层为现代表土层外，其他均为文化层。其中②~④层为结构疏松的细砂—黏质粉砂土，含少量陶片，为新石器时代裴李岗文化层。⑤层为坚实、致密的黑色—黄褐色黏质粉砂土，出土的少量陶片，所出土的陶器为之前所未见，命名为李家沟文化，该层也有细石器工业制品发现。⑥层为含大量料姜砾石的褐色砂砾层，出土有大量的文化遗物，以细石器工业为代表，同时还出土了刃缘磨光的石锛、较李家沟文化更为原始的陶片等重要遗物。⑦层为马兰黄土，出土少量石制品，以石英为原料的石核、石片为代

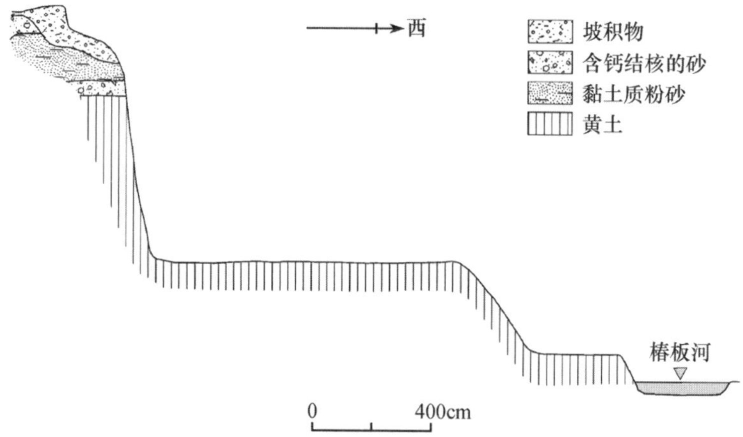

图7-2　李家沟遗址所在之处的椿板河谷剖面示意图

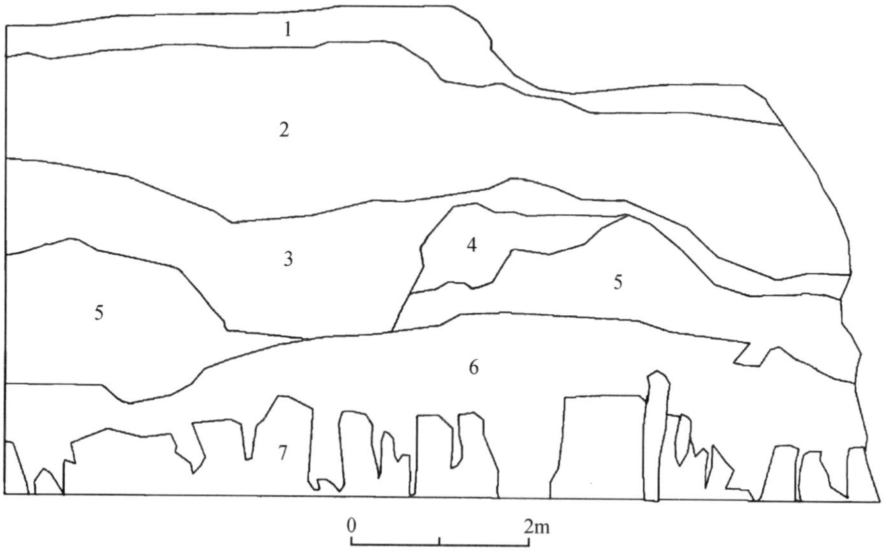

图7-3　李家沟遗址南区南壁剖面图

表，石制品的类型和技术特点与郑州地区MIS3阶段的旧石器时代遗址相当。

李家沟北区的地层堆积也分为7层（图7-4）。其中①～②层为近现代扰土层，是黑褐色—黄褐色黏质粉砂土。③层为灰黄色粉砂土，夹杂有很少量的螺壳及红烧土颗粒，与南区的裴李岗文化层相当。④～⑥层相当于李家沟文化层，表现为细腻疏松的灰白色—棕黄色粉砂或灰黑色黏质粉砂土，有锈黄色斑点并夹杂有大量的料姜石。出土物包含有大量的李家沟文化陶片、人工搬运石块、动物骨骼、石制品等。此外沉积物中还夹杂有螺壳、炭屑等物。⑦层与南区⑦层相当，均为马兰黄土，发掘未见底，表现为黄褐色粉砂质黏土，质地较细腻、纯净，其中出土石制品较少，石制品以石英为主要原料。

这样，李家沟遗址的地层堆积呈现出明显的序列，从上到下、由晚至早依次为：近、现代地层—裴李岗新石器时代文化层—李家沟文化层—细石器文化层—旧石器文化层（MIS3阶段）。

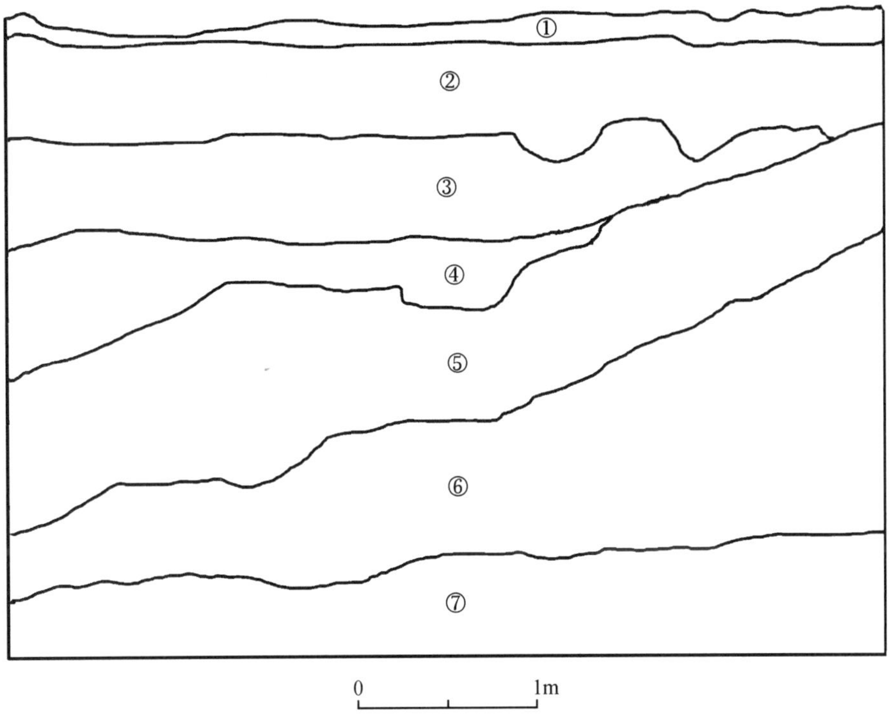

图7-4　李家沟遗址北区北壁剖面图

7.3　年　　代

对于以上各地层的年代，表7-1共列举了南、北区的6个炭样的^{14}C数据。这些数据主要来自于李家沟文化层和细石器文化层。最底部出土少量石英制品的马兰黄土文化层由于没有发现及提取炭样而未能进行^{14}C测年。

除了编号为BA091416、BA091417号两件测年标本的年代偏年轻，有可能是上部地层单位混入的以外，其他的几个测年结果的年代表明李家沟文化的年代为8300～8000B.C.，早于邻近的贾湖文化1期达500～1000年。而细石器文化层的年代为8300～8500B.C.（表7-1）。

表7-1　李家沟遗址的年代测定

Lab编号	样品	地层	文化层	^{14}C年代（B.P.）	树轮校正后年代（B.C.）	
					1σ（68.2%）	2σ（95.4%）
BA091416	木炭	北区④	李家沟文化	7740±40	6610～6500B.C.（68.2%）	6650～6480B.C.（95.4%）
BA091417	木炭	北区⑤	李家沟文化	8015±35	7060～7000B.C.（21.1%） 6970～6910B.C.（22.9%） 6890～6830B.C.（24.3%）	7070～6810B.C.（95.4%）
BA091494	木炭	北区⑥	李家沟文化	8950±40	8250～8180B.C.（35.5%） 8120～8090B.C.（ 8.2%） 8080～8060B.C.（ 3.9%） 8050～7990B.C.（20.6%）	8280～8160B.C.（44.2%） 8140～7960B.C.（51.2%）

续表

Lab编号	样品	地层	文化层	^{14}C年代（B.P.）	树轮校正后年代（B.C.）	
					1σ（68.2%）	2σ（95.4%）
BA091418	木炭	南区⑤	李家沟文化	9090±40	8310～8255B.C.（68.2%）	8430～8370B.C.（4.6%） 8350～8230B.C.（90.8%）
BA091419	木炭	南区⑥	细石器文化	9180±35	8440～8300B.C.（68.2%）	8540～8510B.C.（3.1%） 8480～8290B.C.（92.3%）
BA091420	木炭	南区⑥	细石器文化	9160±35	8430～8370B.C.（25%） 8350～8290B.C.（42.6%）	84701～8280B.C.（95.4）

7.4 遗物遗迹

7.4.1 石片石器文化层（MIS3阶段）

包括南区⑦层和北区的⑦层。出土遗物不多，密度低，仅有石制品17件、动物骨骼4件。石制品类别包括石核、石片、裂片、石器、断块等，没有发现上部文化层出现的人工搬运石块。石制品的原料包括石英、燧石、石英砂岩等，石英占比较高，未见灰岩等原料。石制品的种类、密度、原料等均与上部各文化层有所区别。4件动物化石标本均为牙齿，其中3颗经鉴定属于鹿。部分典型石制品描述如下。

标本09XLL：369为单台面锤击石核，原料为石英砂岩，大小为43mm×80.4mm×72.7mm，重量251.1g。自然台面，长61mm，宽74.8mm，台面角约为96°。石核上可见2个片疤，深度浅，剥片面占比约为40%。

标本09XLL：367为单直刃边刮器，以灰色玛瑙作为原料。长、宽、厚分别为29.7mm、19.3mm和6.8mm，重3.5g。以石片为毛坯。自然台面近三角形，台面大小为5.3mm×10.7mm。该刮削器的修理主要集中于腹面右侧的边缘。修理的微疤包括正向和反向加工。反向的修理微疤连续分布，中间一段则由于石料等原因呈阶梯形。正向修理的疤痕在背面连续、平行分布，疤痕窄长而浅平，为压制修理。其刃缘长16.5mm，刃角40°～55°。可见微小的使用疤痕。

该层位的绝对年代虽然没有同位素测年结果，但根据石制品与郑州地区其他晚更新世的旧石器遗址的比对，⑦层发现的这类以石英为主要原料的、具有模式1技术特点的石制品组合表现出该地区MIS3阶段的旧石器文化特点，年代为距今5万～3.5万年。

7.4.2 细石器文化层

主要分布在南区，以南区⑥层为典型代表。该层底部直接叠压于⑦层马兰黄土之上，出土了大量的文化遗物和动物骨骼。遗物包括石制品、陶片以及磨制石器等。

7.4.2.1　石制品

石制品的种类包括有石核、石器、石片、细石叶、断块和残片等[4]。以残片和断块占比最高，石片也有很高的比例，再次为缺少人工痕迹的人工搬运石块，然后是工具、石核和细石叶等。石制品的原料以燧石和石英为主，其次为石英砂岩，此外还有少量的石灰岩。

工具占比6.2%，以边刮器为最主要类型，此外还有端刮器、雕刻器、尖状器、砍砸器、小型两面器（或箭头）、磨制石锛等，绝大部分属于中小型工具。细石器的数量较多，包括细石核、细小石片以及细石叶等。细石核分为船底形和锥形。很多细小的石片都来自于石核的修理和整形（表7-2）。

表7-2　李家沟遗址细石器文化层发现的石制品

石制品类别			工具类别		
类别	数量	百分比%	类别	数量	百分比%
石核	74	5.2	边刮器和修理石片	69	78.4
细石核	22	1.6	端刮器	5	5.7
石片	208	14.6	雕刻器	4	4.5
裂片	80	5.6	尖状器、石叶	4	4.6
细石叶	38	2.7	箭头	4	4.6
石叶	2	0.1	砍砸器	1	1.1
断块	730	51.3	磨制石锛	1	1.1
搬运石块	180	12.7	合计	88	100
工具	88	6.2			
合计	1422	100			

标本10XL：1109，为船形细石核，其长、宽、厚、重分别为15mm，28.4mm，14.2mm，6g。以燧石为原料，具有较宽的自然节理面的台面，台面长、宽分别为28.8mm，13.8mm。石核两个侧面向底部中心汇聚呈刃状。有10片片疤（包括4个压制片疤，6个不完整片疤）。剥细石叶产生的片疤较深，延展度较低。石核的后侧缘保留着石皮，可能是因为此处不适合剥片或者作为固定细石核的位置来使用（图7-5，1）。

标本10XL：0870，为锥形细石核，长、宽、厚分别为11.3mm，12.6mm，7.9mm。以黑色优质燧石为原料。自然台面长14.3mm，宽7mm。石核的前方共有5个细石叶剥片面，片疤浅而相互平行、延展度高，其中有4个扩展到了石核的底部。石核的左后面、右后面均有因剥制细石叶未成功而留下的若干小疤。此细石核应处于剥片的末期阶段（图7-5，2）。

标本10XL：0866，为尖状器，长、宽、厚为27.1mm，23.1mm，8.2mm，重量为4.9g。以白色石英为原料，以断片为毛坯，呈圆角三角形。尖状器的左侧正向加工、右侧则为反向加工，左、右侧修理刃缘的疤呈连续分布，有使用痕迹。

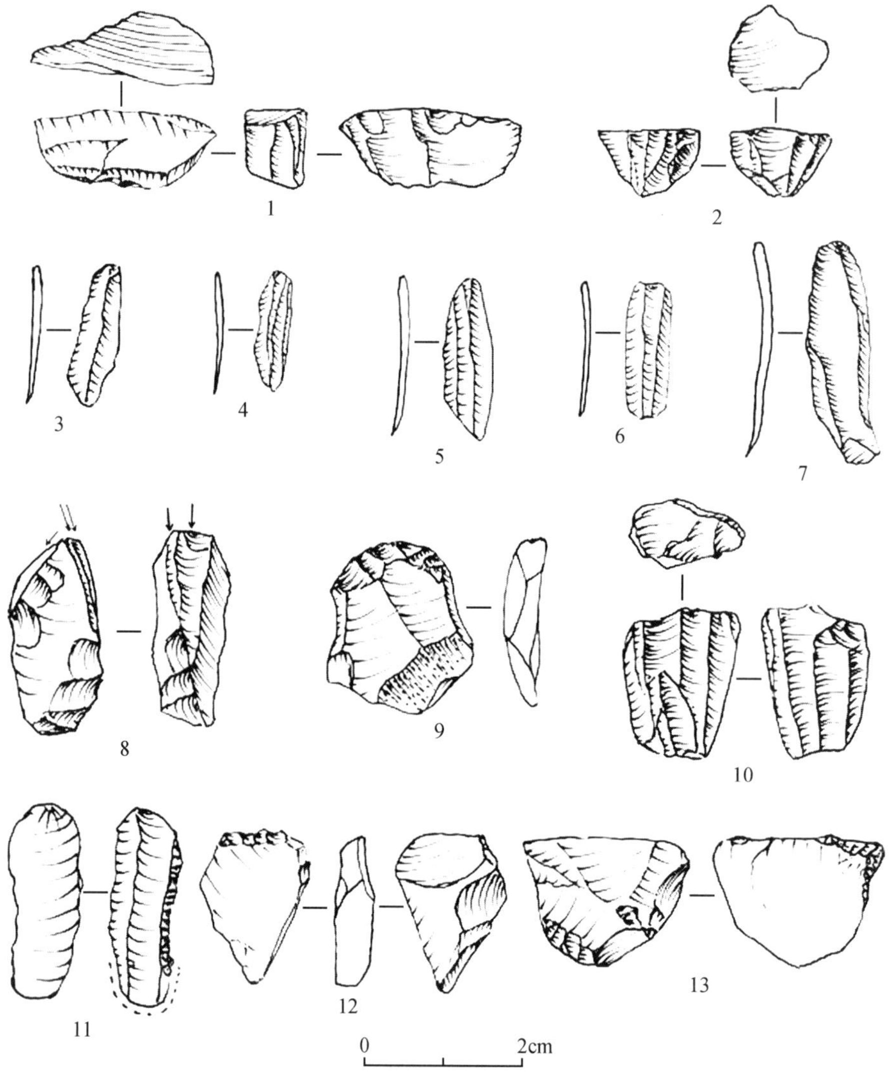

图7-5　李家沟遗址细石器文化层出土的石制品

1、2. 细石核　3～6. 细石叶　7. 石叶　8. 雕刻器　9、13. 端刮器　10. 半锥形细石核　11. 有使用痕迹的修理石叶　12. 刮削器

标本10XL：1115，为端刮器，长、宽、厚分别为14.2mm，19.7mm，7.4mm，重为2.5g。以黑色燧石为原料，毛坯为远端断片，呈半圆形。远端刃缘为正向加工，修疤平行连续分布共有7个，刃缘为厚的凸刃，端刃有使用产生的微疤。

标本10XL：0222，为小型两面器，长、宽、厚、重分别为36.1mm，17.4mm，7mm，3.9g。以燧石为原料、石片为毛坯。器身薄通体两面加工。尖部修理非常精细，尖刃角58°。修疤大而浅平，比较规整，修疤之间多平行。底端向一边倾斜。

人工搬运石块数量较多，这些石块多较扁平，呈扁平的方块状，岩性以灰岩和石英砂岩为主，尺寸较大，缺少人工痕迹。这些石块尺寸和重量均较大，应该是古人有意识从附近搬入遗址，与居住建筑或生活有关。

特别需要提到的是，该层位出土了一件局部磨光的石锛（标本10XL：0282）。其长度、宽度和厚度分别为107mm，48mm，48mm，重约175g，是目前为止李家沟遗址所发现的唯一一件磨制工具。它以河滩采集的卵石为毛坯，整体形状呈舌形，远端（即磨光刃缘所在的一侧）比近端宽（分别为48.1mm，34.7mm）。远端的一侧及刃部磨光。近端有片疤，大者可达48mm × 32mm，小者可达8mm × 6mm。片疤下有很多凹坑，石锛的中部偏下端至磨光面也密集分布有大小、深浅不一的凹坑。这些凹坑可能和装柄有关（图7-6）。

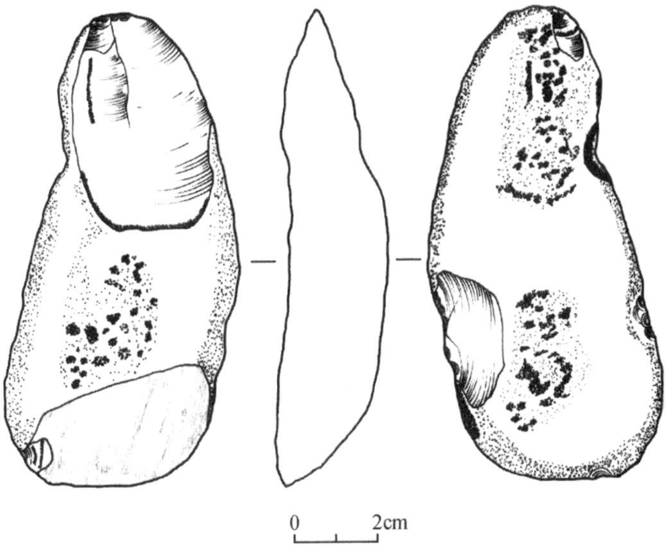

图7-6　李家沟遗址南区⑥层出土的磨制石锛（10XL：0282）

7.4.2.2　动物遗存

该文化层的动物化石保存状况并不很好，有些存在较明显的风化。其中可鉴定标本115件，化石的类别包括鹿、马、牛、食肉类、猪、鸟类、啮齿类等。多数骨骼都非常破碎，导致大量破损严重的肢骨片难以准确鉴定。少量骨骼上有人工痕迹，这些痕迹以切割痕为主，辅以少量的砍痕。另有个别标本有动物啃咬的痕迹（表7-3）。

表7-3　李家沟遗址细石器文化层发现的动物化石

类别	可鉴定标本数（NISP）	百分比（%）
鹿科	54	46.96
马科	17	14.78
牛科	13	11.3
猪科	3	2.61
食肉类	11	9.57
啮齿类	5	4.35
鸟类	11	9.57
蚌类	1	0.87
合计	115	100

7.4.2.3　陶片

与细石器工业石制品伴生的有两件较原始的陶器口沿的陶片。二者均为素面夹砂陶，无纹饰，以方解石和石灰岩为羼合料，羼合料大小不一没有经过分选。口部较直，口沿平齐。陶器的烧制火候较低，器型不完整，推测可能是罐类器物，与中国南方的早期陶器类似（图7-7）。

图7-7　李家沟遗址南区细石器文化层（⑥层）出土陶片（10XL：0471）

7.4.2.4　遗物的分布

发掘区内以上各类石制品、动物骨骼等的分布并不均匀，以南区⑥层为例，在发掘区的西部存在于一个约2.5m × 3.5m大小的椭圆形遗物密集区域，包含有大量的石制品和动物骨骼及人工搬运石块。根据该区域遗物分布、构成的特点推测，这些石块有些可能与原始帐篷等建筑的搭建有关。另外还有一些搬运石块则可能作为石砧等工具来使用。而在距离椭圆形分布区不远处的东部，则存在另一个动物遗存较密集的区域。这些都是当时人类生活活动的重要记录。然而地层中没有发现明确的用火现象，只有零散炭屑（图7-8）。

7.4.3　李家沟文化层

李家沟文化遗存以北区的⑤层和⑥层为代表。该文化层最令人感兴趣的是发现了年代早于裴李岗文化的大量的陶器碎片，被命名为李家沟文化。^{14}C年代表明其年代要早于裴李岗文化500～1000年。除了陶器以外，该文化层同样也出土了大量的石制品、动物骨骼等遗物。

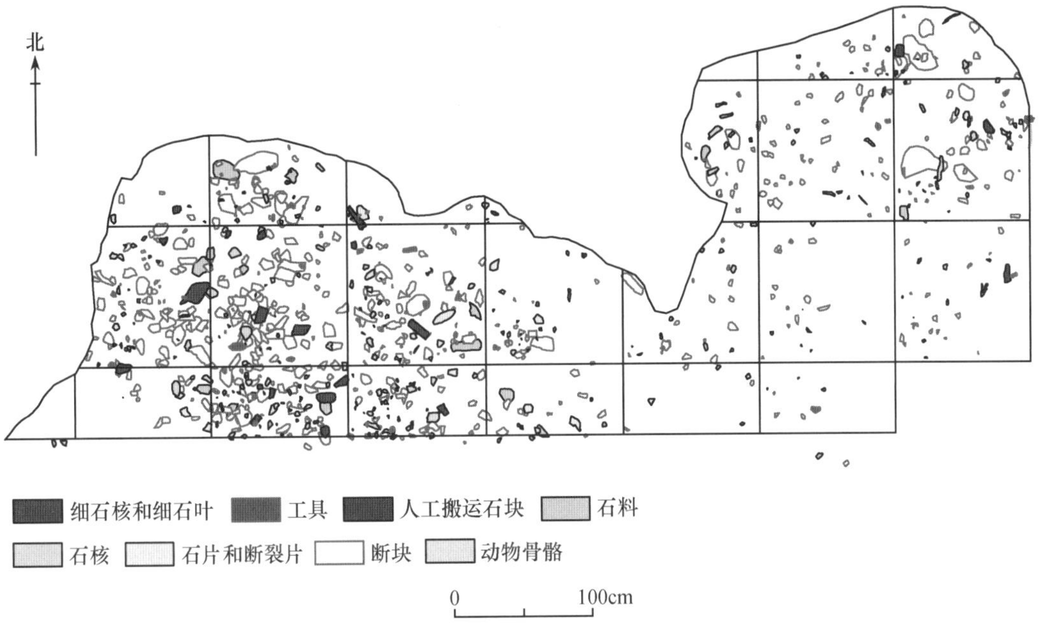

图7-8　李家沟遗址细石器文化层（南区⑥层）遗物平面分布图

7.4.3.1　陶片

李家沟文化层共发现陶片270余件，各层位出土陶片的基本特征类似，以北区⑥层分布最为集中。陶片均为夹砂粗陶，由于烧制火候不均匀等原因，陶色存在一定变化，从红褐色到灰色、灰褐色不等，以红褐色为主。羼合料种类多样，有石英、云母、长石、方解石、螺壳、砂等，粒径较大且不均匀，多介于1～5mm之间。不同陶片的陶质存在差异，但明显较细石器文化层出土的那两件陶片质地更为坚硬，表明火候更高及制陶技艺有明显的进步。陶片具有丰富的纹饰，包括有压印纹、绳纹、戳印纹、·刻划纹等，也有素面陶片。其中以压印纹最为常见，其次为绳纹。器身和陶器的口部都可以施有纹饰（图7-9）。

陶片可见口沿和器身，但因过于破碎、陶片数量有限而未能拼合成完整的陶器。口沿的平均厚度约为1.4cm，器壁的平均厚度约为0.9cm。从现有保存的口沿判断，器形均为直口的桶、罐类器物。虽然尚未发现陶器的器底，但却发现一些厚陶片存在非常明显的曲度，因而推测器形可能以圜底为主（图7-10）。

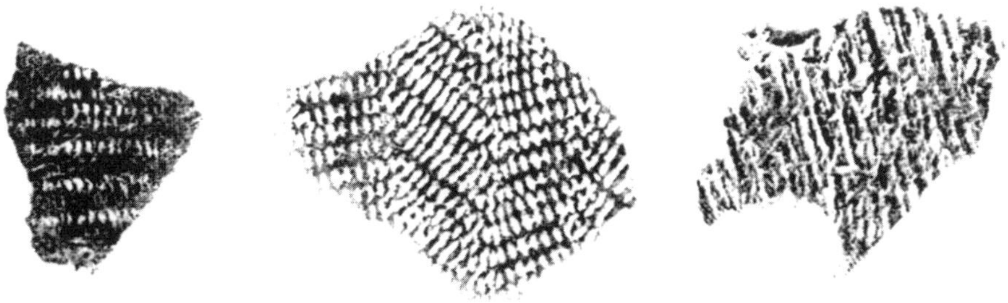

图7-9　李家沟遗址文化层出土陶片的拓片

图7-10　李家沟文化层出土陶片

李家沟陶器的器型及纹饰与更晚的裴李岗文化、贾湖1期文化不同。是本地区前所未见的一种文化类型，据此命名为李家沟文化。

7.4.3.2　石制品

李家沟文化层出土石制品共约729件，包括石核、石器、细石器、石片、断裂片、人工搬运石块、断块等。在类别上以断块和残片为主，其次为石片及不完整石片，再次为人工搬运石块，石核、细石器、工具等比例较低（表7-4）。石制品在原料上，以石英砂岩、石英和燧石为主，石灰岩占比较低。

表7-4　李家沟遗址李家沟文化层发现的石制品

石制品类别			工具类别		
类别	数量	百分比（%）	类别	数量	百分比（%）
石核	37	5.1	边刮器和修理石片	25	46.3
细石核	7	1	端刮器	2	3.7
石片	93	12.7	凹缺器	3	5.5
裂片	42	5.8	箭头	2	3.7
细石叶	12	1.7	砍砸器	3	5.5
断块	361	49.5	磨盘	2	3.7
搬运石块	126	17.2	磨盘碎块	7	13
工具	51	7	石锤	5	9.3
合计	729	100	石砧	5	9.3
			合计	54	100

工具以边刮器数量最多，磨盘碎块也占一定比例（图7-11）。

图7-11　李家沟遗址北区李家沟文化层出土的石磨盘

细石器技术与早期相比呈现出衰落状态。简单石核-石片技术产品仍可见到。磨制石器出现更多（图7-12）。

标本09XLL：072为以黑色燧石为原料的、以断块为毛坯的双刃边刮器，长、宽、厚、重分别为38.9mm，24.1mm，16.6mm，12.6g。两个刃分别为直刃和凸刃，远端右侧以及近端都有加工痕迹。

标本09XLL：202是以粉色燧石为原料的单直刃刮削器，尺寸为46.6mm×33.5mm×15.1mm，重量23g。其右侧有连续修理的正向系列片疤，从而形成直刃，刃缘长度43mm，局部有微疤应为使用所致。刃缘外的其他部位都是自然面（图7-12，1）。

标本09XLL：411为石英砂岩石块为毛坯制作而成的石磨盘，尺寸为长128.3mm，宽127.3mm，厚65mm；重量为1460.5g。上下表面非常平坦而且几乎平行，上表面是非常明显的人工磨平面，而四周缘破损，带有明显的人工打击痕迹。除了这件相对完整的磨盘外，还有若干尺寸更小些的磨盘碎块，与前面的磨盘形制相近，但平面为岩石的节理面缺乏明确的磨制痕迹，可能是被带入遗址作为磨盘的毛坯（图7-12，7左）。

标本09XLL：405为石英砂岩砾石为原料和毛坯而制成的石砧，大小为长149mm，宽

147mm，厚108mm；重达3145g。上下表面较平坦近似平行。上面观该石砧类似不规整四边形，其中三个缘为自然的破裂面，另一侧的缘则呈较规整的弧形，与石砧的上表面平滑过渡。石砧表面及其侧缘的表面上可见明显的密集浅平坑疤（图7-12，7右）。

图7-12　李家沟遗址李家沟文化层出土石制品

1. 09XLL：202边刮器　2. 09XLL：008细石核　3. 09XLL：244边刮器　4. 09XLL：072边刮器　5. 09XLL：367边刮器　6. 09XLL：200边刮器　7. 左，09XLL：411石磨盘；右，09XLL：405石砧　8. 09XLL：205砍砸器

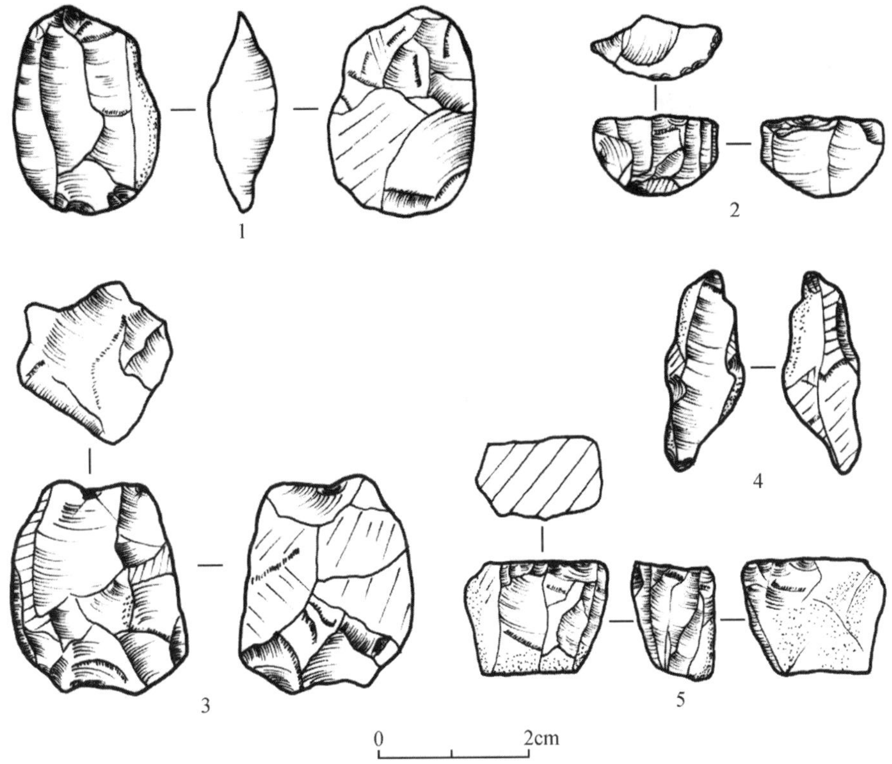

图7-13　李家沟遗址北区李家沟文化层出土石核

1. 砸击石核10XLN：0022　2. 细石核10XLN：0535　3. 双台面石核10XLN：0630　4. 砸击石核10XLN：0273　5. 细石核10XLN：0567

与细石器文化层相比，李家沟文化层未发现磨制石器，但发现了磨盘及磨盘碎块、石砧等与加工植物性食物有关的工具。石磨盘以石英砂岩石块为毛坯，体型较大，上下表面近平行、较平坦，表面为明显的磨平面。四周破损，有较明显人工打击痕迹。权宜性的石制品较多。工具数量不多，以边刮器为主，另有少量的端刮器、凹缺刮器等。该文化层也有细石器发现（图7-12、图7-13），占比低于细石器文化层。

7.4.3.3　动物遗存

李家沟文化层的动物遗存类别较细石器文化层没有显著的变化，也是以鹿类为主，另有食肉类、鸟类、马、牛、猪、啮齿类等动物。骨骼整体非常破碎，烧骨占一定的比例且更为破碎，与人类加工食用有关。部分骨骼标本表面可见明显的人工切割、磨制痕迹（图7-14）。

动物种类没有显著变化说明遗址附近环境从细石器文化层到李家沟文化层没有明显的改变（表7-5）。

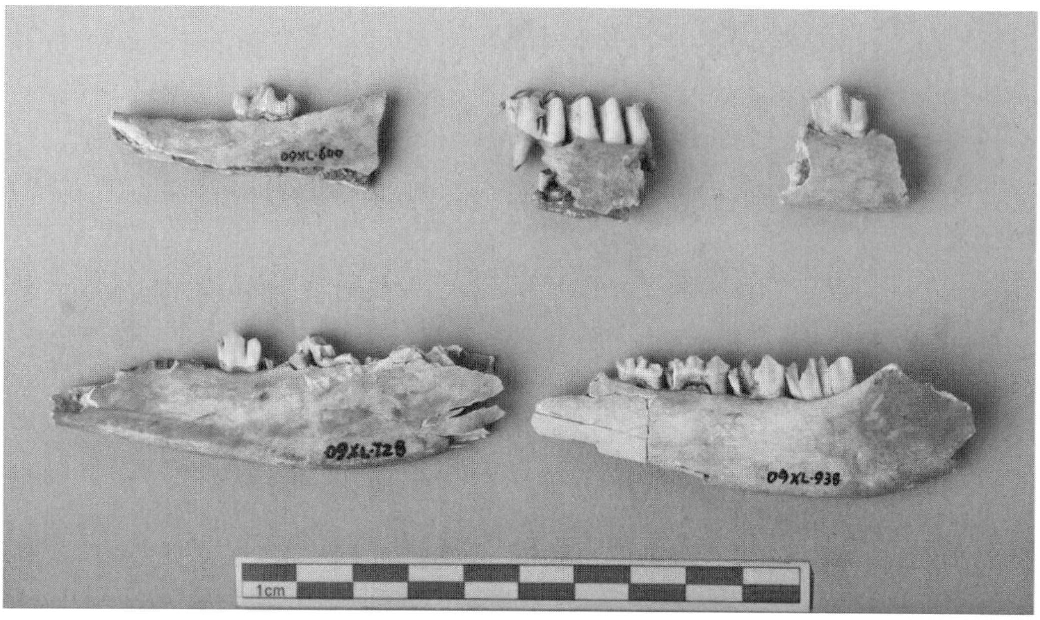

1

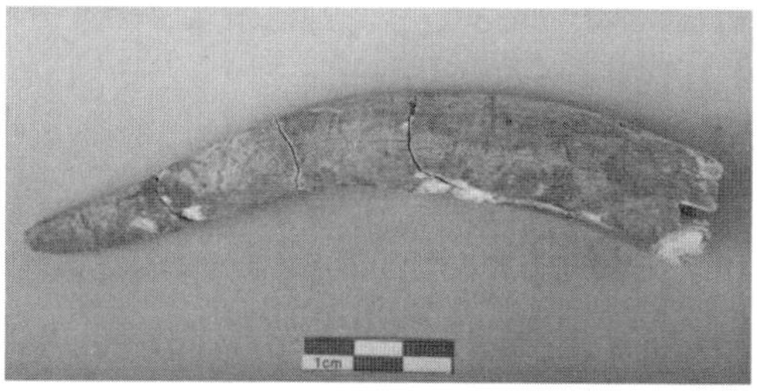

2

3

4

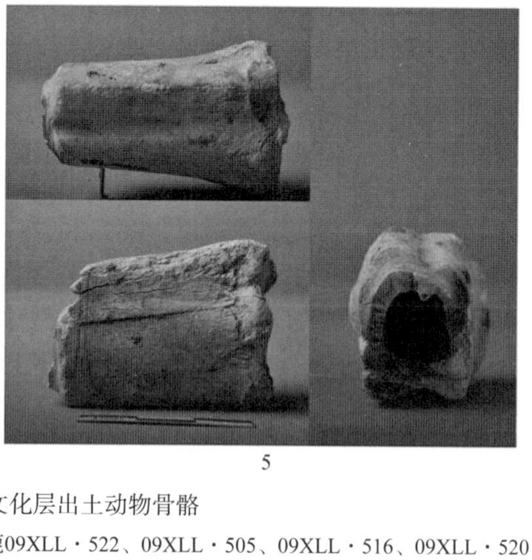

5

图7-14　李家沟遗址文化层出土动物骨骼

1. 下颌骨（从左至右从上到下依次为：食肉类09XLL · 564，鹿09XLL · 522、09XLL · 505、09XLL · 516、09XLL · 520）
2. 鹿角（09XLL · 541）　3. 磨制肢骨片（09XLL · 511）　4. 鹿左跖骨（09XLL · 572，两端有切割痕迹）　5. 鹿左跖骨上端（09XLL · 588，末端有切割痕迹）

表7-5　李家沟文化层发现的动物化石

类别	可鉴定标本数（NISP）	百分比（%）
鹿科	85	62.5
马科	3	2.2
牛科	7	5.2
猪科	5	3.7
兔科	1	0.7
食肉类	15	11
啮齿类	4	2.9
鸟类	14	10.3
蚌类	2	1.5
合计	136	100

7.4.3.4　遗物分布

北区⑥层是李家沟文化层的代表，出土遗物多、密度最大。同细石器文化层一样，北区⑥层的遗物分布也不均匀，表现为不规则的半环形石制品聚集区。石块聚集区内分布有较多的体型较大石制品和人工搬运石块，石磨盘以及石磨盘毛坯、石砧、石锤等大型遗物也多分布于此。同时该区域内还发现有很多烧骨、烧石、陶片等物，明显与人类生活以及用火活动有关；骨骼上的人工痕迹说明古人曾在此地加工动物骨骼。这种半环形的石块聚集区反映的是一种比旧石器时代流动性更低的、相对稳定居住活动有关的遗迹（图7-15）。

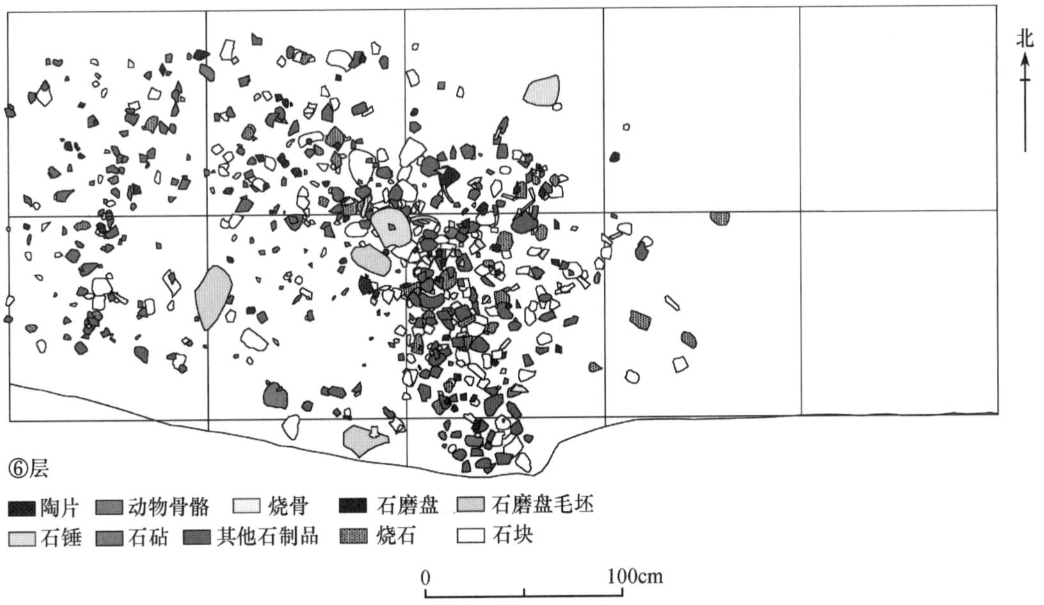

图7-15　李家沟遗址文化层（北区⑥层）遗物平面分布图

7.4.4　裴李岗文化层

主要发现在南区的②、③层，遗物数量较少，以裴李岗时期的陶片为代表，约100件。这一层位出土陶片所反映的裴李岗文化特点与河南地区其他遗址的发现类似。

7.5　李家沟遗址的意义

7.5.1　李家沟遗址与中原地区旧、新石器时代过渡研究

从旧石器时代晚期到新石器时代，人类从采集狩猎的高流动性社会过渡到新石器时代的定居农业社会，生活方式发生了巨大变化。在华北地区，这一过程的细节仍需要更多的研究。目前中国的史前史研究还缺乏从更新世最末阶段到早全新世的文化及社会变迁的证据。同时这一时期也是农业种植开始发展的阶段。因而这阶段对于了解高流动性采集狩猎人群如何转变为定居农业人群极为关键。在李家沟发现之前，华北地区这一阶段只有东胡林、转年、南庄头等少量遗址发现。李家沟遗址发现了从距今10 500年开始至裴李岗新石器时代的连续史前文化堆积，信息丰富完整，是中原地区的首次发现，填补了该地区从晚更新世到早全新世期间文化的缺环，为探讨中原地区古人类的社会发展与社会演变提供了极为重要的参考资料，也为此后该地区未来的深入系统研究奠定了基础[5]。

7.5.2　李家沟遗址与华北地区细石器技术的发展演变

李家沟遗址的细石器工业是以船形石核、锥形石核为特点，表明了它与中原地区其他一些旧石器晚期遗址的关系，细石器技术特点与华北地区一些遗址的技术特点类似。但李家沟遗址的细石器成分并不很高，加之磨制石器、陶器的出现，大型石制品及人工搬运石块等，都提示了这一阶段社会发展与人类生存方式已经开始发生改变，人类的流动性在此时已经开始下降。对李家沟细石器的研究有助于了解华北地区细石器文化的发展演变及背后的社会、行为模式变迁[6]。

7.5.3　李家沟遗址与早期新石器时代文化

李家沟遗址的李家沟文化层发现了较多的陶片，所代表的文化类型为之前所未了解。在李家沟文化所对应的距今10200～8500年时期，陶器有显著的发展伴以细石器技术的衰落，反映

出社会的显著变化，人类流动性更进一步下降。与陶器共存的有石磨盘等遗物，旧石器时代晚期的华北地区人们就已经开始使用石磨盘来加工橡子等植物。对李家沟文化的研究可以帮助我们了解裴李岗新石器文化之前的社会经济变化，帮助了解裴李岗、贾湖等农业人群的来源、交流融合，中原地区制陶业的发展与演变。

李家沟遗址的发现，从地层、年代、石制品组合、栖居形态、环境、生计方式等多角度提供了中原地区旧、新石器时代过渡进程的关键信息，展示了该地区远古居民从高流动性、以狩猎鹿类等大型动物为主要对象的旧石器时代，逐渐过渡到具有相对稳定的栖居形态、以植物种植为重要生计方式的新石器时代的完整演化历史。近年来，华北地区发现了包括山西柿子滩、舞阳大岗、许昌灵井、阳原于家沟和徐水南庄头、宜川龙王辿、北京转年和东胡林、沂源扁扁洞等一批旧石器时代向新石器时代过渡阶段的遗址。它们和李家沟遗址一起，使得学界可以深入地探讨该地区晚更新世到早全新世阶段的社会变迁、农业起源、陶器发展等重大课题。

注　释

[1] 王幼平，张松林，何嘉宁，汪松枝，王佳音，赵静芳，高霄旭. 河南新密李家沟遗址北区2009年发掘报告[J]. 古代文明（辑刊），2013（9）：177-207.

王幼平，张松林，何嘉宁，汪松枝，赵静芳，王佳音，高霄旭. 河南新密李家沟遗址南区2009年发掘报告[J]. 古代文明（辑刊），2013（9）：208-239.

[2] 王幼平，张松林，汪松枝，曲彤丽，阮齐军，王文婷，赵静芳，高霄旭，陈宥成，顾万发. 河南新密李家沟遗址北区2010年发掘简报[J]. 中原文物，2018（6）：31-37+2.

王幼平，张松林，汪松枝，陈宥成，阮齐军，王文婷，赵静芳，高霄旭，曲彤丽，顾万发. 河南新密李家沟遗址南区2010年发掘简报[J]. 中原文物，2018（6）：38-45.

[3] 张俊娜，夏正楷，王幼平，顾万发，汪松枝. 河南新密李家沟遗址古环境分析[J]. 中原文物，2018（6）：69-81.

[4] 王幼平，张松林，顾万发，汪松枝，何嘉宁，赵静芳，曲彤丽. 李家沟遗址的石器工业[J]. 人类学学报，2013，32（4）：411-420.

[5] 王幼平. 李家沟、大岗与柿子滩9地点的地层及相关问题[J]. 考古学研究，2012：1-10.

[6] 王幼平. 新密李家沟遗址研究进展及相关问题[J]. 中原文物，2014（1）：20-24.

第8章　中原地区晚更新世古人类文化的发展

郑州地处嵩山东麓，是中原地区的核心地区。自2000年以来，相关单位在中原地区的嵩山东麓调查、发掘了一系列晚更新世的古人类遗址，发现了非常丰富的旧石器文化遗存。如前述各章介绍讨论的荥阳织机洞[1]、郑州市二七区老奶奶庙[2]、新郑赵庄[3]、登封方家沟遗址、西施遗址，以及新密李家沟等[4]。这些遗址都出土数量众多的石制品、动物化石等文化遗存，以及用火石器加工等重要遗迹现象。与发掘工作同时，还开展古环境、年代学、动植物考古等多学科的现场取样与实验室分析，获得了大量有关遗址及区域的古环境背景资料、年代数据等。有关单位还连续多年进行系统的旧石器专项调查，在郑州地区的嵩山东麓发现数量众多的旧石器遗址或地点。这些考古发掘与调查的新发现为探讨中原地区晚更新世古人类文化发展提供了非常重要的新证据。

近20年来，在环嵩山的中原及邻近地区，河南、陕西、山西、中国科学院古脊椎动物与古人类研究所及相关高校的旧石器考古同事也开展很多工作，发掘了数量众多的旧石器遗址，其中大部分属于晚更新世。其中如环秦岭地区的发现，特别是仅洛南盆地，调查发现的遗址或地点数量就多达数百处[5]。在秦岭南北两侧的陕西汉中盆地、蓝田地区等也有数量众多的发现。在晋南地区一些早期发现发掘的旧石器遗址，也继续开展新的工作，并有更多重要发现，如襄汾丁村遗址群[6, 7]、吉县柿子滩遗址群[8]及沁水下川遗址群等[9]。自2004年以来，河南省文物考古研究所连续10多年来在河南许昌灵井遗址的发掘，除了数量众多的石制品与动物化石等，还发现两具珍贵的古人类头骨化石，更为探讨中原地区古人类文化发展提供了重要资料与证据[10]。

8.1　古环境与年代学背景

前述各遗址，多地处河南省会郑州或其所辖的几个县级市境内的嵩山东麓。该区域位于中原地区的核心部位。中原地区位于中国南北方过渡地带，是现代中国及东亚大陆南北与东西交通的枢纽，也是更新世期间早期人类迁徙与文化交流的必经之地。与此同时，该区也是中国自然地理区划南北方的交汇地带，南接江淮以南的亚热带，北连华北平原温带地区。在地形地貌方面，中原地区东部为黄淮平原，向西逐渐过渡到嵩山、秦岭与黄土高原区。区内亚热带与暖温带的过渡性气候，连同平原、山区以及黄土高原依次变化的地貌条件，决定了中原地区多样性的生态环境。特别是受到第四纪更新世期间全球性环境变迁的影响，冰期间冰期交替出现，古气候频繁变化，使得在该地区生存的早期人类必须面对更为复杂的生态条件。近年来在该区域内调查发掘的数量众多的旧石器时代遗址，更详细地反映出在更新世期间，特别是晚更新世以来，有数量众多的早期人类生活繁衍在中原及邻近地区的繁荣景象[11]。

8.1.1　嵩山东麓

嵩山东麓位于黄土高原的东南边缘区，更新世尤其是晚更新世期间沉积了巨厚的黄土堆积。本项目重点发掘的几处遗址，仅荥阳织机洞一处是洞穴堆积，其余均出自在马兰黄土或古土壤层。除了这些经过正式发掘遗址，新近调查发现的遗址或地点所在区域，亦均属典型黄土堆积。不同遗址或地点的旧石器文化层，也都可以和典型黄土地层序列进行详细对比。

在经过系统发掘与研究的遗址中，织机洞遗址与其周边的黄土地层保存更为完整，保存了从晚更新世之初直到全新世堆积。由已经揭露的剖面观察，织机洞遗址的洞穴堆积从上到下厚达20m以上，可以分为四个部分：最上层是含裴李岗文化陶片的全新世堆积；其下为晚更新世晚期，主要是末次冰期极盛期与马兰黄土上部同期形成的灰黄色黄土夹杂洞顶塌落的石灰岩角砾堆积，含石英及燧石加工的小型石片石器；再下则是巨厚的锅底状薄层黏土至砂质黏土沉积，系因早期堆积坍塌后形成的漏斗状大坑，被流水带来的物质快速充填形成，不含文化遗物；最下部分则是多层含有旧石器遗存的堆积，在洞口部分至少可见到9层，其中①～⑦层仍出小型的石片石器，但⑧层以下，则为砾石工业。

织机洞遗址地层与文化遗存最主要是下部堆积的发现。经过旧石器文化、古环境与年代学研究显示，早期人类最早进入该洞穴活动的时代可能是晚更新世之初。根据与洞外黄土堆积，以及邻近地区如洛阳北窑遗址黄土地层的对比显示（参见前文第一章的图1-4、图1-5），织机洞洞口堆积下部含砾石石器的下文化层，当与黄土古土壤系列的S_1相当，时代大致应在128kaB.P.～75kaB.P.之间。在此期间虽然也有冷暖波动，但总体是较为温暖湿润的环境，因而能够在洞外的黄土堆积形成黄土古土壤序列中形成标识为S_1的古土壤层。类似织机洞附近的黄土堆积情况，在黄土高原东南边缘地区的S_1古土壤层，由于地理位置更接近南方的亚热带区域等缘故，形成颜色更深红的厚层堆积。

织机洞遗址洞口的上部堆积，即⑦层以上，绝对年代在50ka B.P.左右，明显已进入深海氧同位素的3阶段（以下缩写为MIS3）。该阶段的古环境分析也显示，当时是较为温暖的南暖温带疏树草原环境（图1-3；表1-1）。

近年来发掘的郑州市二七区老奶奶庙遗址旧石器文化层与黄土地层堆积的关系也很清楚。老奶奶庙遗址发掘区东面剖面上清楚可见，上部是1～2m厚的全新世堆积，向下是10余米厚的典型马兰黄土层。马兰黄土下伏的河漫滩相堆积是该遗址旧石器文化层。老奶奶庙遗址的地层序列恰好和典型黄土堆积的黑垆土（S_0）、马兰黄土上部（L_1）及古土壤层（L_1s）相一致。这个沉积序列也与深海氧同位素1～3阶段的序列吻合。区内新近发掘的新郑赵庄、黄帝口，登封方家沟等遗址的地层序列，也都与老奶奶庙遗址的情况相近。这几处遗址的旧石器文化层，皆位于相当于马兰黄土上部堆积之下的河漫滩相堆积。另外两处露天遗址登封西施与东施的文化层则与前几者不同，埋藏于马兰黄土上部堆积偏下的黄土状堆积。

前述遗址的年代测定数据也与各遗址的地层相吻合。加速器^{14}C与光释光年代测定的结果显示，织机洞遗址的时代最早，可能会早到晚更新世之初甚至更早。该遗址早年一个铀系法的年代测定数据为距今7万年前后，但一些肿骨鹿下颌骨的发现，显示该遗址可能还有时代更早的遗存[12]。老奶奶庙遗址时代也较早，经过校正的^{14}C年代为45～44ka B.P.左右。方家沟遗址经过加速器^{14}C与光释光两种方法的比较，也应在距今4万年前后。赵庄遗址校正后的年代也应早于35ka B.P.。西施遗址的^{14}C年代结果经校正也早于26ka B.P.。李家沟遗址时代较晚，^{14}C年代测定结果校正后，从距今10 500年前后开始，一直持续到距今8000多年的新石器时代早期。

上述测年数据显示，这几处遗址的主要居住时间都处于MIS3阶段，只有西施与李家沟遗址属于MIS2阶段以后。后者延续的时代更长，已经进入全新世。清楚的古环境背景与地层关系，以及详细的年代测定数据等资料，为探讨区域内旧石器时代文化的发展进程奠定了坚实的基础[13]。

将嵩山东麓几处新发掘遗址年代学研究结果与区域内黄土地层以及深海氧同位素阶段对比，尤其是结合近年来中原及邻近地区旧石器时代考古与第四纪环境等多学科研究成果综合考虑，中原地区晚更新世古人类文化发展的古环境与年代宏观背景已更为清晰。

参与本课题的古环境、年代学等多学科研究者和田野考古组密切配合，开展与考古发掘工作同步的多学科合作研究，到现场研讨分析并获取实验室分析样品，通过对嵩山东麓晚更新世古人类遗址具体研究，进一步揭示晚更新世，尤其是MIS3阶段现代人出现以来，不同遗址人类活动的地貌部位等微观环境特点，如在河漫滩上安营扎寨的老奶奶庙，边滩或沙坝上垒砌石堆置放象头的赵庄，还有利用原始沟槽地形的方家沟等。更重要提出嵩山东麓乃至中原地区晚更新世晚期的地貌结构与遗址分布的关系及演化过程，亦清晰展现了晚更新世以来中原地区古人类发展演化的古环境背景（图1-73、图1-74）。

8.1.2　环秦岭地区

近20年来，在中原地区西侧及毗邻的环秦岭地区，中国科学院古脊椎动物与古人类研究所、陕西省考古研究所与南京大学等单位合作，开展系统的旧石器时代考古调查、发掘与综合研究，尤其是跨学科的综合研究，对该地区古人类生存时代与环境取得全新认识[14]。虽然早期人类在该地区的活动已经可以追溯到上百万年之久，但更多的旧石器文化遗存发现于B/M界限之上的中更新世之后，特别是中更新世晚期，距今20多万年以来，是该地区露天类型旧石器遗址发现最集中的时段[15]。到目前为止，该地区发现的旧石器遗址或地点的数量已多达数百处，更多集中于沿豫西的洛河溯源而上的沿线。仅在位于秦岭主峰东南侧的洛南盆地一地，即发现400处以上。对这些遗址的系统发掘及年代学与古环境研究显示，该地区旧石器文化遗存在黄土与古土壤系列堆积中，明显呈现连续分布状态，意味着远古人类在该地区的生存活动并未因更新世期间的气候波动而有所间断。研究者认为，类似洛南盆地的秦岭南侧的山间盆地，既是更新世人类在冷期的避难所，同时也是南北方古人类迁徙交流的通道[16]。这种情况在晚更新世早期，从MIS5到MIS3阶段尤其突出。此时的洛南盆地及环秦岭周边地区，仍有较多的古人类活动，因而能留下数量更多的旧石器遗存（图8-1）。从图所示可见，晚更新世早期形成的S_1到L_1阶段，所发现的遗址数量远远超过其他时间段，说明此时古人类在该地区活动的繁荣景象。不过到距今5万年前后的MIS3阶段，洛南盆地以及环秦岭地区的旧石器遗址数量明显减少，石器工业面貌也发生变化，进入旧石器文化发展的新阶段。

8.1.3　晋南及邻近地区

与中原地区相邻的晋南到冀西南的黄土高原及山地，也是早期人类活动的重要地区。本区已发现的晚更新世古人类文化遗存更为丰富，尤其是近年来的考古发掘与综合研究，揭示出更多属于本阶段的旧石器文化以及相关的古环境与年代学背景资料。

本区是中国旧石器考古开展最早的地区之一。20世纪50年代发掘的山西襄汾丁村旧石器遗址群，其年代与埋藏环境虽然也有讨论，但主流意见认为，丁村遗址所在的汾河3级阶地上的红色土状堆积及同期异相的河流相沉积，仍可与黄土古土壤系列的S_1对比。丁村文化也一直作为中国旧石器时代中期文化的典型代表。20世纪七八十年代以来，在丁村地区的连续工作已将丁村文化的来源上溯到中更新世晚期，其向后期发展去向也有丁村7701地点的细石器遗存等线索发现。尤其是近年来的工作，已从汾河沿岸的河流相堆积的调查与发掘，向外扩展至黄土堆积分布区，新发现如九龙洞、过水洞等一批保存有古人类活动遗迹的重要遗址。不过这些发现的主体部分，也当还是S_1或同期异相的堆积，进一步丰富了丁村古人类生活环境与年代学研究的证据。

近年来在年代学与古环境研究取得进展的还有晋南沁水下川遗址群的新工作。由北京师范大学考古专业与山西省考古研究所合作开展的下川遗址工作，将下川遗址的时代向前延伸至S_1阶段。下川遗址早期调查与发掘的研究成果，认为该遗址主要是距今2万～1万年的细石器文化，以及距今3万年多年的石片石器[17]。近年来出版的下川遗址发掘报告，进一步揭示出下川遗址有不同的文化层，以及不同性质的旧石器文化[18]。尤其是正在进行的下川遗址最新发掘与研究项目，已将下川遗址主要剖面的时代追溯到更早的S_1阶段[19]。同时新发掘的小白杨等遗址，进一步证实比下川细石器更早的石片石器文化层的存在。细石器的时代在26ka B.P.以

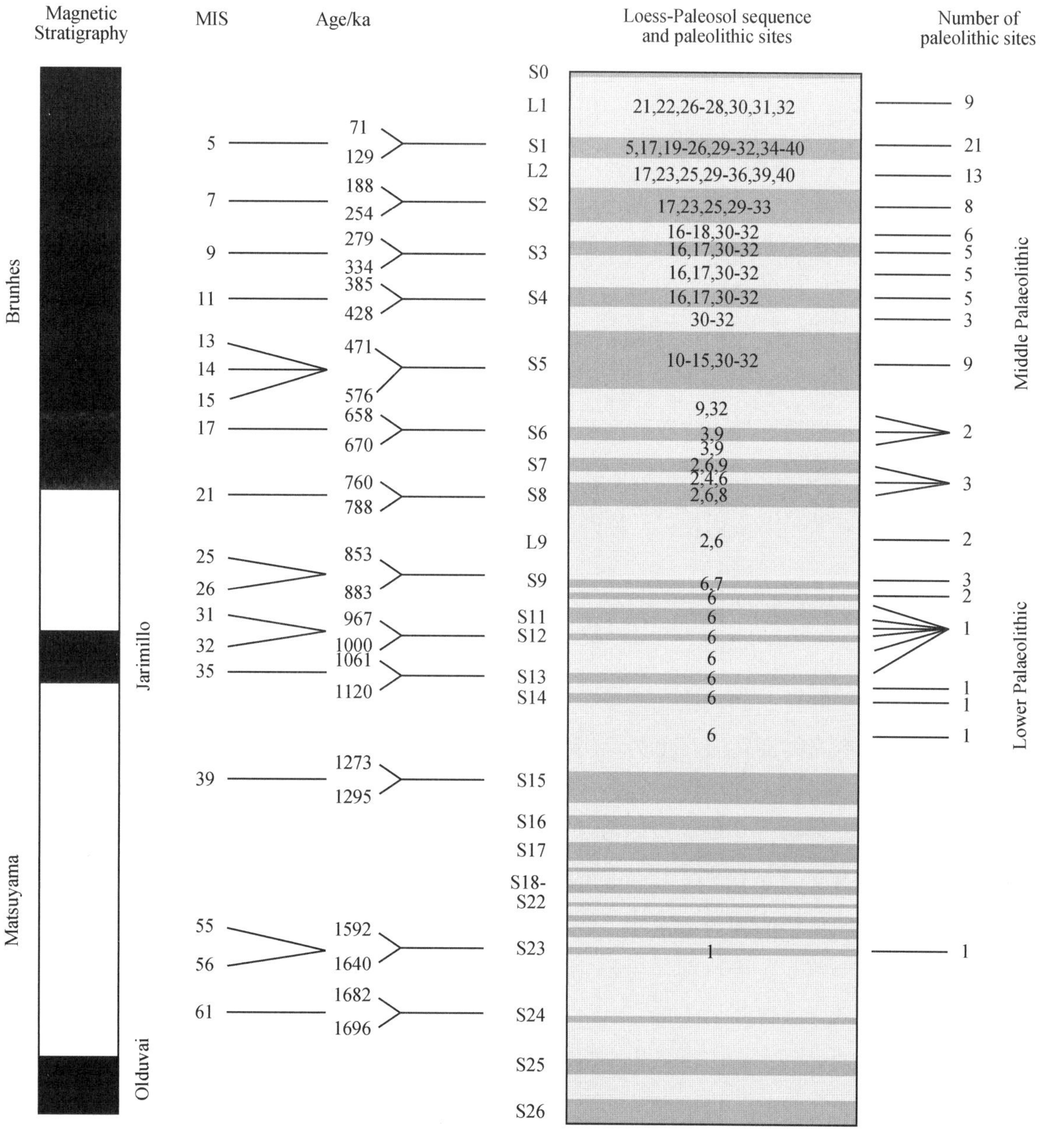

图8-1　环秦岭地区古地磁、深海氧同位素阶段、黄土古土壤系列与旧石器遗址数量变化（Sun X, et al., 2018）

后，而石片石器的时代则可以早到30ka B.P.以上[20]。

在本区早年已发掘的遗址中，还有河北涉县新桥遗址。如图8-2所示，是新桥遗址剖面记录的太行山东南麓黄土古土壤的连续堆积系列。旧石器文化遗存的埋藏特点也较清晰，更清楚地反映了本区晚更新世期间古人类活动特点与文化发展情况。剖面的②层应是属于全新世的堆积。从③层开始，应属于晚更新世。依据岩性特点，③层当属于马兰黄土的上部堆积，形成于MIS2阶段。④～⑥层分别为古土壤层、黄土层与古土壤层，据其岩性和旧石器遗物特点观察，当属于MIS3阶段形成堆积。⑦层应为马兰黄土下部。⑧层为厚层的古土壤层，当属MIS5

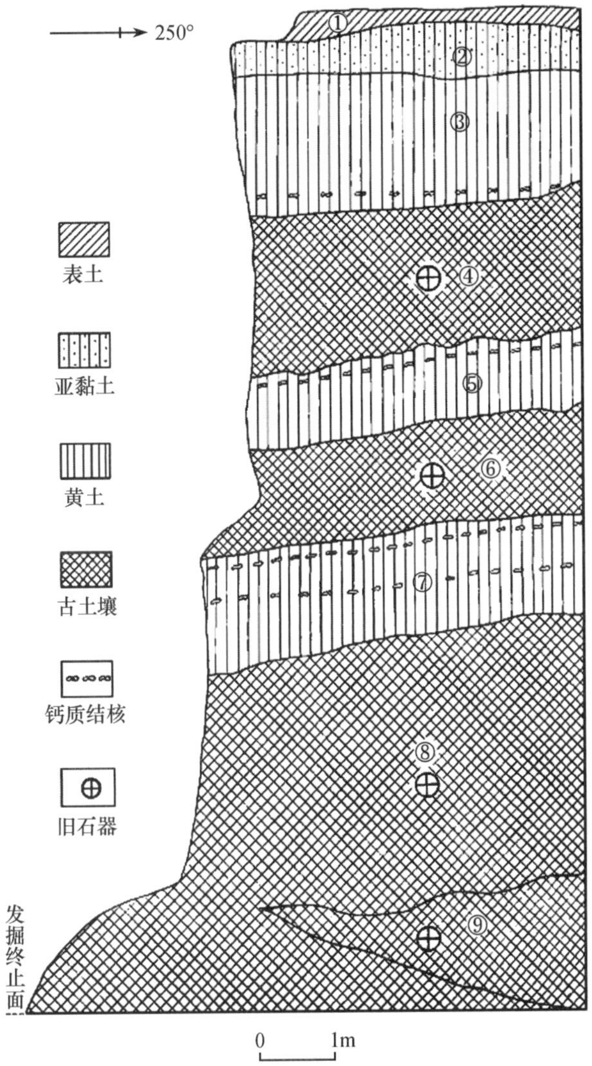

图8-2　涉县新桥遗址黄土地层与石制品分布（梅惠杰等，2001）

阶段形成的厚层古土壤层。这个剖面所反映的古人类活动特点与秦岭南侧的山间盆地不同。旧石器遗存只发现于古土壤层，说明越靠北方地区，古人类主要生活在气候转暖的古土壤生成阶段。黄土形成期，则少或不见人类活动。换言之，北方地区人类活动是间歇性的，冷期离开，暖期回来。而在秦岭南侧的山间盆地，则不受气候变化的明显影响，成为古人类在冷期的避难地。

晋南另一项重要进展是吉县柿子滩遗址诸地点的发掘与研究，主要是时代较晚，MIS2阶段的年代与古环境的系统成果。自2000年以来，吉县柿子滩遗址开展大规模新调查与发掘，发现数量众多的新地点，更有如柿子滩29地点等科学发掘与深入研究。柿子滩29地点厚达10多米的剖面完整地记录了该地区MIS3阶段末期至全新世之初环境变迁与文化发展过程（图8-3）。

该地点最下层为29～28ka B.P.之间。到⑦层下部则大致是26ka B.P.左右。前者仍是较为暖

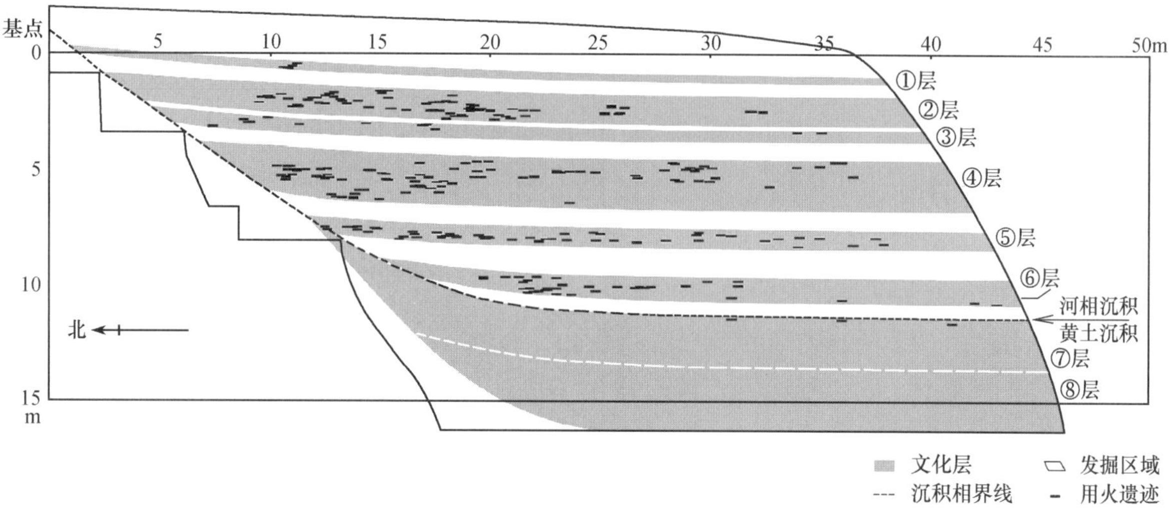

图8-3　柿子滩29地点文化层与遗迹分布图（宋艳花等，2017）

湿的森林环境；到⑦层开始堆积之际，则已开始朝干冷方向发展，但仍相对较暖湿，呈现为森林草原环境。这一变化应该是MIS3向MIS2阶段转变的过程。其后则是从⑥层到②层，时代为24.5 ~ 18ka B.P.，气候转至干冷，为荒漠草原环境。再后则出现较长时间的沉积间断。到①层的时代为13ka B.P.左右，气候转暖，植被变为森林草原。

8.1.4　晚更新世环境变迁的阶段性及影响

从嵩山东麓向西到环秦岭地区，向北到晋西南的汾河及黄河支流的河谷地区，以及东到太行山东麓，该地区晚更新世发育着从S_1到L_1，乃至全新世黑垆土层的完整晚期黄土沉积序列。无论是郑州地区织机洞遗址周边的黄土剖面，还是向西经洛阳北窑，一直到洛南盆地，标志晚更新世开始的S_1，均是堆积较厚的古土壤条带。向北到襄汾丁村遗址群附近，有典型的埋藏丁村文化的厚层红色古土壤层也是S_1。按照古环境学的研究，无论是黄土沉积、还是极地或高山冰川的冰芯，以及近年来新近开展研究的石灰岩洞穴的钟乳石等记录的古气候信息，均可与深海氧同位素对比，对全球性的气候波动及其所带来的环境变迁均有更详细的复原[21]（图8-4）。

这些研究结果都显示，占据了晚更新世近一半时间的S_1形成阶段，尽管有其后转冷的阶段，但总体是更为温暖湿润的环境。如第一章研究成果显示，尤其是位于黄土高原东南边缘，已经接近现代气候的北亚热带边缘的嵩山东麓地区，气候与古环境应更为适合古人类生存繁衍。

从区域黄土地层的观察，特别是结合旧石器遗址或地点的地层堆积情况来看，在黄土高原的东南边缘区下部的马兰黄土均不是太发育。这当与MIS4阶段的时间偏短有关。MIS4大致是在75ka B.P.左右开始，持续到60ka B.P.左右。从发现旧石器遗址数量更多，年代学与古环境研

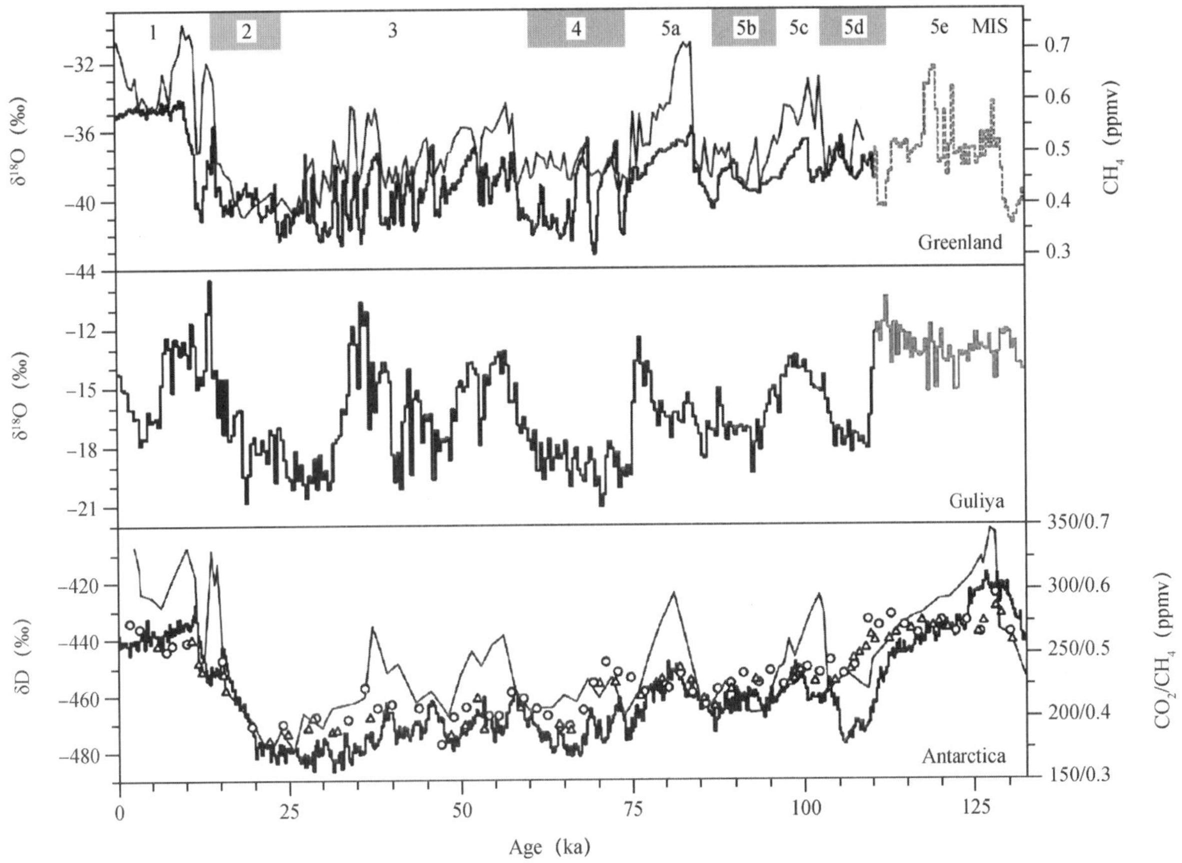

图8-4　北极格陵兰GISP2冰芯、古里雅冰芯、南极Vostok冰芯所示末次间冰期气候特征（Thompson et al., 1997）

究也更详细的环秦岭地区来看，从晚更新世以来一直到50ka B.P.前后，石器文化似乎并无显著变化。由此推断，MIS4阶段的气候转冷与环境变迁的幅度，在本区可能也不是很大，因而，对生活在该地区的人群并无明显影响。但向北到太行山东麓的涉县新桥遗址，在S_1与L_1S之间，则不见石制品，可见气候变化的影响在地理位置靠北地区则较显著。类似的情况同样可以在海拔较高的晋南下川地区见到。

MIS3阶段古环境与年代学资料在嵩山东麓地区尤为丰富。这一阶段也是该地区古人类及其社会发展最为繁荣阶段。根据对遗址沉积物的粒度磁化率、化学元素与植物孢粉等多项指标的综合分析显示，嵩山东麓地区在MIS3阶段整体气候条件与现代相近，虽然表现得更为暖干，但很多时候曾发生过亚热带的植物北侵的情况。因此，MIS3阶段是中原地区旧石器文化发展得非常繁荣的阶段。不过这种繁荣景象，随着MIS2阶段开始，全球性气候转冷而发生明显变化。尤其是最后冰期极盛期的到来，气候更为干冷，植被变为草原甚至荒漠草原。嵩山东麓此阶段的遗址数量急剧减少。环秦岭地区仅见少量洞穴遗址。晋南的山间盆地能够见到的也只有使用石叶与细石叶技术的专业化狩猎人群。直到晚更新世结束，全新世来临之际，气候才再次转暖，逐渐过渡到现代的气候环境。

上述情况显示，中原及邻近地区晚更新世环境变迁，特别是对古人类文化发展影响最显著的界限，应该是在MIS3阶段的早期，即50ka B.P.前后。此时无论是在嵩山东麓，或是环秦岭地区，旧石器文化面貌都发生了巨大变化。以此为标志，MIS5～MIS4，可以视为中原地区晚更新世古人类文化发展的第一阶段。在此之后的MIS3阶段，中原地区的古人类文化发展开始进入新时期。尤其是嵩山东麓数百处属于此阶段露天遗址的发现与分布态势，更清楚地再现了当时人类的栖居形态与社会发展盛况。因此，MIS3阶段应是本区晚更新世文化发展的第二阶段。到MIS2阶段，最后冰期极盛期所带来的环境巨变与旧石器文化的新面貌，标志着本区旧石器文化发展到新阶段。至更新世结束与全新世到来的过渡阶段，本区古人类文化发展也明显展现出承前启后的新特点。

8.2　从MIS5到MIS4阶段

中原及邻近地区已经发现的属于MIS5～MIS4阶段的旧石器遗址，近年来虽然不断增加，但总体数量仍不算太多。在这些发现中，荥阳织机洞遗址下文化层较具代表性。织机洞遗址从20世纪90年代开始发掘。先后几次发掘都有较丰富的成果。该遗址是一处沿石灰岩裂隙发育的岩厦式溶洞，位于荥阳市崔庙镇王宗店村。遗址地处嵩山余脉所形成的低山丘陵区，堆积总厚超过20m。2001～2004年度发掘的洞口区，旧石器文化堆积可分为9层。综合^{14}C年代和光释光等测年数据，再结合与周边黄土堆积的对比结果来看，洞口堆积的主体应该形成于距今4万年以前。尤其值得关注的是属于上文化层底部的⑦层的光释光年代已近距今5万年，其下⑧、⑨层的年代应更早。考虑到⑧、⑨层的岩性特点，以及前期发掘洞内部分的铀系法年代数据早于距今7万年，并且有肿骨鹿下颌骨发现等情况来看，以⑧、⑨层为代表的织机洞遗址下文化层的时代应当处于晚更新世早期，该阶段沉积物古环境特点也显示为温带森林植被，所以更可能是属于MIS5阶段。

织机洞遗址数次发掘，已发现的石制品数量多达万件。2001～2004年在洞口区的新发掘所发现的石器组合，大致可以分为两组：⑦层以上，不同文化层的石器均显示为小型石片工业的特点。⑧、⑨层的石制品则多是形体较大，以砾石为原料加工的产品[22]。

织机洞遗址下文化层发现的石制品，经过整理者近百件。织机洞洞前河滩中富含石英砂岩砾石，因此在下文化层，石英砂岩成为最主要原料。这种原料硬度中等，容易剥下大中型石片。具体来看，⑨层的绝大部分石制品原料都是石英砂岩。10件工具中有9件为石英砂岩。石片、石核也是石英砂岩。但到⑧层原料的选用则开始变化，除石英砂岩，石英、燧石和石英岩出现，石英砂岩比例有所下降。⑧层的工具主要由石英制成，也有石英砂岩石片可能被直接使用。亦发现燧石石片和工具等。

织机洞下文化层石制品形体普遍较大。石器加工主要是锤击技术。工具类型也是重型工具居多，如石锤、砍砸器与形体较大的刮削器等。整体情况与附近同期的发现相近，如巩义洪沟[23]、洛阳北郊的北窑遗址[24]，晋南的下川遗址下文化层[25]，以及冀西南涉县新桥遗址的同期遗存，也都是这样采自遗址附近河滩砾石为原料，直接加工出形体较大的石制品。上述遗址所发现石制品的总体数量均不是太多，也都很少见到形体较小的石制品。

与上述遗址相距不远，同属嵩山东麓的许昌灵井旧石器遗址石器工业面貌则有所不同。灵井遗址前后经过多年的发掘，综合讨论的文章也较多。关于石器组合的情况，当以2006年度的发掘报告更具代表性，可视作一个组合来做比较讨论[26]。灵井遗址2006年度的发掘共发现石制品5600多件，还有上万件动物骨骼及碎片。石制品中，石英原料占97%，石英岩仅占3%。石器组合中，大量是石英的断块、碎屑，占石制品的八成。石英原料加工的小型工具的数量也很多，加工较细致，据近年来的研究，可能还有软锤加工技术的应用。大型工具数量不多，皆是石英岩原料，种类有砍砸器、石球等。尤为引人注目的是数量较多盘状石核的发现，显示许昌石制品的剥片技术已有一定程序和规划性。另外，在碎骨片中，还有数量较多带有加工或使用痕迹者，可以视作为“骨制品”[27]。

关于嵩山东麓及邻近地区的这些发现，大部分遗址的石制品数量虽不多，但形体普遍较大，皆以遗址附近的河床砾石为原料，直接打制而成。整体表现为较粗犷的面貌，与同期的华南砾石工业有相近之处。但从工具组合，加工工具的毛坯，特别是石器生产的操作链来看，则又有所区别。本区的石器组合中不见直接修型制作的大型尖状工具，如手斧、手镐等；砍砸器所占比例也多较低。有的遗址发现中小型的刮削器类等数量更多。因此，有学者在讨论本区的文化面貌之时，主张将该区的发现归入华北石片石器工业系统[28]。

然而再向西到陕西秦岭主峰南侧的洛南盆地，以及近年来在环秦岭多个地区，都发现一系列晚更新世的石器工业[29]。这些新发现的时代可以早到中更新世甚至更早，但一直延续到晚更新世，至距今5万年前后。且在晚更新世早期阶段发现的遗址数量更多。经过发掘的典型遗址，如陕西洛南槐树坪、十字路口、夜塬，以及到湖北丹江水库库区附近的滴水岩等，均发现数量众多的石制品。在秦岭北侧的陕西蓝田地区，经过系统调查，也有数量较多的发现[30]。这些新发现的晚更新世早期或更早的石器工业，均以遗址附近的河滩砾石为原料，以锤击技术为主要方法打片，加工出砍砸器、手斧、手镐、薄刃斧等具有阿舍利工业特点的工具组合。与嵩山东麓同期发现不同，这里的石器生产操作链，多缺少剥片环节，主要是用砾石或石核为毛坯，直接修理工具。这些新发现的石器工业与嵩山东麓及附近地区的发现明显不同，表现出更多与华南同期或更早的砾石工业相近的技术特点或文化传统。

综上所述，晚更新世早期，即MIS5～MIS4阶段，中原及邻近地区的旧石器文化发展可以分为两种类型。在靠近东北部的嵩山东麓及附近，虽然也多见以砾石为原料的形体较大的石器组合，但在技术传统与整体面貌等方面，都表现出与华北地区长期流行的石片石器工业更为接近。到西南部与中原地区相邻的环秦岭地区，则是类似阿舍利工业的砾石石器传统。石器工业面貌与技术传统的差异，也都可以追溯到本地区更早阶段。两者的后续发展则可在MIS3阶段看到。

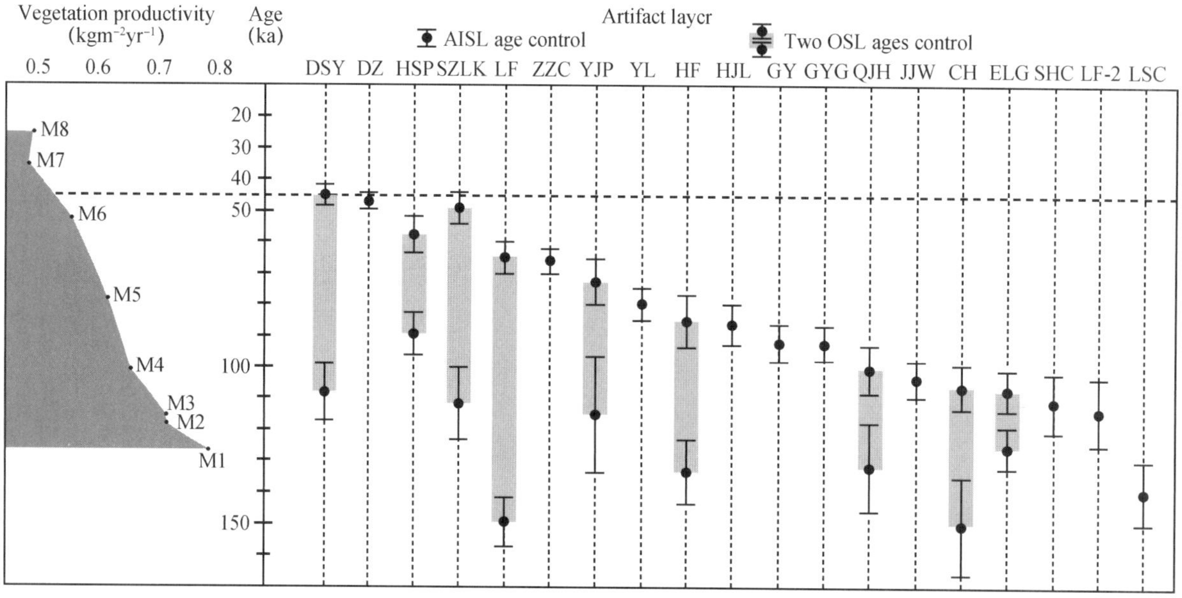

图8-5　晚更新世环秦岭地区旧石器遗址及年代（Sun X, et al., 2018）

8.3　MIS3阶段的转变

8.3.1　石器工业的变化

如前所述，荥阳织机洞下文化层石器工业与嵩山东麓及邻近遗址发现的石器工业，在原料选择、加工技术与组合等方面，均没有明显区别，显然应当属于同一文化传统。然而与下文化层不同，在织机洞洞口区上文化层（①～⑦层）经过初步整理的石制品数量多达几千件之多。上文化层石制品原料主要为石英，也有较多燧石，还见少量石英砂岩与石英岩等原料使用。这些石器原料中，除石英砂岩与石英岩为来自织机洞前河滩的砾石，其余均来自较远地方，是采自数千米至数十千米以外山区风化的基岩石块或结核。织机洞上文化层的石核，主要是不规则形的，大部分明显是锤击技术产品。还有少量标本有砸击技术的痕迹。石器组合中，经过修理的工具多达千件以上，包括边刮器、端刮器、凹缺刮器、尖状器、石锥、雕刻器与砍砸器等。上文化层工具的修理技术，也多显得比较简单。经过仔细加工、形体规整精制品的数量也并不多。

对织机洞遗址发现的石核与石片整体观察发现，从下到上文化层，所应用的剥片技术并没有明显变化。两者均以锤击技术为主，直接剥取石片，都不见预制石核或修理台面等情况出现。砸击技术的应用也较少见到。这些特点仍可归入简单石核—石片技术的范畴。不过从经过修理的工具类型来看，从下到上文化层，则出现很明显的变化。在下文化层，尤其靠下部⑨层发现的石制品中，砍砸器或重型刮削器等重型工具多，石制品体积与重量明显大于上文化层的发现。从石器原料来源，以及工具组合所显示的功能特点等角度观察，织机洞遗址下文化层的居民，显然是偏好就地取材，其活动的范围也较小，更多应是使用重型工具。到上文化层，则更多见便携的轻型工具，石英与燧石原料的来源距离更远，显示其活动范围更广泛，人类活动领地明显扩大。从织机洞遗址的年代学与古环境研究结果看，从大到小，由近及远的变化或转折点，恰好发生在MIS3较早阶段，绝对年代为距今5万年前后。这一阶段中原及邻近地区，仍是比较温暖湿润的森林草原环境。因此，这一重要转变的原因，大概并不是由于生态适应所致，而更有可能是出现了具有不同活动特点或行为方式人群的迁徙移动所致。

形体较小的石片石器工业的流行，在时代与织机洞遗址上文化层相近，或稍晚的嵩山东麓及附近地区发现得更为广泛，如郑州市二七区老奶奶庙、登封方家沟，新郑赵庄与黄帝口等遗址。跨过黄河到晋南地区，在沁水下川遗址的中文化层、吉县柿子滩29地点下文化层（⑧层）等，也都有发现。发现数量较多，具有代表性的是老奶奶庙遗址。老奶奶庙遗址经多次发掘所发现石制品数量众多，从经过整理的数千件石制品来看[31]，石制品主要以灰白色石英砂岩制品和石英制品为主。石英砂岩石制品中，石片数量较多。石核多为多台面石核，均系简单剥片技术产品，尚不见预制石核的迹象。经过仔细加工的工具不多，可见到的类型有边刮器、尖状器等。形体多较细小。

石器工业或技术的转变，在中原地区西侧及环秦岭地区也可见到。近年来数量众多的考古发掘与调查工作发现，大量采用砾石原料，以修形为特色，石器组合中有典型的手斧、手镐与薄刃斧等阿舍利类型的砾石工业，到距今5万年前后，在原来古人类活动遗迹众多的洛南盆地等逐渐消失。代之而起的仅是零星以石英原料加工的小型石片石器[32]，但数量明显少于前者。但到秦岭南侧。在一些洞穴遗址中，则有更丰富的发现，如河南南召小空山上洞、栾川龙泉洞以及刚刚公布的陕西南郑疥疙洞遗址等。在秦岭南侧到丹江库区等地，露天遗址中也见形体较小，以石片石器占主导地位，加工技术与原料应用等均与前者相近的新型石器工业，且可能在同期或更早阶段就已开始出现[33]。

8.3.2　栖居形态的转变

得益于近年来在中原及邻近地区各单位大规模的系统调查与科学发掘，积累了更多资料，也有条件开始观察本阶段与更早时期古人类在该区的栖居形态，进而探讨他们的社会与行为变化。与织机洞上文化层同期的露天遗址或地点在中原及邻近地区有更广泛的发现。如前所述，近些年在环秦岭地区的专项旧石器考古调查，也都发现数以百计的露天遗址，尤其是洛南盆地。

洛南盆地以及环秦岭周围新发现的旧石器遗址，虽然出现很早，甚至超过百万年，但大部分遗址，特别是带有阿舍利技术的砾石工业，主要是中更新世晚期以来，尤其是晚更新世早期，即前述的MIS5～MIS4阶段。从图8-6所示可见，这些遗址分布的情况来看，多数是在沿着

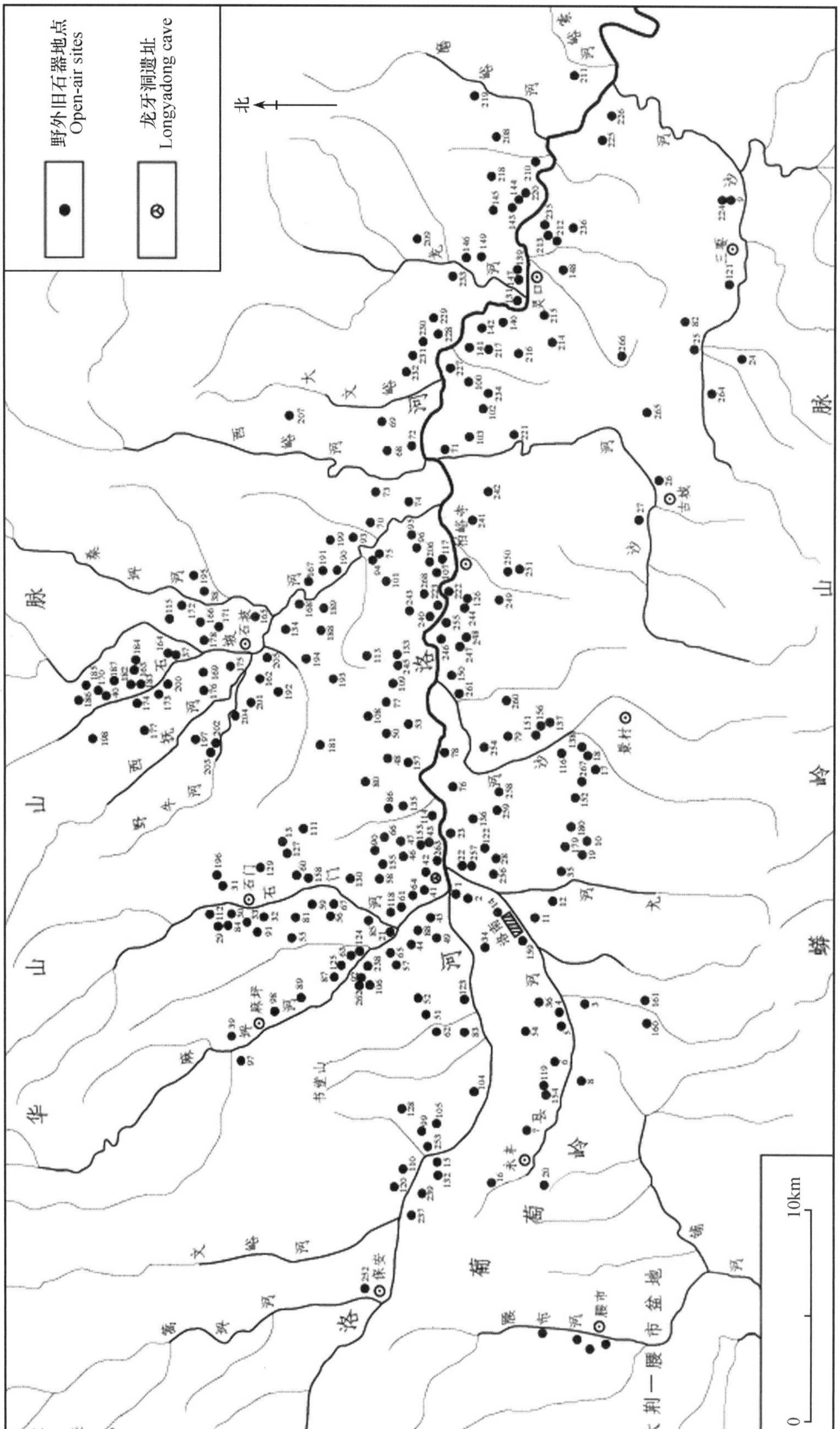

图8-6　洛南盆地旧石器遗址分布图

采自《花石浪（Ⅰ）》，科学出版社，2007年，第4页现代河流两侧的不同阶地上分布。各遗址之间的距离变化不大，区域内的遗址整体分布情况也比较均匀，没有明显相聚成群组的趋势。这种情况可能反映较早阶段人群的结构应该相对简单，不同遗址的功能区别也不是特别明显。上述情况到本阶段则有较明显变化。首先是到MIS3阶段以后，除了砾石工业传统的消失，露天遗址的数量明显减少，更多洞穴遗址出现，如前面提到的多个文化内涵更丰富的洞穴遗址的发现。

尽管露天遗址在环秦岭地区急剧减少，但此时在嵩山东麓却发现数量更多的露天遗址群。如图8-7：这些地点沿河两岸分布，出露地层与埋藏状况与皆相近。北起贾鲁河上游老奶奶庙，南到溴水河流域赵庄—黄帝口遗址，郑州地区嵩山东南麓广泛分布着距今5万～3万年的旧石器遗址。这些遗址既有临时活动场所，也有长期居住的中心营地，还有专门的石器加工场所，以及摆放石堆与大象头骨的特殊活动遗迹。其分布明显成群组聚集，构成多个以基本营地为中心，各类临时活动地点呈放射状分布的遗址群。遗址群沿古代河流两侧分布，有各自相对独立的活动领域，系统地展示了郑州地区旧石器时代中、晚期之交阶段的栖居形态，反映了晚更新世人类在该地区生存发展的繁荣场景。古环境与年代学等多学科综合研究也显示本阶段嵩山东麓的狩猎—采集人群更喜欢选择靠近水源与猎物丰富的河漫滩安营扎寨，从事各种活动。

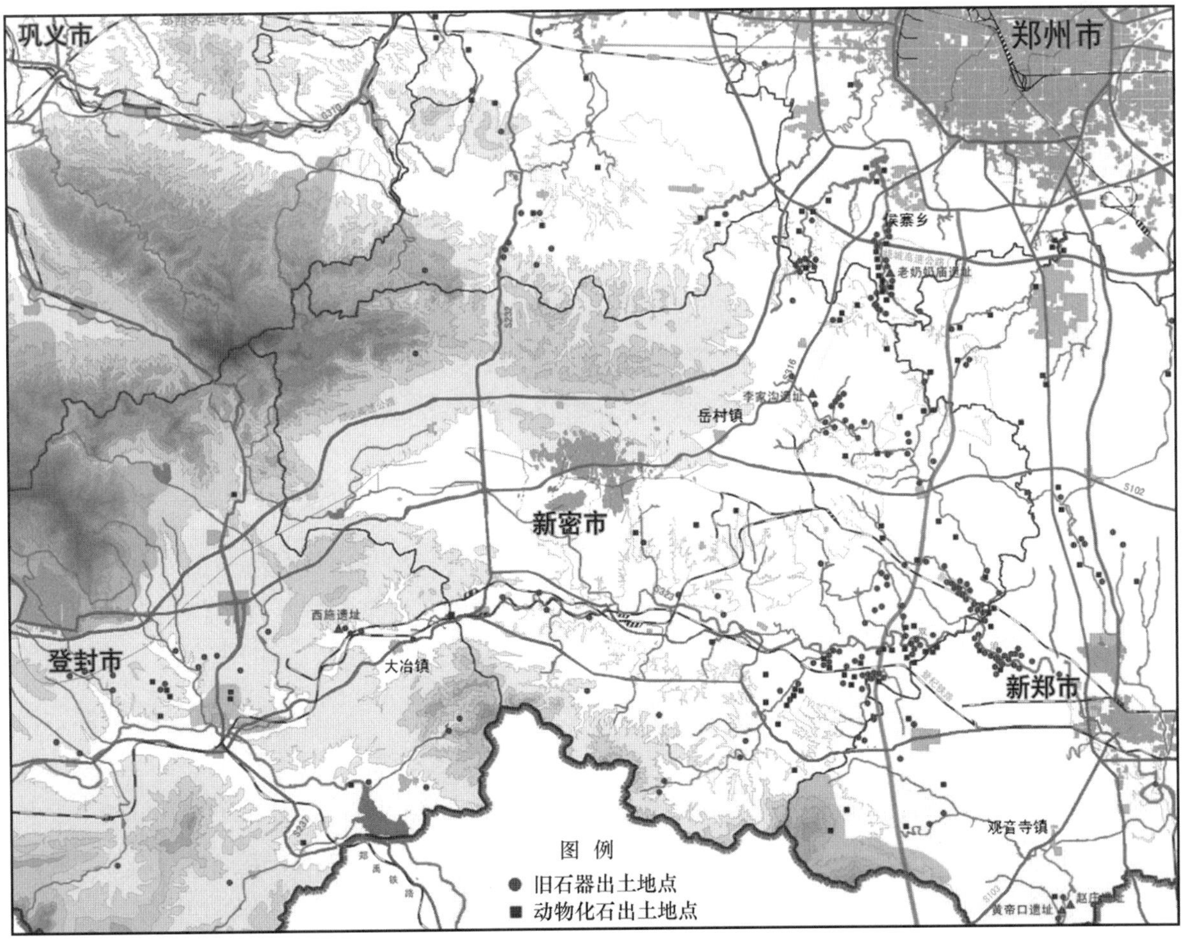

图8-7　嵩山东麓晚更新世旧石器分布图（王幼平等，2012）

除了嵩山东麓MIS3阶段区域内栖居形态的整体布局，本区新发掘的多个遗址，还具体展示出单个群组内不同类型遗址的结构特点。位于郑州市西南郊的樱桃沟景区内的老奶奶庙遗址，是单个群组内中心营地或居住址的代表。该遗址坐落在贾鲁河东岸的马兰黄土台地上。在2011～2015年期间，先后进行过4次发掘，发现了大量石制品、完整的动物骨骼及碎片等遗物。特别重要的是具有多层文化层的连续堆积，保存了许多完整的古人类居住面。居住面一般都有多个火塘成组分布，火塘周围散落的是数量众多的石制品与动物骨骼残片[34]。

老奶奶庙遗址自上而下多个文化层，分别记录了10多个古人类活动阶段信息。其中②和⑥亚层，都是当时人类居住中心区的遗迹。②亚层的中部是一个含大量炭屑与灰烬的火塘，其周围多是动物骨骼残片及石制品。⑥亚层堆积更厚，平面上可见4处火塘呈半环排布。在火塘周围也明显分布有丰富动物骨骼残片与石制品。同时还有石制品明显聚集区，是石器加工场所遗迹。

老奶奶庙发现的动物骨骼残片数量远远超过石制品。有很多骨骼碎片的大小尺寸都比较相近，一般在10cm左右，很方便手握直接使用。有些残片上有比较清楚的打击修理痕迹。个别还可见到明确的使用磨痕。这些迹象显示，该遗址的居民除了使用石制品以外，还大量使用骨质工具。多数动物骨骼的石化程度较深。可鉴定种类主要是马、牛、鹿、羊等食草类。还有数量较多的鸵鸟蛋皮碎片。动物骨骼上全然不见食肉类或啮齿类动物啃咬痕迹，显示其均应是人类活动的结果。另外该遗址发现的用火遗迹已超过20处。这些遗物和遗迹的分布情况也说明早期人类曾较长时间居住在此遗址。

与老奶奶庙所代表的中心营地遗址不同，还有更多保留如石器加工、处理动物遗存等各类临时活动遗址的发现。这些由中心营地与临时活动地点构成了MIS3阶段人类在嵩山东麓的栖居形态，反映当时人类活动与社会的发展情况。

位于郑州市区以南的新郑市赵庄村附近的赵庄遗址，则是特殊活动类型的代表。遗址位于溹水河东岸第三阶地。遗址西南距陉山5km余，向西约15km是具茨山，东临黄淮平原。2009年10～12月进行发掘，出土遗物有数量众多的石制品及少量动物化石[35]。

赵庄遗址地层从上至下分为七层，分别为全新世堆积，含钙质结核的马兰黄土，以及其下的漫滩相堆积即旧石器时代文化层。旧石器文化层的主体部分为灰白色黏质砂土，有锈黄色斑点，土质略硬，含砂量较大，局部可见黄灰相间的水平层理。大量石制品及动物化石主要分布在厚10～30厘米的范围内。

该遗址最重要的发现是置放象头石堆的遗迹现象与石器加工场。两者位于同一活动面，显然是同一时期活动的遗存。活动面由南向北由象头骨、石英砂岩制品和石英制品组成。象头骨呈竖立状，由于长期的挤压或受石块的砸击较为破碎。大多数石英砂岩制品位于象头骨的下部和周围，互相叠压，形成堆状。而大块的紫红色石英砂岩则明显是直接采自距遗址5km以外的陉山基岩原生岩层，搬运至此，主要功能并非加工工具，而是围成石头基座，在上面摆置象头[36]。

石英制品则主要分布于象头骨的北侧，构成石器加工区。调查发现，石英原料产地为遗址西部20多km的具茨山区。来自山区的石英碎块沿溱水顺河而下，可以冲到遗址附近。而在该遗址内发现的部分石英制品的表面尚保留有砾石面，也说明赵庄的古代居民可能是就地取材，采用石英原料在该遗址生产石器。

发掘所获石制品数量超过7000件。原料有石英和石英砂岩两种。石英制品数量占绝对多数，但个体较小，多在5cm以下。种类主要有石料、石核、石片、断块、碎屑。还有少量经过修理的工具，类型有刮削器、尖状器和砍砸器等。这些还是典型的石片石器工业的特点。引人瞩目的是个体较大的石英砂岩制品，长平均在15cm，大者超过了20cm，小的也在5cm左右。主要是有打击痕迹的石块，极少有刻意加工的工具。这些石英砂岩制品的特点显示，它们被带入遗址的主要功能并不是制作工具，而是用于堆砌成石堆基座，再摆放巨大的古菱齿象头。

另外，除了象头，赵庄遗址只有少量象肢骨片，以及零星的羊、鹿化石等。也没有见到用火遗迹现象。这些情况也都说明，当时人类在这里只有两项专门活动，一是北区的石器加工，另一是南部的摆放象头活动。

在距赵庄遗址西南方向不足千米的黄帝口遗址，发掘揭露的10多m^2的活动面上，仅发现数十件刃口锋利的石英制品及一些破碎的动物骨骼。石器的功能特点及动物骨骼的破碎方式与痕迹也都说明，这里只是当时人类狩猎屠宰的临时活动场所[37]。

从老奶奶庙遗址的中心营地遗址到黄帝口的临时活动地点，还有赵庄遗址的特殊活动类型的遗迹现象，数以百计的旧石器遗址地点分布在嵩山东麓，再现了旧石器时代晚期之初这一地区的栖居形态。尽管这些地点的功能有别，但其石器工业的特点却很一致，均是以石英原料为主体的石片石器居于主导地位，明显有别于更早阶段的石器工业面貌。

本阶段的环秦岭地区原来的砾石工业分布区的露天遗址数量急剧减少，其栖居形态尚不太清楚。但就已发现的多处洞穴遗址来看，也表现出类似嵩山东麓的发展趋势。如河南栾川龙泉洞遗址，也发现多处火塘遗迹。围绕火塘有石制品、动物骨骼碎片等，还可见到清理较为干净的休息区，以及洞穴角落的垃圾区。新发现的陕西南郑疥疙洞遗址，也有类似的情况。该洞穴也有多个文化层，有的层位还有火塘，围绕火塘有石制品、动物化石等遗物发现，应该是居住区的特点。因为洞穴遗址发现数量有限，单个洞穴在区域内栖居系统中所扮演角色，尚难以进一步说明。

8.3.3　行为复杂化或现代性的出现

MIS3阶段是旧石器文化发展的高峰。本阶段在欧洲与西亚等旧石器考古资料丰富，研究深入的地区，曾出现旧石器晚期革命的讨论。尽管对旧石器晚期文化的出现是革命性的突变或是漫长的积累，史前考古学间尚有不同认识[38, 39]，但对本阶段文化发展的繁荣，以及与解剖学意义上现代人的出现与发展的密切关系[40]，应该都无不同意见。MIS3阶段旧石器晚期革命或变化的关键，应是人类行为的现代化或复杂化特点的大量涌现。其中最重要的则是象征性行为的出现与发展。

与象征性行为的出现有关的考古学证据在中原及邻近地区的发现不是很多，但表现独特，证据清楚。其中最重要的当是前述新郑赵庄遗址摆放在专门垒砌的石堆之上象头遗迹。活体古菱齿象的头部很大很重，但可食的肉很少，显然没有必要专门垒砌石台作为食品来处理，否则投入产出比实在太低。因此，赵庄发现的遗迹显然是具有某种特殊意义的安排，当属非功利性的行为。结合当时人类专门选择5km以外陉山的紫红色石英砂岩，并直接从基岩原生岩层打下石块，再搬运至赵庄遗址现场，垒砌起石台的行为来看，似与时代更晚近的祭祀活动更为相似，应该是具有某种特殊象征性意义的专门活动。

MIS3阶段中原及邻近地区与象征性行为有关的遗存，还有晋南沁水下川遗址专门生产赤铁矿粉的遗迹与遗物的发现。在距今3.9万～2.9万年期间，下川遗址群中的富裕河疙梁地点发现大量火塘、加工赤铁矿粉的磨盘与磨棒，应是以加工赤铁矿粉为主的遗迹[41]。MIS3阶段晚期出现这种非功利性的生产活动，都反映了此阶段象征性行为的存在与发展盛况。

在象征性行为以外，在讨论旧石器晚期的行为复杂化问题时，研究者也关心技术的进步或复杂化，如作为欧洲和西亚等地旧石器晚期的技术变革标志的石叶与骨角器的广泛应用。不过本区在MIS3阶段虽然也出现更多的形状较为规整，属于有规划剥片产生的长石片，但与典型的石叶技术完全不同，而是本地区简单石核石片技术的发展。骨角器的主体部分，也仍然延续晚更新世之初，灵井许昌人使用直接打击技术加工骨制品的传统，更多直接使用打制的骨角质产品。到本阶段的晚期，磨制骨角器也开始出现，如栾川龙泉洞发现的骨角等[42, 43]。不过从磨制骨角器出现的时间与分布的态势来看，越靠北方，出现得越多，时代也早[44]。这种情况反映可能有来自北方欧亚草原通道的东西方旧石器文化交流的因素存在。与技术发展与象征性行为均有关联的装饰品的发现也有类似情况。

除了单个的遗物、遗迹或技术革新的发现，就MIS3阶段中原及邻近地区古人类社会整体发展情况，也展示出复杂化的趋势。如前述的嵩山东麓栖居形态与邻近的洛南盆地更早阶段的情况相比，从早期遗址单个、等距的分布，到晚期成群组聚集，群组内部也分成不同类型的变化过程，也应是本阶段现代人出现之后，其社会组织亦出现复杂化的表现。

8.4　MIS2阶段石叶/细石叶工业出现与发展

石叶技术是旧大陆西侧旧石器时代晚期分布广泛的石器技术，因此也有研究者以其视为旧石器时代晚期文化的标志。与旧大陆西方不同，石叶技术在中国境内则鲜有发现。长期以来，除了宁夏灵武水洞沟遗址的石叶工业之外，属于旧石器时代的石叶技术遗存很少在中国境内旧石器时代遗址见到。2010年夏季，在河南省郑州市辖的登封市大冶镇西施遗址发现的一处石器加工场遗址，出土各类石制品8500余件，复原出完整的石叶生产操作链，不但增加了石叶遗存在中国境内存在的新遗址，更将其分布范围从靠近中亚干旱区的大西北地区，直接推至中原腹地[45]。

8.4.1　西施遗址的石叶

西施及附近几个含石叶技术的遗址，地处嵩山东麓的低山丘陵区。遗址埋藏在洧水河上游两岸2级阶地上马兰黄土堆积中。西施遗址的地层堆积分两大层，上层为表土层；下层是马兰黄土堆积。马兰黄土层厚达3m以上，在靠下部发现厚约30cm很密集的旧石器遗存。地层堆积中没有显著水流作用痕迹。石制品中主要是刚打片遗留下的石核与石片等，还保留着新鲜的剥片面与锋利的刃缘，应为原地埋藏石器加工遗存。遗址附近的黄土堆积很发育，偶尔有含燧石条带的基岩出露，为当时人类生产石制品提供了适用的原料。

西施遗址专门生产石叶的加工场遗迹分布在发掘区的东北侧。加工区南北长约6m，东西宽近4m，在该范围内，石制品的平面分布非常密集。出土的大部分标本在剖面上也很集中，主要分布在上下距离不超过20～30cm的范围内。已发现的石制品种类较多，主要是石锤、石核、石片、石叶、细石叶、工具；还有较多经过人工搬运的燧石块。石制品中更多见的是石器加工的副产品，包括断片、裂片、断块，以及残片与碎屑等。石制品及其分布状况，很清楚地显示出西施遗址石器加工的技术特点。通过对已发现石制品的整理研究，已经很清楚地复原出完整的石叶生产操作链。从出土石制品组合，以及可拼合的石核与石片等情况，特别是石制品在遗址内分布的空间特点，都显示当时人类对遗址使用的时间较短暂。很可能是遗址附近富集的燧石原料吸引人类停留在此地，利用燧石原料生产石叶与石叶石核。再将适用的石叶以及石叶石核带离遗址到其他地点使用。

经整理统计的各类石片有近千件，其中典型的石叶高达2成以上。普通石核很少。石叶石核或石叶石核的残断块，占可分类石核的绝大部分。石叶生产的标志性产品中，有再生台面石片与带背脊的冠状石叶等，也都较典型，且发现的数量也很多。成品工具数量很少见，数量稍多者为端刮器。还有个别边刮器、雕刻器、尖状器等发现。

除大量石叶石核与石叶，西施遗址还发现3件细石核和一些细石叶。细石核为柱状或锥状，带有连续剥取细石叶留下的多个连续片疤。细石叶也典型，多是带有厚背脊或曲度较大者，应是不适合继续用作加工复合工具而被留在生产地。细石叶与细石核等典型细石器技术遗存与石叶技术共存的发现，很显然会涉及细石器技术起源的问题。在一个短时间形成的石器加工场遗迹上发现两种技术，给讨论细石叶与石叶技术关系提供了最直接的证据。从西施遗址出土各类石核与石叶、细石叶特点观察。这个石器加工场的使用者，并非刻意选择生产石叶或细石叶生产的操作链。就已发现的石核来看，往往是从形体较大的宽楔状或锥状石叶石核预制开始，随着剥片的进行，不断地调整剥片面与台面，石核的体积会持续缩小，最后进入细石叶石核的范围。对西施遗址发现细石叶的尺寸的统计结果，也清楚地显示出该遗址发现的石叶与细石叶，更可能由是一条操作链的持续生产导致的（图6-36）[46]。

上述情况也说明，石叶与细石叶技术虽然被Clark教授划分两种不同的技术模式[47]，即石器技术模式4和5，但从地处东亚大陆中部地区的嵩山东麓的西施遗址，却发现出自同一组合，而从石叶到细石叶尺寸连续变化的数值，并也没有特别明显的区别界限。两者可能就是随着剥片进程的发展而自然产生。再结合西施石叶技术来源的探讨，也展示其更可能是随着外来人群迁徙所一并带来，而与本地区更早的石器工业传统没有特别明显的关联[48]。另一方面，如图6-36所示的石叶的宽度数据也说明，中国境内所发现的石叶确实以中小型为主[49]，与旧大陆西侧发现的典型石叶技术明显有别。

8.4.2　东施遗址

2013年发掘的东施遗址西距西施遗址仅500m左右。由于近代取土活动的破坏，遗址原生地层大部分已被破坏掉，仅剩下发掘区的狭长土墙状堆积。地表所遗南北长约20m，东西宽约2m。遗址堆积仍较厚，由顶部表土向下发掘到近6m处停止。所揭露出的剖面完整展示了东施遗址及附近的晚更新世晚期2级阶地及其上黄土地层的形成过程[50]，如图8-8所示。

如上图所示，东施遗址的地层可分为3大层。①层最厚处有450cm左右，出土的2000多件石制品，绝大部分来自此层。②层为黄土状堆积，再细分为3个小层：②A层是浅黄色粉砂质黏土层，厚度为30cm左右，从岩性观察，应系次生马兰黄土堆积，出土6件燧石石器，技术特点同①层出土的燧石制品完全一致，由此可判断此层应是埋藏①层燧石制品原生层的残余部分；②B层为浅棕黄色粉砂质黏土，厚度100cm左右，也应是次生马兰黄土堆积，但颜色较②A层明显偏红，可能属于MIS3阶段，在该层靠下部出土20件石英原料石制品；②C层是含砂量明显高于前两者的浅灰黄色黏质粉砂土；最下的③层未发现旧石器文化遗存，应是河流相堆积，也可分为多个小层，分别为灰白色粉砂土，浅灰白色细砂土，浅灰绿色粉砂土和质地细密的黏土状

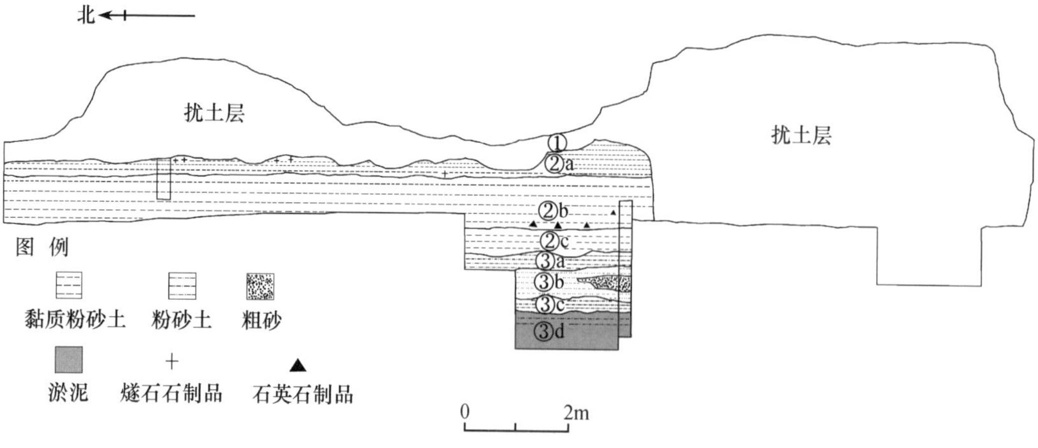

图8-8　东施遗址地层剖面（赵潮等，2018）

堆积（未见底）。

东施遗址的重要收获，首先是同一剖面上发现了石英原料的石片石器与燧石原料的石叶石器的地层关系。虽然燧石石器的原生地层大部分已经受到破坏，但据保留在②A层的燧石制品观察，仍然可以确认其与西施遗址属于同样的石叶工业性质。经过详细的整理分析，东施遗址发现的2500多件燧石制品，均属于可归入石叶生产操作链不同环节的产品。石英石制品，则与本区MIS3阶段的石片石器工业的技术特点一致，也当属同类遗存。东施遗址的发现为探讨两者的时代序列与技术发展等问题提供了清楚的地层依据。另一方面，从地层堆积观察，石片与石叶石器两个不同石器组合之间，不仅在时代上尚有一段间隔，在文化内涵或技术传统方面也泾渭分明，不见明显交集。

8.4.3　西施遗址东区

为进一步了解西施地区旧石器文化内涵，2017年度又选择在西施遗址东区再次进行发掘。西施东区距2010年西施遗址发掘区仅100余米。该处发掘所获前两者不同，虽然也发现有石叶与石片两种石器组合，在时代序列与前两者也一致，但在两组石器组合构成方面则明显不同。西施遗址东区发掘的具体学术目的，是希望进一步认识中原地区石叶与石片石器技术的关系，以及不同技术与人群之间的联系。比较遗憾的是该发掘区也受到早年取土工程的严重破坏，所遗部分亦呈土墙状，但所幸的是保留部分的面积，较东施遗址更大，出土旧石器的地层堆积也未受到扰动破坏。发掘区北剖面如图8-9所示：

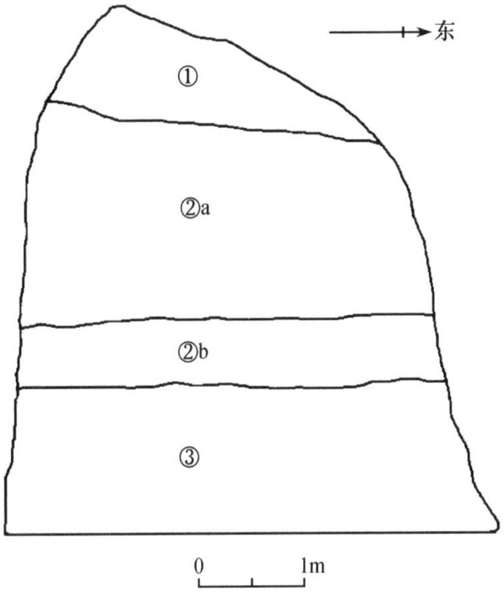

图8-9　西施遗址东区北壁剖面图（李昱龙等，2018）

如上图所示，西施遗址东区的地层分为3层：①层是近代的耕土层；②层是黄色黏质粉砂，该层上部为②a层，不含石制品，下部为②b层，出土石制品较多；再下为③层，黄褐色粉砂质黏土，靠上部也出土有较多的石制品，下部较纯净，不见文化遗物。这一地层关系与2010年西施遗址发掘所揭示的剖面也较为相近，表土层下即为漫滩相的黄色黏质粉砂或次生马兰黄土，石制品也出自②层靠下部分。不同之处是新发现了出土石片石器的③层[51]。

与同样出土两种不同石器工业类型的东施遗址不同之处，是西施遗址东区石片与石叶两种不同技术组合在地层剖面上呈连续过渡状态，地层与遗物两者均呈逐渐过渡状态（图8-10）。

西施东区③层出土的石器与本区MIS3阶段石片石器相同，石制品主要应用石英原料，还有部分砂岩或石英砂岩，燧石原料则很少，尚不到一成。石制品也均是简单石核石片技术的产

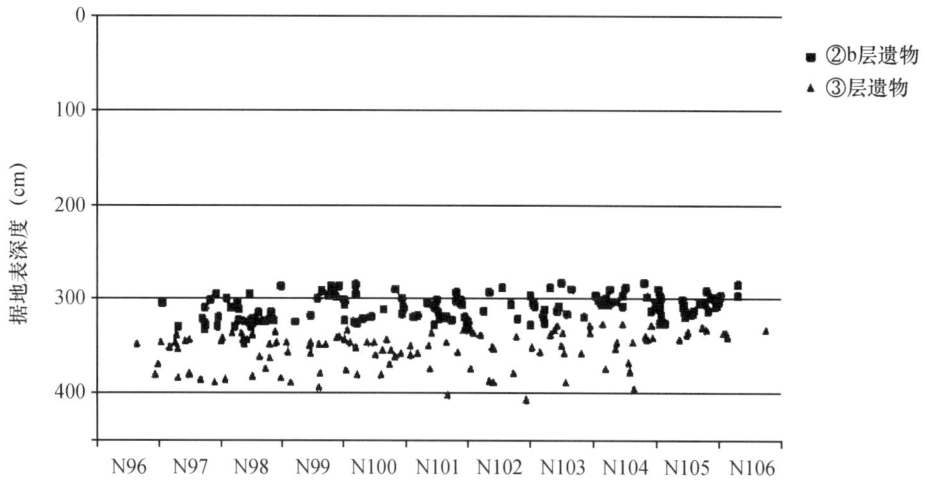

图8-10 西施遗址东区出土石制品地层剖面上的分布（李昱龙，2018）

品。但到晚期的②层，虽然主体部分仍是石英原料，但燧石原料的比例增至两成。更重要的是发现了技术特征明确的石叶与石叶石核，也可见到典型的端刮器。同样也发现有细石核与细石叶，但简单石核石片技术仍占主导地位。②层共发现简单石核15件，石片25件；但石叶石核则仅有2件，细石核1件，石叶及与石叶技术有关的石片总共也只有5件。

这些情况显示，西施遗址东区上文化层（②层）石器组合应该是简单石核—石片技术与石叶技术的混合体，与西施与东施发现的典型石叶组合明显不同。出现这种差异的原因比较复杂，可能会有不同解释。但更可能的情况是，类似西施与东施遗址所发现的完整石叶工业组合，是新来的人群或技术的整体带入；而西施东区发现石制品主体是简单石核—石片技术产品，石叶/细石叶技术仅占很少的分量，则更像是受到外来技术影响的石片石器的继续发展。无论如何阐释上述差别，西施遗址及附近的这些新发现，也都可以看作是MIS3～MIS2阶段中原地区发生过不同文化或人群迁徙交流与融合的确切证据。

8.4.4 晋南等地的发现及相关问题

上述情况在晋南及邻近地区也同样发生。近年来在山西沁水下川与吉县柿子滩等遗址都有关于MIS3～MIS2阶段考古新发现与研究进展。

早在近半个世纪前就已经发现的晋南沁水下川遗址群，近年来再次进行发掘，并取得多项新认识。除了MIS3阶段到更早阶段的石核石片石器等重要发现，已发表的下川小白桦圪梁地点的发掘报告，主要是MIS3阶段晚期石片石器与MIS2阶段早期的细石器工业研究结果[52]。石片石器^{14}C年代数据校正后为30ka B.P.左右。细石器的^{14}C年代数据校正后集中在26ka B.P.左右。两者在地层剖面的相对年代关系也与前述的西施地区的发现相同，显示在中原及邻近区域，可能是30ka B.P.前后至26ka B.P.期间，发生了石叶与细石器取代了石片石器工业变化。与西施遗址不同的是，下川地区取代石片石器的细石器组合中，石叶所占比例甚少，因此整体表现为细石器工业面貌。

在晋西南的吉县柿子滩遗址群，近年来进行过更大规模的发掘与系统研究，相继发表过很多报告与论文。其中发现与研究最多的是柿子滩29地点[53]。如图8-3所示，柿子滩29地点的15m厚堆积可以划分出8个文化层。其最下的⑧层出土的也是石片石器。根据最新的石器技术分析，⑦层下部，也当属于石片石器。到⑦层上部，才进入细石器文化阶段[54]。不过从年代学研究结果看，柿子滩地区的石片石器到细石器的转变，可能开始得比西施地区要晚些。29地点⑧层^{14}C校正数据为28ka B.P.前后，到⑦层则是26～24ka B.P.。⑦层数据稍晚于西施的发现。类似的情况也见于与柿子滩遗址隔黄河相望的陕西宜川龙王辿遗址[55]。

柿子滩与龙王辿等遗址取代石片石器的细石器组合，也与前述的下川地区相近。尤其是刚刚进行系统技术分析的柿子滩⑧～⑦层的石制品，展示了该地区本阶段石片石器到细石器技术发展的具体过程。⑧层和⑦层下部还只有简单剥片的操作链，但到⑦层上部，则出现石叶与简单石片两个并存的生产序列。这种情况在西施遗址东区的上文化层也曾出现。

柿子滩、龙王辿与前述的下川小白桦圪梁等最初出现的细石叶技术，也都与西施地区的发现相近，均是以宽楔形至锥形或柱形的石叶、细石叶石核为主。宽楔形与锥形实际上可能并不是两种并行的石叶、细石叶石核类型，而应该是石核的剥片过程中发生的形变。宽楔形石核是经过预制开始剥片的初始阶段，随着剥片过程的持续进行，自然会逐渐过渡到锥、柱形。这种技术特征是石叶和细石叶技术初到中原及邻近地区的最显著表现。

随着MIS2阶段最后冰期极盛期的发展，到24ka B.P.之后，柿子滩⑥层细石叶技术开始出现明显变化，船形细石核开始占主导地位，船形与锥形细石核的比例为40/14。到其上的⑤层，则已见不到锥形细石核，80多件细石核皆为船形。从锥、柱或宽楔形细石核到船形细石核技术的变化，是另一重大转变。前者与典型石叶技术有明显的关联，剥取的细石叶或小石叶与典型石叶只是形体大小或尺寸的缩减。船形细石核虽然也有预制石核、选择固定台面，连续同向剥片等技术特点，但从原料选择、石核预制与剥片工作面的修理等，均与前者有明显区别。尤其最终的细石叶产品尺寸则相距甚远。船形细石叶及其生产母体船形细石核，多是形体非常细小，大部分尺寸在10～20mm左右，甚至更细小。

从现有的考古发现证据来看，船形细石核技术在晋南柿子滩及周边地区出现最早，材料最丰富，延续的时间最长。从24ka B.P.前后开始，直到晚更新世与全新世之交的万年前后，船形细石核技术一直是晋南至中原核心区旧石器文化最突出的特点。不过受最后冰期极盛期环境变迁的影响，这一阶段的旧石器遗存主要发现在晋南山区的河谷地带等保存有较多动植物资源，且相对较为温暖的“避难地”。原来在嵩山东麓开阔的平原河谷地带则可能变成不宜居住区，因而很少发现此阶段的旧石器遗存。

8.5 旧、新石器时代的过渡

经历最后冰期极盛期的影响过后，MIS2阶段晚期到全新世之初，嵩山东麓新发现的新密李家沟遗址多个文化层所反映的文化发展，完整记录了该地区旧、新石器时代的过渡过程。2009～2010年发掘的李家沟遗址，不仅发现了旧石器时代之末的细石器遗存，更重要的是新发现了介于裴李岗与细石器文化之间的李家沟文化。李家沟文化从埋藏层位到文化内涵的特点，都填补了史前学者长期寻找的中原地区旧、新石器时代之间的空白。

李家沟遗址地处嵩山东麓的低山丘陵区，海拔高约200m。遗址发掘区位于新密市岳村镇李家沟村西高台之上。附近的地形由东北向西南部倾斜，有较厚的黄土披盖在低山的基岩之上。属于淮河水系溱水河上游的小支流椿板河，自北向南流经发掘区，将发掘区西侧切割出高度近10m的剖面。剖面从上向下依次为裴李岗文化层、李家沟文化层、细石器文化层及石片石器文化层。在细石器与石片石器文化层之间可见明显的侵蚀面。侵蚀面之下是属于MIS3阶段形成的红色古土壤层，保存了本区同时代的石英石片石器。侵蚀面之上则依次是粗砂、细砾与粉砂及黏土等堆积，含典型细石器等。再上为灰黑色的砂质黏土堆积，含典型的李家沟文化陶片等。最上几层均出土有裴李岗文化的遗物。发掘区文化层与其下的马兰黄土层的堆积特点显示，李家沟遗址的形成过程是椿板河流经遗址西侧，切割了MIS3阶段的马兰黄土中的古土壤层，在其上依次留下河床相与漫滩相的堆积。旧石器晚期到新石器早期的人类即生活在河畔边滩附近，因而留下多个时期的文化遗存。

李家沟遗址最主要的细石器文化遗存发现在发掘区南部的⑥层。北部的⑦层上部也有少量发现。这两层之下的红色土堆积中则是零星的石英石片石器。李家沟细石器的加工技术很典型，与周边地区同时代或稍早的细石器文化面貌十分接近。细石核以船形和柱状者居多，细石叶发现的数量也较多且典型。还发现少量以石叶为毛坯的工具。工具组合包括典型的端刮器、琢背刀、石镞、雕刻器等。石制品的发现显示李家沟遗址居住的先民，系统应用细石叶与石叶技术来生产工具毛坯或复合工具的构件。这些石制品加工精致，使用刃口部分十分锋利，且轻巧便携，是适合长途迁徙流动携带，进行专业化狩猎使用的工具组合。这些石器的原料主要是优质燧石，并不见于本地，应是长距离专门采集或交换所获[56]。

除了各类典型的细石器遗存以外，更重要的是与细石器工业共存的磨制石器与陶片的发现。在李家沟发掘区南部⑥层出土了一件仅刃口部分经过简单磨制加工的石锛，还有烧制火候很低，夹石灰岩块的素面陶片。典型细石器组合、局部磨制石器及原始陶片共存情况显示，李家沟遗址及中原地区稍晚出现的典型新石器文化并不是突然的革命性事件，而是早在旧石器时代之末的细石器文化阶段，就已开始孕育新石器时代广泛应用的技术及各类新文化因素，为新的发展阶段的出现准备了充分条件。

李家沟遗址最关键的发现还是中原地区最早的新石器文化的确认。关于这个新发现，有研究者建议使用“李家沟文化”来命名。新石器文化遗存大部分发现于发掘区北部。属于这一阶段的文化堆积明显增厚，应该与本阶段的人类已经开始有定居或半定居的生活方式有关，因而才会留下较早期更为丰富，包括带有定居特征的文化遗存。这一阶段李家沟遗址使用规模与稳定性明显与主要保存在南区细石器文化遗存不同。在数量众多的文化遗物外，发掘区北部还发现很清楚的人类生活遗迹，包括石块聚集区等。该遗迹是磨盘、石砧及大量扁平石块构成。其间还夹杂着烧石块、陶片及动物骨骼碎片等。遗迹上发现有很清楚的人工切割痕迹的动物肢骨断口，显示当时人类在该区加工动物骨骼，制作骨器等活动。大量烧石与烧土块也说明该区内有烧火活动。围绕着用火遗存，虽未发现柱洞等建筑遗存，但大量非加工石器的搬运石块的存在，显然是有计划的活动，更可能是与当时人类相对稳定的居住习惯相关。

在属于新石器时代早期地层中已发现的陶片多达200多片。结合陶片出土现场情况观察，可见当时人类就在发掘区内原地使用陶器。本阶段的陶片，均是夹粗砂陶。陶片颜色可见有浅灰黄色、红褐色等不同种类。陶片质地较坚硬，显示烧成的火候应较高。已发现陶片虽然较多，也包括多件不同陶器的口沿残片，但可以复原出的器形却很简单，主要应是直口的筒形类器物，也是较早阶段陶器的共同特点。特别引人瞩目的是，绝大部分陶片外表都带有纹饰，主要是压印纹，还可见类绳纹与刻划纹等。

本阶段的石器工业与早期不同，细石器已较少见，发现有宽台面柱状细石核等。细石器的应用应较早期更少，加工技术也显示出衰落迹象。还有少量燧石与或石英类石制品发现，但很少见到刻意修整的精制品。用砂岩或石英砂岩加工的权宜型石制品的数量则更多见。后者形体多较粗大。结合本阶段很少见到形体较大的动物骨骼遗存，更多是小型或少量中型动物的情况来看，本阶段应不存在如早期的专业化狩猎活动，种类多样的小型猎物，可能已不是当时维持生计的主要对象。这一变化，当与本区从专业化狩猎大动物向广谱资源利用的新石器时代早期过渡的发展过程相关。

8.6　余　论

8.6.1　晚更新世的文化发展序列

嵩山东麓及周边地区新发现旧石器遗存，数量众多，地层关系明确，也多有丰富的年代测定数据支撑。遗址本身的环境考古及区域内古环境研究的新进展，都提供更丰富翔实的古人类生存环境信息资料。这些旧石器考古新发现，为探讨中原地区晚更新世古人类文化发展历程及相关问题，都提供了非常重要的证据与资料。

从晚更新世之初，嵩山东麓的织机洞遗址下文化层，还有向西的洛阳北窑，向北的晋南沁水下川下文化层等遗址发现的旧石器，均表现为以砾石为原料，石器组合中形体粗大的重型工具居多等特征。但工具中更多还是使用片状毛坯加工。石器生产操作链中剥坯环节占据重要位置。与此不同，到更向西的环秦岭周边地区，石器工业表现出更多与华南砾石工业更一致的特点。如洛南盆地的十字路口、槐树坪与夜塬等，以及秦岭北侧新近调查发现的蓝田刁寨等，均是带有手斧、手镐与薄刃斧等阿舍利技术特点的砾石工业。上述两种不同类型石器工业同时存在于中原及邻近地区，可能正是与本区的自然地理环境与其便捷的交通位置有关。位于南北方自然地理分界线附近，自然很容易受华南砾石工业的影响，出现类阿舍利工业的砾石工业。同样，位于华北南部的中原地区，晚更新世早期出现形体粗犷、以砾石为原料的石器组合，既与区域文化传统有关，也是适应本地区环境条件的结果。

晚更新世之初中原地区石器工业表现出的阶段性发展特点尤为引人注目。如许昌灵井遗址发现的石制品中，出现数量较多盘状石核，显示石器生产者已开始有意进行剥片规划。尤其是软锤技术的使用，一些修理精致的工具的出现等，都带有明显的进步特征。类似情况，在西部环秦岭地区阿舍利传统的砾石工业中也可见到。例如采用石片毛坯，经过仔细修理的刮削器等工具类型更多见，盘状石核也有较多出现等，也都展示出承前启后的特点。

与晚更新世早期MIS5～MIS4阶段较长时期内稳定发展的过渡性特点相比，到MIS3阶段的早期，石器工业则出现突变，无论是在中原腹地，还是到西部环秦岭地区，在距今5万年前后，均发生砾石工业或以砾石为原料的石器工业的消失，代之而起的是以远距离搬运的硅质岩原料加工的小石片工业。这种情况首先出现在荥阳织机洞遗址，表现为下文化层到上文化层的转变。随后在嵩山东麓的老奶奶庙遗址群等大量涌现。系统调查与专门发掘与研究结果显示，当时遗址数量众多，成群组地沿着古代河流附近分布。这些遗址发现的石器工业均以小型石片石器为主，石器原料更多是石英、燧石等容易加工小型利刃工具的原料。早期阶段常用的砂岩或石英砂岩砾石等遗址附近石料加工的大型工具则越来越少见到。

与嵩山东麓地区的繁荣景象相反，较早阶段在西部洛南盆地的数量众多砾石工业，到距今5万年前后却逐渐消失。代之而起的也是石英原料加工的小型石片石器。不过在平原河谷已经见不到像前一阶段的数量众多的露天遗址群，更多见的是靠近山区的单个洞穴遗址。这些情况显示本阶段中原及邻近地区的居民，从石器工业到栖居形态等一系列技术与行为特点都发生明显变化。活动主要区域也从原来海拔较高的山间盆地，迁至更广阔的低海拔丘陵或平原河谷地区。

随着气候变冷，MIS2阶段的来临，嵩山东麓的旧石器遗址数量也明显减少。嵩山东麓明确属于本阶段的发现，还只有西施遗址及附近的几处发现。但到晋南黄土高原及山间盆地的发现却明显增加。如吉县柿子滩遗址群，绝大部分是属于此阶段的遗存，沁水下川遗址群几个地点的上文化层亦如此。这些遗存的时代差不多均在26ka B.P.前后开始，向后延伸的距今万年前后。不过在如此漫长阶段，前后并不完全一样。在26ka B.P.前后，如西施—东施遗址，首先发现的是石叶工业，包括了从原料、石核、石叶等完整的石叶生产操作链。高比例的石叶及石叶石核说明，典型的石叶工业也曾出现并流行于中原地区[57]。此时中原及邻近地区正值末次冰期极盛期的开始。遗址数量的剧减反映了人类活动的频率与数量的减少。与此相应，石器工业面貌也发生显著的变化。这几处发现皆选用燧石原料，并系统应用石叶技术，具有石叶工业特征。

西施遗址的发现还显示，与典型的石叶技术出现的同时，细石器技术亦始见端倪。西施遗址发现了数量众多石叶石核与石叶，但反映细石器技术的细石叶与细石核的数量却相对较少，尤其是细石核，仅有几件发现。不过随着末次冰期的最盛期来临，细石器技术则越来越发达，并成为中原及邻近地区石器工业的主体。与西施石叶工业出现不同，晋南地区石叶也是继石片石器出现在末次冰期极盛期开始之际，但在石器组合中，细石器的比重更占优势。从开始阶段即展现出细石器工业风貌。不过就细石叶与石叶技术来看，则与西施遗址并无明显区别。仍然是宽楔形、锥形与柱形居主导。但稍后，很快就被船形细石叶技术完全取代，成为华北及东北亚地区南部细石器技术的中心区域。这种情况一直持续到临近更新世结束之际甚至更晚。如李家沟遗址的新发现，即很清楚反映了这种发展趋势与历史进程。这种局面一直持续到全新世之初[58]。

前述发展过程显示，中原及邻近地区的晚更新世古人类文化经历了几个很明显的阶段性变化：砾石工业和以砾石为原料的粗大石片石器工业并行于晚更新世早期，从MIS5～MIS4阶段一直持续到MIS3阶段的早期，到距今5万年前后才发生明显变化，进入以小型石片工业为主阶段。此前的发展阶段，表现出更多的过渡性特点，如盘状石核的应用、片状毛坯更多用于加工工具、石制品小型化与精致化的趋势明显等。这一阶段不但在时间上与典型的旧石器时代中期重合，两者承前启后的技术与文化特点亦可比较。

从距今5万年出现石器小型化、加工精致化及片状毛坯为主导，遗址数量增加且结构复杂化等，一直持续到距今4万年前后，是中原及邻近地区旧石器时代晚期文化初始阶段发展的特点，大致与旧大陆西侧旧石器时代晚期之初（即IUP）相当。其后，晚期文化发展进入另一阶段，相当于旧石器时代晚期的早段（EUP）。此阶段最突出的变化是解剖学意义上的现代人，以及与现代人行为有关的行为复杂化特点更多出现。前者如华北北部的田园洞、山顶洞人，以及本区刚刚发现的陕南南郑疥疙洞的人类化石遗存；后者如本区新郑赵庄遗址出现的象头与石堆等象征性行为，晋南下川富裕河疙梁地点的赤铁矿粉，以及各地较为广泛的骨角器的应用等。

到MIS3与MIS2阶段交替之际出现了石叶工业替代早前流行的石片工业，本区旧石器文化发展再次进入新的转折时期，可以视作旧石器时代晚期后段的开始。以石叶与细石叶技术为标志的旧石器时代晚期后一阶段，亦可以分为前后两段，即以石叶技术为标志的前段，以及细石叶占主导的后段。不过前段流行的时间很短暂，仅在26ka B.P.前后开始，到24ka B.P.前后随着船形细石核技术的出现与迅速发展即告结束。代之而起的船形细石叶技术为标志的旧石器时代晚期的最后阶段，则一直持续到距今万年前后的旧、新石器时代交替，到达中原及邻近地区晚更新世古人类文化发展的终点。

8.6.2 南北两线的交流与影响

近年来随着现代起源研究课题的深入发展，特别是对东亚现代人迁徙扩散南北两线讨论的深入，中原地区晚更新世古人类文化与华南、华北两个方向的关系，也受到更多关注。围绕此问题开展的工作与取得的成果展亦不断增多。

如前所述，晚更新世之初开始，一直到MIS3阶段的早期，中原西侧环秦岭地区阿舍利技术传统砾石工业的众多发现，清楚地展现了本区与华南砾石工业传统的渊源关系，同时也提示与旧大陆西方流行更广泛长久的典型阿舍利文化之间存在交流的可能性。与此同时，嵩山东麓及靠北的石片石器工业的流行，则清楚显示出与华北地区小石器工业传统的密切关系。两者在中原地区的相遇，也恰好说明晚更新世开始阶段，本区仍是中国旧石器文化南北二元结构的分界线。来自南北两个方向的影响因素均可见到，作用程度也大致相当。不过关于阿舍利技术传统的来源，究竟是来自旧大陆西方的影响[59]，抑或是本地出现与发展起来的文化趋同现象却还有不同意见[60]，尚待于进一步研究。

到50ka B.P.前后，阿舍利技术传统的砾石工业逐渐消失，中原及邻近地区成为石片石器的一统天下。这种情况的出现，并不简单是原有南北二元结构格局的变化，华南砾石工业组合中出现石片石器的迹象，早在中更新世末到晚更新世之初即开始在长江中游两岸很多地方开始出现[61]，不过与北方的小石器技术传统相比，华南砾石工业出现的石片因素，仍保留着原有的选择石料与修理技术及工具组合的传统。而此时出现在中原及邻近地区的小石片石器，则更多使用远距离运输的硅质岩原料、石器组合中也更多见仔细修理的各类小型石器等，均显示来自北方的影响可能占有更大分量。

根据近些年来新发现的考古学证据来看，MIS3阶段，除了中国境内或东亚地区原有旧石器文化或人群的迁徙流动，来自旧大陆西方莫斯特文化的影响也沿着欧亚大陆草原带，出现在中国北部边疆地区，如在新疆北部吉木乃通天洞遗址，以及内蒙古东北部东乌珠穆沁旗的金斯泰遗址，均发现典型的勒瓦娄哇—莫斯特文化遗存[62]。结合发现在蒙古国境内同类遗存的时代与分布的地理位置来看，勒瓦娄哇—莫斯特文化的影响，确实到达过到中国北方沿边境地区。与北方典型莫斯特文化接近地区的同期旧石器遗存，如内蒙古赤峰三龙洞遗址、鄂尔多斯乌兰木伦遗址等[63]，均出现过或多或少的莫斯特文化因素，显示出外来文化因素的存在，但影响程度与分布范围仍很有限。

来自北方更明显的影响是进入MIS2阶段之后，典型石叶技术出现在中原腹地的登封西施等遗址。石叶技术由北向南的发展历史虽然还可以追溯到更早，如仍带有勒瓦娄哇技术特点石叶组合，早在40ka B.P.前后就到达西北地区的宁夏灵武水洞沟第一地点。差不多同时，在青藏高原腹地那曲的尼阿底遗址也见到典型的石叶石器组合。这种典型的石叶技术组合集中出现，应该是带有这种技术人群快速移动到新地区的特点。不过在MIS3阶段这种源自旧大陆西侧的石叶技术扩散的范围有限，与前述的莫斯特技术相近，也只到达西北边疆与青藏高原地区。相较之下，MIS2阶段石叶技术迁徙扩散的范围则更远，更深入影响到东亚大陆腹地。

与MIS2石叶技术大举南下同时，还可见到小石叶或早期细石叶技术出现在同一石器组合，如从华北北部的河北阳原油房，到中原地区的登封西施等均可见到。这一波石叶技术的扩散速度与范围虽然远大于更早阶段，但其保持原有传统或文化面貌的时间却较有限。从中原及邻近的晋南等地的发展过程来看，在26ka B.P.前后快速到达该地区之后的石叶工业，仅持续很短时间，即被宽楔、锥形与船形细石叶技术所取代。特别是后者，在中原及邻近地区形成之后，很快发展为华北及东北亚南部细石叶技术的主导，迅速扩散至华北及东北亚南部广大区域；且时间也更长久，一直持续到晚更新世之末，旧、新石器时代过渡阶段。

与上述从莫斯特到石叶/细石叶技术等来自欧亚大陆北方草原通道的明显影响不同，晚更新世期间，中原与华南地区的文化交流迹象则一直不是特别明显。与主张现代人晚近起源于非洲，通过东南亚与中国南方向北扩散的假说相反，中原地区晚更新世古人类文化发展过程中并没有见到明显的来自南方的考古学证据。与此相反，早期影响到中原地区的华南砾石工业传统，在晚更新世期间呈现出逐渐减弱的趋势。而华北的小石器技术传统在MIS3阶段晚期，特别是MIS2阶段之初，却出现南下的趋势。

8.6.3　人类演化、文化发展与环境变迁

中原地区位于中国与东亚大陆的枢纽区。这里既是中国自然地理南北方过渡带，也是中国地形第2级与3级阶梯的交替区域。正是由于这种重要的地理位置与环境特点，自远古以来，即是早期人类演化、文化发展与迁徙交流的重要地区。旧石器文化发展的区域性特点，在本区也展示得尤为显著。早在20世纪70年代初，贾兰坡先生等提出华北旧石器两大系统说，这里当属于大石片砍砸器—大三棱尖状器为特色的大石器系统[64]。到20世纪90年代张森水先生将中国旧石器文化分为华南砾石工业与华北石片工业的二元结构[65]，中原地区则成为二元结构的联结纽带。晚更新世以来，中原地区经历了从砾石、石片石器到石叶与细石器的发展，展示出与旧大陆大部分地区不同的发展路径，构成鲜明的区域性特点。这一特殊路径及成因尤为引人注目。

从晚更新世之初到距今5万年前后，这一阶段不但在时间上与典型的旧石器时代中期重合，两者承前启后的技术与文化特点亦可比较。中原地区晚更新世古人类文化遗址之中，嵩山东麓的荥阳织机洞遗址时代最早，保存文化堆积巨厚，占用时代跨越了从旧石器时代中期到晚期，清楚记录了早期人类连续使用该洞穴的过程。织机洞下文化层的发现显示，该洞穴的早期居民更偏重就近选取石器原料，原地加工石质工具。大型砍砸器等重型石器在他们生产生活中

是更重要的用具。这些工具加工较简单，更多是权宜型石器。从石器原料产地到居住地，以及加工和使用石器场所也均在相对较小范围内。这种情况显示，织机洞遗址早期居民可能更多在遗址附近从事各种活动，砍砸器等重型工具是他们生活中扮演着更重要角色。中原西侧的环秦岭地区亦表现出同样的发展趋势与特点。

上述特点当与中原及邻近地区的晚更新世早期的古环境密切相关。无论是从全球性气候变化的总体特点，还是对中原地区这一阶段旧石器遗址及周边的古环境的具体研究结果来看，由于靠近亚热带等地理位置因素原因，晚更新世早期气候变化及所带来的环境变迁并不明显。即使是到MIS4阶段的冷期，除了本区北部人类活动减弱或不见，在嵩山东麓，尤其是环秦岭周边地区的旧石器遗存的数量均未见减少，旧石器文化面貌亦无改观。早期人类在本地区稳定的生存状况一直延续到MIS3阶段的早期，既未见到由于末次冰期严酷环境，或于Toba火山喷发等带来的环境巨变而导致的人类灭绝等事件。

不过到50ka B.P.前后，中原及邻近地区从旧石器工业面貌到栖居形态都发生突然的变化。这些发展变化在织机洞遗址表现得更清楚，首先反映在石器原料选择、石制品形体大小以及工具组合等方面的突变。到⑦层以上的上文化层以后发生明显变化。晚期织机洞遗址的居民很少使用附近河滩丰富的石英砂岩与石英岩原料，却转到远距离山区寻找燧石与石英等适合加工小型利刃工具的石料。这一阶段织机洞居民经常性活动的半径至少扩展至距居住地数千米到数十千米以外。他们更多的活动是依靠小型利刃工具完成。扩大的活动范围，工具小型化、精致化与多样化等发展，都反映上文化层阶段织机洞居民行为的复杂化[66]。类似的发展在老奶奶庙与赵庄等遗址，也都可以见到，如远距离运输石料，更多使用小型利刃工具等。与此同时，还有大量食草类动物化石的发现，更证明显示此阶段人类更多依靠肉类资源，狩猎专业化的发展趋势明显。

上述转变发生的时间，正值末次冰期极盛期之前的间冰阶。织机洞等遗址以及周围古环境的综合研究显示，当时植被仍然以森林草原为主[67]。织机洞遗址早期居民在总体未变的温暖湿润环境条件下，石器工业却发生显著变化，从大型的砾石石器工业转变为小型石片石器工业。这一变化显然难以用环境适应的因素来解释。而远距离运输石料，仔细修理数量众多的精制工具，更适应大范围的复杂活动。生产与生活等活动的复杂化，生存领域的扩大等特点都是现代人所特有的行为。在织机洞遗址所发生的这一转化，显然不会是简单对环境适应，而更可能与现代人及其行为在本区出现与发展密切相关。

除了上述石器工业方面的证据，在赵庄与老奶奶庙遗址所发现的石堆与火塘等遗迹现象，都更直接反映了现代人及其行为复杂化在中原地区的出现与发展。如前所述，在新郑赵庄遗址出现远距离搬运红色石英砂岩石块，集中摆放成堆并在其上摆放古菱齿象头骨，这种非功利性活动，是现代人所独具的象征性行为特点。同样，在郑州西南郊老奶奶庙遗址所发现的多个火塘半环状分布的居住面遗迹，也显示了当时人类群体内部结构复杂化的趋势，进一步证实现代人出现及其行为复杂化过程应是导致本阶段一系列巨变出现的主因。

由50ka BP开始，一直到晚更新世结束之际，也与旧大陆西方所划分的旧石器时代晚期相当。若以石器技术以及人类行为复杂化等发展过程来看，中原及邻近地区的旧石器时代晚期，也出现多个明显不同的阶段。时代与在织机洞上文化层相近或稍晚者，有郑州二七区老奶奶庙、登封方家沟等发现。这些遗址旧石器文化遗存的特点，清楚地反映了该地区从旧石器时代中期到晚期的发展过程。与嵩山东麓类似，从中原西侧的环秦岭地区到黄河中游北岸的晋南等地同期的发现，也都记录了同样的发展过程。

类似织机洞最下层以砾石为原料的形体较大的石器工业，在织机洞遗址附近及华北南部地区的晚更新世较早阶段分布很广泛，到晚更新世的晚期，都很明显地被类似织机洞遗址晚期形体较小的石片石器工业取代[68]。这种现象近年来向南到华南及东南亚大陆北部，向东北至朝鲜半岛[69]的旧石器时代考古发现中也都很常见，反映了亚洲东部地区旧石器时代中、晚期的过渡，以及旧石器时代晚期文化出现的区域性特点[70]，与旧大陆西方从同时代从莫斯特到石叶文化的发展路径迥然有别[71, 72]。

综上所述，将中原地区晚更新世古人类及其文化发展放在中国及东亚大陆范围内的人类演化历史进程中观察，可以更清楚地看到，自晚更新世之初到距今50ka B.P.前后的MIS3阶段早期，该地区的发展延续早期的砾石与石片石器传统，呈现出更多承前启后特点。进入深海氧同位素3阶段早期之后，开始出现较明显转变，应与现代人出现及行为复杂化相关，带来诸如织机洞等遗址石器原料与组合变化以及人类活动范围的扩展等变化，开始进入旧石器时代晚期初始阶段。此时中原地区的石器工业仍以石英等原料为主，应用简单剥片技术生产石片石器，与华北大部分地区长期流行的石片石器工业传统仍较一致。但到3阶段与2阶段交替之际，以西施遗址为代表的石叶技术突然出现，细石器技术也初见端倪。与更早阶段变化的原因不同，石叶与细石叶技术的传入，更主要应是末次冰期极盛期所带来的环境影响驱动，导致人群与文化的迁徙扩散。随着末次冰期的最盛期来临，细石器逐渐成为该地区主导文化，并一直持续到更新世结束。从简单的石片石器到石叶工业，再到典型细石器工业的历史轨迹，清楚地展示了中原及邻近地区旧石器时代晚期文化的发展特点。而这一特点的形成，则应该是现代人类在该地区出现与发展过程中，应对自然生态与社会环境所采取的适应策略的表现与结果，充分展示了晚更新世期间人类演化、旧石器文化发展与中原及邻近地区古环境变迁之间的密切关系。

注　释

[1] 王幼平. 织机洞遗址的石器工业与古人类活动［C］// 考古学研究（七）. 北京：科学出版社，2008.

[2] 郑州市文物考古研究院等. 郑州老奶奶庙遗址暨嵩山东南麓旧石器地点群［N］. 中国文物报，2012，1998（4）.

[3] 张松林等. 河南新郑赵庄和登封西施旧石器时代遗址［C］// 2010年中国考古重要发现. 北京：文物出版社，2011.

［ 4 ］　北京大学考古文博学院等. 河南新密市李家沟遗址发掘简报［J］. 考古，2011（4）.
［ 5 ］　王社江等. 秦岭地区更新世黄土地层中的旧石器埋藏与环境［J］. 中国科学：地球科学，2016，46（7）.
［ 6 ］　王益人等. 2011年以来丁村遗址群考古新进展［J］. 人类学学报，2018，37（2）.
［ 7 ］　王益人. 晋西南旧石器考古学现状与展望［J］. 人类学学报，2018，37（4）.
［ 8 ］　宋艳花等. 山西吉县柿子滩遗址S29地点发掘简报［J］. 考古，2017（2）.
［ 9 ］　杜水生等. 山西沁水下川小白杨圪梁地点2015年发掘报告［J］. 考古学报，2019（3）.
［10］　李占扬等. 河南灵井许昌人遗址古人类化石及相关研究进展［J］. 科技导报，2018，36（23）.
［11］　王幼平等. MIS3阶段嵩山东麓旧石器发现与问题［J］. 人类学学报，2014，33（3）.
［12］　张松林等. 织机洞旧石器时代遗址发掘报告［J］. 人类学学报，2003，22（1）.
［13］　夏正楷等. 郑州织机洞遗址MIS 3阶段古人类活动的环境背景［J］. 第四纪研究，2008，28（1）.
［14］　王社江等. 秦岭地区更新世黄土地层中的旧石器埋藏与环境［J］. 中国科学：地球科学，2016，46（7）.
［15］　王社江等. 陕西蓝田地区新发现黄土地层中旧石器及其年代［J］. 科学通报，2014，59（14）.
［16］　Sun X, et al. Homini distribution in glacial-interglacial environmental changes in the Qinling Moutains range, central China［J］. Quaternary Science Reviews, 2018, 198.
［17］　王建等. 下川文化——山西下川遗址调查报告［J］. 考古学报，1978（3）.
［18］　中国社会科学院考古研究所等. 下川——旧石器时代晚期文化遗址发掘报告［M］. 北京：科学出版社，2016.
［19］　杜水生. 下川遗址新发现对北方细石器体系研究的意义［J］. 史学史研究，2017（4）.
［20］　杜水生等. 山西沁水下川小白桦疙梁地点2015年发掘报告［J］. 考古学报，2019（3）.
［21］　Thompson L G, et al. Tropical climate instability: the last glacial cycle from a Qinhai-Tibetan ice core［J］. Science, 1997, 276.
［22］　王幼平. 织机洞遗址的石器工业与古人类活动［C］// 考古学研究（七）. 北京：科学出版社，2008.
［23］　巩义市文物管理所等. 河南省巩义市洪沟旧石器遗址试掘简报［J］. 中原文物，1998（1）.
［24］　刘富良等. 洛阳北窑黄土旧石器遗址1998年发掘报告［J］. 人类学学报，2011，30（1）.
［25］　中国社会科学院考古研究所等. 下川——旧石器时代晚期文化遗址发掘报告［M］. 北京：科学出版社，2016.
［26］　李占扬. 许昌市灵井旧石器时代遗址2006年发掘报告［J］. 考古学报，2010（1）.
［27］　李占扬等. 河南灵井许昌人遗址古人类化石及相关研究进展［J］. 科技导报，2018，36（23）.
［28］　吕遵谔. 从巩义和洛南之行浅谈砾石石器工业［J］. 考古与文物，1999（1）.
［29］　鹿化煜等. 中国中部南洛河流域地貌、黄土堆积与更新世人类的生存环境［J］. 第四纪研究，2012，32.
［30］　王社江等. 陕西蓝田地区新发现黄土地层中旧石器及其年代［J］. 科学通报，2014，59（14）.
［31］　陈宥成. 嵩山东麓MIS3阶段人群石器技术与行为模式——郑州老奶奶庙遗址研究［D］. 北京大学博士学位论文，2015.
［32］　王社江等. 秦岭地区更新世黄土地层中的旧石器埋藏与环境［J］. 中国科学：地球科学，2016，46（7）.

[33]　赵静芳等. 河南淅川坑南遗址北区2016-2017年度发掘简报［J］. 华夏考古，2019（3）.

[34]　王幼平. 嵩山南东麓MIS3阶段古人类的栖居形态及相关问题［C］// 考古学研究（十）——庆祝李仰松先生八十寿辰论文集. 北京：科学出版社，2012.

[35]　张松林等. 河南新郑赵庄和登封西施旧石器时代遗址［C］// 2010年中国考古重要发现. 北京：文物出版社，2011.

[36]　王幼平. 华北南部旧石器晚期文化的发展［C］// 中国考古学会第14届年会论文集. 北京：文物出版社，2012.

[37]　王佳音等. 河南新郑黄帝口遗址2009年发掘简报［J］. 人类学学报，2012，31（2）.

[38]　Mc Brearty S, et al. The revolution that wasn't: A new interpretation of the origin of modern human behavior［J］. Journal of Human Evolution, 2000, 39.

[39]　Bar-Yosef O. The Upper Paleolithic revolution［J］. Annual Review Anthropology. 2002, 31.

[40]　Klein R. The Human Career: Human Biological and Cultural Origins［M］. Chicago and London: The University of Chicago. 2009.

[41]　中国社会科学院考古研究所等. 下川——旧石器时代晚期文化遗址发掘报告［M］. 北京：科学出版社，2016.

[42]　杜水生等. 河南栾川龙泉洞遗址2011年发掘报告［J］. 考古学报，2017（2）.

[43]　李璇. 河南栾川龙泉洞遗址古人类石器技术及其生存行为［D］. 北京师范大学博士学位论文，2018.

[44]　李锋等. 晚更新世晚期中国北方石叶技术所反映的技术扩散与人群迁移［J］. 中国科学，地球科学，2016（7）.

[45]　王幼平等. 河南登封西施旧石器时代遗址［C］// 中国考古新发现·年度记录·2010（中国文化遗产增刊，2010），2011.

[46]　高霄旭. 西施旧石器遗址石制品研究［D］. 北京大学硕士学位论文，2011.

[47]　李锋等. 克拉克的“技术模式”与中国旧石器技术演化研究［J］. 考古，2017（9）.

[48]　李昱龙. 华北地区石叶技术源流——河南登封西施遗址及相关研究［D］. 北京大学博士学位论文，2018.

[49]　加藤真二. 中国的石叶技术［J］. 人类学学报，2006，25（4）.

[50]　赵潮. 登封东施遗址石制品研究［D］. 北京大学硕士学位论文，2015.

[51]　李昱龙. 2017年河南登封西施东区旧石器时代晚期遗址发掘简报［J］. 中原文物，2018，（6）.

[52]　杜水生. 下川遗址新发现对北方细石器体系研究的意义［J］. 史学史研究，2017（4）.

[53]　王益人. 晋西南旧石器考古学现状与展望［J］. 人类学学报，2018，37（4）.

[54]　Song, Y. et al. Re-thinking the evolution of microblade technology in East Asia: Techno-functional understanding of the lithic assemblage from Shizitan 29（Shanxi，China）［J］. PlOS ONE, 2019, Feb.

[55]　王小庆等. 龙王辿遗址第一地点细石器加工技术与年代——兼论华北地区细石器的起源［J］. 南方文物，2016（4）.

[56]　北京大学考古文博学院等. 河南新密市李家沟遗址发掘简报［J］. 考古，2011（4）.

［57］ 王幼平等. 河南登封西施旧石器时代遗址［C］// 中国考古新发现・年度记录・2010（中国文化遗产增刊，2010），2011.

［58］ 王幼平. 华北南部旧石器晚期文化的发展［C］// 中国考古学会第14届年会论文集. 北京：文物出版社，2012.

［59］ 王社江等. 陕西蓝田地区新发现黄土地层中旧石器及其年代［J］. 科学通报，2014，59（14）.

［60］ Bae K. Paleolithic Age in Korea［M］. Seoul: Hakyoun Publishing Company. 2012.

［61］ 李意愿. 澧水流域晚更新世石器工业与人类生存适应行为［D］. 北京大学博士学位论文，2014.

［62］ 于建军等. 新疆吉木乃通天洞遗址［J］. 考古，2018（7）.

［63］ 任进成. 泥河湾盆地板井子旧石器时代遗址形成过程与石器技术研究［D］. 中国科学院大学博士学位论文，2019.

［64］ 贾兰坡等. 山西峙峪旧石器时代遗址发掘报告［J］. 考古学报，1972（1）.

［65］ 张森水. 管窥新中国旧石器考古重要发现［J］. 人类学学报，1999，18（3）.

［66］ 王幼平. 织机洞遗址的石器工业与古人类活动［C］// 考古学研究（七）. 北京：科学出版社，2008.

［67］ 刘德成等. 河南织机洞旧石器遗址的洞穴堆积与沉积环境分析［J］. 人类学学报，2008，27（1）.

［68］ Wang Y P. Late Pleistocene human migrations in China［J］. Current Anthropology 2017, 58, S504-S513.

［69］ Bae K D. Origin and patterns of the Upper Paleolithic industries in the Korean Peninsula and movement of modern humans in East Asia［J］. Quaternary International. 2009. 211.

［70］ Ono A. Recent studies of the Late Paleolithic industries in the Japanese islands［A］. In: Yajima K, editor. *Recent Paleolithic studies in Japan*. Tokyo: The Ministry of Education, Culture, Sports, Science and Technology of Japan［C］. 2004.

［71］ 高星. 更新世东亚人群连续演化的考古证据及相关问题论述［J］. 人类学学报，2014，33（3）.

［72］ 王幼平. 青藏高原隆起与东亚旧石器文化的发展［J］. 人类学学报，2003，21（3）.

结　语

经过8年多的努力，本课题组先后在中原及相关地区发掘多处重要旧石器遗址，并展开多学科综合研究。首先是多学科组从古环境与年代学研究入手，为认识郑州以及中原地区晚更新世古人类文化的发展奠定了古环境与年代背景框架。对织机洞、老奶奶庙、赵庄—黄帝口、方家沟等遗址的科学发掘与系统整理研究，更清楚地展现出晚更新世以来郑州地区从砾石到石片石器的转变，以“分离型”和“重叠型”为特征的中心营地的结构布局，远距离搬运石块垒砌石堆置放古菱齿象头的象征性行为与特殊活动，以及主动利用自然洼地安排临时活动场所的功能分区，都进一步丰富了郑州乃至中原地区晚更新世古人类活动的历史场景。石叶与早期细石叶技术在西施—东施遗址群的突然出现及其与本地石片石器的地层关系，李家沟遗址从石片石器、细石器到新石器早期文化连续的地层序列等发现与研究，既展示出本区石器技术发展脉络，亦进一步丰富了探讨现代人扩散北线路线与旧新石器时代过渡等史前考古关键课题的证据与研究视角。上述旧石器考古新发现及多学科研究成果与近年来中原及邻近地区晚更新世古环境、年代学与旧石器考古新进展进行系统比较和综合研究，更在如下几方面进一步扩展了我们对该地区晚更新世古人类文化发展的认识。

一、中原地区晚更新世古人类文化发展序列

近年来，中原及邻近地区黄土堆积的深入研究进一步展示了本区晚更新世环境背景与年代学框架，特别是本项目相关子课题结合新发掘遗址的环境考古研究，以及加速器^{14}C与光释光等测年技术的应用，取得大量古环境与年代学资料数据，为系统展示本地区晚更新世以来，尤其是晚更新世中、晚期的旧石器文化发展历程奠定非常坚实的基础。

考古发掘与综合研究成果展示，本区砾石工业和以砾石为原料的粗大石片石器工业并行于晚更新世早期，从MIS5～MIS4一直持续到MIS3阶段的早期，到距今5万年前后才发生明显变化，进入以小型石片工业为主阶段。此前的发展阶段，表现出更多的过渡性特点，如盘状石核的应用、片状毛坯更多用于加工工具、石制品小型化与精致化的趋势明显等。这一阶段不但在时间上与典型的旧石器时代中期重合，两者承前启后的技术与文化特点亦可比较。

从距今5万年前后出现石器小型化、加工精致化及片状毛坯为主导，遗址数量增加且结构复杂化等，一直持续到距今4万年左右，是中原及邻近地区旧石器时代晚期文化初始阶段发展的特点，大致与旧大陆西侧旧石器时代晚期之初（即IUP）相当。其后，晚期文化发展进入另一阶段，相当于旧石器时代晚期的早段（EUP）。此阶段最突出的变化是解剖学意义上的现代人，以及与现代人行为有关的行为复杂化特点更多的出现。前者如华北北部的田园洞、山顶洞人，以及秦岭南侧刚刚发现的陕西南郑疥疙洞的人类化石遗存；后者如本区新郑赵庄遗址出现象头与石堆遗迹等展示的象征性行为，晋南沁水下川富裕河疙梁地点的大量赤铁矿粉，以及各地较为广泛的骨角器的发现等。

到MIS3与2阶段交替之际出现石叶工业取代早前流行的石片工业，本区旧石器文化发展再次进入新的转折期，可以视作旧石器时代晚期后段的开始。以石叶与细石叶技术为标志的旧石器时代晚期后一阶段，亦可以分为前后两段，即以石叶技术为标志的前段，以及细石叶占主导的后段。不过前段流行的时间很短暂，仅在距今2.6万年前后开始，到距今2.4万年前后随着船形细石核技术的出现与迅速发展即告结束。代之而起的船形细石叶技术为标志的旧石器时代晚期的最后阶段，则一直持续到距今万年前后的旧、新石器时代交替。这一过程清楚地展示出中原地区晚更新世古人类文化发展序列。

二、现代人在中原地区出现的考古学证据

现代人起源一直是史前考古与古人类学领域研究最关注的课题。位于中国与东亚大陆中部的中原地区旧石器考古新发现与研究的进展，对检验关于现代人起源的两个假说均非常重要。无论是坚持现代人起源的多地区连续进化，还是主张晚近走出非洲的完全替代等不同假说，都需要有考古学证据的支持。关于多地区连续进化的认识，首先需要更全面展示中国与东亚地区远古人类与文化连续发展的历史进程。中原地区晚更新世古人类文化发展显然是其最关键最重要的部分。对于晚近走出非洲说主张的东亚现代人起源外来替代模式，则无论是来自南线或北线，也都离不开中原地区旧石器考古材料的检验。该地区近年来一系列旧石器考古新发现与研究进展为上述讨论提供了非常重要的新证据。

最新发现显示，从距今四五万年一直到距今3万年前后，中原地区的石器工业仍然是中国北方长期流行的石片石器传统，以简单剥片技术来生产石器，提供生产生活的基本需要。由于MIS3阶段相对暖湿环境，中原地区成为当时人类活动的重要区域。不同人群分布在平原河谷区，聚集在适合居住地点，安营扎寨，形成较长时间栖居的中心营地；在周边形成放射状的临时活动地点，进行狩猎、采集、选取石料与制作石器，乃至堆砌石堆并摆放象头等多种活动。这种栖居特点与发展态势，具体地展现了晚更新世人类在嵩山东麓生活的繁荣景象，更清楚地显示出中原地区旧石器文化发展的连续性。按照晚近走出非洲假说倡导者所推断，末次冰期寒

冷气候的影响及东南亚地区多巴火山大爆发等作用，导致中国境内晚更新世古人类文化发展链条中断，因而才有走出非洲的现代人进入东亚及中国境内，成为该地区现代人的来源。这一假说显然与中原地区晚更新世古人类及其文化发展的实际情况不符，而无法通过考古学证据的检验。

中原地区考古发现不仅展示该地区古人类文化发展的连续性，而且更直接反映这一阶段简单石片石器主人的行为复杂化，特别是仅有现代人独具的象征性行为的出现等发展历程。老奶奶庙等遗址布局结构有意的安排、优质石料远距离的运输，以及石器生产技术的进步等，都是很明确的证据。新郑赵庄遗址发现远距离搬运紫红色石英砂岩，专门垒砌成石堆基座，再摆放巨大的象头遗迹，更为引人注目。这一反映非功利性复杂活动的遗迹，无论是出于对巨兽的恐惧或崇拜，还是对狩猎丰收的祈求，都明显具有象征性意义。赵庄遗址摆放象头的石堆遗迹不仅是中原地区，也是中国乃至东亚地区首次发现，显然是现代人行为出现的更确切证据。赵庄遗址出土石英石器工业面貌与技术，与广泛分布在华北北部至中原地区等同类发现均很一致，都反映了此阶段该地区现代人石器工业传统与技术特点。

登封西施与东施遗址发现石叶工业，与中国北方长期流行的简单石核—石片技术的截然不同，显然是外来技术，反映了晚更新世期间中国及东亚大陆中部地区发生人群迁徙与文化的传播扩散。这种新技术的出现，更可能是受到末次冰期极盛期气候变冷的影响，原来生活在高纬度的欧亚大陆草原带的狩猎人群，携带他们石叶技术大举南下，一直影响到中原腹地。石叶是旧大陆西侧旧石器时代晚期与现代人的标志性技术。石叶技术在中原地区的出现，显然是现代人迁徙扩散的结果，可以证实现代人扩散北线的存在。然而这一扩散时间发生的时间却是在中原地区现代人已经出现的一二万年之后。这种情况也进一步显示，在东亚现代人出现与发展的过程中如果发生过外来影响，这种影响的痕迹也应该会在考古遗存上看到端倪。近几年来，本项目组亦在华南地区开展考古发掘，并对华南及东南亚地区晚更新世考古材料进行比较研究，但均未能发现来自华南及东南亚地区的现代人迁入的明确线索。

三、中原地区旧、新石器时代过渡的历史进程

2009～2010年发掘的新密李家沟遗址，不但发现了中原地区最晚的细石器文化，还新发现叠压在细石器文化层之上的李家沟文化，以及更晚的裴李岗文化。从细石器到李家沟与裴李岗文化的发现，是中原地区史前考古在20世纪70年代裴李岗文化发现之后另一重要收获。该遗址的发掘成果显示，从旧石器时代末期到新石器时代，具有不同文化传统的人群曾长期生活在遗址附近地区，因而留下各类文化遗存，为探讨中原地区从旧石器到新石器时代的过渡，完成从狩猎采集社会到农业社会的转变的历史进程，提供了非常重要的新资料。

李家沟下文化层发现典型的细石器文化遗存，主要有船形与锥、柱形的细石核、细石叶

等。这类遗存与在河南舞阳大岗遗址与山西吉县柿子滩遗址群等发现的细石器技术特征均较一致，表现出中原及邻近地区旧石器晚期文化发展的共同特征。与细石器遗存一同发现的也有简单石核—石片技术及石叶技术产品，但所占比例均很有限。在李家沟遗址下文化层，除石制品及相关石器原料外，还发现数量较多的人工搬运石块，可能与居住活动相关。这类情况很少出现在时代较早、流动性强的狩猎采集人群的营地。但到时代更晚的李家沟文化阶段，则人工搬运石块更多，且明显集中在火塘或居住区附近。2010年发现在典型细石器文化层的原始素面陶片与简单磨刃石锛，更突出反映中原地区旧、新石器时代过渡阶段文化发展的复杂性。

李家沟文化阶段的细石器技术已现衰落趋势。该层发现的细石器遗存与前期典型细石器文化对比，其细石器成分所占比例明显减少，技术也变得更简单随意。磨制技术产品则明显增多，最常见是石磨盘等发现。完整的动物骨骼及碎片虽有较多发现，但少见大、中型的哺乳动物，多是形体较小型动物骨骼碎片，显示此时专业化狩猎大型动物的生计活动已不再继续。小型动物可能只是本阶段李家沟居民部分食物来源。虽然尚未发现有植物遗存，但大量陶片存在说明陶器在本阶段已很流行。北方地区早期陶器功能可能多与植物籽实类的食用与保存相关。李家沟文化层丰富的陶器发现说明此时植物类资源应已经占有很重要地位。从细石器到李家沟文化层来看，该遗址前后两阶段发生明显变化，从早期流动性较强的大动物专业化狩猎，逐渐转变为更多利用植物性资源的定居，展现中原地区从旧石器到新石器时代的过渡，开始由狩猎采集向定居与农业社会发展的历史进程。

Summary

This monograph is the research result of "The Development of Late Pleistocene Human Society and Culture in the Central Plains" Project. The project is funded by Major Projects of China National Philosophy and Social Science Foundation (No. 11&ZD120). This book includes eight chapters, preface and conclusion.

The preface mainly introduces the origin and research process of the subject. This work was jointly accomplished by colleagues from the School of Archaeology and Museology of Peking University and the Zhengzhou Municipal Institute of Relics and Archaeology. The project took 9 years from its initiation in 2011 to completion in 2020. During this period, a number of sites were excavated successively, such as the Laonainaimiao Site in Erqi District of Zhengzhou City, the Xishi Site and the Fangjiagou Site in Dengfeng County. At the same time, supplementary investigations and sampling analysis were carried out on the Zhijidong Cave Site in Xingyang County, the Zhaozhuang Site in Xinzheng County, the Lijiagou Site in Xinmin County and other sites excavated before 2011. Based on above excavations and investigations, comprehensive multidisciplinary researches were carried out to complete this project. The main content of each chapter is described as below.

Chapter Ⅰ is about the Paleo-environmental and chronological background. It presents and discusses the laboratory analysis and comprehensive research results of paleo-environmental and chronological samples from the main sites excavated in Zhengzhou area, including the Zhijidong Cave, the Laonainaimiao Site, the Zhaozhuang Site, the Fangjiagou Site, the Xishi Site, the Lijiagou Site and etc., compares the results with relevant sites in the Central Plains, to establish the paleo-environmental background and chronological framework for this research project.

Chapter Ⅱ is about the Zhijidong Cave. Located in Xingyang County, it is the largest cave site in the Central Plains. The preserved deposits are 20 meters thick and span the entire Late Pleistocene. The excavation and research of this site revealed a complete sequence of the development of the Late Pleistocene Paleolithic culture in Zhengzhou and the Central Plains, that is, a continuous change process from the pebble tools in the lower culture layer to the flake tools in the upper culture layer.

ChapterⅢ is about the Laonainaimiao Site. This site is a basecamp falling within MIS3, located in the southwestern suburb of Zhengzhou City. During the period of 45-44ka BP, multiple cultural layers and tens of thousands of lithics and animal bones were left by ancient humans. Of particular importance are the remains of two basecamps, which consist of large numbers of lithic artefacts and fauna remains distributed around groups of fireplace. Outside the central camp, there are also a number of temporary sites for activities such as hunting or stone tool making.

ChapterⅣ is about the Zhaozhuang Site. Located in Zhaozhuang, Xinzheng County, it is a unique site slightly later than the Laonainaimiao Site. The main finds include more than 6,000 lithicss and a well-preserved skull of Palaeoloxodon Antiquu. These relics were discovered in the same living floor. In the south of the living floor, the rock blocks smashed from the bedrock of the mountain 5 kilometers away were transported to the site to form a pile of stones, and the elephant skull was placed on it. The remains of the stone piles and the elephant skull clearly show specific activity scenes of the ancient residents in Zhengzhou around 38ka BP. This non-utilitarian activity should be related to some symbolic behavior of modern human at that time.

ChapterⅤ is about Fangjiagou Site. Located in Dengfeng County, it is also an important discovery preserving the remains of human habitation within MIS3. More than 5,000 stone artifacts and over 400 animal bones were unearthed at the site. These cultural remains are concentrated in a natural ditch that is more than 4 meters long, nearly 2 meters wide and about 1 meter deep. The stone tool processing area and the animal bone concentration area are distributed at both ends of the ditch, and in the middle is the activity area featured with a huge flat cobble. This spatial planning reflects the layout of a single living activity in the Central Plains around 40ka BP.

ChapterⅥ is about the Xishi Site. Also located in Dengfeng County, it is the first Paleolithic site found in mainland of China with remains of typical blade technology. It was dated to 26ka BP. The Xishi Site revealed the remains of a blade tool workshop with an area of more than 20 square meters. Nearly 10,000 cores, flakes, broken blocks, debris and tools were found distributing on the plane of the Site, all of which are related to the production of blade tool. Among them, there are a large number of typical blade technology remains such as blade cores, blades, crest blades, etc., which clearly shows characteristics of the blade workshop at the site.

ChapterⅦ is about the Lijiagou Site, located in Xinmi County. The lower culture layer of the Site is a typical microlithic assemblage containing two pottery sherds and one partially polished adze, dated to about 10.5ka BP. The middle culture layer yielded most discoveries of the excavation, including residential relics, large number of pottery sherds of the Lijiagou culture, and polished stone tools such as grinding stones. The upper cultural layer is the Peiligang cultural layer containing a small amount of pottery sherds. The discovery of this site, especially the Lijiagou cultural layer, fills the gap in the transition from the Late Paleolithic to the Neolithic in the Central Plains

ChapterⅧ discuss and summarize the findings and research results of the above chapters, compare them with the Late Pleistocene lithic industries and related information of surrounding areas in the Central Plains, to bring forward understanding of the development of the late Pleistocene human society and culture in the Central Plains.

In conclusion, this book systematically demonstrates major progress of "The Development of Late Pleistocene Human Society and culture in the Central Plains" Project. First of all, it has established the lithic technology sequence of the late Pleistocene in Zhengzhou and the Central Plains. Zhengzhou, located at the eastern foothill of Songshan Mountain, is in the core area of the Central Plains. The Paleolithic cultural framework in this region, especially the establishment of culture sequences in the middle and late Late Pleistocene, is not merely the foundation for the study of the Paleolithic culture in the Central Plains, but of great significance for understanding the Chinese Paleolithic, facilitating in-depth discussion of the emergence and evolution of modern humans in East Asia, transition of the Paleolithic to Neolithic Age and the origin of agriculture in the Central Plains and North China.

Second, the archaeological excavations and researches in Zhengzhou have provided important evidence for the emergence of modern humans in the Central Plains. Starting from the lower cultural layer at the Zhijidong Cave Site, the discovery of functional layout at sites like the Laonainaimiao Site, the finds of special remains related to modern human behaviors, such as the Zhaozhuang Site in Xinzheng County, and the Fangjiagou Site in Dengfeng County, all are important evidences for the emergence of modern humans in the Central Plains. The typical flake tool assemblage in Zhengzhou together with similar discoveries from North China to the south of the Central Plains, further indicate that the emergence of early modern humans with anatomical significance in China is closely related to the long-term continuation of the core and flake technology traditions in this area, clearly showing the regional characteristics of the origin and development of modern humans in China and East Asia

Third is the discovery of the blade industry on Xishi Site in Dengfeng County, which clearly reflects the human migration and cultural exchanges that took place in China and the central part of the East Asia during the Late Pleistocene, confirming the existence of the northern route of modern human dispersal. It can be drawn that modern human clearly appeared in the Central Plains and its surrounding areas 40,000 to 50,000 years ago, at that time, the influence of modern human or cultures from the west side of the Old World was still limited to the northern border area, and did not spread to the Central Plains until around 26ka. BP.

Moreover, is on Lijiagou Site, the discovery of Lijiagou culture which was earlier than Peiligang culture and the typical Microlithic assemblage below the Lijiagou culture Layer. This discovery is an important achievement of prehistoric archaeology in the Central Plains following the discovery of the Peiligang culture in the 1970s. The remains of the typical microlithic assemblage in the lower culture layer of Lijiagou Site, a small amount of pottery sherds and a partially polished adze, all together suggest complexity of the transition process from Paleolithic to Neolithic in the Central Plains.

后 记

本书是国家社科基金重大项目《中原地区晚更新世古人类文化发展研究》（课题编号：11&ZD120）结项成果。在结项报告即将出版之际，我们非常感谢国家社科基金对项目的大力支持。该项目是北京大学考古文博学院与郑州市文物考古研究院联合组成课题组，共同完成。在此我们首先特别感谢郑州市文物考古研究院与北京大学考古文博学院领导及相关同事的长期支持与热情帮助。

结项报告是课题组成员长期合作，共同努力完成的。具体分工如下：

田野考古发掘与调查工作的组织领导：顾万发；

田野考古发掘、调查与资料整理工作实施与协调：汪松枝；

年代学样品分析测定统筹负责：吴小红；

古环境及年代分析与撰写：夏正楷、张俊娜；

织机洞遗址发掘、资料整理与撰写：曲彤丽；

老奶奶庙遗址发掘、资料整理与撰写：陈宥成；

赵庄遗址发掘、资料整理与撰写：赵静芳；

方家沟遗址发掘、资料整理与撰写：林壹；

西施遗址发掘、资料整理与撰写：高霄旭；

李家沟遗址发掘、资料整理与撰写：何嘉宁；

前言、讨论与结语部分撰写：王幼平。

结项报告编辑汇总最后阶段工作由冯玥完成。

除以上各位承担本结项报告具体工作外，还有长期以来郑州文物考古研究院与北京大学考古文博学院诸多同事与研究生同学为本课题完成做出贡献。因此我们还要特别感谢郑州市文物考古研究院张松林、刘彦锋、信应君、刘青彬、梁亚男与王兰珍等同事对相关遗址发掘与整理工作的帮助。特别感谢北京大学考古文博学院年代实验室宝文博、潘岩等同事的大力支持。特别感谢北京大学考古文博学院研究生王佳音、郑哲轩、宋嘉莉、路双嘉、赵潮、李昱龙、邓婉文、李文成、刘拓与郑州大学历史文化学院研究生阮齐军等诸位同学，他们参与大量田野考古发掘、资料整理等工作，为完成本课题工作奠定了坚实的基础。

最后还要感谢长期支持这个项目所含田野考古发掘与资料整理工作的国家文物局、河南省文物局、郑州市文物局以及荥阳、登封、新密、新郑及二七区等文物管理与保护单位的领导与同事的长期关心、支持和帮助。特别感谢郑州中华之源与嵩山文明研究会的长期支持与大力帮助。

王幼平　顾万发

2022年3月